Anti-Hacker Report

Anti-Hacker Report

Wolfram Gieseke

DATA BECKER

ISBN 3-8158-2117-7

Wichtiger Hinweis

Die in diesem Buch wiedergegebenen Verfahren und Programme werden ohne Rücksicht auf die Patentlage mitgeteilt. Sie sind für Amateur- und Lehrzwecke bestimmt.

Alle technischen Angaben und Programme in diesem Buch wurden von den Autoren mit größter Sorgfalt erarbeitet bzw. zusammengestellt und unter Einschaltung wirksamer Kontrollmaßnahmen reproduziert. Trotzdem sind Fehler nicht ganz auszuschließen. DATA BECKER sieht sich deshalb gezwungen, darauf hinzuweisen, dass weder eine Garantie noch die juristische Verantwortung oder irgendeine Haftung für Folgen, die auf fehlerhafte Angaben zurückgehen, übernommen werden kann. Für die Mitteilung eventueller Fehler sind die Autoren jederzeit dankbar.

Wir weisen darauf hin, dass die im Buch verwendeten Soft- und Hardwarebezeichnungen und Markennamen der jeweiligen Firmen im Allgemeinen warenzeichen-, marken- oder patentrechtlichem Schutz unterliegen.

Vorwort

Hacker brechen bei Microsoft ein und stehlen den Windows-Quellcode

Informationskrieg im Nahen Osten

Schwerwiegende Sicherheitslücke im Internet Explorer gewährt Hackern Zugang

So und ähnlich lauteten einige Schlagzeilen der letzten Monate, die zeigen, dass Hacker nicht mehr nur ein Mythos mit Hollywood-Appeal sind, sondern eine ganz alltägliche Bedrohung für jeden, der mit einem Computer arbeitet.

Dieses Buch versucht, das Thema „Hacker" umfassend darzustellen. Dabei werden sowohl die Methoden der Hacker als auch die Möglichkeiten zum Schutz vor Angriffen ausführlich und nachvollziehbar vorgestellt. Dadurch sollen Sie einerseits die Vorgehensweise von Hackern verstehen, um Gefahrenpotenziale erkennen und sich davor schützen zu können. Andererseits können Sie mithilfe dieser Informationen und Anleitungen genau die Schutzmaßnahmen ergreifen, die für Ihre persönliche Situation und Ihren Sicherheitsbedarf optimal sind.

Dem Buch beigelegt ist eine CD-ROM, auf der Sie fast alle Programme finden, die im Buch vorgestellt werden. So können Sie alle Schritte direkt in der Praxis nachvollziehen. Wenn Sie die CD-ROM einlegen, sollte sie automatisch starten. Andernfalls öffnen Sie bitte die Datei *index.htm* manuell. Sie enthält eine Oberfläche, in der Sie Kurzbeschreibungen der Programme sowie Verweise auf das dazugehörende Kapitel im Buch finden. Außerdem können Sie die Programme hier direkt installieren bzw. starten.

Auch wenn auf dem Buchdeckel nur ein Autor steht, tragen zur Entstehung eines Buchs doch meist eine ganze Reihe von Personen ihren Anteil bei, die ich hier gern erwähnen möchte. Zunächst danke ich allen Softwareentwicklern, die uns erlaubt haben, ihre Programme diesem Buch beizulegen. Dies gilt auch für die vielen Betreiber von Webangeboten zum Thema „Hacker" und „Computersicherheit", die mir bei den Recherchen zu diesem Buch sehr geholfen haben. Stellvertretend für alle Mitarbeiter des Verlags möchte ich mich bei David Grosvenor für die tolle Zusammenarbeit und Unterstützung bei diesem Projekt bedanken. Thanks außerdem an Fritz für Screenshots und wie immer an Lisa für moralischen Beistand und heißen Tee.

Zum Abschluss wünsche ich Ihnen viel Spaß und Erfolg bei der Lektüre dieses Buchs. Ich hoffe, es vermittelt Ihnen viele neue Einsichten und Aha-Effekte und hilft Ihnen dabei, Rechner, Daten und Privatsphäre im Netz vor Hackern zu schützen. Sollten Sie Fragen, Anmerkungen oder Anregungen zum Text haben, können Sie sich damit gern an mich persönlich wenden. Sie erreichen mich per E-Mail unter Wolfram.Gieseke@technologist.com.

Wolfram Gieseke, im Frühjahr 2001

Inhaltsverzeichnis

1. Hacker: Niemand ist vor ihnen sicher 15

1.1 Datenklau im Handumdrehen – Anatomie eines Hacker-Angriffs 19
Schritt 1: Auskundschaften potenzieller Ziele 19
Schritt 2: Analyse des Angriffsziels 24
Schritt 3: Die Wahl der Angriffsmethode 40

1.2 Der Angriff auf das System 41
Infizierte Systeme – Sabotage durch Computerviren 41
Der große Bruder liest mit – Einschleusen von Trojanern 42
Hintertüren – Systemfehler und Sicherheitslücken nutzen 45
Passwörter durch Brute Force ermitteln 47
Fernbedienung – PCs per Fernzugriff manipulieren 48
Zugriff auf freigegebene Dateisysteme 49
Kennwörter erschnüffeln - Passwort-Sniffing 51
Die Internetspielwiese für Hacker 52
Hacken ohne Computer – Social Hacking 56

1.3 Böse Jungs, Skript-Kids und Saboteure 58
Just for fun – Talentierte Kids mit Langeweile 59
Mobbing und Neid – Missgünstige Kollegen 60
Klassische Hacker – Enthusiasten und Ideologen 61
Dunkle Geschäfte – Spionage und Sabotage 64
Information Warfare – Kriegsführung im Informationszeitalter 65

2. Alarmstufe 1: Lokale Angriffe 67

2.1 Ganz einfach: Der Einstieg per Einschaltknopf 69
BIOS-Passwörter – Schutz oder Sicherheitslücke? 69

2.2 Die Windows-Benutzerverwaltung ausgetrickst! 75
Neue Benutzerprofile einrichten 79
Wie sicher ist die Benutzerverwaltung? 82
Echte Zugangskontrolle mit eSafe 85

2.3 Sicherheitsfalle Bildschirmschoner 94
So sicher ist das Bildschirmschoner-Passwort 97
2.4 Auch Passwörter lassen sich klauen 101
Deshalb sind Passwörter so wichtig 101
So werden Passwörter sicher 103
Symptome für gehackte Passwörter 109
Passwörter in Anwendungen und Dokumenten 111
2.5 Hardwareangriffe auf Computer 114
Optische und akustische Signale 115
Elektromagnetische Abstrahlung 116
Kabel durch Überkopplung abhören 120

3. Alarmstufe 2: Gefahren aus dem Internet 123

3.1 Risikoquelle Webbrowser: Das Einfallstor in Ihren Rechner 124
Onlinegefahren für Ihren PC 124
Onlinegefahren für die Privatsphäre 126
Onlinegefahren für Ihren Geldbeutel 126
3.2 So verhindern Sie das Schlimmste – Die Schutzfunktionen der Browser 127
Sicherheitszonen und -stufen beim Internet Explorer 127
Die erweiterten Sicherheitsoptionen des Internet Explorer 135
Die Sicherheitsfunktionen beim Netscape Navigator 139
Gefahren durch Sicherheitslücken 146
3.3 Ferngesteuerter PC? – Gefahren durch ActiveX, JavaScript & Co. 151
Nutzen und Risiken aktiver Inhalte in Webseiten 152
ActiveX-Komponenten zuverlässig deaktivieren 153
Das Ausführen von Java-Applets unterbinden 156
Gefahren durch dynamische Skripte 160
Vorsichtsmaßnahmen bei Plug-Ins 166
3.4 Viren und Trojaner – digitale Infektionen 168
Effektiver Virenschutz – So geht's! 169
Virenscanner – Bin ich positiv? 173
Spione im Hintergrund – Trojanische Pferde 185
Quarantäne – neue Software sorgfältig testen 191

4. Alarmstufe 3: Schutz vor Eindringlingen 203

4.1 Schutzwall gegen Angreifer – Firewalls 203
Das Funktionsprinzip: Geregeltes Filtern des Datenverkehrs 204
Profilösungen vs. Personal Firewalls 206
Einfach und sicher: ZoneAlarm für Einsteiger 207
Flexibel und leistungsstark: eSafe für Fortgeschrittene 221
4.2 Vertrauen ist gut, Kontrolle ist besser – Den Rechner überwachen 248
Angriffe und andere Aktivitäten protokollieren 249
Unbeaufsichtigte PCs automatisch überwachen 259

5. Gegenschlag – Setzen Sie sich zur Wehr! 267

5.1 Runter mit der Hose! – Angreifer identifizieren 268
Ping – Wer bist Du? 268
Traceroute – Wo kommst du her? 271
Whois – Die Hintermänner aufdecken 272
NeoTrace – Professionelle Analyse 276
5.2 Wenn sonst nichts hilft – Zurückschlagen? 283
Auge um Auge – Zahn um Zahn 283
Onlineangebote zum Kampf gegen Hacker 284
HackTracer – Hacker abblocken und melden 286
5.3 Rechtliche Mittel gegen Hacker 295
Strafrechtliche Konsequenzen 295
Zivilrechtliche Konsequenzen 296

6. Vernetzte Gefahren – Angriffe im Firmennetzwerk 299

6.1 Hallo Kollege: Zeig mir deine Festplatte! 300
Offene Ports – Einladungen für Hacker 301
Wer spioniert mich aus? – Software zur Angriffserkennung 309
6.2 Der große Lauschangriff im Netzwerk 315
Passwörter und Vertrauliches abhören – Paket-Sniffing 315
6.3 Big Brother is watching you! Überwachung am Arbeitsplatz –
Was ist möglich, was ist erlaubt? 321

Technische Möglichkeiten zur Überwachung ... 322
Alles was Recht ist? – Das darf der Chef über Sie wissen ... 323
Goldene Regeln – So verhalten Sie sich richtig ... 325

6.4 Verräterische Surfspuren beseitigen ... 326
Cache und Verlaufsdaten des Browsers löschen ... 327
Private Passwörter am Arbeitsplatz schützen ... 338
Vertrauliche private Daten am Arbeitsplatz ... 342

6.5 Windows im Netzwerk – eine gefährliche Kombination ... 345
Die Datei- und Druckerfreigabe schützen ... 345
Gefahrenquelle Netzwerkprotokolle ... 354
Der DFÜ-Server als Einfallstor ... 359

7. E-Mail: Waffe, Informationsquelle und Kommunikationsmittel ... 363

7.1 E-Mail als Waffe – Angriffe mit elektronischer Post ... 365
Absender unbekannt – E-Mail-Spuren verwischen ... 365
Unter falscher Flagge – E-Mail-Absender fälschen ... 370
Virtuelle Bomben – Systeme per E-Mail lahm legen ... 375
E-Mail-Viren, nein danke! – Einstellungen des E-Mail-Programms ... 381

7.2 Infoquelle E-Mail – Risiken bei elektronischen Briefen ... 390
Elektronische Postkarten – Deshalb kann jeder mitlesen ... 390
Wie viel wird wirklich spioniert? ... 394
Gegenmaßnahmen: Nachrichten verschlüsseln ... 396
So werden Schlüssel geknackt ... 403

7.3 Mitleser, nein danke! – E-Mails mit PGP verschlüsseln ... 404
Die PGP-Werkzeuge ... 404
Den eigenen PGP-Schlüssel verteilen ... 412
Öffentliche Schlüssel aufnehmen ... 415
Verschlüsselte Nachrichten lesen ... 420
Nachrichten signieren ... 421
PGP mit beliebigen Anwendungen benutzen ... 424
Verschlüsseln von Dateianhängen ... 429
Wie zuverlässig ist PGP? ... 430
S/MIME – Die kostenpflichtige Alternative ... 430

7.4 Verstecken statt verschlüsseln – Schutz durch Steganografie 433
Die Idee: Vertrauliches in Datenmengen verstecken 434
Versteckte Daten sichtbar machen 441

7.5 Freemailer – kostenlos, aber nicht ungefährlich 443
GMX & Co. – Webbasierte E-Mail-Dienste 444
Vorsicht ist besser – Die wichtigsten Regeln für Freemail-Dienste 446
Eine Adresse für jeden Zweck – Zusätzliche kostenlose E-Mail-Adressen nutzen . 448

8. Safer surfen – Anonym und sicher im Internet 453

8.1 Das gläserne Opfer – Personenrecherche im Internet 454
Das Standardinstrument: die Suchmaschine 454
E-Mail-Adressen recherchieren 458
Suchen in den Newsarchiven 460
Den Standort per Telefonbuch ermitteln 464

8.2 Bittere Kekse – Sicherheitsrisiko Cookies 466
Funktionen und Gefahren 466
Vorhandene Cookies prüfen und löschen 468
Die Cookie-Funktionen der Browser 470
Komfortabler Schutz mit dem Cookie Pal 475

8.3 Anonym durchs Web – Surfen ohne Spuren 481
Welche Informationen stehen auf dem Spiel? 482
Machen Sie den Test: Das verrät Ihr Browser über Sie! 483
So geht's: Inkognito durchs Web surfen 486
Für ganz sichere: Anonymizer-Software 490

9. Homepages vor Hackern schützen 497

9.1 Was verrät Ihre Homepage über Sie? 499
Webangebote erfassen und analysieren 499
Webseiten vor Informationsdieben schützen 506
Missbrauch von veröffentlichten Bildern verhindern 510

9.2 Manipulierte Webseiten 511
Webseiten vor Angriffen schützen 512

9.3 Passwörter, Dateien und geschützte Bereiche 514

9.4 Angriffsmöglichkeiten auf Webserver 516

10. Sichere Alternativen? – Linux, Windows NT/2000 und Co. 519

10.1 Der große Bruder: Windows NT/2000 519
Windows NT/2000 vs. Windows 9x/ME 520
Die Benutzerverwaltung bei Windows NT/2000 522
10.2 Preiswert, aber auch sicher? – Linux als Alternative 523
Linux: Preiswertes UNIX für PCs 524
Gefährlicher Ballast: Linux-Installationen sicher machen 528

Schluss mit dem Kauderwelsch – Das Hacker-Glossar 537

Stichwortverzeichnis 557

1. Hacker: Niemand ist vor ihnen sicher

1.1 Datenklau im Handumdrehen – Anatomie eines Hacker-Angriffs 19
Schritt 1: Auskundschaften potenzieller Ziele 19
Schritt 2: Analyse des Angriffsziels 24
Schritt 3: Die Wahl der Angriffsmethode 40

1.2 Der Angriff auf das System 41
Infizierte Systeme – Sabotage durch Computerviren 41
Der große Bruder liest mit – Einschleusen von Trojanern 42
Hintertüren – Systemfehler und Sicherheitslücken nutzen 45
Passwörter durch Brute Force ermitteln 47
Fernbedienung – PCs per Fernzugriff manipulieren 48
Zugriff auf freigegebene Dateisysteme 49
Kennwörter erschnüffeln - Passwort-Sniffing 51
Die Internetspielwiese für Hacker 52
Hacken ohne Computer – Social Hacking 56

1.3 Böse Jungs, Skript-Kids und Saboteure 58
Just for fun – Talentierte Kids mit Langeweile 59
Mobbing und Neid – Missgünstige Kollegen 60
Klassische Hacker – Enthusiasten und Ideologen 61
Dunkle Geschäfte – Spionage und Sabotage 64
Information Warfare – Kriegsführung im Informationszeitalter 65

Um seine Feinde schlagen zu können, muss man sie kennen. Getreu diesem Motto wollen wir uns als Einstieg in dieses Buch dem Mythos Hacker etwas nähern. Viele verbinden mit dem Begriff Hacker eine sehr ungenaue Vorstellung. Besonders durch sensationslüsterne Berichterstattung in den Medien entsteht ein sehr ungenaues Bild von einer ständigen Bedrohung. Oft stellt man sich Hacker als vollbärtige Computerfreaks vor, die Tag und Nacht in abgedunkelten Computerräumen rumsitzen, sich von Unmengen von Pizza und Kaffee ernähren, wild auf ihre Tastaturen einhacken (eben „Hacker“) und sich so durch die Computernetze dieser Welt bewegen. Dabei sind sie immer auf der Suche nach der Lücke, die ihnen Zugang zu diesen geheimen Daten oder jenem geschützten Server verschafft.

Tatsächlich ist ein solchermaßen idealisiertes Bild heute nicht mehr richtig. Zwar gibt es immer noch klassische Hacker, die einfach aus Idealismus und Neugier tätig sind. Mehr und mehr wird das Hackern aber auch zu einem Allerweltsvergnügen, denn dank des Internets sind Programme und Informationen, die früher nur einem kleinen, erlauchten Kreis zugänglich waren, heute für jedermann abrufbar. Um zu hacken, muss man heute keine Spezialist mit umfangreichen Kenntnissen und jahrelanger Erfahrung mehr sein. Es reicht schon, die richtigen Webadressen zu kennen oder mit einer Suchmaschine so umgehen zu können, dass man sich die benötigten Informationen und Programme im Handumdrehen beschaffen kann.

Was heißt hier eigentlich Hacker?

Die Bezeichnung „Hack“ wurde ursprünglich für einen eleganten oder zumindest sehr cleveren Programmiertrick verwendet, mit dem man den Computer dazu bringen konnte, bestimmte Dinge zu tun, die er eigentlich gar nicht tun sollte. Jemand, der solche Tricks beherrschte, musste sehr fundierte Kenntnisse von Computern haben und wurde als Hacker bezeichnet. Dieser Begriff entstand schon, als an Eingabegeräte wie Mäuse noch nicht zu denken war und alle Anweisungen als Befehle eingetippt werden mussten. Wer dabei viel Routine hatte, konnte selbst komplizierte Befehle in hoher Geschwindigkeit auf der Tastatur eintippen, sodass er förmlich auf die Tastatur einzuhacken schien.

Als solche raffinierten Programmiertricks später dazu benutzt wurden, sich unberechtigt Zugang zu Rechnersystemen zu verschaffen (auch etwas, was diese Rechner eigentlich nicht tun sollten), wurde der Begriff auf diesen Bereich ausgeweitet. Der oft in diesem Zusammenhang ebenfalls verwendete Begriff Cracker leitet sich vom Safecracker, dem Tresorknacker ab, der sich ja ebenfalls unberechtigt Zugang zu geschützten Dingen verschafft. Während Hacker eher konstruktive Menschen sind, die von ihrem Entdecker- und Erfindergeist angetrieben werden, stehen die Cracker nach der klassischen Definition auf der „dunklen Seite der Macht“. Sie sind überwiegend destruktiv veranlagt und haben meist nur den eigenen Vorteil im Sinn. Den Cracker unterscheidet vom Hacker vor allem, dass er die Daten anderer auch schon mal mutwillig zerstört bzw. die Zerstörung bei seinen Aktionen in Kauf nimmt. Die klassische Dualität zwischen Hackern und Crackern ist inzwischen aber mehr und mehr in den Hintergrund getreten, da sich in der Szene so viele Menschen mit den unterschiedlichsten Motiven tummeln, dass eine klassische Einteilung in gut und böse kaum noch möglich ist.

INFO

Kevin Mitnick – der meistgesuchte Hacker

Auch die Hacker-Szene hat ihre Helden. Einer der bekanntesten, der es sogar weltweit zu „Ruhm" gebracht hat, ist Kevin Mitnick. Er machte viele Jahre lang die Computer- und Telefonnetze unsicher und stand in dem Ruf, sich überall Zugang verschaffen zu können. Tatsächlich sind ihm eine Reihe von viel beachteten Angriffen geglückt. Er schaffte es sogar auf die Most-Wanted-Liste des FBI, die Liste der meistgesuchten Verbrecher in den USA. Irgendwann wurde er allerdings doch geschnappt und musste eine mehrjährige Haftstrafe antreten. Inzwischen ist er auf Bewährung frei, hat aber noch auf Jahre hinaus die Auflage, sich von Computern und Telefonen jeglicher Art fernzuhalten. Unter http://www.kevinmitnick.com finden Sie die offizielle Homepage von Kevin Mitnick, auf der Sie mehr über seine Geschichte erfahren können.

Unter http://www.kevinmitnick.com befindet sich die offizielle Homepage des Hacker-Idols Kevin Mitnick

Das Grundprinzip des Hackens

Worum es beim Hacken grundsätzlich geht, ist das Aufspüren und Ausnutzen von Schwachstellen. Praktisch jedes noch so sichere System hat irgendwo seine Achillesferse. Der Hacker muss nur wissen, wo er danach suchen muss. Mit etwas Geduld findet er eine vorhandene Schwachstelle und erlangt Kontrolle über das System oder Zugriff auf vertrauliche Daten. Dabei kann man prinzipiell zwei Arten von Schwachstellen unterscheiden:

- *Schwachstellen in Systemen*: Praktisch jedes Computersystem hat irgendwo seine Sicherheitslücken. Die Diskussion über ständig neuen Schwachstellen bei den Webbrowsern zeigt das beispielhaft. Auch das Einschleusen von Viren oder Trojanischen Pferden wird in diese Kategorie eingeordnet, weil ein wirklich sicheres System dagegen immun sein müsste. Schwachstellen haben den Vorteil, dass man sie meist mit relativ geringem Aufwand ausnutzen kann, wenn man sie denn kennt. Von Sicherheitslücken Kenntnis zu erlangen, ist dank des Internets heute aber kein großes Problem mehr. Nachteil von Sicherheitslücken: Sind sie einmal bekannt, werden sie in der Regel auch bald geschlossen. Dann liegt es nur an den Systemverwaltern, die entsprechenden Patches und Aktualisierungen auch umzusetzen. Das fällt dann aber eigentlich schon in die zweite Rubrik.
- *Schwachstellen bei Benutzern*: Die weitaus beliebteste Schwachstelle ist der Benutzer selbst. Hacker profitieren immer wieder von der Unkenntnis, Unvorsichtigkeit oder Bequemlichkeit von Benutzern, die grundlegende Sicherheitsregeln missachten. Dies gilt z. B. für den Umgang mit Passwörtern. Sicher ist es bequem, ein sehr nahe liegendes Kennwort zu wählen, das man ganz bestimmt nicht vergisst. Genauso bequem wie das Aufschreiben des Passworts auf der Unterseite der Tatstatur oder in einer Schreibtischschublade. Andere Benutzerschwachstellen sind fehlerhafte Konfigurationen von an sich sicheren Systemen. Was nutzt ein abgeschottetes System, wenn im Hintergrund ein FTP-Server mit anonymem Zugang läuft? Oder denken wir noch einmal an den bereits angesprochenen Systemverwalter, der zu bequem oder zu inkompetent ist, sich über entdeckte Sicherheitslücken bei seinen Systemen auf dem Laufenden zu halten und die entsprechenden Patches zu installieren.

In diesem Kapitel wollen wir Ihnen einige Grundkenntnisse über die Denk- und Vorgehensweise von Hackern vermitteln. Dazu zeigen wir Ihnen zunächst den Ablauf eines typischen Hacker-Angriffs. Anschließend stellen wir Ihnen die verschiedenen Arten von Angriffen vor, mit denen Hacker in Ihr System eindringen können. Zum Abschluss gehen wir auf die verschiedenen Arten von Hackern und ihre Motive ein. Diese Informationen sollen Ihnen dabei helfen, ein grundlegendes Verständnis für die Gefahr zu entwickeln, die von Hackern für Ihre Rechner und Daten ausgehen.

1.1 Datenklau im Handumdrehen – Anatomie eines Hacker-Angriffs

Jeder Hacker-Angriff läuft etwas anders ab. Das hängt sowohl von der Denk- und Vorgehensweise des Angreifers bzw. von seinen Spezialitäten als auch von den Gegebenheiten des angegriffenen Systems ab. Trotzdem gibt es bei einem typischen Hacker-Angriff ein Grundgerüst, ein Muster von Schritten, die in einer bestimmten Reihenfolge ablaufen.

Schritt 1: Auskundschaften potenzieller Ziele

Der erste Schritt bei einem Angriff - genauer gesagt vor einem Angriff - ist das genaue Auskundschaften eines potenziellen Ziels. Ein Hack ist letztlich ja nichts anderes als ein Einbruch, nur eben mit virtuellen bzw. elektronischen Mitteln. Gute Einbrecher machen sich schließlich auch die Mühe, ihr Haus zuvor auszuspionieren, um zu wissen, wann es leer ist, welche Eingänge vorhanden sind, wie diese gesichert sind, ob es eine Alarmanlage gibt, wie weit die nächste Polizeistation entfernt ist usw. Ähnlich geht auch ein guter Hacker vor. Er beschafft sich zunächst so viele Informationen wie möglich. Dabei kann ihm das Internet eine gute Hilfe sein. Es ermöglicht in vielen Fällen, ausgehend vom Namen einer Person oder eines Unternehmens, umfangreiche Daten zu sammeln, die schließlich zu einer Adresse und somit zu einer unmittelbaren Angriffsmöglichkeit führen.

Suchmaschinen effektiv einsetzen

Ein effektives Werkzeug zur Recherche im Internet sind Suchmaschinen - das gilt auch für Hacker. Will man z. B. Informationen über eine bestimmte Firma oder Person haben, genügt es in den meisten Fällen, deren Name in einer Suchmaschine einzugeben. Ist diese Person oder Organisation im Internet präsent, findet die Suchmaschine die entsprechenden Webseiten. Diese sind zum einen vom Inhalt interessant, zum anderen kann aber auch die Herkunft der Webseiten ein wichtiger Schritt nach vorn sein. Wenn eine Firma z. B. einen eigenen Webserver betreibt, führt dessen Adresse unter Umständen direkt in das Herz des Firmennetzwerks. Bei Privatpersonen hat man dieses Glück eher selten, aber auch hier kann eine Suche durchaus direkt zu dem Internetrechner führen, den diese Person benutzt.

Eine Internetsuche zu einer Firma kann eine ganze Reihe von interessanten Informationen erbringen:

- Eine Vielzahl von Informationen über die Firma selbst, die je nach Absicht des Hackers von Interesse sein können.

- Angaben zu Mitarbeitern der Firma, die dann für weitere Personenrecherchen verwendet werden können, um persönliche Schwachstellen zu ermitteln bzw. im Bereich des Social Hackings tätig zu werden.
- Informationen über Verbindungen zu anderen Firmen oder Dienstleistern, mit denen die Firma in Verbindung steht. Besonders interessant sind IT-Dienstleister, die etwa Hard- und Software liefern oder die bestimmte Dienstleistungen wie Webhosting oder Internetproviding für die Firma ausführen.
- Informationen über Kontaktmöglichkeiten und Dienstleistungsangebote, die ein Hacker wahrnehmen kann, um weitere Informationen zu erlangen oder unauffällig den Kontakt zu Mitarbeitern der Firma herzustellen.
- Hinweise auf spezielle Bereiche im Internetangebot, die nicht der Allgemeinheit zugänglich und durch Zugangsbeschränkungen gesichert sind.
- Informationen über die IT-Struktur der Firma, wie etwa den Standort und die Anzahl von Webservern und anderen Serverangeboten, die für einen Angriff in Frage kommen könnten.

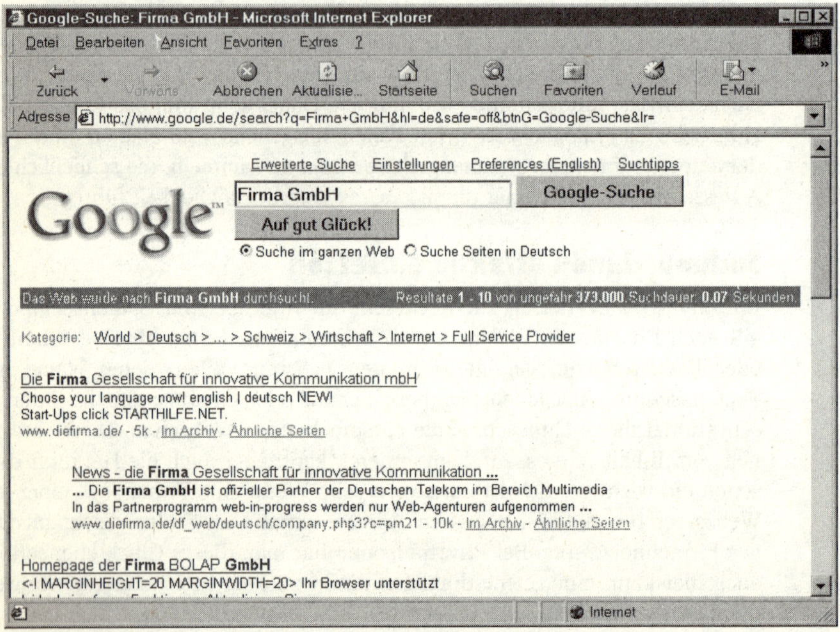

Suchmaschinen wie etwa http://www.google.de können – kostenlos und legal – viele wertvolle Informationen liefern

Letzten Endes sollten die Recherchen über die Firma immer zu einer oder besser mehreren Rechneradressen führen. Zumindest die Adresse des Webservers wird man in allen Fällen ermitteln können. Allerdings muss es sich dabei nicht unbedingt um einen firmeneigenen Rechner handeln, etwa wenn das Webhosting an einen Dienstleister ausgegliedert ist. Da sich die Rechner einer Firma in der Regel im selben Subnetz befinden, kann man ausgehend von der Subnetzadresse weitere Rechner ermitteln, die zu diesem Firmennetzwerk gehören. Diese Subnetze und dazugehörende Rechner können anschließend in der zweiten Phase einer genaueren Untersuchung unterzogen werden.

Gezielt nach Personen suchen

Wenn man nicht nach einer Firma, sondern nach einer Person sucht, sind ebenfalls Suchmaschinen das Werkzeug der ersten Wahl. Andererseits gibt es weitere Recherchemöglichkeiten, die besonders bei der Personensuche weiterhelfen können. Wenn die gesuchte Person im Internet aktiv ist und sich an Diskussionsforen, Mailinglisten oder Newsgruppen beteiligt, kann man auf diesem Weg mehr über sie erfahren. Viele Diskussionsforen und Mailinglisten bieten Archive an, in denen ältere Beiträge gespeichert sind. Diese lassen sich in der Regel per Volltextsuche durchstöbern. Sucht man nach dem Namen oder der E-Mail-Adresse der fraglichen Person, kann man deren Postings aus der Vergangenheit abfragen. Sogar für die Newsgruppen gibt es diese Möglichkeit. Unter http://www.deja.com finden Sie ein Archiv, das die meisten Newsgruppen umfasst und das sehr umfassend und flexibel durchsucht werden kann. Neben einer einfachen Stichwortsuche wird auch eine Power Search angeboten, bei der man sehr spezielle Suchanfragen stellen kann. So kann man auch nach dem Autor von Beiträgen suchen und dabei den Namen oder die Absenderadresse der gesuchten Person angeben.

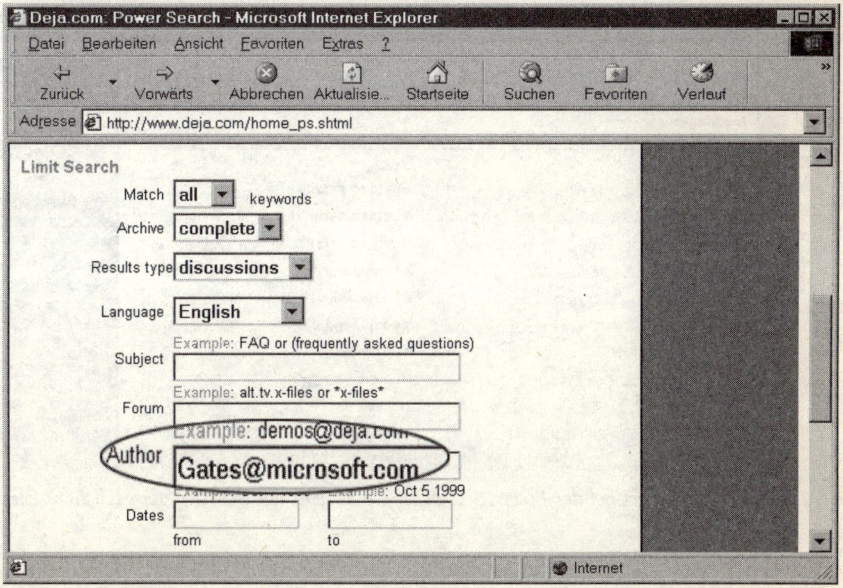

Unter http://www.deja.com kann man die Archive der Newsgruppen durchsuchen

TIPP

Die Newsbeiträge von Angestellten finden

Auch bei der Firmenrecherche kann eine solche Suche hilfreich sein. Bei der Deja.com-PowerSearch kann man nicht nur die komplette E-Mail-Adresse einer Firma angeben, sondern auch nur einen Teil davon. Gibt man z. B. als Autor *@microsoft.com* ein, findet man alle Beiträge, die von Absendern mit einer E-Mail-Adresse von microsoft.com stammen, also höchstwahrscheinlich von Microsoft-Mitarbeitern.

Als Ergebnis der Suche erhält man eine Liste der Beiträge, die von dem oder den gesuchten Autoren stammen. Dadurch erfährt man zum einen, wann die betreffende Person in welcher Newsgruppe welchen Beitrag veröffentlicht hat. Außerdem lassen sich die Beiträge auch direkt abrufen und lesen. Findet Deja.com mehrere in Frage kommende Personen, kann man sich für jeden der möglichen Kandidaten ein Posting-Profil anzeigen lassen. Dieses zeigt an, in welchen Newsgruppen der oder die Betreffende Beiträge veröffentlicht hat. So kann man meist schnell ermitteln, welches nun die gesuchte Person ist.

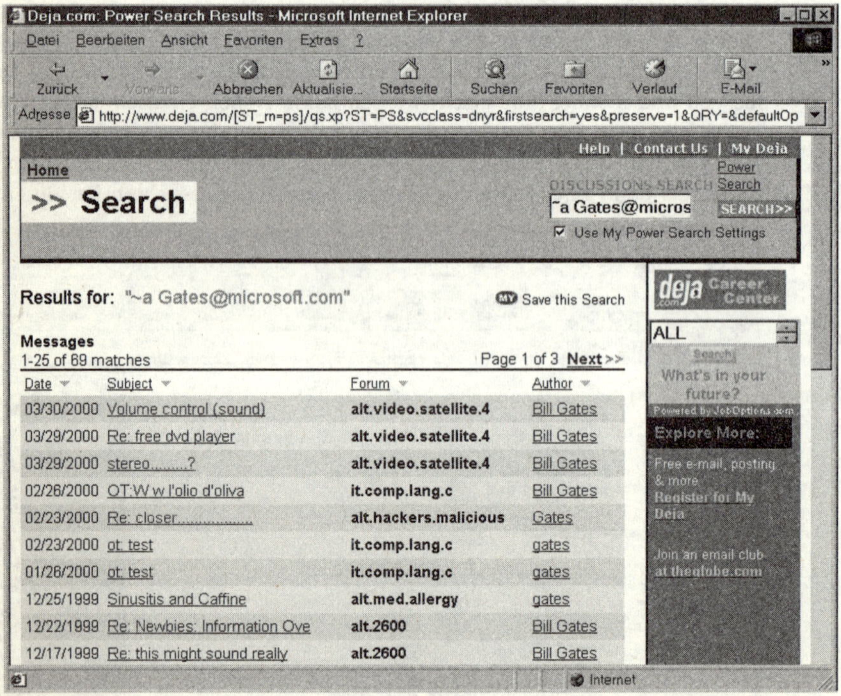

Deja.com liefert bei der Power Search eine Übersicht der Beiträge der gesuchten Person

Was bringen Onlineinformationen?

Informationen über sein Opfer kann man nie genug haben. Eigene Veröffentlichungen der Person sind immer eine hervorragende Quelle. Zum einen bietet der Inhalt eines Beitrags oftmals spezielle Informationen über Interessen, Vorlieben, Eigenschaften und Angewohnheiten einer Person. Diese können Ansatzpunkte für weitere Recherchen oder für Social Hacking sein. Erfährt man z. B. aus einem Newsgruppen-Beitrag den Wohnort einer Person, reicht vielleicht schon ein Blick in das entsprechende Telefonbuch (oder eine Onlineabfrage), um auch Adresse und Telefonnummer zu ermitteln. Schon steht man vor der Haustür des Opfers oder kann sich ihm unter falschem Vorwand per Telefon nähern.

Aber auch unter technischen Gesichtspunkten kann das Auswerten der veröffentlichten Beiträge des Opfers sehr interessant sein. Wenn sich eine Person z. B. in bestimmten Foren zu spezieller Hard- oder Software äußert, lässt dies Rückschlüsse auf ihre Rechnerausstattung zu. Dies ist wiederum eine wichtige Information, um einen eventuellen Angriff auf den Rechner des Opfers vorzubereiten. Häufig kann man die entsprechenden Informationen auch dem Header einer Nachricht entnehmen. Deja.com bietet die Möglichkeit, Newsbeiträge in der Originalform einschließlich der Headereinträge zu betrachten. Hier finden sich oftmals auch Angaben zur Software, die der Autor eines Beitrags verwendet hat, etwa in der Headerangabe *User-Agent*. In der unteren Abbildung kann man beispielsweise am Header erkennen, dass der Urheber des Beitrags einen PC mit Windows 98 als Betriebssystem und dem Internet Explorer 5.0 verwendet hat.

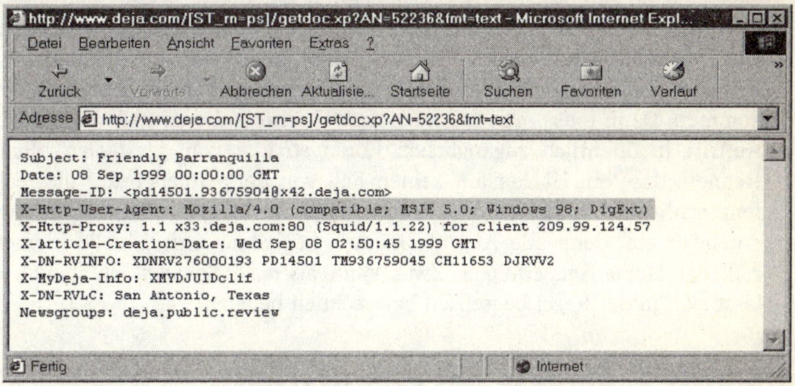

Dieser Teilnehmer hat seinen Beitrag mit dem Internet Explorer 5 unter Windows 98 erstellt, wie der Header verrät

In Kapitel 5 beschäftigen wir uns ausführlicher mit der Personenrecherche, wenn auch unter dem Gesichtspunkt, möglichst viel über einen Angreifer herauszubekommen und ihn zu lokalisieren. Dort gehen wir auch ausführlicher auf den Einsatz von Suchmaschinen, Archiven und weiteren Recherchehilfen ein. Viele der dort beschriebenen Methoden können aber genauso gut von Hackern verwendet werden, um sich über ihre Opfer zu informieren.

Gegenmaßnahmen

Wie kann man sich davor schützen, von Angreifern über die Suchhilfen des Internets ausspioniert zu werden? Nun, das hängt vor allem davon ab, wie viel man über sich selbst preisgeben will oder muss. Für ein Unternehmen gehört es heutzutage zum guten Ton, im World Wide Web präsent zu sein. Bietet man hier keine Informationen und Kontaktmöglichkeiten an, ist man schnell als altmodisch oder rückständig verschrien, was den Geschäften nicht unbedingt förderlich sein dürfte. Um eine Webpräsenz kommt man also nicht herum. Allerdings stellt sich die Frage, welche Informationen man dort preisgibt. Auch hier lassen sich bestimmte spezifische Angaben wie Adressen, Kontaktinformationen und Angaben zu Mitarbeitern bzw. Ansprechpartnern für bestimmte Bereiche nicht vermeiden. Durchaus vermeiden kann man aber genaue technische Angaben zur eigenen Infrastruktur und zur verwendeten Hard- und Software im Firmennetz. Wenn man darüber hinaus den Webserver und andere der Öffentlichkeit zugängliche Angebote aus dem Firmennetz auslagert und z. B. einem Webhosting-Dienstleister überlässt, macht man Hackern das Leben zusätzlich schwer. Wenn man den Mitarbeitern die Teilnahme an öffentlichen Diskussionsforen erlaubt, sollte man besondere Vorkehrungen treffen und Richtlinien aufstellen, welche Informationen in solchen Foren keinesfalls preisgegeben werden dürfen.

Eine Privatperson hat es beim Schutz ihrer Daten wesentlich einfacher. Zunächst einmal muss man ja schließlich nicht unbedingt eine Homepage haben oder sich an öffentlichen Diskussionsforen beteiligen. Wenn man andererseits nicht auf die Vorteile des Internets verzichten will, bietet sich die Erschaffung einer virtuellen Existenz an. Alle dazu benötigten Bausteine wie etwa kostenlose E-Mail-Adressen und Homepages kann man inzwischen in großer Auswahl bekommen. Dann muss man nur noch darauf achten, die virtuelle Identität für den Auftritt in öffentlich zugänglichen Foren so klar von der realen Identität zu trennen, dass ein Hacker auf keinen Fall von der virtuellen auf die reale Existenz schließen kann. Damit schränkt man die Möglichkeiten eines Angreifers erheblich ein, denn alle Angriffe können höchstens auf virtuelle Elemente wie z. B. die Homepage erfolgen. Zwar kann auch so Schaden entstehen, aber er lässt sich in der Regel begrenzen bzw. schnell beheben.

Schritt 2: Analyse des Angriffsziels

Das Auskundschaften potenzieller Ziele sollte den Hackern möglichst dicht an sein Opfer herangeführt haben, sodass er nun neben möglichst umfassenden Informationen auch Adressen zur Verfügung hat. Dabei kann es sich um reale Adressen handeln, um z. B. einen physikalischen Angriff auf einen lokalen Rechner durchzuführen. In den meisten Fällen aber geht es um Rechneradressen, also z. B. IP-Nummern oder -Namen von Rechnern, die das Opfer benutzt, oder von

Servern, auf denen das Opfer Informationen oder Dienstleistungen anbietet. Ausgehend von diesen Adressen kann der Angreifer in einer zweiten Phase die technischen Gegebenheiten ausloten, um konkrete Angriffsmöglichkeiten zu erkunden.

TIPP

Server

Server ist allgemein eine Bezeichnung für einen Rechner, der in einem Netzwerk bestimmte Dienste anbietet. Stellt ein Internetrechner beispielweise Webseiten für den Abruf zur Verfügung, bezeichnet man ihn als Webserver. Server bezieht sich streng genommen auf die Anwendung, die die Dienstleistung anbietet, also z. B. das Webserverprogramm. Da man es besonders im Internet aber häufig mit dedizierten Servern zu tun hat, also Rechnern, die nur diese eine Aufgabe erfüllen, wird der Name ebenso als Bezeichnung für den gesamten Rechner verwendet.

Ermitteln von Servern und Diensten

Um einen Angriff über ein Netzwerk wie etwa das Internet durchzuführen, benötigt man konkrete Angriffspunkte. Ein Rechner mit Internetanschluss ist als solcher noch nicht angreifbar. Nur wenn er bestimmte Zugangsmöglichkeiten bietet, kann man unter Umständen unbefugt eindringen. Solche Zugangsmöglichkeiten sind klassischerweise Server oder andere Dienste, die ein Rechner anbietet. In den meisten Fällen liefern sie über die bloße Tatsache ihrer Existenz hinaus Angaben zu verwendeter Software. So kann man bei einem Webserver z. B. ermitteln, welche Serversoftware er verwendet. Davon ausgehend kann man etwa im Internet recherchieren, ob für die Software Sicherheitslücken oder Programmfehler bekannt sind, die man beim Angriff ausnutzen kann.

Tracen von Netzverbindungen

Wenn man eine einzelne Person bzw. deren Rechner angreifen will, reicht es, die Adresse dieses Rechners zu kennen. Interessiert man sich hingegen für ein Firmennetzwerk, muss man dieses zunächst auskundschaften, um möglichst viele Informationen zu sammeln. Ausgehend von einer einzelnen Adresse im Netzwerk ist es möglich, weitere Rechner und Adressen zu ermitteln. Eine Möglichkeit ist dabei das Auswerten von Traceroute-Informationen. Ein Traceroute verfolgt die genaue Route der TCP/IP-Datenpakete bei einer Verbindung vom eigenen Rechner zu einem beliebigen anderen Rechner im Netzwerk. Wenn man also eine Traceroute auf eine Rechneradresse im Netzwerk der Firma ausführt, erhält man in den meisten Fällen wertvolle Informationen über den Aufbau des Netzwerks. Läuft der Netzwerkverkehr z. B. über zentrale Zugangsrechner, die etwa als Gateway vom Firmennetz ins Internet dienen, tauchen diese Rechner in der Traceroute-Liste auf. Besteht das Firmennetz aus mehreren Subnetzen und werden die Daten von einem Subnetz ins nächste weitergeleitet, findet man in der Traceroute-Liste für jedes Subnetz mindestens eine Station.

INFO

TCP/IP

Das *Transport Control Protocol/Internet Protocol* ist das Netzwerkprotokoll, auf dem das gesamte Internet basiert. Es regelt den grundlegenden Datenaustausch zwischen Internetrechnern in Form von Datenpaketen. TCP/IP bildet zugleich eine Protokollfamilien, die alle Protokolle umfasst, die auf TCP/IP aufbauen, also alle Internetprotokolle wie HTTP, FTP, POP, SMTP usw. In den weiteren Kapiteln dieses Buchs werden verschiedene Aspekte von TCP/IP und den Mitgliedern der gleichnamigen Protokollfamilien insbesondere unter Sicherheitsgesichtspunkten ausführlicher behandelt.

In Kapitel 5 beschreiben wir den Umgang mit Traceroute und verschiedenen Tools dafür genauer. Im einfachsten Fall reicht für das Verfolgen einer Netzwerkverbindung das Windows-eigene Tool tracert.

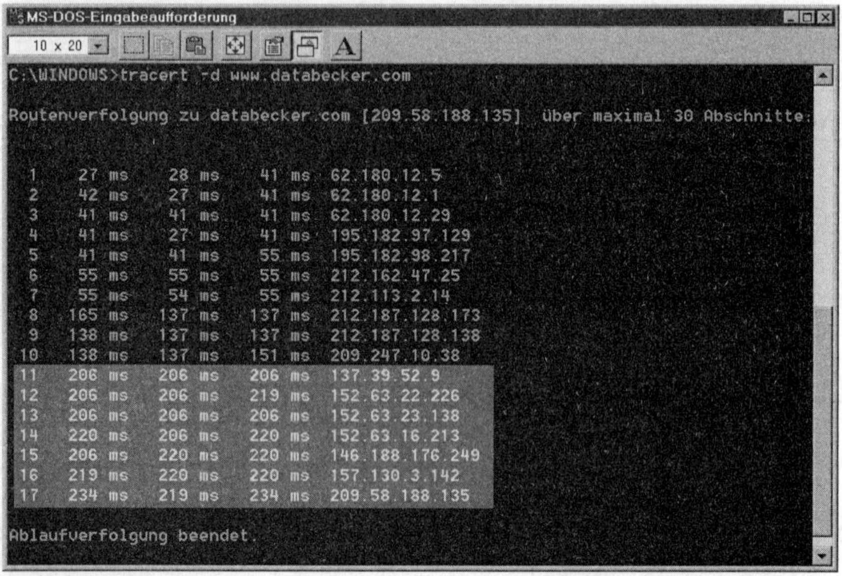

Besonders die letzten Stationen in der Traceroute sind von Interesse und sollten näher untersucht werden

Mit speziellen Tools wie etwa NeoTrace sind umfassendere und komfortablere Recherchen möglich. Es kann den Verlauf der Netzwerkverbindung grafisch darstellen. So wird noch besser deutlich, welche Rechner sich physikalisch in unmittelbarer Nähe befinden und deshalb vermutlich zum gleichen Netzwerk oder Rechnerverbund gehören. Außerdem liefert das Tool praktisch alle Informationen, die man zu den an der Netzwerkverbindung beteiligten Rechnern aus offiziellen Quellen beschaffen kann.

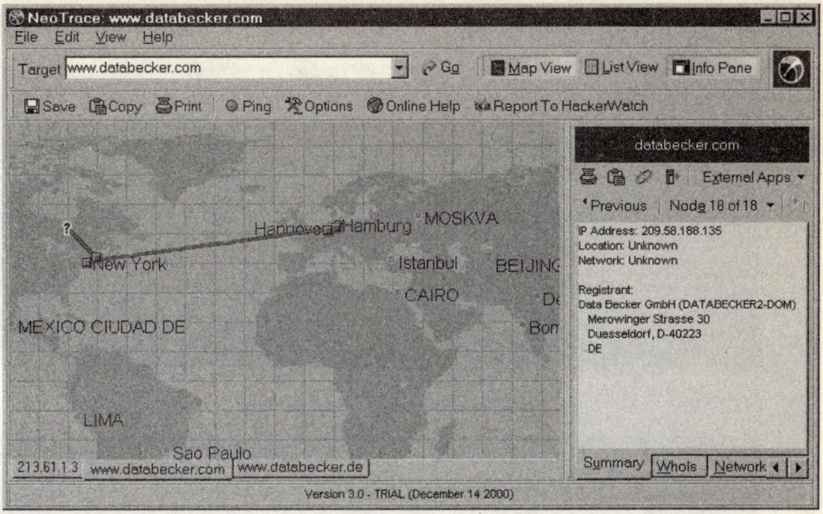

NeoTrace ermöglicht eine grafische Analyse von Netzwerkverbindungen und liefert umfangreiche Informationen

Ausloten von Netzwerken

Wenn man einen oder einige Rechner in einem Firmen-Netzwerk kennt, stellt sich die Frage, wie dieses Netzwerk genau aussieht, d. h., welche weiteren Rechner dazugehören. Nun kann man nicht einfach hingehen und eine Liste der Rechner abrufen. Man kann aber in den Wald hineinrufen und hören, was herausschalt. Über die Ping-Funktion von TCP/IP kann man beliebige Rechner auffordern, sich mit einer kurzen Antwortnachricht zu melden. Wenn ein Rechner das tut, weiß man, dass es ihn gibt. Erfolgt keine Antwort, gibt es den Rechner entweder nicht oder er ist so konfiguriert, dass er auf Ping-Anfragen nicht antwortet.

INFO

Ping

Der **P**acket **I**nter**n**et **G**roper Ping ist eine einfache Funktion zum Testen einer Netzwerkverbindung zwischen zwei Rechnern. Ein Rechner schickt eine Ping-Anforderung an den anderen Rechner und erhält eine Antwort. So weiß man, dass der andere Rechner vorhanden und aktiv ist. Misst man zusätzlich die Zeit zwischen Anfragen und Antwort, kann man die Geschwindigkeit der Verbindung ermitteln.

Auch Ping gibt es als einfaches Programm im Windows-Lieferumfang. Wenn man z. B. die IP-Adresse eines Rechners im Netzwerk kennt, kann man mit einem Ping auf die benachbarten Adressen austesten, ob unter diesen IP-Nummern weitere Rechner angeschlossen sind. Nehmen wir z. B. an, wir kennen die Adresse *192.168.0.25*. Dann könnten wir ein Ping auf die Adressen *192.168.0.24* und *192.168.0.26* ausführen, die Antworten abwarten und daraus schließen, ob es weitere Rechner im Netzwerk gibt.

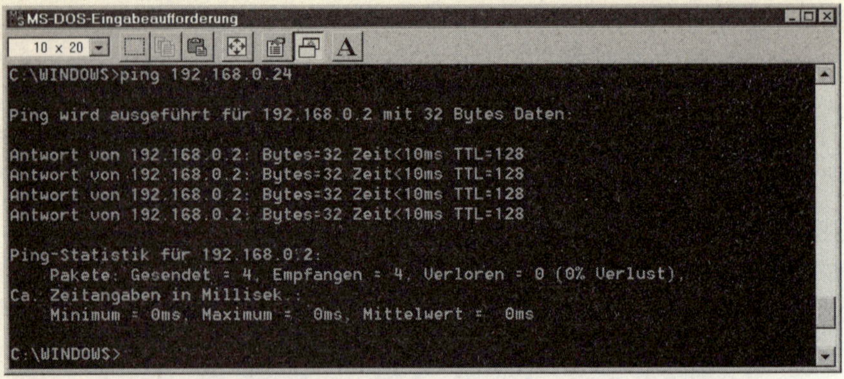

Manchmal ist ein Ping erfolgreich und verrät einen weiteren Rechner, ...

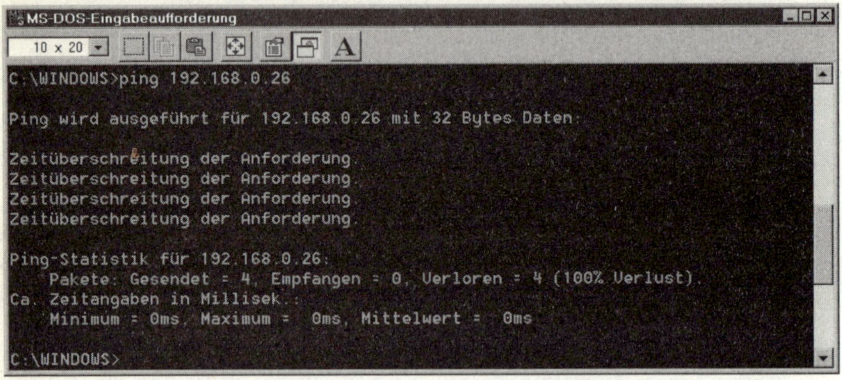

... manchmal hat man weniger Glück und erhält keine Antwort

Ein einfaches Subnetz kann aus bis zu 255 Rechneradressen bestehen. Hat man es mit mehreren Subnetzen in einer größeren Firma zu tun, steigt die Zahl potenzieller Adressen entsprechend an. Da alle Adressen von Hand anzupingen, ist sicherlich nicht sehr sinnvoll. Hier helfen spezielle Programme weiter, die automatisiert ein ganzes Subnetz durchsuchen, indem sie das gesamte Intervall möglicher Rechneradressen anpingen und die Antworten auswerten. Ein solches Tool ist z. B. *Pinger*, das man als Freeware unter http://packetstorm.securify.com/groups/rhino9 herunterladen kann. Bei diesem Programm gibt man einfach das Intervall der zu testenden Rechneradressen vor (z. B. *192.168.0.1* bis *192.168.0.254*). Pinger schickt dann eine oder mehrere (*Num. Passes*) Ping-Anfragen an jede dieser Adressen. Erhält er innerhalb der definierten Wartezeit (*Timeout*) eine Antwort, nimmt er diese Adresse in seine Liste auf. Gleichzeitig versucht er, zur gefundenen IP-Nummer auch den IP-Namen zu ermitteln. Häufig verraten die Namen auch etwas über die Funktion oder Aufgabe des gefundenen Rechners. Die zusammengetragenen Angaben werden in der Liste des Programmfensters aufgeführt.

Subnetze

Das Internet besteht aus einer Vielzahl von Subnetzen, also kleineren Teilnetzen, die eine bestimmte Anzahl von Rechnern umfassen. Es gibt verschiedene Arten von Subnetzen mit unterschiedlichen Größen. Die Organisation der Subnetze erfolgt über die vierteiligen IP-Nummern. Jeder der ersten drei Zahlenblöcke gibt ein Subnetz verschiedener Größe an. Man unterscheidet die Klassen A (größtes) bis C (kleinstes). Der vierte Block bezeichnet den konkreten Rechner im Klasse C-Subnetz.

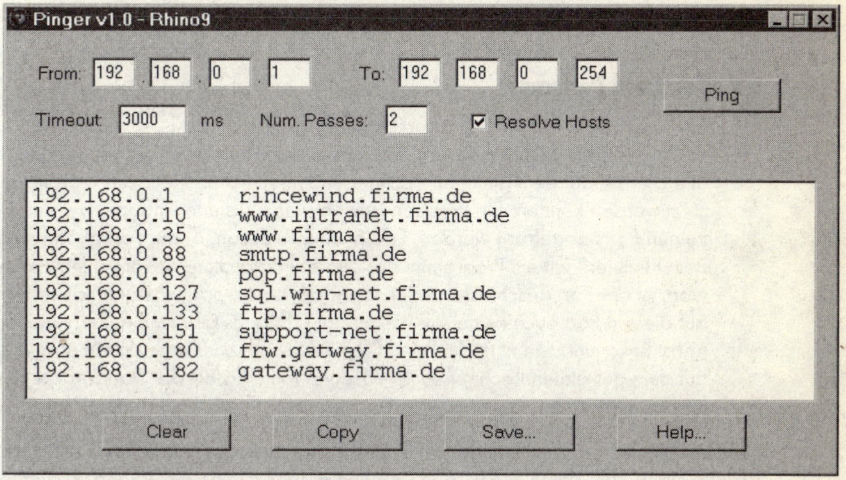

Mit Pinger kann man ganze Firmennetze komfortabel und in kurzer Zeit nach vorhandenen Rechnern durchsuchen

Manche Netzwerkverwalter machen es Hackern noch einfacher, indem sie die DNS-Informationen ihres Netzwerks öffentlich zugänglich machen. Solche DNS-Server sollten aber normalerweise nur für Rechner innerhalb des Netzwerks zugänglich sein. DNS-Abfragen von außerhalb sollten eigentlich nicht zugelassen werden. Ist dies doch der Fall, kann sich ein Angreifer quasi eine Übersichtskarte des Firmennetzwerks beschaffen, in dem alle vorhandenen Rechner genau aufgeführt sind.

Domain Name Service (DNS)

Der **D**omain **N**ame **S**ervice DNS ermöglicht es, IP-Nummer auf IP-Namen abzubilden und umgekehrt. Gibt man also z. B. die Adresse www.firma.de ein, wird durch den DNS daraus die IP-Nummer dieses Rechners ermittelt, durch die der Zugriff erst möglich wird. Ein solcher DNS-Dienst ist unverzichtbar. Im Internet regeln z. B. eine ganze Reihe von großen DNS-Servern den Datenverkehr. Aber auch in Firmennetzen ist häufig ein eigener DNS-Server vorhanden, um die Verwaltung der firmeninternen Netzwerkrechner zu regeln.

Portscans

Wenn geklärt ist, welche Rechner vorhanden sind und welche Adressen diese haben, kann man an die Aufklärung der einzelnen Rechner gehen. Dies soll dazu führen, sich ein möglichst genaues Bild von der Netzwerkkonfiguration des Rechners zu verschaffen, und vor allem zu klären, über welche Dienste der Rechner überhaupt ansprechbar ist. Die Netzwerkkommunikation per TCP/IP ist etwa in Ports unterteilt, wobei jeder Internetdienst wie etwa WWW, E-Mail oder FTP einen oder mehrere eigene Ports verwendet. Mit einem Portscan kann man feststellen, welche Ports bei einem bestimmten Rechner ansprechbar sind.

INFO

Ports und Portscans

Ports sind beim TCP/IP-Datenverkehr die logischen Anschlüsse, in die die Kommunikation unterteilt ist. Für jeden Dienst wird ein eigener Anschluss verwendet, damit alle Dienste auf dem gleichen Rechner und im gleichen Netzwerk parallel eingesetzt werden können. Ein Portscan ist eine automatisierte Anfrage, bei der die einzelnen Ports abgefragt werden. Erfolgt eine Reaktion, ist der Port geöffnet bzw. auf dem Rechner läuft ein Programm, das diesen Port bedient. Bekommt man keine Antwort, ist der Port geschlossen oder sogar bewusst blockiert. Dann hat ein Angriff auf diesem Port auch keine Aussichten auf Erfolg. Es gibt eine Reihe von Standardports. Bekommt man z. B. auf Port 80 eine Antwort, kann man davon ausgehen, dass auf dem getesteten Rechner ein Webserver läuft, da 80 die Standardportnummer für das WWW ist.

Für Portscans gibt es spezielle Programme, die so genannten Portscanner. Sie untersuchen die Ports eines oder mehrerer vorgegebener Rechner systematisch. Dabei kann man sowohl gezielt das Vorhandensein bestimmter Ports testen als auch ganz allgemein alle in Frage kommenden Portnummern durchprobieren. In Kapitel 6 stellen wir mit *YAPS* einen solchen Portscanner vor. Dieses Programm überprüft nicht nur alle Ports, sondern testet darüber hinaus gezielt auf bestimmte Schwachstellen, die häufig durch Fehlkonfigurationen auftreten. Wenn man statt nur einer Rechneradresse ein ganzes Intervall angibt, kann YAPS vollautomatisch die Rechner eines ganzen Subnetzes einem Portscan unterziehen und so eine exakte Bestandsaufnahme der potenziellen Angriffsumgebung erstellen.

Als Ergebnis liefert YAPS ein Protokoll des Scans. Hier sind alle Informationen vermerkt, die das Programm zu den einzelnen Rechnern ermitteln konnte. Dazu gehören sämtliche Ports, auf denen der Computer sich eine Reaktion entlocken ließ. Wenn bestimmte Dienste von dem Rechner angeboten werden, prüft YAPS auch sofort, ob bei diesen Servern typische Sicherheitslücken vorhanden sind. Wird auf dem Rechner z. B. ein FTP-Server betrieben, versucht YAPS automatisch, sich als anonymer Benutzer für den FTP-Dienst anzumelden. Der Ablauf dieser Anmeldung ist ebenfalls im Protokoll enthalten. Sollte ein anonymer Zugang möglich sein, hat man schon eine mögliche Schwachstelle entdeckt. Hier sollte man unbedingt prüfen, welche Zugriffsrechte dem anonymen Benutzer eingeräumt werden. Normalerweise sollte der Zugriff auf das Lesen eines bestimmten Verzeichnisses beschränkt sein. Unerfahrene Verwalter übersehen diese Lücke aber gern und schränken den anonymen Benutzer nicht ausreichend ein, sodass er weitgehende Rechte für den Dateizugriff hat und auf diese Weise wichtige Dateien auslesen oder sogar eigene Programme einschleusen kann.

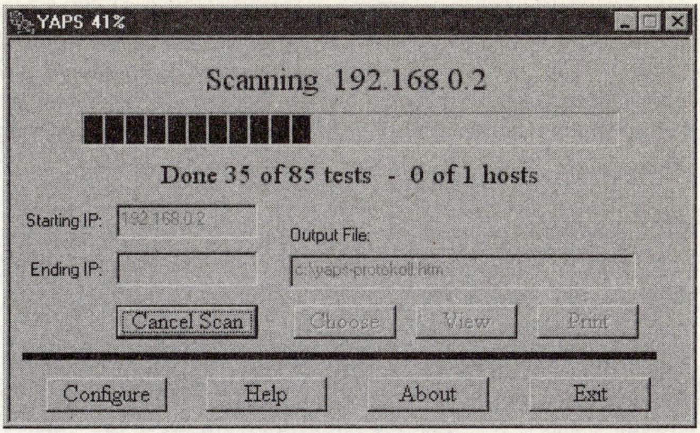

Mit YAPS kann man die Ports eines Rechners scannen und so mögliche Angriffe aufdecken

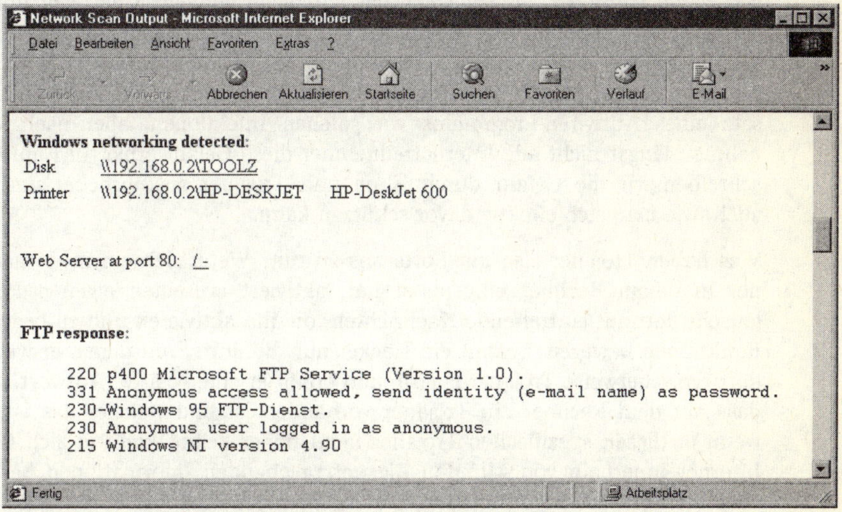

YAPS liefert ein umfassendes Protokoll der durchgeführten Scans und Überprüfungen

YAPS ist von seinem Entwickler nicht für den Angriff vorgesehen, sondern soll zum Testen des eigenen Rechners bzw. Netzwerks auf Schwachstellen dienen. Wie bei vielen Sicherheitsprogrammen besteht das Dilemma eines solchen Programms allerdings darin, dass es aber auch von Hackern eingesetzt werden kann, um Schwachstellen bei fremden Systemen aufzudecken. Die Frage ist eben immer nur, wer ein solches Programm mit welcher Absicht benutzt.

INFO

FTP

Das **F**ile **T**ransfer **P**rotocol FTP gehört zur TCP/IP-Protokollfamilie und ist für die Übertragung von Dateien zuständig. Es handelt sich dabei um eine klassische Client-Server-Anwendung, d. h., es muss ein FTP-Server vorhanden sein, der die Dateien zur Verfügung stellt. Der Benutzer kann sich dann mit einem FTP-Programm (Client) beim Server anmelden und Dateien anfordern. Eine Upload-Funktion lässt aber auch den umgekehrten Weg zu, also das Übertragen von Dateien vom Client zum Server. In Kapitel 9 gehen wir anhand des FTP-Programms *WS_FTP* auch auf den Umgang mit FTP ein.

Suche nach Trojanern

Ein weiterer Aspekt von Portscans ist die Suche nach Trojanern, also destruktiven Programmen, die ein Hacker heimlich auf einen Rechner einschleust, um diesen auszuspionieren oder fernzulenken. Früher musste ein Hacker erst umständlich selbst ein Trojanerprogramm entwickeln und auf die Rechner seiner Opfer schleusen. Heute sind Trojaner-Programme im Internet frei verfügbar. Das hat zwei Konsequenzen: Wenn man mal eines braucht, ist es nur einen Download entfernt. Noch viel besser (für Hacker): Trojaner-Programme sind heutzutage viel weiter verbreitet, als viele sich das vorstellen können. Eine nicht unerhebliche Zahl von Benutzern hat schon fertig installierte Trojaner auf dem Rechner, die nur darauf warten, aktiviert zu werden. Man kann sich solche Übeltäter inzwischen genauso leicht wie Viren einfangen. Zwar schützt der konsequente Einsatz eines Antiviren-Programms vor solchen Infektionen, aber nach wie vor nehmen längst nicht alle Internetteilnehmer diese Gefahr ernst. In Kapitel 3 beschreiben wir die Gefahr durch Viren und Trojaner ausführlicher und zeigen auch, wie man sich effektiv davor schützen kann.

Was haben Trojaner also mit Portscans zu tun? Wenn sich ein moderner Trojaner in einem Rechner eingenistet hat, aktiviert er seinen eigenen Port und lauscht dort auf eintreffende Nachrichten, die ihn aktivieren und zu bestimmten Funktionen bewegen. Scannt ein Hacker nur die Ports, von denen er weiß, dass dort typischerweise Trojaner lauern, und erhält er eine positive Antwort, weiß er, dass auf dem Rechner ein Trojaner vorhanden ist und welcher das ist. Selbst wenn er diesen spezifischen Trojaner nicht näher kennt, kann er sich über das Internet innerhalb von Minuten die entsprechenden Informationen beschaffen oder die Software herunterladen, die zur Fernsteuerung diese speziellen Schädlings erforderlich ist. Schon braucht er nur noch „Sesam öffne dich!“ zu sagen, und kann Zugriff auf den Rechner seines Opfers erlangen.

Ermitteln von Betriebssystem und Software

Hat man sich einen Überblick verschafft, welche Rechner zur Verfügung stehen und welche Dienste dort laufen und für einen Angriff in Frage kommen, kann man den Angriff näher vorbereiten. Wie wir zu Beginn dieses Kapitels bereits beschrieben haben, gibt es im wesentlichen zwei Angriffspunkte: Schwachstellen im System und Schwachstellen beim Benutzer. Systemschwachstellen sind leicht auszunutzen, wenn man sie denn erst mal gefunden hat. Dazu muss man aber Genaueres über das System wissen. Um z. B. eine Sicherheitslücke in der Webserversoftware auszunutzen, muss man zuerst wissen, welche Software auf dem Zielrechner läuft. Anschließend kann sich ein Hacker im Internet gezielt Informationen zu dieser Software beschaffen und z. B. nach bekannten Sicherheitslücken für dieses Produkt suchen. Mit diesen Daten bewaffnet kann er anschließend ausprobieren, ob die verschiedenen Lücken beim angegriffenen System geschlossen wurden oder immer noch zugänglich sind. Findet er eine offene Lücke, kann er Hacken nach Zahlen betreiben, also ein System einfach nach einer fertigen Anleitung knacken, ohne sich allzu sehr anstrengen zu müssen.

Ermitteln der Serversoftware

Welche Serversoftware auf einem Rechner läuft, ist gar nicht so schwer herauszubekommen, wenn man erst einmal weiß, dass sie läuft. Die meisten Internetserver verstecken sich nicht gerade und bieten somit die Möglichkeit, die Art des Produkts und ggf. die Versionsnummer zu ermitteln. Oftmals reicht es schon, ein entsprechendes Clientprogramm für den jeweiligen Dienst zu verwenden. Nehmen wir z. B. FTP-Server: Wenn Sie sich hier mit einem speziellen FTP-Programm wie etwa WS_FTP anmelden, erhalten Sie während der Anmeldung eine ganze Reihe von Statusmeldungen, die Sie auswerten können. So sehen Sie im Protokollfenster in den meisten Fällen unter anderem eine Stausmeldung des FTP-Servers, die die verwendete Software nebst Versionsnummer angibt. In der folgenden Abbildung handelt es sich beispielsweise um das verbreitete Produkt *wu-ftp*. Eine Suche im Internet nach diesem Server würde einen Hacker auch zu einer Liste von bekannten Programmfehlern und Sicherheitslücken bei diesem Programm führen. Dann braucht er nur noch festzustellen, welche dieser Lücken beim konkreten Server offen steht und kann seinen Angriff darauf ausrichten.

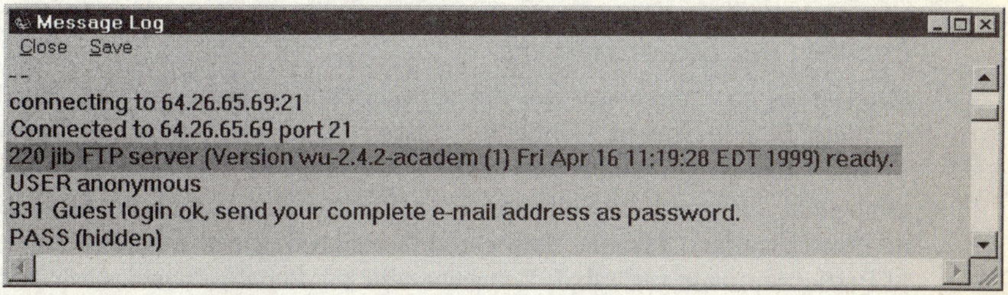

Im Protokoll der FTP-Verbindung finden Sie unter anderem die Versionsmeldung des FTP-Servers

Über diese einfachen Mittel hinaus gibt es auch spezielle Tools, mit denen man gezielt nach Servern und der Art und Versionsnummer suchen kann. Ein solches ist z. B. *Grinder*, mit dem man ganze Subnetze nach Webservern durchsuchen kann.

Dieses Programm stammt aus der gleichen Feder wie der weiter oben vorgestellte Pinger und kann ebenfalls als Freeware unter der angegebenen Adresse bezogen werden. Die Aufgabe von Grinder ist, alle Rechner in einem vorgegebenen Intervall von Rechneradressen nach laufenden Webservern zu scannen. Das ist durch den Standardport 80 für Webserver recht einfach möglich. Wird Grinder fündig, versucht es aber darüber hinaus, die verwendete Webserversoftware einschließlich Versionsnummer zu ermitteln. Teilweise enthalten die Angaben sogar Informationen über das verwendete Betriebssystem oder lassen Rückschlüsse darauf zu.

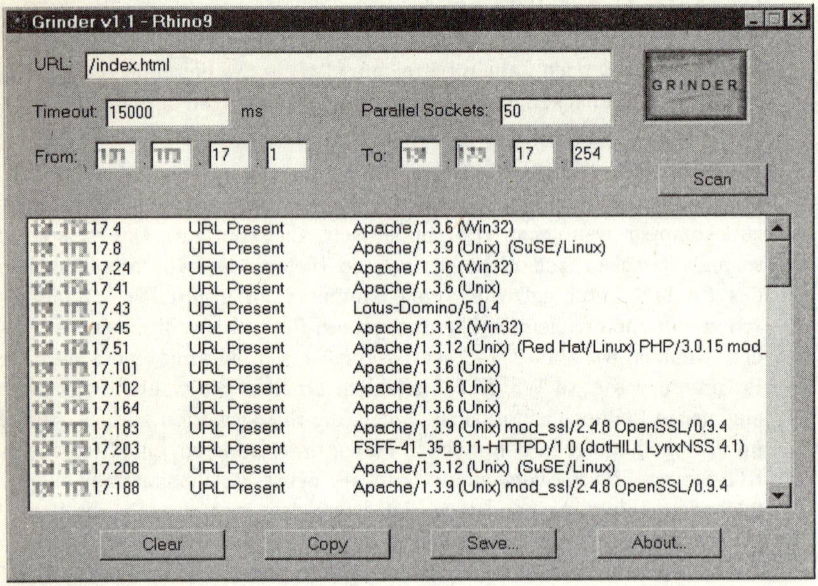

Mit Grinder kann man ganze Subnetze nach vorhandenen Webservern und der verwendeten Software durchsuchen

Ermitteln des Betriebssystems

Mindestens so interessant wie die verwendeten Softwareprodukte ist das verwendete Betriebssystem. Schließlich lassen Windows-Systeme im Vergleich zu UNIX-Systemen ganz andere Arten von Angriffen zu und umgekehrt. Teilweise ermöglicht die ermittelte Software schon Rückschlüsse auf das zu Grunde liegende Betriebssystem. Manche Serverprodukte sind nun mal nur für ganz bestimmte Betriebssysteme verfügbar. Teilweise teilt die Serversoftware sogar selbst mit, ob es sich um die Version für UNIX oder für Windows handelt. Aber auch darüber hinaus gibt es Möglichkeiten, das installierte Betriebssystem zu identifizieren. Bei UNIX-Rechnern reicht dazu in vielen Fällen schon ein einfaches Telnet, also der Aufbau einer Fernarbeitsverbindung zu dem fraglichen Rechner. Ein Telnet-Programm gehört beispielsweise zum Lieferumfang von Windows. Man startet es etwa, indem man *Start/Ausführen* wählt und dann im *Ausführen*-Menü den Befehl *telnet* eingibt. Nun muss man nur noch die Rechneradresse eingeben und die Verbindung aufbauen.

UNIX

UNIX ist eine andere Art von Betriebssystem als Windows. Es handelt sich dabei um ein System, das von Hause aus auf Mehrbenutzerbetrieb und Netzwerkumgebungen ausgelegt ist. Die Wurzeln von UNIX sind erheblich älter als die von Windows. Es gibt nicht nur „das eine" UNIX, sondern eine ganze Reihe von UNIX-Abarten, so genannte Derivate. Für PCs gibt es mit Linux ein solches UNIX-Derivat, das sich ständig wachsender Beliebtheit erfreut. Wir stellen es in Kapitel 10 etwas ausführlicher vor und prüfen dort, inwieweit es sich als Alternative zu Windows eignet.

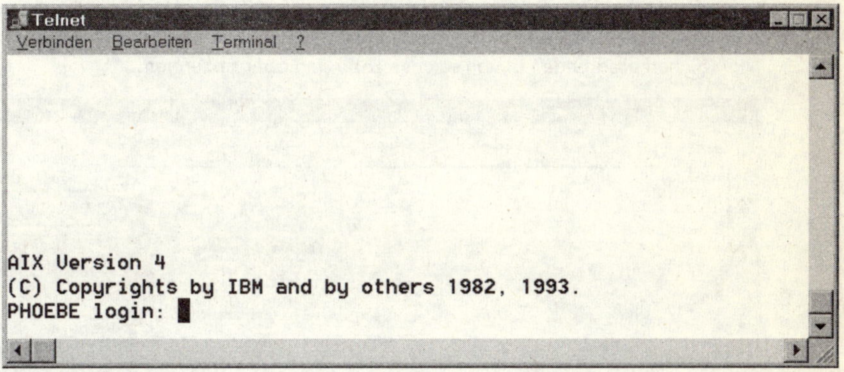

Per Telnet kann man bei UNIX-Rechnern erfragen, welche Betriebssystem sie verwenden

Gleich zu Beginn der Telnet-Verbindung melden die meisten Rechner, welche UNIX-Version sie verwenden. Ganz entscheidend dabei: Die Meldung erfolgt in der Regel noch vor der Anmeldung. Man muss also weder Benutzerkennung noch Kennwort für den Rechner haben. Hat man die gewünschte Information erhalten, bricht man die Anmeldung einfach ab. Im Beispiel der Abbildung oben erfolgte die Anmeldung z. B. auf einem Rechner mit dem Betriebssystem *AIX* in *Version 4*. Dabei handelt es sich um eine spezielle UNIX-Variante von IBM. Mit dieser Information kann sich ein Angreifer wiederum auf die Suche nach speziellen Schwachstellen dieses Produkts machen. Bei Windows-Rechnern funktioniert diese einfache Methode nicht, weil diese in der Regel keinen Telnet-Zugang anbieten. Ein Telnet auf einen solchen Rechner würde also gar nicht erst zustande kommen. Hier gibt es aber andere Möglichkeiten, wie etwa einen Portscan mit YAPS. Findet dieser z. B. Hinweise auf eine Windows-Freigabe, kann es sich nur um einen Windows-Rechner handeln, da dies ein typisches Merkmal ist.

Außerdem sind auch für diese Aufgabe spezielle Programme erhältlich. *chronicle* etwa ist ein weiteres Produkt der Entwickler von Pinger und Grinder und ist auf

Windows NT-Rechner spezialisiert. Es kann automatisch ein ganzes Subnetz nach Rechnern mit diesem Betriebssystem durchsuchen. Für jeden gefundenen Rechner ermittelt es außerdem, welche Service-Packs installiert sind. So bezeichnet man bei Microsoft die Aktualisierungs- und Reparaturdateien, mit denen etwa erkannte Sicherheitslücken behoben werden.

INFO

Telnet

Telnet ist ein spezieller Dienst, der zur TCP/IP-Familie gehört. Er ermöglicht, sich über ein Netzwerk bei einem Rechner anzumelden und auf diesem so fernzuarbeiten, als ob man direkt vor dessen Tastatur und Bildschirm sitzt. Telnet-Verbindungen sind nur zu Rechnern möglich, die mit einem echten Mehrbenutzer-Betriebssystem wie etwa UNIX arbeiten. Windows-Rechner unterstützen Telnet von Hause aus nicht. Sie verfügen allerdings über ein einfaches Telnet-Programm, um mit dem Windows-PC auf einem anderen Rechner fernzuarbeiten. Für Windows-PCs gibt es spezielle Softwareprodukte, mit denen ebenfalls eine Fernarbeit darauf möglich ist. Aus Sicherheitsgründen ist von solchen Lösungen aber abzuraten.

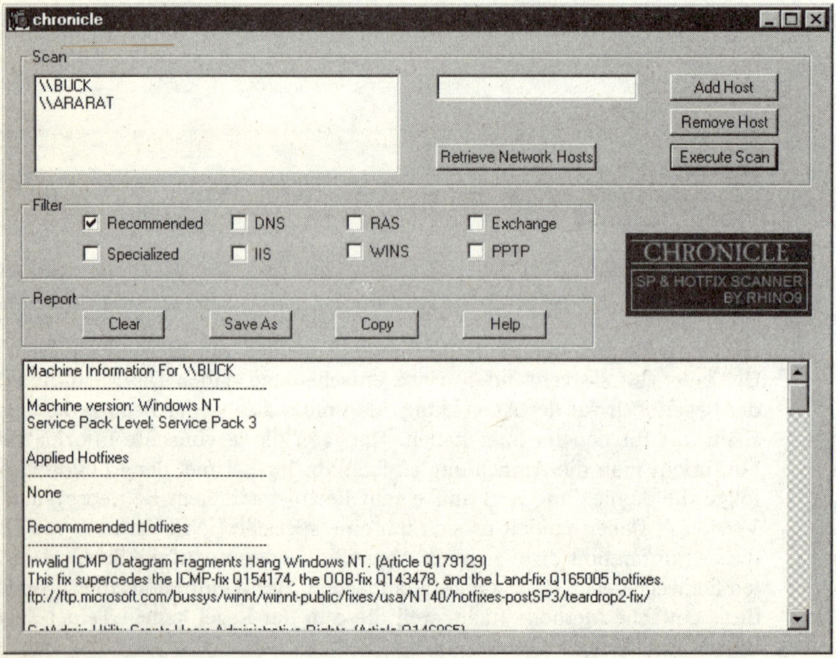

Mit chronicle kann man den Zustand von Windows NT-Rechnern analysieren und Schwachstellen aufdecken

Wenn man weiß, welche Service-Packs auf einem bestimmten Rechner installiert wurden und welche nicht, weiß man natürlich auch, welche Sicherheitslücken schon geschlossen wurden und welche noch offen sind. chronicle weist außerdem ausdrücklich auf Sicherheitslücken und Probleme hin, die aufgrund noch nicht installierter Service-Packs für die einzelnen Maschinen bestehen.

Die Programme von Rhino9

In diesem Abschnitt haben wir drei Programme von Rhino9 vorgestellt: Pinger, Grinder und chronicle. Allen drei Tools ist eines gemeinsam: Sie dienen der Analyse von Netzwerken bzw. Netzwerkrechnern. Ob sie nun ein Netzverwalter einsetzt, der sein Netzwerk analysieren und potenzielle Gefährdungen eliminieren will, oder ob ein Hacker sie missbraucht, um Informationen über fremde Netzwerke zu erlangen und einen Angriff vorzubereiten, können die Programme nicht wissen. Wir möchten an dieser Stelle ausdrücklich darauf hinweisen, dass wir die Programme hier nur vorgestellt haben, um die prinzipielle Vorgehensweise von Hackern bei der Informationsbeschaffung zu demonstrieren. Wenn Sie die Programme einsetzen wollen, um ihre eigenen Rechner und Netzwerke auf Schwächen abzuklopfen, können Sie sie unter http://packetstorm.securify.com/groups/rhino9 kostenlos herunterladen. Auf der gleichen Website finden Sie eine Vielzahl von aktuellen Informationen, Ratgebern und Programmen rund um den Schutz von Computersystemen vor Hackern. Dieses Webangebot macht aber auch die grundlegende Problematik deutlich, dass praktisch alle Programme und Informationen, die dem Schutz vor Hackern dienen, gleichzeitig von diesen auch als Werkzeug für ihre Angriffe genutzt werden können.

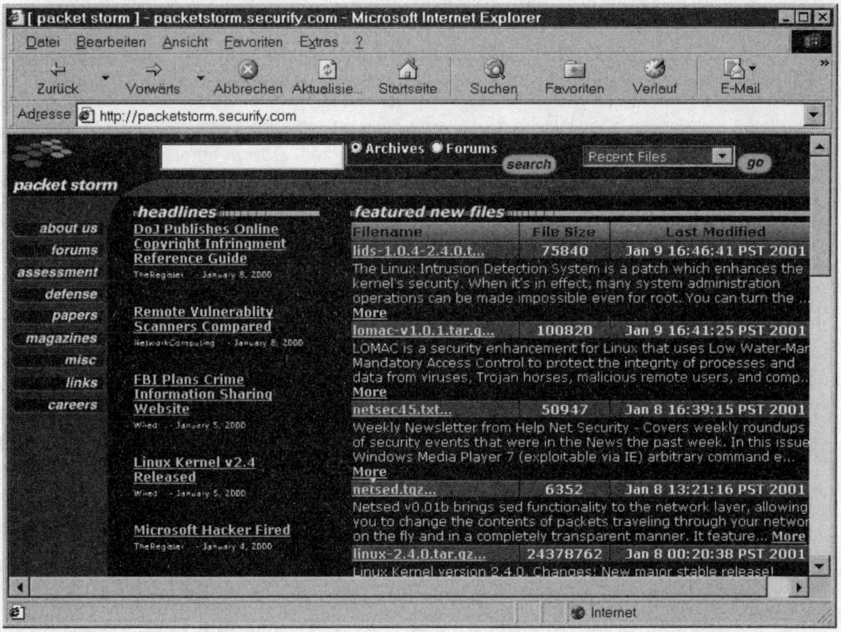

Unter http://packetstorm.securify.com finden Sie eine Vielzahl von Informationen und Programmen zum Schutz

Gegenmaßnahmen

Kann man sich gegen das Ausspionieren des eigenen Rechners oder der eigenen Netzwerkumgebung schützen? Mit etwas Aufwand ist dies durchaus möglich. Der größte Teil der Informationen, die ein Hacker sich beschaffen kann, besteht aus Daten, die außerhalb des Rechners oder des Netzwerks eigentlich niemanden etwas angehen. Man könnte das Netz also so konfigurieren, dass es solche überflüssigen, aber verräterischen Informationen einfach nicht preisgibt. Die beste Lösung hierfür ist eine Firewall. Für Privatnutzer, die sich mit ihrem PC einfach bei Bedarf ins Internet einwählen, ist eine professionelle Firewall-Lösung zu kompliziert und zu teuer. Für diesen Bereich gibt es aber Personal Firewalls. Mit dem Einsatz von Firewall-Lösungen beschäftigen wir uns in Kapitel 4 ausführlicher. Dort stellen wir auch zwei Produkte für den Bereich der privaten Nutzung des Internets per Einwahl mit Modem oder ISDN-Adapter vor.

INFO

Firewalls und Personal Firewalls

Als Firewall bezeichnet man eine Netzwerkkomponente, die den Datenverkehr an einem bestimmten Knotenpunkt filtert und kontrolliert. Sie wird an einer taktisch günstigen Stelle installiert, etwa auf dem Gateway-Rechner, der ein Firmennetzwerk mit dem Internet verbindet. Aller Verkehr, der von außerhalb aus dem Internet in das Netzwerk der Firma fließt, muss diesen Knotenpunkt passieren, sodass ein Filter hier effektiv jegliche Art von Daten blockieren kann, die nicht unbedingt notwendig sind oder gefährlich erscheinen. Solche Firewalls sind komplizierte und teure Produkte, die in der Regel in Firmennetzwerken eingesetzt werden.

Personal Firewalls sind spezielle Produkte, die für Einzelrechner konzipiert sind und hier eine ganz ähnliche Funktion wie „echte" übernehmen. Sie sind meist erheblich benutzerfreundlicher, bieten aber vergleichbare Sicherheit. So können Sie bei Bedarf den Datenverkehr mit dem Internet völlig unterbinden, nur bestimmten Programmen den Zugriff erlauben oder den Inhalt der Datenpakete nach bestimmten Schlüsselbegriffen durchsuchen und entsprechende Pakete blockieren.

Firewalls sind in der Regel passive Systeme, d. h., sie verhindern Angriffe und Missbräuche, gehen aber nicht dagegen vor. Bei Verstößen gegen die Einstellungen und Filterregeln der Firewall erfolgt höchstens eine Warnmeldung oder ein Eintrag in das Protokoll. Spezielle **I**ntrusion **D**etection **S**ysteme (IDS) gehen hier einen Schritt weiter. Sie überwachen ebenfalls den Datenverkehr und achten auf ungewöhnliche Vorkommnisse und unerlaubte Zugriffsversuche. Dabei versuchen sie aber, Muster in den Datenmengen zu finden und so z. B. Angriffe oder Aufklärungsversuche wie etwa Portscans zu erkennen. Für eine klassische Firewall ist ein Portscan einfach nur eine Reihe von Datenpaketen, die je nach Konfiguration abgelehnt oder zugelassen werden. Ein IDS-Programm hingegen erkennt in diesen Datenpaketen das typische Muster eines Portscans und kann darauf reagieren. Zu den Reaktionen gehört zum einen die umgehende Warnung des Benutzers, zum anderen aber auch das Ermitteln des Urhebers, von dem der Angriff ausging. Sinn eines IDS ist, Angriffe möglichst frühzeitig zu erkennen, um dem Angreifer das Handwerk legen und das Entstehen von Schäden vermeiden zu können. In Kapitel 6 stellen wir mit Blackice ein solches IDS-Produkt für Einzel-PCs vor.

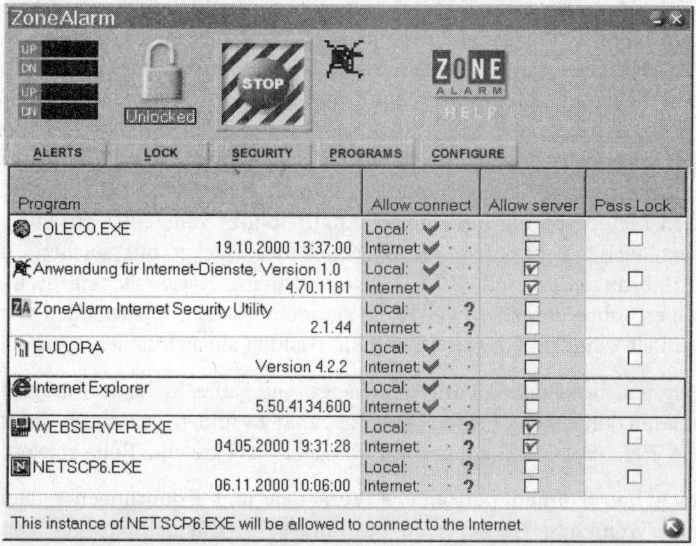

Personal Firewalls wie ZoneAlarm können einzelne PCs effektiv schützen

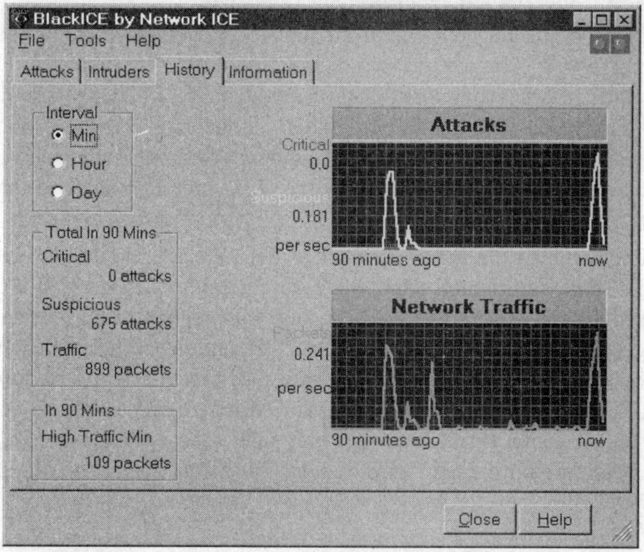

IDS-Programme wie BlackICE überwachen den Netzverkehr und suchen nach typischen Angriffsmustern

Schritt 3: Die Wahl der Angriffsmethode

Wenn die Phase der Informationsbeschaffung abgeschlossen ist, geht es an die Planung des Angriffs. Hierzu gehört es zunächst, die Stellen zu identifizieren, an denen ein Angriff überhaupt möglich ist. Wie bereits angesprochen, kann das Internet dabei eine große Hilfe sein, denn hier finden sich vielfältige Informationen über die beim potenziellen Opfer vorhandenen Systeme und Programme. Selbst wenn der Angreifer selbst kein Spezialist für das jeweilige Betriebssystem oder die verwendete Serversoftware ist, kann er sich im Netz über Sicherheitslücken und die richtige Vorgehensweise zu deren Ausnutzung informieren. In vielen Fällen bietet sich ein bestimmter Angriffspunkt von selbst an, etwa weil er besonders leicht zu benutzen ist oder weil der Hacker mit solchen Angriffen schon Erfahrungen gesammelt hat. Viele routinierte Hacker haben ihren eigenen Stil, eine erprobte Vorgehensweise, die sie immer wieder anzuwenden versuchen. Nur wenn sie damit nicht weiterkommen, wenden sie sich neuen Methoden zu.

Ist ein System besonders löchrig und bietet eine ganze Reihe von möglichen Angriffspunkten, gilt es, den besten Einstiegspunkt zu finden, sozusagen die schwächste Stelle. Bei dieser Wahl können verschiedene Aspekte eine Rolle spielen:

- Auch hier können persönliche Vorlieben und Erfahrungen entscheidend sein. Wenn ein Hacker eine bestimmte Angriffsmethode gut kennt und schon mehrfach erfolgreich angewendet hat, wird er sie in den meisten Fällen einer für ihn völlig neuen Methode vorziehen.
- Professionelle Hacker gehen gern möglichst unauffällig vor und versuchen, möglichst wenig oder besser gar keine Spuren zu hinterlassen. Deshalb werden sie im Zweifelsfall einer Angriffsmethode den Vorzug geben, die möglichst wenig Aufsehen erregt. So können sie sich im Fall eines Scheiterns einfach zurückziehen und doch noch eine andere Methode ausprobieren, ohne dass der Benutzer oder Verwalter des angegriffenen Systems schon unnötig alarmiert wäre.
- Schließlich spielen die Erfolgsaussichten der jeweiligen Methode eine große Rolle. Es gibt Angriffsmethoden, die z. B. bestimmte Sicherheitslücken ausnutzen und die einen 100%igen Erfolg versprechen, wenn diese Lücke nicht geschlossen oder behoben wurde. Bei anderen Methoden hängt der Erfolg nicht nur von der Sicherheitslücke selbst, sondern von weiteren Faktoren ab, die sich aber erst im Verlauf des Angriffs ergeben. So etwas bringt immer große Unwägbarkeiten mit sich, sodass ein Hacker in der Regel die Methode bevorzugen wird, bei der der Erfolg am sichersten ist.

1.2 Der Angriff auf das System

Hat sich der Angreifer für eine Methode entschieden, geht es an die Umsetzung. Eventuell müssen noch Informationen oder Programme aus dem Netz beschafft werden. Dann kann der eigentliche Angriff beginnen. In diesem Abschnitt stellen wir die prinzipiellen Angriffstechniken von Hackern vor.

Infizierte Systeme – Sabotage durch Computerviren

Eine der ältesten Bedrohungen für Computer - fast so alt wie die Computer selbst - sind Computerviren. Sie können insbesondere vernetzte Rechnersysteme innerhalb kürzester Zeit durchdringen und infizieren. Dabei können sie auf einem infizierten Rechner praktisch beliebig Aktionen ausführen und so z. B. Datenverluste herbeiführen. Computerviren sind eigentlich kein typisches Hacker-Werkzeug, aber in der Hand eines Saboteurs, der einfach nur Schaden anrichten will, können sie eine mächtige Waffe sein. Ein Angriff durch Computerviren ist vergleichsweise einfach, weil man nur auf irgendeine Art eine infizierte Datei auf einen Rechner platzieren muss. Alles andere erledigt der Virus dann ganz von allein.

Frühere Virenprogrammierer hatten einen ungefähr ebenso mythischen Stellenwert wie die klassischen Hacker. Das hat sich allerdings grundlegend geändert. Um einen Virus zu programmieren, muss man heutzutage kein Experte mehr sein. Im Internet gibt es komplette Virenbaukästen, mit denen man sich ohne spezielle Vorkenntnisse seinen eigenen Computervirus zusammenbasteln kann. So kann man z. B. für einen Sabotageangriff auf ein Firmennetzwerk einen speziellen neuen Virus erstellen, dessen Signatur durch die installierte Antivirensoftware nicht erkannt wird. Ist man ein Insider mit internem Zugang, kann man zuvor testen, ob die Virenscanner den Virus auch wirklich nicht erkennen. So kann sich der digitale Schädling zunächst unbehindert ausbreiten. Erst wenn seine destruktive Wirkung offenbar wird, kann er erkannt und bekämpft werden.

Der Erfolg eines Virenangriffs hängt - genau wie bei biologischen Viren - von der Inkubationsphase ab. Hat ein Virus eine lange Inkubationszeit und bleibt nach der Infektion lange inaktiv bzw. beschränkt sich auf die Fortpflanzung und richtet noch keinen Schaden an, kann er sich, z. B. in einem Netzwerk, weiter verbreiten, bevor er bemerkt und bekämpft wird. Wird ein Virus allerdings unmittelbar nach erfolgreicher Infektion aktiv und beginnt sofort sein zerstörerisches Treiben, wird er meist schnell entdeckt und die Bekämpfung beginnt, noch ehe der Schädling seine optimale Verbreitung gefunden hat.

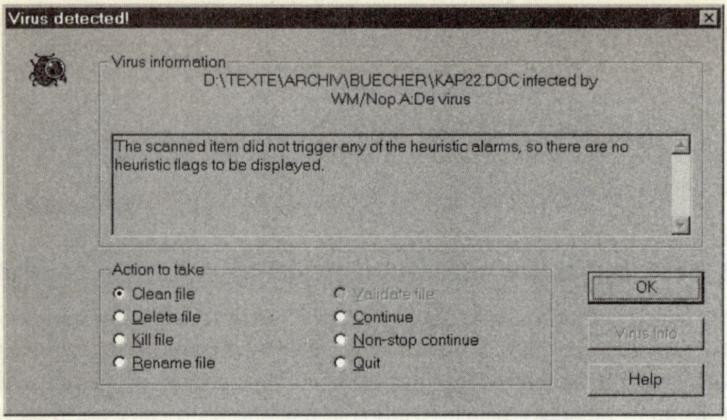

Gute Antiviren-Programme spüren Computerviren auf und können sie sofort entfernen

Gegenmaßnahme: Schutz vor Computerviren

Schutzmaßnahmen gegen Computerviren sind bekannt: Es helfen nur grundlegende Vorsichtsmaßnahmen und der Einsatz von leistungsfähigen und vor allem stets aktuellen Antivirenprogrammen. Diese Maßnahmen sollten nicht nur als Schutz vor Sabotage dienen, sondern generell die Bedrohung durch Computerviren ausschalten, die ja nicht nur gezielt eingesetzt werden, sondern sich auch ganz willkürlich verbreiten können. Obwohl dies eine Binsenweisheit ist, halten sich viele Benutzer aus Unkenntnis oder Bequemlichkeit nicht daran. Für Firmennetzwerke empfiehlt sich außerdem der Einsatz eines leistungsfähigen Netzwerkvirenscanners in Verbindung mit einer Firewall. So kann die Verseuchung des Netzwerks von außerhalb zentral verhindert werden. Außerdem entlastet man so die Mitarbeiter von der Verpflichtung, Vireninfektionen selbst zu verhindern. Um auch gegen ganz neue Viren gewappnet zu sein, die der Virenscanner noch nicht genau kennt, empfiehlt sich der Einsatz von heuristischen Suchmethoden. Das sind Verfahren, die Viren nicht aufgrund von konkreten Signaturen, sondern anhand von typischem Programmcode erkennen können. Die meisten Virenscanner verfügen bereits über solche Funktionen, aber häufig werden sie nicht eingesetzt, weil die Überprüfung dadurch länger dauern kann. In Kapitel 3 beschäftigen wir uns ausführlicher mit Maßnahmen zum Schutz vor Computerviren.

Der große Bruder liest mit – Einschleusen von Trojanern

Den Viren nicht ganz unähnlich sind Trojaner oder Trojanische Pferde, weshalb sie wohl auch oft im gleichen Atemzug genannten werden. Der große Unterschied zwischen Viren und Trojanern ist aber, dass Viren sich selbst vermehren und so immer weiter ausbreiten, während Trojaner dies im Allgemeinen nicht tun. Vielmehr installieren Hacker gezielt Trojaner-Programme auf den Rechnern ihrer Opfer. Inzwischen ist dies aber auch nicht mehr ganz korrekt, denn das Internet hat zu einer massenhaften Verbreitung von Trojanern geführt, die einer Vireninfektion nicht unähnlich ist. Dabei werden Trojaner-Komponenten in unverdächtiger Software versteckt, die dann zum kostenlosen Download angeboten wird. Installieren die Benutzer die Software, wird automatisch auch der Trojaner aktiv, der dann über das Internet ferngesteuert werden kann.

Ein Trojaner ist ein Programm, das sich als ein anderes tarnt. So könnte ein Angreifer z. B. die Zugangssoftware zu einem Onlinedienst auf Ihrem Rechner durch ein eigenes Programm ersetzen. Dieses Programm sieht nach außen hin fast genauso wie das Original aus. In Wirklichkeit aber macht es etwas ganz anderes. Beispielsweise könnte es wie gewohnt Ihre Benutzerkennung und Ihr Passwort abfragen und dann eine Onlineverbindung aufbauen. Anstatt aber Sie mit Ihrem Onlinedienst zu verbinden, wählt das Programm den Rechner des Hackers an und übermittelt ihm Ihre Zugangsdaten. Wenn es anschließend wie gewohnt die Verbindung zum Onlinedienst herstellt, merken Sie nichts davon und der Übeltäter kann unbehelligt Ihren Zugang benutzen. Zumindest so lange, bis Sie die nächste Rechnung vom Onlinedienst bekommen.

Eine andere, ähnliche Falle ist das Installieren eines Spionageprogramms auf dem Rechner des Opfers. Dieses Programm zeichnet heimlich alle Aktionen und Eingaben des Benutzers auf. So auch Tastatureingaben von Passwörtern und ähnlichen sensiblen Daten. Die Aufzeichnungen werden in eine Datei geschrieben und vom Täter später ausgewertet. Wenn der Rechner über eine Onlineanbindung verfügt, kann das Log-Programm die Daten direkt über das Netz an den Angreifer übermitteln. Solche Programme sind zwar durchaus zu entdecken, die Angreifer machen sich aber zu Nutze, dass i. d. R. niemand danach sucht.

Moderne Trojaner wie etwa *BackOrifice* gehen noch einen Schritt weiter und installieren eine komplette Fernsteuerungssoftware auf dem verseuchten Rechner. Über das Internet kann der PC dann fast beliebig manipuliert werden, angefangen beim Ausspionieren und Löschen von Dateien über das Ausführen von Programmen bis hin zum Provozieren eines Systemabsturzes. Das besonders Gefährliche daran: Solche Programme werden heute nicht mehr in mühsamer Handarbeit ausgetüftelt, sondern stehen der Allgemeinheit zum Download aus dem Internet zur Verfügung. Zwar sind bislang keine Zahlen zur Verbreitung von Fernzugriffs-Trojanern wie etwa BackOrifice bekannt, aber man kann davon ausgehen, dass ein nicht unerheblicher Prozentsatz der PCs mit Internetzugang davon betroffen ist. Gelegenheitshacker müssen sich also nicht mal mehr die Mühe machen, das Trojanerprogramm erst zu installieren. Sie brauchen lediglich durch einen Portscan vorhandene Trojaner aufzuspüren und diese dann zu aktivieren.

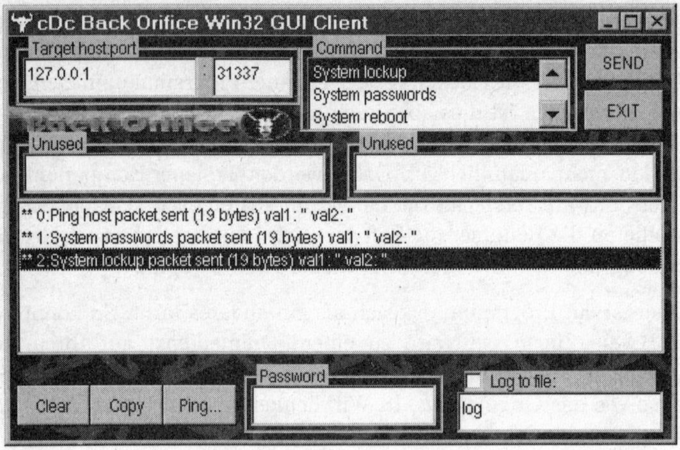

Mit modernen Trojanern wie BackOrifice ist die komplette Fernsteuerung eines fremden PCs via Internet möglich

Gegenmaßnahmen: Schutz vor Trojanern

Auch bei Schutzmaßnahmen werden Trojaner oft mit Viren gleichgesetzt. Das hat den Vorteil, dass sich gängige Antivirenprogramme auch dieser Art von Schädlingen annehmen.

Spezielle Werkzeuge sind bei der Bekämpfung von Trojanern erfolgreicher als herkömmliche Antivirenprogramme

Mit aktueller Virensoftware ist man also auch vor Trojanern stets recht gut geschützt. Dementsprechend gilt für den Schutz vor Trojanern alles das ebenso, was zu Abwehrmaßnahmen gegen Computerviren gesagt wurde. Zusätzlich gibt es inzwischen aber spezielle Software zum Aufspüren und Eliminieren von Trojanern, die besser auf die Funktionsweise dieser Programme eingeht und deshalb auch höhere Erfolgsquoten aufweist. In Kapitel 3 widmen wir uns dem Thema Trojaner und vor allem ihrer Bekämpfung mit effektiven Werkzeugen ausführlicher.

Hintertüren – Systemfehler und Sicherheitslücken nutzen

Eine sehr beliebte, weil sehr einfache Methode ist, bekannte Sicherheitslücken von Betriebssystemen und Programmen auszunutzen. Solche Löcher gibt es in praktisch allen Softwareprodukten. Die Programme haben heute eine so große Komplexität erreicht, dass niemand mehr alle Möglichkeiten überdenken, geschweige denn ausprobieren kann. Ein Hacker mit der nötigen Erfahrung und dem richtigen Gespür findet immer wieder Stellen, an denen die Programmierer geschlampt haben. Leider veröffentlichen viele Hacker entdeckte Sicherheitslücken inklusive einer Anleitung, wie man sie ausnutzen kann, im Internet. Dort sind sie jedermann zugänglich, sodass sich auch Gelegenheitshacker ohne große Erfahrung und Kenntnisse solche Lücken zu Nutze machen können.

Gegenmaßnahmen: Sicherheitslücken umgehend schließen

Der Schutz vor Sicherheitslücken gehört mit zu den aufwendigsten Sicherheitsmaßnahmen. Er lässt sich nicht auf einmal erledigen, sondern ist ein konstanter Prozess der Information. Das Wichtigste bei Sicherheitslücken ist nämlich, davon möglichst umgehend zu erfahren. Leider tun sich die Softwarehersteller gerade in Bezug auf Privatanwender sehr schwer mit einer guten Informationspolitik. Hier müssten vom Gesetzgeber noch viel deutlichere Bestimmungen zur Produkthaftung durchgesetzt werden. Bei Softwareprodukten auf Firmenebene gehört es hingegen längst zum guten Ton, dass der Hersteller seine Kunden umgehend auf potenzielle Sicherheitsrisiken hinweist. Bis das auch für Privatkunden der Fall ist, bleibt nur Eigeninitiative in Form von Information durch verschiedene Medien. Sehr hilfreich ist das regelmäßige Lesen einschlägiger Fachzeitschriften. Hier werden Bug-Reports und Warnungen meist große Beachtung geschenkt. Noch etwas aktueller ist i. d. R. das Internet. Bug-Meldungen werden hier zuerst verbreitet. Allerdings ist das Suchen nach Webseiten und Newsgruppen etwas aufwendiger.

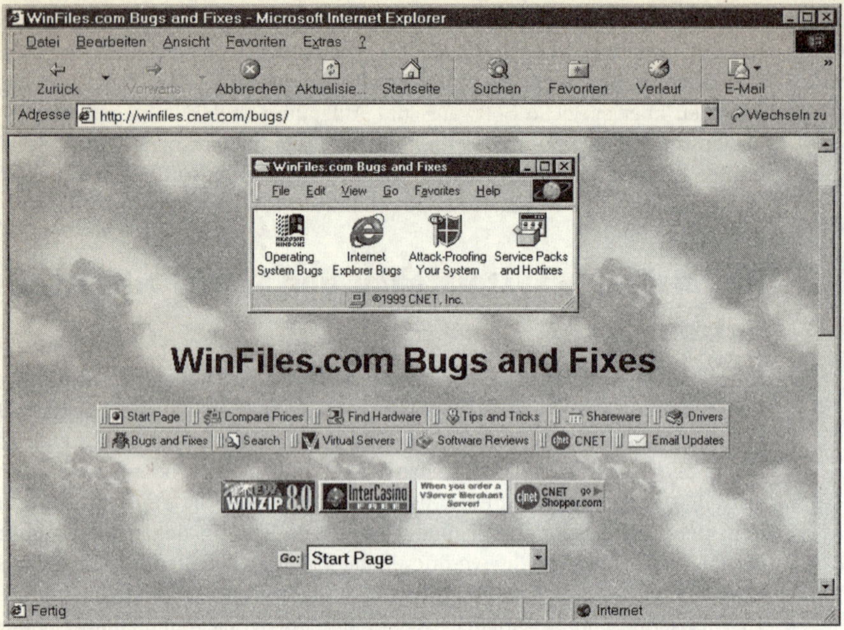

Auf Websites wie etwa http:// winfiles.cnet.com/bugs kann man sich über bekannte Fehler und Lücken informieren

Patches und Bugfixes

Auf bekannt gewordene Fehler reagieren die Softwarehersteller meist mit kleinen Reparaturen (Bugfixes oder Patches genannt). Diese Dateien sind normalerweise im Internet zugänglich. Oft verschickt der Hersteller sie auf Anfrage oder verteilt sie auf CDs von Computerzeitschriften. Leider enthalten diese Reparaturdateien meist neben der eigentlichen Reparatur auch neue, weitere Fehler. Bevor Sie eine solche Reparatur-Datei installieren, überlegen Sie gut, ob das wirklich notwendig ist. Benutzen Sie die Datei nur, wenn sie

- ein Problem behebt, das Sie wirklich direkt betrifft,
- eine zusätzliche Funktion bereitstellt, die Sie wirklich benutzen wollen,
- eine Sicherheitslücke stopft, von der Ihnen und Ihren Daten persönlich Gefahr droht oder
- von einer Software vorausgesetzt wird, die Sie unbedingt benötigen.

Von einem Installieren sämtlicher vorhandener Patches, nur weil sie eben da sind, raten wir dringend ab.

Passwörter durch Brute Force ermitteln

Das Ziel der meisten Hacker-Angriffe sind Passwörter, da sie den Zugang zu den angestrebten Systemen und Daten schützen. Eine Passwortabfrage kann man nur umgehen, wenn es eine entsprechende Sicherheitslücke gibt und man diese kennt. Andernfalls muss man das Passwort wohl oder übel knacken. Dazu gibt es verschiedene Methoden. Man kann Passwörter durch technische Hilfsmittel ausspionieren oder durch Social Engineering ermitteln. Wenn das alles nicht funktioniert, hilft nur noch rohe Gewalt. Diese Methode, in der Hacker-Szene meist mit dem englische Begriff *Brute Force* bezeichnet, ist das letzte Mittel, um Passwörter zu knacken. Sie wird deshalb als Letzte eingesetzt, weil sie im Vergleich zu den anderen sehr aufwendig ist. Dafür ist die Erfolgsquote meist leider erschreckend hoch.

Bei Brute Force-Angriffen setzen Hacker Programme ein, die Passwörter durch Ausprobieren ermitteln. Diese Programme verfügen z. B. über Wörterbücher und probieren alle darin enthaltenen Begriffe der Reihe nach als Passwort aus. Das setzen sie so lange fort, bis das gesuchte Kennwort gefunden wurde oder die Wörterliste erschöpft ist. In den meisten Fällen ist leider Ersteres der Fall. Da viele dieser Programme im Internet frei verfügbar sind, kann heutzutage jeder ein entsprechendes Programm nebst umfangreichen Wörterbüchern herunterladen und einsetzen. Deshalb ist ein effektiver Schutz vor Brute Force-Angriffen unumgänglich.

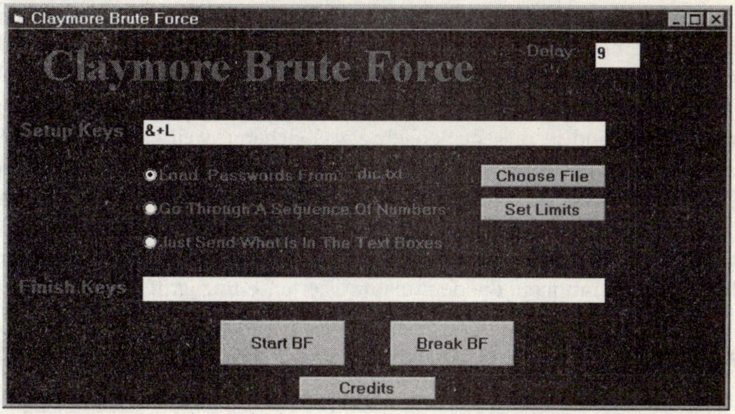

Mit frei verfügbaren Programmen wie etwa Claymore kann jeder Passwörter per Brute Force-Angriffen ermitteln

Gegenmaßnahmen: Schutz vor Brute Force-Angriffen

Der Schutz gegen Passwort-Angriffe mit roher Gewalt ist eigentlich am einfachsten: Wählen Sie gute, sichere Kennwörter. Da die Hacker Wörterlisten und Wörterbücher für ihre Angriffe einsetzen, sollten Sie ein Passwort haben, das in solchen Verzeichnissen nicht vorkommt. Dazu benutzt man am besten eine beliebige Kombination aus Buchstaben, Zahlen und Sonderzeichen. Solche Kennwörter sind auch mit Brute Force-Angriffen nicht zu knacken. In Firmennetzwerken sollte der Systemverwalter dafür Sorge tragen, dass die Benutzer sichere Passwörter verwenden. Das geht zum einen durch eine entsprechende Schulung der Anwender, zum anderen sollte man Systeme einsetzen, die nur sichere Passwörter zulassen oder die verwendeten Passwörter regelmäßig auf Sicherheit prüfen.

Ein anderes Mittel zum Verhindern von Brute Force-Angriffen sind sichere Anmeldeprozeduren. Zuverlässige Systeme erlauben z. B. nur drei aufeinander folgende Anmeldeversuche mit falschem Passwort. Danach wird die Anmeldung gesperrt oder muss zumindest eine bestimmte Zeit pausieren. Das ist wie bei der EC-Karten-Geheimzahl oder bei der Handy-PIN. Wenn man dreimal falsch eingibt, muss man den Zugang zuerst wieder freischalten lassen, bevor man es erneut versuchen darf. Automatisierte Brute Force-Angriffe sind bei solchen Sicherungsmaßnahmen wenig aussichtsreich.

Fernbedienung – PCs per Fernzugriff manipulieren

Ultimatives Ziel vieler Hacker ist die vollständige Übernahme der Kontrolle über einen entfernten Rechner, um einen Angriff endgültig abzuschließen. Dann hat man genau die gleichen Möglichkeiten und Rechte wie ein Benutzer, der direkt vor dem Bildschirm sitzt. Fernzugriffsmöglichkeiten sind bei Hackern deshalb besonders beliebt. Ob und welche solcher Möglichkeiten es gibt, hängt ganz vom angegriffenen Rechner ab. Bei UNIX-Rechnern ist der Fernzugriff sozusagen eingebaut, denn sie bieten von Hause aus die Möglichkeit, sich von einem anderen Rechner aus etwa per Telnet anzumelden und wie ein lokaler Benutzer zu arbeiten. Windows-Rechner sind in diesem Bereich etwas sicherer, weil z. B. Windows 9x/ME-PCs von Hause aus überhaupt keine Möglichkeit für den Fernzugriff haben. Um den Fernzugriff zu erlangen, gibt es verschiedene Möglichkeiten. Die nahe liegendste ist auch hier das Ermitteln von Benutzernamen und Kennwörtern, die den Zugriff ermöglichen. Es gibt aber auch immer wieder Sicherheitslücken und fehlerhafte Konfigurationen, die den unautorisierten Fernzugriff möglich machen.

Gegenmaßnahme: Unautorisierte Fernzugriffe verhindern

Die besondere Problematik beim Fernzugriff ist, dass es sich dabei um eine Funktion handelt, die man ja eigentlich zur Verfügung stellen will. Gleichzeitig birgt diese Funktion aber ein enormes Gefahrenpotenzial. Deshalb sollte man sich immer fragen, ob der Fernzugriff wirklich unbedingt notwendig und sinnvoll ist. Wenn nicht, sollte man ihn unbedingt deaktivieren, um einen Angriff an dieser Stelle zu verhindern. Soll ein Fernzugriff möglich sein, sollte man besonders auf die Verwendung sicherer Passwörter achten. Außerdem sollte man erwägen, Benutzern mit Fernzugriff bestimmte besonders kritische Systemfunktionen und Daten vorzuenthalten. So kann man z. B. UNIX-Rechner so konfigurieren, dass sich ein Benutzer mit den Zugriffsrechten eines Systemverwalters nicht per Fernzugriff anmelden darf. So kann man erreichen, dass ein Hacker, selbst wenn ihm der Fernzugriff gelungen ist, keine wesentlichen Änderungen an der Systemkonfiguration vornehmen kann.

Ein erhebliches Sicherheitsrisiko der auch bei Privatanwendern immer beliebter werdenden Linux-Systeme ist z. B., dass bei der Standardinstallation in der Regel der Telnet-Zugang aktiviert wird. Viele Benutzer wissen das gar nicht und sind sich über dieses potenzielle Sicherheitsloch deshalb auch gar nicht im Klaren. In Kapitel 11 gehen wir unter anderem auf das Betriebssystem Linux ein und zeigen, wie man eine Linux-Standardinstallation rundum absichern kann.

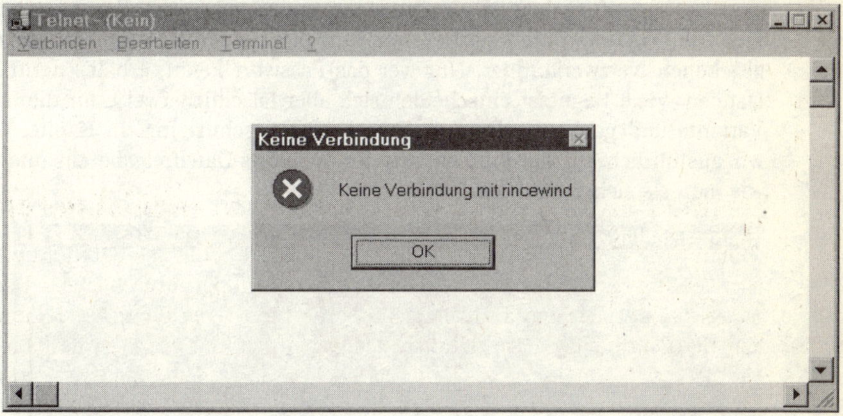

Fernzugriffsmöglichkeiten sollte man am besten komplett deaktivieren, wenn sie nicht unbedingt erforderlich sind

Zugriff auf freigegebene Dateisysteme

Eine besonders häufige Anwendung von Netzwerken sind verteilte Dateisysteme. Ein Server stellt dabei bestimmte Teile seiner Verzeichnisse anderen Rechnern zur Verfügung. Diese stellen eine enge Verbindung mit den entfernten Verzeichnissen her, sodass die entfernten Daten so genutzt werden können, als ob sie auf einer lokalen Festplatte untergebracht wären. Diese Technik benutzen sowohl UNIX-Rechner mit dem **N**etwork **F**ile **S**ystem (NFS) als auch Windows-PCs mit der Datenfreigabe, die in Netzwerken Dateien und Drucker für den allgemeinen Zugriff zur Verfügung stellt.

Da diese Techniken eigentlich nur für den Einsatz in lokalen Netzwerken vorgesehen sind, bringen sie große Gefahren mit sich, wenn sie in einem Netzwerk mit Internetanschluss eingesetzt werden. Die Sicherheitsmechanismen gehen davon aus, dass nur lokale Benutzer auf Dateisysteme zugreifen können. Deshalb sind sie eher auf das Vermeiden von versehentlichen Fehlern ausgerichtet als auf den effektiven Schutz vor Angriffen durch externe Hacker. Dementsprechend lassen sie Angreifern viele Sicherheitslücken zum Durchschlüpfen. Ist der Zugriff erst mal erreicht, sind neben vertraulichen Dokumenten auch Passwort- und Konfigurationsdateien zugänglich, sodass der völligen Systemübernahme manchmal nichts mehr im Weg steht.

Gegenmaßnahmen: Freigegebene Daten schützen

Der beste Schutz gegen solche Angriffe ist, diese verteilten Dateisysteme möglichst nicht einzusetzen, wenn das Netzwerk über ein Gateway mit dem Internet verbunden ist. In jedem Fall sollte das Gateway über einen effektiven Schutz durch eine Firewall verfügen. Außerdem sollte man die Schutzmechanismen, die man bei Datenfreigaben im Netzwerk verwenden kann, auch konsequent einsetzen. Die Windows-Dateifreigabe etwa ermöglicht einen Kennwortschutz der freigegebenen Netzwerkordner. Nur wer das Passwort kennt, erhält Zugriff auf die Dateien. Viele Benutzer entscheiden sich aber fälschlicherweise für die bequeme Variante und geben die Dateien ohne Kennwortschutz frei. In Kapitel 6 gehen wir ausführlich auf die Problematik der Windows-Dateifreigabe ein und zeigen, wie man sie sicher einsetzen kann.

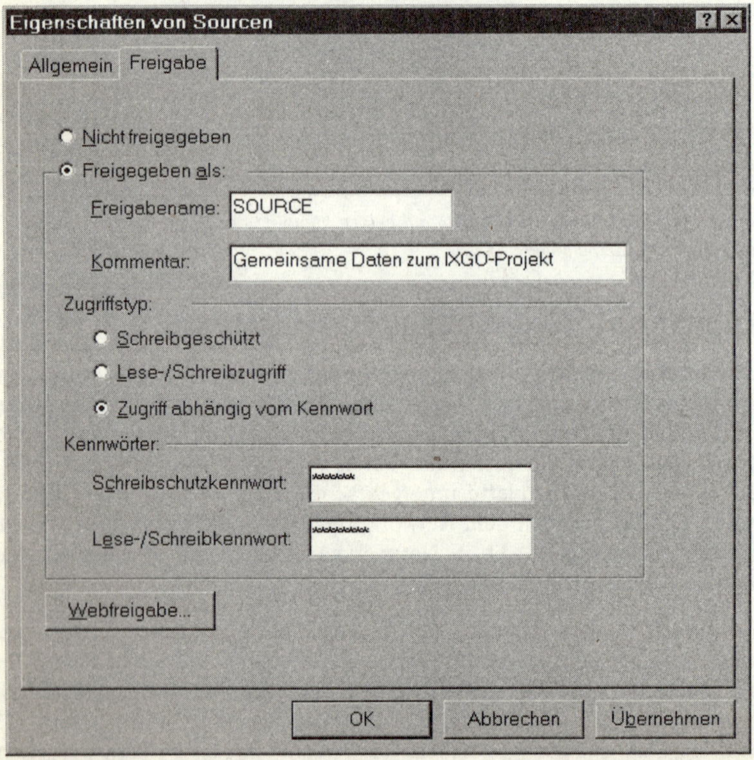

Wenn man Daten im Netzwerk freigibt, sollte man es auch richtig und sicher machen

Kennwörter erschnüffeln - Passwort-Sniffing

Passwort-Sniffing ist eine Methode, mit der selbst noch so sicher gewählte Passwörter ermittelt werden können. In den meisten Netzwerken kann jeder angeschlossene Rechner alle Datenpakete mithören, die von einem bestimmten Rechner des Netzwerks an einen bestimmten anderen gehen, ohne selbst unmittelbar an der Kommunikation beteiligt sein zu müssen. Mit speziellen Sniffer-Programmen kann man alle Datenübertragungen der (netztechnisch) benachbarten Rechnern überwachen. Bei Verbindungen, die eine Anmeldung mit Benutzername und Passwort erfordern, werden diese kritischen Daten jeweils zu Beginn der Verbindung als Datenpakete übertragen. Die Spionageprogramme registrieren diese Pakete und protokollieren sie in einer Protokolldatei. Läuft ein solches Programm einige Stunden in einem gut benutzten Netzwerk, kann der Hacker so eine ganze Reihe von Zugangsdaten ermitteln. So lassen sich aber nicht nur Passwörter ausspionieren, sondern auch viele andere Arten von vertraulichen Informationen. In Kapitel 6 erklären wir die Funktionsweise von Sniffern ausführlicher und stellen ein solches Programm vor.

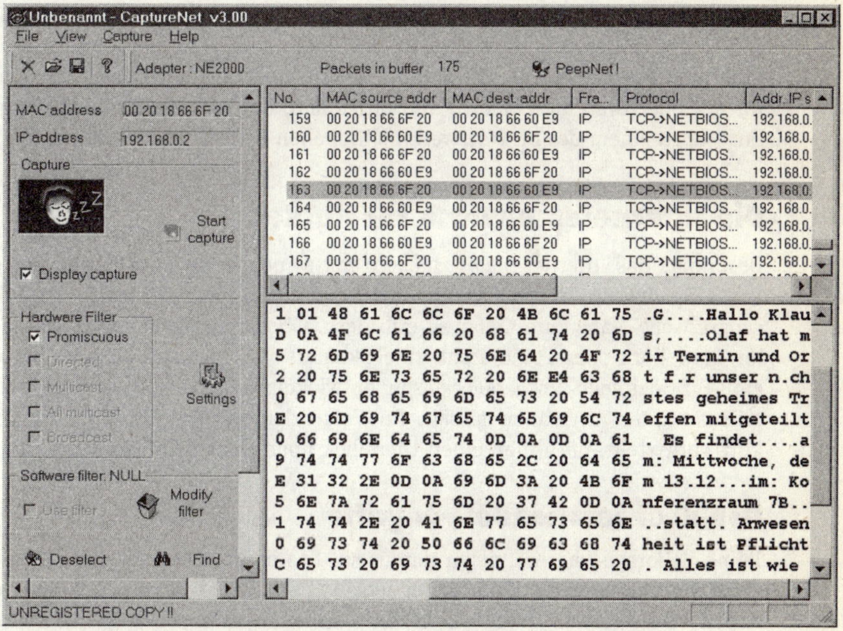

Mit einem Paket-Sniffer kann man den Netzwerkverkehr benachbarter Rechner im Klartext belauschen

INFO

20-jähriger Hacker stiehlt Kreditkartennummern

Einen klassischen Fall eines kriminell gewordenen Hackers kann man unter http://www.heise.de/newsticker/data/pab-13.07.00-000/ nachlesen. Hier wird von einem Hacker berichtet, der unter anderem in die Rechner der NASA eingedrungen war. Nach einem erfolgreichen Einbruch installierte er unter anderem einen Paket-Sniffer, um vertrauliche Daten abzuhören. So kam er in den Besitz von Tausenden von Zugangsdaten und Kreditkarteninformationen, die bei der Verhaftung gefunden wurden. Die Kreditkartendaten hatte der Hacker benutzt, um Waren im Wert von DM 20.000,- einzukaufen.

Gegenmaßnahmen: So bleiben Schnüffler außen vor

Passwort-Sniffing-Attacken sind deshalb so gefährlich, weil die Benutzer praktisch nichts davon bemerken. Für sie verläuft die Anmeldung ganz normal. Es ist deshalb auch sehr schwierig, sich dagegen zu schützen. Die beste Lösung wäre es, die Anmeldeprozedur verschlüsselt durchzuführen. Dies ist von TCP/IP-Protokollen in der aktuellen Version aber nicht vorgesehen. Zukünftige Weiterentwicklungen der Internetprotokolle werden das wohl können. Beim Kampf gegen Sniffer sollte man sich darüber im Klaren sein, dass der Angriff immer von innerhalb des Netzwerks erfolgen muss. Entweder handelt es sich also um einen Insider oder um einen Hacker von außerhalb, der sich aber zunächst irgendwie Zugang zu einem der im Netzwerk befindlichen Rechner verschaffen muss.

Die Internetspielwiese für Hacker

Besonders das Internet bietet Hackern mit seinen weltweiten Verbindungen eine große Spielwiese. Internetverbindungen haben für sie den großen Vorteil, keine geografische Nähe zum Opfer zu erfordern. Ob ein angegriffener Rechner in Berlin, New York oder Tokio steht, spielt keine Rolle. Im Laufe der Zeit haben sich einige prinzipielle Vorgehensweisen entwickelt, in die sich praktisch alle Angriffsvarianten einordnen lassen. Im Folgenden werden die einzelnen Angriffe kurz vorgestellt, um Ihnen einen Überblick über potenzielle Gefahren zu geben.

Denial of Service (DoS)-Angriffe

Reine Sabotage-Angriffe zielen darauf ab, bestimmte Dienste eines Servers oder eines Netzwerks außer Gefecht zu setzen (Denial of Service, dt. Verweigern der Arbeit). Dies erreicht man sehr effektiv, indem man den Dienst mit Anfragen überhäuft, sodass er irgendwann nur durch das Entgegennehmen der Anfragen völlig ausgelastet ist. Ein klassisches Beispiel einer Denial of Service-Attacke sind die E-Mail-Bomben aus Kapitel 7, mit denen man Mailserver angreifen kann. Ähnlich kann man aber auch Webserver in die Knie zwingen, indem man ein Programm schreibt, das in kürzester Zeit ständig neue HTTP-Anforderungen generiert. Eine jüngst in Mode gekommene Variante des Denial of Service sind ICMP-Angriffe. Hierbei werden spezielle Kommandos des **I**nternet **C**ontrol **M**essage **P**rotocol (ICMP) verwendet, die den Datenfluss im Internet steuern. So kann ein Angreifer z. B. eine ICMP-Nachricht an einen Server schicken, die den Rechner anweist, keine Datenpakete mehr in bestimmte Teile oder auch das gesamte Netzwerk zu schicken. Dadurch können Server mit einem einzigen Kommando außer Gefecht gesetzt werden. Gegen diese Art von Angriffen kann man sich schützen, indem man eine Firewall verwendet und sie so einrichtet, dass sie alle ICMP-Kommandos ausfiltert.

INFO

Krieg im Netz

Der Februar 2000 wird in die Geschichte des Internets als der Monat der DoS-Angriffe eingehen. In diesem Monat wurden zahlreiche große Websites, darunter weltweit bekannte Angebote wie CNN, eBay, Yahoo und Amazon, Opfer von gut organisierten DoS-Attacken, die die Server der Firmen teilweise für Stunden außer Betrieb setzten. Besonders für Firmen wie Yahoo, eBay oder Amazon, die ihr Geld ausschließlich im Internet verdienen, hatte der Vorfall auch erhebliche wirtschaftliche Einbußen zur Folge. Einen Grund gab es für die Angriffe offenbar nicht. Experten vermuten, dass es sich wohl um Machtdemonstrationen von Hacker-Gruppen gehandelt hat. Interessanter Nebeneffekt: Die Aktienkurse der betroffenen börsennotierten Unternehmen sackten nach Bekanntwerden der Attacken deutlich ab. Wer die Story genau nachlesen will: Im Newsarchiv von ZDnet finden sich dazu zahlreiche Artikel. Ein guter Einstiegspunkt ist

http://www.zdnet.de/news/artikel/2000/02/09016-wc.html.

Denial of Service-Angriffe sind grundsätzlich reine Sabotagemaßnahmen. Der Angreifer kann nicht erwarten, durch sie Zugang zu einem Rechner oder Daten zu erlangen oder sonst einen Gewinn zu haben. Oftmals werden solche Angriffe eingesetzt, um sich zu rächen, um einem Konkurrenten zu schaden, um Aufmerksamkeit zu erlangen oder um sie als Waffe in einem Informationskrieg zu verwenden (siehe dazu auch den letzten Abschnitt diese Kapitels). Die jüngste Vergangenheit hat aber gezeigt, dass DoS-Angriffe durchaus Gewinn bringen können: So haben Angriffe auf große Internetangebote wie Yahoo! oder eBay den dahinter stehenden börsennotierten Firmen einen kräftigen Kursrutsch beschert. Nach dem Ende der Angriffe erholten sich die Kurse dann schnell wieder. Vielleicht war da ja ein Hacker mit Aktiendepot am Werk?

Verteilte DoS-Angriffe

Eine besondere Variante von Denial of Service-Angriffen sind die verteilten Angriffe, auch als **D**istributed **D**enial **o**f **S**ervice oder kurz dDoS bezeichnet. Sie zeichnen sich dadurch aus, dass die Anfragen nicht nur von einem Rechner kommen, sondern von vielen Internetrechnern aus gleichzeitig losgeschickt werden. So erreicht man den gewünschten Effekt der Überlastung noch schneller. Außerdem ist es nun mal schwieriger, einen Angriff von mehreren Seiten abzuwehren. Besonders perfide: Häufig wissen die Besitzer der an dem Angriff beteiligten Rechner gar nicht von ihrem Glück. Hacker installieren heimlich Trojaner auf fremden Rechnern, die sie dann durch einen Befehl per Internet für den Angriff konfigurieren und starten können. So kann ein einzelner Hacker leicht eine größere Anzahl von Rechnern für einen wirkungsvollen verteilten Angriff zusammenbekommen. Er selbst braucht sich mit seinem Rechner gar nicht zu beteiligen und läuft somit auch nicht Gefahr, als Urheber ausgemacht zu werden.

Gegenmaßnahmen: DoS-Angriffe vermeiden

Generell ist der Schutz gegen Denial of Service-Angriffe schwierig. Das kann man sich leicht vorstellen, wenn man bedenkt, dass solche Arten von Belästigung auch im richtigen, nicht elektronischen Leben vorkommen können. Stellen Sie sich vor, jemand ruft bei allen Pizza-Bringdiensten der Stadt an und lässt von jedem zehn Pizzas an Ihre Adresse liefern. Was meinen Sie, wie effektiv Sie außer Gefecht gesetzt sind, während Sie mit 20 bis 30 Pizzaboten über die Bezahlung diskutieren! Aber wie hätten Sie sich dagegen schützen sollen? Das wesentliche Probleme bei DoS-Angriffen ist, sie zu erkennen. Schließlich gibt es für die Überlastung eines Servers ja viele mögliche Ursachen. Als die NASA während der Marsmission regelmäßig Bilder und aktuelle Informationen im Netz bereitstellte, waren die Webserver wegen des großen Interesses auch ständig am Rande des Zusammenbruchs (und manchmal auch knapp darüber!). Trotzdem war dies ja kein böswilliger Angriff.

Zur Zeit wird fieberhaft an der Entwicklung von Programmen gearbeitet, die Denial of Service-Angriffe möglichst frühzeitig erkennen. Bei einfachen DoS-Attacken mag es noch möglich sein, den Urheber zu erkennen und Daten von seiner Adresse zu blockieren. Verteilte DoS-Angriffe hingegen dürften schwerer zu verhindern sein, weil sie von vielen Rechnern gleichzeitig ausgehen. Wie soll man da unterscheiden, wer am Angriff beteiligt ist und wer einfach nur Webseiten abrufen will? Hier werden die Softwareingenieure noch einiges an Gehirnschmalz investieren müssen.

Angriffe durch IP-Manipulationen

Eine besonders gefährliche Art von Angriffen ist das Manipulieren von IP-Paketen. Ein IP-Paket enthält neben seinem eigentlichen Inhalt eine ganze Reihe von Informationen, die für das Weiterleiten der Daten vom Absender zum Empfänger benötigt werden. Einige dieser Daten lassen sich so manipulieren, dass Hacker damit sogar die Schutzfunktionen einiger Firewalls aushebeln können.

Beim *IP-Spoofing* fälscht der Hacker die Absenderadresse eines IP-Pakets. Wenn er einen Rechner in einem Netz angreifen will, das von einem Firewall geschützt ist, gibt er seinen Datenpaketen die Absenderadresse eines Rechners, der sich im gleichen Netz befindet wie der Zielrechner. Treffen die Datenpakete auf die Firewall, überprüft die ihre Absenderadresse. Da es die Adresse eines Rechners ist, der sich hinter dem Firewall befindet, werden die Pakete als sicher angesehen und zugelassen. Inzwischen ist die Technik des IP-Spoofing allerdings weitgehend bekannt und die meisten aktuellen Firewall-Lösungen benutzen andere Techniken, um zwischen internen und externen Datenpaketen zu unterscheiden.

Ein weiterer Angriffspunkt bei IP-Paketen ist die *Source Route Option*. Üblicherweise suchen sich IP-Pakete ihren Weg durchs Internet selbst und wählen dabei den gerade günstigsten aus. Es gibt aber auch die Möglichkeit, in der Source Route Option jedes Pakets genau anzugeben, welchen Weg die IP-Pakete nehmen sollen. Bei schlecht geschützten Systemen kann man so eine zwischengeschaltete Firewall umgehen, indem man Datenpakete direkt bis an den Zielrechner lenkt.

Angriffe mit IP-Paketen erlauben Hackern zwar keinen Zugriff auf vertrauliche Daten, sie sind aber meist der erste Schritt, um sich Zugang zu einem fremden Rechner zu verschaffen. Insbesondere um in ein durch eine Firewall geschütztes Netzwerk einzudringen, sind sie oft ein hilfreiches Mittel. Außerdem stellen sie eine große Sabotage-Gefahr dar. Prinzipiell reicht ein einziges ans Ziel gebrachtes IP-Paket, um einen zerstörerischen Befehl auf dem Zielrechner auszuführen.

Gegenmaßnahmen: IP-Manipulationen verhindern

Das beste Mittel gegen gefälschte IP-Pakete ist eine leistungsfähige Firewall-Lösung, die die Tricks der Hacker kennt und sich dagegen schützen kann. Dabei ist es vor allem wichtig, stets auf dem Laufenden zu bleiben, sich über neue Techniken zu informieren und die Firewall ggf. zu aktualisieren bzw. die Konfiguration anzupassen. Private Teilnehmer brauchen sich vor IP-Manipulationen normalerweise nicht fürchten. Sie erfordern einige Detailkenntnisse und werden in der Regel nur von Experten eingesetzt, die eher große Ziele angreifen.

Abhören und Entführen von offenen Verbindungen

Die meisten Netzwerke basieren auf der Ethernet-Technologie, bei der alle am Netz angeschlossenen Rechner auf alle Datenpakete, die durch das Netz laufen, zugreifen können. Da TCP/IP-Verbindungen unverschlüsselt arbeiten, können Hacker mit der richtigen Software den Datenverkehr zwischen Rechner A und Rechner B von einem dritten Rechner C im Netzwerk aus verfolgen. Wenn sie eine Verbindung eine Weile beobachtet haben, können sie sogar noch einen Schritt weitergehen und die Verbindung selbst übernehmen. Dabei erzeugen sie Datenpakete, die so aussehen, als kämen sie von Rechner A und schicken sie an Rechner B.

Um die Synchronisationsmechanismen von TCP/IP zu unterlaufen, müssen sie lediglich die Datenpakete jeweils vor Rechner A abschicken. Rechner B erhält die eingeschmuggelten Datenpakete zuerst und verwirft die später ankommenden Pakete von Rechner A als veraltet. Damit wird der Benutzer auf Rechner A praktisch aus der Verbindung geworfen. Für ihn sieht es so aus, als ob eine Netzstörung vorliegt, weil Rechner B plötzlich nicht mehr reagiert. Tatsächlich hat der Hacker auf Rechner C die Verbindung des Benutzers einfach übernommen. Hatte sich dieser zuvor beispielsweise schon mit seinem Passwort angemeldet, „erbt" der Hacker nun seine Zugriffsrechte auf Dateien und Dienste.

Gegenmaßnahmen: Verbindungen vor Kidnappern schützen

Das Abhören und Entführen beruht auf grundlegenden Schwächen von TCP/IP und klappt prinzipiell bei allen Arten von Verbindungen. Besonders interessant sind aber Fernzugriffsverbindungen wie etwa Telnet. Die Benutzer selbst können sich kaum dagegen schützen. Allerdings sind solche Angriffe sehr aufwendig und erfordern gute Kenntnisse von TCP/IP, wenn es auch inzwischen schon Programme im Internet gibt, die die entsprechenden Funktionen mit einer appetitgerechten Oberfläche anbieten. Wirklich effektiven Schutz können nur Systemverwalter durch geeignete Vorbeuge- und Überwachungsmaßnahmen leisten. Beim Entführen von TCP/IP-Verbindungen treten einige typische Symptome auf, die ein erfahrener Systemverwalter erkennen und einordnen kann. Da solche Angriffe in der Regel innerhalb eines Netzwerks erfolgen, ist es oft nicht schwer, den Urheber ausfindig zu machen.

Hacken ohne Computer – Social Hacking

Eine Methode, die vor allem erfahrene Hacker gern einsetzen, ist das *Social Engineering* (dtsch. in etwa soziale Forschung), auch als *Social Hacking* bezeichnet. Dabei beschäftigt sich der Hacker eingehend mit dem sozialen Umfeld des Opfers, um wichtige Informationen wie etwa Passwörter herauszubekommen. Erfahrungsgemäß benutzen Menschen als Passwörter gern Begriffe aus ihrer direkten und alltäglichen Umgebung, um sich leichter daran erinnern zu können. Beliebte Beispiele sind:

- Namen von Frau, Freundin, Kindern, Haustieren,
- Lieblingsfarben, -Musikgruppen, -Lieder, -Autos, -Essen oder
- Daten wie Geburtstage, Kfz-Kennzeichen, Telefonnummern usw.

Wenn es einem Hacker gelingt, möglichst viel über die Interessen, Vorlieben und Angewohnheiten seines Opfers in Erfahrung zu bringen, kann er z. B. eine Liste mit möglichen Passwörtern zusammenstellen, die er bei den Benutzerzugängen der angegriffenen Person ausprobieren kann.

Wie kommen Hacker an persönliche Informationen?

Die Informationsquellen für neugierige Hacker sind vielfältig. Das fängt im einfachsten Fall mit dem Telefonbuch an. Mit etwas persönlichem Einsatz können Hacker sie beobachten und erfahren so, wo und wie Sie wohnen, mit wem Sie zusammenleben, ob Sie Haustiere haben und was für ein Auto Sie fahren. Vielleicht befragen sie unter einem Vorwand Ihre Nachbarn, um möglichst viele Details herauszubekommen. Wer sich für die vielfältigen Methoden des Social Engineering interessiert, sollte sich mal den Film „Sneakers" mit Robert Redford aus der Videothek ausleihen. Das ist ein spannender Film, in dem eine Gruppe von Hackern unter anderem unter Einsatz aufwendiger Methoden des Social Engineering in eine Firma eindringt, um ein geheimes Projekt zu stehlen.

Manchmal geht es aber auch viel leichter: Gerade Menschen, die online aktiv sind, verraten häufig freiwillig sehr viel über sich. In Newsgruppen oder Chatforen sprechen sie mit anderen über ihre Interessen und Probleme. Vielleicht ist das Gegenüber aber auch ein getarnter Hacker, der Sie aushören will? Viele Internauten haben eine eigene Homepage, auf der Sie viel über ihre Hobbys und Vorlieben verraten. Eine sprudelnde Informationsquelle für jeden interessierten Hacker.

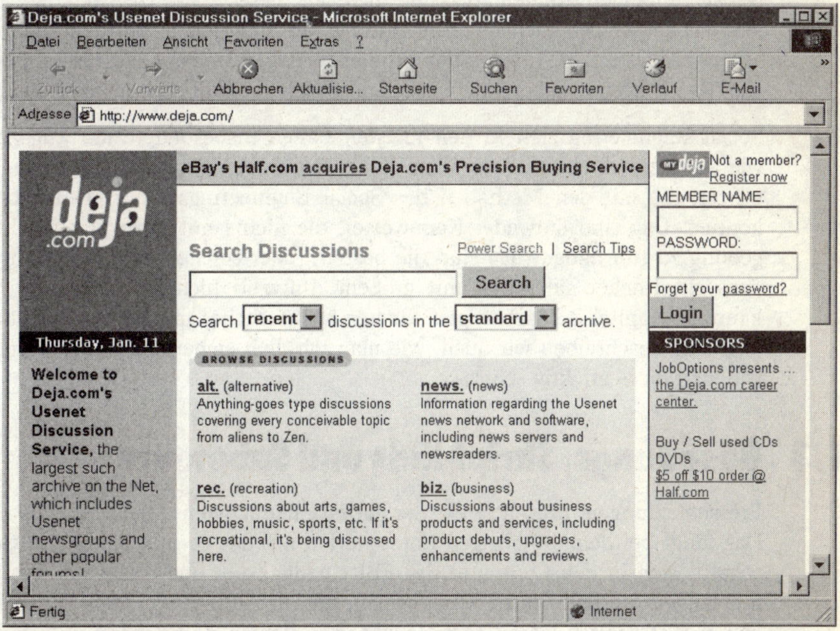

Archive wie das unter http://www.deja.com ermöglichen detaillierte Recherche über aktive Internetteilnehmer

INFO

Passwortklau in Newsgruppen

Ein ganz klassischer Fall, in dem Social Engineering sehr schnell zum Erfolg geführt hat, wird in den Newsgruppen erzählt: Ein Mann hatte als Passwort zu seinem Rechner den Namen seines Hundes gewählt. Andererseits war er aktives Mitglied einer Newsgruppe zum Thema "Herrchen und Hund" und berichtete dort regelmäßig von Erlebnissen mit seinem Liebling. Ein Hacker benutzte das Newsgruppen-Archiv Deja News (http://www.deja.com), um mehr über den Mann zu erfahren. Dort fand er Newsbeiträge seines Opfers mit dem Namen des Hundes und versuchte sein Glück – mit Erfolg. In Kapitel 8 befassen wir uns ausführlicher mit der Personenrecherche über das Internet und zeigen dort auch Möglichkeiten, wie Sie Ihre persönlichen Daten vor solchen Spionageangriffen schützen können.

Gegenmaßnahmen: Schutz vor Social Engineering

Einen Social Engineering-Angriff kann man leider nicht verhindern. Prinzipiell besteht die Frage, wie viel man anderen durch das Internet über sich selbst verraten will. Hier sollte man mit wirklich persönlichen Informationen einfach etwas zurückhaltend sein. Stellen Sie sich vor, vor Ihrem Haus oder Ihrer Wohnung hinge ein schwarzes Brett, an dem Sie für Passanten Daten über sich selbst aufhängen können. Was Sie nicht an dieses schwarze Brett hängen wollen, das sollten Sie auch nicht im Internet veröffentlichen. Würden Sie an dieses schwarze Brett z. B. Informationen über wertvolle persönliche Besitztümer hängen, damit Diebe auch genau wissen, dass sich ein Einbruch in Ihr Haus lohnt?

Social Engineering zielt in den meisten Fällen insbesondere auf Zugangsdaten wie Benutzernamen und vor allem Kennwörter ab. Verwenden Sie deshalb Passwörter, die mit den Methoden des Social Engineerings nicht geknackt werden können. Das sind entweder Kennwörter, die nichts mit Ihrer persönlichen Umgebung zu tun haben (das sind die besten), oder solche, die so persönlich sind, dass ein Hacker sie selbst mit großem Aufwand nicht in Erfahrung bringen kann. In Kapitel 2 beschäftigen wir uns ausführlicher mit dem Thema Passwörter. Dort beschreiben wir auch, wie man wirklich sichere Passwörter wählt und wie man diese effektiv schützt.

1.3 Böse Jungs, Skript-Kids und Saboteure

Pressemeldungen präsentieren die unterschiedlichsten Menschen als Hacker. Das fängt bei dem 14-jährigen Computerkid an, das es mit Glück und Geschick schafft, sich in den Computer des FBI einzuhacken, und endet bei Spezialisten mit langen Mänteln und Sonnenbrillen, die im Auftrag von Geheimdiensten arbeiten. Tatsächlich lassen sich Hacker in verschiedene Gruppen unterteilen, die aus unterschiedlichen Motiven tätig sind. In diesem Abschnitt wollen wir versuchen, die verschiedenen Arten von Hackern sowie ihre Vorgehensweisen und Absichten kurz zu charakterisieren.

Just for fun – Talentierte Kids mit Langeweile

Ein noch relativ neues Phänomen sind die Skript-Kids, junge (und teilweise wirklich sehr junge) Computerfreaks, die sich ihre Langeweile mit Hacken vertreiben. Für sie ist Hacken ein modischer Zeitvertreib wie etwa Skateboardfahren oder U-Bahn-Surfen. Sie suchen ständig nach neuen Herausforderungen und fühlen sich durch Erfolge bestätigt.

INFO

Chaos am Neujahrstag?

Für den Neujahrstag 2001 hatten sich einige amerikanische Jugendliche etwas ganz Besonderes einfallen lassen: Durch organisierte Denial of Service-Angriffe wollten sie an diesem Tag das gesamte Internet lahm legen. Einen wirklichen Grund oder gar eine politische Motivation gab es allerdings nicht. Einer der Mittäter gab an, mit der Aktion lediglich seine Freunde beeindrucken zu wollen. Zum Glück wurde die Sabotage verhindert. Die Jugendlichen hatten sich in einem öffentlichen Chatraum getroffen, um die genaue Vorgehensweise abzusprechen. Dort wurden sie offenbar vom Betreiber des Chatforums abgehört, der dann das FBI einschaltete. Mehr über diesen Vorfall finden Sie unter http://www.intern.de/news/1328.html.

Um ein Skript-Kid zu werden, braucht es nicht viel. Ein eigener Computer mit Internetzugang ist von Vorteil, notfalls tun es aber auch die PCs in der Schule, an der Uni oder in einem Internetcafé. Skript-Kids sind in der Regel keine echten Experten, sondern eignen sich nur das Wissen an, das sie unmittelbar benötigen. Sie schnappen Tricks und Informationen über Sicherheitslücken im Internet oder von Gleichgesinnten auf und wenden sie einfach an. Früher reichte das höchstens für Taschenspielertricks, aber inzwischen findet man im Internet wirklich alle Arten von brisanten Informationen, Anleitungen und Werkzeugen. Erst durch diesen leichten Zugang zu den notwendigen Informationen werden die Skript-Kids wirklich gefährlich.

Von den klassischen Hackern unterscheiden sich die Skript-Kids in ihrer grundsätzlichen Vorgehensweise. Während ein Hacker bei einem Angriff zunächst das Ziel auskundschaftet und dann eine geeignete Angriffsmethode wählt, kehren die Skript-Kiddies dies meist um. Bei ihnen kommt zuerst die Angriffsmethode, z. B. weil sie gerade von einer neuen Sicherheitslücke gehört oder ein neues Programm im Internet gefunden haben. Dann suchen sie erst nach Rechnern oder Netzwerken, wo sie diese neue Methode ausprobieren und anwenden können. Aus dieser Vorgehensweise resultiert eine etwas andere Art der Bedrohung. Skript-Kids gehen meist nicht zielgerichtet gegen ein Opfer vor, sondern wählen sich ihre Angriffsziele willkürlich aus. Das bedeutet, dass man aus dieser Ecke keine gezielten Angriffe befürchten muss, dafür aber jederzeit zufälliges Opfer einer Attacke sein kann. Letztlich ist die Gefahr also genauso groß wie bei klassischen Hackern. Ob Skript-Kids bei einem erfolgreichen Einbruch Daten zerstören, lässt sich nicht allgemein vorhersagen. Manche beschränken sich auf das

Hinterlassen eines Markenzeichens, andere löschen oder manipulieren auch schon mal Dateien. Da es sich bei solchen Eindringlingen meist nicht um Experten handelt, muss man auch immer befürchten, dass sie einfach aus Versehen Schaden anrichten.

Gegenmaßnahmen: Schutz vor Skript-Kids

Ein gezielter Schutz gegen Skript-Kids ist nicht möglich und auch nicht notwendig. Wenn man seine Systeme richtig und effektiv gegen Angriffe schützt, lässt man auch diesen Angreifern kaum Chancen. Besonders wichtig ist es, alle allgemein bekannten Angriffsmöglichkeiten auszumerzen. Insbesondere Sicherheitslücken in der verwendeten Software sollte man immer umgehend schließen und sich selbst stets über aktuelle Sicherheitsprobleme auf dem Laufenden halten.

Mobbing und Neid – Missgünstige Kollegen

In eine ähnliche Kategorie wie Skript-Kids fallen die Gelegenheitshacker, die ihre Künste zu bestimmten Anlässen herauskramen. Ein klassisches Beispiel ist ein missgünstiger Kollege, der z. B. nach einer vermeintlichen Benachteiligung bei einer Beförderung dem bevorzugten Mitarbeitern eins auswischen will. Also überlegt er sich, wie er den anderen in Misskredit bringen oder ihm sonst Schaden zufügen kann. Gelegenheitshacker ähneln Skript-Kids dahingehend, dass sie oftmals keine fundierten Kenntnisse haben, sondern nur irgendwie bestimmte Methoden und Daten aufgeschnappt haben bzw. wissen, wo und wie sie sich solche Informationen bei Bedarf jederzeit beschaffen können.

INFO

Hacker im Atomkraftwerk

In britischen Atomkraftwerken mussten im Januar 2001 die Sicherheitsmaßnahmen erheblich verstärkt werden, nachdem sich ein Mitarbeiter des eigenen Werksschutzes in den Großrechner eines AKWs eingehackt hatte. Offenbar war das Vorleben des mehrfach vorbestraften Mannes bei der Einstellung nicht sehr gründlich überprüft worden. Der Hacker hatte bei seinem Einbruch versucht, umfangreiche wichtige Daten zu löschen. Mehr zu dem Fall gibt's unter http://www.zdnet.de/news/artikel/2001/01/16008-wc.html.

In der prinzipiellen Vorgehensweise gibt es allerdings einen wesentlichen Unterschied: Die Gelegenheitshacker gehen in der Regel zielgerichtet vor. Zwar gibt es auch hier Vertreter, die gerade ein neues Kunststück gelernt haben und es nun gleich ausprobieren wollen. Dabei handelt es sich dann aber meist eher um Taschenspielertricks, mit denen Kollegen oder Bekannte beeindruckt werden sollen. Ein wirklicher Schaden wird dabei in der Regel nicht angerichtet. Die meisten Vertreter dieser Gattung sind aber gefährlicher, denn sie wollen einen Schaden anrichten. Sie sehen zuerst die Notwendigkeit, z. B. einem Kollegen zu schaden, und suchen dann nach Mitteln und Möglichkeiten, dieses zu tun.

Besonders im Kollegenkreis können solche Gelegenheitshacker sehr viel Schaden anrichten, denn sie sind ja im Grunde genommen Insider. Sie greifen nicht von außerhalb, sondern von innen an und haben dabei den großen Vorteil, viele Informationen schon zu kennen, die ein externer Angreifer sich erst mühsam beschaffen müsste. So wissen sie über verwendete Systeme und Software Bescheid und kennen auch die grundlegenden Sicherheitsmaßnahmen. Außerdem haben sie zu vielen Bereichen, die ihr Opfer benutzt, ebenfalls Zugang. Dies gilt meist nicht nur organisatorisch, sondern auch räumlich. Ein großer Vorteil bei solchen Angriffe von innen ist, dass man sich meist relativ einfach physikalischen Zugang zu den angegriffenen Rechnern verschaffen kann.

Gegenmaßnahmen: Schutz vor Gelegenheitshackern

Gelegenheitshacker erfordern zunächst einmal die gleichen Schutzmaßnahmen wie alle anderen Arten von Angreifern. Ein besonderes Gefahrenpotenzial entsteht allerdings durch die Gefahr eines Angriffs von innen, z. B. durch einen enttäuschten und frustrierten Mitarbeiter, der sich aus irgendeinem Grund an seinem Arbeitgeber oder einem Kollegen rächen will. Solche Insider haben es oft besonders leicht, weil niemand mit einer Attacke aus diesem Bereich rechnet und es dementsprechend keine Sicherheitsvorkehrungen gibt.

Als generelle Regel kann man nur empfehlen, solche Angriffe aus dem Inneren eben doch unbedingt in die Planung und Umsetzung von Schutzmaßnahmen einzubeziehen. Für den einzelnen Mitarbeiter bedeutet dies, immer davon auszugehen, dass seine Daten in den Systemen der Firma eben nicht unbedingt sicher aufgehoben sind. Private Daten, so sie denn vom Arbeitgeber erlaubt sind, sollten unbedingt zusätzlich geschützt werden, wenn man sie vor neugierigen Kollegen bewahren will. Aber auch kritische Geschäftsunterlagen sollte man sorgsam schützen, wenn sie geheim gehalten werden sollen oder wenn ein eventueller Verlust fatale Folgen für die eigene Karriere haben könnte.

Klassische Hacker – Enthusiasten und Ideologen

Die bislang vorgestellten Skript-Kids und Gelegenheitshacker sind eher Randerscheinungen der Hacker-Szene, nicht weil sie zahlenmäßig so selten wären, sondern weil sie eben nicht zu den „wahren" Hackern gehören. Es sind einfach nur Menschen, die sich die leichte Verfügbarkeit von Hacker-Informationen und -Werkzeugen zu Nutze machen. Sie tauchten erst mit der zunehmenden Verbreitung des Internets auf und zählen nicht zu den echten Hackern, wie sie selbst sich verstehen.

Amateur-Hacker

Der weitaus größte Teil der Hacker besteht aus Amateuren. Das ist nicht qualitativ abwertend gemeint, sondern soll einfach nur beschreiben, dass diese Menschen

Hacken quasi nebenbei wie ein Hobby betreiben. Häufig haben auch sie mal als Skript-Kids oder Gelegenheitshacker angefangen. Dabei haben sie ihre Leidenschaft für das Thema entdeckt und die Beschäftigung damit intensiviert. Sie pflegen das Hacken als ein Hobby, das ihnen Spaß macht. Für manche ist es auch eine Leidenschaft, die ihnen Befriedigung und Selbstbestätigung verspricht.

INFO

Kampf gegen die Kommerzialisierung des Internets

Hacker kämpfen häufig für idealistische Motive oder politische Ideen. Ein solches Beispiel wird unter http://www.intern.de/96/18/03.htm beschrieben. Hier setzten verschiedene Hacker E-Mail-Bomben als Werkzeug ein, um sich an Personen und Firmen zu „rächen", die an der zunehmenden Kommerzialisierung des Internets Mitschuld trügen. Opfer waren unter anderem Politiker wie der amerikanische Präsident Bill Clinton oder Firmen wie AOL oder MTV. Auch öffentliche Institutionen wie etwa der CIA sind beliebte Opfer, weil man hier mit einem hohen Aufmerksamkeitsgrad in den Medien rechnen kann. E-Mail-Bomben basieren auf der Idee, das Posteingangsfach des Opfers mit vielen bzw. umfangreichen Nachrichten einzudecken, sodass es überläuft und den Betrieb einstellen muss.

Amateure lernen nach und nach alle Tricks. Dazu benutzen auch sie vor allem das Internet, wo sie sich mit Gleichgesinnten austauschen und neue Tipps und Software beziehen. Durch ihre Erfahrung und Kenntnisse sind sie ernst zu nehmende Gegner. Allerdings sind sie auch sehr vorsichtig. Sie lassen sich selten auf wirklich riskante Unternehmen ein, noch seltener auf Aktionen, die eine Bestrafung zur Folge haben könnten. Schließlich haben sie keine Lust, für ihr Hobby ins Gefängnis zu gehen.

Gegenmaßnahmen: Schutz vor Amateur-Hackern

Amateure konzentrieren sich größtenteils auf Sicherheitslücken, die schnell zum Erfolg führen. Das können sowohl durch Menschen als auch durch Software verursachte Lücken sein. Vor größerem Aufwand, um sich in ein System einzuhacken, schrecken sie meist zurück. Deshalb ist es zum Schutz gegen solche Angreifer wichtig, Flagge zu zeigen. Wenn Amateure merken, dass sie es mit einem System zu tun haben, das von einem sicherheitsbewussten Menschen gepflegt und geschützt wird, schreckt sie das häufig schon ab. Amateur-Hacker beschränken sich auf Angriffe, die sie aus sicherer Entfernung über das Netz durchführen können. Für direkte physikalische Angriffe oder aufwendiges Social Engineering fehlen ihnen Mittel und Zeit.

Vollblut-Hacker

Der Vollblut-Hacker ist meist ein ehemaliger Amateur, bei dem das Hobby zu einem zentralen Teil seines Lebens geworden ist. Für ihn ist Hacken Lebensaufgabe und Philosophie. Getreu dem Motto „Nichts ist unerreichbar" lässt er sich von jeder Herausforderung reizen. Er will zeigen, was alles möglich ist. Einige

Vollblut-Hacker betrachten Hacken als eine lustvolle Form des Anarchismus, andere sind ernsthaft darum bemüht, Sicherheitsrisiken aufzuzeigen und in der Gesellschaft ein Bewusstsein für Gefahren und Chancen neuer Technologien zu schaffen. Oft vermischen sich beide Motivationen auch.

Vollblut-Hacker richten selten wirkliche Schäden an. Sie hinterlassen Ihre Markenzeichen oder nehmen vertrauliche Daten als Beweis eines erfolgreichen Angriffs mit. Da sie Experten sind, ist auch die Gefahr von zufälligen Kollateralschäden sehr gering. Allerdings schweben Vollblut-Hacker ständig in der Gefahr, von ihrem Weg abzukommen:

- Das Leben eines aktiven Vollblut-Hackers ist nicht billig. Er braucht Hard- und Software und die Onlinekosten verschlingen viel Geld. Schon oft ist es deshalb vorgekommen, dass solche Menschen in die Kriminalität abgeglitten sind. Es ist eben sehr verführerisch, seine Kenntnisse und Fähigkeiten gewinnbringend einzusetzen.
- Hacken kann eine Art Droge sein. Es gibt Menschen, denen das Hacken so wichtig geworden ist, dass man sie durchaus als abhängig bezeichnen kann. Solche Hacker verlieren bei ihren Streifzügen leicht die Kontrolle und lassen sich von der Macht hinreißen, die sie über fremde Daten haben.

Gegenmaßnahmen: Schutz vor Hacker-Idealisten

Vollblut-Hacker ziehen in der Regel alle Register. Sie verfügen über umfangreiche Fähigkeiten und Erfahrungen. Deshalb wissen sie, wo sie suchen müssen und finden Sicherheitslücken meist sehr schnell. Sie schrecken auch vor aufwendigeren Aktionen nicht zurück, wenn das Ziel es wert ist. Ein einfaches Flaggezeigen reicht als Schutz oftmals nicht aus, denn dadurch fühlen sich manche Idealisten erst recht herausgefordert, zu beweisen, dass sie einfach jedes System knacken können. Nur ein absolut wasserdichtes System bietet wirklichen Schutz vor ihnen. Technisch aufwendige bzw. teure Angriffsmethoden sind aber selten, da Idealisten meist nicht über die notwendigen Mittel verfügen.

TIPP

Feuer mit Feuer bekämpfen

Der beste Schutz vor Hackern sind Hacker. Wenn man wissen will, ob ein neu entwickelter Safe wirklich sicher ist, setzt man ja auch am besten einen erfahrenen Safeknacker darauf an. Ebenso kann man sein System am besten von Hackern angreifen lassen, um zu wissen, wie sicher es wirklich ist. So schreiben Hersteller von Verschlüsselungs- und Sicherheitsprodukten z. B. regelmäßig Wettbewerbe aus, bei denen sie einen attraktiven Preis für erfolgreiches Überlisten ihres Produkts in Aussicht stellen. Die Resonanz auf solche Tests ist meist sehr groß, in vielen Fällen müssen die Firmen den Preis dann aber auch tatsächlich bezahlen, weil eben doch jemand eine Schwachstelle gefunden hat. Manche ehemaligen Hacker verdingen sich heute auch als Sicherheitsberater und führen gegen Honorar Testangriffe auf ihren Auftraggeber durch.

Dunkle Geschäfte – Spionage und Sabotage

Manche Vollblut-Hacker wechseln irgendwann ins professionelle Lager. Sie verkaufen ihre Kenntnisse und Fähigkeiten an jeden, der sie bezahlen kann. Manche wechseln einfach die Seite und werden Sicherheitsberater - eine Branche, in der man gutes Geld verdienen kann. Andere bleiben ihren Idealen treu, nur dass sie mit ihren Fähigkeiten eben auch gutes Geld verdienen wollen. Solche Hacker sind die gefährlichsten. Sie verfügen über umfangreiches Wissen und kennen praktisch jeden Trick. Zudem verfügen sie meist auch über eine umfangreiche technische Ausrüstung. Sie beschränken sich nicht darauf, Passwörter zu knacken oder trojanische Pferde einzuschleusen. Wenn sie sich keinen Zugang zu einem Rechner verschaffen können, benutzen sie Hilfsmittel, um Computer und Netzverbindungen anzuzapfen und den Datenverkehr abzuhören. Da sie im Auftrag von Konkurrenzfirmen, Regierungen oder Geheimdiensten arbeiten, verfügen sie über die notwendigen Mittel, um auch finanziell und technisch aufwendigere Angriffe durchzuführen.

INFO

Dreister Datenklau im Atomforschungszentrum

Um den Jahreswechsel 1998/99 drangen chinesische Hacker in das berühmte amerikanische Forschungszentrum Los Alamos ein. Es gelang ihnen, dort wertvolle Forschungsdaten in großen Mengen zu stehlen, indem sie sie einfach von FTP-Servern herunterluden. „Sie haben sich einen Dokumentenstapel in Höhe von drei Fuß geholt" wurde einer der zuständigen Ermittlungsbeamten zitiert. Der Nutzen einer solchen Aktion ist offensichtlich: Länder wie China, die selbst an der Entwicklung von Atomwaffen arbeiten, greifen lieber auf die fertigen Forschungsergebnisse anderer Länder zurück, als diese selbst aufwendig und teuer zu erzielen. Dass der Angriff wohl nicht von einem privaten Hacker kam, lässt sich an der Tatsache festmachen, dass die Quelle des Angriffs zu einem offiziellen Forschungsinstitut in Peking zurückverfolgt werden konnte. Die ausführliche Story und weitere Links dazu gibt es unter http://www.spiegel.de/netzwelt/politik/0,1518,87677,00.html.

Gegenmaßnahmen: Schutz vor professionellen Angreifern

Ein Schutz vor Profi-Hackern mit umfangreichem Arsenal und ausreichend finanziellen Mitteln ist praktisch unmöglich. Systeme, die solchen Angriffen widerstehen könnten, sind dermaßen aufwendig und umständlich, dass sie z. B. in einem Wirtschaftsunternehmen nicht praktikabel eingesetzt werden könnten. Man findet sie höchstens im Umfeld von Militär und Geheimdiensten. Aber auch hier wird es niemals absolute Sicherheit geben.

Das einzig beruhigende an Profi-Hackern ist, dass sie nur für Geld arbeiten bzw. von sich aus nur Objekte angreifen, die sich für sie lohnen. Ein Privatnutzer oder eine kleine Firma muss also kaum Angst haben, es jemals mit solchen Leuten zu tun zu bekommen. Wer allerdings so wertvolle Daten hat, dass sie ein lohnendes Ziel für Industriespionage sind, der sollte viel Zeit und Geld in effektive Sicherheitsmaßnahmen investieren, um einem Angreifer das Leben so schwer wie möglich zu machen.

Information Warfare – Kriegsführung im Informationszeitalter

Zum Abschluss unserer Betrachtung über Hacker und ihre Motive wollen wir noch auf ein Phänomen eingehen, das in jüngster Zeit zunehmend an Bedeutung gewinnt. *Information Warfare*, auf Deutsch Informationskriegsführung beschreibt den Krieg um Informationen bzw. mit Mitteln des Informationszeitalters. Auf den ersten Blick mag sich das etwas sehr martialisch und wie aus einem Sciencefiction-Roman anhören. Tatsächlich aber hat uns diese Zukunft schon eingeholt.

INFO

Info-War im Nahen Osten

Welche Bedeutung der Informationskrieg allmählich erlangt, haben die jüngsten Konflikte im Nahen Osten zwischen Israel und den Palästinensern gezeigt. Während der heißen Konfliktphase gehörte es zum Alltag, dass etwa Webserver der israelischen Armee oder von Regierungsbehörden durch Denial of Service-Angreifer außer Gefecht gesetzt wurden. Auf der anderen Seite wurden palästinensische Server etwa durch E-Mail-Bomben aus aller Welt unter Beschuss genommen und ebenfalls gestört. Wer mehr über diesen und andere Informationskriege lesen will, sollte sich den informativen Online-Themenschwerpunkt der Zeitschrift Telepolis zum Thema Info-War anschauen:

http://www.heise.de/tp/deutsch/special/info/default.html.

Was bringt so etwas? Im Informationszeitalter erlangen eben Informationen immer mehr Bedeutung. Wenn in einem Konflikt eine Partei verhindert, dass die andere ihre Informationen verbreiten kann, verschafft sie sich einen großen Vorteil. Zum einen kann der Gegner seine eigenen Anhänger nicht informieren, zum anderen erlangt der Sieger im Informationskrieg das Informationsmonopol. Er kann über seine Sichtweise des Konflikts informieren und so z. B. die Weltöffentlichkeit beeinflussen, ohne dass der Gegner seinerseits seine eigene Version des Geschehens verbreiten kann.

Der beschriebene Nahost-Konflikt zeigt, dass solche Konflikte oftmals in einem Patt enden, also mit völliger Desinformation. Dies gilt aber auch nur, solange Waffengleichheit herrscht, und z. B. zwei technologisch ebenbürtige Parteien kämpfen. Der Vorteil an einem Informationskrieg ist, dass es (bislang) nur virtuelle Opfer gibt und keine echten Menschen verletzt werden. Auch das kann sich aber mit zunehmender Bedeutung von Informationen ändern. Wenn Militärs erst mal beginnen, beispielsweise die Internetknoten eines gegnerischen Landes unter Beschuss zu nehmen, wird der Informationskrieg genauso blutig wie der militärische. Dann haben Hacker aber auch nicht mehr viel damit zu tun.

2. Alarmstufe 1: Lokale Angriffe

2.1 Ganz einfach: Der Einstieg per Einschaltknopf 69
BIOS-Passwörter – Schutz oder Sicherheitslücke? 69

2.2 Die Windows-Benutzerverwaltung ausgetrickst! 75
Neue Benutzerprofile einrichten 79
Wie sicher ist die Benutzerverwaltung? 82
Echte Zugangskontrolle mit eSafe 85

2.3 Sicherheitsfalle Bildschirmschoner 94
So sicher ist das Bildschirmschoner-Passwort 97

2.4 Auch Passwörter lassen sich klauen 101
Deshalb sind Passwörter so wichtig 101
So werden Passwörter sicher 103
Symptome für gehackte Passwörter 109
Passwörter in Anwendungen und Dokumenten 111

2.5 Hardwareangriffe auf Computer 114
Optische und akustische Signale 115
Elektromagnetische Abstrahlung 116
Kabel durch Überkopplung abhören 120

Die Gefährdung eines Rechners hängt vor allem davon ab, auf welche Arten Zugänge möglich sind. Die überschaubarste Lösung ist der Stand-Alone-PC, ein einfacher Rechner, der etwa zu Hause oder in einem Büro steht und weder über einen Internetzugang noch über einen Netzwerkanschluss verfügt. Ein Datenaustausch erfolgt grundsätzlich nur per Wechselspeichermedien. Zur Eingabe von Daten können Tastatur, Disketten, CD-ROMs, Wechsellaufwerke und ähnliche Massenspeicher sowie Bildscanner und ähnliche Eingabegeräte verwendet werden. Dementsprechend gehen nur von diesen gut überwachbaren Komponenten Gefahren für den PC aus. Auch Hackern bleiben nur diese Wege, um Zugang zu einem Rechner zu erlangen. Zur Ausgabe von Daten dienen der Monitor, wiederum Disketten und ähnliche Wechselspeichermedien sowie Drucker. Die Ausgabemedien sind vor allem für Hacker wichtig. Nur darüber können sie erbeutete vertrauliche Daten aus dem Rechner holen.

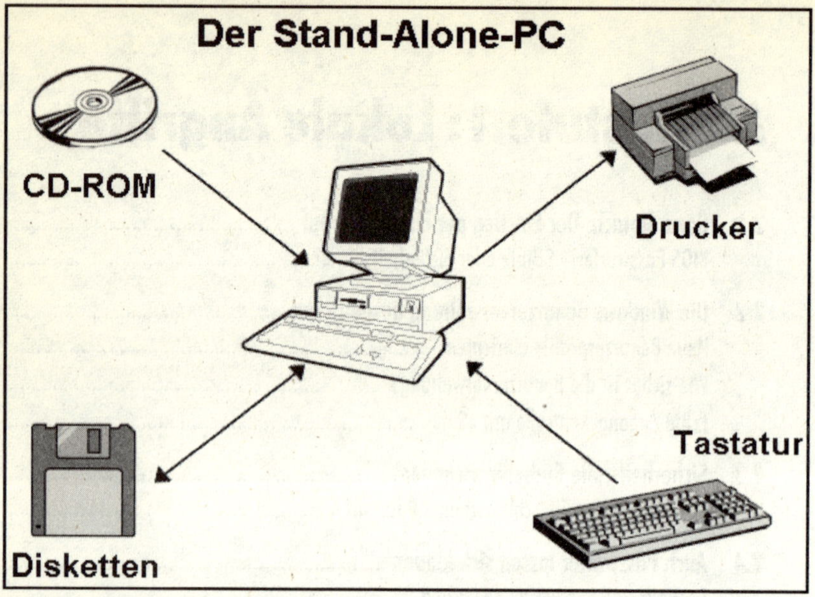

Der Stand-Alone-PC mit seinen Ein- und Ausgabe-Komponenten

Beim Stand-Alone-PC sind die Gefahrenstellen gut überschaubar und können mit geringem Aufwand überwacht bzw. ausgeschaltet werden. Da wäre zunächst die Gefahr, sich mit schädlichen Viren oder Trojanern zu infizieren, die grundsätzlich für jeden PC vorhanden ist. Beim Stand-Alone-PC kann ein Virus aber nur durch einen Datenträger eindringen. Deshalb ist es wichtig, mit wechselbaren Datenträgern wie Disketten und CDs sehr vorsichtig umzugehen. Nach dem Einlegen sollten sie sofort mit einem Virenscanner überprüft werden (mehr dazu in Kapitel 3).

Für Hacker und Saboteure stellt der Stand-Alone-PC eine besondere Herausforderung dar. Um hier etwas zu erreichen, können sie nicht aus einem sicheren Versteck heraus operieren, sondern müssen unmittelbaren Zugang zum Rechner haben. Dies birgt immer ein erhöhtes Sicherheitsrisiko. Außerdem stehen ihnen nur begrenzte Eingabemöglichkeiten für ihre Attacke zur Verfügung. Für den Schutz stehen verschiedene Software- und Hardwaremaßnahmen bereit. So kann der Zugang zum Rechner auf BIOS-Ebene oder durch die Benutzerverwaltung des Betriebssystems geschützt werden. Mit abschließbaren Tastaturen, Diskettenschlössern und ähnlichen physikalischen Schutzmaßnahmen können PC-Besitzer ihre Daten zusätzlich vor lokalen Angriffen schützen.

Überwacher und Industriespione haben es bei einem Stand-Alone-PC ähnlich schwer wie die Hacker. Es stehen ihnen keine Netzverbindungen zur Verfügung, über die sie einen Rechner bequem aus der Ferne abhören können. Stattdessen müssen sie sich in die unmittelbare Umgebung des Opfers begeben, um dessen PC optisch, akustisch oder elektronisch abzuhören. In diesem Kapitel zeigen wir Ihnen, welche Schwachstellen ein PC auf lokaler Ebene bietet und wie Sie diese durch geeignete Schutzmaßnahmen beheben können.

2.1 Ganz einfach: Der Einstieg per Einschaltknopf

Die größte lokale Gefahr für PCs ist die mangelnde Absicherung des Rechners. Die meisten Benutzer verzichten auf die grundlegensten Sicherungsmaßnahmen und öffnen Angreifern damit Tür und Tor. Das einfachste und naheliegendste Beispiel: Die meisten lokalen PCs lassen sich durch bloßes Betätigen des Einschaltknopfs starten und hochfahren. Machen Sie doch mal die Probe bei Ihrem eigenen Rechner: Ist es möglich, den Rechner zu starten, das Betriebssystem hochzufahren und auf vertrauliche Daten zuzugreifen oder vielleicht eine Internetverbindung aufzubauen, ohne ein einziges Passwort einzugeben? Dann stellen Sie sich mal vor, Ihr ärgster Feind hätte eine Stunde ungestört Zugang zu diesem PC. Was könnte der damit alles anstellen?

Deshalb ist es unerlässlich, den PC vor solcher Art problemlosem Zugang zu schützen, auch wenn das bedeuten mag, dass man bei jedem Rechnerstart ein Passwort eintippen muss. In diesem Abschnitt beschäftigen wir uns mit der ersten Verteidigungslinie gegen unbefugten Zugriff, dem BIOS-Passwort. Anschließend widmen wir uns dem Übergang zur zweiten Verteidigungslinie, der Windows-Anmeldung, um im nächsten Abschnitt dann auf die Windows-Benutzerverwaltung mit ihren Stärken und Schwächen einzugehen.

BIOS-Passwörter – Schutz oder Sicherheitslücke?

Jeder PC lässt sich unabhängig vom installierten Betriebssystem mit einem Passwort sichern. Die entsprechende Funktion ist Teil des **B**asic **I**nput **O**utput **S**ystems BIOS, das für die erste Startphase des Rechners verantwortlich ist. Das ist die Phase, wo alle möglichen Zahlen und technischen Angaben flott über den Bildschirm huschen. Erst wenn dieser Teil des Starts abgeschlossen ist, wird das eigentliche Betriebssystem (also etwa Windows) aufgerufen. Diese erste Phase des Rechnerstarts lässt sich in der Regel in zwei Stufen durch ein Passwort sichern:

- Der Zugang zu den Einstellungen des BIOS kann durch eine Kennwortabfrage geschützt werden. So können nur berechtigte Personen mit Kenntnis dieses Passworts BIOS-Einstellungen ändern.
- Das BIOS kann gleich zu Beginn des Startvorgangs ein Kennwort abfragen und den Start nur nach Eingabe des korrekten Passworts fortsetzen.

Besonders Letzteres ist bedeutend, denn durch eine solche Funktion kann man den Zugang zum Rechner effektiv beschränken. Die Abfrage erfolgt noch, bevor der Zugang zu den eingebauten Festplatten möglich ist. Ohne Angabe des korrekten Passworts hat man also keine Chance, Zugriff auf die dort gespeicherten Daten zu erlangen.

Den PC mit einem BIOS-Passwort schützen

Um ein BIOS-Passwort einzustellen, müssen Sie etwas tiefer in die BIOS-Konfiguration Ihres Rechners eindringen. Wir raten Ihnen deshalb dringend, zuvor das Handbuch zu Ihrem Rechner eingehend zu studieren. Eingriffe in das BIOS sind nicht ganz ungefährlich. Durch das Verstellen einer unscheinbaren Option kann Ihr Rechner unter Umständen instabil werden oder gar nicht mehr starten. Informieren Sie sich deshalb genau, welche Optionen für die Passwort-Sicherheit verantwortlich sind. Leider gibt es BIOS-Programme von mehreren Herstellern und in verschiedenen Versionen. Deshalb können wir nicht jedes Detail beschreiben. Wir zeigen Ihnen das Einstellen des BIOS-Passworts anhand des weit verbreiteten Award-BIOS. Die BIOS-Funktionen anderer Hersteller arbeiten prinzipiell ähnlich, können aber anders aussehen bzw. andere Bezeichnungen verwenden. Sollte Ihr Rechner mit dem BIOS eines anderen Herstellers ausgestattet sein, sollten Sie unbedingt das Handbuch des Rechners zu Rate ziehen!

TIPP

Englische Tastaturbelegung

Das BIOS-Setup-Program läuft unmittelbar nach dem Start des Rechners, bevor der deutsche Tastaturtreiber geladen werden kann. Deshalb ist Ihre Tastatur während der BIOS-Einstellungen amerikanisch belegt. Das bedeutet, dass z. B. *y* und *z* vertauscht sind und viele der Satzzeichen sich nicht an der gewohnten Stelle befinden. Das ist nicht weiter schlimm, weil Sie hauptsächlich die Pfeil-Taste und nur wenige Zahlen und Buchstaben benötigen. Zu beachten sind lediglich die Sicherheitsabfragen. Sie müssen stets mit *Y* für *Yes* (*Ja*) oder *N* für *No* (*Nein*) beantwortet werden. Wollen Sie also eine Frage bejahen, dann verwenden Sie die Taste *Z*, die in der amerikanischen Version mit dem Buchstaben Y belegt ist.

1. Während der Startphase Ihres PCs wird auf dem Bildschirm einige Zeit lang die Meldung *Press DEL to enter SETUP* angezeigt. Solange können Sie mit [Entf] das BIOS aufrufen.

Solange diese Meldung angezeigt wird, können Sie die BIOS-Einstellungen öffnen

2. Wählen Sie im Hauptmenü mit den Pfeil-Tasten den Menüpunkt *SUPERVISOR PASSWORD* aus und rufen Sie ihn mit [Enter] auf.

Unter SUPERVISOR PASSWORD stellen Sie das Kennwort für den Zugang zum BIOS an

3. Daraufhin wird ein Eingabefeld angezeigt, in dem Sie das Passwort eingeben können, mit dem der Zugang zu den BIOS-Einstellungen geschützt werden soll. Geben Sie das Passwort ein und bestätigen Sie es mit [Enter]. Verwenden Sie unbedingt ein möglichst sicheres Passwort.

Geben Sie das gewünschte Passwort ein

4. Anschließend wird ein zweites Eingabefeld angezeigt, in dem Sie die Eingabe des Passworts wiederholen, um Tippfehler auszuschließen.

Wiederholen Sie die Eingabe des Kennworts sicherheitshalber

5. Wiederholen Sie diesen Vorgang unter dem Menüpunkt *USER PASSWORD*, um ein Passwort festzulegen, mit dem der Zugang zum Rechner beschränkt werden soll. Sie können hier das gleiche Passwort oder aber auch ein anderes verwenden.

6. Wählen Sie dann im Hauptmenü den Punkt *BIOS FEATURE SETUP*.

Wählen Sie BIOS FEATURE SETUP, um die Sicherheitsstufe Ihres PCs festzulegen

7. Suchen Sie hier zwischen den verschiedenen BIOS-Einstellungen die Option *Security Option*. Mit der Einstellung *Setup* aktivieren Sie den Passwortschutz nur für den Zugang zum BIOS. Wählen Sie hingegen *System*, wird bei jedem Start des Rechners das *User Passwort* abgefragt.

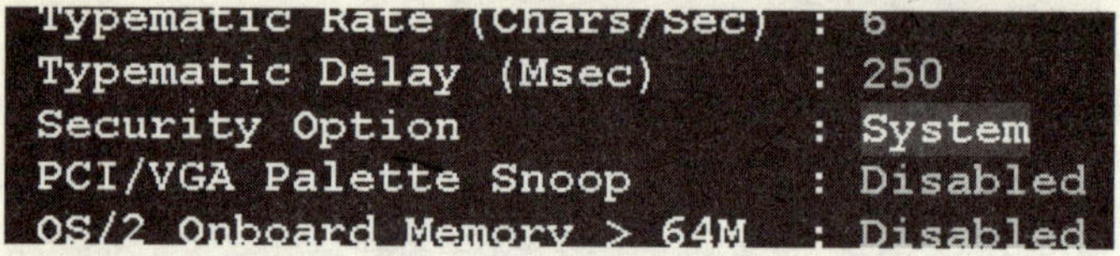

So lassen Sie bei jedem Rechnerstart das Passwort abfragen

8. Verlassen Sie das Menü mit [Esc].

9. Wählen Sie anschließend im Hauptmenü den Menüpunkt *SAVE & EXIT SETUP* und bestätigen Sie die anschließende Sicherheitsabfrage mit *Z* für *Yes* (englische Tastatur!). Dadurch werden Ihre Änderungen gespeichert und der Rechner wird neu gestartet. Bei diesem Neustart ist zum ersten Mal die Angabe des Passworts erforderlich.

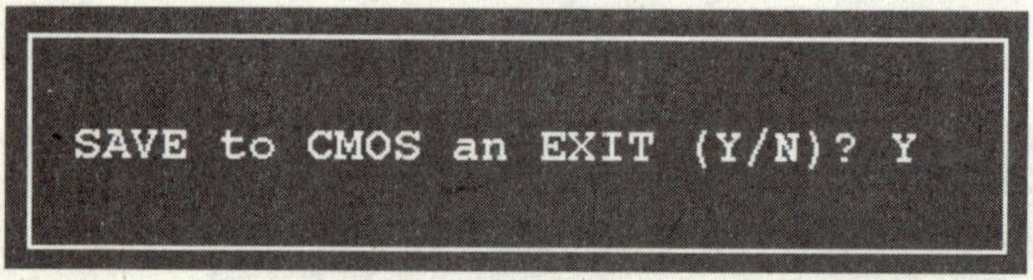

Bestätigen Sie zum Abschluss das Speichern der neuen Einstellungen

Damit ist der Zugang zu Ihrem Rechner passwortgeschützt. Bedenken Sie, dass nur mit diesem Passwort der Zugriff auf den Rechner möglich ist. Wenn Sie das Kennwort vergessen, gelangen Sie auch nicht mehr in die BIOS-Einstellungen, um die Funktion zu deaktivieren oder eine neues Passwort anzugeben. Es ist dann schwierig, Zugriff zu Ihrem Rechner zu erlangen. Dass es aber durchaus nicht unmöglich ist, zeigt der folgende Abschnitt.

Wie zuverlässig ist das BIOS-Passwort?

BIOS-Passwörter sind letztlich nur eingeschränkt sicher. Eine gute Nachricht für alle, die ihr Kennwort doch vergessen und sich von ihrem Rechner ausgeschlossen haben. Für alle anderen aber bedeutet es, dass ihre Daten durch das BIOS-Passwort nur bedingt geschützt werden. Die Schutzfunktion kann auf verschiedenen Wegen ausgehebelt werden:

Das Passwort per Hardware umgehen

Die meisten BIOS-Programme haben aus Sicherheitsgründen eine Rückstellfunktion. Sie wird z. B. automatisch ausgelöst, wenn die Batterie, mit deren Strom die BIOS-Einstellungen gespeichert werden, leer ist. Das kommt während der durchschnittlichen Lebenszeit eines PCs zwar selten vor, kann aber jederzeit künstlich erzwungen werden. Wenn man die Batterie für einige Stunden abklemmt, verliert der Speicher seine Daten. Daraufhin wird das gesamte BIOS auf die Fabrik-Einstellungen ohne Passwortschutz zurückgesetzt, Danach ist also ein uneingeschränkter Zugang möglich.

Viele Hauptplatinen bieten darüber hinaus eine Reset-Funktion an (nicht zu verwechseln mit der Reset-Taste am Gehäuse!). Dabei ist es nicht einmal nötig, die Batterie zu entfernen. Lediglich ein bestimmter Kontakt muss für kurze Zeit überbrückt werden, um die Fabrik-Einstellungen wiederherzustellen. Auch hier handelt es sich um eine Schutzfunktion, die den PC unter allen Umständen wieder zum Leben erwecken soll, selbst wenn die BIOS-Einstellungen durch fehlerhafte Benutzung oder einen technischen Defekt völlig vermurkst sind. Leider ist dies aber auch eine Hintertür, durch die Hacker Zugang zum Rechner erlangen können.

Ein Schutz vor solchen Angriffen auf die Hardware bieten lediglich zusätzliche Maßnahmen zum physikalischen Sichern von Rechnergehäuse und Tastatur. So kann man PC-Gehäuse mit Schlössern sichern, sodass ein Zugang zu Batterie und Reset-Schaltungen höchstens mit roher Gewalt möglich ist. Ähnliche Schutzmaßnahmen sind auch für die Tastatur möglich, wobei diese als angeschlossenes Zusatzgerät grundsätzlich wesentlich schwerer zu schützen ist. Mit Hardwareangriffen auf PCs beschäftigen wir uns am Ende dieses Kapitels noch ausführlicher.

Das Passwort per Software umgehen

Mit dem nötigen Know-how muss man aber nicht einmal zum Schraubendreher greifen, um ein BIOS-Passwort zu knacken. Wie viele andere Softwareproduzenten haben die BIOS-Hersteller oft Hintertüren in ihren Passwort-Funktionen hinterlassen. Sie sind dazu gedacht, Benutzern zu helfen, die ihr Passwort vergessen haben und ihren Rechner nicht mehr starten können. Diese Hintertüren sind spezielle Master-Passworte, die vom BIOS unabhängig vom durch den Benutzer gewählten Kennwort immer akzeptiert werden. Eigentlich sollten diese Hintertüren natürlich streng geheim bleiben, in der Realität ist dies aber leider nicht der Fall. Ob es für Ihren eigenen PC und dessen BIOS-Version ein solches Master-Passwort gibt, können Sie leicht feststellen. Es gibt im Internet Webseiten, wo man Listen der bekannten Master-Passwörter abrufen kann. Eine solche Liste mit bekannten Master-Passwörtern für verschiedene BIOS-Versionen finden Sie zum Beispiel unter http://www.cracking.de/files/bioscodes.txt.

Programme zum BIOS-Knacken

Schließlich gibt es spezielle Programme, mit denen man die gespeicherten Passwörter aus dem BIOS auslesen kann. Die helfen zwar nicht, wenn der Rechner ausgeschaltet ist und man keinen Zugriff erhalten kann. Wenn der Rechner aber einmal läuft, kann ein Eindringling ein solches Programm starten und das im BIOS gespeicherte Passwort so ermitteln. Am besten probieren Sie einmal aus, ob sich auch Ihr PC mit einem solchen Programm austricksen lässt. Das ist auch sehr praktisch, wenn man z. B. das Kennwort für BIOS-Einstellungen tatsächlich einmal vergessen hat. Ein solches Programm ist das kostenlose *!BIOS*, das Sie unter http://www.11a.nu/ibios.htm herunterladen können. Dieses spezielle Programm hat den Vorteil, dass es eine ganze Reihe von verschiedenen Tools aus diesem Bereich in einer Oberfläche vereinigt. So ist es in der Lage, fast alle BIOS-Passwörter zu knacken. Selbstverständlich darf man ein solches Programm nur auf dem eigenen PC bzw. mit dem Einverständnis des jeweiligen Besitzers ausführen.

Die Benutzung von !BIOS ist denkbar einfach. Sie müssen lediglich den Hersteller Ihres BIOS angeben. Dann präsentiert Ihnen das Programm die für diese BIOS-Version verfügbaren Module. Wählen Sie eines davon aus und lassen Sie es arbeiten. Am besten ist es, gleich mehrere oder auch alle verfügbaren Module zu testen, die Ergebnisse zu notieren und anschließend auszuprobieren. Nicht alle Methoden liefern bei allen BIOS-Versionen korrekte Ergebnisse, aber erfahrungsgemäß ist immer ein passendes Kennwort dabei.

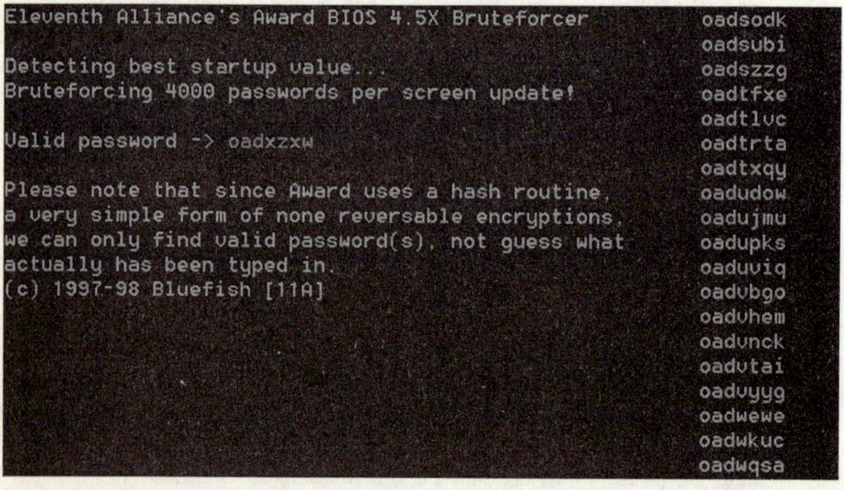

Mit den Crack-Modulen von !BIOS lassen sich die meisten BIOS-Passwörter auslesen

Noch eine Anmerkung zu den ermittelten Passwörtern: Dabei handelt es sich meist um wirre Zeichenkombinationen, die auch nichts mit dem tatsächlich eingegebenen Kennwort zu tun haben. Trotzdem ermöglichen sie aus einem einfachen Grund den Zugang zum BIOS bzw. zum Rechner: Die Passwörter sind im BIOS als Checksumme gespeichert, d. h., aus dem eingegebenen Passwort wird eine Zahl erzeugt. Diese Ableitung der Checksumme aus dem Passwort ist eindeutig, d. h., aus einem Passwort kann man nur eine Checksumme ableiten. Umgekehrt ist es aber anders, d. h., es lassen sich aus einer Checksumme verschiedene Passwörter ableiten. Anders gesagt: Ganz verschiedene Passwörter können zur gleichen Checksumme führen. Die Passwort-Knacker finden einfach irgendeine Buchstabenkombination, die zu der im BIOS gespeicherten Checksumme führt. Gibt man diese Kombination ein, ermittelte das BIOS die Checksumme, vergleicht sie mit der gespeicherten Zahl und stellt die Übereinstimmung fest. Damit haben Sie aus der Sicht des BIOS das richtige Passwort angegeben.

2.2 Die Windows-Benutzerverwaltung ausgetrickst!

Das Betriebssystem Windows stellt ab der Version 95 eine integrierte Benutzerverwaltung zur Verfügung. Sie ist hauptsächlich dafür vorgesehen, verschiedenen Benutzern an einem PC individuelle Einstellungen zur ermöglichen. Darüber hinaus schützt sie vertrauliche Daten wie E-Mails und Webfavoriten. In Kombination mit Systemrichtlinien kann sie sogar noch einiges mehr. So kann z. B. für einzelne Benutzer der Zugriff auf verschiedene Systemeinstellungen individuell eingeschränkt werden. Damit dies möglich ist, müssen sich die Benutzer zu Beginn jeder Arbeitssitzung mit Name und Kennwort anmelden. Windows erkennt die Benutzer anhand dieser Anmeldung und ordnet ihnen die Einstellungen und Desktop-Optionen zu, die beim Abschluss ihrer letzten Arbeitssitzung gespeichert wurden. Ebenso werden bei der Anmeldung auch Zugriffsbeschränkungen aktiviert, die vom Verwalter des Rechners eingerichtet wurden.

INFO

Worauf wirken sich die Benutzerprofile aus?

Benutzerprofile sind vor allem dazu gedacht, den Anwendern eine individuelle Benutzeroberfläche zu ermöglichen. Jeder kann seine eigenen Bildschirmfarben definieren, einen eigenen Hintergrund einstellen, einen eigenen Bildschirmschoner auswählen usw. Diese Informationen werden in seinem Profil gespeichert und jedes Mal abgerufen, wenn er sich anmeldet. Ohne Benutzerprofile würden sich Änderungen der Arbeitsoberfläche immer auf alle Benutzer auswirken und jeder müsste nach dem Start das System erst wieder nach seinen Bedürfnissen einstellen. Darüber hinaus bieten die Benutzerprofile eine gewisse Vertraulichkeit bei Kommunikationsanwendungen wie dem Internet Explorer oder Outlook Express. Auch hier werden persönliche Daten im Benutzerprofil gespeichert. So ist es z. B. möglich, dass sich mehrere Benutzer einen Webbrowser und ein E-Mail-Programm teilen. Durch die Profile findet jeder stets nur seine Nachrichten und Webfavoriten vor. Die der anderen Benutzer sind für ihn unsichtbar.

Die Windows-Benutzerverwaltung aktivieren

Windows-Rechner können auch ganz ohne Benutzerverwaltung betrieben werden. Sie wird z. B. nicht benötigt, wenn ein einzelner Rechner nur von einer einzigen Person benutzt wird. Ob die Benutzerverwaltung bei Ihrem PC aktiv ist, erkennen Sie leicht am Startverhalten von Windows. Wenn Sie sich beim Starten von Windows nicht mit Benutzername und Kennwort anmelden müssen, ist die Benutzerverwaltung nicht aktiv. Wenn Sie hingegen beim Starten von Windows jeweils einen Benutzernamen und ein Kennwort angeben müssen, dann ist die Benutzerverwaltung bereits aktiv. Wenn die Benutzerverwaltung noch nicht aktiv ist, sollten Sie sie zunächst einschalten. Dazu gehen Sie so vor:

1. Öffnen Sie mit *Start\Einstellungen\Systemsteuerung* die Windows-Systemsteuerung und doppelklicken Sie hier auf das *Kennwörter*-Symbol, um die Einstellungen für die Benutzerverwaltung zu öffnen.

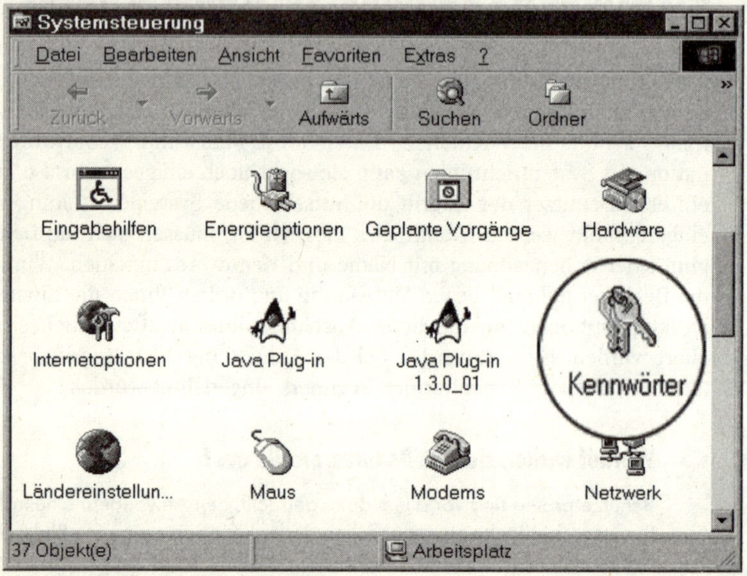

Hinter dem Symbol Kennwörter verbirgt sich die Aktivierung der Benutzerverwaltung

2. Wechseln Sie im *Kennwörter*-Eigenschaftsmenü in die Kategorie *Benutzerprofile.*

3. Aktivieren Sie hier die Option *Benutzer können die Vorgaben und Desktop-Einstellungen ändern. Beim Anmelden werden die individuellen Einstellungen des Benutzers wiederhergestellt.*

4. Schalten Sie außerdem im Feld *Einstellungen für Benutzerprofile* die Option *Desktop-Symbole und Inhalt der Netzwerkumgebung in die Benutzereinstellungen einbeziehen* ein, um für jeden Benutzer individuelle Einstellungen der Windows-Oberfläche zu speichern.

5. Aktivieren Sie schließlich die Option *Startmenü und Programmgruppen in Benutzereinstellungen einbeziehen*, um für jeden Benutzer ein individuelles Startmenü und eigene Programmgruppen einzurichten.

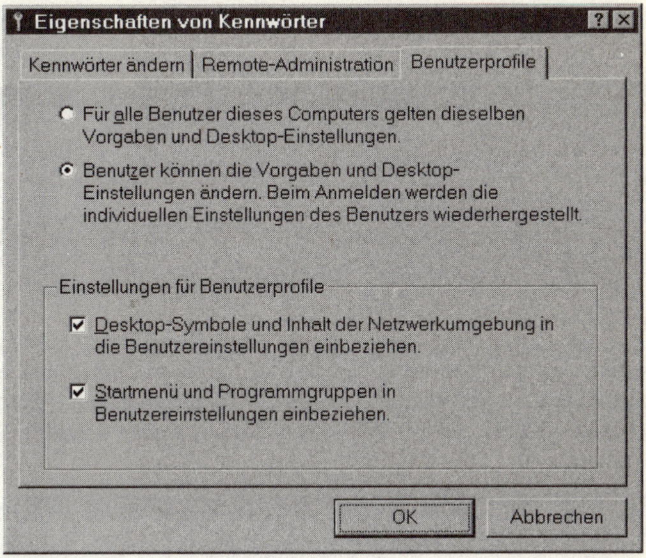

Mit diesen Optionen schalten Sie die Benutzerverwaltung von Windows ein

6. Bestätigen Sie die neuen Einstellungen mit *OK*. Damit die Benutzerverwaltung endgültig aktiviert wird, muss der Rechner neu gestartet werden. Windows gibt eine dementsprechende Meldung aus. Bestätigen Sie den Neustart mit *Ja*, nachdem Sie alle eventuell noch offenen Dateien geschlossen haben.

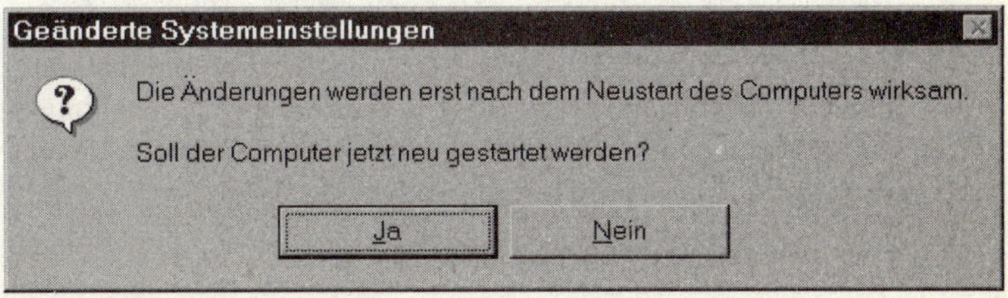

Nach der Änderung muss Windows neu gestartet werden

7. Warten Sie, bis Windows neu startet.

8. Da ab dem Neustart die Benutzerverwaltung aktiv ist, müssen Sie sich als Benutzer anmelden. Windows schlägt einen Benutzernamen vor, den es aus den persönlichen Angaben ableitet, die Sie beim Installieren von Windows gemacht haben. Übernehmen Sie den Namensvorschlag oder wählen Sie einen geeigneteren aus.

9. Geben Sie zusätzlich ein Kennwort an. Beachten Sie bei der Wahl einen geeignete Kennworts bitte die Hinweise für sichere Passwörter in diesem Kapitel.

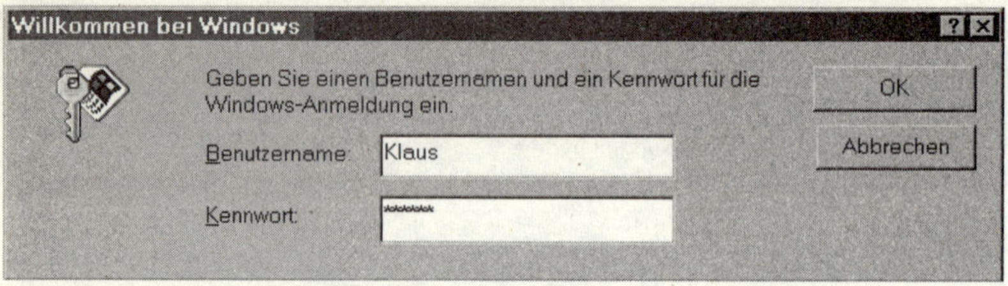

Ab sofort müssen Sie sich bei jedem Start anmelden

10. Bei der ersten Anmeldung möchte Windows sicherheitshalber Ihr Kennwort noch einmal bestätigt haben. So sind versehentliche Tippfehler ausgeschlossen. Geben Sie im Feld *Kennwortbestätigung* dasselbe Kennwort erneut ein.

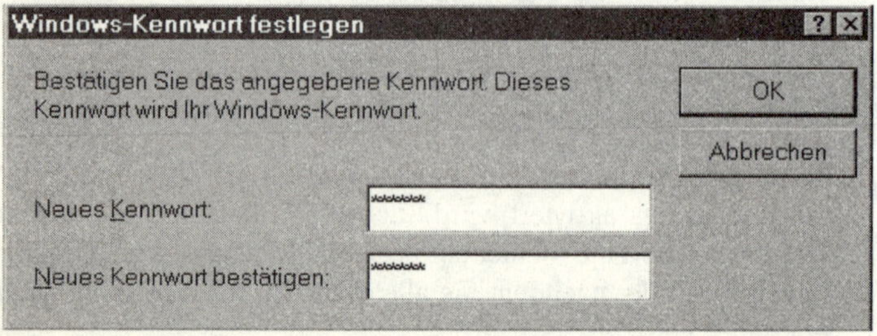

Wiederholen Sie bei der ersten Eingabe das Kennwort zur Sicherheit

11. Anschließend stellt Windows fest, dass Sie sich erstmals an diesem Computer anmelden und fragt, ob Ihre persönlichen Einstellungen für künftige Arbeitssitzungen beibehalten werden sollen. Bestätigen Sie das mit *Ja*.

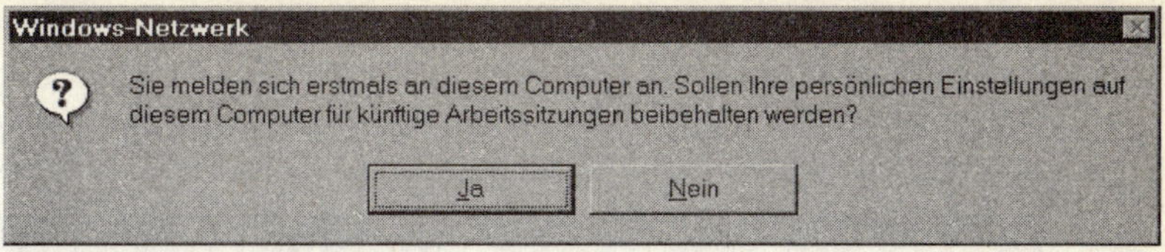

Bei der ersten Anmeldung eines neuen Benutzers legt Windows ein neues individuelles Benutzerprofil an

Daraufhin erstellt Windows für den neuen Benutzer ein eigenes Profil, in dem alle individuellen Einstellungen gespeichert werden. Damit haben Sie die Benutzerverwaltung von Windows aktiviert und sich selbst als Benutzer angemeldet. Für Sie ändert sich nichts, abgesehen von der Anmeldung, die von jetzt ab bei jedem Systemstart nötig ist. Für andere Benutzer können Sie ab jetzt allerdings eigene Profile anlegen.

Neue Benutzerprofile einrichten

Damit andere Benutzer an Ihrem Rechner arbeiten und dabei jeweils individuelle Einstellungen vornehmen können, richten Sie für jeden Benutzer ein eigenes Profil ein:

1. Öffnen Sie mit *Start\Einstellungen\Systemsteuerung* die Windows-Systemsteuerung und rufen Sie mit einem Doppelklick auf das gleichnamige Symbol die *Benutzer*-Einstellungen auf.

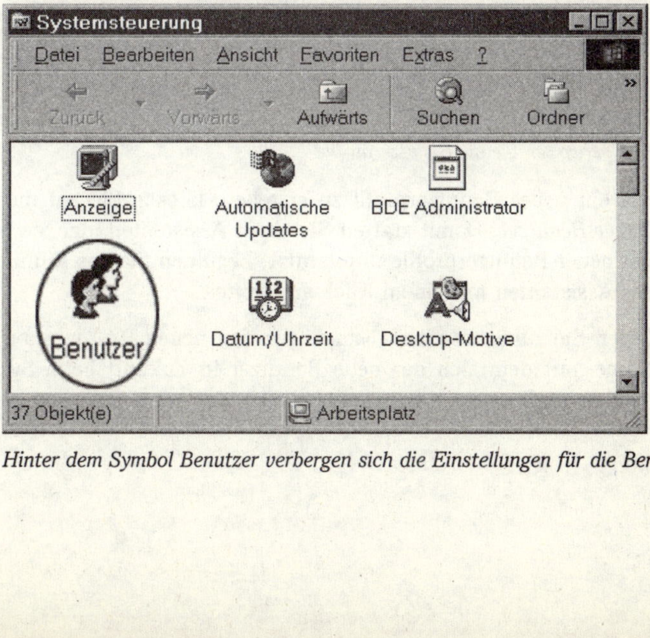

Hinter dem Symbol Benutzer verbergen sich die Einstellungen für die Benutzerprofile

2. Im *Benutzereinstellungen*-Menü sehen Sie im Feld *Benutzer* eine Liste der bislang eingerichteten Profile. Hier sollte sich zumindest Ihr eigenes Profil befinden. Haben Sie die Benutzerverwaltung gerade erst aktiviert, sind sonst keine weiteren Profile zu erwarten.

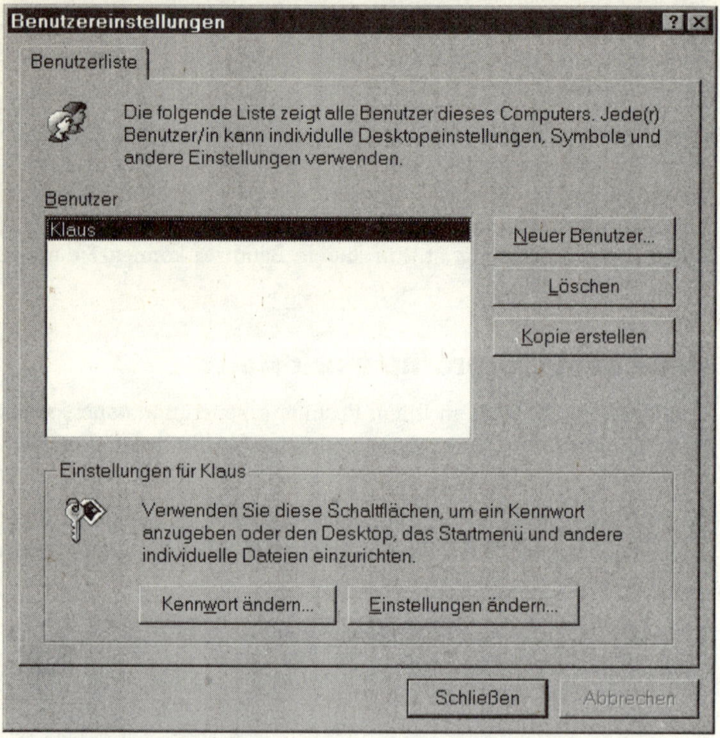

Hier verwalten Sie die Benutzerprofile

3. Um ein neues Benutzerprofil zu erstellen, klicken Sie auf die Schaltfläche *Neuer Benutzer*. Damit starten Sie einen Assistenten, der Sie beim Einrichten neuer Benutzerprofile unterstützt. Beginnen Sie das Einführungsfenster des Assistenten mit einem Klick auf *Weiter*.

4. Legen Sie zunächst einen Namen für den neuen Benutzer an. Dies ist der Name, mit dem sich der neue Benutzer in Zukunft beim Systemstart anmelden wird.

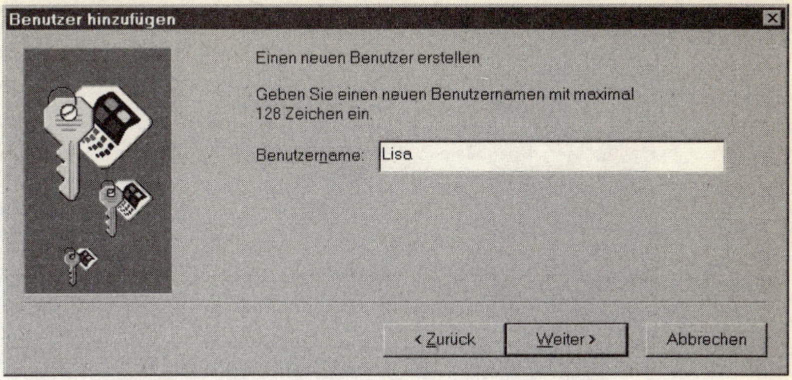

Geben Sie einen Namen für den neuen Benutzer an

5. Geben Sie dann das *Kennwort* an, mit dem sich der neue Benutzer beim Anmelden identifizieren wird. Wiederholen Sie die Eingabe im Feld *Kennwortbestätigung*.

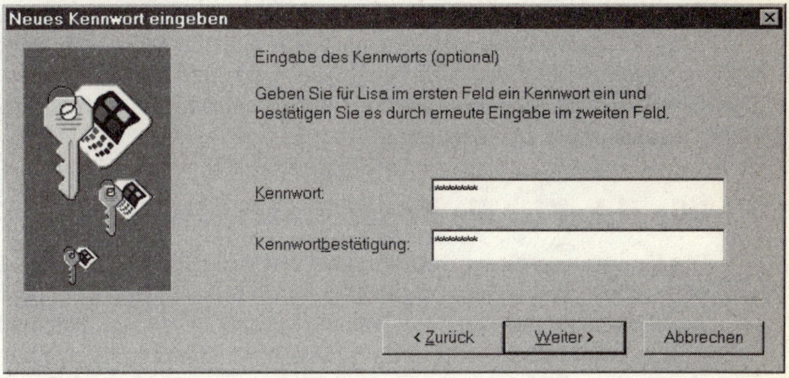

Geben Sie das Kennwort des neuen Benutzers ein

6. Stellen Sie dann ein, welche Teile der Oberfläche für diesen Benutzer individuell angepasst werden sollen. Markieren Sie dazu alle Optionen im Feld *Objekte* und wählen Sie die Option *Mit leeren Objekten beginnen, um Platz zu sparen*.

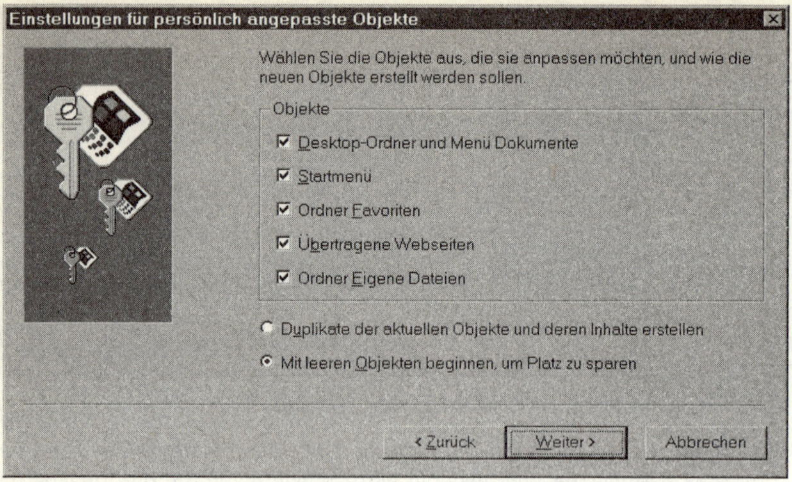

Stellen Sie ein, welche Objekte für diesen Benutzer individuell eingestellt werden sollen

7. Klicken Sie im letzten Schritt auf *Fertig stellen*, um den Assistenten zu beenden. Windows erstellt dann das Profil für den neuen Benutzer. In Zukunft kann dieser sich beim Systemstart mit dem vorgesehenen Benutzernamen und seinem Kennwort anmelden und findet stets seine individuell angepasste Oberfläche vor.

Wie sicher ist die Benutzerverwaltung?

Die Benutzerverwaltung von Windows hat nicht den Sicherheitsanspruch eines professionellen Windows NT/2000- oder UNIX-Rechners. Sie dient vor allem der Bequemlichkeit der Benutzer. Was die Vertraulichkeit von Daten angeht, ist die Benutzerverwaltung nicht sehr zuverlässig. Sie konzentriert sich auf die Oberfläche und macht bestimmte persönliche Daten einfach „unsichtbar“, ohne dass diese Daten wirklich geschützt wären. Ein einfaches Beispiel: Wenn mehrere Benutzer an einem Rechner gemeinsam Outlook Express für E-Mail-Kommunikation benutzen, sorgt die Benutzerverwaltung dafür, dass Outlook Express jeweils das Postfach des aktuell angemeldeten Benutzers leert und nur dessen Nachrichten anzeigt. Die Einstellungen und Nachrichten der anderen Benutzer sind nicht sichtbar. Trotzdem sind sie vorhanden und mit dem Explorer kann der angemeldete Benutzer auch die Nachrichten der anderen lesen. Das erfordert zwar etwas Kenntnis des Systems, aber wenn man weiß, wo man suchen muss, ist es ohne weiteres möglich.

Das grundlegende Werkzeug der Benutzerverwaltung ist die Registrierungsdatenbank. Sie besteht aus Teilen, die allgemein gültig sind, und aus anderen Teilen, die vom jeweiligen Benutzer abhängen. Wenn sich ein Benutzer beim System anmeldet, werden seine Daten in die Registrierungsdatenbank geladen. Meldet er sich ab und ein anderer Benutzer an, werden die benutzerabhängigen Teile der Registry entsprechend ausgetauscht. Da Windows praktisch alle Konfigurationsdaten in der Registrierungsdatenbank speichert, kann man so das gesamte System an den jeweiligen Benutzer anpassen.

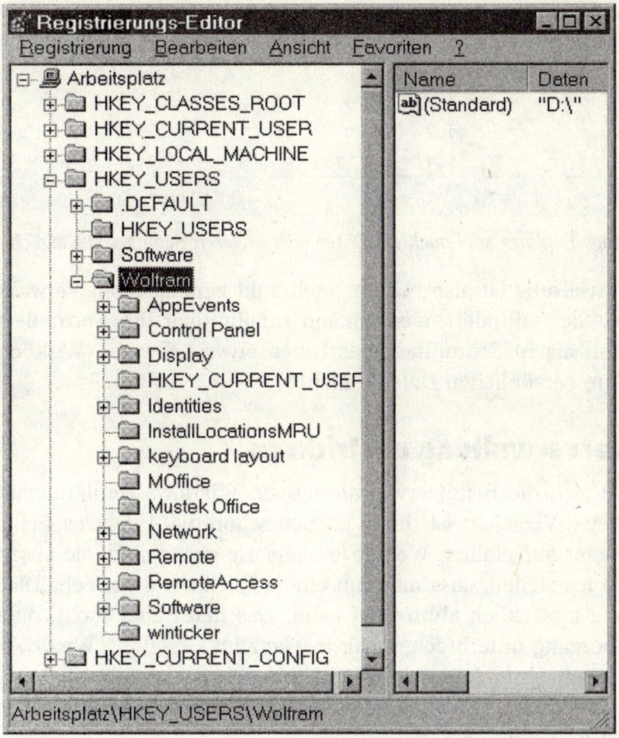

Der Beweis: Im Registrierungs-Editor sind nur die Daten des angemeldeten Benutzers zu sehen ...

Das bedeutet aber nicht, dass die Daten der anderen Benutzer nicht zugänglich wären. Man braucht lediglich im Windows Explorer den Ordner *C:\Windows\Profiles* zu öffnen und kann dort auf die Daten aller anderen für diesen PC registrierten Benutzer zugreifen. Die Datenformate dort sind zwar nicht unbedingt leicht zu lesen, aber wenn man weiß, wonach man sucht, findet man es ohne weiteres.

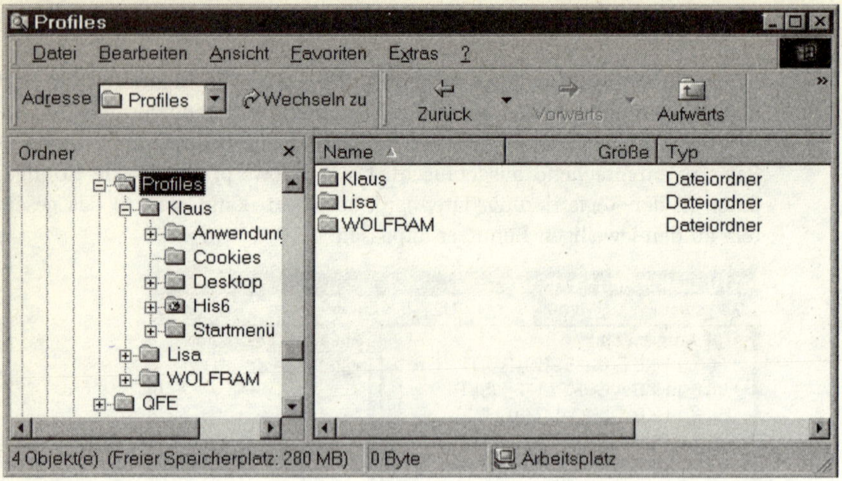

... aber im Windows Explorer sind auch die Daten aller anderen Benutzer zugänglich

Die Benutzerverwaltung ist also nur eingeschränkt zum sicheren Verwahren von Daten geeignet. Sie verhindert, dass jemand zufällig über Ihre vertraulichen Daten stolpert, und macht Schnüfflern das Leben etwas schwerer. Wirklich schützen kann sie Ihre persönlichen Dateien nicht.

Die Benutzerverwaltung austricksen

Außerdem lässt sich die Benutzerverwaltung von Windows verhältnismäßig einfach „austricksen". Vielleicht ist Ihnen ja auch schon die *Abbrechen*-Schaltfläche im Anmeldefenster aufgefallen. Wenn Sie neugierig genug sind, sie auszuprobieren, werden Sie feststellen, dass man mit einem Klick auf diese Schaltfläche den Anmeldevorgang tatsächlich abbrechen kann. Das heißt aber nicht, dass damit auch der Startvorgang unterbrochen würde. Ganz im Gegenteil: Windows startet trotzdem, nur eben ohne Anmeldung und mit den Standardeinstellungen. Anschließend hat man, ohne Eingabe eines Benutzernamens und eines Kennworts Zugang zu allen Anwendungen und Dateien.

Genauso gut können Sie im Anmeldedialog einfach einen beliebigen Benutzernamen und ein beliebiges Kennwort angeben. Windows begrüßt Sie dann als neuen Benutzer, richtet Ihnen ein eigenes Benutzerprofil ein und gewährt Ihnen anschließend wiederum Zugriff auf alle Ressourcen. Warum soll man eigentlich noch Passwörter knacken, wenn der Zugang so leicht ist?

Bei der Windows-Benutzerverwaltung liegt der Schwerpunkt also tatsächlich auf der Verwaltung und weniger auf der Sicherheit. Allerdings ist dies auch einer der Hauptaspekte, mit denen Microsoft seine Windows 9x/ME-Reihe gegen die professionelleren Windows NT/2000-Produkte abgrenzt. Es gibt aber Möglichkeiten, auch mit Windows 9x oder ME einen Sicherheitsstandard zu erreichen, der mit den professionellen Windows-Versionen durchaus vergleichbar. Dazu muss man die Windows-eigene Benutzerverwaltung mit einer geeigneten Software ergänzen, die sich eben nicht auf das Verstecken von Dateien beschränkt, sondern diese für unautorisierte Benutzer tatsächlich unzugänglich macht. Eine solche Lösung stellen wir im Folgenden vor. Wenn Sie mehr über Alternativen wie Windows NT/2000 wissen wollen, sollten Sie einen Blick in Kapitel 10 werfen.

Echte Zugangskontrolle mit eSafe

Das Produkt eSafe verwenden wir in diesem Buch an verschiedenen Stellen für verschiedene Aufgaben. Das macht schon deutlich, dass es sich hierbei um ein sehr vielseitiges System handelt, das so gut wie alle Sicherheitsaspekte eines PCs abdeckt. In Kapitel 3 zeigen wir, wie man mit eSafe neue, unbekannte Programme risikolos testen kann. In Kapitel 4 stellen wir eSafe als flexible Firewall-Lösung für den Internet-PC vor. Dort ist auch die Installation und der Umgang mit der Software ausführlicher beschrieben. Aber eSafe kann die Daten Ihres PCs nicht nur vor dem Zugriff durch unberechtigte Programme, sondern auch vor unautorisierten Benutzern schützen. Auf den folgenden Seiten zeigen wir Ihnen, wie Sie eSafe und die Windows-Benutzerverwaltung so einsetzen, dass wichtige Laufwerke, Verzeichnisse oder Dateien vor dem Zugriff nicht autorisierter Benutzer zuverlässig geschützt sind.

INFO

So überwacht eSafe die Benutzer

Bei der Benutzerverwaltung von eSafe können Sie für jeden Benutzer eines Rechners genau festlegen, welche Zugriffsrechte er auf welche Laufwerke und Verzeichnisse hat. eSafe überwacht die angemeldeten Benutzer. Alle Datei-Zugriffe werden vor dem Ausführen mit den für diesen Benutzer festgelegten Regeln verglichen. Versucht der Benutzer, auf eine Datei zuzugreifen, für die er keine Berechtigung hat, blockiert eSafe diesen Zugriff. Für das Programm, mit dem er den versuchten Zugriff ausführt, wirkt das so, als ob die angeforderte Datei aufgrund eines Dateifehlers nicht geöffnet werden konnte. Dementsprechend reagiert es mit einer Fehlermeldung. Der Benutzer merkt also nicht einmal, dass ihm die gewünschte Datei durch einen speziellen Schutzmechanismus vorenthalten wurde. eSafe setzt auf die Windows-Benutzerverwaltung auf. Es ermittelt von dort den gerade angemeldeten Benutzer und aktiviert den dazugehörenden Regelsatz. Damit eSafe richtig schützen kann, muss also zunächst die Windows-Benutzerverwaltung aktiviert werden. Außerdem müssen alle Benutzer, die eSafe überwachen soll, unter Windows eingerichtet werden (wie vorangehend beschrieben).

Windows-Benutzer mit eSafe kontrollieren

Um Benutzer einzurichten und deren Zugriffsrechte zu regeln, öffnen Sie die eSafe-Einstellungen mit einem Klick auf die *Optionen*-Schaltfläche im Monitor-Fenster. Im folgenden Menü wählen Sie *Erweiterte Konfiguration*. Das Anlegen eines Benutzers besteht im Folgenden aus zwei Schritten:

- Dem Erstellen eines Regelsatzes, der festlegt, auf welche Laufwerke, Verzeichnisse und Dateien der Benutzer zugreifen darf. Ein solcher Regelsatz kann auch für mehrere Benutzer verwendet werden, d. h., Sie können einen generellen Satz anlegen, der für alle Benutzer gilt.
- Dem Einrichten des Benutzers und dem Zuordnen eines oder mehrerer Regelsätze, die seine Aktivitäten auf dem Rechner einschränken.

Einen Regelsatz für Benutzer erstellen

Zunächst muss genau festgelegt werden, auf welche Laufwerke, Verzeichnisse und Dateien der Benutzer keinen Zugriff haben darf. Bei der Installation hat eSafe bereits einige solcher Regelsätze für die bekannten Anwendungen angelegt, die es auf Ihrem Rechner vorgefunden hat. Sie können aber auch jederzeit völlig eigene Regelsätze entwerfen. In unserem Beispiel wollen wir z. B. den Benutzern den Zugriff auf das Laufwerk *G:* völlig verwehren, weil dort unsere persönlichen Daten lagern, die andere Benutzer nichts angehen.

1. Öffnen Sie in den eSafe-Einstellungen die Rubrik *Sandbox*.
2. Wählen Sie im Auswahlfeld unter *Sandbox* den „leeren" Regelsatz *Blank* als Basis. Dieser Satz erlaubt zunächst völlig uneingeschränkten Zugriff. Lediglich im Programm-Verzeichnis von eSafe selbst sind Einschränkungen vorgesehen, damit eSafe nicht durch Löschen von wichtigen Programmdateien außer Kraft gesetzt werden kann.

Wählen Sie am besten den leeren Regelsatz Blank als Basis für eigene Regelsätze

3. Um wie in unserem Beispiel das Laufwerk *G:* zu schützen, markieren Sie es in der Liste unter *Definition der geschützten Bereiche*.

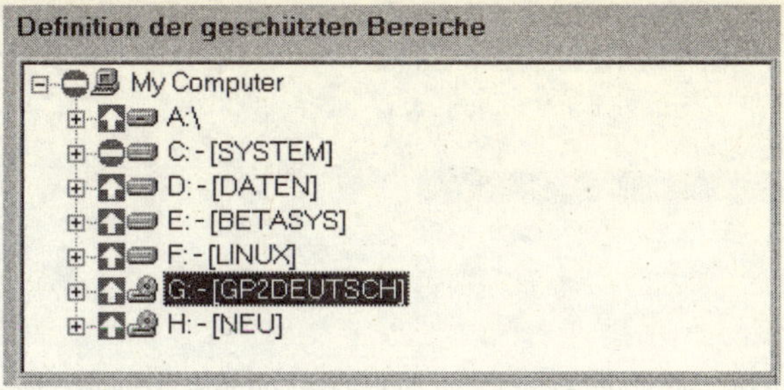

Wählen Sie Laufwerke, Verzeichnisse oder Dateien aus, bei denen der Zugriff eingeschränkt werden soll

4. Im Bereich *Zulässige Aktivitäten* rechts legen Sie fest, welche Zugriffe dem Benutzer auf die links ausgewählte Ressource erlaubt sein sollen. Um wie in unserem Beispiel den Zugriff auf ein Laufwerk völlig zu blockieren, deaktivieren Sie einfach sämtliche Optionen.

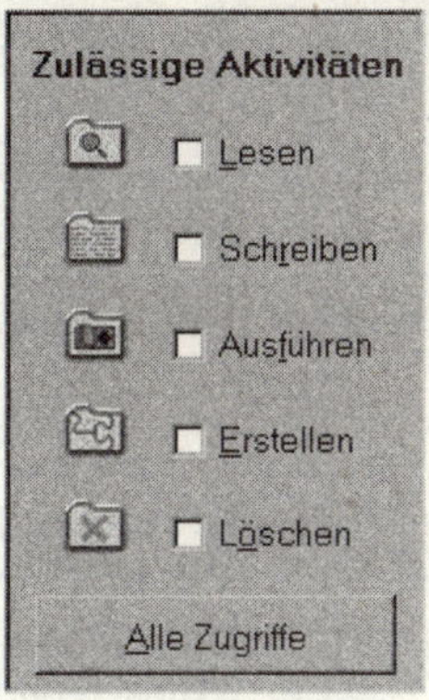

So legen Sie Zugriffsbeschränkungen fest

5. Wechseln Sie dann in die Kategorie *Reaktion*, um festzulegen, wie eSafe bei Verstößen gegen die festgelegten Zugriffsbeschränkungen verfahren soll.

6. Wählen Sie für alle links unter *Unzulässige Aktion* aufgeführten Zugriffsarten rechts im Bereich *Reaktion* die Option *Zugriff verweigern und stoppen*, damit eSafe Regelverstöße wirksam verhindert.

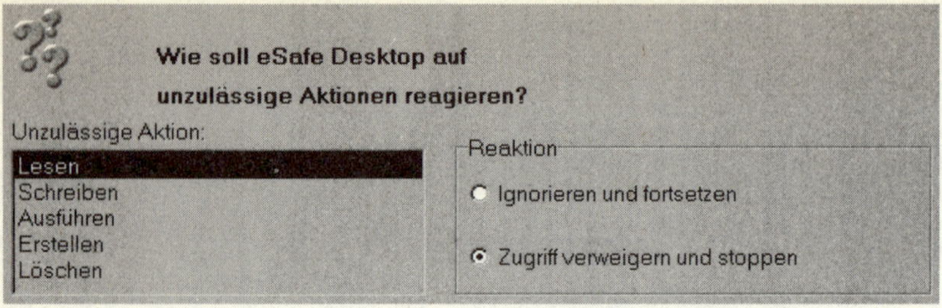

Bestimmen Sie, wie eSafe sich im Fall von Regelverstößen verhalten soll

7. Wenn Sie zusätzlich unten die Option *Warnmodus* einschalten, wird der Benutzer nicht auf Regelverstöße hingewiesen, sondern diese werden stillschweigend blockiert. So merken die Benutzer nicht einmal, dass sie kontrolliert werden. Die Verstöße werden dann nur im Protokoll festgehalten, wo Sie sie später auswerten können.

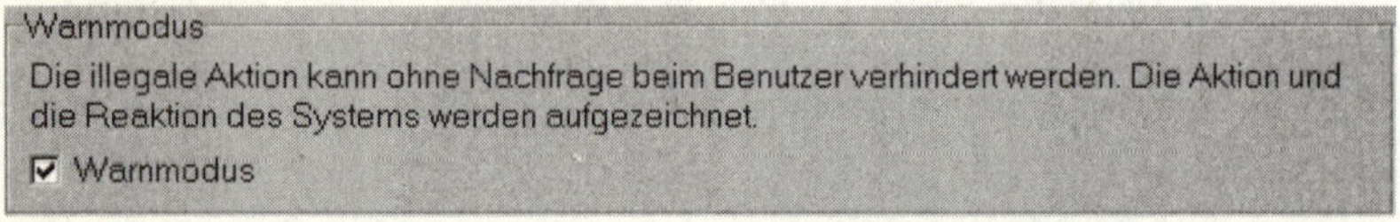

Im Warnmodus arbeitet eSafe schweigend und verhindert Regelverstöße kommentarlos

8. Klicken Sie dann oben auf *Sichern als*, um den erstellten Regelsatz zu speichern.

9. Geben Sie im Dialog *Set-Namen eingeben* einen passenden und aussagekräftigen Namen für den Regelsatz an. Wenn Sie den Satz speziell für einen bestimmten Benutzer angelegt haben, können Sie z. B. dessen Benutzernamen verwenden. Möglich wäre auch, den Satz nach seinen Auswirkungen zu benennen (z. B. kein Zugriff auf Laufwerk G:). Das ist insbesondere sinnvoll, wenn Sie einen Regelsatz gleich mehreren Benutzern zuordnen wollen. Wählen Sie einen Namen und speichern Sie den Regelsatz mit *OK* ab.

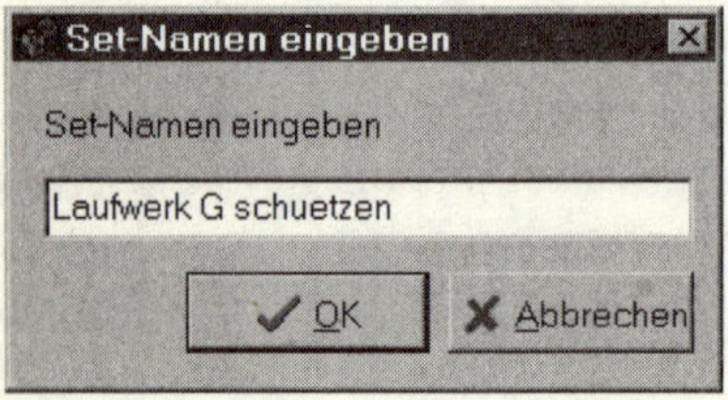

Geben Sie einen passenden Namen für den neuen Regelsatz an

TIPP

So erstellen Sie sinnvolle Regelsätze

Beim Erstellen von Regelsätzen gilt es abzuwägen, welche Rechte ein Benutzer haben muss, um sinnvoll arbeiten zu können, und welche Einschränkungen notwendig sind, um eine Gefährdung der eigenen Daten auszuschließen. Dazu sollte man drei Bereiche unterscheiden:

- Benutzer benötigen i. d. R. Platz, um ihre eigenen Daten abzuspeichern. Ist dieser nicht vorhanden, können sie nicht sinnvoll arbeiten. Deshalb sollte jeder Benutzer in mindestens einem Verzeichnis oder Laufwerk Schreibrechte haben. Am besten richten Sie dafür ein spezielles Verzeichnis für jeden Benutzer ein, in dem er alle Rechte hat.
- Um auf einem Rechner arbeiten zu können, müssen Benutzer bestimmte Teile des Betriebssystems und installierte Anwendungen (z. B. ein Textverarbeitungsprogramm) verwenden dürfen. Damit dies möglich ist, müssen sie für die entsprechenden Verzeichnisse zumindest Leserechte eingeräumt bekommen. Dazu gehören z. B. Ordner wie C:*Windows* oder C:*Programme**Microsoft Office*.
- Schließlich gibt es Bereiche, auf die andere Benutzer keinesfalls zugreifen dürfen, weil sie z. B. vertrauliche Dateien enthalten, oder Anwendungen, die andere Benutzer nicht starten sollen. Für diese Verzeichnisse und Laufwerke sollten unberechtigten Benutzern jegliche Zugriffsrechte entzogen werden.

Für Bereiche, die sich nicht eindeutig in eine dieser drei Kategorien einordnen lassen, gilt: im Zweifelsfall alle Zugriffsrechte entziehen. Sollte ein Benutzer dadurch auf wichtige Funktionen nicht zugreifen können, kann man ihm die Rechte dafür immer noch nachträglich einräumen, indem man den entsprechenden Regelsatz erweitert.

Benutzer einrichten und zuordnen

Wenn ein geeigneter Regelsatz zum Einschränken des Benutzers vorhanden ist, muss der Benutzer selbst angelegt und der Regelsatz zugeordnet werden. Da eSafe auf der Windows-Benutzerverwaltung aufsetzt, ist deshalb der erste Schritt, den Benutzer unter Windows anzulegen. Die Vorgehensweise dabei haben wir weiter vorn in diesem Kapitel beschrieben. Um einen unter Windows bekannten Benutzer auch für eSafe bekannt zu machen, muss er allerdings auch hier eingerichtet werden:

1. Öffnen Sie in den eSafe-Einstellungen die Rubrik *Administration*.
2. Hier finden Sie im Register *Benutzerverwaltung* die Benutzereinstellungen.

INFO

Der anonyme Benutzer

Bei der Installation hat eSafe bereits einen Benutzer namens Anonym, also den anonymen Benutzer, angelegt. Jeder Benutzer, der sich auf dem Rechner anmeldet und bei eSafe nicht ausdrücklich als Benutzer mit eigenen Regelsätzen registriert wurde, übernimmt die Einstellungen des anonymen Benutzers. Dies gilt auch, wenn ein Benutzer das Anmeldefenster von Windows abbricht und so die Anmeldeprozedur von Windows umgeht. Der anonyme Benutzer lässt sich nicht entfernen und auch bei Änderungen an seinen Einstellungen sollten Sie Vorsicht walten lassen. eSafe weist dem anonymen Benutzer standardmäßig alle aktivierten Regelsätze zu, sodass er in seinen Aktionen gewissen Einschränkungen unterliegt. Sicherer ist es aber, einen speziellen Regelsatz für ihn zu erstellen, der ihm die Zugriffsrechte für alle sensiblen Daten oder ggf. sogar für alle Daten auf Ihrem Rechner entzieht.

3. Klicken Sie im Bereich *Benutzerliste und Rechte* auf die Schaltfläche *Neuer Benutzer* ganz links, um einen neuen Benutzer anzulegen.

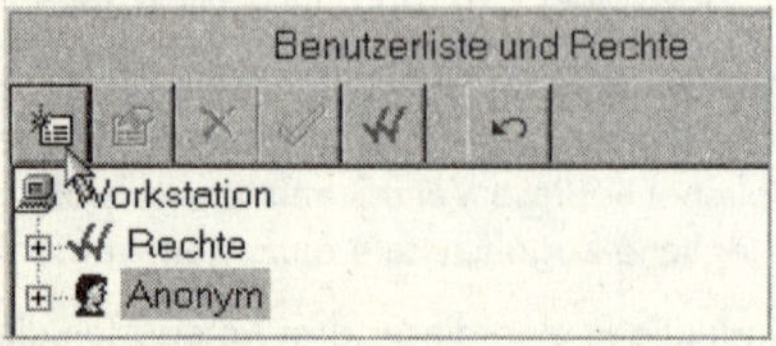

Legen Sie für jeden Benutzer einen neuen Eintrag an

4. Geben Sie im anschließenden Menü *Benutzer hinzufügen/ändern* den Namen des neuen Benutzers an. Verwenden Sie dabei exakt dieselbe Bezeichnung, die der Benutzer auch in der Windows-Benutzerverwaltung hat, da eSafe den Benutzer sonst beim Anmelden nicht erkennt. Bestätigen Sie die Eingabe mit *OK*.

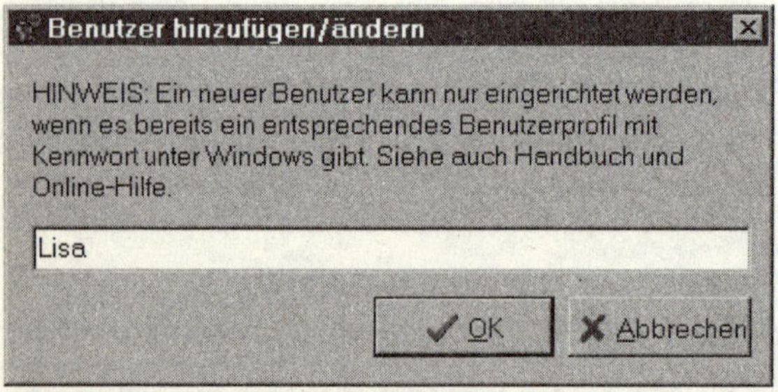

Verwenden Sie denselben Benutzernamen wie in der Windows-Benutzerverwaltung

5. Daraufhin erstellt eSafe in der Benutzerliste einen neuen Eintrag mit dem Namen des Benutzers. Markieren Sie diesen.

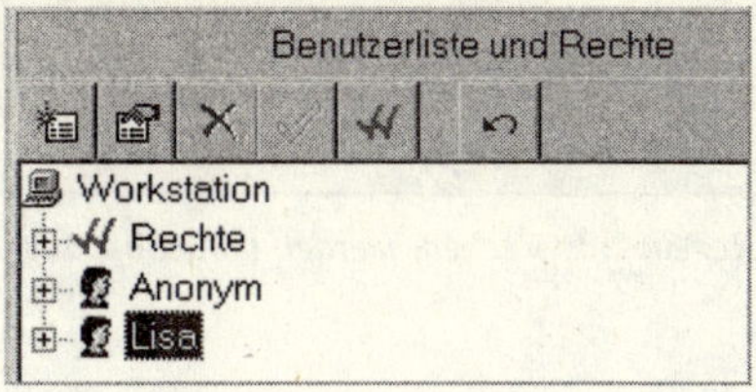

Markieren Sie den neu angelegten Benutzer, um ihm seine Rechte zuzuweisen

6. Wählen Sie rechts im Bereich *Sandboxes und Firewalls* in der Rubrik *Sandboxes* den oder die Regelsätze aus, die Sie für diesen Benutzer erstellt haben. Klicken Sie den gewünschten Regelsatz dazu an und ziehen Sie ihn mit der Maustaste in das linke Feld hinüber. Alternativ wählen Sie den oder die Regelsätze aus und klicken dann auf die Schaltfläche *Zuordnen* oben links.

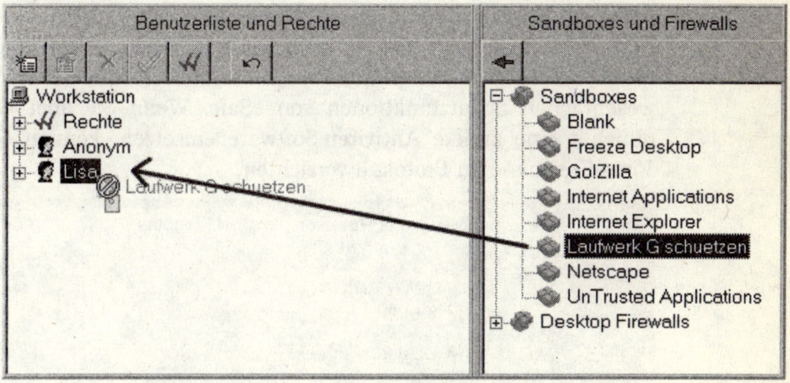

So ordnen Sie angelegten eSafe-Benutzern Regelsätze zu

7. Wenn Sie alle für den Benutzer vorgesehenen Regelsätze zugeordnet haben und mit den gewählten Einstellungen zufrieden sind, legen Sie den neuen Benutzer mitsamt seinen Einschränkungen mit einem Klick auf die *Übernehmen*-Schaltfläche an.

Anschließend können Sie sich probehalber mit dem Namen des neu eingetragenen Benutzers anmelden. Versuchen Sie dann einmal, auf Dateien zuzugreifen, die für diesen Benutzer gesperrt sind. Wenn die Regelsätze richtig angelegt und zugeordnet sind, verhindert eSafe dies. Je nach Einstellung gibt es dann eine Warnung oder nur eine einfache Fehlermeldung der jeweiligen Anwendung zu sehen.

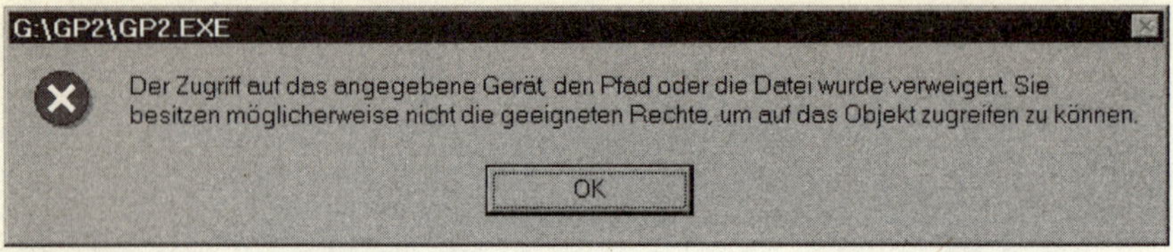

Zugriffe, die nicht den eingestellten Regeln entsprechen, werden von eSafe zuverlässig unterbunden

Das eSafe-Protokoll auswerten

Neben den eigentlichen Schutzfunktionen stellt eSafe Ihnen auch einen einfachen, aber effektiven Überwachungsmechanismus zur Verfügung. In einer Protokolldatei verzeichnet das Programm alle Regelverstöße, also alle Aktionen von Benutzern oder Programmen, die eSafe aufgrund einer der zuvor festgelegten Regeln blockieren musste.

1. Im Konfigurationsprogramm von eSafe können Sie in der Rubrik *Administration* im Register Reports die genauen Einzelheiten des *Reports* einstellen. Legen Sie im Bereich *Umfang* zunächst fest, welche Arten von Ereignissen im Report festgehalten werden sollen. Die drei Optionen stehen für die drei wesentlichen Schutzfunktionen von eSafe. Wenn Sie aber beispielsweise ohnehin eine andere Antiviren-Software einsetzen, können Sie auf *Anti-Virus*-Ereignisse im Protokoll verzichten.

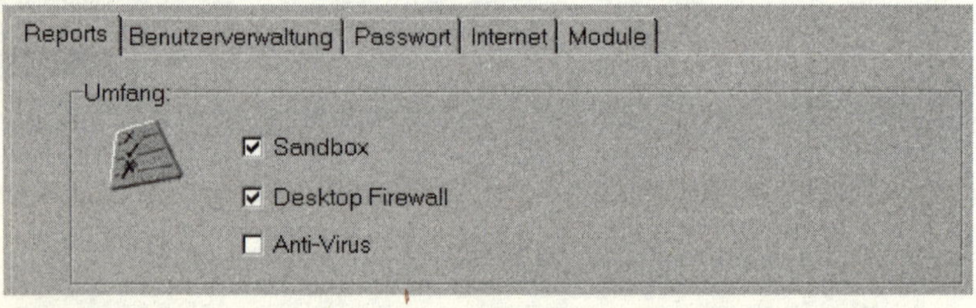

Wählen Sie zunächst, welche Arten von Ereignissen im Report festgehalten werden sollen

2. Wählen Sie dann im Bereich *Typ* aus, ob Sie einen *Kurzreport* haben möchten, der sich nur auf die Schutzverletzungen konzentriert, oder ob Ihnen ein *Vollständiger Report* lieber ist, der wirklich alle relevanten Vorgänge aufzeichnet.

Wählen Sie Art und Umfang des Reports

3. Damit die Reportdatei nicht irgendwann die Grenzen Ihrer Festplatte sprengt, sollten Sie unter *Reportdatei begrenzen auf X KB* eine maximale Größe der Datei beschränken. Die von eSafe vorgeschlagenen 1.024 KByte sind ein durchaus sinnvoller Wert. Erreicht die Datei diese Größe, werden die ältesten Einträge zugunsten neuerer gelöscht.

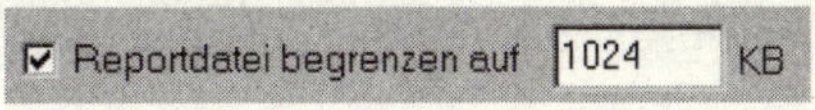

Legen Sie eine Obergrenze für den Umfang des Protokolls fest

TIPP

Report richtig konfigurieren

Für einen guten und übersichtlichen Report empfehlen wir Ihnen, alle Arten von Schutzverletzungen zu erfassen, also die ersten drei Optionen zu aktivieren. Als Reporttyp reicht normalerweise der Kurzreport, der alle relevanten Daten erfasst. Der Gesamt-Report ist sehr umfangreich, unübersichtlich und man kann die wesentlichen Informationen dort leicht übersehen.

Mit einem Klick auf die Schaltfläche *Report erstellen* ganz unten rufen Sie das aktuelle Protokoll ab. Zu jedem Eintrag teilt eSafe Ihnen mit, wann sich der Vorfall zugetragen hat, welcher Benutzer betroffen war, welche Art von Schutzverletzung vorlag und welche Ressource betroffen war. So können Sie einen Benutzer mit eindeutigen Fakten konfrontieren.

Der Report von eSafe

2.3 Sicherheitsfalle Bildschirmschoner

Wenn man seinen Rechner einmal kurz allein lassen will, um eine Kaffeepause zu machen oder nur kurz etwas zu erledigen, schaltet man ihn meist nicht aus. Was soll schon in der kurzen Zeit passieren? Tatsächlich kann eine ganze Menge geschehen. Ein findiger Eindringling kann mithilfe einer Diskette oder CD in kürzester Zeit vertrauliche Daten von Ihrem Rechner kopieren, einen Trojaner installieren, der ihm später Ihre Passwörter und andere vertrauliche Informationen liefert oder Ihr System so verändern, dass er später bei einem längeren Besuch in Ihrer Abwesenheit Zugriff auf das gesamte System erhält. Das beste Sicherheitskonzept mit BIOS-Passwort und effektiver Benutzerverwaltung nutzt nichts, wenn sich ein Angreifer einfach des unbeaufsichtigten PCs bemächtigen kann.

Ein beliebtes Mittel, um PCs während kurzer Pausen und Abwesenheiten zu beschäftigen, sind Bildschirmschoner. Sie schalten sich automatisch nach einer gewissen Zeit der Inaktivität auf dem Rechner ein. Ursprünglich waren sie dazu gedacht, den Monitor des PCs davor zu schützen, dass sich ein längere Zeit unverändertes Bild dauerhaft in die Bildröhre einbrennt. Diese Gefahr bestand bei früheren Monitoren, bei modernen Geräten kann so etwas nicht mehr passieren. Heutzutage wird der Bildschirmschoner von vielen mehr als Spielerei angesehen, so nach dem Motto, „Guck mal, was ich für einen tollen neuen Bildschirmschoner habe!".

Bildschirmschoner mit Passwortschutz einrichten

Dabei haben Bildschirmschoner einen nicht zu unterschätzenden Aspekt der Sicherheit. In den Windows-Systemeinstellungen kann man den Bildschirmschoner mit einem Passwort versehen. Das bedeutet: Hat sich der Bildschirmschoner erst einmal eingeschaltet, kann er nur durch Eingabe dieses Passworts wieder deaktiviert werden. So kann man den PC mittels eines Bildschirmschoners vor unberechtigten Eingriffen schützen, wenn man mal kurz abwesend ist.

1. Öffnen Sie die Systemeinstellungen mit *Start\Einstellungen\Systemsteuerung* und öffnen Sie hier mit einem Doppelklick die *Anzeige*-Einstellungen.

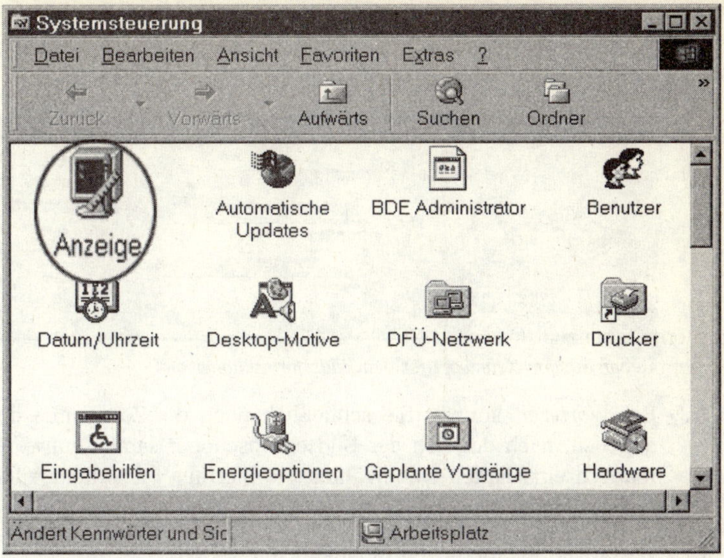

Öffnen Sie die Anzeige-Einstellungen, um den Bildschirmschoner zu konfigurieren

2. Wechseln Sie hier in die Kategorie *Bildschirmschoner*.

3. Sollte bislang noch gar kein Bildschirmschoner aktiv sein, wählen Sie im Auswahlfeld einen der angebotenen aus. Auf dem symbolischen Monitor darüber sehen Sie jeweils eine Vorschau auf den gerade markierten Bildschirmschoner. Mit einem Klick auf *Einstellungen* können Sie die meisten Bildschirmschoner noch genauer konfigurieren.

Nehmen Sie die Auswahl des Bildschirmschoners vor und aktivieren Sie den Kennwortschutz

4. Aktivieren Sie dann die Option *Kennwortschutz* und klicken Sie auf die *Ändern*-Schaltfläche, um im folgenden Menü das Kennwort für den Bildschirmschoner zweimal anzugeben.

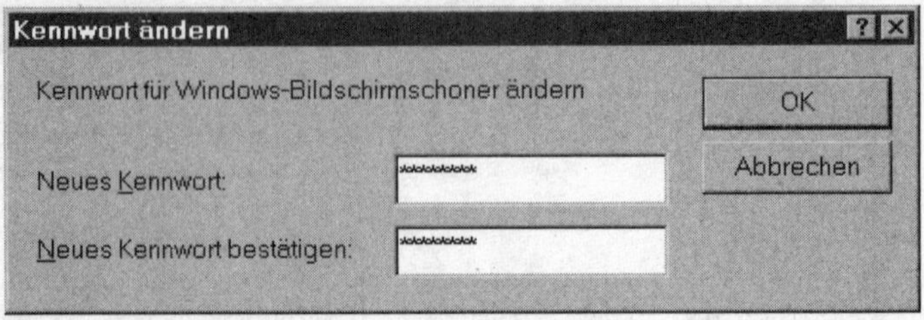

Geben Sie das Kennwort für den Bildschirmschoner an

5. Bei *Wartezeit* können Sie schließlich noch die Zeitspanne der Inaktivität angeben, nach der sich der Bildschirmschoner samt Kennwortschutz automatisch einschalten soll. Wählen Sie hier aus Sicherheitsgründen am besten das kleinstmögliche Zeitintervall von einer Minute.

6. Bestätigen Sie die neuen Einstellungen mit *OK*.

In Zukunft wird der Bildschirmschoner automatisch starten, wenn eine gewisse Zeit ohne Benutzeraktivitäten vergangen ist. Kehren Sie dann an den Rechner zurück und „wecken" ihn auf, wird er allerdings nicht mehr einfach zur Normalität übergehen, sondern zunächst nach dem angegebenen Passwort fragen. Erst wenn dieses korrekt angegeben wird, können Sie weiterarbeiten.

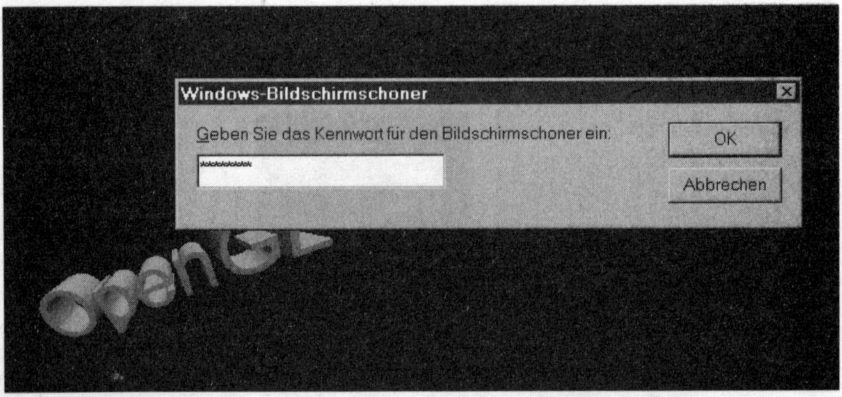

Der Bildschirmschoner fragt nach dem Passwort, bevor er den Zugriff auf den Rechner wieder freigibt

TIPP

Bildschirmschoner manuell aktivieren

Ein Problem beim Bildschirmschoner ist, dass er nur nach der festgelegten eingabefreien Zeit automatisch startet. Sinnvoller wäre es, wenn man ihn bei Bedarf, also wenn man den Rechner z. B. kurz verlassen will, direkt aktivieren könnte. Tatsächlich ist dies mit einem kleinen Trick möglich: Legen Sie auf dem Windows-Desktop eine Verknüpfung zu Ihrem Bildschirmschoner an. Öffnen Sie dazu mit dem Explorer den Ordner C:*Windows**System*. Hier finden Sie alle Bildschirmschoner-Dateien mit der Dateiendung *.scr*. Klicken Sie auf die Datei Ihres Lieblings-Bildschirmschoners und ziehen Sie deren Symbol mit der Maus an eine beliebige Stelle auf dem Desktop. Windows legt dort eine Verknüpfung zu der Datei des Bildschirmschoners an, den Sie mit einem Doppeklick darauf nun jederzeit manuell aktivieren können. Die Einstellung erfolgt nach wie vor über die *Anzeige*-Optionen in der Systemsteuerung.

So sicher ist das Bildschirmschoner-Passwort

Der Bildschirmschoner-Mechanismus von Windows ist relativ sicher. So werden bei der Eingabe des Passworts zum Wiederaufwecken sämtliche Möglichkeiten zum Umgehen der Abfrage, wie etwa die Tastenkombination für den Taskmanager, deaktiviert. Einfache Hausfrauentricks helfen hier also nicht weiter. Allerdings bleibt dem Angreifer allemal die Möglichkeit, den Rechner einfach auszuschalten. Nur wenn der PC-Start z. B. durch ein BIOS-Passwort ebenfalls abgesichert ist, macht ein Bildschirmschoner mit Kennwort also wirklich Sinn. Außerdem gibt es spezielle Programme, mit denen sich Bildschirmschoner, die über keinerlei spezielle Sicherheitsvorkehrungen verfügen, trotz Kennwortschutz umgehen lassen. Die Funktionsweise solcher Programme demonstriert hervorragend Screen Saver Destroyer 2000, von dem Sie eine kostenlose Testversion unter http://www.the-hitman.com/wtm/ herunterladen können. Diese kostenlose Testversion ist „entschärft" und funktioniert nur, wenn Sie das Programm starten, bevor der Bildschirmschoner aktiv ist. Die Vollversion für $ 40 kommt allerdings auf der speziellen CD-ROM, die Sie in einen PC mit aktivem Bildschirmschoner einlegen können, um diesen zu umgehen.

Der Screen Saver Destroyer besteht aus einem kleinen Programm, das parallel zum Bildschirmschoner läuft und dessen Fenster trotz Bildschirmschoner angezeigt wird und benutzt werden kann.

Wenn der Bildschirmschoner läuft, brauchen Sie nur auf die Schaltfläche *Detect* zu klicken. Dann durchsucht das Programm den Arbeitsspeicher des Rechners nach dem aktiven Bildschirmschoner. Wird es fündig, zeigt es dessen Namen an. Gleichzeitig wird die Schaltfläche *Kill* freigegeben. Wenn Sie darauf klicken, können Sie den Bildschirmschoner „abschießen" und erhalten ohne Eingabe des Kennworts Zugang zum Rechner.

Das Programmfenster des Screen Saver Destroyer setzt sich gegen den Bildschirmschoner durch

Ist der Bildschirmschoner erkannt, kann man ihn per Mausklick aus dem Speicher werfen

Schutz gegen Bildschirmkiller

Programme zum Umgehen von Bildschirmschonern machen sich immer Sicherheitslücken zu Nutze. Das Funktionsprinzip des Screen Saver Destroyer in der Vollversion beruht darauf, dass Windows beim Einlegen einer neuen CD stets versucht, diese automatisch zu starten bzw. eine Audio-CD automatisch abzuspielen. Dies gilt auch dann, wenn ein Bildschirmschoner aktiv ist. Die Screen Saver Destroyer-CD ist also so eingerichtet, dass das Programm beim Einlegen der CD automatisch gestartet wird. Diese Sicherheitslücke kann man schließen, in dem man das automatische Abspielen von CDs verhindert. Dazu können Sie eine Option in den Tiefen der Windows-Konfiguration ändern:

1. Öffnen Sie die Systemeinstellungen und dort den Bereich *System*.

2. Wechseln Sie dort in die Kategorie *Geräte-Manager* und suchen Sie in der Geräteliste den Eintrag *CD-ROM*.

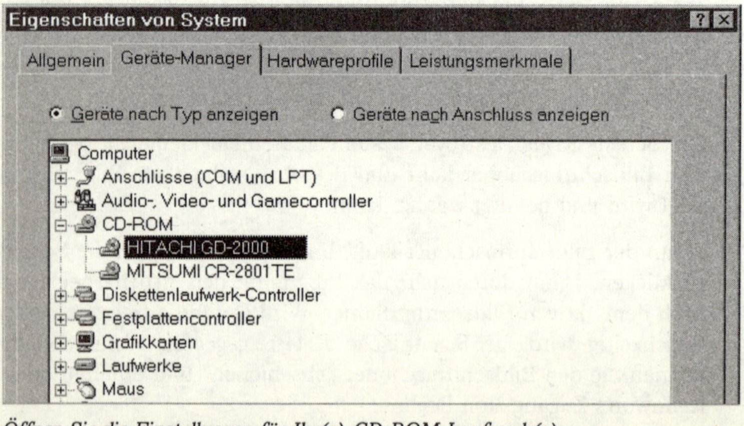

Öffnen Sie die Einstellungen für Ihr(e) CD-ROM-Laufwerk(e)

3. Mit einem Doppelklick auf den Laufwerkeintrag öffnen Sie die Eigenschaften für dieses Gerät. Hier können Sie in der Kategorie *Optionen* den Punkt *Automatische Benachrichtigung beim Wechsel* deaktivieren. Sie ist dafür zuständig, dass das Betriebssystem auf einen Wechsel der CD reagiert.

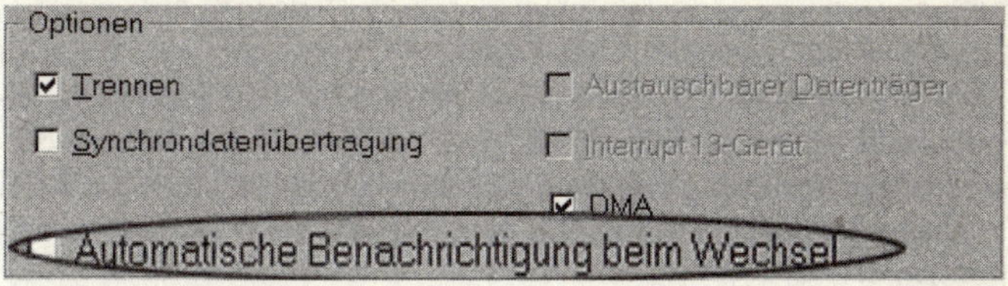

Diese Option steuert das Verhalten des Betriebssystems beim CD-Wechsel

4. Sollten Sie mehrere CD-ROM-Laufwerke oder einen zusätzlichen CD-Brenner eingebaut haben, nehmen Sie diese Einstellung bei allen Laufwerk vor.

5. Klicken Sie anschließend zweimal auf *OK*, um die neuen Einstellungen zu übernehmen, die erst nach einem Neustart gelten.

Damit haben Sie diese Sicherheitslücke von Windows gestopft. Allerdings müssen Sie nun auf den Komfort verzichten, dass CDs nach dem Einlegen ins Laufwerk automatisch starten bzw. die Wiedergabe von Audio-CDs automatisch beginnt. Das ist ein Preis, den man für mehr Sicherheit leider zahlen muss.

Sichere Bildschirmschoner

Eine andere Möglichkeit ist der Einsatz eines Bildschirmschoners, der speziell für den Zugangsschutz ausgelegt ist. Solche Programme sind ebenfalls durch ein Passwort geschützt, können aber nicht so einfach aus dem Arbeitsspeicher verbannt werden. Außerdem gehen sie noch etwas weiter als die normalen Windows-Bildschirmschoner und blockieren z. B. alle Funktionen, die nicht unmittelbar zur Eingabe des Kennworts benötigt werden. So kann man etwa ein Programm wie Screen Saver Destroyer z. B. nicht mehr einsetzen. Ein solcher zuverlässiger Wächter ist das Programm WinSafe. Sie können eine Testversion unter http://www.ruzzy.co.uk herunterladen. WinSafe ist ein eigenständiges Programm, das von Killerprogrammen deshalb nicht als typischer Bildschirmschoner erkannt wird. Es kann auch zusätzlich bei der Windows-Anmeldung verwendet werden, um auch diese absolut wasserdicht zu machen.

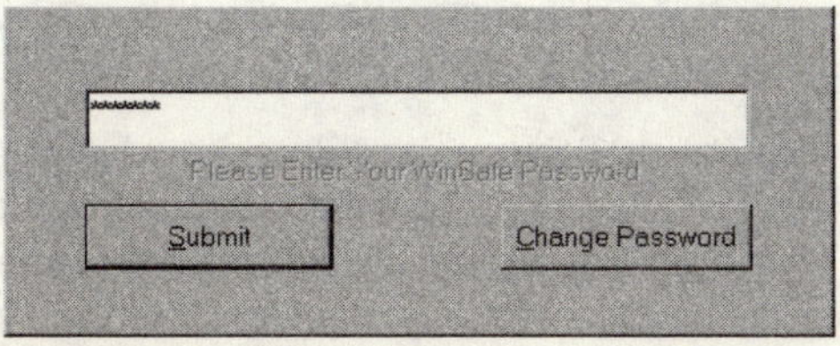

WinSafe ist ein Bildschirmschoner, der nicht so leicht zu knacken ist

TIPP

Beliebige Programme als Bildschirmschoner

Wenn Sie WinSafe oder andere Programme als Bildschirmschoner verwenden wollen, müssen Sie diese nicht unbedingt manuell starten. Tatsächlich kann die Bildschirmschonerfunktion von Windows jedes beliebige Programm starten. Sie müssen es dazu lediglich in den Ordner C:*Windows**System* kopieren, wo sich auch die Bildschirmschoner befinden. Ändern Sie dann die Endung des Programms von .exe in *.scr*. Anschließend wird das Programm in der Auswahl der Bildschirmschonereinstellungen geführt und kann dort ausgewählt werden. In Zukunft startet Windows dann dieses Programm, wenn der definierte Zeitraum ohne Aktivität vergangen ist.

Das Bildschirmschonerkennwort

Leider ist das Passwort des Windows-Bildschirmschoners nur unzureichend geschützt. Es wird von Windows in der Registrierungsdatenbank gespeichert. Dort steht es zwar nicht im Klartext, die Verschlüsselungsmethode ist aber nicht sehr aufwendig. Hacker verfügen über Programme, mit denen sie diese Daten ohne weiteres entschlüsseln und das Passwort so ermitteln können.

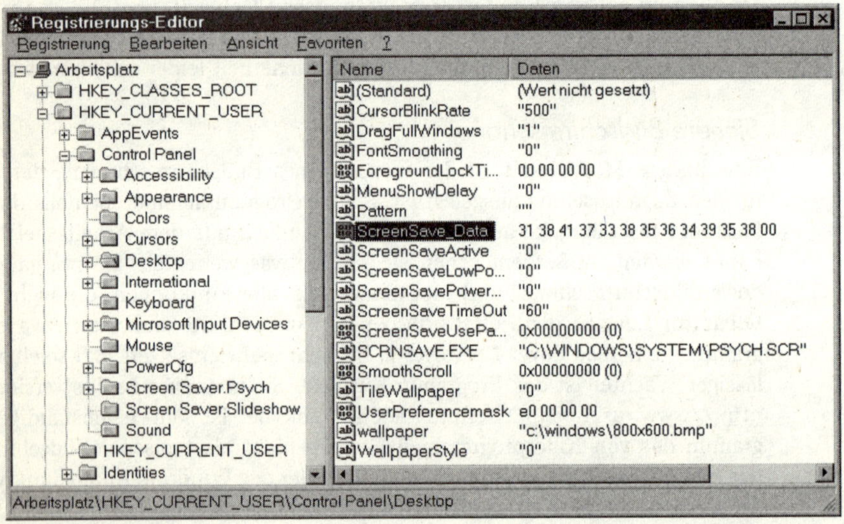

Das Bildschirmschonerkennwort wird mit einer simplen Verschlüsselung in der Registry gespeichert

Für den sicheren Einsatz bedeutet das: Solange der Bildschirmschoner wirklich immer aktiv ist, wenn Sie Ihren Rechner unbeaufsichtigt lassen, können Sie sich auf ihn verlassen. Wenn es aber doch mal jemand schafft, in Ihrer Abwesenheit auf den PC zuzugreifen, kann er Ihr Kennwort ausspionieren und die Passwortabfrage damit überlisten. Als Konsequenz sollte man den PC eben wirklich nur verlassen, wenn der Bildschirmschoner aktiv oder der Rechner ausgeschaltet ist. Außerdem sollte man auch das Bildschirmschonerkennwort regelmäßig ändern, um auf Nummer Sicher zu gehen.

2.4 Auch Passwörter lassen sich klauen

Sicherheit beginnt schon beim Einschalten des Rechners. Bereits hier - beim Booten des PCs oder beim Start von Windows - liegen die ersten Angriffspunkte für Hacker, die sich Zugang zu Ihrem Rechner verschaffen wollen. Diese kritischen Punkte sollte man durch Passwörter schützen. In diesem Abschnitt erfahren Sie alles darüber, wie sichere Passwörter aussehen sollten, wo sie eingesetzt werden können, wie zuverlässig sie sind und wie man sich gegen Angriffe auf das eigene Passwort wehrt.

INFO

Teurer Schaden durch gestohlenes Passwort

Eine Meldung, wie man sie in letzter Zeit leider immer häufiger liest: Am 14.12. 2000 meldet die PC Welt: 40 Surfer missbrauchen Passwörter! Die Geschichte dazu ist schnell erzählt. Ein ahnungsloser Nutzer hatte seine Internetkennung nebst dazugehörigem Passwort auf seinem PC gespeichert. Unbekannten Hackern war es gelungen, diese Daten mithilfe eines Trojaners zu stehlen. Sie veröffentlichten die erbeuteten Daten im Internet, wo sie von 40 Surfern gefunden wurden, die damit dann auf Kosten des Opfers durchs Internet surften. Insgesamt entstand so ein Schaden von ca. 50.000 DM. Und noch ein Zitat aus der Meldung: „Internetuser sollten auf jeden Fall vermeiden, ihre Passwörter aus Bequemlichkeit auf dem Rechner zu speichern", warnte die Polizei. (Quelle: http://www.pcwelt.de/content/news/newinternet/2000/12/xn141200005.html)

Deshalb sind Passwörter so wichtig

Daten zu schützen, heißt, den Zugriff prinzipiell zu unterbinden und nur für bestimmte, berechtigte Benutzer eine Ausnahme zu machen. Damit der Computer weiß, dass Sie ein solcher berechtigter Benutzer sind, müssen Sie sich dem Rechner gegenüber ausweisen. Dazu benötigen Sie normalerweise zwei Dinge:

- Eine Benutzerkennung, an der Sie der Rechner erkennt. Basierend auf diesem Namen gestattet er Ihnen den Zugriff auf bestimmte Dateien und Ressourcen. Außerdem wird der Benutzername verwendet, um Ihre Aktivitäten zu protokollieren und - z. B. bei einem Onlinedienst - abzurechnen. Die Benutzerkennung wird meist vom Betreiber des Rechners oder Netzwerks vergeben. Sie muss nicht geheim gehalten werden. Im Gegenteil: Bei der E-Mail-Kommunikation ist sie z. B. unverzichtbarer Bestandteil Ihrer Adresse.

- Zu jedem Benutzernamen gehört auch ein Passwort. Dieses geheime Kennwort ist so etwas wie ein Schlüssel. Dadurch, dass Sie dieses Wort kennen, beweisen Sie dem Rechner beim Anmelden, dass Sie tatsächlich derjenigen sind, für den Sie sich ausgeben.

Das Passwort ist also zusammen mit dem Benutzernamen Ihre Eintrittskarte zu allem, was mit vertraulichen und persönlichen Daten zu tun hat. Nicht nur Ihr eigener Rechner ist vielleicht so geschützt, auch der Internetzugang beim Onlinedienst verlangt ein Passwort bei der Anmeldung. Ebenso müssen Sie sich beim Onlinebanking anmelden und ausweisen, bevor Sie Zugriff auf Ihr Konto erhalten. Das bedeutet zum einen, dass Sie Ihr Passwort tunlichst nicht vergessen sollten, um sich nicht selbst von Ihren Daten und Kommunikationsmöglichkeiten auszuschließen. Zum andern heißt es aber auch, dass jeder, der Ihr Passwort kennt, sich an Ihrer Stelle dieser Daten und Zugänge bedienen kann.

Was steht auf dem Spiel?

Jeder, der in den Besitz Ihres Passworts gelangt, kann auf dem Rechner oder in dem jeweiligen Netz alles machen, was Sie selbst tun dürfen. Und er kann Dinge tun, die Sie selbst nie machen würden. Wenn jemand beispielsweise Ihren Onlinezugang stiehlt, kann er damit auf Ihre Kosten durchs Web surfen. Wird ihm das zu langweilig, kann er Ihre Onlineidentität annehmen. Stellen Sie sich z. B. vor, er tritt unter Ihrem Namen in Chatkanälen oder anderen Onlineforen auf. Stellen Sie sich dann noch vor, was das Übelste ist, das er dort anstellen könnte.

Ganz nebenbei kann er Sie selbst von Ihren Zugängen und Daten aussperren, indem er das Passwort ändert, sodass Sie selbst keinen Zugang mehr haben. Wenn Sie Kunde eines kostenpflichtigen Onlineanbieters wie AOL oder T-Online sind, kann es noch viel schlimmer kommen. Diese Dienste bieten kostenpflichtige Zusatzservices an, von denen der Dieb regen Gebrauch machen kann. Alle Zusatzdienste, Bestellungen und sonstigen Kosten tauchen dann auf Ihrer Monatsabrechnung auf. Selbst wenn Sie beweisen können, dass ein anderer Ihre Zugangsdaten missbraucht hat, wird der Onlinedienst das Geld bei Ihnen eintreiben.

Wenn Sie eine eigene Homepage im Web haben, die mit dem gestohlenen Passwort geschützt ist, kann der Eindringling richtig kreativ werden. Dass er Ihre Seiten verunstaltet, ist noch das Geringste. Vielleicht benutzt er es, um unter Ihrem Namen illegale Inhalte zu verbreiten.

Die Möglichkeiten sind vielfältig und lassen sich leicht auf einen Nenner bringen: Jemand, der Ihr Passwort kennt, kann Sie Ihr Ansehen, Ihren Onlinezugang und viel Geld kosten und darüber hinaus Zugang zu Ihren sensibelsten persönlichen Daten erlangen.

So werden Passwörter sicher

Effektiver Passwortschutz beginnt mit der Wahl des Passworts. Ein Passwort, das von anderen leicht erraten werden kann, ist so gut wie keins. Viele nahe liegende Begriffe eignen sich deshalb nicht zum Passwort:

- der eigene Name, ebenso wie der von Frau, Freundin, Kindern oder Haustieren,
- Lieblingsfarbe, Lieblingsband, Lieblingsautor, Lieblings...,
- Marke, Typ oder Kennzeichen des eigenen Autos,
- das eigene Geburtsdatum oder das von Verwandten oder Freunden,
- PLZ oder Name des Wohnorts sowie
- alle sonstigen Begriffe, die jedermann wissen oder herausbekommen könnte, der Sie auch nur flüchtig kennt.

Auch bei weniger nahe liegenden Begriffen sollten Sie darauf achten, keine Wörter zu benutzen, wie sie z. B. in Lexika oder Wörterbüchern stehen. Genau solche Wortlisten benutzen Hacker, um ein Passwort auf die harte Tour herauszubekommen (näheres dazu finden Sie im Abschnitt *So werden Passwörter geknackt* in diesem Kapitel). Deshalb sollte jedes Passwort Elemente enthalten, die ganz bestimmt nicht in einem Wörterbuch vorkommen. Eine gute Regel ist, in jedem Passwort mindestens eine Zahl und ein Sonderzeichen (z. B. *,;.:_?!+-&$§*) an beliebiger Stelle einzubauen. Wenn man diese Komponenten mit einem leicht zu merkenden Wort kombiniert, erhält man ein einigermaßen leicht zu merkendes Passwort wie z. B. *baum1?*, das nicht mithilfe eines Wörterbuchs geknackt werden kann.

TIPP

Der persönliche Satz

Sie suchen nach einem leicht zu merkenden Passwort, das trotzdem sicher ist? Denken Sie sich doch einfach einen sehr persönlichen Satz aus, den Sie sich bestimmt gut merken können. Zum Beispiel: "*A*ls *K*ind *h*atte *i*ch *e*inen *K*ater *n*amens *F*elix." Wenn Sie jetzt jeweils den ersten Buchstaben (oder auch den zweiten, den dritten den letzten usw.) jedes Wortes nehmen, ergibt sich daraus ein prima Passwort. In diesem Fall wäre es zum Beispiel *AKhieKnF*, ein scheinbar völlig sinnloses Wort, das ganz bestimmt in keinem Lexikon auftaucht. Trotzdem hat diese exotische Kombination für Sie einen Sinn und ist deshalb gut zu merken.

Wenn Ihnen Zahlen und Sonderzeichen zu schwierig zu merken sind, gibt es einen Trick, der denselben Zweck fast genauso gut erfüllt. Nehmen Sie ein ganz normales Wort, das nicht zu nahe liegend ist und das Sie sich trotzdem gut merken können. Bauen Sie in dieses Wort bewusst einen Schreibfehler ein. Verwenden Sie z. B. *Belrin* statt *Berlin*. Auch so sind Sie vor Angriffen mit Wortlisten weitestgehend geschützt.

Wie lang sollte ein gutes Passwort sein?

Die Antwort auf diese Frage scheint nahe zu liegen: Je länger, desto besser. Tatsächlich ist es aber nicht ganz so einfach. Natürlich hängt die Sicherheit eines Passworts technisch gesehen von seiner Länge ab. Ein Passwort, das aus nur einem Zeichen besteht, kann jedermann durch einfaches Ausprobieren in relativ kurzer Zeit erraten. Mit jedem zusätzlichen Zeichen potenziert sich der dazu nötige Aufwand, sodass ein zehnstelliges Passwort selbst mit technischen Hilfsmitteln kaum zu knacken ist.

INFO

Längenbeschränkungen

Manchmal hängt die Länge des Passworts nicht nur von Ihrer Wahl ab. Bei einigen Anwendungen ist eine feste Länge vorgegeben. Bekanntestes Beispiel sind wohl die PINs von EC-Karten, die grundsätzlich vierstellig sind. Ähnlich ist es auch bei anderen PIN-Anwendungen wie z. B. Onlinebanking, wo die Geheimzahlen meist nur zwischen vier und sechs Stellen lang sein dürfen. Diese Beschränkungen liegen i. d. R. in der verwendeten Software begründet, die nur einen begrenzten Speicherplatz für das Verarbeiten der PINs zur Verfügung hat. Ebenso gibt es Mindestlängen bei der Wahl von Passwörtern. Darüber werden Sie meist vor dem ersten Eingeben eines Kennworts informiert. Manchmal erfahren Sie es aber auch erst, wenn Sie ein zu kurzes Passwort gewählt haben und das Programm sich deshalb beschwert. Dann teilt es Ihnen aber mit, wie lang das Passwort denn nun sein muss. Auch wenn es etwas nervig sein mag, erst im x-ten Anlauf ein geeignetes Passwort zu finden, sind Systeme, die die Passwörter der Benutzer auf Sicherheit überprüfen, sehr sinnvoll. Sie helfen den Benutzern, die häufigsten Fehler beim Auswählen von sicheren Passwörtern zu vermeiden.

Hacker beschränken sich aber nicht auf technische Hilfsmittel. Eine ebenso einfache wie effektive Methode ist, das Opfer beim Eintippen des Passworts heimlich zu beobachten. Wenn Ihr Passwort nun so lang und kompliziert ist, dass Sie es nur langsam eintippen können und womöglich noch Tippfehler machen und die Eingabe wiederholen müssen, geben Sie einem heimlichen Zuschauer gute Chancen, zumindest Teile des gesuchten Begriffs zu sehen. Wenn er sich den Rest dazudenken kann, dann ist Ihr Passwort dadurch schon verraten. Achten Sie beim Auswählen des Passworts deshalb darauf, dass es nicht nur sicher, sondern auch schnell und flüssig einzugeben ist.

Wenn Sie auf Nummer Sicher gehen wollen und außerdem ein gutes Gedächtnis besitzen, gibt es eine recht einfache Methode, sehr sichere Passwörter zu schaffen: Tippen Sie mit geschlossenen Augen ein paar Mal mit verschiedenen Fingern auf die Tastatur. Schauen Sie sich das Ergebnis an und ergänzen Sie es ggf. mit einigen Zahlen und Sonderzeichen. Wenn Sie es schaffen, sich das Ergebnis einzuprägen, besitzen Sie ein Passwort, das wohl niemand erraten kann.

TIPP

Groß- und Kleinschreibung bei Passwörtern

Im Zusammenhang mit der Groß- und Kleinschreibung bei Passwörtern sind grundsätzlich zwei unterschiedliche Techniken zu beachten: Bei PCs mit Windows-Betriebssystemen wird nicht zwischen großen und kleinen Buchstaben unterschieden. Das heißt, *Gelb1?* wird genauso als richtiges Passwort anerkannt wie *gelb1?*. Anders sieht es bei UNIX-Großrechnern und PCs mit Linux aus. Hier werden Groß- und Kleinschreibung desselben Buchstabens als zwei Schreibweisen unterschieden. *Gelb1?* ist hier also nicht gleich *gelb1?*. Auch als PC-Benutzer können Sie mit dieser Problematik konfrontiert werden, wenn Sie sich beispielsweise über Internet oder ein lokales Netzwerk auf einem solchen UNIX-Rechner anmelden. Wenn es dabei Probleme gibt, überprüfen Sie zunächst die korrekte Groß- und Kleinschreibung des Passworts.

Passwörter schützen

Auch ein geschickt gewähltes Passwort ist noch lange nicht sicher. Damit es wirklich geheim bleibt, sollten Sie es genauso sensible wie z. B. die Geheimzahl Ihrer EC-Karte oder eine Safe-Kombination behandeln. Dazu gehört, das Passwort ausschließlich im eigenen Gedächtnis aufzubewahren, es nirgends schriftlich zu hinterlassen und es niemand anderem mitzuteilen. Darüber hinaus gibt es einige besondere Vorsichtsmaßnahmen im Umgang mit Passwörtern:

- Wenn Sie einen neuen Benutzerzugang erhalten, besteht der i. d. R. aus einer Benutzerkennung und einem automatisch generierten Passwort. Dieses Passwort wird meist nach einfachen Regeln erzeugt, z. B. abhängig von Benutzerkennung oder dem Datum des Eintrags. Diese Regeln sind auch Hackern bekannt, die häufig Systeme nach solchen neuen Benutzern durchsuchen. Melden Sie sich deshalb umgehend nach Erhalt der Zugangsdaten an und ändern Sie das Passwort.
- Manche Betreiber verzichten ganz auf das Verwenden eines Anfangs-Passworts. Hier ist der Zugang so lange ungeschützt, bis der Benutzer sich das erste Mal anmeldet. Dann wird er automatisch aufgefordert, ein Passwort anzugeben. Wer sagt aber, dass nicht ein Hacker den frei zugänglichen Zugang entdeckt und sich zu Eigen macht. Auch deshalb ist beim ersten Anmelden für einen neuen Zugang Eile geboten.
- Schreiben Sie ein Passwort nie in eine Datei oder auf einen Klebezettel an den Monitor. Auch das Versteck unter der Schreibunterlage ist inzwischen aus diversen James-Bond-Filmen bekannt und war auch noch nie sicher. Solange Sie nicht als Einsiedler auf einer einsamen Insel wohnen, müssen Sie davon ausgehen, dass andere Personen Zugang zu Ihrem Schreibtisch und Ihrem Rechner haben und sich solche Verstecke zu Nutze machen.

Wenn Sie Ihre Passwörter auf dem Rechner speichern wollen, dann benutzen Sie dazu ein Programm, das sie verschlüsselt ablegt (siehe dazu den Abschnitt *Programme zum Verwalten von Passwörtern* im Folgenden).

- Geben Sie Ihr Passwort niemand anderem, egal wie sehr Sie ihm oder ihr vertrauen. Auch wenn diese Person Ihr Passwort nicht missbraucht, kann sie es doch durch eine Unachtsamkeit anderen verraten. Das Passwort zu „verleihen", heißt immer auch, die Kontrolle darüber aus der Hand zu geben. Auch Mitarbeiter Ihres Internetanbieters fragen Kunden niemals nach deren Passwörtern. Allerdings ist dieser Trick bei Hackern sehr beliebt.
- Sollte es doch einmal unbedingt notwendig sein, ein Passwort jemand anderem mitzuteilen, dann gehen Sie so vor: Ändern Sie zunächst das aktuelle Passwort in ein anderes. Dieses neue Geheimwort sollte absolut neutral sein und dem anderen keinen Hinweis darauf geben, wie Sie üblicherweise Ihr Passwort gestalten. Teilen Sie das neue Passwort mit und klären Sie dabei, wie lange der andere den Zugang benutzen wird. Sofort nach Ablauf dieser Zeit melden Sie sich an und wechseln das Passwort erneut. Entweder Sie gehen zu dem alten Passwort zurück oder Sie nutzen die Gelegenheit für einen Wechsel.
- Die wichtigste Regel heißt: Ändern Sie Ihr Passwort regelmäßig, auch wenn es lästig ist. Sie können nie wissen, ob nicht doch jemand Ihr geheimes Erkennungswort ausgespäht oder geknackt hat. Wenn man es bemerkt, dann ist es meist schon zu spät und der Schaden ist angerichtet. Wenn Sie aber regelmäßig Ihr Passwort wechseln, geben Sie einem Eindringling möglichst wenig Zeit, mit dem erschlichenen Zugang Unheil anzurichten. Das neue Passwort muss er schließlich erst wieder herausfinden. Wenn ein Hacker Sie ins Visier genommen hat, wird ihn ein regelmäßiger Wechsel des Passworts außerdem abschrecken.

Gefährlich: Passwörter in Anmeldedialogen speichern

Viele Anmelde- und Zugangsprogramme bieten die Möglichkeit, Zugangsdaten wie Benutzername und Kennwort zu speichern. Das entbindet die Benutzer von der lästigen Pflicht, stets dieselben Eingaben wiederholen zu müssen. Das ist sicherlich sehr bequem, aber alles andere als sicher. Stellen Sie sich vor, Ihr Rechner wird bei einem Einbruch entwendet. Wenn der Einbrecher ohne jegliche Passwort-Eingabe Zugang zu Ihrem Rechner bekommt und z. B. Ihren Onlinezugang aktivieren kann, braucht er nicht mal Hacker zu sein, um auf Ihre Kosten durch das Web zu surfen. Ein Passwort für den automatischen Verbindungsaufbau zu speichern, ist also ungefähr so, als ob Sie gar kein Passwort hätten. Auch wenn ein anderer Ihr Passwort nicht lesen kann (weil es ja nicht im Klartext angezeigt wird), kann er sich beliebig Zugang verschaffen.

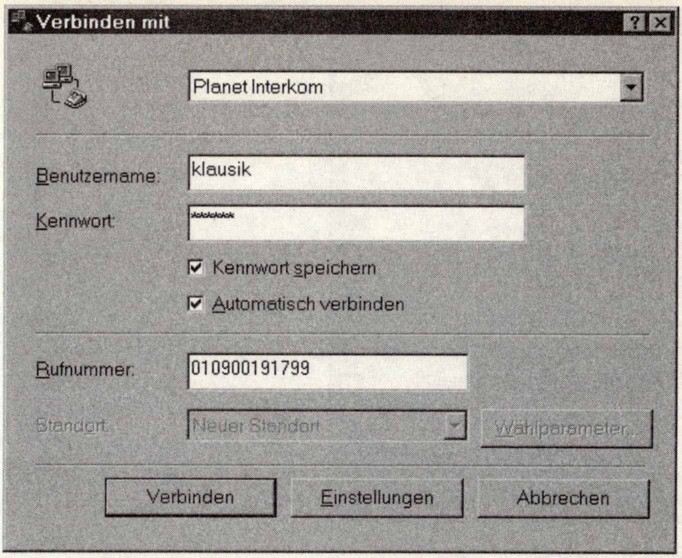

Verführerisch bequem, aber sehr unsicher: Dialoge mit gespeicherten Passwörtern

Ein anderer Grund, warum man Passwörter nicht in Anmeldedialogen speichern sollte: Die Sternchen (***), mit denen sie dort verborgen sind, sind eben nur ein simples Versteck. Mit entsprechender Software kann man die Sternchen verschwinden lassen und stattdessen das wirkliche Passwort anzeigen. Wenn Sie das nicht glauben wollen, probieren Sie es doch selbst aus - mit dem Programm *007 Password Recovery*, das Sie unter http://www.iopus.com kostenlos herunterladen können. Damit können Sie testen, wie sicher die Passwortdialoge in Ihren Anwendungen tatsächlich sind. Wenn ein Passwortdialog den folgenden Test nicht besteht, sollten Sie das Passwort dafür auf keinen Fall speichern.

TIPP

Passwort vergessen?

007 Password Recovery hilft nicht nur bei Sicherheitstests. Sein eigentliches Aufgabengebiet ist, Benutzern zu helfen, die ein Passwort irgendwann gespeichert und immer automatisch benutzt haben und sich nun nicht mehr daran erinnern können. Zum Ausspähen fremder Passwörter ist es aber selbstverständlich nicht gedacht!

1. Wann immer ein Dialog mit einem gespeicherten Passwort angezeigt wird, können Sie dieses Programm starten.
2. Klicken Sie dann mit der linken Maustaste auf die Schlüssel-Schaltfläche und halten Sie die Maustaste gedrückt. Der Mauszeiger ändert sich daraufhin zu einem Schlüsselsymbol.

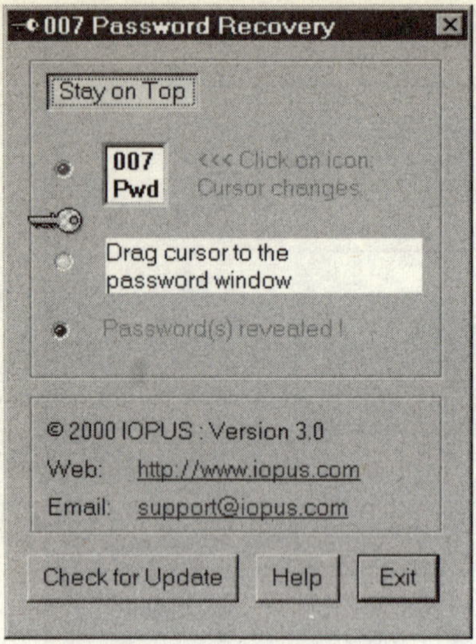

Klicken Sie auf die Schlüssel-Schaltfläche, um die Entschlüsselungsfunktion zu starten

3. Ziehen Sie dann den Mauszeiger mit weiterhin gedrückter linker Maustaste auf das Fenster, in dem sich das Passwortfeld befindet.

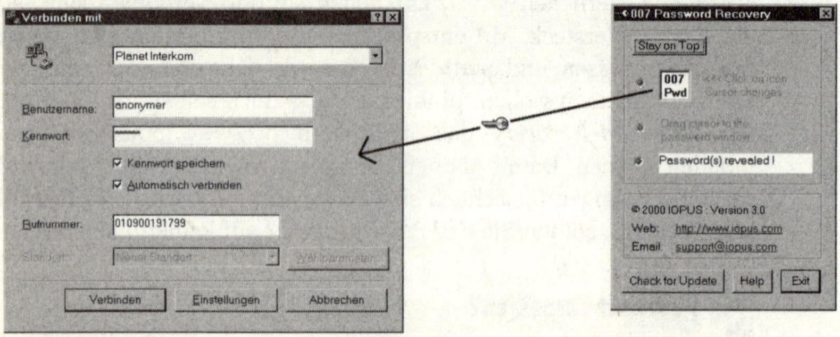

Ziehen Sie das Schlüsselsymbol in das Fenster mit dem zu enthüllenden Passwort

4. Sowie Sie das Symbol auf das Passwortfenster ziehen, wird das versteckte Kennwort im Klartext sichtbar.

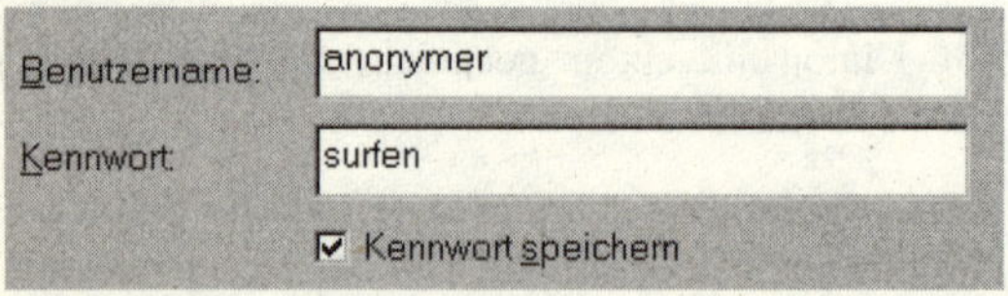

Das ursprünglich versteckte Passwort ist nun sichtbar

So können Sie Passwörter bei allen Anwendungen sichtbar machen, die die Windows-Standardfunktionen verwenden. Wirklich sichere Programme verwenden hier eigene Funktionen, die sich nicht so leicht übertölpeln lassen, aber das ist leider eher die Ausnahme. Passwortdiebe können so in den Besitz von fremden Kennwörtern gelangen, diese notieren und dann auch auf beliebigen anderen Rechnern verwenden, wenn es etwa um die Einwahl ins Internet oder bei einem Onlinedienst geht.

INFO

Autovervollständigen?

Die aktuellen Webbrowser verfügen über zahlreiche Komfortfunktionen, die den Benutzern das Surfen möglichst leicht machen sollen. Dazu gehören auch Funktionen zum Autovervollständigen. Sie dienen dazu, regelmäßig besuchte Formularseiten vollautomatisch mit den richtigen Daten auszufüllen. Auch hier bedeutet der Komfort einen erheblichen Sicherheitsmangel. Wenn Sie sich beispielsweise ohne Eingabe eines Passworts bei einem vertraulichen Webangebot anmelden können, weil der Browser dies automatisch für Sie erledigt, kann das auch jeder andere, der Zugang zu Ihrem Rechner erlangt. Für kritische Kennwörter wie etwa die PIN beim Onlinebanking sollte man deshalb keinesfalls Autovervollständigung verwenden. Weniger vertrauliche Daten kann man durchaus automatisch eingeben lassen. Dann empfiehlt sich insbesondere der Netscape Navigator (ab Version 6.0), weil hier die Autovervollständigung durch ein eigenes Passwort gesichert ist.

Symptome für gehackte Passwörter

Solange ein Passwort-Dieb nichts wirklich Auffälliges anstellt - wie z. B. das alte Passwort zu ändern - bemerken Sie seine Anwesenheit vielleicht erst, wenn es zu spät ist. Dann nämlich, wenn die nächste Rechnung vom Onlineprovider einen Ohnmachtsanfall auslöst oder es anderweitig ein böses Erwachen gibt. Es gibt allerdings einige Hinweise, auf die Sie achten können:

- Wenn Sie plötzlich vermehrt merkwürdige E-Mails erhalten, die sich auf völlig fremde Themen beziehen oder von gänzlich unbekannten Absendern stammen. Vielleicht kommuniziert ein Passwort-Dieb unter Ihrem Namen.
- Wenn Sie sich bei Ihrem Internetzugang oder Onlinedienst einwählen wollen und mit der Fehlermeldung abgewiesen werden, Sie seien bereits online. Das kann zwar auch durch einen Fehler Ihres Zugangsanbieters passieren, aber wenn sich solche Vorfälle häufen, sollten Sie ihnen unbedingt auf den Grund gehen.
- Ähnlich kann es passieren, dass Ihr Zugangsanbieter sich bei Ihnen über Ihre häufigen Mehrfach-Anmeldungen beschwert. Dann ist ein Eindringling mit Ihrer Identität gleichzeitig mit Ihnen online. Der Provider hält das allerdings für eine Mehrfach-Anmeldung von Ihnen und ist darüber ungehalten.

- Achten Sie in Newsgruppen und ähnlichen Nachrichten-Foren auf Beiträge, die angeblich von Ihnen verfasst wurden. Deutliche Hinweise sind auch Antworten auf solche Postings oder Bemerkungen von Onlinebekannten über Ihre Aktivitäten.
- Wenn Ihr Zugangsanbieter bemerkt, dass jemand häufig bei dem Versuch scheitert, sich mit Ihrer Benutzerkennung anzumelden. Eigentlich sollten die Systembetreuer von selbst auf die Idee kommen, dass hier jemand Unerlaubtes treibt. Gern werden Störungen im Betriebsablauf aber auf unfähige Kunden geschoben. Sollte sich Ihr Anbieter wegen solcher Vorkommnisse bei Ihnen beschweren, machen Sie sofort unmissverständlich klar, dass Sie nicht der Verursacher sind. Bestehen Sie unbedingt auf einer Aufklärung der Vorfälle.
- Kontrollieren Sie Ihre Onlinedaten wie Mailbox oder Dateien regelmäßig auf auffällige Veränderungen. Hacker bemühen sich zwar i. d. R., alle ihre Spuren zu verwischen, aber vielleicht verraten sie sich durch eine Unachtsamkeit.

Sofortmaßnahmen

Idealerweise wird niemals jemand Unbefugtes Ihr Passwort erfahren, insbesondere wenn Sie die Regeln beherzigen, die wir Ihnen auf den vorangegangenen Seiten vorgestellt haben. Sollten Sie trotzdem Hinweise oder gar konkrete Beweise haben, dass jemand Ihr Passwort missbraucht, dann gibt es einige Dinge, die Sie umgehend tun sollten:

1. Wenn möglich, ändern Sie umgehend Ihr Passwort. Wählen Sie unbedingt ein neues sicheres Passwort. Wie die aussehen sollten, haben wir zu Beginn dieses Kapitels beschrieben.
2. Wenn Sie sich nicht mehr anmelden können, weil der Eindringling das Passwort bereits geändert hat, nehmen Sie sofort Kontakt zu Ihrem Netzbetreiber auf. Beschreiben Sie, was vorgefallen ist. Fordern Sie den Verwalter auf, das Passwort zu ändern oder den Zugang ggf. ganz zu sperren. Je eher Sie dies machen, desto besser. Bedenken Sie, dass der Eindringling laufend Kosten für Ihre Onlineabrechnung oder sonstige Schäden verursachen kann.
3. Auch wenn Sie Ihr Passwort selbst ändern konnten, sollten Sie Ihren Netzbetreiber umgehend von dem Vorfall unterrichten. Vielleicht hat der Hacker sich nicht nur in Ihren Zugang eingeschlichen. Außerdem haben Sie nur so eine Chance, eventuell verursachte Zusatzkosten nicht bezahlen zu müssen.
4. Überprüfen Sie Foren und Newsgruppen auf Nachrichten, die mit Ihrem Absender verschickt wurden. Sollten Sie fündig werden, informieren Sie die betreffende Gruppe über den Passwort-Missbrauch und stellen Sie klar, dass die Nachricht nicht wirklich von Ihnen stammte.

5. Wenn Sie einen Onlinezugang mit Mailbox haben (z. B. AOL), überprüfen Sie die abgeschickten und empfangenen Nachrichten. Achten Sie in der nächsten Zeit auf ungewöhnliche Nachrichten. Erklären Sie, wenn nötig, die Situation.

6. Wechseln Sie Ihr Passwort in der folgenden Zeit häufig. Vielleicht versucht der Eindringling erneut, sich Ihre Benutzerdaten zu erschleichen. Wenn er merkt, dass Sie die Gefahr erkannt haben und darauf reagieren, wird er bald das Interesse verlieren.

7. Bestehen Sie darauf, dass Ihr Netzbetreiber alles versucht, um die Vorgänge aufzuklären und den Übeltäter zu ermitteln. Nur so können Sie sicher sein, in Zukunft von ihm verschont zu bleiben. Außerdem haben Sie so einen Schuldigen für eventuelle Schadensersatzansprüche.

8. Sollten Sie wiederholt Opfer eines Hackers werden, lassen Sie den Zugang deaktivieren und einen völlig neuen anlegen. Wechseln Sie dabei eventuell auch den Zugangsanbieter oder lassen Sie den neuen Zugang unter einem anderen Namen ins System eintragen. So können Sie auch „Intim-Feinde“ abhängen.

Passwörter in Anwendungen und Dokumenten

Um dem wachsenden Sicherheitsbedürfnis der Anwender Rechnung zu tragen, haben inzwischen viele Softwarefirmen Schutzfunktionen in ihre Programme eingebaut. So erlaubt es beispielsweise das MS Office-Paket, Word-Dokumente und Excel-Tabellen per Passwort zu schützen. So soll erreicht werden, dass nur der rechtmäßige Urheber eines Dokuments die dort enthaltenen vertraulichen Daten einsehen und verändern kann. Leider sind die Passwortfunktionen der meisten Standardanwendungen überhaupt nicht sicher. Die Softwarehersteller machen sich meist keine große Mühe, die Kennwörter aufwendig zu verschlüsseln, sondern verstecken sie mehr oder weniger geschickt. Dies hat wohl auch damit zu tun, dass man Möglichkeiten offen lassen wollte, wie auch vergessliche Benutzer wieder an ihre geschützten Dateien gelangen können. Es gibt inzwischen eine Vielzahl von Programmen, die sich darauf spezialisiert haben, die Passwörter von bestimmten Anwendungen zu knacken bzw. den Passwortschutz zu umgehen. Dabei spielt es meist keine Rolle, wie geschickt und sicher Sie Ihre Passwörter wählen. Wenn Sie sich selbst davon überzeugen wollen, wie wenig zuverlässig der Passwortschutz bei Ihren Lieblingsanwendungen ist, können Sie dies mit der kostenlosen Testversion des Programms OfficePassword tun, die man unter http://www.officepassword.com herunterladen kann. Zum Repertoire dieses Programms gehören unter anderem die gesamten Office-Anwendungen aus dem Hause Microsoft, aber auch andere Produkte wie die Finanzsoftware Quicken oder das beliebte Komprimierungsformat ZIP. Bei allen diesen Produkten kann das Programm aus einem vorliegenden Dokument das Passwort ermitteln, mit dem dieses geschützt ist. Die Entwickler geben sogar eine 100%ige Erfolgsgarantie, allerdings nur für die Kunden der uneingeschränkten Vollversion von OfficePassword. Mit der Demoversion kann man sich aber auch davon überzeugen, wie einfach es ist, die angeblich so sicheren Passwörter zu enthüllen.

ZIP-Archive mit Passwortschutz knacken

Im folgenden Beispiel zeigen wir, wie man mit OfficePassword das Kennwort eines ZIP-Archivs knacken kann. Dazu braucht man neben der Software nur etwas Geduld. Je nach Länge des Passworts kann der Vorgang bis zu einigen Stunden oder bei extrem langen Kennwörtern auch schon mal Tage dauern. Hat man hingegen zusätzliche Informationen wie etwa die vermutliche Länge des Passworts oder wahrscheinlich darin enthaltene Zeichen, kann man das Ganze aber auch erheblich verkürzen.

1. Starten Sie mit *Start\Programme\OfficePassword\ZipPassword* das spezielle Modul für verschlüsselte ZIP-Archive.

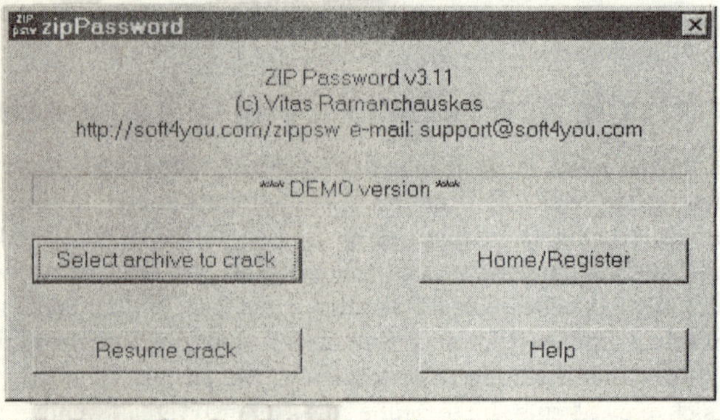

OfficePassword verfügt über ein spezielles Modul zum Knacken von ZIP-Archiven

2. Klicken Sie hier auf die Schaltfläche *Select archive to crack* und geben Sie im anschließenden Dateiauswahldialog die ZIP-Datei an, die das verschlüsselte Archiv enthält.

3. Anschließend fragt ZipPassword nach, mit welchem ZIP-Programm das Archiv erstellt wurde. Wenn diese Information vorliegt, kann dies das Entschlüsseln vereinfachen und beschleunigen. Wenn nicht, macht dies aber auch nichts aus. Wählen Sie dann einfach die Option *Don't know/other program.*

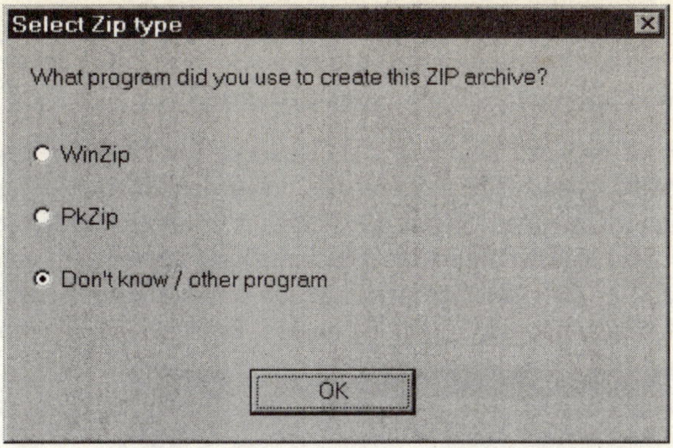

Verraten Sie dem Programm (wenn bekannt), mit welchem ZIP-Programm das Archiv erstellt wurde

4. ZipPassword bereitet dann die Suchroutine vor. Anschließend können Sie auswählen, wie der Angriff auf das Passwort erfolgen soll. In der Regel reicht der *Automatic*-Modus, der keine weiteren Vorbereitungen erfordert, aus. Bei sehr langen Passwörtern kann die Suche mit einer der anderen Optionen verkürzt werden, wenn Sie zusätzliche Informationen zum Passwort haben.

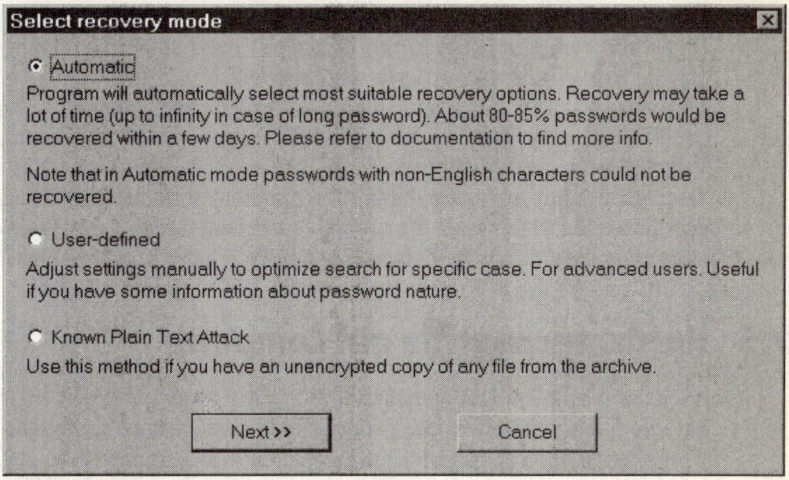

Wählen Sie den automatischen Modus aus, wenn Sie nichts Näheres über das Passwort wissen

5. Im nächsten Schritt können Sie eine Wortliste (*dictionary file*) angeben, mit der der Angriff erfolgen soll. Eine solche Liste können Sie selbst zusammenstellen oder aus dem Internet herunterladen. Es geht aber auch ganz ohne, denn das Programm kann auch mit einer Brute Force-Attacke sämtliche Zeichenkombinationen ausprobieren. In dem Fall klicken Sie einfach auf *OK* und wappnen sich mit etwas Geduld.

6. ZipPassword beginnt dann mit dem Versuch, das Passwort des ZIP-Archivs zu ermitteln. Je nach Länge kann dies etwas dauern. Die Statusanzeige hält Sie auf dem Laufenden. Wenn das Passwort ermittelt werden kann, wird es angezeigt und gleichzeitig in die Zwischenablage kopiert. Mit einem Klick auf *Ja* können Sie das geknackte Archiv gleich öffnen und das Kennwort bei der Passwortabfrage mit [Strg]+[V] direkt aus der Zwischenablage einfügen.

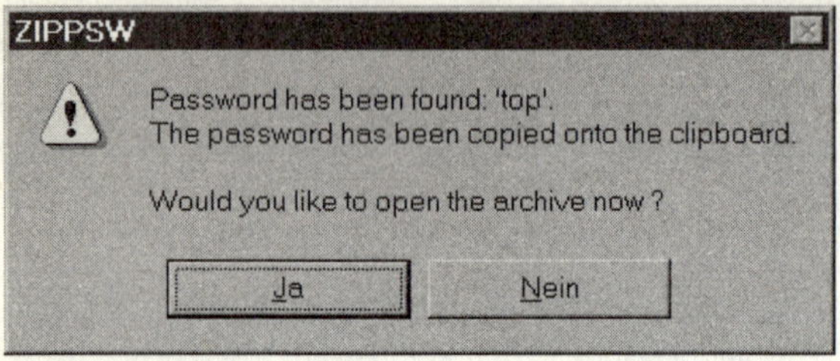

ZipPassword hat das Passwort unseres Testarchivs erfolgreich geknackt

Dieses Beispiel zeigt, dass man sich auf die „Sicherheitsfunktion" von Standardanwendungen nicht verlassen kann und sollte. Anwendungen, die ihren Benutzern so ganz nebenbei auch Funktionen zum Verschlüsseln oder Schützen von Daten zur Verfügung stellen, tun dies meist nur halbherzig. Wenn man vertrauliche Daten wirklich zuverlässig schützen will, sollte man dafür spezielle Werkzeuge einsetzen, die sich auf diesen Zweck konzentrieren. Für Dokumente bedeutet dies, dass man sie besser unabhängig von der Anwendung mit einem Verschlüsselungsprogramm wie etwa PGP schützt. Wie wir in Kapitel 7 zeigen, kann man damit nicht nur E-Mail-Nachrichten, sondern auch beliebige Dateien verschlüsseln. Diese muss man dann vor jedem Lesen oder Bearbeiten wieder entschlüsseln. Das ist zwar etwas umständlich, dafür aber erheblich sicherer.

2.5 Hardwareangriffe auf Computer

Auch ein scheinbar gut gesicherter PC, zu dem außer Ihnen niemand Zugang hat, kann Informationen preisgeben. Durch verschiedene Methoden können Außenstehende Ihren Computer ausspionieren, ohne unmittelbar Zugang dazu zu haben. Solche Angriffe basieren nicht auf Programmen oder Hintertüren, sondern arbeiten auf einer rein physikalischen Ebene. Deshalb können Sie auch nicht einfach durch geschickte Konfiguration oder spezielle Schutzsoftware ausgeschaltet, sondern müssen mit aufwendiger Technik bekämpft werden. Andererseits zur Beruhigung der meisten Computernutzer: Diese Spionagetechniken sind selbst so aufwendig, dass sie im Allgemeinen nur im Bereich von Geheimdiensten, staatlicher Überwachung und Industriespionage eingesetzt werden. Als

„durchschnittlicher“ Privatnutzer muss man wohl nicht davon ausgehen, dass der Nachbar von nebenan die Surfsitzungen mitschneidet. Allerdings kann man da auch nie ganz sicher sein ...

INFO

Computer-Monitor noch aus mehreren 100 Metern abzuhören

Die Monitore von Computern strahlen ein so starkes elektromagnetisches Feld aus, dass es noch in einigen 100 Metern Entfernung wahrgenommen werden kann. Mit der nötigen technischen Ausrüstung kann die Abstrahlung aufgefangen, verstärkt und das Original-Bild auf einem anderen Monitor wiedergegeben werden. Geheimdienste nutzen dieses Phänomen bereits seit vielen Jahren zu Spionage-Zwecken. Ein unauffällig vor dem Haus geparkter Kleinbus mit etwas technischer Ausrüstung reicht schon aus, um das Opfer effektiv auszuspionieren.

Optische und akustische Signale

Eine relativ einfache Methode ist, die optischen und akustischen Informationen abzuhören, die bei der Arbeit mit einem Computer entstehen. Die wichtigste optische Information ist der Computer-Bildschirm. Vielleicht ist Ihr Monitor so platziert, dass Sie mit dem Rücken zu einem Fenster arbeiten. Dann kann ein Spion mit einem guten Fernglas oder einem Teleobjektiv z. B. vom Nachbarhaus durch das Fenster beobachten, was auf Ihrem Bildschirm vor sich geht. Wenn er sein Sichtgerät an eine Videokamera koppelt und alles aufzeichnet, kann er selbst schnelle und komplexe Eingaben später in Zeitlupe auswerten. Neben dem Bildschirm kann er auch den Benutzer selbst beobachten und z. B. das Eingeben eines Passworts aufzeichnen.

Bei der Arbeit am Computer entstehen auch akustische Signale durch die Tastatur. Wenn auch für das menschliche Ohr selten erkennbar, so verursacht doch jede einzelne Taste ein ganz charakteristisches Geräusch. Diese Unterschiede können mit sehr genauen Messgeräten erfasst und so die einzelnen Tasten isoliert werden. Da jede Tastatur etwas anders klingt, müssen Spione ein Geräuschprofil einer abzuhörenden Tastatur haben, um jeden Klick einer Taste zuordnen zu können. Um ein solches Profil zu bekommen, gibt es zwei Möglichkeiten:

- Der Spion verschafft sich zu Beginn der Abhöraktion Zugang zu dem Rechner und ermittelt selbst die typischen Geräusche jeder einzelnen Taste. Das geht sehr schnell und effektiv, birgt aber ein großes Risiko in sich.
- Etwas ungefährlicher geht es, wenn der Schnüffler Zeit mitgebracht hat. Für alle Tasten einer Computertastatur gibt es eine statistische Häufigkeit, mit der sie benutzt werden. Wenn man also eine Tastatur über längere Zeit abhört und dabei für jedes Geräusch genau protokolliert, wie häufig es auftritt, kann man nach längerer Zeit jedem Geräusch eine wahrscheinliche Taste zuordnen. Diese Methode ist weniger effizient, weil die Zuordnung nie mit hundertprozentiger Wahrscheinlichkeit erfolgen kann.

Schutz vor Lauschangriffen

Den perfekten Schutz vor optischer und akustischer Spionage bietet ein blick- und schalldichter Raum, was für die meisten Benutzer sicherlich weder besonders praktikabel noch sehr angenehm wäre. Man kann aber auch durch sein Verhalten dafür sorgen, dass Spione kein leichtes Spiel haben.

- Das optische Überwachen des Monitors und der Tastatur können Sie relativ schnell unterbinden: Achten Sie darauf, dass weder der Bildschirm noch die Tastatur von einem Fenster aus sichtbar sind. Optimal ist es, wenn der Computer-Monitor selbst zwischen Ihnen und dem Fenster steht. So schirmen Sie sich ohne zusätzliche Mittel effektiv gegen neugierige Blicke ab.
- Der Schutz vor Abhörern ist etwas aufwendiger. Eine Möglichkeit ist, während der Arbeit am PC für eine permanente Geräuschkulisse zu sorgen. Das kann z. B. ein Radio oder ein Fernseher übernehmen. Wenn der ständige Lärm Sie bei der Arbeit stört, gibt es noch eine etwas ruhigere Lösung: Gewöhnen Sie sich an, beim Eingeben von sensiblen Daten wie z. B. Passwörtern laut zu husten. So übertönen Sie die Geräusche der Tastatur und geben Lauschern keine Chance.

Elektromagnetische Abstrahlung

Alle elektronischen Geräte erzeugen eine elektromagnetische Abstrahlung. Ein Computer besteht aus einer ganzen Reihe solcher Komponenten und erzeugt dementsprechend viel elektronische Strahlung. Diese Abstrahlung stellt durch den sog. Elektro-Smog eine noch nicht genau erforschte Umweltbelastung dar. Vor allem aber kann man mit entsprechend empfindlichen Geräten die Abstrahlung auswerten, um die Informationen des Rechners anzuzapfen.

INFO

TEMPEST

Eine Bezeichnung, die im Zusammenhang mit elektronmagnetischer Abstrahlung häufig verwendet wird, ist TEMPEST. Sie steht für Transient Electromagnetic Pulse Emanation Standard, was auf Deutsch in etwa „Standard für flüchtige elektromagnetische Impuls-Ausstrahlung" heißt. In den USA wurde die Gefahr, die von dieser Ausstrahlung ausgeht, bereits in den fünfziger Jahren entdeckt und untersucht. Damals schuf man den TEMPEST-Standard, der sowohl das Phänomen selbst als auch die notwendigen Gegenmaßnahmen beschreibt. So genannte TEMPEST-konforme Geräte strahlen keine messbaren elektromagnetischen Impulse ab und können deshalb nicht abgehört werden. Herkömmliche PCs sind KEINE TEMPEST-konformen Geräte, sondern strahlen munter drauflos. Ausführliche Einführungen und Links zum Thema TEMPEST finden Sie unter:

http://www.eskimo.com/~joelm/tempest.html (Englisch)
http://www.informatik.hu-berlin.de/~lohmann/tempest.html (Deutsch)

Die stärkste Quelle elektromagnetischer Abstrahlung ist der Monitor, da er mit sehr hohen Betriebsspannungen arbeitet. Aber auch die Grafikkarte und die Verkabelung dazwischen sind anfällig. Diese Komponenten eignen sich deshalb besonders als Angriffspunkte, weil sie es ermöglichen, mit relativ einfachen Mitteln das Monitorbild über eine Entfernung von einigen bis zu mehreren hundert Metern zu reproduzieren. Das Prinzip beim Abhören eines Monitors ist recht einfach: Alles, was man dazu braucht, sind eine einfache Antenne, Oszillatoren für die Bildsynchronisation und ein Sichtgerät. Dazu kann ein handelsüblicher Fernseher dienen, besser aber noch ein Videorekorder. Er zeichnet alles auf und erlaubt, auch schnelle und komplexe Handlungen später in Zeitlupe auszuwerten.

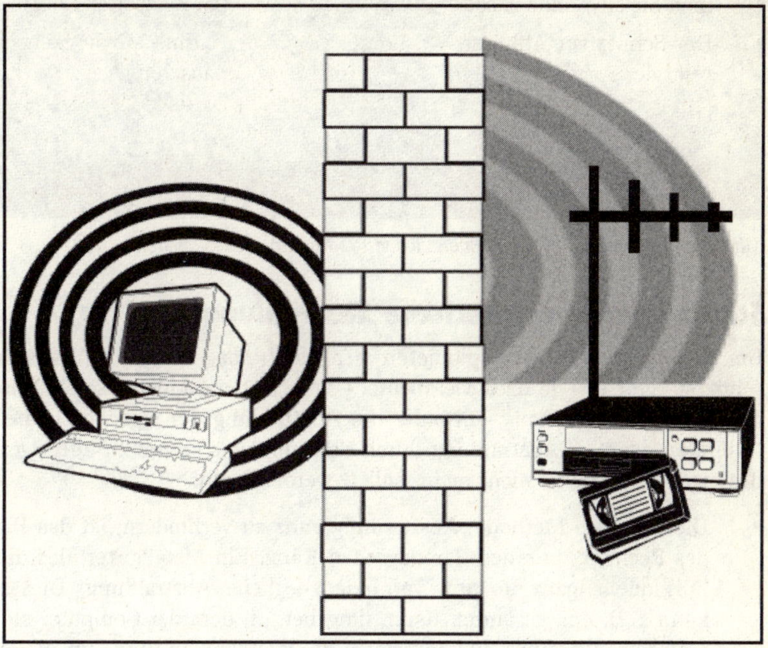

So einfach kann man elektromagnetische Abstrahlung belauschen

Klingt das für Sie nach einer Hacker-Legende? Die Fachhochschule Aachen hat die Möglichkeiten dieser Technik vor einigen Jahren in einem Experiment untersucht. Den Wissenschaftlern gelang es, mit einem einfachen Fernseher und etwas Zusatzausrüstung aus einiger Entfernung das Geschehen auf einem PC-Bildschirm mitzuverfolgen. Die Entfernung hängt dabei von der Anzahl weiterer elektromagnetischer Strahlungsquellen in der Umgebung ab und liegt zwischen wenigen Metern bis zu einem Kilometer. Auch der gleichzeitige Betrieb mehrerer Geräte (z. B. in einem speziellen Computerraum) nützt wenig. Aus bis zu 25 verschiedenen Geräten lassen sich noch einzelne Signale isolieren.

Für sparsame Spione sind alte russische Schwarzweißfernseher ein echter Geheimtipp. Weil die Fernsehversorgung in der Sowjetunion früher sehr schlecht war, wurden die TV-Geräte mit sehr leistungsfähigen Empfängern ausgestattet, die selbst schwache Signale noch sichtbar machen. Wer hingegen etwas mehr investiert, kann noch effektiver abhören. Mit einer leistungsfähigeren Ausrüstung für einige tausend DM kann man nicht nur das Bild sichtbar machen, sondern direkt die digitalen Signale entschlüsseln und aufzeichnen.

Mit Spezialgeräten kann man beinahe jeden PC-Monitor ausspionieren

Schutz gegen verräterische Abstrahlung

Um sich gegen das Ausspionieren der elektromagnetischen Abstrahlung zu schützen, gibt es - je nach Geldbeutel - verschiedene Möglichkeiten. Sie laufen prinzipiell darauf hinaus, entweder die Abstrahlung der eigenen Geräte zu unterbinden oder die Abstrahlung durch Störimpulse so stark zu überlagern, dass das eigentliche Signal nicht mehr isoliert werden kann:

- Die sicherste Methode, Abstrahlung ganz zu verhindern, ist das Platzieren des Rechners in einem faradayschen Käfig. Ein Metallgitter, das die Strahlungsquelle ganz umgibt, verhindert jegliche Abstrahlung. Dieses Gitter kann z. B. den gesamten Raum umgeben, in dem der Computer steht. Das erfordert allerdings umfangreiche Baumaßnahmen und ein Raum ohne Fenster ist auch nicht jedermanns Sache. Es gibt auch Rechner, bei denen das gesamte Gehäuse inklusive dem Monitor mit einem Faraday-Käfig umgeben ist. Solche Spezialanfertigungen sind allerdings sehr teuer und werden nur an staatliche Behörden verkauft.
- Wenn Sie handwerklich begabt sind, können Sie Ihrem Rechner einen eigenen Schutzkäfig basteln. Bauanleitungen dafür finden Sie im Internet, z. B. unter http://www.austinlinks.com/Crypto/tempest.html.
- Es gibt auf dem Sicherheitsmarkt einige Sprays, die angeblich die Abstrahlung minimieren, wenn man die Innenseiten von Monitor- und Rechnergehäuse damit einsprüht. Die Wirksamkeit solcher Maßnahmen sind allerdings umstritten.

- Wesentlich effektiver arbeiten Störsender, die elektromagnetische Abstrahlung durch Störimpulse überlagern. Sie sind allerdings recht kostspielig und schützen nur Geräte in ihrer unmittelbaren Umgebung. Außerdem ist der Betrieb solcher Geräte i. d. R. nicht erlaubt und kann empfindliche Strafen nach sich ziehen.

INFO

FTZ – was bedeutet funkentstört?

Das Prüfsiegel der Funktechnischen Zulassungsstelle (FTZ) bescheinigt elektronischen Geräten, dass sie funkentstört sind. Das bedeutet, dass die elektromagnetische Abstrahlung so weit reduziert wurde, dass der Rundfunk- und Fernsehempfang in der Umgebung des Geräts nicht gestört wird. Trotzdem strahlen auch Geräte mit dieser Kennzeichnung ab, sodass das FTZ-Zeichen nichts über die Abhörsicherheit eines Computers aussagt.

Nun könnte man ja auf die Idee kommen, sich einfach einen TEMPEST-sicheren PC zu kaufen, wenn man sich ernsthaft vor Spionen fürchtet. Dies ist aber nicht so ohne weiteres möglich. Es gibt tatsächlich weltweit eine Handvoll Firmen, die solche Geräte herstellen. Abgesehen von den exorbitanten Preisen ist es aber kaum möglich, TEMPEST-sichere Hardware legal zu erwerben, da diese Spezialfirmen ausschließlich an staatliche Organisationen, Geheimdienste, Militär usw. liefern. Es soll allerdings hin und wieder möglich sein, gebrauchte Geräte aus Militärbeständen günstig zu erwerben (http://www.eskimo.com/~joelm/tempest misc.html).

Software gegen TEMPEST

Auch wenn das Abhören elektromagnetischer Abstrahlung einen Hardwareangriff darstellt, kann man ihm in gewissen Grenzen mit Software begegnen. Wie das geht? Indem man den Bildschirminhalt so gestaltet, dass er möglichst schwer auszuspionieren ist. Ein Programm, das dabei hilft, ist das *Zero Emission Pad*, das Sie als Freeware unter http://www.demcom.com/deutsch/steganos/zep.htm herunterladen können. Dabei handelt es sich um einen Texteditor, der mit einem speziellen Zeichensatz arbeitet. Dieser ist nicht nur verhältnismäßig klein, sondern auch sehr unscharf. Das macht ihn zwar etwas schwer zu lesen, aber dies gilt nicht nur für Sie, sondern auch für einen eventuellen Spion, der an seinem Abhörmonitor ohnehin schon ein schlechteres Bild hat. Durch die weichgezeichneten Buchstaben wird die Abstrahlung dieser Bildpunkte erheblich verringert, sodass sie schwerer zu registrieren ist. Wie zuverlässig dieser Schutz ist, hängt aber immer von der allgemeinen Stärke der Abstrahlung, von der Entfernung des Mitlesers und von der Qualität von dessen Ausrüstung ab. Eine Garantie, dass wirklich niemand mitliest, gibt es also nicht.

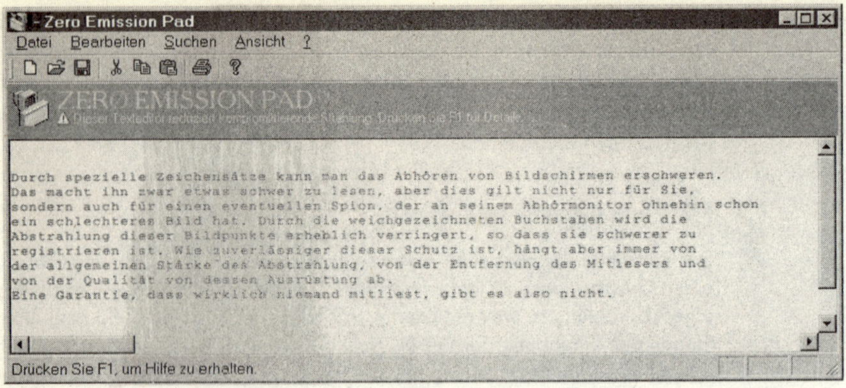

Mit dem Zero Emission Pad kann man sich vor elektromagnetischer Abstrahlung schützen

Das Zero Emission Pad kann man zum Schreiben und Lesen von besonders vertraulichen Texten verwenden, die keinesfalls in die Hände von Dritten gelangen dürfen. Für alltägliche Arbeiten eignet er sich allerdings weniger, da das Lesen der Buchstaben für die Augen recht anstrengend ist.

Kabel durch Überkopplung abhören

Auch eine andere Methode des elektronischen Abhörens beruht auf einem einfachen physikalischen Phänomen: Wenn man zwei elektrische Leitungen über eine bestimmte Strecken nebeneinander verlegt, tritt ein sog. Überkopplungseffekt auf. Leitet man durch die eine Leitung Informationen in Form von verschiedenen elektrischen Spannungen, übertragen sich die Spannungsschwankungen teilweise auf die parallel verlaufende Leitung, ohne dass zwischen beiden eine physikalische Verbindung besteht. Mit ausreichend empfindlichen Geräten kann man also an der einen Leitung registrieren, welche Informationen über die andere übertragen werden.

Die Überkopplung birgt besonders für vernetzte Rechner eine große Gefahr. In modernen Bürogebäuden sind die Netzwerkverbindungen i. d. R. in Versorgungsschächten verlegt. Dort liegen sie zusammen mit Strom-, Telefon- und Heizungskabeln. Theoretisch ist es dadurch möglich, mit einem einfachen Telefonanruf eine Verbindung in das Leitungsnetz eines Gebäudes aufzubauen und den Datenverkehr darüber abzuhören. In der Praxis ist es nicht ganz so einfach. Es genügt aber i. d. R., an einer beliebigen Stellen im Gebäude eine Leitung anzuzapfen. Das Auswerten der Informationen ist allerdings ungleich aufwendiger. Zunächst müssen die sehr schwachen Signale mit empfindlichen Messgeräten isoliert und verstärkt werden. Die so gewonnenen Informationen müssen dann analysiert und reproduziert werden. Dieser Vorgang ist sehr aufwendig und erfordert spezielle Kenntnisse.

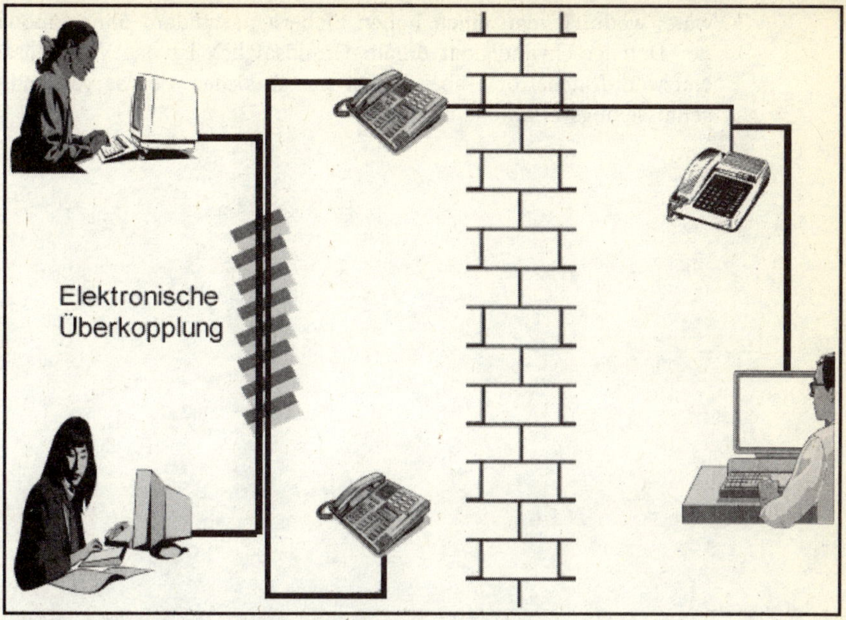

Das Prinzip des Abhörens durch elektronische Überkopplung

Dass Ihr Nachbar Sie auf diese Weise ausspioniert, müssen Sie also nicht befürchten, es sei denn, er ist Elektrotechniker und Computerspezialist.

Schutz vor Überkopplungseffekten

Der Schutz gegen Überkopplung ist auf verschiedene Arten möglich. Alle Methoden sind recht kostspielig, allerdings ist auch das Abhören durch Überkopplung eine komplizierte und teure Angelegenheit. Sie wird deswegen nur im Bereich von Geheimdiensten und Wirtschaftsspionage eingesetzt, sodass in der Regel auch nur diese Bereiche geschützt werden müssen.

- Der effektivste Schutz gegen Überkopplung ist, sie von vornherein zu verhindern. Dies lässt sich eingeschränkt durch spezielle Kabelisolierungen erreichen. Besser ist es aber, Netzwerkkabel völlig von anderen Leitungen getrennt zu verlegen. Wenn man ein Gebäude neu plant, lässt sich das eventuell berücksichtigen. Bei bestehenden Installationen ist ein nachträglicher Umbau aber fast unmöglich und in jedem Fall sehr kostspielig.
- Für solche Fälle bleibt die etwas preiswertere und etwas unsicherere Methode, alle Daten ausschließlich verschlüsselt durch das Netzwerk zu schicken. Hier gibt es die Möglichkeit, das Verschlüsseln durch spezielle Netzwerkprotokolle erledigen zu lassen. Spezial-Netzwerkkarten besitzen einen eigenen Verschlüsselungschip und codieren die Informationen per Hard-

ware, wodurch man einen hohen Sicherheitsstandard ohne Einbußen bei der Datengeschwindigkeit erhält. Grundsätzlich ist das Verschlüsseln der Netzwerk-Datenströme aber immer nur so sicher wie das verwendete Verschlüsselungsverfahren.

3. Alarmstufe 2: Gefahren aus dem Internet

3.1 Risikoquelle Webbrowser: Das Einfallstor in Ihren Rechner 124
Onlinegefahren für Ihren PC 124
Onlinegefahren für die Privatsphäre 126
Onlinegefahren für Ihren Geldbeutel 126

3.2 So verhindern Sie das Schlimmste – Die Schutzfunktionen der Browser 127
Sicherheitszonen und -stufen beim Internet Explorer 127
Die erweiterten Sicherheitsoptionen des Internet Explorer 135
Die Sicherheitsfunktionen beim Netscape Navigator 139
Gefahren durch Sicherheitslücken 146

3.3 Ferngesteuerter PC? – Gefahren durch ActiveX, JavaScript & Co. 151
Nutzen und Risiken aktiver Inhalte in Webseiten 152
ActiveX-Komponenten zuverlässig deaktivieren 153
Das Ausführen von Java-Applets unterbinden 156
Gefahren durch dynamische Skripte 160
Vorsichtsmaßnahmen bei Plug-Ins 166

3.4 Viren und Trojaner – digitale Infektionen 168
Effektiver Virenschutz – So geht's! 169
Virenscanner – Bin ich positiv? 173
Spione im Hintergrund – Trojanische Pferde 185
Quarantäne – neue Software sorgfältig testen 191

Das Internet zieht mit seinen zahlreichen neuen Möglichkeiten alle Arten von Menschen in seinen Bann. Und dazu gehören nicht nur brave, anständige Internauten, sondern auch die unvermeidlichen schwarzen Schafe. Kein Wunder, schließlich kann man sich in diesem Medium relativ anonym bewegen und erreicht mit einfachen Mitteln eine Vielzahl von potenziellen Opfern. Besonders schlimm sind die Übeltäter, die gar nicht auf materiellen Gewinn aus sind, sondern einfach nur ihren Spaß daran haben, anderen Schaden zuzufügen. Sie entwickeln Viren, Webseiten mit gefährlichen aktiven Inhalten und Trojanische Pferde, mit denen sie die PCs anderen Benutzer ausspionieren oder auch beschädigen können. Triebfeder für solche Menschen ist einfach nur die technische Neugier oder das Geltungsbedürfnis, in den einschlägigen Kreisen als echter „Hacker" anerkannt zu werden. Dabei haben sie keine Skrupel, ihre „Erfolge" auf Kosten anderer zu erringen. In diesem Kapitel wollen wir zeigen, welche Gefahren beim Surfen im Internet lauern und wie Sie diesen effektiv begegnen können.

3.1 Risikoquelle Webbrowser: Das Einfallstor in Ihren Rechner

Wer sich heutzutage mit seinem PC ins Internet einwählt, lebt leider recht gefährlich. Die verschiedensten Arten von Risiken lauern darauf, zuschlagen zu können. Entsprechende Meldungen sind ja auch immer wieder als fette Schlagzeilen in der einschlägigen Presse und inzwischen auch schon regelmäßig als Zuschauermagnet in einigen Fernsehsendungen zu sehen. Was da wirklich dran ist, wollen wir Ihnen auf den folgenden Seiten ganz ohne Sensationsgier zeigen. Dabei unterscheiden wir zunächst drei Arten von Gefahren:

- *Gefahren für den PC*, also Risiken, die zu Beschädigungen oder Verlust von Daten führen können.
- *Gefahren für Ihre Privatsphäre*, durch die persönliche und vertrauliche Informationen in die Hände Unbefugter gelangen können.
- *Risiken für Ihren Geldbeutel*, durch die Sie richtig Geld verlieren können, wobei auch die beiden ersten Arten von Gefahren letztendlich hohe Kosten verursachen können.

Onlinegefahren für Ihren PC

Da der PC das Werkzeug ist, mit dem Sie das Internet benutzen, ist er den Risiken naturgemäß als Erster ausgesetzt. Dabei bestehen die Gefahren vor allem für das Wertvollste, was Ihr PC beinhaltet, nämlich die Daten in Form von Verzeichnissen und Dateien auf Ihrer Festplatte. Leider sind diese durch eine ganze Reihe von Gefährdungen bedroht.

Computerviren

Viren sind wohl die älteste und bekannteste Gefahr für Computer. Schon zu Homecomputer-Zeiten waren sie bekannt und gefürchtet und seitdem haben sie sich sowohl in Qualität als auch in Quantität noch erheblich verbessert. Besonders das Internet hat dem Problem Computervirus eine ganz neue Dimension verliehen. Während ein Virus früher Wochen und Monate brauchte, um sich per Diskette zu verbreiten, kann er heute innerhalb weniger Stunden mehrmals rund um den Erdball reisen. Deshalb sollte man bei jedem Herunterladen von Dateien sicherstellen, dass man sich keinen digitalen Parasiten eingefangen hat.

Eine besonders gefährliche Abart der Viren sind Trojaner oder Trojanische Pferde, die eine sinnvolle Anwendung vortäuschen und in Wirklichkeit den Anwender heimlich ausspionieren oder Daten zerstören.

INFO

Sind auch Hardwareschäden durch Viren oder Trojanische Pferde möglich?

Rein theoretisch könnte ein Virus oder ein Trojanisches Pferd auch Hardwareschäden verursachen. Denkbar wäre z. B. ein Programm, das die Bildwiederholfrequenz des Monitors weit über den zulässigen Grenzwert hochsetzt. Bei älteren Monitoren könnte dies zu einem dauerhaften Schaden führen. Moderne Bildschirme haben aber entsprechende Schutzschaltungen, die solche Fehlfunktionen verhindern. Andere Hardwarekomponenten könnten höchstens mit sehr großem Aufwand und sehr guten Kenntnissen der entsprechenden Komponente beschädigt werden. Es tauchen zwar immer wieder Gerüchte auf, dass Bootsektoren oder Partitionstabellen von Festplatten per Software dauerhaft unbrauchbar gemacht werden könnten, aber ein tatsächlicher Beweis wurde bislang noch nicht erbracht. Alles in allem ist das Risiko von Hardwareschäden durch Viren und ähnliche destruktive Programme ausgesprochen gering. Andererseits muss es nicht unbedingt ein Hardwareschaden sein, um wirklichen Schaden anzurichten. Eine neu formatierte Festplatte, die die Arbeit mehrerer Monat oder gar Jahre enthält, reicht schon aus.

Aktive Inhalte

Eine typische Internetgefahr sind aktive Inhalte. Das sind Webangebote, die nicht nur einfach starre Texte und Bilder darstellen, sondern dynamische Inhalte präsentieren oder dem Benutzer Interaktion ermöglichen. Ein Beispiel für so eine aktive Komponente ist z. B. ein Tetris-Spiel, das in eine Webseite eingebunden ist (was nicht heißen soll, dass von Tetris eine Gefahr ausgeht - außer vielleicht für die geistige Gesundheit). Etwas anders sieht es aber schon aus, wenn der Programmierer dieses Tetris-Spiels nur mäßig begabt war und deshalb schlecht gearbeitet hat. Das kann nämlich dazu führen, dass es auf Ihrem PC (denn der führt solche aktiven Komponenten aus) zu Abstürzen und/oder Datenverlusten kommt.

Wenn der Programmierer begabt und böswillig ist, kann er seine aktive Komponente aber auch so gestalten, dass sie ganz gezielt Daten beschädigt oder ausspioniert. So haben die Vorzeige-Hacker vom Chaos-Computer-Club vor einiger Zeit eine ActiveX-Komponente gezeigt, mit der sie eine auf dem Benutzerrechner installierte Homebanking-Software anwiesen, Geld vom Konto des Benutzers auf das des CCCs zu transferieren. Eine sehr genaue Schilderung dieses Vorfalls finden Sie unter http://www.ccc.de/radioactivex.html.

Onlinegefahren für die Privatsphäre

Wer durch das Internet reist, begibt sich oft in die Gefahr, mehr persönliche und vertrauliche Daten preiszugeben, als er vielleicht möchte. Dabei gilt es, zwischen den Daten zu unterscheiden, die man freiwillig preisgibt, und solchen, die andere durch Tricks ergaunern.

Schutz vor Werbung

Daten kann und muss man im Internet häufig angeben. Bestellungen beim Onlineshopping z. B. kommen ohne Adressangaben und Bankverbindung oder Kreditkarte nun mal nicht aus. Aber auch bei Wettbewerben, Gewinnspielen oder kostenlosen Angeboten wollen die Anbieter meist sehr viel vom Benutzer wissen. Dabei sind die Angebote oft durch Werbung finanziert und die Betreiber verkaufen die Angaben an Werbeagenturen weiter, die die Besucher dann zielgruppengerecht mit Werbung bombardieren. Das ist weniger gefährlich als lästig, aber es bestehen auch echte Gefahren für die Privatsphäre.

Der gläserne Surfer

Durch das Internet können andere sehr viel über Sie erfahren. Allein schon durch das Surfen selbst hinterlassen Sie jede Menge Spuren auf Ihrem PC, auf den Rechnern Ihres Providers und auf den Servern, deren Angebote Sie genutzt haben. Wenn Sie dann noch selbst aktiv im Internet auftreten, z. B. durch eigene Webseiten oder durch regelmäßige Teilnahme an Newsgruppen, können Onlinedetektive ein regelrechtes Benutzerprofil von Ihnen erstellen. Das kann z. B. ein Hacker benutzen, um mehr über Sie zu erfahren und so z. B. Ihre Passwörter erraten zu können. Ebenso kann aber auch ein missgünstiger Kollege im Internet recherchieren und irgendwelche (hoffentlich) virtuellen Leichen ausgraben. In Kapitel 8 zeigen wir Ihnen ganz praktisch, wie Sie auch im Onlineleben Anonymität und Privatsphäre bewahren können.

Onlinegefahren für Ihren Geldbeutel

Auch für Ihre Geldbörse bzw. Ihr Konto gehen von Onlineaktivitäten Risken aus. Immer wenn es im Internet ans Bezahlen geht, wird es nämlich richtig gefährlich. Bezahlt wird durch Angabe von Bankverbindung oder Kreditkarte, denn alternative Zahlungsweisen, die sicherer wären, konnten sich bislang nicht durchsetzen. In den falschen Händen sind diese Angaben leider Gold wert. Schon so manches supergünstige Schnäppchen im Internet entpuppte sich als Ente, mit der nur die Kreditkarten-Daten der Käufer ausspioniert werden sollten. Damit können die Finsterlinge nämlich selbst fleißig einkaufen gehen. Bis Sie den Schaden bemerken, sind die schon über alle Berge und Sie womöglich ein paar Tausender ärmer.

Eine andere Quelle möglicher finanzieller Risiken ist das immer beliebter werdende Internetbanking und -Broking, also das Abwickeln von Bank- und Börsengeschäften per Internet. Auch hier geht es schließlich um sehr sensible Daten. Wenn PIN und TANs in die falschen Hände gelangen, ist ganz schnell der Teufel los. Und da die Banken sich mit Ihren Geschäftsbedingungen bequem aus der Verantwortung stehlen, bleiben Sie auf dem Schaden sitzen. Auch beim Internetbanking sind deshalb ganz besondere Vorsichtsmaßnahmen angebracht.

3.2 So verhindern Sie das Schlimmste – Die Schutzfunktionen der Browser

Da die Webbrowser nun mal die Werkzeuge zum Surfen durchs Internet sind, bieten sie naturgemäß auch die größte Angriffsfläche. Gleichzeitig bieten sie sich als Bollwerk gegen Angriffe und destruktive Inhalte im Web an. Dem tragen die Entwickler der aktuellen Browser Rechnung, indem sie ihre Produkte mit umfangreichen und mehr oder weniger effektiven Sicherheitsfunktionen ausstatten. Um sicher surfen zu können, ist es wichtig, diese Sicherheitskonzepte zu verstehen und zu nutzen. So kann man viele wichtige Sicherheitsregeln und Vorbeugemaßnahmen automatisieren und dadurch ganz unbeschwert surfen.

Sicherheitszonen und -stufen beim Internet Explorer

Das Sicherheitskonzept des Internet Explorer von Microsoft unterteilt sich in zwei Komponenten. Zunächst stellt dieser Browser ein flexibles System von Sicherheitszonen bereit, mit dem sich die wichtigsten Sicherheitseinstellungen praktisch für jede Website individuell anpassen lassen. Daneben gibt es eine Reihe von Sicherheitsstufen, die jeweils für ein bestimmtes Maß an Sicherheit sorgen, ohne dass weniger erfahrene Benutzer sich im Detail mit einzelnen Optionen und Auswahlen herumschlagen müssen. Wer sich auf solche pauschalen Einstufungen nicht verlassen will und lieber selbst Hand an die Einstellungen anlegen will, der kann dies auch tun, da auch benutzerdefinierte Stufen mit völlig individuellen Konfigurationen möglich sind.

Sicherheitszonen

Beim Internet Explorer kann man jede Webseite über ihre Adresse in eine von vier möglichen Sicherheitszonen einordnen. Für jede dieser vier Sicherheitszonen kann man unabhängig eine große Zahl von Sicherheitsoptionen einstellen, so z. B., ob bei Websites einer bestimmten Zone ActiveX-Controls und Skripte in Webseiten ausgeführt werden sollen, oder nicht. Beim Laden einer Webseite überprüft der Internet Explorer, zu welcher Sicherheitszone die Seite gehört, wobei nicht ausdrücklich zugeordnete Seiten automatisch der allgemeinen Internetzone zugewiesen werden. Die Zuordnung erfolgt basierend auf der Adresse der Webseite. Abhängig davon werden die Zugriffsmöglichkeiten des Dokuments und seiner Inhalte entsprechend der Vorgaben des Benutzers eingeschränkt:

- In der Zone *Lokales Intranet* werden alle Webdokumente aufgenommen, die von Ihrem eigenen Rechner oder einem Webserver aus dem gleichen Subnetz (z. B. einem Firmen-Intranet) stammen. Bei diesen Dokumenten kann man von einer geringen Gefährdung ausgehen, da zumindest mutwillige Gefährdungen aus der unmittelbaren Umgebung nicht zu erwarten sind. Die Zuordnung von Webangeboten in diese Zone erfolgt automatisch aufgrund der Adresse.
- Die Zone *Vertrauenswürdige Sites* enthält die Webadressen, die Sie für unbedenklich halten. Damit der Internet Explorer beim Anfordern solcher Dokumente in die Vertrauenszone wechselt, müssen Sie die Adresse einmal dieser Zone zuordnen (dazu später mehr). Sie sollten wirklich nur zuverlässige Angebote in diese Zone einordnen, da hier standardmäßig relativ großzügige Sicherheitsregelungen gelten.
- Die Zone *Eingeschränkte Sites* ist als Quarantänebereich für gefährliche Webseiten gedacht. Sie hat standardmäßig sehr restriktive Sicherheitseinstellungen, sodass destruktive Inhalte keine Chance haben. Vermuten Sie von einem Webangebot eine konkrete Gefährdung, sollten Sie dessen Adresse in diese Zone aufnehmen, bevor Sie es zum ersten Mal abrufen.
- Die Zone *Internet* beinhaltet schließlich den ganzen Rest der Webangebote, die nicht automatisch oder aufgrund ihrer manuellen Zuordnung in eine der ersten drei Zonen gehören. Ruft der Internet Explorer ein Angebot ab, das keiner der anderen Zonen zugeordnet ist, wechselt er automatisch in diese Zone, in der deshalb üblicherweise relativ strenge Sicherheitsregeln gelten sollten.

Die Sicherheitszonen des Internet Explorer

TIPP

Die gerade aktive Sicherheitszone erkennen

Während des Surfens mit dem Internet Explorer können Sie jederzeit auf einen Blick feststellen, in welcher Sicherheitszone Sie sich gerade befinden. Der Browser gibt die aktuell gewählte Zone in der Statuszeile am unteren Fensterrand ganz rechts an.

In der Statuszeile wird die gerade aktive Sicherheitszone angezeigt

Sicherheitsstufen

Standardmäßig ordnet der Internet Explorer jeder Sicherheitszone eine vordefinierte Sicherheitsstufe zu. Diese Stufen enthalten jeweils unterschiedlich restriktive Sicherheitseinstellungen. Für jede Sicherheitszone kann eine Vielzahl von Einstellungen vorgenommen werden. Um die Benutzer damit nicht zu überfordern, kennt der Internet Explorer mehrere vorgefertigte Einstellungsvarianten, die für verschiedene Sicherheitsbedürfnisse gewählt werden können. Je nach Wahl einer solchen Sicherheitsstufe werden die eigentlichen Einstellungen entsprechend vorgenommen. Insgesamt gibt es vier mögliche Stufen:

- *Hoch* ermöglicht sehr sicheres Browsen, wobei die Funktionalität unter Umständen stark eingeschränkt wird, weil alle weniger sicheren Funktionen deaktiviert werden. So werden z. B. Cookies generell abgelehnt, wodurch manche Webangebote (z. B. Onlineshops) eventuell nicht genutzt werden können.
- *Mittel* erlaubt auch noch recht sicheres Browsen, wobei fast alle Funktionen aktiviert sind. Bei weniger sicheren Funktionen erfolgt aber zunächst eine Rückfrage an den Benutzer, bevor sie zugelassen werden. Die meisten Webangebote können bei dieser Einstellung voll genutzt werden.
- Bei *Niedrig* werden die meisten (auch einige der weniger sicheren Funktionen) ohne Rückfrage sofort ausgeführt. Alle Webangebote können in vollem Umfang genutzt werden.
- *Sehr niedrig* führt zu minimaler Sicherheit, wobei alle Arten von aktiven Inhalten zugelassen werden. Fast alle Funktionen werden ohne Rückfrage sofort ausgeführt.

Schließlich gibt es noch die Möglichkeit, *benutzerdefinierte Einstellungen* vorzunehmen, indem Sie basierend auf einer der Sicherheitsstufen bestimmte Einstellungen individuell verändern. Die folgende Tabelle gibt einen Überblick über die Sicherheitsstufen und die standardmäßige Zuteilung zu den Sicherheitszonen:

Zone	Stufe	Auswirkung
Lokales Intranet	Mittel	Der Benutzer wird vor dem Ausführen von möglicherweise schädlichen Inhalten gewarnt.
Vertrauenswürdige Sites	Sehr niedrig	Es gibt praktisch keine Einschränkungen. Alle Inhalte werden ohne Warnung ausgeführt.
Eingeschränkte Sites	Hoch	Das Ausführen möglicherweise schädlicher Inhalte wird vom Webbrowser unterbunden.
Internet	Mittel	Der Benutzer wird vor dem Ausführen von möglicherweise schädlichen Inhalten gewarnt.

Sicherheitszonen und -stufen zuordnen

Die standardmäßigen Sicherheitsstufen bieten für die verschiedenen Zonen sinnvolle Einstellungen. Sie können die Zuordnungen bei Bedarf aber auch frei verändern. So kann es z. B. notwendig sein, für das Lokale Intranet die Sicherheitsstufe *Niedrig* zu wählen, wenn in Ihrem lokalen Netzwerk ActiveX-Controls oder Java-Applets verteilt werden, mit denen Sie arbeiten wollen.

1. Um für eine Zone eine andere Sicherheitsstufe zu wählen, öffnen Sie mit *Extras/Internetoptionen* die Einstellungen des Internet Explorer und wechseln hier in die Kategorie *Sicherheit*.

2. Wählen Sie zunächst ganz oben die Sicherheitszone aus, der Sie eine andere Sicherheitsstufe zuordnen wollen.

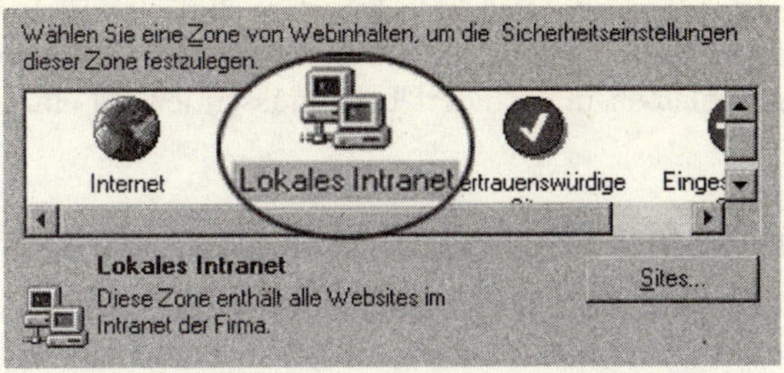

Wählen Sie zunächst die gewünschte Sicherheitszone aus

3. Unter *Sicherheitsstufe dieser Zone* zeigt der Internet Explorer daraufhin an, welche der Stufen dieser Sicherheitszone momentan zugeordnet ist. Wählen Sie hier die neue Stufe aus.

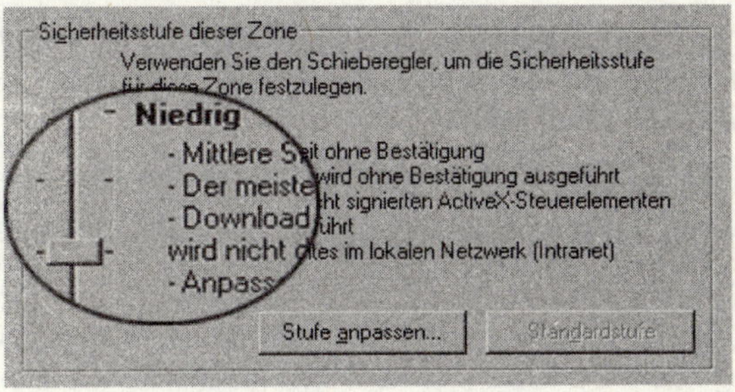

Geben Sie die Sicherheitsstufe für die oben ausgewählte Sicherheitszone an

4. Bei einigen Kombinationen von Sicherheitszonen und -stufen hat der Internet Explorer Bedenken. Diese teilt er Ihnen dann durch einen Warnhinweis mit. Um die Warnung zu ignorieren und die neue Einstellung trotzdem wirksam werden zu lassen, klicken Sie auf die Schaltfläche *Ja*. Wollen Sie lieber kein Risiko eingehen und den Empfehlungen des Internet Explorer vertrauen, verwerfen Sie die Änderung mit *Nein*.

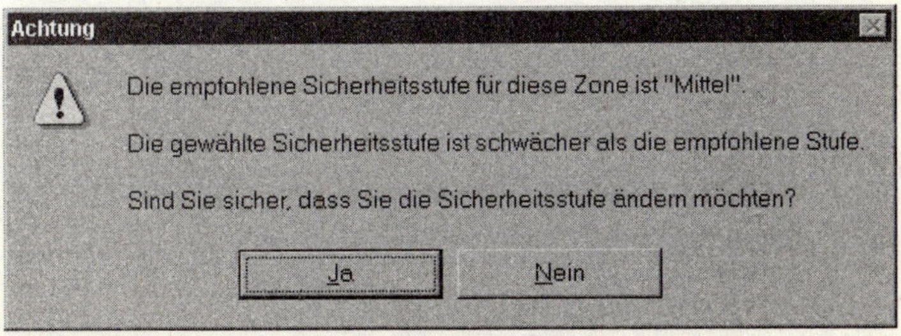

Der Internet Explorer weist Sie auf bedenkliche Einstellungen hin

5. Um zu den ursprünglichen Standardeinstellungen zurückzukehren, klicken Sie einfach auf die Schaltfläche *Standardstufe*. Beachten Sie, dass diese lediglich die Stufe für die oben ausgewählte Sicherheitszone zurücksetzt. Die Einstufungen der anderen Zonen bleiben unverändert bzw. müssen jeweils einzeln zurückgesetzt werden.

Die Optionen der Sicherheitsstufen individuell einstellen

Die Sicherheitsstufen sind vorgefertigte Sammlungen von Einschränkungen und Einstellungen, die dem Benutzer ein mehrstufiges Sicherheitskonzept zur Verfügung stellen. Sie sind aber nicht unbedingt in jeder Situation geeignet. Besonders die Gleichbehandlung der gefährlichen ActiveX-Controls und der wesentlich sichereren Java-Applets ist nicht immer gerechtfertigt. Sie können in solchen Fällen eigene, benutzerdefinierte Einstellungen verwenden und das Sicherheitskonzept des Internet Explorer so auf Ihre persönlichen Bedürfnisse einstellen.

1. Rufen Sie die Sicherheitseinstellungen unter *Extras/Internetoptionen* in der Kategorie *Sicherheit* auf und wählen Sie die Sicherheitszone, deren Einstellungen Sie verändern möchten.

2. Klicken Sie im Bereich *Sicherheitsstufe dieser Zone* ganz unten auf die Schaltfläche *Stufe anpassen*.

3. Hier finden Sie eine umfangreiche Liste der Sicherheitseinstellungen. Für jeden Eintrag können Sie aus verschiedenen Möglichkeiten auswählen.

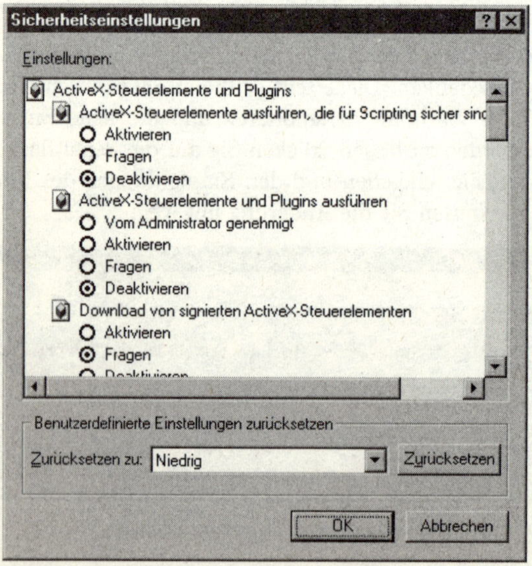

Die Einstellungen jeder Sicherheitsstufe können ganz individuell festgelegt werden

4. Mit einem Klick der rechten Maustaste auf einen der Einträge öffnen Sie das kontextabhängige Menü mit der Funktion *Direkthilfe*. Hier erhalten Sie jeweils eine kurze Erläuterung des Eintrags und der Einstellungsmöglichkeiten.

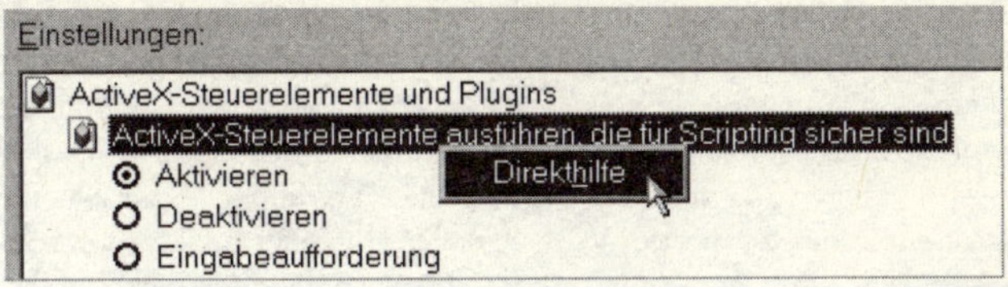

Über die Direkthilfe können Sie zu allen Einstellungen eine kurze Erläuterung abrufen

5. Für die meisten Einträge haben Sie die Möglichkeiten, die jeweilige Funktion zuzulassen (*Aktivieren*), sie nur nach einer Rückfrage an den Benutzer zuzulassen (*Fragen*) oder sie durch den Browser automatisch blockieren zu lassen (*Deaktivieren*).

6. Wenn Sie wieder zu den Standardeinstellungen zurückkehren möchten, stellen Sie im Auswahlfeld *Zurücksetzen zu* die gewünschte Sicherheitsstufe (*Hoch*, *Mittel*, *Niedrig* oder *Sehr Niedrig*) ein und rufen mit der Schaltfläche *Zurücksetzen* die entsprechenden Standardeinstellungen ab.

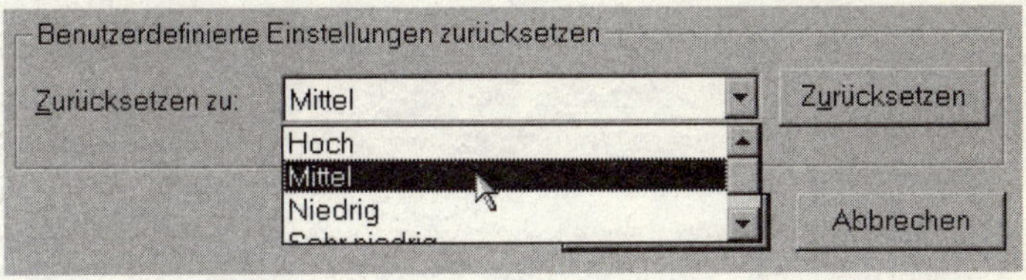

Mit Zurücksetzen kehren Sie von den benutzerdefinierten Optionen zur Standardeinstellung zurück

7. Ganz wichtig: Um die neuen Einstellungen zu aktivieren, klicken Sie abschließend zweimal hintereinander auf die Schaltfläche *OK* in den jeweiligen Menüs.

Webangebote in Sicherheitszonen einordnen

Websites aus dem lokalen Intranet oder dem Internet erkennt der Internet Explorer automatisch aufgrund der Adresse. Die Sicherheitszonen *Vertrauenswürdige Sites* und *Eingeschränkte Sites* machen aber nur Sinn, wenn Sie selbst bestimmte Adressen in diese Zonen aufnehmen. Wird dann eine dieser gespeicherten Adressen abgerufen, schaltet der Internet Explorer automatisch in die entsprechende Zone und somit auf die dazugehörenden Sicherheitseinstellungen um.

INFO

Welche Adressen gehören zu den Vertrauenswürdigen Sites?

Wie der Name nahe legt, sollten Sie in diese Zone nur Websites einordnen, von denen Ihrer Kenntnis nach keine Gefahr ausgeht. Sie müssen deshalb aber auch nicht gleich alle vermutlich harmlosen Adressen dieser Zone zuordnen. Sie ist vor allem für solche Sites gedacht, die mit den Sicherheitseinstellungen der Internetzone nicht funktionieren, weil sie beispielsweise Java-Applets verwenden, die dort nicht erlaubt sind. Das kann etwa beim Internetbanking passieren, wenn Ihre Bank ein Java-Applet für den Onlinezugriff aufs Konto verwendet. Wenn Sie in der Sicherheitszone Internet, zu der der Webserver Ihrer Internetbank standardmäßig gehört, das Ausführen von Java-Applets deaktivieren, könnten Sie nicht auf Ihr Onlinekonto zugreifen. Dieses Problem können Sie lösen, indem Sie die Adresse des Bank-Webservers in die Zone für Vertrauenswürdige Sites einordnen und in dieser Zone das Ausführen von Java-Applets erlauben. Schon gibt es keine Probleme mehr beim Onlinebanking. Weitere Kandidaten für die Zone Ihres Vertrauens sind Onlineshops und ähnliche Angebote, die sich ohne Java-Applets nicht bedienen lassen. Sie sollten sich aber bei jedem Angebot zuvor gut überlegen, ob es wirklich „vertrauenswürdig" ist.

Um eine Website in eine der Zonen für *Vertrauenswürdige Sites* oder *Eingeschränkte Sites* einzuordnen, benötigen Sie lediglich die Adresse dieses Angebots. Sie müssen dazu nicht einmal online gehen und das Angebot aufrufen.

1. Öffnen Sie die Sicherheitseinstellungen unter *Extras/Internetoptionen* in der Kategorie *Sicherheit* und wählen Sie die Zone *Vertrauenswürdige Sites*, um einem Webangebot besonders weitgehende Rechte einzuräumen. Wollen Sie eine gefährliche Site zusätzlich einschränken, wählen Sie stattdessen die Zone *Eingeschränkte Sites*.

2. Klicken Sie auf die Schaltfläche *Sites*, um eine neue Adresse in die ausgewählte Zone aufzunehmen.

3. Um eine neue Adresse hinzuzufügen, tragen Sie diese im anschließenden Menü im Eingabefeld *Diese Website zur Zone hinzufügen* ein. Geben Sie dabei die komplette Adresse inklusive URL (z. B. *http://*) an. Mit der Schaltfläche *Hinzufügen* nehmen Sie die eingegebene Adresse in die Liste auf.

Geben Sie die Webadresse des Angebots ein, das Sie in eine Zone aufnehmen wollen

4. Um eine zuvor eingefügte Adresse wieder aus der Zone zu entfernen, markieren Sie den Eintrag in der Liste und löschen ihn mit der Schaltfläche *Entfernen*.

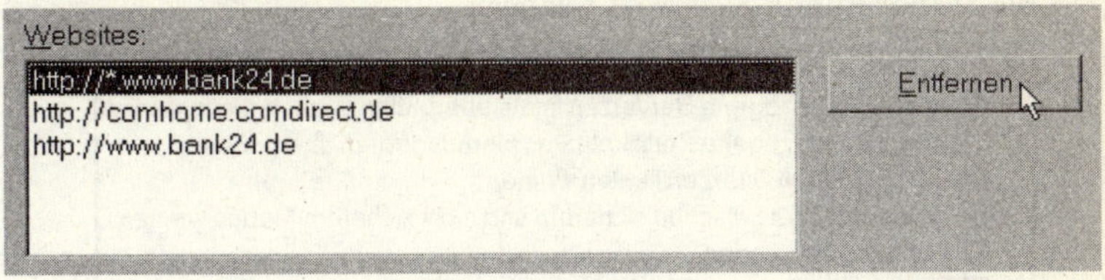

Mit Entfernen können Sie einzelne Angebote wieder aus der Zone verbannen

5. Mit *OK* übernehmen Sie die neue Adresse in diese Zone. Der Internet Explorer wird bei jedem Aufruf dieser Website automatisch diese Zone mit der dazugehörenden Sicherheitsstufe aktivieren.

TIPP

Serverüberprüfung per https://

Im Menü für Vertrauenswürdige Websites finden Sie zusätzlich die Option *Für die Sites in dieser Zone ist eine Serverüberprüfung (https:) erforderlich*. Das bedeutet, dass beim Zugriff auf die Webangebote aus der Zone für *Vertrauenswürdige Sites* nur sichere Verbindungen verwendet werden sollen. Dabei überprüft der Internet Explorer jeweils, ob der Server einer Website sicher ist, bevor die Verbindung zu dieser Website hergestellt wird. In der Regel ist das aber nicht nötig und wird auch nicht von allen Webservern unterstützt, sodass diese Option am besten ausgeschaltet bleibt.

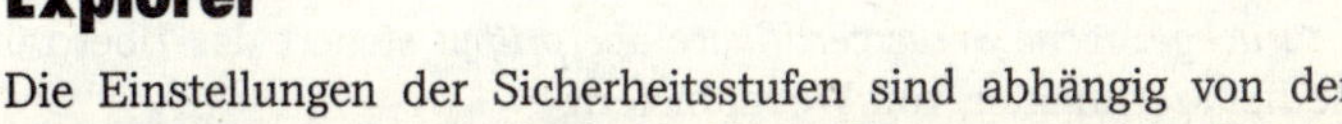

Durch eine Serverüberprüfung wird die Sicherheit einer Verbindung gewährleistet

Die erweiterten Sicherheitsoptionen des Internet Explorer

Die Einstellungen der Sicherheitsstufen sind abhängig von den Sicherheitszonen, d. h., hier sind individuelle Einstellungen möglich, die sich am Vertrauen oder Misstrauen orientieren, das man einem bestimmten Webangebot gegenüber hat. Darüber hinaus kennt der Internet Explorer noch eine Reihe von allgemein gültigen Sicherheitseinstellungen, die nicht abhängig von Sicherheitszonen sind, sondern ständig und für alle Webangebote gelten. Hier handelt es sich um Einstellungen, mit denen bestimmte Techniken aktiviert und deaktiviert werden können, die besondere Sicherheit schaffen (z. B. spezielle Protokolle zur sicheren Übertragung), oder auch um bestimmte Funktionen, die potenzielle Risiken darstellen und deshalb von vorsichtigen Benutzern deaktiviert werden können.

Sie finden die erweiterten Sicherheitseinstellungen in den Internetoptionen (*Extras/Internetoptionen*) in der Kategorie *Erweitert*. Verwenden Sie hier die Bildlaufleiste, um durch die verschiedenen Optionen nach unten zu wandern, bis Sie zur Rubrik *Sicherheit* gelangen.

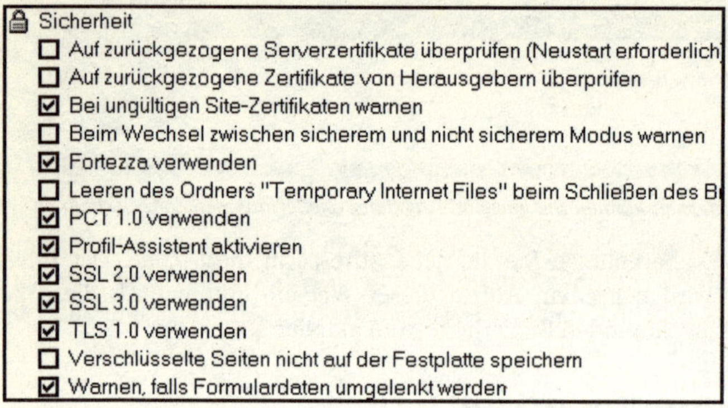

Die erweiterten Sicherheitseinstellungen des Internet Explorer

Generell gilt für alle dieses Optionen, dass das Aktivieren der jeweiligen Einstellung die Sicherheit erhöht. Einige der Optionen sind allerdings mit funktionellen Einschränkungen oder zusätzlich benötigter Zeit beim Surfen verbunden. Die Standardeinstellungen bilden einen recht guten Kompromiss zwischen Sicherheit und Performance. Sie können mit *Standard wiederherstellen* bei Bedarf jederzeit zurückgesetzt werden.

Auf zurückgezogene Zertifikate prüfen

Findet der Internet Explorer Komponenten vor, deren Herkunft durch ein Zertifikat belegt ist, kann er prüfen, ob dieses Zertifikat auch noch gültig ist. Dazu muss er Kontakt zum Server des Zertifikat-Ausstellers aufnehmen und dort rückfragen. Das nimmt zusätzliche Zeit in Anspruch, weshalb die Benutzer selbst entscheiden sollen, ob sie das für eine erhöhte Sicherheit in Kauf nehmen wollen.

- *Auf zurückgezogene Serverzertifikate überprüfen* steuert das Überprüfen der Sicherheitszertifikaten von Webanbietern.
- *Auf zurückgezogene Zertifikate von Herausgebern überprüfen* fügt noch einen weiteren Sicherheitsschritt hinzu und überprüft, ob auch der Herausgeber eines Zertifikats seinerseits über ein gültiges Zertifikat verfügt. Andernfalls könnte sich ja jeder Anbieter als Herausgeber seines eigenen Zertifikats ausgeben.
- *Bei ungültigen Site-Zertifikaten warnen* legt fest, ob der Internet Explorer Sie warnen soll, wenn die Adresse in einem Zertifikat nicht gültig ist.

Empfehlung:

- Wenn Sie sehr auf Sicherheit achten und beispielweise regelmäßig online Geldgeschäfte erledigen oder shoppen gehen, sollten Sie alle Optionen aktivieren.
- Ist Ihnen die Sicherheit weniger wichtig und wollen Sie vor allem schnell surfen und unnötige Wartepausen vermeiden, deaktivieren Sie die beiden ersten Optionen. Zumindest die dritte sollte als Hinweis auf ungültige Zertifikat aber vorsichtshalber eingeschaltet bleiben.

Wechsel zwischen sicheren und unsicheren Verbindungen

Damit Sie jederzeit wissen, ob Sie eine sichere oder unsichere Verbindung benutzen, kann der Internet Explorer Sie bei jedem Wechsel zwischen den beiden Verbindungsarten mit einem Hinweisfenster warnen. Dazu müssen Sie sicherstellen, dass die Option *Beim Wechsel zwischen sicherem und nicht sicherem Modus warnen* eingeschaltet ist. Dann blendet der Internet Explorer jeweils ein Hinweisfenster ein, wenn der Verbindungsmodus wechselt.

Empfehlung: Aktivieren.

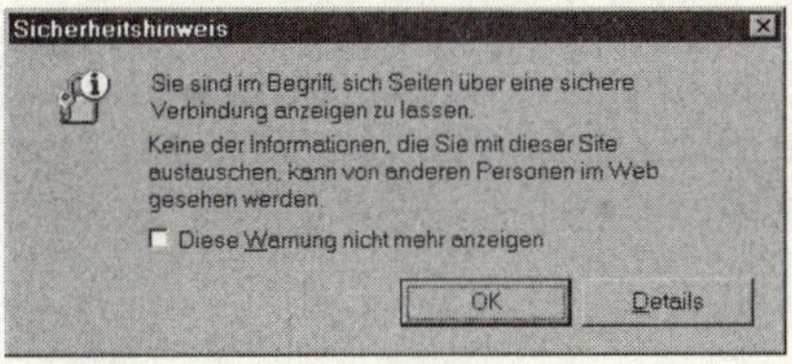

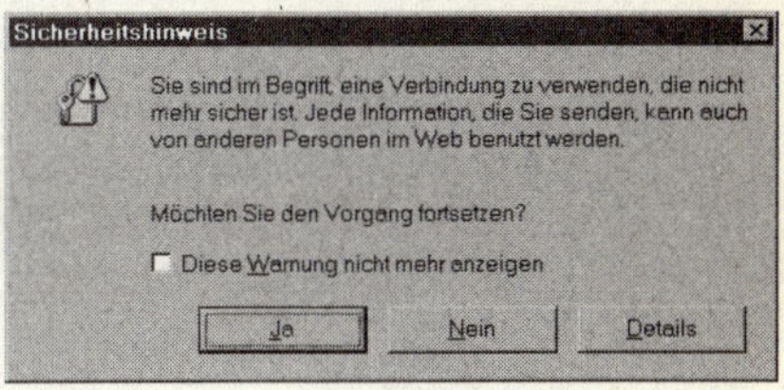

So warnt der Internet Explorer Sie bei einem Wechsel zwischen sicheren und unsicheren Verbindungen

Internetcache automatisch löschen

Der Internet Explorer speichert alle angeforderten Webdokumente in einem Cache-Speicher, damit sie bei einer erneuten Anforderung schneller geladen werden können. Dies hat allerdings den Nachteil, dass andere Benutzer Ihres PCs anhand der im Cache gespeicherten Webseiten erfahren können, wofür Sie sich bei Ihrer letzten Surfsitzung interessiert haben.

- Wenn Sie das nicht wollen, sollten Sie die Option *Leeren des Ordners „Temporary Internet Files" beim Schließen des Browsers* aktivieren. Dann werden die während der Surfsitzung temporär gespeicherten Daten beim Beenden des Internet Explorer entfernt.
- Aktivieren Sie außerdem die Option *Verschlüsselte Seiten nicht auf der Festplatte speichern*. Dann werden Webseiten mit vertraulichen Inhalten gar nicht erst auf der lokalen Festplatte gecacht. Sonst könnten andere Benutzer Ihre vertraulichen Daten aus dem Cache abrufen.

Empfehlung: Diese Einstellungen hängen davon ab, wie wichtig Ihnen die Vertraulichkeit Ihrer Daten ist bzw. ob überhaupt andere Benutzer Zugang zu Ihrem PC haben.

Die Verwendung der Sicherheitsprotokolle

Übliche HTTP-Verbindungen im World Wide Web laufen ungeschützt im Klartext ab, d. h., jeder kann mit etwas technischem Aufwand mitverfolgen, welche Daten Sie übertragen. Beim normale Websurfen mag man das noch hinnehmen, wenn man aber Onlineshopping, Internetbanking oder andere vertrauliche Transaktionen durchführt, will man keine ungebetenen Zaungäste haben. Für solche Aufgaben gibt es einige spezielle Protokolle, die sicherer vertrauliche Übertragungen ermöglichen.

- Eines davon ist Private Communications Technology, das von einigen Anbieter für Onlineshops verwendet wird. Aktivieren Sie die Option *PCT 1.0* am besten, um diese Technologie im Zweifelsfall verwenden zu können.
- Schalten Sie ebenfalls unbedingt die Optionen *SSL 2.0 verwenden* und *SSL 3.0 verwenden* ein. **S**ecure **S**ocket **L**ayers sind der De-facto-Standard für sichere Datenübermittlung im Web. Auch die ältere Version SSL 2.0 wird noch von einigen Anbietern benutzt.
- **T**ransport **L**ayer **S**ecurity (*TLS 1.0*), ist ein offener Sicherheitsstandard, der mit SSL 3.0 (siehe oben) vergleichbar ist. Die Option *TLS 1.0 verwenden* muss aktiviert werden, wenn der Internet Explorer Informationen mit dieser Technologie übertragen soll.
- *Fortezza* ist ein System, bei dem sich Benutzer mit Chipkarten gegenüber einem Webserver ausweisen können. Diese sehr zuverlässige hardwarebasierte Technologie wird bislang allerdings fast ausschließlich in den USA verwenden, sodass man auf diese Funktion hierzulande verzichten kann.

Empfehlung: Aktivieren Sie am besten bis auf Fortezza alle diese Protokolle, da sie der Sicherheit dienen. Selbst wenn sie nur selten benötigt werden, wirken sie sich nicht negativ auf die Leistungsfähigkeit des Browsers aus.

Der Profilassistent

Der Profilassistent ist ein Modul des Internet Explorer, das Sie beim Verwalten und Übertragen Ihrer persönlichen Daten unterstützt. Es macht das Bekanntgeben häufig benötigter Informationen komfortabler und ermöglicht Ihnen gleichzeitig die Kontrolle darüber, wer diese Informationen erhalten soll. Wenn Sie den Profilassistenten nutzen wollen, schalten Sie die Option *Profilassistenten aktivieren* ein. Wollen Sie diese Funktion grundsätzlich nicht in Anspruch nehmen, sollten Sie die Option ausschalten. So vermeiden Sie, dass sich der Profilassistent in bestimmten Situationen störenderweise automatisch zu Wort meldet.

Empfehlung: Aktivieren.

Umlenken von Formulardaten

Eingabeformulare auf Webseiten sind immer eine Gefahr, insbesondere, wenn man vertrauliche Informationen wie Kreditkartendaten angeben soll. Eine beliebte Technik von Hackern ist, die Benutzereingaben in interaktiven Webformularen vom eigentlichen Server auf ihren eigenen umzulenken und dort auszulesen (mehr dazu in Kapitel 1). Schalten Sie deshalb die Option *Warnen, falls Formulardaten umgelenkt werden* ein. Dann warnt der Internet Explorer Sie vor solchen Angriffen.

Empfehlung: Unbedingt aktivieren!

Die Sicherheitsfunktionen beim Netscape Navigator

Der Netscape Navigator verfügt leider nicht über ein ähnlich ausgeklügeltes Sicherheitskonzept wie der Internet Explorer. Das soll nicht heißen, dass er auch weniger sicher wäre. Allerdings sind keine so umfassenden und flexiblen Einstellungen möglich. Stattdessen gibt es nur einige wenige Optionen, die Grundlegendes wie etwa die Verwendung von Java oder JavaScript regeln. Dafür muss man dem Netscape Navigator aber auch zugute halten, dass er auf die Unterstützung einer sicherheitstechnisch so bedenklichen Technologie wie ActiveX völlig verzichtet. So bleiben viele Sicherheitslücken von vornherein verschlossen. Außerdem kommt es beim Netscape Navigator längst nicht so stark zu gefährlichen Interaktionen mit dem Betriebssystem und anderen Anwendungen. Hier ist er dem Internet Explorer und dessen Verzahnung mit den Windows-Betriebssystemen und etwa den Office-Anwendungen von Microsoft eindeutig überlegen.

Darüber hinaus verfügt der Netscape Navigator über ein Zertifikatsystem, mit dem sich die Authentizität und Vertrauenswürdigkeit von Webseiten anhand von Zertifikaten überprüfen lässt. Allerdings haben sich solche Zertifikate bislang kaum durchgesetzt, sodass sie keinen ausreichenden Schutz vor destruktiven Inhalten bieten. Im Folgenden stellen wir Ihnen die wesentlichen Sicherheitseinstellungen und -optionen des Netscape Navigator vor.

Verschlüsselungsprotokolle aktivieren

Auch der Netscape Navigator kann verschlüsselte Datenübertragungen mit Webservern durchführen, wenn kritische Anwendungen wie etwa Onlinebanking und -shopping oder das E-Mail-Lesen per Webbrowser dies erfordern. Dazu beherrscht er die Verschlüsselung per **S**ecure **S**ocket **L**ayers (SSL). Damit er diese Protokolle im Bedarfsfall auch wirklich einsetzt, müssen sie allerdings aktiviert sein. Dies sollten Sie unbedingt überprüfen und ggf. nachholen.

1. Öffnen Sie dazu mit *Aufgaben/Privatsphäre und Sicherheit/Sicherheits-Manager* den Sicherheits-Manager des Netscape Navigator, mit dem sich die meisten sicherheitsrelevanten Einstellungen bei diesem Browser vornehmen lassen.
2. Wechseln Sie hier in der oberen Navigationsleiste in die Kategorie *Erweitert* und dann am linken Fensterrand in die Rubrik *Optionen.*
3. Hier finden Sie die drei Option *SSL Version 2 aktivieren, SSL Version 3 aktivieren* sowie *TLS aktivieren.* Alle drei Optionen sollten eingeschaltet sein, damit der Browser die jeweiligen Verschlüsselungsprotokolle bei Bedarf verwenden kann.

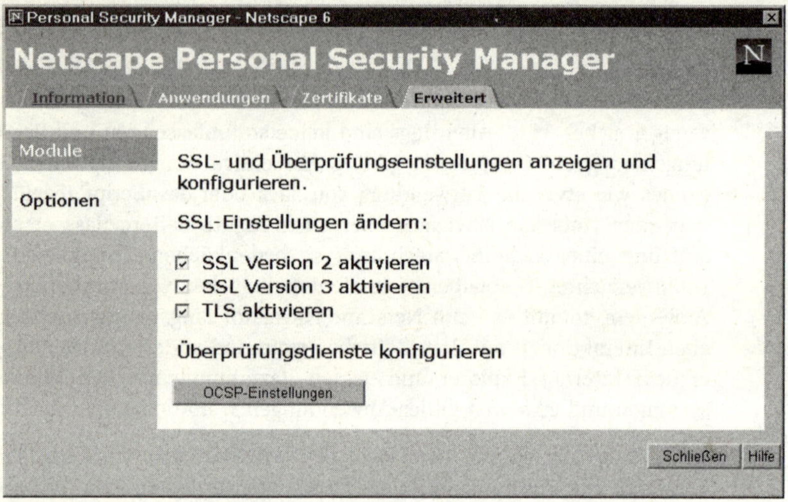

Hier aktivieren Sie die Verschlüsselungsprotokolle beim Netscape Navigator

4. Klicken Sie dann auf die *Schließen*-Schaltfläche, um die Einstellungen zu übernehmen und den Sicherheits-Manager auszublenden.

Sichere Verbindungen steuern

Das Verwenden von sicheren Verbindungen mit verschlüsselter Datenübertragung macht nur dann Sinn, wenn man sich praktisch blind darauf verlassen kann, dass der Browser vertrauliche Daten grundsätzlich nur verschlüsselt übermittelt. Beim Netscape Navigator gibt es einige Einstellungen, mit denen man das Verhalten des Browsers in kritischen Situationen steuern kann. So lassen sich etwa Warnungen aktivieren, mit denen das Programm den Benutzer auf eventuelle Risiken hinweist.

1. Öffnen Sie dazu wiederum mit *Aufgaben/Privatsphäre und Sicherheit/Sicherheits-Manager* den Sicherheits-Manager des Netscape Navigator.

2. Wechseln Sie hier in der oberen Navigationsleiste in die Kategorie *Anwendungen*. Hier finden Sie eine Reihe von Optionen, die das Verhalten des Browsers in verschiedenen Situationen steuern.

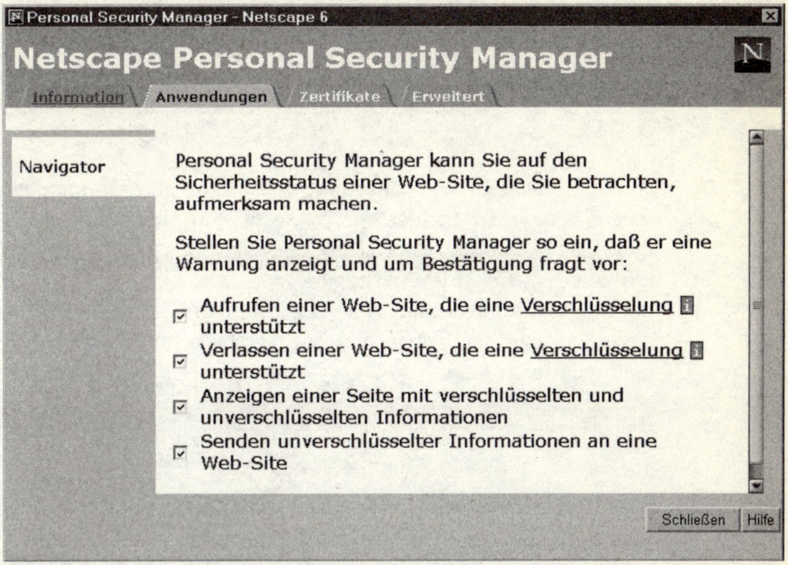

Diese Optionen steuern die Hinweise, mit denen der Netscape Navigator seine Benutzer warnt

3. *Aufrufen einer Web-Site, die eine Verschlüsselung unterstützt* sorgt dafür, dass Sie auf den Wechsel von einer normalen, unsicheren Verbindung auf eine verschlüsselte, sichere Übertragung ausdrücklich hingewiesen werden. Der Netscape Navigator blendet dann jeweils ein Hinweisfenster ein, das Sie mit *OK* bestätigen. Ab sofort können Sie vertrauliche Daten wie Passwörter, PINs und TANs eingeben, ohne dass ein unbefugter Dritter sie ausspionieren kann.

TIPP

Vertrauen und Vertraulichkeit

Eine sichere Verbindung ist noch keine Garantie dafür, dass Ihre vertraulichen Daten nicht in falsche Hände geraten. Sie werden auf alle Fälle an den Webserver übertragen (wenn auch verschlüsselt). Dort können Sie vom Betreiber entschlüsselt und ausgewertet werden, was ja normalerweise auch Sinn der Sache ist. Dass ein Betreiber eine sichere Datenübertragung unterstützt, sagt aber noch nichts über seine Vertrauenswürdigkeit aus. Deshalb sollten Sie auch immer ein Auge auf den Betreiber eines Webangebots haben, insbesondere, wenn es sich um kleinere, unbekannte Anbieter handelt.

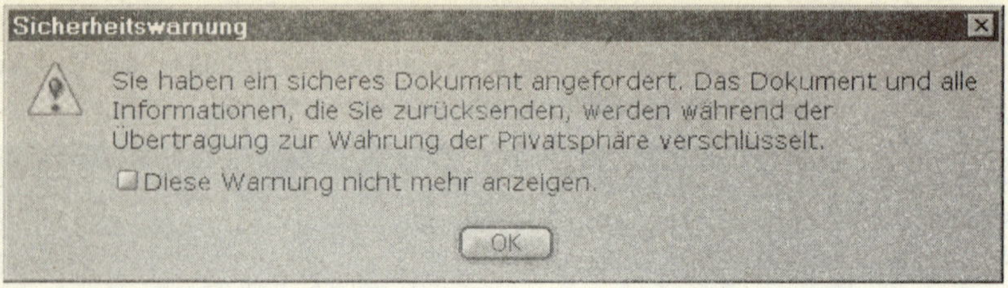

So meldet der Netscape Navigator den Wechsel in einen sicheren Übertragungsmodus

4. Durch Aktivieren der Option *Verlassen einer Web-Site, die eine Verschlüsselung unterstützt* meldet der Netscape Navigator auch den umgekehrten Fall, also wenn Sie etwa beim Verlassen der Onlinebank von einer verschlüsselten, sicheren Übertragung wieder auf eine normale, unsichere Verbindung zurückwechseln. Auch hier werden Sie mit einem Hinweisfenster darauf aufmerksam gemacht, dass vertrauliche Eingaben ab sofort nicht mehr geschützt sind.

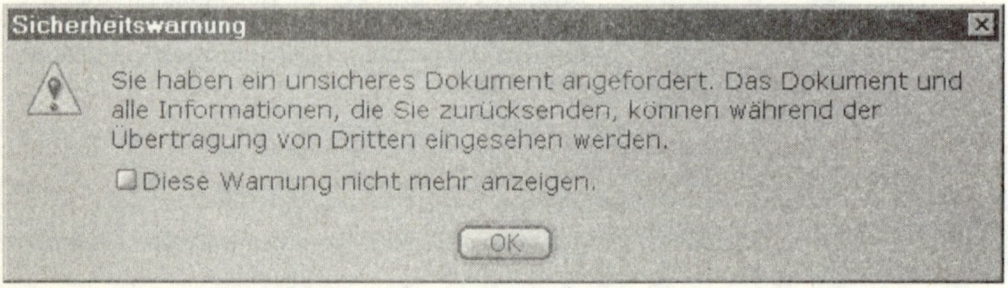

Diese Meldung erscheint beim Verlassen einer sicheren Verbindung

5. *Anzeigen einer Seite mit verschlüsselten und unverschlüsselten Informationen* bezieht sich auf die recht seltene und ungewöhnliche Situation, dass eine sichere Webseite auch unsichere Elemente enthält. Das kann z. B. passieren, wenn eine Seite aus verschiedenen Frames besteht, die von unterschiedlichen Servern geladen werden, die nicht alle Verschlüsselung unterstützen. In der Praxis kommt dies selten vor und ist meist durch technische Probleme (etwa durch Übertragungsschwierigkeiten) bedingt. Wenn Sie beim erstmaligen Betreten eines neuen Angebots mit einer solchen Situation konfrontiert werden, sollten Sie das Hinweisfenster des Netscape Navigator aber besser ernst nehmen und ganz genau hinschauen.

6. Die Option *Senden unverschlüsselter Informationen an eine Web-Site* ist dafür zuständig, dass Sie jedes Mal gewarnt werden, wenn Sie Formulareingaben an ein Webangebot übermitteln wollen, ohne dass die Übertragung verschlüsselt werden kann. Da solche unsicheren Übermittlungen ausspioniert werden können, ist es sehr riskant, vertrauliche Daten wie Passwörter oder Kreditkartenangaben auf diesem Weg zu übertragen. In dem Fall können Sie im Hinweisfenster auf *Abbrechen* klicken, um die ungeschützte Übertragung zu verhindern. Wollen Sie das Risiko eingehen, setzen Sie die Übermittlung mit *OK* fort.

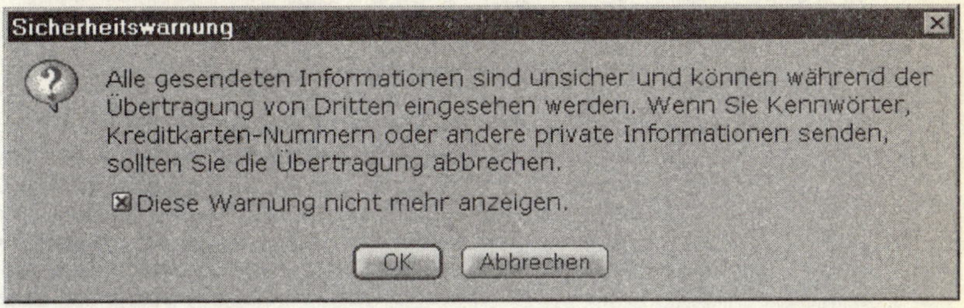

Auch vor dem Übermitteln von Formulareingaben über unsichere Verbindungen kann der Netscape Navigator warnen

Neben den Hinweisfenstern gibt es noch eine weitere Möglichkeit, sich jederzeit über den Sicherheitsstatus der Verbindung zu informieren. In der rechten unteren Ecke des Browserfensters finden Sie beim Netscape Navigator ein kleines Schloss-Symbol, das den aktuellen Status anzeigt. Ein graues Symbol mit geöffnetem Schlossbügel steht für eine unsichere, unverschlüsselte Verbindung. Wenn das Symbol hingegen geschlossen und blau auf gelb dargestellt wird, ist die Verbindung sicher und Sie können bedenkenlos auch vertrauliche Informationen übermitteln.

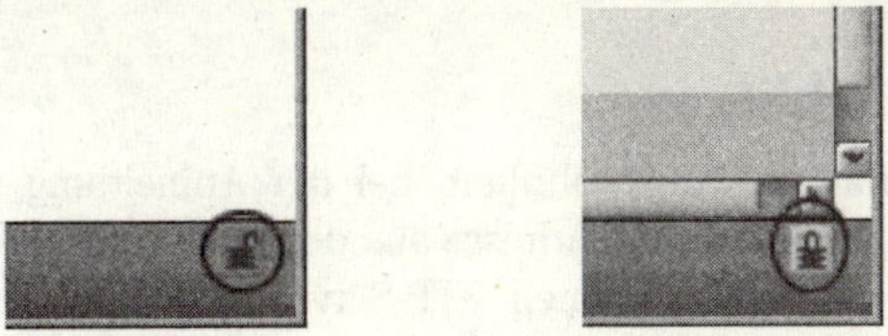

In der Statuszeile zeigt der Netscape Navigator unsichere (links) bzw. sichere (rechts) Verbindungen an

Noch mehr über die (Sicherheits-)Qualität einer Verbindung erfahren Sie, wenn Sie mit einem Mausklick auf das Schloss-Symbol den Sicherheits-Manager aufrufen. Dieser analysiert das Sicherheitszertifikat, das der Webserver für diese Verbindung übermittelt hat, und fasst die wichtigsten Daten für Sie zusammen. Hier sollten Sie überprüfen, ob das Zertifikat auch wirklich für dieses Webangebot ausgestellt wurde, ob es von einem vertrauenswürdigen Zertifizierer stammt und was für eine Verschlüsselung es besitzt. Achten Sie darauf, dass kritische Informationen wie etwa Transaktionen beim Homebanking und Ähnliches möglichst mit einer 128-Bit-Verschlüsselung geschützt werden, da diese in der Praxis als sicher gilt, während kleinere Schlüssel durchaus schon geknackt worden sind.

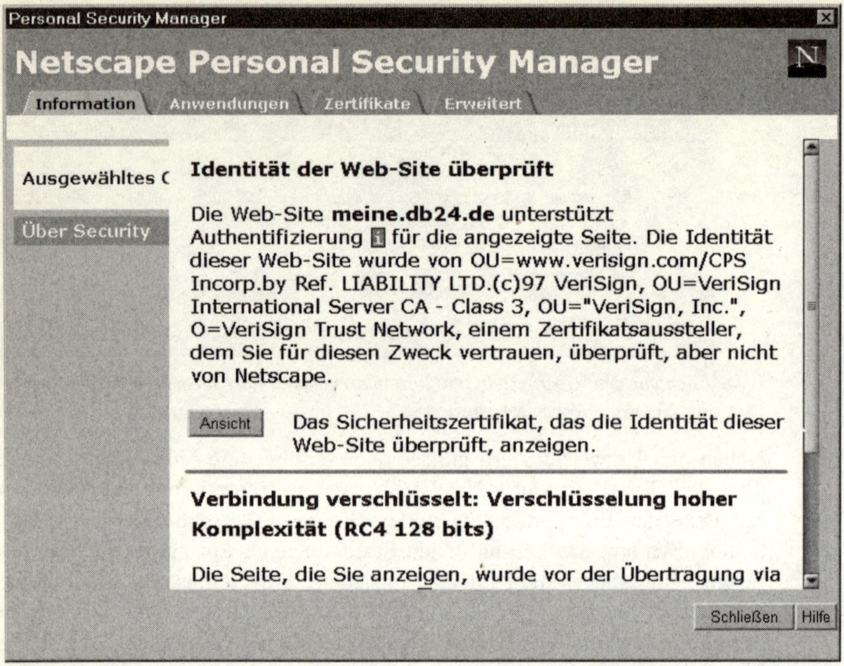

Im Sicherheits-Manager können Sie Genaueres über die Sicherheit der Verbindung erfahren

Die E-Mail-Adresse schützen

Der Netscape Navigator hat die Angewohnheit, bei der Anmeldung zum Dateitransfer per anonymem FTP eine E-Mail-Adresse aus den Messenger-Einstellungen zu übermitteln, weil die meisten anonymen FTP-Server eine E-Mail-Adresse als Passwort verlangen. Allerdings sollte man eine so wertvolle Information wie die eigene E-Mail-Adresse nicht so einfach hergeben. Zu leicht könnten sonst Hacker oder Adressensammler diesen Trick benutzen, um an E-Mail-Adressen ihrer Opfer zu gelangen. Es gibt eine Option, mit der man dem Netscape Navigator diese Unart abgewöhnen kann. Wir empfehlen Ihnen dringend, diese Einstellung zu überprüfen und ggf. zu deaktivieren.

1. Öffnen Sie dazu mit *Bearbeiten/Einstellungen* die allgemeinen Einstellungen des Netscape Navigator.

2. Wählen Sie hier in der Navigationsleiste links die Kategorie *Erweitert*.

3. Daraufhin werden in der rechten Fensterhälfte eine Reihe von Optionen angezeigt, die alle auch eine sicherheitstechnische Bedeutung haben. Die Optionen zu Java und JavaScript steuern, ob diese Technologien von Webseiten verwendet werden dürfen. Wir gehen später in diesem Kapitel ausführlicher darauf ein.

4. Dem Schutz der E-Mail-Adresse dient die Funktion *E-Mail-Adresse als anonymes FTP-Kennwort senden*. Diese Option sollte unbedingt DEAKTIVIERT sein, damit der Netscape Navigator Ihre E-Mail-Adresse nicht jedem dahergelaufenen FTP-Server erzählt.

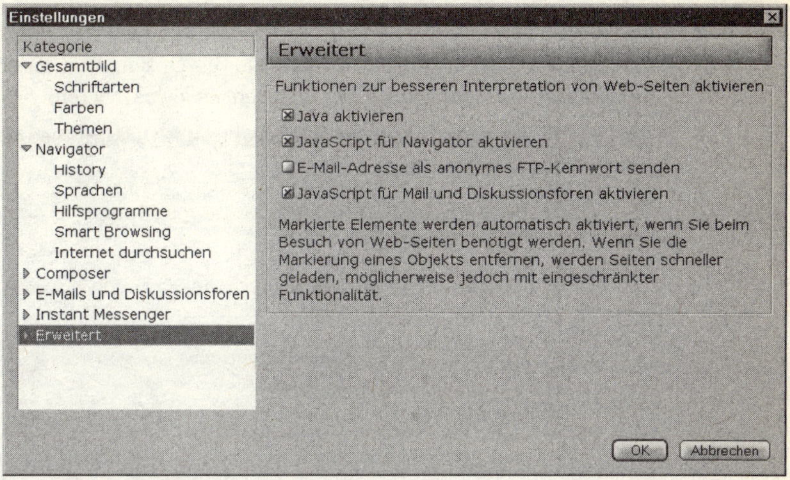

In der Rubrik Erweitert der Netscape Navigator-Einstellungen finden Sie verschiedene Sicherheitseinstellungen

5. Übernehmen Sie die geänderte Option mit einem Klick auf *OK*, um die Browser-Einstellungen wieder zu schließen.

Gespeicherte Kennwörter und Formulareingaben schützen

Der Netscape Navigator verfügt über eine Reihe von Komfortfunktionen, die etwa regelmäßige Anmeldungen und Formulareingaben automatisieren und damit beschleunigen können. Das ist angenehm und praktisch, aber eben auch nicht ganz ungefährlich. Wenn Sie beispielsweise ein Passwort bei der Anmeldung bei einem Webangebot automatisch eintragen lassen, kann jeder, der Zugang zu Ihrem PC hat, diese automatische Anwendung ebenfalls durchführen und erhält so Zugang zu Ihren vertraulichen Daten. Um diese Sicherheitslücke zu schließen und gleichzeitig trotzdem so viel Komfort wie möglich zuzulassen, kann der Netscape Navigator alle sicherheitsrelevanten Daten verschlüsselt speichern. Wenn Sie bei einer Surfsitzung auf so gespeicherte Daten zurückgreifen wollen, müssen Sie lediglich einmal ein Passwort eingeben, um alle gespeicherten Daten für den Rest der Sitzung freizugeben. Mit dem Beenden des Netscape Navigator wird der Schutz automatisch wiederhergestellt, sodass niemand in Ihrer Abwesenheit die Komfortfunktionen des Browsers missbrauchen kann.

1. Um diese Schutzfunktion zu aktivieren, rufen Sie mit *Bearbeiten/Einstellungen* die allgemeinen Einstellungen des Netscape Navigator auf.
2. Öffnen Sie hier in der Navigationsleiste links die Kategorie *Erweitert* und wählen Sie deren Unterkategorie *Kennwörter*.
3. Im unteren Bereich der rechten Fensterhälfte sehen Sie dann den Bereich *Verschlüsseln und verbergen*, in dem Sie die Option *Beim Speichern sicherheitsrelevanter Daten Verschlüsselung verwenden* aktivieren.

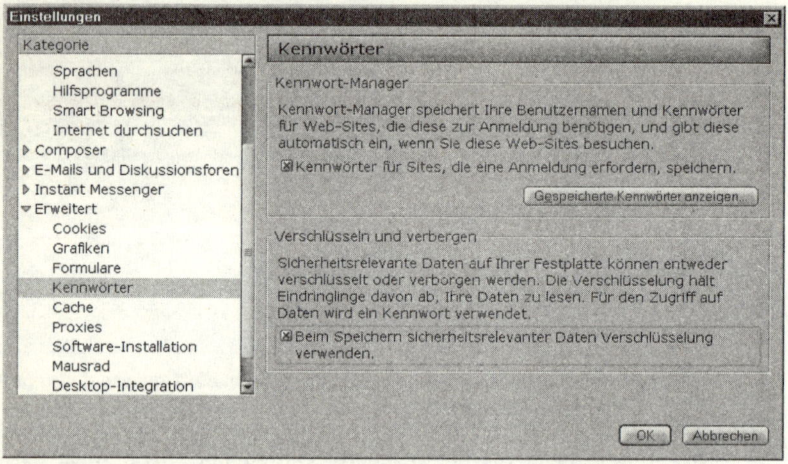

Aktivieren Sie das verschlüsselte Speichern sicherheitsrelevanter Daten beim Netscape Navigator

4. Bestätigen Sie die neue Einstellung mit einem Klick auf *OK*.

Gefahren durch Sicherheitslücken

Die besten Sicherheitskonzepte und -funktionen nutzen nichts, wenn sie nicht ordnungsgemäß implementiert wurden. Leider sind Fehler bei der Entwicklung von Software an der Tagesordnung, da sind auch und gerade so komplexe Produkte wie Webbrowser keine Ausnahme. Oftmals führen solche Programmierfehler nicht unbedingt zu einer Fehlfunktion im eigentlichen Sinn oder gar zu einem Absturz, sondern äußern sich viel unauffälliger und gefährlicher. So kann etwa ein fehlerhaftes Programm des JavaScript-Interpreters im Internet Explorer dazu führen, dass eine Webseite Skriptfunktionen ausführen kann, die sie laut Sicherheitskonzept eigentlich gar nicht ausführen dürfte. Wenn Sie sich davon überzeugen wollen, was für Sicherheitslücken es gibt und ob auch Ihr PC davon betroffen ist, empfehlen wir Ihnen den Browsercheck, den die Zeitschrift *c't* unter http://www.heise.de/ct/browsercheck/demos.shtml im Internet anbietet. Hier können Sie sowohl für den Netscape Navigator als auch den Internet Explorer eine Reihe von bekannten Sicherheitslücken austesten. Selbstverständlich sind diese entschärft, d. h., es kann nicht wirklich zu zerstörten Dateien oder anderen Datenverlusten kommen. Einen Browser- oder Rechnerabsturz sollten Sie beim Testen aber schon einkalkulieren. Die Tests sind deshalb auf eigene Gefahr und sollten mit Vorsicht angegangen werden.

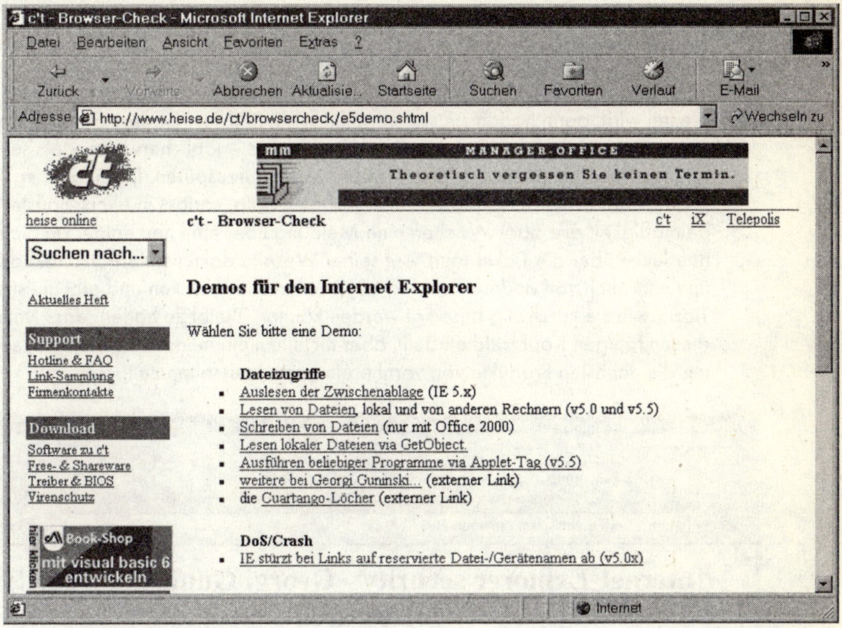

Unter http://www.heise.de/ct/browsercheck/e5demo.shtml können Sie Sicherheitslücken beim Internet Explorer testen

Solche Sicherheitslücken stellen eine sehr große Gefahr dar. Das ergibt sich allein schon aus der Tatsache, dass eine solche Lücke erst geschlossen werden kann, wenn sie entdeckt worden ist. Da viele Sicherheitslücken nicht schon während der Testphase einer neuen Version aufgedeckt werden, sondern sich erst nach der Veröffentlichung herausstellen, befindet sich die Software dann schon beim Anwender in Benutzung und kann nicht einfach repariert werden. Deshalb veröffentlichen die Softwarefirmen in regelmäßigen Abständen Ergänzungspakete zu ihren Produkten. Durch solche *Patches* oder *Service-Packs* werden nachträglich erkannte Fehler beseitigt oder wichtige aktuelle Funktionen nachgerüstet. Das funktioniert aber nur, wenn der Benutzer von sich aus aktiv wird und diese Aktualisierungen anfordert. Ein Benutzer, der ein Softwareprodukt einmal installiert und sich anschließend nicht mehr um die Pflege kümmert, ist Sicherheitslücken schutzlos ausgeliefert.

Deshalb ist es ganz wichtig, sich stets über den Sicherheitszustand der eigenen Software auf dem Laufenden zu halten und neue sicherheitsrelevante Aktualisierungen möglichst umgehend vorzunehmen. Eine gute Quelle für aktuelle Informationen über Sicherheitslücken sind die Webseiten von Georgi Guninski unter http://www.guninski.com.

INFO

Georgi Guninski – der Alptraum von Bill Gates

Wenn das Entwicklerteam des Internet Explorer in der Kaffeepause gern mit Dartpfeilen wirft, dann haben sie sich vermutlich ein Bild von Georgi Guninski auf die Dartscheibe geklebt. Dieser Mensch betrachtet es – löblicherweise – als seine Berufung, Sicherheitslücken in den Webbrowsern aufzuspüren. Das macht er – besonders beim Internet Explorer – mit großem Erfolg, sodass in allerschönster Regelmäßigkeit alle paar Wochen eine Meldung über eine neu entdeckte Sicherheitslücke über die Ticker läuft. Auf seiner Website dokumentiert Guninski die von ihm und auch von anderen entdeckten Probleme und Lücken und gibt meist auch Tipps, wie sie kurzfristig beseitigt werden können. Bleibt zu hoffen, dass Microsoft diesen fähigen Kopf bald einstellt, aber nicht, um ihn mundtot zu machen, sondern um die nächsten Produkte von vornherein besser aussehen zu lassen.

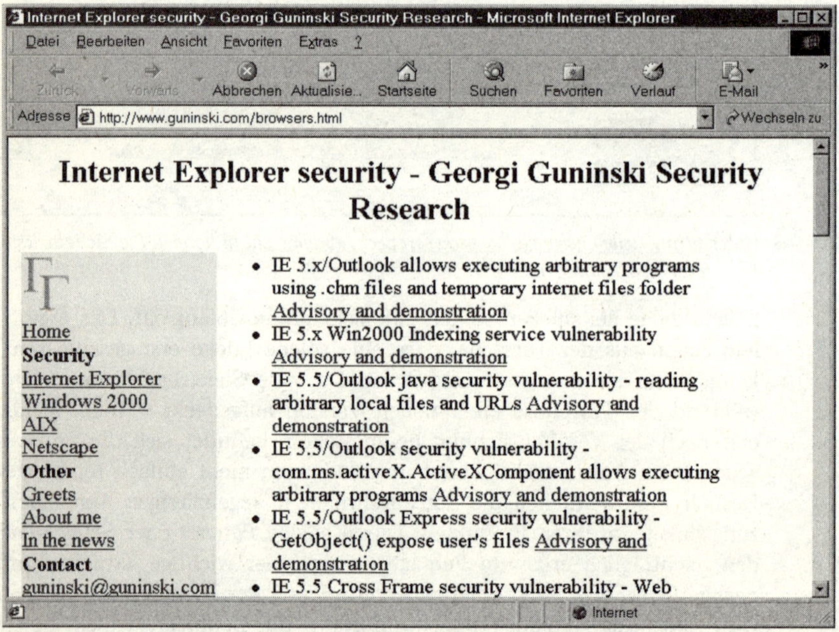

Unter http://www.guninski.com/browsers.html finden Sie stets aktuelle Informationen über Sicherheitslücken

Active Setup – Windows und Internet Explorer aktualisieren

Microsoft bietet für seine Produkte ein Update über das Internet an. Mit dem *Active Setup* können Sie direkt auf der Microsoft Website überprüfen, welche neuen Fehlerkorrekturen und Funktionserweiterungen vorhanden sind. Dabei wird die auf Ihrem PC derzeit installierte Software analysiert, sodass Ihnen auch wirklich nur Updates vorgeschlagen werden, die wirklich nötig sind.

1. Um das Active Setup zu benutzen, rufen Sie im Windows-Startmenü die Funktion *Start/Windows Update* auf. Dadurch wird der Internet Explorer gestartet und auf die Microsoft-Update-Website gesteuert.

2. Unter dem Stichwort *Produktupdates* starten Sie dann eine ActiveX-Komponente, die Ihren PC analysiert und Ihnen Vorschläge zu möglichen und sinnvollen Updates macht.

TIPP

Update nur mit ActiveX

Wichtig: Damit das Update funktioniert, müssen Sie in den Sicherheitseinstellungen das Ausführen von ActiveX-Elementen (zumindest vorübergehend) freischalten.

3. Markieren Sie in der Liste der Aktualisierungen die gewünschten Updates. Zumindest alles, was irgendwie mit Sicherheit zu tun hat (Stichwort „Sicherheitsupdate“) sollten Sie unbedingt auswählen.

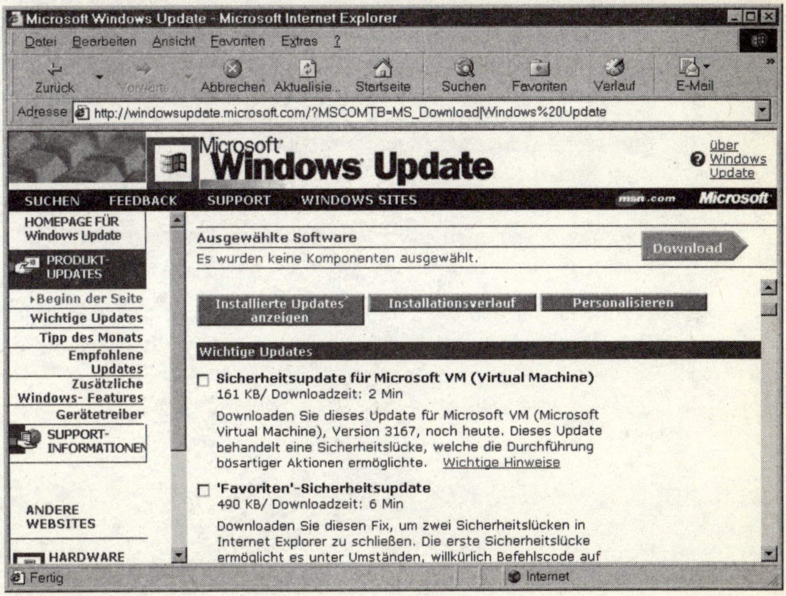

Windows und der Internet Explorer können (und sollten) über das Internet laufend aktualisiert werden

4. Wenn Sie die Auswahl abgeschlossen haben, starten Sie die Übertragung mit einem Klick auf den *Download*-Pfeil. Nun werden alle angegebenen Komponenten übertragen und installiert. Anschließend ist in der Regel ein Neustart des Rechners erforderlich.

INFO

Spioniert Microsoft seine Kunde aus?

Funktionen wie das Active Setup sorgen immer wieder für Verunsicherung bei den Kunden und Beschwerden von Datenschützern. Die Analyse der vorhandenen Software ist prinzipiell sinnvoll, damit man den Kunden individuelle Vorschläge zu Updates machen kann. Allerdings können die dabei gewonnenen Daten auch gut zur Profilbildung gespeichert und weiterverwendet werden. Microsoft behauptet (auch beim Active Setup), dass die Informationen nicht von ihnen gespeichert würden – na ja! Zugunsten von Microsoft spricht aber vielleicht die folgende Überlegung: Wenn man auf seinem PC nur ordnungsgemäß bezahlte und lizenzierte Software installiert hat, muss man doch nichts verbergen, oder?

SmartUpdate – Netscape Navigator aktualisieren

Auch Netscape hat für den Navigator eine Online-Update-Funktion entwickelt. Mit *SmartUpdate* können Sie den Netscape Navigator über das Internet um Fehlerkorrekturen und wichtige Erweiterungen nachrüsten.

1. Um den Netscape Navigator und seine Komponenten zu aktualisieren, rufen Sie die SmartUpdate-Webseite unter http://www.netscape.com/smartupdate auf und starten dort die Aktualisierung.

2. Das Angebot ermittelt dann die aktuellen Softwareversionen auf Ihrem PC und bietet Ihnen ggf. neuere Version und Updates an. Zu jeder Aktualisierung finden Sie eine kurze Beschreibung (*Description*), der Sie entnehmen können, welchem Zweck das jeweilige Update dient. Wenn Sie eine Aktualisierung vornehmen möchten, wählen Sie den entsprechenden Eintrag in der Liste aus, indem Sie ein Häkchen davor setzen.

3. Wenn Sie die Auswahl beendet haben, gehen Sie zum *Download* weiter. Dann werden die angeforderten Komponenten übertragen und installiert.

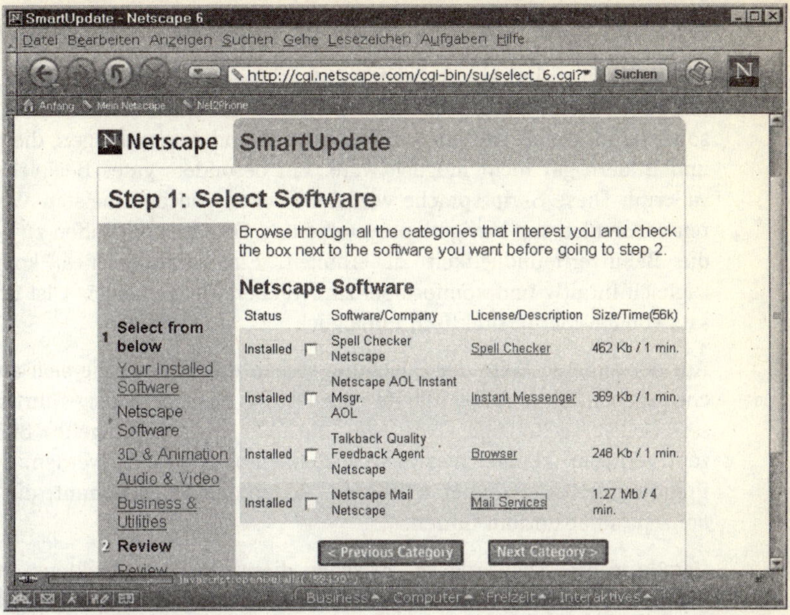

Mit dem SmartUpdate unter http://www.netscape.com/Smartupdate können Sie den Netscape Navigator aktualisieren

3.3 Ferngesteuerter PC? – Gefahren durch ActiveX, JavaScript & Co.

In den Anfangszeiten des Web bestanden Webseiten einfach nur aus Text und Bildern. Das war im Vergleich mit dem bis dahin gekannten auch schon ein echter Fortschritt und alle waren zufrieden. Aber nicht lange! Schließlich soll alles immer bunter, aufregender und dynamischer werden. Also musste das Web um aktive Inhalte (im Gegensatz zu den statischen Texten und Bildern) erweitert werden. Aktive Inhalte sind Programme, die nicht auf dem Webserver, sondern auf dem Computer des Besuchers ausgeführt werden. Sie haben also einen mehr oder weniger begrenzten Zugriff auf dessen Ressourcen und Daten. Genau bei diesem „mehr oder weniger" liegt das Problem. Während einige Arten von aktiven Komponenten relativ sicher sind, öffnen andere dem Missbrauch Tür und Tor. Wir zeigen Ihnen, welche Arten von aktiven Inhalten es gibt, wie sicher sie sind und wie Sie sich vor den dadurch entstehenden Gefahren schützen können.

Nutzen und Risiken aktiver Inhalte in Webseiten

Aktive Inhalte sind ein zweischneidiges Schwert: Einerseits beleben sie Webseiten ganz enorm, wobei nicht nur eine bloße äußerliche Attraktivität gemeint ist, sondern auch eine Vielzahl von Funktionen und Anwendungen, die nur mit Text und Bildern gar nicht möglich wäre. Ein besonders gutes Beispiel dafür ist JavaScript. Diese Skriptsprache wird inzwischen von den meisten Webseitenautoren verwendet, um Navigationssysteme und Orientierungshilfen zu gestalten und die Benutzerfreundlichkeit zu erhöhen. Ein umfangreiches, komplexes und zugleich intuitiv und komfortabel zu bedienendes Webangebot ist ohne den Einsatz von JavaScript praktisch unmöglich.

Auf der anderen Seite der Gleichung stehen die Risiken, die sich aus der Tatsache ergeben, dass aktive Inhalte vom PC des Besuchers ausgeführt werden müssen. Selbst Technologien wie Java, die über ein ausgeklügeltes Sicherheitskonzept verfügen, können hier nicht bedenkenlos eingesetzt werden, weil es durch Programmierfehler immer wieder zu Sicherheitslücken kommt, die das Schutzkonzept ad absurdum führen.

Gerade weil es schwierig ist, zwischen diesen beiden Aspekten - Komfort und Sicherheit - einen guten Kompromiss zu finden, ignorieren viele Benutzer dieses Problem nach dem Motto „Mich wird es schon nicht treffen". Dies ist aber eine sehr gefährliche Einstellung. Man kann aktive Inhalte auch sicher benutzen, wenn man sich die Möglichkeiten der Webbrowser und entsprechender Schutz-Software zu Nutze macht, wie wir auf den folgenden Seiten zeigen werden.

Was können aktive Inhalte anrichten?

Wie weiter oben bereits beschrieben, werden aktive Inhalte auf dem PC des Besuchers ausgeführt. Das ist der entscheidende Unterschied zu statischen Inhalten wie einfachen Webseiten mit Texten und Bildern. Letztere sind einfach nur Daten, die vom Webbrowser dargestellt werden. Aktive Inhalte jedoch sind Anweisungen, die vom Browser bzw. von speziellen Interpretern ausgeführt werden. Je nachdem, wie diese Anweisungen aussehen, kann eine aktive Komponente also theoretisch sämtliche Funktionen des Rechners ausführen.

Das ist auch in der Praxis absolut nicht übertrieben, denn z. B. ein ActiveX-Control kann alles das machen, was auch ein beliebiges Windows-Programm ausführen könnte. Also Lese- und Schreib-Zugriff auf alle Dateien durchführen, beliebige vorhandene Hardware ansteuern, Festplatten formatieren usw. Andere aktive Komponenten in Java oder JavaScript unterliegen zwar Einschränkungen, aber auch hier werden immer wieder Sicherheitslöcher und Tricks bekannt, mit denen man auch diese Techniken missbrauchen kann. Die Gefahr durch aktive Inhalte sollte also unbedingt ernst genommen werden.

ActiveX-Komponenten zuverlässig deaktivieren

Fangen wir am besten mit dem Gefährlichsten an, damit Sie dieses ggf. als Erstes deaktivieren können: *ActiveX* ist die Antwort von Microsoft auf die Bedrohung durch die plattformunabhängige Programmiersprache *Java*, die sich im Internet immer weiter durchsetzt und die Monopole von Microsoft in Bedrängnis bringt. Inzwischen hat Microsoft diese Technologie selbst schon wieder aufgegeben und ist auf den Java-Zug aufgesprungen. Aber ActiveX ist in den aktuellen Versionen des Internet Explorer integriert und die Benutzer müssen nun sehen, wie sie damit klarkommen. Was also hat es damit auf sich?

ActiveX-Komponenten sind ausführbare Programme, die in Webseiten eingebunden werden. So können sie über ein Netzwerk wie z. B. das Internet verteilt werden. Der Benutzer ruft die entsprechende Webseite auf, der Browser lädt die Seite und die dazugehörende Komponente und führt sie aus. Solche Komponenten können z. B. mit VisualBasic (natürlich ebenfalls von Microsoft) erstellt werden. Das brisante daran: ActiveX-Komponenten kommen direkt als binäre Programme auf die PCs der Besucher. Daraus folgen gute und schlechte Nachrichten:

- ActiveX-Komponenten laufen nur auf Windows-PCs. Soweit die gute Nachricht für alle Surfer mit Linux, Macintosh, UNIX, BeOs und sonstigen Microsoft-freien Betriebssystemen. Sie brauchen sich über dieses Thema keine Gedanken zu machen.
- Da ein VisualBasic-Programm auf alle Funktionen eines Windows-PCs zugreifen kann, gilt dies auch für eine mit VisualBasic erstellte ActiveX-Komponente. Es erfolgt keinerlei Kontrolle durch den Browser, welche Funktionen die Komponente nun genau ausführt. Der Browser übergibt der Komponente die gesamte Steuerung des PCs.
- Was eine ActiveX-Komponente genau macht, weiß nur deren Programmierer. Ob sie zu einer netten Runde Tic Tac Toe einlädt, einen Trojaner auf Ihrem PC installiert oder Ihre Festplatte formatiert, wissen Sie erst, wenn Sie die Komponente ausführen.

Um es mal auf den Punkt zu bringen: Eine ActiveX-Komponente auszuführen, ist ungefähr so, als ob Sie irgendein beliebiges Windows-Programm aus dem Internet herunterladen und es dann ohne Virencheck oder sonstige Vorsichtsmaßnahmen starten, um zu sehen, was es macht. Wenn die Festplatte hinterher leer ist, dürfen Sie sich dann auch nicht wundern.

Zertifizierte ActiveX-Komponenten durch Authenticode

Auch Microsoft konnte nicht umhin, die offensichtlichen Sicherheitsmängel der ActiveX-Technologie zu erkennen. Deshalb entwickelte man unter dem Namen *Authenticode* einen Sicherheitsmechanismus, bei dem ActiveX-Komponenten ein

Zertifikat von einer unabhängigen Stelle erhalten. Dieses Zertifikat wird dem Benutzer beim Download der Komponente präsentiert und soll ihre Unbedenklichkeit bestätigen. Der Nutzen ist leider nur begrenzt, denn schon verschiedentlich wurde bewiesen, dass es auch für ausschließlich destruktive ActiveX-Komponenten kein Problem ist, sogar von Microsoft selbst ein Zertifikat zu bekommen. Außerdem können es sich gerade Hobby-Programmierer meist gar nicht leisten, für jede ihrer kleinen Komponenten zum Aufpeppen der eigenen Homepage eines der (kostenpflichtigen) Zertifikate zu beantragen. In solchen Fällen weist der Internet Explorer den Benutzer dann lapidar auf das Fehlen eines Zertifikats hin und lässt ihn mit der weiteren Entscheidung auch bloß allein.

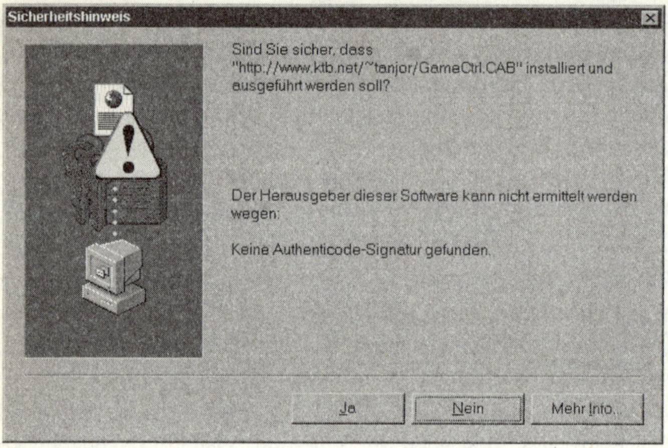

Bei ActiveX-Komponenten ohne Zertifikat kommt einfach nur eine lapidare Meldung

Schutz vor ActiveX-Komponenten

Der beste Schutz vor ActiveX ist das Ignorieren. Ignorieren Sie einfach die Tatsache, dass es ActiveX-Komponenten überhaupt gibt. Dazu stellen Sie den Internet Explorer so ein, dass er das Herunterladen und Ausführen von ActiveX-Komponenten grundsätzlich ablehnt. Wenn Sie eine Webseite mit ActiveX-Inhalt laden, weist der Internet Explorer Sie dann darauf hin, dass diese Seite aufgrund der Sicherheitseinstellungen nicht korrekt angezeigt werden kann.

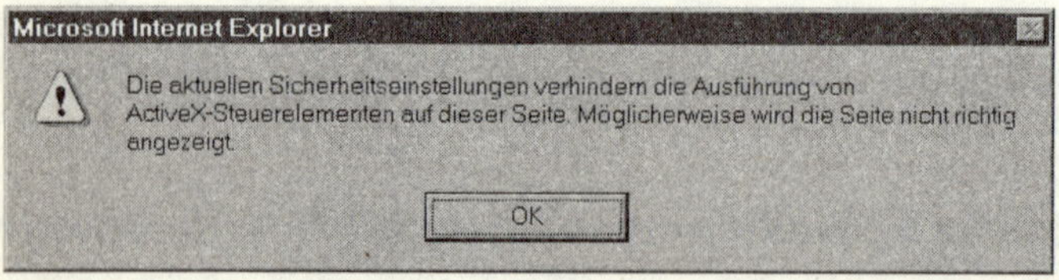

Es geht auch ohne: Der Verzicht auf ActiveX führt hin und wieder zu Fehlermeldungen

Wenn Sie den Hinweis bestätigen, finden Sie zwar eine große leere Fläche anstelle der Komponente vor, aber dafür müssen Sie sich auch keine Gedanken über mögliche Gefahren mehr machen.

1. Um ActiveX beim Internet Explorer zu deaktivieren, öffnen Sie unter *Extras/Internetoptionen* die Kategorie *Sicherheit* mit den Sicherheitseinstellungen.
2. Wählen Sie die Sicherheitszone aus, für die Sie das Ausführen von ActiveX-Komponenten unterbinden wollen, also z. B. *Internet*.
3. Bei keiner der vordefinierten Sicherheitsstufen wird das Ausführen von ActiveX-Komponenten ganz deaktiviert. Deshalb spielt es in Bezug auf ActiveX prinzipiell keine Rolle, welche der vorgefertigten Sicherheitsstufen Sie als Grundlage wählen. Am besten belassen Sie es aber bei der Standardeinstellung. Klicken Sie dann auf die *Stufe anpassen*-Schaltfläche.
4. Suchen Sie in der Liste der Einstellungen den Eintrag *ActiveX-Steuerelemente und Plugins* und schalten Sie alle dazugehörenden Optionen auf *Deaktivieren*.

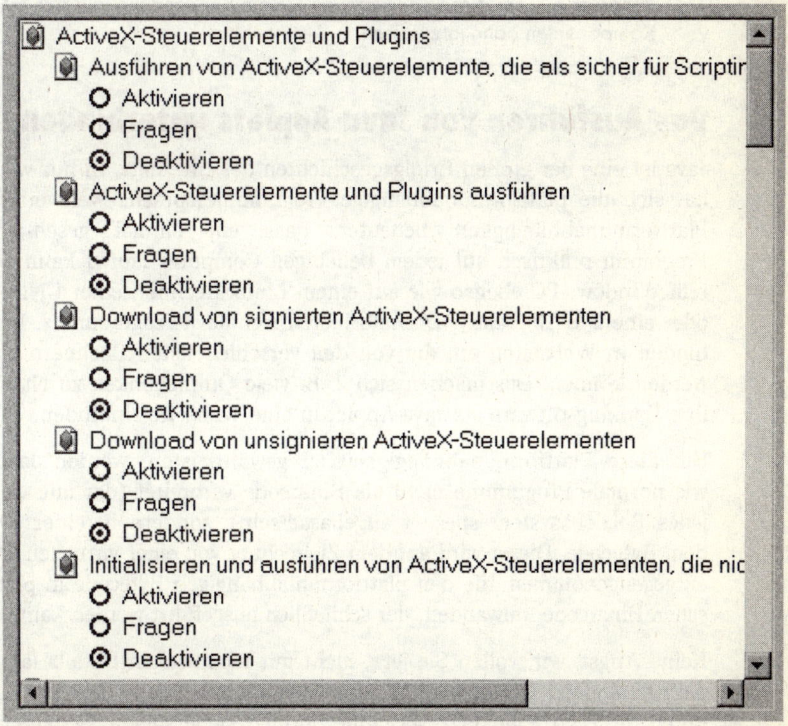

Die ActiveX-Optionen setzt man am besten alle auf Deaktivieren

5. Damit ist das Ausführen sämtlicher ActiveX-Funktionen unterbunden. Bestätigen Sie die neuen Einstellungen zweimal mit *OK*.

ActiveX bei anderen Browsern

Wer einen anderen Browser als den Internet Explorer benutzt, braucht sich um ActiveX keine Sorgen zu machen. Der IE ist der einzige Browser, der diese - eigentlich proprietäre - Microsoft-Technologie unterstützt. Für den Netscape Navigator gibt es ein Plug-In, mit dem dieser ebenfalls ActiveX-fähig gemacht werden kann, aber wer will das angesichts der beschriebenen Sicherheitslücken schon?

TIPP

Wenn es denn unbedingt sein muss

Wenn Sie eine Webseite mit ActiveX-Komponenten unbedingt nutzen wollen und sicher sind, dass davon keine Gefahr ausgeht, sollten Sie dies tun. Nehmen Sie deswegen aber nicht gleich die ActiveX-Einstellungen für alle Webseiten zurück. Machen Sie sich stattdessen das Sicherheitskonzept des Internet Explorer zu Nutze und ordnen Sie dieses Webangebot in die Sicherheitszone für vertrauenswürdige Websites ein. Für diese Zone können Sie die Verwendung von ActiveX-Komponenten dann ja zulassen.

Das Ausführen von Java-Applets unterbinden

Java ist eine der großen Erfolgsgeschichten des Internets. In nur wenigen Jahren hat sich die plattformunabhängige Programmiersprache weltweit durchgesetzt. Plattformunabhängigkeit bedeutet, dass ein einmal geschriebenes Java-Programm praktisch auf jedem beliebigen Computer laufen kann - also auf Ihrem Windows-PC ebenso wie auf einem Linux-Rechner, einer UNIX-Workstation oder einem WAP-Handy. Deshalb bieten sich Java-Programme z. B. für das Einbinden in Webseiten an, die von den verschiedensten Rechnern aus abgerufen werden können. Das machen sich z. B. viele Onlinebanken zu Nutze, indem sie ihre Bankingsoftware als Java-Applet in eine Webseite einbinden.

Um diese Plattformunabhängigkeit zu gewährleisten, werden Java-Programme wie normale Programme nicht als Binärcode verbreitet (der müsste nämlich für jedes Betriebssystem speziell angepasst sein), sondern in einer Zwischenform, dem Bytecode. Dieser wird auf dem Zielrechner von einer virtuellen Java-Maschine entgegengenommen, die den plattformunabhängigen Bytecode in plattformspezifischen Binärcode umwandelt, der schließlich ausgeführt werden kann.

Keine Angst, wir wollen Sie jetzt nicht mit technischen Details langweilen, sondern sind noch immer beim Thema Sicherheit bei Java. Die lässt sich nämlich durch diese virtuelle Java-Maschine optimal sicherstellen. Schließlich kann das eigentliche Java-Programm nur das ausführen, was die virtuelle Java-Maschine erlaubt. Wenn man diese entsprechend einschränkt, sind also auch alle Java-

Programme in die Schranken gewiesen. Die virtuelle Maschine ist also so eine Art Gummizelle, in der sich auch bösartige Java-Applets austoben können, ohne Schaden auf dem Rechner anrichten zu können.

Wie sicher ist Java?

Java verfügt über ein sehr ausgeklügeltes Sicherheitskonzept, das die Sicherheit der lokalen Daten auf dem PC des Benutzers weitestgehend sicherstellt. Der Grund für diesen Aufwand ist, dass Java (im Gegensatz zu ActiveX) ja nicht einfach nur eine weitere Technik für aktive Inhalte im Web ist, sondern eine komplette Programmiersprache, mit der sich auch komplexe Anwendungen erstellen lassen. Da sind die Sicherheitsanforderungen von Hause aus erheblich höher. So gibt es z. B. einige Regeln, an die sich alle Applets halten müssen. Java-Programme dürfen:

- nur auf festgelegte Bereiche des lokalen Dateisystems zugreifen,
- keine anderen Programme auf dem Rechner aufrufen,
- nur zu dem Internetrechner Netzwerkverbindungen aufbauen, von dem sie geladen wurden und
- entweder nur auf das lokale Dateisystem zugreifen oder nur Daten über das Netzwerk austauschen, nie aber beides gleichzeitig. So soll das Ausspähen der Benutzer durch Applets verhindert werden.

Auch direkte Speicherzugriffe der Programme sind nicht möglich. Alle Anweisungen werden vor dem Ausführen durch einen Sicherheitsmanager der virtuellen Java-Maschine überprüft und nur zugelassen, wenn sie keine potenzielle Gefahr darstellen.

Trotzdem gibt es auch bei Java Risiken, die vor allem in den Implementierungen der virtuellen Java-Maschinen liegen, wie Sie z. B. im Internet Explorer und Netscape Navigator enthalten sind. Hier können durch Fehler oder Versäumnisse der Programmierer Hintertüren offen bleiben, die dann irgendwann von Hackern entdeckt und ausgenutzt werden können. Da dazu aber einiges an Kenntnissen und Erfahrung notwendig ist, kann Java wohl als relativ sicher betrachtet werden.

Java beim Internet Explorer deaktivieren

Wenn Sie kein Risiko eingehen wollen, können Sie das Ausführen von Java-Applets ganz deaktivieren. Beim Internet Explorer gehen Sie dazu so vor:

1. Öffnen Sie unter *Extras/Internetoptionen* die Kategorie *Sicherheit* mit den Sicherheitseinstellungen des Internet Explorer.

2. Wählen Sie die Sicherheitszone aus, für die Sie das Ausführen von Java-Applets unterbinden wollen.

3. Da bei keiner der vordefinierten Sicherheitsstufen das Ausführen von Java-Applets ganz deaktiviert wird, können Sie es ruhig bei der Standardstufe belassen. Klicken Sie dann auf die *Stufe anpassen*-Schaltfläche.

4. Suchen Sie in der Liste der Einstellungen den Eintrag *Microsoft VM* und dort den Untereintrag *Java-Einstellungen*.

5. Wählen Sie dort die Option *Java deaktivieren*.

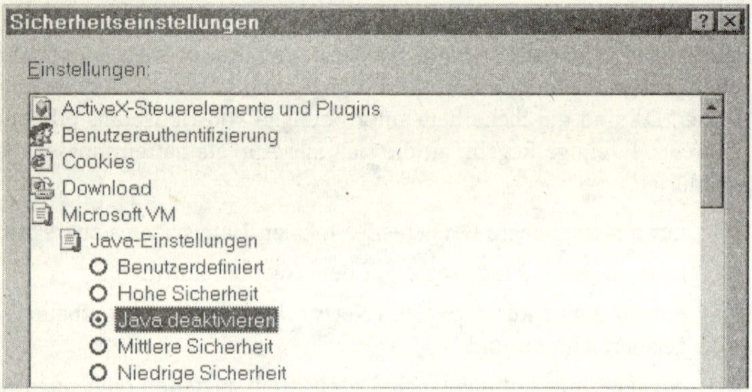

Mit dieser Option deaktivieren Sie die Ausführung von Java-Applets für die gewählte Sicherheitszone

6. Übernehmen Sie die neuen Sicherheitseinstellungen durch zweimaliges *OK*.

Nutzen Sie die Sicherheitszonen des Internet Explorer

Wirklich empfehlenswert ist das Deaktivieren von Java-Applets aber nur, wenn Sie ein totaler Sicherheitsfanatiker sind und die damit verbundenen Nachteile gern in Kauf nehmen. Java wird nämlich auf immer mehr Webseiten eingesetzt. Insbesondere beim Onlinebanking und -broking, das ja immer mehr in Mode kommt, werden gern Java-Applets eingesetzt. Solche Webangebote können Sie mit deaktiviertem Java nicht mehr wahrnehmen, wenn es nicht ein alternatives Angebot auf HTML-Basis gibt. Deshalb sollten Sie sich bei den Java-Sicherheitseinstellungen die Sicherheitszonen des Internet Explorer zu Nutze machen. Hier können Sie Java für die allgemeine Internetzone deaktivieren, aber Angebote wie z. B. Ihre Onlinebank in die Zone für vertrauenswürdige Sites aufnehmen, in der das Ausführen von Java-Applets erlaubt ist. So bekommen Sie Sicherheit und Komfort mit einem vertretbaren Risiko.

TIPP

Schutz vor aktiven Inhalten durch Firewalls

Eine weitere Möglichkeit für flexiblen Schutz sind spezielle Schutzprogramme wie z. B. Personal Firewalls. Diese können so eingestellt werden, dass sie das Laden und Ausführen von Java-Applets (und auch ActiveX-Komponenten) verhindern bzw. den Benutzer jeweils vor dem Gefahrenpotenzial warnen. Besonders flexible Lösungen erlauben dabei das Unterscheiden von Webangeboten, d. h., aktive Inhalte werden nur von bestimmten Adressen durchgelassen, während alle anderen automatisch ausgefiltert werden. Mehr über Personal Firewalls erfahren Sie im nachfolgenden Kapitel.

Java deaktivieren beim Netscape Navigator

Auch beim Netscape Navigator lässt sich das Ausführen von Java-Applets deaktivieren. Allerdings bietet er kein ähnlich flexibles Sicherheitskonzept wie der Internet Explorer, sodass Sie Java nur entweder aktivieren oder deaktivieren können. Um einen flexiblen Schutz zu erreichen, sind Sie hier unbedingt auf zusätzliche Software wie z. B. Personal Firewalls angewiesen.

1. Starten Sie den Netscape Navigator und öffnen Sie mit *Bearbeiten/Einstellungen* die Optionen dieses Browsers.
2. Wechseln Sie hier in die Kategorie *Erweitert*.
3. Schalten Sie dort in der rechten Fensterhälfte die Option *Java aktivieren* aus.

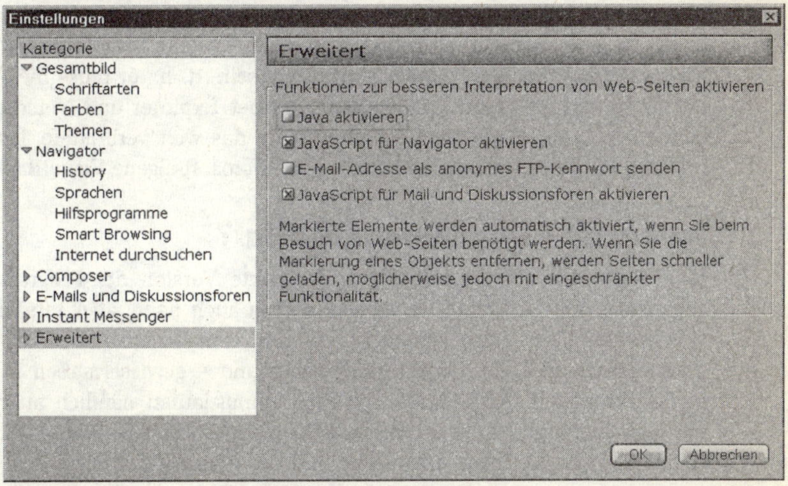

Mit dieser Option verhindern Sie das Ausführen von Java-Applets beim Netscape Navigator

4. Bestätigen Sie die Eingabe mit *OK*, um die neue Einstellung dauerhaft zu übernehmen.

Gefahren durch dynamische Skripte

Eine weitere Form von aktiven Inhalten sind Skripte. Das sind relativ kurze und einfache Anweisungsblöcke, mit denen sich praktisch alle Objekte des Webbrowsers manipulieren lassen. Unter Objekt versteht man dabei z. B. den Webbrowser selbst wie auch einzelne seiner Komponenten (z. B. die Statusleiste) ebenso wie die dargestellte Webseite. Die in der Webseite enthaltenen Komponenten wie Absätze, Bilder, Hintergrundfarben, Links etc. sind ihrerseits auch Objekte, die mit Skriptanweisungen bearbeitet und verändert werden können. Das erlaubt dem Skriptprogrammierer eine beinahe unendliche Vielfalt an Möglichkeiten zur dynamischen Gestaltung von Webseiten. Ein sehr einfaches, beliebtes Beispiel für Skriptanwendungen sind die so genannten Mouse-Overs, bei denen sich ein Bild (z. B. in einem Auswahlmenü) verändert, wenn der Mauszeiger darüber bewegt wird. Es ist aber noch viel mehr möglich.

Skripte haben gegenüber Java und ActiveX den Vorteil, dass sie wesentlich einfacher anzuwenden sind. Auch der Hobby-HTMLer, der seine Homepage ein wenig aufpeppen möchte, kann mit etwas Geduld und einem Einsteigerkurs, wie er z. B. regelmäßig in den einschlägigen Zeitschriften angeboten wird, sehr schnell eigene Skripte erstellen bzw. vorhandene Skripte an seine Bedürfnisse anpassen. Außerdem ermöglicht die Skript-Technologie den Einsatz von Assistenten, mit denen sich dynamische Effekte in Webseiten ganz ohne Programmieren erstellen lassen.

Skripte sind keine separaten Programme, sondern Anweisungen, die in der Regel direkt in eine Webseite eingefügt sind. Damit solche Skripte ausgeführt werden können, muss der Webbrowser skriptfähig sein, d. h., er muss die Anweisungen erkennen und interpretieren können. Internet Explorer und Netscape Navigator kennen in ihren aktuellen Versionen beide das weit verbreitete JavaScript. Der Internet Explorer versteht außerdem das Microsoft-eigene VisualBasicScript.

JavaScript – Ein sicherer Kandidat?

Viele halten JavaScript für eine abgespeckte Version der Programmiersprache Java. Der Name legt eine Verwandtschaft ja auch nahe, aber tatsächlich hat JavaScript mit Java eigentlich nichts zu tun. Gemeinsam haben die beiden Programmiersprachen die Objektorientierung und - gewissermaßen - die Plattformunabhängigkeit. Auch JavaScript-Programme laufen nämlich auf jedem Rechner, der über einen Browser mit JavaScript-Interpreter verfügt. JavaScript wurde von der Firma Netscape entwickelt und der Name kann eigentlich nur ein Versuch gewesen sein, diese eigenständige Entwicklung im Rahmen der allgemeinen

Java-Euphorie zusätzlich hochzupushen. Mit dieser Strategie lag Netscape offenbar goldrichtig, denn inzwischen ist JavaScript die anerkannte Skriptsprache im Web und praktisch alle Browser verstehen sie mehr oder weniger gut.

Ein Unterschied zwischen Java und JavaScript ist das Sicherheitskonzept: Java hat eins, JavaScript nicht. Vielmehr verlässt sich die Skriptsprache darauf, dass sie ja nur Zugriffsfunktionen auf die Objekte des Webbrowsers bereitstellt und diesen somit nicht verlassen und auf andere Funktionen des Computers zugreifen kann. Soweit die Theorie, in der Praxis kann JavaScript durchaus missbraucht werden. Zum einen dient es der Informationsbeschaffung, denn per JavaScript kann man eine Vielzahl von Daten über die verwendete Software eines Benutzers in Erfahrung bringen. Außerdem kann man auch JavaScript selbst missbrauchen, um die Besucher von Webseiten zumindest zu nerven. So ist es z. B. möglich, per JavaScript immer weiter neue Browserfenster zu öffnen, bis der Rechner des Benutzers nicht mehr bedienbar ist oder gleich ganz abstürzt. Unter http://www.vippro.de/hirnbrauser finden Sie ein Angebot, mit dem Sie testen können, welche Möglichkeiten JavaScript bietet und inwieweit Ihr eigener PC dafür anfällig ist.

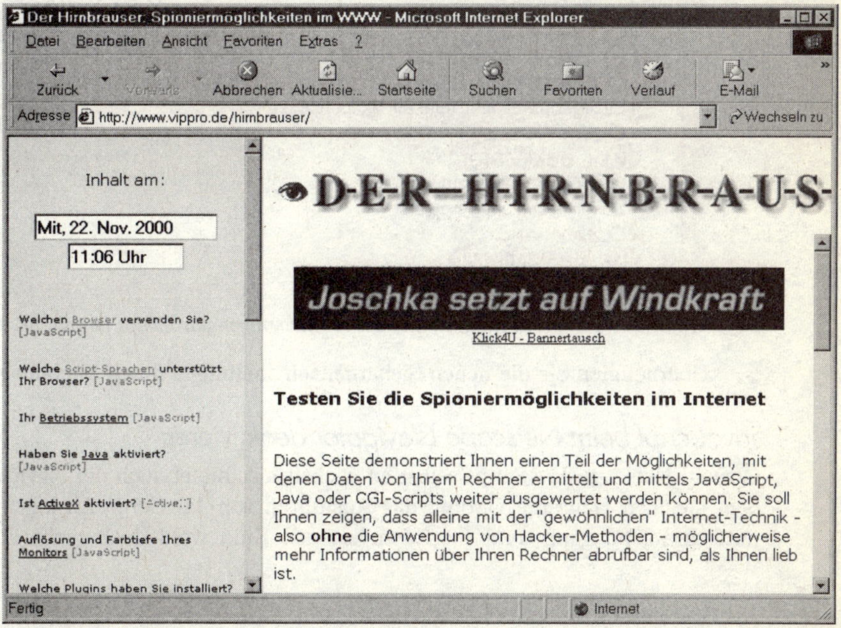

Unter http://www.vippro.de/hirnbrauser können Sie JavaScript-Sicherheitslücken austesten

JavaScript beim Internet Explorer deaktivieren

Um Risiken durch JavaScript zu vermeiden, können Sie das Ausführen solcher Skriptanweisungen unterbinden. Beim Internet Explorer geht das so:

1. Öffnen Sie die Sicherheitseinstellungen des Internet Explorer mit *Extras/Internetoptionen...* und wechseln Sie dort in die Kategorie *Sicherheit*.
2. Wählen Sie die Sicherheitszone aus, für die Sie das Ausführen von Skripten verhindern wollen, und klicken Sie dann auf die *Stufe anpassen*-Schaltfläche.
3. Suchen Sie in der Liste der Optionen nach dem Eintrag *Scripting*.
4. Deaktivieren Sie die Optionen *Active Scripting*, *Einfügeoperationen über ein Skript zulassen* und *Scripting von Java-Applets*, um das Ausführen von JavaScript-Anweisungen zu verhindern.

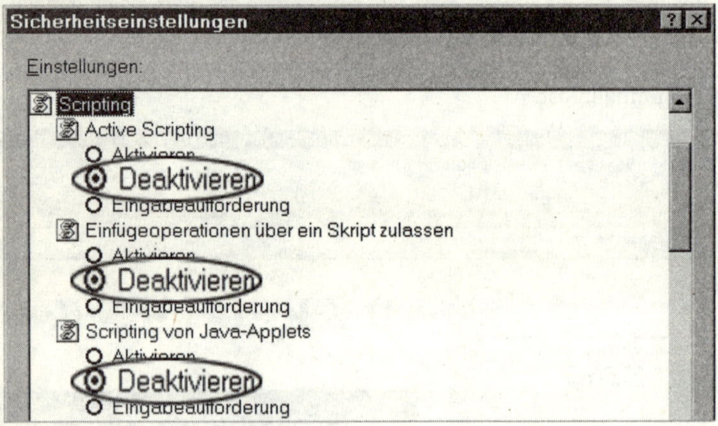

Mit diesen Optionen verhindern Sie das Ausführen von JavaScript im Internet Explorer

5. Übernehmen Sie die neuen Sicherheitseinstellungen durch zweimaliges *OK*.

JavaScript beim Netscape Navigator deaktivieren

Obwohl Netscape JavaScript selbst entwickelt hat, bietet auch der Navigator aus dem gleichen Haus die Option, das Ausführen von JavaScript-Anweisungen zu untersagen. So ganz traut man dem eigenen Kind wohl doch nicht über den Weg?

1. Starten Sie den Netscape Navigator und öffnen Sie mit *Bearbeiten/Einstellungen* die Optionen.
2. Wechseln Sie hier in die Kategorie *Erweitert*.
3. Schalten Sie die Option *JavaScript für Navigator aktivieren* aus.

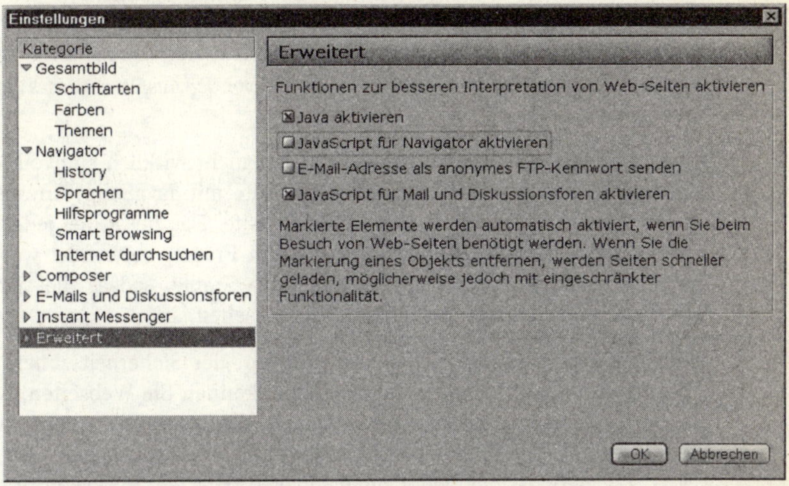

Auch beim Netscape Navigator kann man JavaScript deaktivieren

4. Bestätigen Sie mit *OK*.

Kann man auf JavaScript wirklich verzichten?

JavaScript ist inzwischen so beliebt, dass es auf vielen, vielen Webseiten eingesetzt wird. Das Problem dabei ist: Die Autoren dieser Seiten denken nicht daran, dass ihre Besucher vielleicht keine so großen Freunde von JavaScript sind wie sie selbst. Deshalb sehen die Seiten mit deaktiviertem JavaScript meist ziemlich übel aus bzw. sind gar nicht benutzbar, weil z. B. die Navigation auf Skriptfunktionen beruht. Wenn man sich von solchen Webseiten nicht von vornherein ausschließen will, kann man JavaScript also nicht ohne weiteres deaktivieren. Was ist zu tun?

Der Internet Explorer bietet die Möglichkeit, JavaScript-Anweisungen nur auf Abfrage durchzuführen. Wenn eine angeforderte Webseite also JavaScript-Anweisungen enthält, weist der Browser darauf hin und fragt, ob er die Anweisungen ausführen darf. Abhängig von der gerade besuchten Website können Sie dann selbst entscheiden, ob das Risiko vertretbar ist oder nicht.

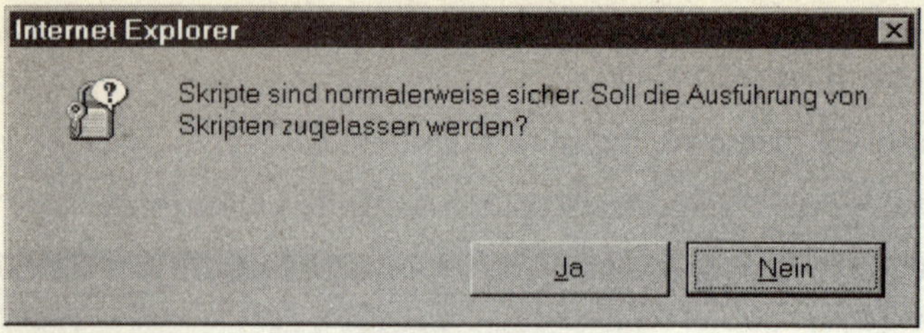

Der Internet Explorer kann auf Wunsch jedes Mal vor der Ausführung eines JavaScripts nachfragen

An sich ein schöne Idee, in der Praxis aber nicht wirklich sinnvoll, denn der Internet Explorer fragt eben bei jeder Webseite mit JavaScript-Anweisungen nach und nicht nur einmal für die gesamte Website. Das heißt, bei jeder neuen Seite kommt jedes Mal erst die Rückfrage. Wenn Frames verwendet werden, bekommen Sie womöglich ein Hinweisfenster pro Frame, sodass Sie sich die Finger wund klicken, bis dann endlich mal was zu sehen ist.

Sinnvoller ist es da schon eher, das Konzept der Sicherheitszonen des Internet Explorer für sich arbeiten zu lassen. Dabei können Sie Webseiten, bei denen Sie JavaScript-Anweisungen zulassen wollen, in die Zone für vertrauenswürdige Sites einordnen. Für alle anderen Sites sollten Sie JavaScript deaktivieren. Beim Netscape Navigator ist das leider nicht möglich. Hier kann JavaScript nur vollständig aktiviert oder deaktiviert werden.

VisualBasic fürs Internet – VisualBasicScript

INFO

VBScript und die liebe Verwandtschaft

Eigentlich ist VBScript ja eine ziemlich sichere Sache, da der Interpreter die Einsatzmöglichkeiten der Skripte beschränkt und z. B. keine Dateizugriffe zulässt. Es könnte also alles so schön und sicher sein, wenn ... VBScript nicht zur großen VisualBasic-Familie gehören würde. Gerade diese Verwandtschaft – eigentlich ja ein Vorteil, weil VisualBasic-Programmierer auch ganz leicht VBScript programmieren können – macht VBScript aber zu einem Sicherheitsrisiko mit größtem Potential.

Nehmen wir mal folgendes Szenario: Ein scheinbar harmloses VBScript, das eine nette kleine Animation auf den Bildschirm zaubert, ist im Hintergrund noch viel aktiver. Es sucht ein auf dem PC des Benutzers vorhandenes Winword und startet es. Da Winword als Makrosprache ebenfalls VisualBasic spricht, kann das VBScript die Textverarbeitung problemlos ansteuern. Es öffnet die Datei c:\autoexec.bat im Editor und fügt am Ende die Zeile format c: an. Anschließend speichert es die Datei und schließt Winword. Der Benutzer bemerkt das nicht mal, weil er durch die Animation abgelenkt ist. Beim nächsten Start des PCs ist die Katastrophe da. Das ist leider kein theoretisches Horrorszenario, sonder ohne weiteres machbar. Deshalb: VBScript, nein danke!

Wie immer, wenn die Konkurrenz eine erfolgreiche Technologie entwickelt, muss Microsoft mit einer Eigenentwicklung kontern. Um dem Konkurrenten Netscape und dessen JavaScript den Wind aus den Segeln zu nehmen, ersannen die Programmierer in Redmond VisualBasicScript, kurz VBScript. Die Idee war, dass die Programmiersprache VisualBasic, die ja in verschiedenen Versionen von der Erstellung von komplexen Anwendungen bis hin zur Makroprogrammierung unter Office für so ziemlich alles herhalten muss, nun auch zum Programmieren dynamischer Effekte in Webseiten genutzt werden soll. Ähnlich wie JavaScript wird auch VBScript durch einen speziellen Interpreter im Webbrowser ausgeführt. Dieser begrenzt die Zugriffsmöglichkeiten, sodass z. B. keine direkten Zugriffe auf das Dateisystem möglich sind. Ähnlich wie ActiveX ist aber auch VBScript wohl keine allzu große Zukunft beschieden. Nachdem sich JavaScript allgemein etabliert hat, ließ Microsoft sein Projekt fallen.

VBScript deaktivieren

Microsofts Internet Explorer ist der einzige Webbrowser, der VBScript unterstützt. Aber auch hier ist eine Möglichkeit vorgesehen, die Ausführung der Skriptanweisungen zu unterbinden:

1. Öffnen Sie die Sicherheitseinstellungen des Internet Explorer mit *Extras/ Internetoptionen* und wechseln Sie dort in die Kategorie *Sicherheit*.
2. Wählen Sie die Sicherheitszone aus, für die Sie das Ausführen von Skripten verhindern wollen, und klicken Sie dann auf die *Stufe anpassen*-Schaltfläche.
3. Suchen Sie in der Liste der Optionen nach dem Eintrag *Scripting*.
4. Deaktivieren Sie die Option *Active Scripting*, um das Ausführen von VBScript-Anweisungen zu unterbinden.

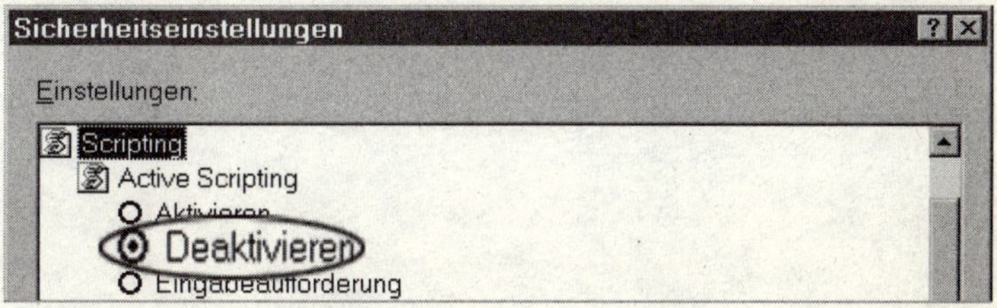

Diese Option reicht aus, um das Ausführen von VBScript-Anweisungen zu unterbinden

5. Übernehmen Sie die neuen Sicherheitseinstellungen durch zweimaliges *OK*.

Andere Browser unterstützen VBScript von Hause aus nicht, sodass ein Deaktivieren nicht notwendig ist.

Vorsichtsmaßnahmen bei Plug-Ins

Plug-Ins sind Zusatzprogramme, die Ihren Webbrowser um bestimmte Fähigkeiten erweitern. Meist geht es dabei um das Darstellen bestimmter multimedialer Formate wie Bild-, Klang- oder Videodateien. Genauso gibt es aber Plug-Ins, die Textverarbeitungsdateien oder ähnliche Office-Dokumente in einem Webbrowser darstellen und dem Benutzer teilweise sogar eingeschränkte Bearbeitungsmöglichkeiten bieten. Technisch gesehen sind Plug-Ins völlig eigenständige Programme, die keinerlei Einschränkungen oder Überwachung durch den Webbrowser unterliegen. Die Zusatzprogramme haben völlig freien Zugang zum PC und allen seinen Ressourcen. Deshalb müssen Sie prinzipiell auch als sehr unsicher gelten.

Der einzige Sicherheitsfaktor bei Plug-Ins ist der gute Name des Herstellers. Oft sind es renommierte Softwareproduzenten, die es sich nicht leisten können, schädliche Programme zu verteilen. Von wem ein Plug-In stammt, erfährt man in der Regel beim Herunterladen und Installieren. Dann präsentiert der Webbrowser das Zertifikat des Plug-Ins, dem man die Quelle entnehmen kann. Handelt es sich dabei um einen bekannten Softwarehersteller und ist die Authentizität bestätigt, kann man die Komponente relativ bedenkenlos installieren und benutzen. Absolute Sicherheit bietet aber auch das nicht. Genau wie die Browser selbst können auch Plug-Ins (noch) unbekannte Sicherheitslücken enthalten.

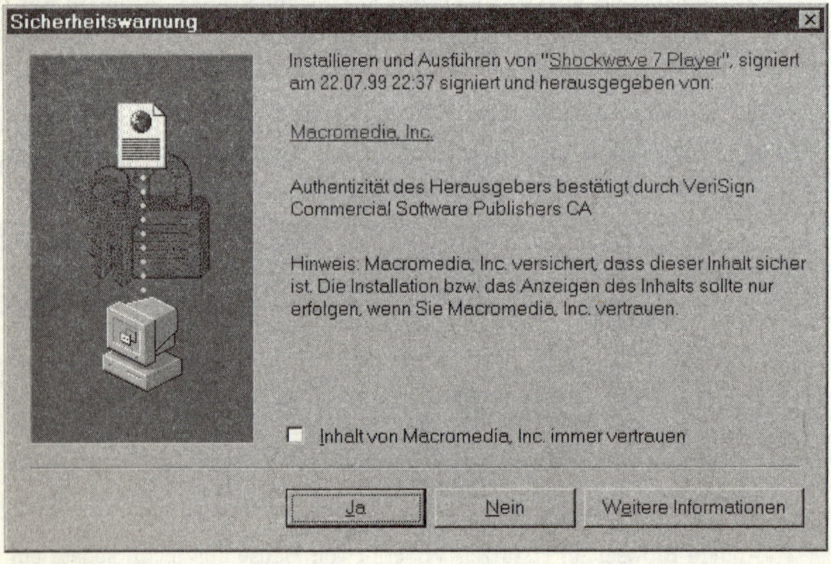

Beim Installieren von Plug-Ins sollte man die Sicherheitswarnung mit dem Hersteller-Zertifikat beachten

Plug-Ins gelangen im Gegensatz zu Java-Applets und ActiveX-Komponenten nicht ohne Aufforderung auf Ihren Rechner. Bevor Sie ein Plug-In benutzen können, müssen Sie es explizit von der Website des Herstellers herunterladen und installieren. So haben Sie selbst die Kontrolle darüber, welche Plug-Ins auf Ihrem Rechner laufen und welche nicht.

Beachten Sie beim Herunterladen und Installieren von Plug-Ins folgende Regeln:

- Benutzen Sie möglichst nur Plug-Ins von renommierten Softwareherstellern. Verzichten Sie auch bei diesen auf neue, „brandheiße" Versionen; greifen Sie lieber auf etablierte, getestete Plug-Ins zurück.
- Plug-Ins von unbekannten Herstellern sollten Sie, wenn überhaupt, nur auf Empfehlung (z. B. eines Bekannten oder in einer Fachzeitschrift) installieren. Informieren Sie sich zuvor genau, wofür das Plug-In gut ist.
- Von Plug-Ins, über die Sie beim Surfen zufällig stolpern, sollten Sie besser die Finger lassen. Wenn auf einer Webseite tolle Bilder oder Filme angeboten werden, die man nur mit einem ganz bestimmten Plug-In sehen kann, wollen die Anbieter entweder Geld damit verdienen oder Ihr Plug-In aus irgendeinem finsteren Grund verbreiten.
- Installieren Sie nur Plug-Ins, die Sie wirklich brauchen. Diese Zusatzprogramme stellen nicht nur ein Sicherheitsrisiko dar, sondern verschwenden meist auch einiges an Speicherplatz.

Aktuelle Informationen zu Plug-Ins finden Sie im Internet unter der Adresse http://browserwatch.internet.com/plug-in.html.

Das Ausführen von Plug-Ins verhindern

Absoluten Schutz vor destruktiven Plug-Ins bietet nur die Möglichkeit, für bestimmte oder für alle Sicherheitszonen deren Ausführung zu unterbinden:

1. Öffnen Sie unter *Extras/Internetoptionen* die Kategorie *Sicherheit* mit den Sicherheitseinstellungen des Internet Explorer.
2. Wählen Sie die Sicherheitszone aus, für die Sie das Ausführen von Plug-In-Komponenten unterbinden wollen.
3. Bei keiner der vordefinierten Sicherheitsstufen wird das Ausführen von Plug-Ins ganz deaktiviert. Deshalb spielt es keine Rolle, welche der vorgefertigten Sicherheitsstufen Sie als Grundlage wählen. Am besten belassen Sie es aber bei der Standardeinstellung. Klicken Sie dann auf die *Stufe anpassen*-Schaltfläche.
4. Suchen Sie in der Liste der Einstellungen den Eintrag *ActiveX-Steuerelemente und Plug-Ins* und schalten Sie die dazugehörende Option *ActiveX-Steuerelemente und Plug-Ins ausführen* auf *Deaktivieren*.

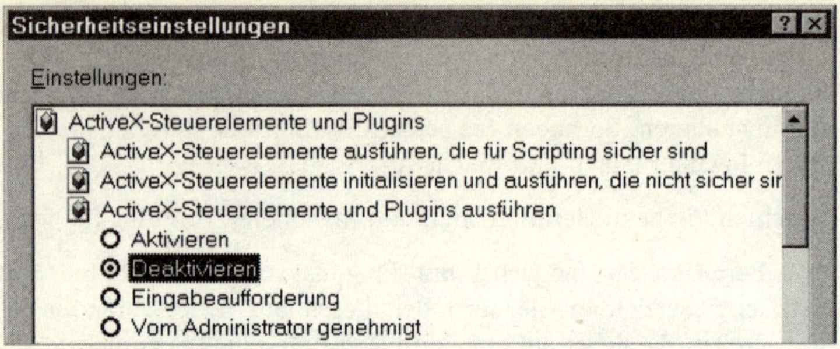

So deaktivieren sie beim Internet Explorer das Ausführen von Plug-Ins

5. Übernehmen Sie die neuen Sicherheitseinstellungen durch zweimaliges *OK*.

Damit ist das Ausführen sämtlicher Plug-Ins unterbunden. Sollten Webseiten Plug-In-Daten enthalten, macht der Internet Explorer Sie mit einem Hinweisfenster darauf aufmerksam. Das ist wichtig, weil eine Webseite ohne die enthaltenen Komponenten nicht so wie vom Verfasser gedacht aussieht und die Plug-In-Daten nicht wiedergegeben werden können.

TIPP

Plug-Ins entfernen

Ist ein Plug-In erst einmal auf dem Rechner installiert, ist es schwierig, seine Ausführung zu verhindern. Die sicherste Methode ist deshalb, unnötige Plug-Ins zu deinstallieren. Die meisten Plug-Ins bringen ein Deinstall-Programm mit. Schauen Sie doch mal unter *Start\Einstellungen\Systemsteuerung* in der Rubrik *Software* nach, ob sich hier ein Eintrag für das Plug-In finden lässt. Andernfalls müssen Sie das Verzeichnis des Plug-Ins von Hand auf Ihrer Festplatte ausfindig machen und die Dateien löschen.

3.4 Viren und Trojaner – digitale Infektionen

Eine der größten Gefahrenquellen für Ihren PC und Ihre Daten sind noch immer Computerviren und ihre nahen Verwandten, die Trojanischen Pferde oder kurz Trojanern. Ähnlich wie ihre natürlichen Vorbilder vermehren sich diese kleinen Programme selbst und verbreiten sich über Netzwerke und wechselbare Speichermedien wie Disketten oder CD-ROMs. Durch das Internet ist die Gefahr durch diese gemeinen Eindringlinge sogar noch gestiegen: Durch die weltweite Vernetzung kann ein neuer Virus oder Trojaner sich heute innerhalb weniger Stunden über den gesamten Erdball verbreiten. Wann immer man den eigenen PC nutzt, um mit anderen Rechnern Daten auszutauschen, sei es per Datenträger, Netzwerk oder Internet, sollte man sich deshalb Gedanken über einen effektiven Schutz vor Infektionen machen.

INFO

So funktionieren Viren

Viren sind im Prinzip kleine, eigenständige Programme, die zwei bestimmte Aufgaben erfüllen. Eine davon ist die eigene Vermehrung. Jeder Virus versucht, sich selbst in möglichst viele andere Dateien zu verbreiten. Da es bei jedem Öffnen einer infizierten Datei erneut aktiviert wird, kann es sich dann wiederum weiter verbreiten. So entsteht ein Schneeballeffekt, durch den ein System in kürzester Zeit durchsetzt werden kann. Hat ein Rechner keinerlei Verbindung zur Außenwelt, bleibt die Infektion auf ihn beschränkt. Erfolgt aber ein Austausch von Daten mit anderen Systemen, reicht eine einzige infizierte Datei, um den Virus auf andere Rechner weiterzutragen. Dass sich Computerviren in einem weltweit vernetzten Umfeld wie dem Internet in rasanter Geschwindigkeit verbreiten können, liegt da auf der Hand. Die zweite Aufgabe ist in der Regel der eigentliche Schaden, den das Virus anrichtet. Dieser bleibt ganz der Fantasie des Virenprogrammierers überlassen. Harmlose Viren geben nur eine Nachricht aus oder bringen den Rechner zu Absturz. Richtige Übeltäter beschädigen Dateien und Datenträger teilweise irreparabel. Ein gutes Verzeichnis mit internationalen Onlineinformationen zu Computerviren finden Sie unter http://www.unisiegen.de/security/viren/index.html.

Effektiver Virenschutz – So geht's!

Auch wenn Computerviren zweifellos eine Gefahr darstellen, könnte man sich sicherlich fragen, was dieses Thema in einem Anti-Hacker-Report zu suchen hat. Viren sind eigentlich keine klassische Angriffswaffe, da sie sich - einmal von der virtuellen Leine gelassen - nicht mehr steuern lassen. Tatsächlich kann man Viren aber sehr effektiv einsetzen, wenn man nicht gezielt nach Informationen sucht, sondern einem Opfer einfach nur Schaden zufügen will. Solche Schäden durch Computerviren können beträchtlich sein, wenn man Viren einsetzt, die gezielt Dateien oder Datenträger irreparabel zerstören. Um etwa eine Firma anzugreifen, genügt es, einen Virus auf irgendeinem Rechner zu platzieren, der zum internen Netzwerk dieser Firma gehört. Die Netzwerkverbindungen sind optimale Einfallswege, über die sich der Schädling in kürzester Zeit auf einen Großteil der angeschlossenen Rechner ausbreiten kann.

INFO

Milliardenschäden durch Viren

Computerviren richten besonders in Firmennetzwerken weltweit jährlich Schäden in Milliardenhöhe an. So mussten Firmen in aller Welt im Jahr 1999 insgesamt ca. 12 Milliarden US-Dollar für das Beseitigen von Viren und den daraus resultierenden Beschädigungen, Datenverlusten und Produktionsausfällen ausgeben. Sicherheitsspezialisten gehen allerdings davon aus, dass die Dunkelziffer noch weit höher liegt. Viele Firmen wagen es nicht, Probleme mit Viren zuzugeben, um Geschäftspartner und Kunden nicht zu verunsichern. (Quelle: http://www.tecchannel.de/news/20000118/thema20000118-508.html)

Um Viren-Infektionen zu begegnen, gibt es - ganz wie im richtigen Leben - zwei grundsätzlich verschiedene Möglichkeiten:

- Eine gute Vorsorge (Prophylaxe) schützt Sie davor, sich überhaupt mit den kleinen Übeltätern anzustecken.
- Wenn es doch passiert sein sollte, gilt es, die Folgen der Infektion einzugrenzen und den Rechner so schnell wie möglich zu säubern.

Im folgenden Abschnitt stellen wir Ihnen beide Techniken vor und geben Ihnen Tipps zum optimalen Schutz.

Prophylaxe – Vireninfektion verhindern

Die besten Maßnahme gegen Viren ist, sich gar nicht erst anzustecken. Das scheint auf den ersten Blick leichter gesagt, als getan. Tatsächlich genügt es aber, einige Regeln zu beachten, um die Gefahr für den eigenen PC zu minimieren. Prinzipiell kann ein Virus nur durch den Austausch von Daten mit anderen Rechnern auf Ihr System gelangen. Es gibt also bestimmte kritische Momente im Leben eines PCs, in denen eine potenzielle Gefahr besteht. Gewöhnen Sie sich an, diese Gefahrenquellen zu erkennen:

- Sie selbst können durch das Einsetzen von wechselbaren *Datenträgern* wie Disketten, CD-ROMs, aber auch ZIP-Disketten Viren in Ihr System hineintragen.
- Wenn Ihr PC über *Netzwerke* wie etwa das Internet mit anderen Rechnern verbunden ist, kann die Gefahr von verschiedenen Seiten ausgehen. Durch das Herunterladen von Software können Sie selbst Ihren Rechner infizieren. Genauso können auch andere die Netzwerkverbindungen nutzen, um Programme auf Ihrem PC zu platzieren.
- Wenn Ihr Rechner zeitweise unbeaufsichtigt für andere Personen zugänglich ist, kann es ohne Ihr Wissen zum *Missbrauch* Ihres PCs kommen. Das kann in böswilliger Absicht oder auch ganz aus Versehen geschehen, wenn sich z. B. ein Kollege Ihren Rechner „ausleiht", weil sein eigener gerade repariert wird.

Vorsichtsmaßnahmen bei Datenträgern

Bevor Sie einen Datenträger einsetzen, sollten Sie überlegen, ob die Quelle der Daten vertrauenswürdig ist. Wenn Sie eine Diskette oder CD-ROM von einem guten Bekannten bekommen, von dem Sie wissen, dass er sich mit Viren auskennt und entsprechende Schutzmaßnahmen ergreift, können Sie einigermaßen beruhigt sein. Anders sieht es bei Disketten oder CD-ROMs zweifelhafter Herkunft aus. Wenn Ihnen z. B. ein Bekannter eine Diskette mit den Worten „Hier, habe ich von einem Kumpel gekriegt, ist ein toller Bildschirmschoner drauf!" gibt, dann ist Vorsicht geboten.

TIPP

Boot-Viren einfach schachmatt setzen

Infektionen durch Boot-Viren passieren oft nur durch einen dummen Zufall. Normalerweise würde eine mit einem Boot-Virus infizierte Diskette keinen Schaden anrichten, wenn man einfach nur Dateien von ihr kopiert. Aber wie leicht kommt es vor, dass man die zuletzt benutzte Diskette im Laufwerk stecken lässt. Ist sie beim nächsten Neustart des Rechners immer noch dort, bootet der Rechner von der Diskette anstatt von Ihrer Festplatte, und schon ist die Bescherung da. Der Boot-Virus hat sich von der Diskette auf Ihre Festplatte übertragen. Solche Probleme können Sie vermeiden, indem Sie Ihren Rechnern anweisen, auch bei einer eingelegten Diskette von der Festplatte zu starten. Diese Einstellung nehmen Sie im BIOS Ihres PCs vor. Dort finden Sie unter den Standard-Optionen die Bootup-Sequence. Plazieren Sie hier C: vor A:. Dann wird der Rechner die Startdateien immer von der Festplatte einlesen, auch wenn eine Diskette im Laufwerk steckt. Sollten Sie aus irgendeinem Grund einmal unbedingt von einer Diskette starten müssen, kehren Sie die Boot-Reihenfolge wieder um. Stellen Sie dann aber zuvor sicher, dass die Boot-Diskette virenfrei ist.

- Scannen Sie die Datenträger sofort nach dem Einlegen mit einem Virenscanner. Sollte der etwas Ungewöhnliches bemerken, halten Sie sich nicht lange mit Säuberungsaktionen auf. Entfernen Sie den Datenträger aus Ihrem Rechner und vernichten Sie ihn. Wie Sie Virenscanner richtig einsetzen, zeigen wir im folgenden Abschnitt.
- Auch wenn der Datenträger virenfrei zu sein scheint, kann noch Gefahr bestehen. Immerhin könnte ein sehr neuer Virus enthalten sein, den Ihr Virenscanner noch nicht kennt. Auch wenn das Programm wirklich virenfrei ist, kann es immer noch Schaden anrichten. Wer sagt denn, dass der Bildschirmschoner wirklich nur hübsche Grafiken auf den Monitor zaubert. Vielleicht löscht er gleichzeitig wichtige Dateien von Ihrer Festplatte. Testen Sie neue Programme deshalb zunächst in einer Testumgebung, entweder einem zweiten Rechner oder einer virtuellen Sandbox. Mehr zum Testen von unbekannten Anwendungen in einer sicheren Umgebung erfahren Sie am Ende dieses Kapitels.
- Eine eigene Testumgebung zum Ausprobieren neuer Programme ist ein Luxus, den sich nicht jeder leisten kann. Wenn man nur einen Rechner zur Verfügung hat, muss man neue Software wohl oder übel hier testen. Dann sollten Sie aber in jedem Fall zuvor ein komplettes Backup Ihres Rechners durchführen. So können Sie im Fall des Falles jederzeit den Ausgangszustand wiederherstellen und vermeiden so Datenverluste. Eine gute Alternative ist ein parallel installiertes Zweit-Betriebssystem zum sicheren Testen von neuen Programmen.

Vorsichtsmaßnahmen bei Netzwerken

Für PCs in Netzwerkumgebungen gelten zunächst dieselben Regeln wie beim Datenaustausch mit wechselbaren Datenträgern. Wenn Sie sich Software aus dem Netz laden, behandeln Sie sie am besten so, als ob sie von einer Diskette kommen würde. Im Netzwerk geht allerdings eine zusätzliche Gefahr von den anderen vernetzten Rechnern bzw. deren Benutzern aus. Solange eine physikalische Verbindung von Ihrem PC zu anderen besteht, kann jemand diese missbrauchen, um Daten auf Ihren Rechner zu übertragen (z. B. Trojaner). Um diese Gefahr einzuschränken, sollten Sie Netzverbindungen nur solange, wie sie unbedingt nötig sind, aufrechterhalten. Bei Wählverbindungen per Modem ins Internet achten die meisten schon wegen der Telefonkosten automatisch darauf. Auch mit einer Flatrate oder im Netzwerk Ihrer Firma müssen Sie nicht unbedingt den ganzen Tag angemeldet sein. Wenn Sie z. B. nur selten auf den File- oder Druckerserver Ihres Netzes zugreifen müssen, dann melden Sie sich nur dann als Benutzer an.

Führen Sie regelmäßig Virenchecks auf Ihrem Rechner durch und ermutigen Sie die anderen Benutzer, dasselbe zu tun. In einem Rechner-Netzwerk ohne Virenschutzmaßnahmen reicht erfahrungsgemäß eine Infektion an nur einer Stelle, um das gesamte Netz in kürzester Zeit zu verseuchen. Aktuelle Virenscanner bieten die Möglichkeit, in frei einstellbaren Intervallen automatisch Komplett-Scans aller angeschlossenen Datenträger vorzunehmen.

Vorsichtsmaßnahmen gegen Missbrauch

TIPP

Diskettenlaufwerk schützen

Um Diskettenlaufwerke bei Abwesenheit effektiv zu schützen, gibt es Diskettenschlösser. Diese mechanischen Vorrichtungen schieben Sie wie eine Diskette in das Laufwerk und verriegeln sie dort mit einem Schlüssel. Dadurch wird das Laufwerk für Disketten blockiert. Nur mit dem passenden Schlüssel lässt sich das Schloss wieder entfernen. Solche Diskettenschlösser sind im Fachhandel erhältlich. Für CD- und DVD-Laufwerke, die elektronisch per Knopfdruck oder Mausklick geöffnet werden können, gibt es vergleichbare Softwarelösungen, die das Öffnen des Laufwerks mit einem Passwort schützen.

Solange Sie an Ihrem PC sitzen, können Sie die meisten kritischen Punkte selbst im Auge behalten. Was aber ist, wenn Sie Ihren Rechner unbeaufsichtigt lassen und er von anderen benutzt werden kann. Auch ein Kollege, der sich den Rechner in Ihrer Abwesenheit kurz „ausleiht", weil er vielleicht keinen eigenen hat, kann sich einen Virus einfangen. Nur dass Sie dann nichts davon wissen und der Virus womöglich längere Zeit unbemerkt bleibt und in aller Ruhe sein zerstörerisches Werk verrichtet. Um sich vor dieser Gefahr zu schützen, schränken Sie den Zugriff auf Ihren Rechner für Unbefugte völlig ein. Das ist gerade bei PCs sehr schwierig, da sich diese im Zweifelsfall von Diskette booten lassen. Das können Sie aber durch entsprechende Einstellungen im Rechner-BIOS verhindern. Genauere Hinweise zum Einschränken des Zugriffs auf Ihren Rechner finden Sie in Kapitel 2.

Virenscanner – Bin ich positiv?

Trotz aller Vorsichtmaßnahmen sollten Sie keinesfalls auf den Einsatz eines aktuellen Virenscanners verzichten. Der minimiert die letzten Risiken und springt im Notfall ein, wenn man doch mal eine der Vorsichtsmaßnahmen vergessen oder ignoriert hat. Die meisten PCs werden heute schon mit einem Virenscanner ausgeliefert. Sollten Sie noch keinen Virenscanner installiert haben, stellen wir im Folgenden die grundsätzliche Vorgehensweise am Beispiel von *AntiVir* vor, einem Virenscanner, der für den privaten Gebrauch kostenlos ist und den Sie unter http://www.antivir.de herunterladen können.

TIPP

Testen Sie Ihren Virenscanner

Wenn Sie noch nie einen Virus auf Ihrem PC gefunden haben, wie können Sie dann sicher sein, dass Ihr Virenschutzprogramm richtig funktioniert? Einen echten Virus zu verwenden, wäre wohl etwas zu riskant. Außerdem hat man den ja meist nicht unbedingt zur Hand. Es gibt aber einen einfachen Test, der vom **E**uropean **I**nstitute für **C**omputer **A**nti-Virus **R**esearch EICAR entwickelt wurde. Dazu müssen Sie lediglich eine einfache Textdatei (ASCII-Text, nicht Textverarbeitungsdokument!) auf Ihrem Rechner anlegen und die folgende Zeichenfolge dort hineinschreiben:

```
X5O!P%@AP[4\PZX54(P^)7CC)7}$EICAR-STANDARD-ANTIVIRUS-TEST-
FILE!$H+H*
```

(Wichtig: Alle Buchstaben groß und das dritte Zeichen ist der Buchstabe O und nicht die Ziffer 0!)

Diese Zeichenkombination stellt eine Virussignatur dar, die jedes Antivirenprogramm melden müsste, wenn Sie die Datei überprüfen lassen. Selbstredend stellt dieser „Virus" keine echte Gefahr dar, weil er sich weder selbst repliziert noch irgendeinen Schaden anrichtet. Trotzdem können Sie die Effizienz Ihrer Schutzmaßnahmen damit testen. Mehr Informationen zum EICAR-Testvirus finden Sie unter http://www.eicar.org/anti_virus_test_file.htm.

Virenscannen im Hintergrund

Die zuverlässigste und sicherste Lösung zum Aufspüren von Viren ist der Einsatz eines permanenten Hintergrundscanners. Das ist ein Programmmodul, das bei jedem Start des Rechners in den Arbeitsspeicher geladen wird und dort verbleibt. Es kontrolliert im Hintergrund sämtliche Dateizugriffe und durchsucht alle geöffneten, gespeicherten und neu angelegten Dateien auf eventuell enthaltene Viren. Diese Lösung ist deshalb so zuverlässig, weil auf diese Weise alle neu importierten oder entstehenden Dateien sofort geprüft werden. Ein neuer Virus kann sich deshalb gar nicht erst ausbreiten, sondern wird sofort aufgespürt und eliminiert. Bei der Installation von AntiVir wird der als *Guard* bezeichnete Hintergrundscanner automatisch aktiviert. Dass er aktiv ist, kann man an dem roten Symbol rechts unten in der Startleiste erkennen. Sie sollten allerdings unbedingt die Einstellungen des Guard-Moduls überprüfen und ggf. anpassen.

Das Symbol in der Startleiste zeigt die Aktivität des Guard-Moduls an

1. Um die Einstellungen für das Guard-Modul zu verändern, doppelklicken Sie auf das AntiVir Guard-Symbol in der Startleiste. Damit öffnen Sie das Guard-Kontrollprogramm, indem Sie zunächst einen Überblick über die aktuellen Einstellungen dieser Komponente erhalten.

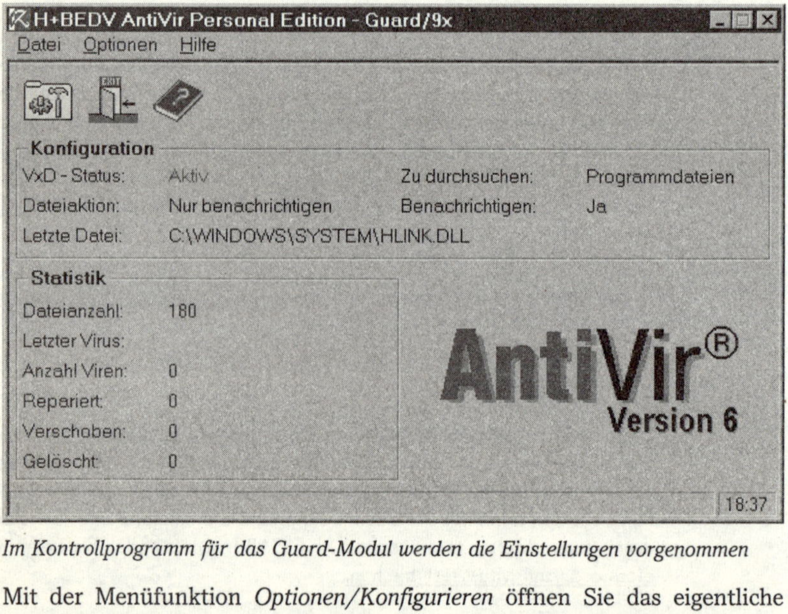

Im Kontrollprogramm für das Guard-Modul werden die Einstellungen vorgenommen

2. Mit der Menüfunktion *Optionen/Konfigurieren* öffnen Sie das eigentliche Einstellungsmenü, das in drei Kategorien unterteilt ist. In der Kategorie *Suchen* finden Sie zunächst einige allgemeine Einstellungen zum Verhalten des AntiVir-Guards.

3. Im Bereich *Durchsuchen* legen Sie zunächst fest, ob der Hintergrundscanner *Alle Dateien* oder *Nur Programmdateien* durchsuchen soll. Letzteres ist die Standardeinstellungen, wobei allerdings nur ausführbare Dateien nach Viren durchsucht werden. Dadurch würden dem Scanner etwa Makroviren, die sich in Office-Dokumenten verstecken, entgehen. Deshalb empfehlen wir, *Alle Dateien* durchsuchen zu lassen.

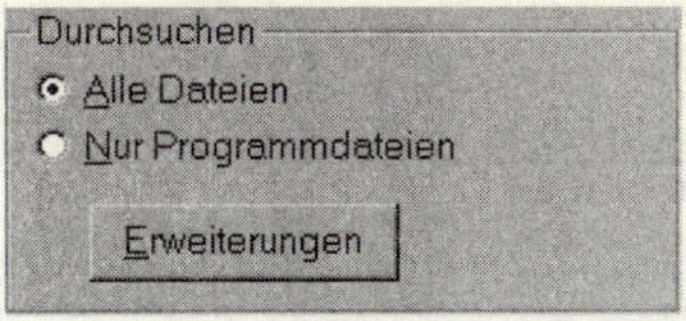

Lassen Sie vorsichtshalber alle Arten von Dateien durchsuchen

4. Im Bereich *Infizierte Dateien* können Sie bestimmen, ob das Guard-Modul versuchen soll, infizierte Daten zu reinigen und zu reparieren. Insbesondere Letzteres ist nicht bei allen Viren möglich. Trotzdem sollten Sie die Option *Reparatur aktivieren* einschalten.

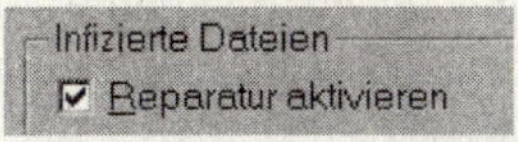

Lassen Sie infizierte Dateien reinigen und reparieren

5. Unter *System herunterfahren* finden Sie schließlich eine Funktion, die hin und wieder nützlich sein kann. Wenn Sie die Option *Warnung falls Diskette in Laufwerk A:* aktivieren, weist der Guard Sie beim Herunterfahren des PCs darauf hin, falls sich noch eine Diskette im Laufwerk befindet. Dies schützt Sie vor dem versehentliche Booten dieser Diskette beim nächsten Startvorgang. Es kann aber auch verhindern, dass Sie Disketten mit vertraulichen Dateien versehentlich im Rechner stecken lassen.

Im Laufwerk vergessene Disketten sind eine potenzielle Gefahrenquelle

6. Wechseln Sie anschließend in die Kategorie *Aktion*, um zu bestimmen, was mit einer infizierten Datei geschehen soll, die nicht automatisch repariert werden kann bzw. wenn die Reparatur-Funktion nicht aktiviert ist. Hier stehen verschiedene Möglichkeiten zur Auswahl.

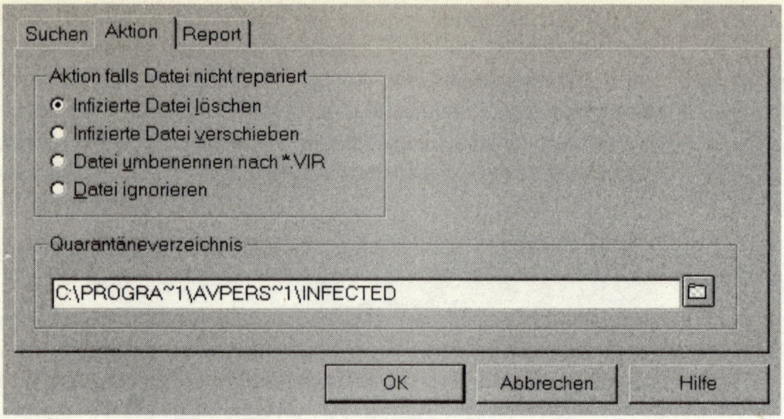

Wählen Sie aus, was mit Dateien geschehen soll, die nicht repariert werden können

7. Im Bereich *Aktion falls Datei nicht repariert* finden Sie vier Optionen vor. Sie stellen von oben nach unten jeweils weniger sichere Lösungen dar. *Infizierte Datei löschen* ist die radikalste und sicherste Variante. Auch noch relativ sicher ist *Infizierte Datei verschieben*, wobei die Datei in das unten angegebene *Quarantäneverzeichnis* verschoben wird. Bei *Datei umbenennen nach *.VIR* erhält die fragliche Datei nur eine neuen Namensendung, die aber zumindest das weitere Ausführen bzw. Öffnen der Datei weitestgehend verhindert. *Datei ignorieren* ist eine wenig empfehlenswerte Lösung, da die Datei dann einfach beibehalten wird.

8. Übernehmen Sie die neuen Einstellungen mit *OK* und schließen Sie das Kontrollprogramm mit *Datei/Ende und minimieren*, um das Kontrollprogramme zu beenden, aber das Guard-Modul weiter im Hintergrund arbeiten zu lassen.

Manuelle Virenscans

Als Ergänzung zu einem ständig aktiven Hintergrundscanner kann man jederzeit einen manuellen Virenscan durchführen. Dabei untersucht die Antivirensoftware systematisch alle vorhandenen Dateien nach Infektionen. Dieses kann in verschiedenen Situationen sinnvoll sein:

- Bevor Sie einen Hintergrundscanner erstmals aktivieren, sollten Sie mindestens einen manuellen Scan durchführen, um sicherzustellen, dass Ihr PC zu diesem Zeitpunkt „sauber" ist. Nur so können Sie sich darauf verlassen, dass Ihr Rechner durch den Hintergrundscanner auch wirklich zuverlässig geschützt wird.

- Wenn der Hintergrundscanner einmal nicht aktiv war, sollten Sie anschließend einen manuellen Scan durchführen, um den sicheren Status des PCs zu überprüfen. Der Hintergrundscanner kann beispielsweise deaktiviert werden, wenn Sie den Rechner im abgesicherten Modus starten, wenn der Scanner durch einen Systemdefekt abstürzt oder wenn Sie ihn aus irgendeinem Grund selbst deaktivieren.
- Wenn der PC in Ihrer Abwesenheit von einem anderen Benutzer verwendet wurde und Sie nicht sicher sind, ob dieser den Hintergrundscanner womöglich vorübergehend deaktiviert hat.

Schließlich kann ein manueller Scan auch eine generelle Alternative zum Hintergrundscanner sein. Wenn Sie z. B. nur selten Daten mit anderen PCs austauschen, kann es sinnvoller sein, auf den Performance-belastenden Hintergrundscanner zu verzichten und stattdessen regelmäßig manuelle Scans durchzuführen, auch wenn Sie damit keine genauso hohe Sicherheitsstufe erreichen.

Manueller Virenscan mit AntiVir

1. Um mit AntiVir einen manuellen Scan durchzuführen, starten Sie zunächst mit *Start\Programme\AntiVir 9x Personal Edition\AntiVir 9x* das Hauptprogramm von AntiVir. Daraufhin überprüft das Programm zunächst den Arbeitsspeicher, die Bootsektoren und die Systemdateien auf Spuren von eventuell bereits aktiven Viren, die die Ergebnisse manipulieren könnten.

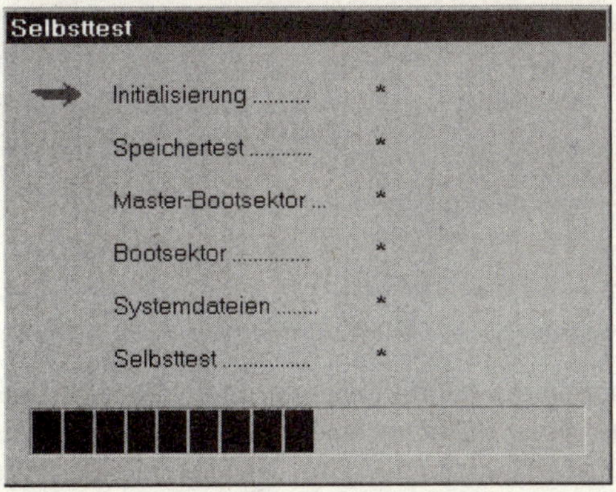

Beim Start prüft AntiVir, ob bereits Viren aktiv sind

2. Anschließend startet das eigentliche Hauptprogramm. Hier sollten Sie zunächst im Bereich *Laufwerke* festlegen, welche Laufwerke überprüft werden. Am sichersten ist ein kompletter Scan mit der Option *Alle Laufwerke.* Sie können aber auch einzelne Laufwerke auswählen, um nach dem Austausch von Dateien dort gezielt zu scannen.

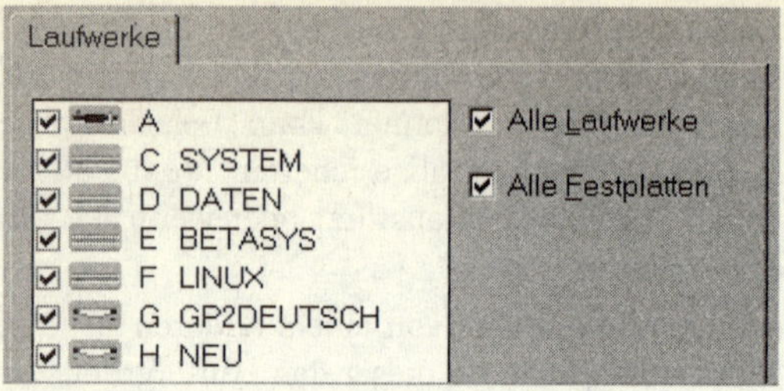

Wählen Sie aus, welche Laufwerke überprüft werden sollen

3. Bevor Sie mit dem eigentliche Scan beginnen, sollten Sie die wesentlichen Einstellungen des Programms überprüfen und ggf. anpassen. Öffnen Sie dazu mit *Optionen/Konfigurationsmenü* die Einstellungen.

4. Hier sollten Sie in der Rubrik *Suchen* zunächst festlegen, welche Dateien durchsucht werden sollen. Aktivieren Sie im Bereich *Dateien* die Option *Alle Dateien*, um wirklich alle Arten von Dateien zu scannen. Aktivieren Sie außerdem im Bereich *Archive* die Option *Archivierte Dateien*, um auch Scans innerhalb von ZIP-Dateien und ähnlichen Archiven vorzunehmen. Diese werden dann von AntiVir temporär entpackt und überprüft.

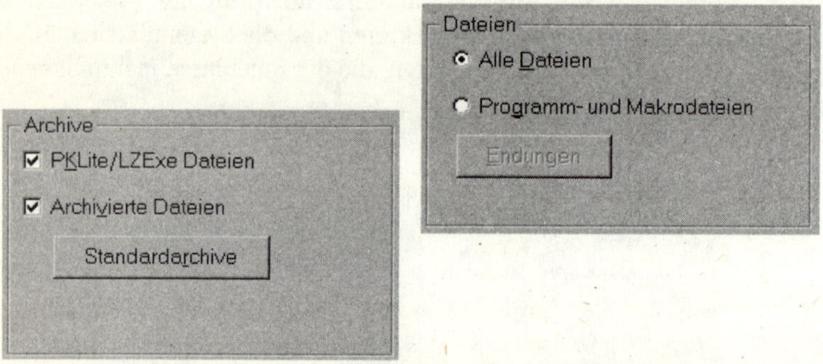

Aktivieren Sie das Scannen für Alle Dateien und für Archivierte Dateien

5. Wechseln Sie dann in die Rubrik *Reparatur* und wählen Sie hier jeweils die Optionen *Reparieren mit Rückfrage* und *Löschen mit Rückfrage*. Damit aktivieren Sie den interaktiven Scan-Modus. Hier werden Sie auf jeden gefundenen Virus aufmerksam gemacht und können entscheiden, was mit diesem passieren soll. So behalten Sie die völlige Kontrolle über den Vorgang.

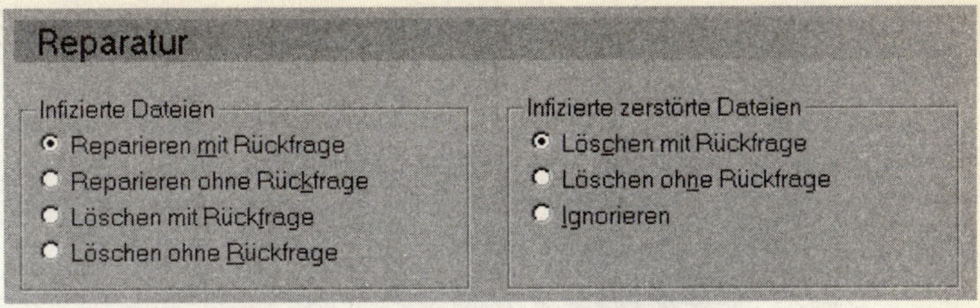

Entscheiden Sie sich jeweils für die Aktion mit Rückfrage, um die Überprüfung interaktiv durchzuführen

6. Wählen Sie anschließend auch in der Rubrik *Makroviren* die Optionen *Aktion nachfragen* und *Nachfragen*. Damit aktivieren Sie auch für Makroviren den interaktiven Modus, der Ihnen völlige Kontrolle über den Ablauf gibt.

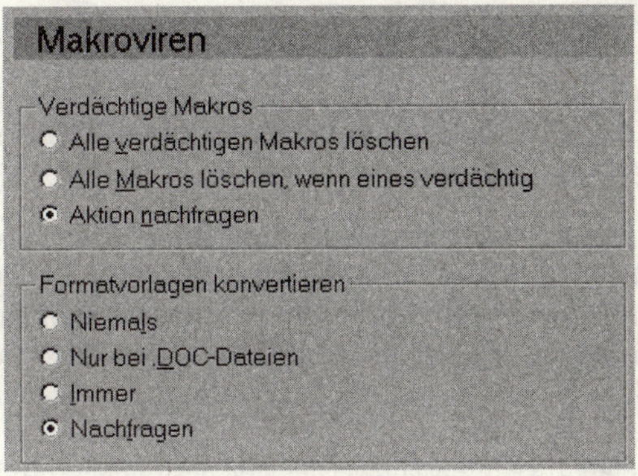

Auch bei Makroviren sollten Sie jeweils die interaktiven Nachfrage-Optionen wählen

7. Anschließend schließen Sie die Einstellungen mit einem Klick auf *OK*. Starten Sie dann den Scanvorgang, indem Sie die Menüfunktion *Suchen/Suche starten* aufrufen. Alternativ können Sie auch auf die *Suchen*-Schaltfläche ganz links in der Symbolleiste klicken oder die Taste [F2] drücken.

8. AntiVir beginnt nun, die angegebenen Laufwerke zu überprüfen. Den Fortschritt können Sie in einem Statusfenster verfolgen.

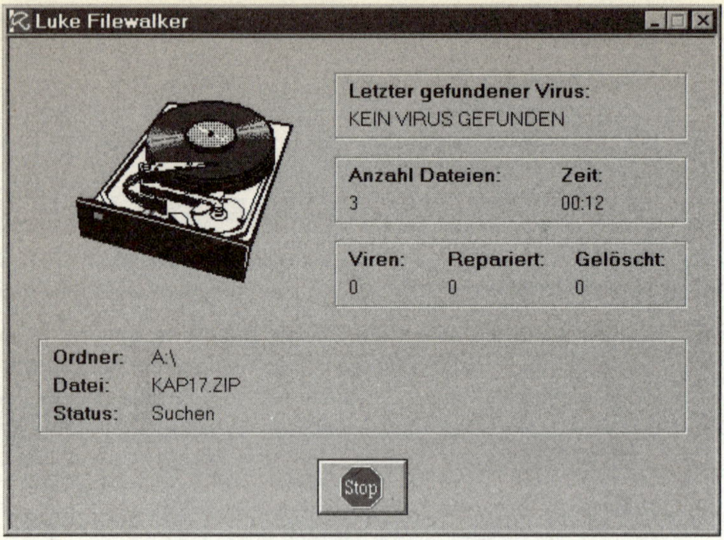

AntiVir überprüft die Laufwerke Ihres PC

9. Sollte AntiVir tatsächlich fündig werden und einen Virus aufspüren, handelt es gemäß den zuvor gewählten Einstellungen. Wenn Sie den interaktiven Modus mit Rückfrage aktiviert haben, präsentiert Ihnen das Programm nun ein Hinweisfenster. In diesem erfahren Sie, welche Datei betroffen und von welchem Virus sie befallen ist. Sie können nun entscheiden, ob die Datei repariert werden soll oder nicht. Wenn ein Reparatur nicht möglich ist, können Sie in einem weiteren Hinweisfenster bestimmen, ob die Datei gelöscht oder das Problem ignoriert werden soll.

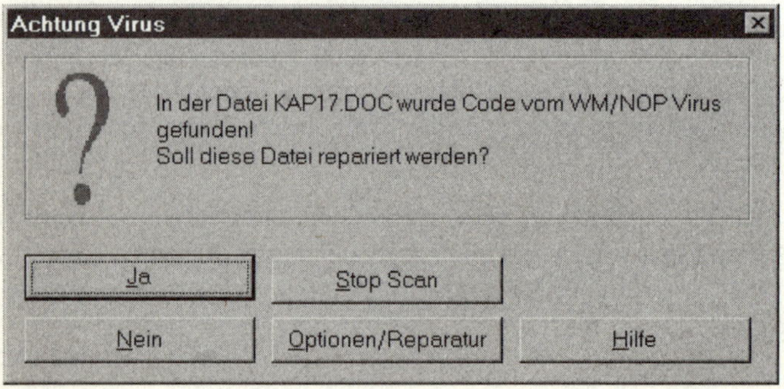

AntiVir hat eine infizierte Datei gefunden – was soll nun geschehen?

10. Egal ob AntiVir einen Virus gefunden hat oder nicht, zum Abschluss des Scanvorgangs erhalten Sie auf alle Fälle eine Zusammenfassung. Überprüfen Sie hier noch einmal, ob alle gefundenen Viren (wenn überhaupt welche gefunden wurden) auch wirklich entfernt wurden. Andernfalls sollten Sie weitere Maßnahmen ergreifen, um die befallenen Dateien zu reinigen oder zu löschen.

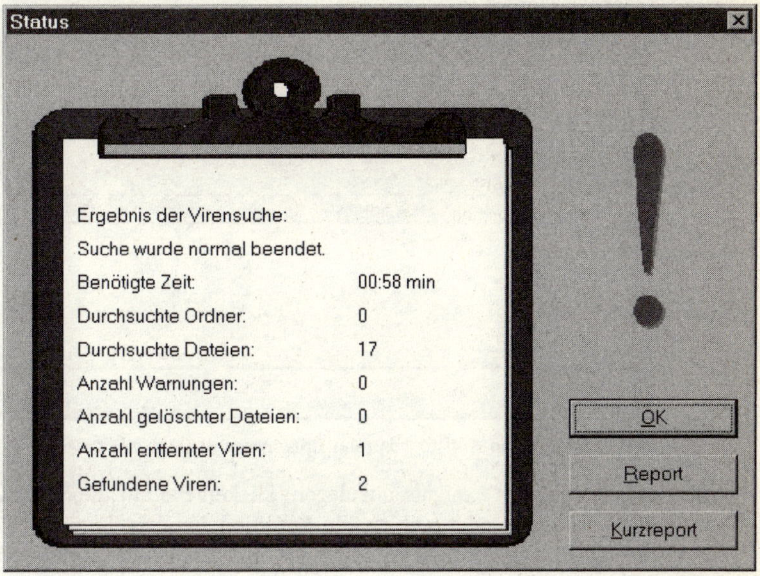

Zum Abschluss des Scanvorgangs gibt's eine Zusammenfassung der Ergebnisse

Wenn bei einem Scanvorgang Viren gefunden wurden, sollten Sie direkt im Anschluss den Scanvorgang wiederholen, um sicherzustellen, dass auch wirklich alle infizierten Dateien bereinigt bzw. entfernt wurden und der Virus vom System entfernt wurde. Wenn der ursprüngliche Scan nur auf einen Teil der Laufwerke beschränkt war, sollten Sie den Kontrollscan unbedingt auf alle Laufwerke ausweiten. Außerdem empfiehlt sich auch eine Überprüfung der Disketten, die Sie in letzter Zeit verwendet haben. Wenn Sie einen CD-Brenner verwenden, sollten Sie sicherheitshalber auch die jüngst damit erstellten CDs überprüfen.

Zeitgesteuerte Virenscans

Eine Alternative zum Hintergrundscanner und zu manuellen Scans sind automatische Überprüfungsläufe, die zeitgesteuert werden. Wie fast alle modernen Virenscanner bietet auch AntiVir diese Möglichkeit. Dazu verfügt es über ein eigenes Modul namens *Scheduler*. Mit diesem können Sie einstellen, wann bzw. wie häufig AntiVir Ihren PC selbsttätig überprüfen soll.

1. Um die Terminplanungskomponente von AntiVir zu starten, rufen Sie sie mit *Start\Programme\AntiVir 9x Personal Edition\AntiVir Scheduler* auf. Das Programm besteht aus einem einfachen Fenster, in dem die Ereignisse aufgeführt werden, bei denen AntiVir aktiv werden soll. Anfangs ist diese Liste verständlicherweise noch leer. Es liegt an Ihnen, ähnlich wie bei einem Videorekorder die Ereignisse zu programmieren, durch die AntiVir aktiviert werden soll.

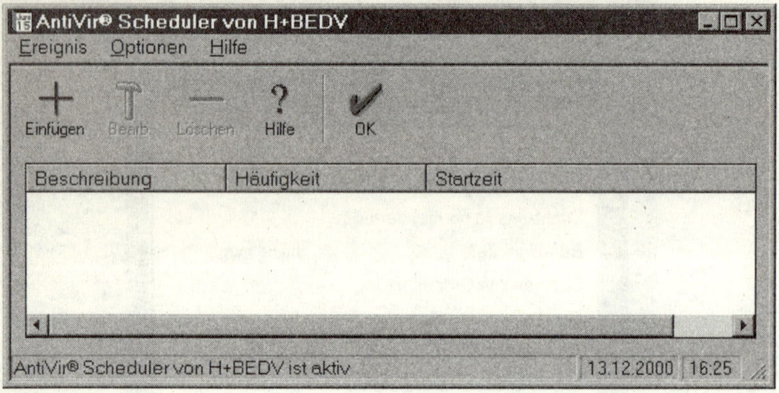

Der Zeitplaner von AntiVir kann mit Ereignissen programmiert werden

2. Um ein solches Ereignis anzulegen, klicken Sie auf die Schaltfläche *Einfügen* oben links oder wählen die Funktion *Ereignis/Einfügen*. Damit öffnen Sie das *Einfügen*-Menü, in dem Sie in verschiedenen Kategorien alle wesentlichen Einstellungen vornehmen können.

3. In der Kategorie *AntiVir® starten* legen Sie zunächst fest, mit welchen Parametern AntiVir laufen soll. Hier können Sie etwa im Feld *Argumente* die Buchstaben der zu prüfenden Laufwerke angeben (z. B. *A: C: D:*). Ebenso können Sie spezielle Parameter von AntiVir angeben. So sorgt etwa der Parameter */AH* dafür, dass alle Festplattenlaufwerke (*A(ll) H(arddisks)*) gescannt werden. Belassen Sie es einfach beim Standard-Argument */BASK*, wird AntiVir mit den Einstellungen gestartet, die Sie im Hauptprogramm festgelegt haben.

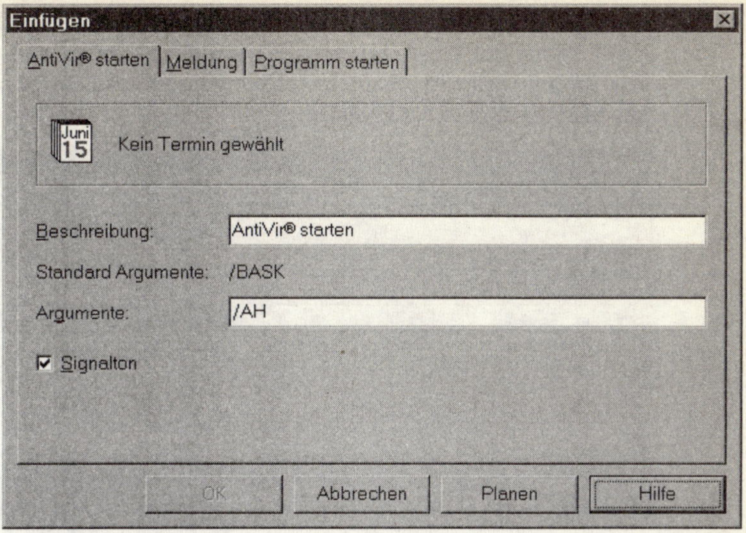

Bestimmen Sie die Startparameter für den automatischen Virenscan

4. Klicken Sie anschließend unten auf die Schaltfläche *Planen*, um im *Planen*-Menü den Zeitpunkt des Scans festzulegen. Wählen Sie hier zunächst die *Häufigkeit* aus. Sie können jedes Scanereignis *Einmalig*, *Täglich*, nur *Werktags* oder nur *Wöchentlich* durchführen lassen. Abhängig von dieser Auswahl stehen Ihnen darunter weitere Einstellungsmöglichkeiten zur Verfügung. Bei einmaliger oder wöchentlicher Ausführung müssen Sie die *Uhrzeit* und *Datum oder Wochentag* bestimmen. Bei täglicher bzw. werktäglicher Ausführung brauchen Sie nur die Uhrzeit einzustellen. Übernehmen Sie den geplanten Zeitpunkt mit einem Klick auf *OK*.

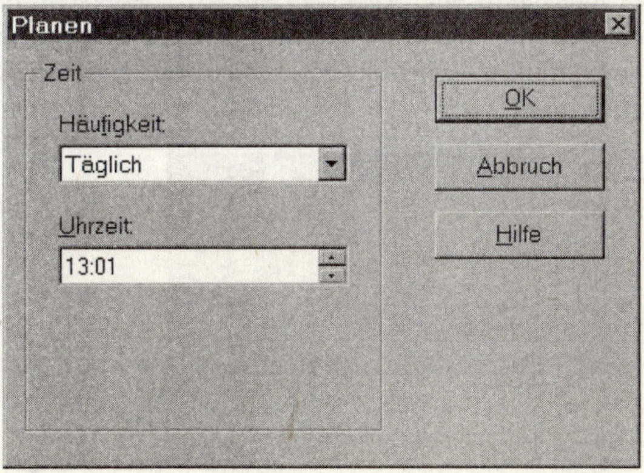

Legen Sie den Zeitpunkt für den Start des automatischen Virenscans fest

5. Bestätigen Sie nun zurück im *Einfügen*-Menü die Einstellungen für das Scan-Ereignis mit einem erneuten Klick auf *OK*. Damit erstellen Sie das neue Ereignis endgültig. Zurück im Hauptfenster des Schedulers finden Sie nun einen Eintrag in der Ereignisliste vor.

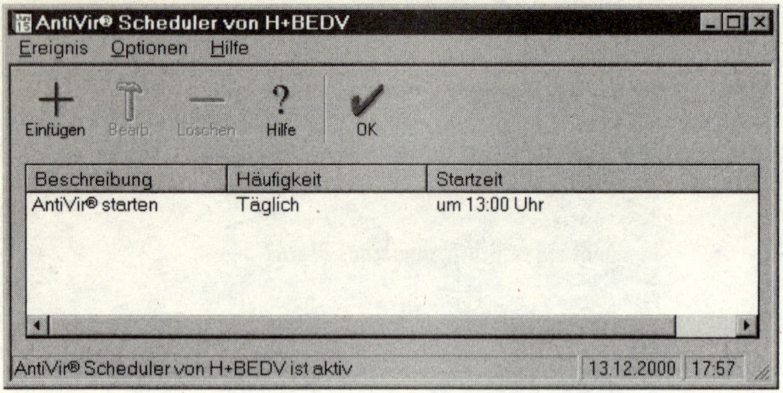

Das Ereignis für einen automatischen Virenscan ist programmiert

Auf diese Weise können Sie weitere Ereignisse programmieren, und so z. B. verschieden stark gefährdete Laufwerke unterschiedlich häufig kontrollieren. Wann immer einer der programmierten Zeitpunkte eintritt, wird der Scheduler automatisch AntiVir starten und den Scanvorgang durchführen lassen. Dazu müssen lediglich zwei Bedingungen erfüllt sein:

- Der PC muss zu diesem Zeitpunkt gestartet sein. Das erreichen Sie am besten, indem Sie Termine wählen, zu denen Ihr Rechner üblicherweise in Benutzung ist.
- Der Scheduler muss aktiv sein. Das geht am zuverlässigsten, indem Sie ihn immer automatisch mit Windows starten lassen. Aktivieren Sie dazu die entsprechende Option im Scheduler-Programm mit *Optionen/Scheduler automatisch starten*.

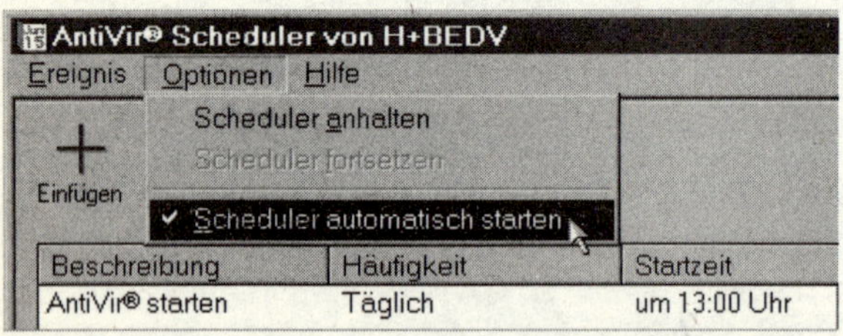

Lassen Sie den Scheduler automatisch mit Windows starten

Spione im Hintergrund – Trojanische Pferde

Nachdem sich inzwischen fast jeder der Gefahr durch Viren bewusst ist, taucht vermehrt eine neue Bedrohung in den Netzwerken auf, die oft eine noch größere Gefahr darstellt. Trojanische Pferde - kurz als Trojaner bezeichnet - sind eine besondere Form von Eindringlingen. Sie haben meist keine zerstörerische Absicht, sondern sind darauf aus, vertrauliche Informationen auszuspähen. Dazu nisten sie sich ähnlich wie Viren auf Rechnern ein und spionieren versteckt im Hintergrund. So können Sie beispielsweise wichtige Dateien auslesen oder manipulieren oder etwa die Tastendrücke der Benutzer protokollieren, um Passwörter auszuspähen.

INFO

Was heißt eigentlich Trojanisches Pferd?

Die Bezeichnung „Trojanisches Pferd" geht auf die Sage vom Kampf um die antike griechische Stadt Troja zurück, die schließlich durch eine List erobert wurde: Die Belagerer schenkten den Trojanern ein riesiges hölzernes Pferd als „Versöhnungsgeschenk". Die Bewohner zogen es in die Stadt und feierten den vermeintlichen Sieg. Im Holzpferd hatten sich aber Soldaten versteckt, die im Schutz der Dunkelheit herauskamen und die Stadttore öffneten, um ihre Kameraden einzulassen. Gemeinsam besiegte man die vom Fest berauschten Bewohner mit Leichtigkeit. Von dieser Legende leitet sich bis heute der Name für eine List ab, mit der man sich unerlaubt Zugang verschaffen kann.

Trojanische Pferde enttarnen

Das Aufspüren von Trojanern ist in etwa mit der Suche nach Computerviren vergleichbar. Deshalb bieten auch Antivirenprogramme schon einen gewissen Schutz. Sicherer ist es aber, ein Spezialprogramm einzusetzen, das sich ganz der Bekämpfung der geheimen Hintertüren widmet. Eines der besten dieser Art ist *Anti-Trojan*, das Sie unter http://www.anti-trojan.net als kostenlose Testversion finden. Dieses Programm kennt die typischen Spuren von über 5000 Trojanern und kann sie nicht nur erkennen, sondern auch gründlich entfernen.

1. Anti-Trojan kommt als selbst entpackende Installationsdatei, die Sie lediglich aufrufen müssen. Nach erfolgreicher Installation können Sie das Programm über *Start\Programme\Anti-Trojan\Anti-Trojan 5.0* aufrufen.

2. Nach dem Start begrüßt Sie zunächst das Registrierungsfenster. Insgesamt können Sie die kostenlose Testversion von Anti-Trojan fünfmal starten. Für die weitergehende Nutzung ist eine Registrierung erforderlich. Bestätigen Sie diesen Hinweis mit einem Klick auf *Continue*.

3. Anschließend gelangen Sie in das Hauptfenster von Anti-Trojan, das in mehrere Kategorien unterteilt ist. Wechseln Sie hier zunächst in die Kategorie *Optionen*, um die Grundeinstellungen zu kontrollieren.

Stellen Sie Anti-Trojan zunächst optimal ein, bevor Sie die Suche nach Trojanern starten

4. Schalten Sie im Bereich *System* die Optionen *Suchen in Zip Dateien* und *Zip Dateien löschen, bei Befund* ein, um auch ZIP-Archive in die Suche nach Trojanern einzubeziehen. Das verlangsamt zwar den Suchvorgang, ist aber wesentlich sicherer, da sich Trojaner gern in heruntergeladenen ZIP-Dateien verstecken.

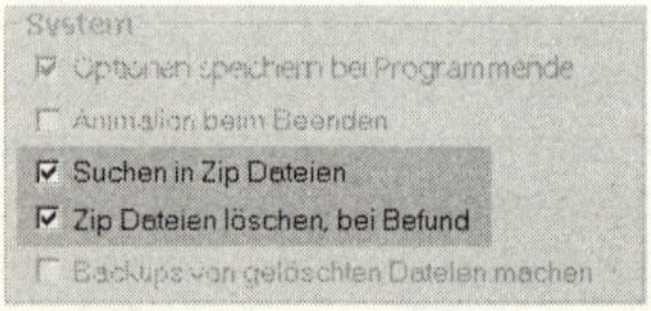

Aktivieren Sie diese Optionen, um auch Trojaner in ZIP-Archiven aufzuspüren

5. Um die eigentliche Überprüfung nach Trojanern zu starten, wechseln Sie anschließend in die Kategorie *Suche*.

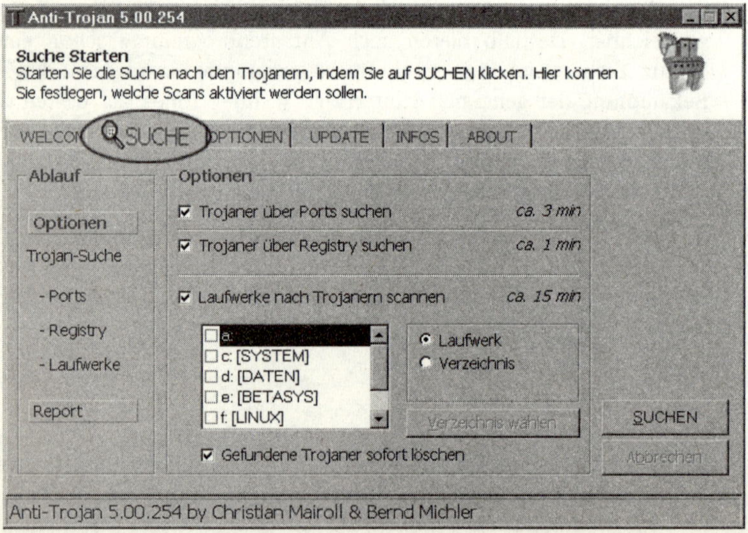

In der Kategorie Suche stehen die verschiedenen Suchoptionen bereit

Trojaner durch Portscans aufspüren

Eine gute Möglichkeit, Trojaner aufzuspüren, sind Portscans. Damit Trojaner-Spione die gewonnenen Daten an den Hacker übermitteln können, müssen sie die Netzverbindung des PCs benutzen. Ein Portscan prüft diese Netzverbindungen auf verdächtige Daten und kann so die Aktivität eines Trojaners feststellen.

INFO

Was ist ein Port?

Damit ein PC mit einem Netzwerk wie dem Internet verbunden werden kann, muss er eine Netzverbindung haben. Diese Verbindung funktioniert parallel auf verschiedenen Ebenen, damit verschiedene Dienste gleichzeitig genutzt werden können. Das ist etwa wie eine Autobahn, die ja auch mehrere Fahrspuren hat, damit mehrere Autos gleichzeitig hin und her fahren können. Beim Netzwerk heißen die einzelnen Fahrspuren Ports. Es gibt eine Reihe von Standard-Ports (etwa Port 80 für Webserver). Darüber hinaus stehen einige tausend freie Ports zur Verfügung, die von Programmen beliebig (im Guten wie im Bösen) genutzt werden können.

1. Um einen Portscan auf Ihrem PC durchzuführen, aktivieren Sie die Option *Trojaner über Ports suchen* und wählen im Bereich *Ablauf* ganz links unter *Trojan-Suche* die Funktion *Ports*.

2. Anti-Trojan blendet daraufhin das Menü für den Portscan ein, den Sie mit einem Klick auf die Schaltfläche *Suchen* ganz rechts starten können.

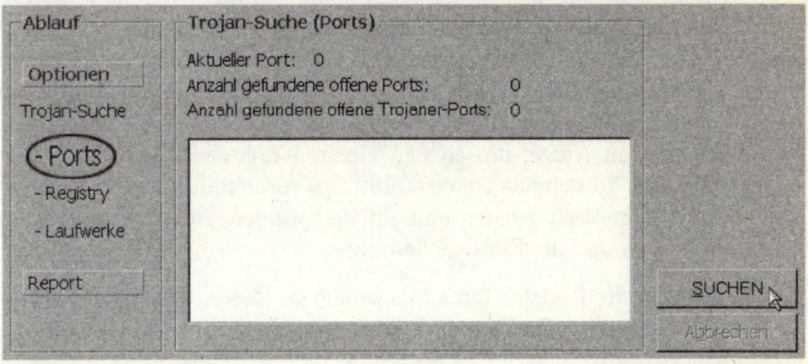

Mit einem Portscan suchen Sie nach verdächtigen Datentransfers von Ihrem PC ins Internet

3. Daraufhin überprüft das Programm alle vorhandenen Ports auf verdächtige Spuren. Im Statusfeld können Sie den Fortschritt mitverfolgen. Abschließend erhalten Sie einen Bericht mit den Ergebnissen der Suche.

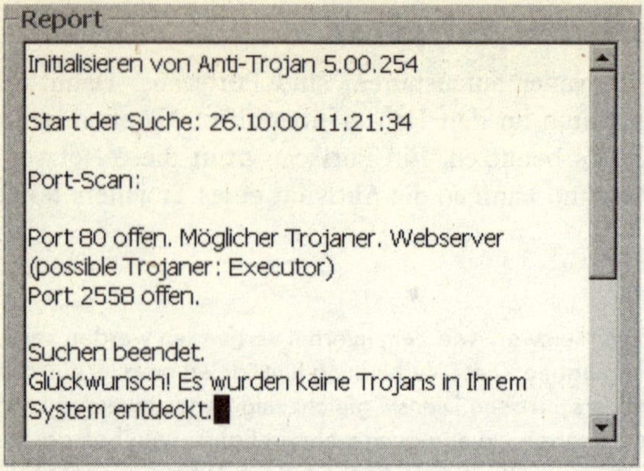

Das Ergebnis des Portscans bringt es an den Tag

Beim Portscan müssen Sie sich im Klaren darüber sein, dass nicht jeder offene Port immer gleich auf einen Trojaner zurückzuführen ist. Wenn Sie etwa den Personal Webserver (oder einen anderen) Webserver installiert haben, benutzt dieser ordnungsgemäß den Port 80. Wenn Anti-Trojan auf offene Ports mit potenziellen Trojanern hinweist, sollten Sie aber unbedingt weitere Tests durchführen.

Die Registry prüfen

Die meisten Trojaner hinterlassen Spuren in der Windows-Registry. Das ist eine Datenbank, in der sämtliche Einstellungen des Windows-Systems und der installierten Anwendungen gespeichert sind. Hier ist unter anderem auch festgelegt, welche Programme beim Systemstart ausgeführt werden. Die Registry ist ungeschützt und kann beliebig manipuliert werden. Diesen Umstand machen sich Trojaner zu Nutze, um sich in einem Windows-PC einzunisten und Daten zu sammeln. So nehmen sie etwa Einträge vor, damit sie beim Windows-Start jedes Mal automatisch geladen und aktiviert werden. Anti-Trojan kann solche Spuren entdecken und die Einträge beseitigen.

1. Um die Registry Ihres PCs prüfen zu lassen, aktivieren Sie im *Suche*-Menü die Option *Trojaner über Registry suchen*.
2. Wählen Sie dann unter *Ablauf* die Funktion - *Registry*. Damit öffnen Sie eine Liste aller Anti-Trojan bekannten Trojaner, die Spuren in den Registrierungsdaten hinterlassen.
3. Um den Test zu starten, klicken Sie auf *Suchen*.

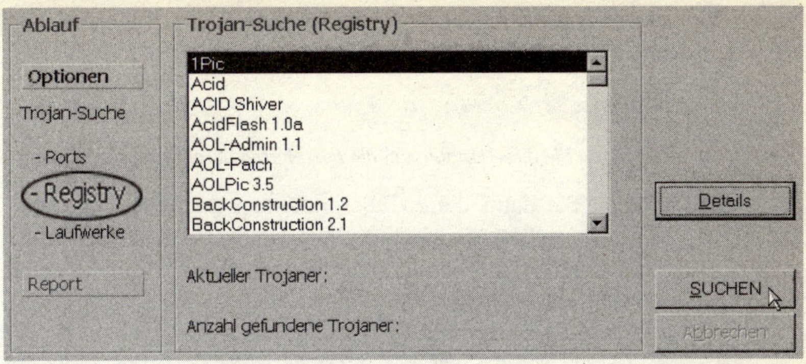

Mit der Suchoption Registry scannen Sie die Windows-Registry nach Trojaner-Spuren

4. Anti-Trojan geht nun die gesamte Liste durch und prüft für jeden einzelnen Trojaner, ob sich dessen typische Spuren in Ihrer Registry finden lassen. Auch hier erhalten Sie wieder einen ausführlichen Bericht.

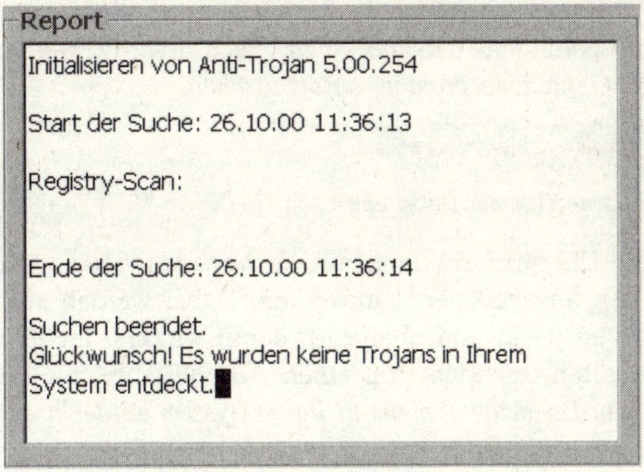

Glück gehabt: Dieser PC ist Trojaner-frei

Sollte Anti-Trojan bei der Registry-Überprüfung fündig werden, kann es die entsprechenden Einträge sofort entfernen. So wird ein erneutes Aktivieren des Trojaners beim nächsten Windows-Neustart effektiv verhindert.

Die Laufwerke nach Trojanern durchsuchen

Schließlich kann Anti-Trojan nicht nur die Spuren von Trojaner-Aktivitäten ermitteln, sondern auch die Übeltäter selbst aufspüren. Dazu durchsucht es Dateien aller Laufwerke des PCs nach den Signaturen von Trojanern, also typischen Datenstrukturen, die auf den Code eines bestimmten Trojaner-Programms hindeuten. Die dazugehörenden Dateien können sofort gelöscht werden, um die Trojaner effektiv zu beseitigen.

1. Um die Laufwerke Ihres PCs durchsuchen zu lassen, wählen Sie im *Suche*-Menü die Option *Laufwerke nach Trojanern scannen*.

Aktivieren Sie diese Option, um die Festplatten durchsuchen zu lassen

2. Wählen Sie dann die zu überprüfenden Laufwerke aus. Bei einer ersten Kontrolle sollten Sie möglichst alle Laufwerke einbeziehen, auch wenn das recht lange dauern kann. Später können Sie auch nur einzelne Verzeichnisse (etwa ein Download-Verzeichnis) überprüfen.

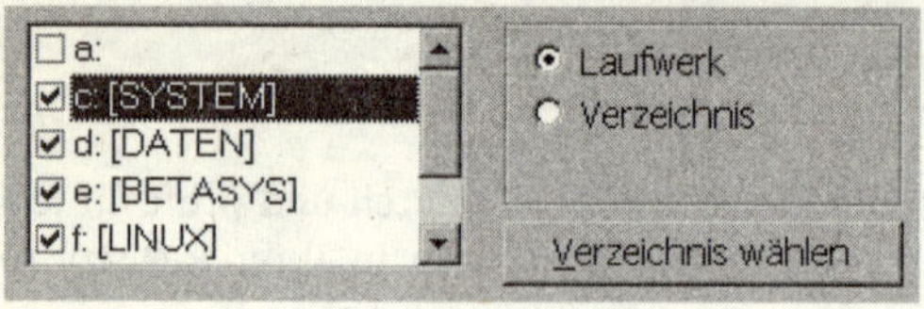

Wählen Sie die Laufwerke und Verzeichnisse aus, die durchsucht werden sollen

3. Wichtig: Damit gefundene Trojaner auch gleich beseitigt werden, aktivieren Sie die Option *Gefundene Trojaner sofort löschen*.

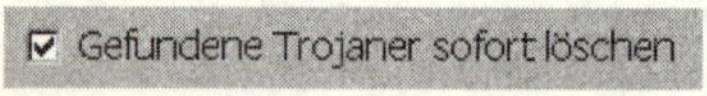

Lassen Sie gefundene Trojaner sofort entfernen

4. Starten Sie die Überprüfung dann mit *Suchen*. Anti-Trojan testet nun alle Dateien auf den angegebenen Laufwerken. Dabei werden sogar Archivdateien temporär entpackt und überprüft, damit wirklich nichts entgeht. Anschließend erhalten Sie wiederum einen Abschlussbericht. Wenn der mit dem Satz *Es wurden keine Trojans in Ihrem System entdeckt* schließt, ist alles in Ordnung.

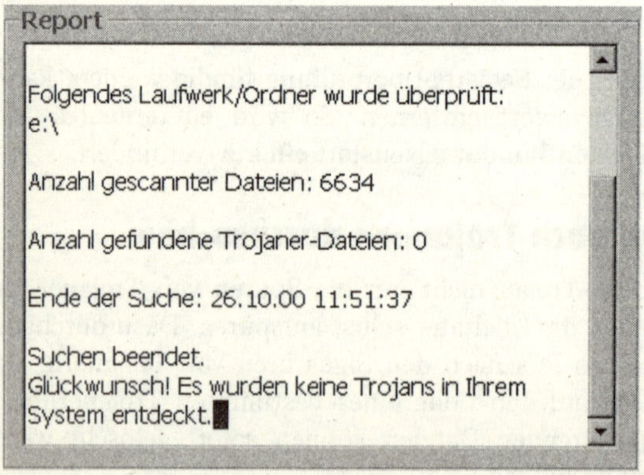

Keine Spuren von Trojanern entdeckt

Trojaner gefunden?

Es ist allerdings zu befürchten, dass Anti-Trojan hin und wieder eben doch fündig wird. Das ist aber eine gute Sache, denn so haben Sie den Trojaner wenigstens aufgespürt und können ihn auch gleich von Anti-Trojan beseitigen lassen.

1. Wenn Sie vor Beginn der Überprüfung die Option *Gefundene Trojaner sofort löschen* eingeschaltet haben, beschränkt sich Anti-Trojan nicht nur auf das Melden der Trojaner, sondern löscht die entsprechenden Dateien auch gleich automatisch.

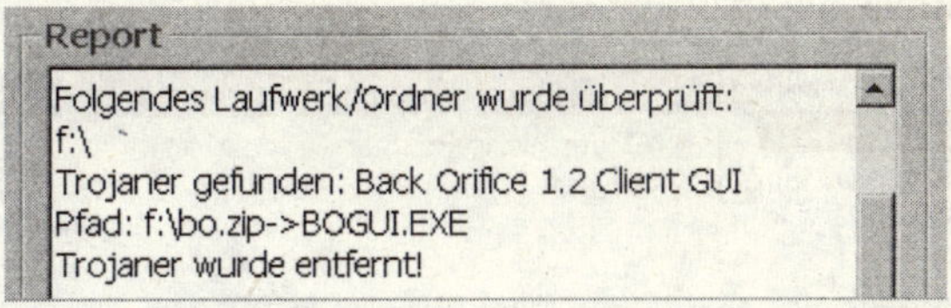

Hier wurde ein Trojaner gefunden und auch gleich entfernt

2. Ganz wichtig: Wenn Anti-Trojan während der Überprüfung Trojaner gefunden und entfernt hat, müssen Sie anschließend sofort einen Neustart des Rechners durchführen. Sonst könnte ein Trojaner, der sich noch im Arbeitsspeicher befindet, den PC gleich wieder infizieren.

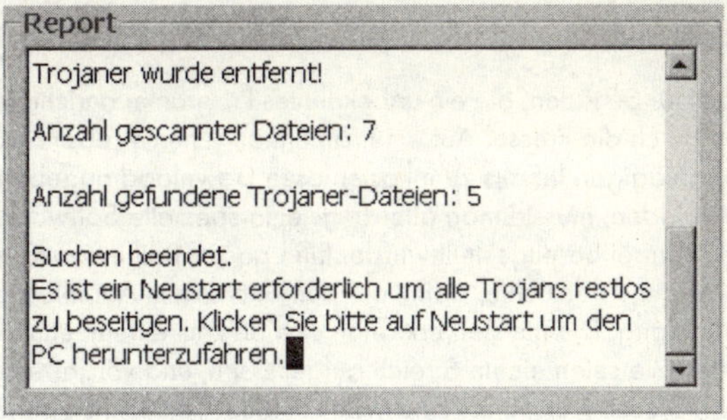

Nach dem Entfernen eines Trojaners muss der Rechner sofort neu gestartet werden

3. Nach dem Neustart sollten Sie Anti-Trojan vorsichtshalber noch ein weiteres Mal laufen lassen, um sicherzustellen, dass der Trojaner jetzt wirklich verschwunden ist.

Quarantäne – neue Software sorgfältig testen

Dass Sie ein neues, unbekanntes Programm gleich nach dem Download auf Viren checken, sollte selbstverständlich sein. Wenn Ihr Virenscanner nicht fündig wird, heißt das aber noch lange nicht, dass von dem Programm keine Gefahr für Ihren PC ausgeht. Schließlich wissen Sie nur, wie das Programm heißt und was es angeblich macht. Tatsächlich könnte die Software, während Sie Ihnen auf der Oberfläche eine harmlose Anwendung vorgaukelt, Daten auf Ihrem Rechner zerstören oder mit einem Eingriff in die Partitionstabelle Ihrer Festplatte sämtliche Informationen zerstören. Auch die in diesem Kapitel beschriebenen Trojaner werden oft auf diese Weise verbreitet. Außerdem muss ein Programm nicht unbedingt mutwillig Schaden anrichten. Vielleicht ist es einfach schlampig programmiert oder nicht ausreichend getestet. Möglicherweise enthält es einen Fehler, der nur unter den sehr speziellen Voraussetzungen auftritt, die ausgerechnet auf Ihrem PC herrschen. Aber würde es Sie im Schadensfall trösten, dass die Chance dafür eins zu einer Million war?

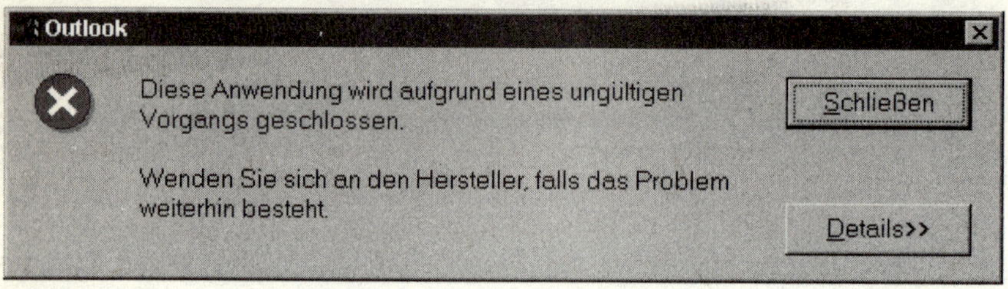

Nobody is perfect – selbst große Softwarehersteller produzieren immer wieder fehlerhafte Anwendungen.

INFO

Telefonate in die Südsee

Ein gutes Beispiel für Schäden, die ein unbekanntes Programm anrichten kann, ging vor einiger Zeit durch die Presse: Auf einer amerikanischen Website wurden Bilder und Videos einschlägigen Inhalts zum kostenlosen Download angeboten. Um die Daten herunterzuladen, musste man allerdings eine spezielle Software installieren, die ebenfalls kostenfrei bereitgestellt wurde. Eine ganze Reihe von Kunden installierte die Software und versuchte, damit auf den Server des Anbieters zuzugreifen, was aber nicht gelang. Die meisten erklärten sich das mit einem technischen Problem oder dachten, sie seien einem Streich aufgesessen, und vergaßen das installierte Programm. Dieses war aber keineswegs untätig. Tatsächlich benutzt es vorhandene Modems, um möglichst oft eine teure Telefonnummer (etwa mit den 0190-Nummern in Deutschland vergleichbar) anzuwählen. Den wenigsten Benutzern fiel diese ständige Aktivität des Modems auf. Die meisten bemerkten das Ganze erst bei der nächsten Telefonrechnung und beschwerten sich empört bei der Telefongesellschaft. Diese konnte nur feststellen, dass die Betreiber der Nummer irgendwo in der Südsee saßen und für den angerichteten Schaden nicht zur Rechenschaft gezogen werden konnten. Die betrogenen Kunden hatten das Nachsehen.

Mehr zu Trojanern und ähnlichen Schädlingen: http://www.trojaner-info.de.

Um sich vor solchen Wölfen im Schafspelz zu schützen, gibt es zunächst Mal die Möglichkeit der Vorbeugung: Informieren Sie sich vor dem Installieren unbekannter Software über deren Funktion. Wenn z. B. ein Bekannter das Programm bereits einsetzt und keine negativen Folgen bemerkt hat, können Sie es auch riskieren. Ähnlich ist es bei Programmen, die in Fachzeitschriften oder Computerbüchern vorgestellt werden. Auch hier können Sie sich meist auf den Sachverstand der Experten verlassen. Achten Sie dabei aber darauf, die gleiche Version der Software zu verwenden, die besprochen wurde. Ältere oder neuere Versionen könnten trotzdem gefährliche Fehler enthalten.

Wenn Sie eine Anwendung unbedingt ausprobieren wollen, ohne Näheres darüber zu wissen, sollten Sie die Software beim ersten Start unbedingt überwachen und gründlich testen. Nur so können Sie sicher sein, dass dieses Programm auf Ihrem Rechner nur genau das tun, was es soll. Wie Sie das am besten machen, zeigen wir Ihnen im folgenden Workshop.

TIPP

Zweites Betriebssystem zum Testen

Wenn Sie regelmäßig neue Programme ausprobieren und sich dabei nicht jedes Mal mit Backups und Sicherheitsrisiken rumärgern wollen, verwenden Sie folgenden Trick: Installieren Sie auf Ihrem PC eine zweite Version des Betriebssystems, die von der ersten völlig getrennt ist. In dieser Testumgebung probieren Sie neue Software gründlich aus, bevor Sie sie in die eigentliche Arbeitsumgebung übernehmen. Diese Technik können auch Sie sich zu eigen machen. Alles, was Sie dazu brauchen, ist eine freie Partition auf Ihrer Festplatte oder auch eine zweite Festplatte und einen Bootmanager, mit dem Sie zwischen den verschiedenen Betriebssystemen wählen können.

Unbekannte Programme im Sandkasten testen

Um unbekannte Software zu testen und sie gleichzeitig am Beschädigen Ihres Rechners zu hindern, sperren Sie die Programme in einen virtuellen Sandkasten. Das ist ein spezielles System, das alle Komponenten und Ressourcen Ihres PCs überwacht und unerlaubte Zugriffe verhindert. Gleichzeitig registriert das System diese Zugriffe und teilt sie Ihnen mit. So können Sie beim Testen von neuer Software jederzeit erfahren, auf welche Ressourcen die unbekannten Programme zugreifen. Mit ein wenig Kenntnis Ihres Systems können Sie selbst entscheiden, ob die Zugriffe im grünen Bereich liegen oder eine Gefahr für Ihren Rechner bedeuten.

Im folgenden Workshop wollen wir Ihnen die Vorgehensweise bei solchen Sandkastenspielen zeigen. Wir greifen dabei auf das Programm *eSafe* zurück, dessen Installation und Handhabung in Kapitel 4 im Abschnitt über Firewalls beschrieben ist. Neben einer Firewall enthält dieses Programm noch zahlreiche weitere Sicherheitsfunktionen, die auch einen virtuellen Sandkasten zum Testen von unbekannter Software umfassen. Für diesen Workshop gehen wir davon aus, dass eSafe bereits auf Ihrem Rechner installiert und aktiviert ist.

INFO

Die Ressourcen Ihres Rechners

Der virtuelle Sandkasten überwacht und schützt verschiedene Hard- und Softwarekomponenten Ihres Rechners. Die Wichtigsten dabei dürften wohl die Festplatten mit dem Dateisystem sein. Der Sandkasten kann so eingestellt werden, dass er dem neuen Programm nur den Zugriff auf ganz bestimmte Verzeichnisse erlaubt. Der Lesezugriff muss zumindest auf das Programmverzeichnis selbst möglich sein. Schreibzugriffe sollten bei vielen Programmen für einen ersten Test deaktiviert sein. Ein kritischer Punkt sind Hardwareerweiterungen für Onlineverbindungen, also Modems, ISDN-Adapter oder Netzwerkkarten. Diese können von Trojanern zur Weitergabe von vertraulichen Daten missbraucht werden. Bei Modems und ISDN-Karten kann man noch vorübergehend den Telefonstecker ziehen. Bei Netzwerkkarten ist das schon weniger ratsam. Hier sollte der Sandkasten Netzwerkzugriffe abfangen und blockieren. Aber auch Softwarekomponenten wie die Registrierungsdateien müssen vor allzu eifrigen Zugriffen geschützt werden.

Der virtuelle Sandkasten besteht aus einem Satz von Regeln, der beschreibt, was ein Programm tun darf und was nicht. Bevor Sie ein neues Programm zum ersten Mal starten, richten Sie diesen Regelsatz ein.

1. Öffnen Sie dazu die Rubrik *Sandbox* in der Navigationsleiste des Konfigurationsmenüs von eSafe. Ähnlich wie bei den Firewall-Einstellungen finden Sie auch hier wieder ganz oben einen Bereich zum Verwalten von Regelsätzen. Um eine Anwendung sicher testen zu können, muss man einfach einen solchen Regelsatz für diese Anwendung erstellen (oder einen der vorgefertigten Regelsätze übernehmen).

Vorgefertigter Regelsatz	Einsatzbereich
Blank	Der leere Regelsatz, der alle Arten von Zugriffen erlaubt und lediglich das eSafe-Verzeichnis vor Manipulationen schützt.
Freeze Desktop	„Friert" den Windows-Desktop ein, d. h., Anwendungen können weder das Startmenü noch den Desktop verändern.
Internet Applications	Schützt vor Gefahren aus dem Internet. Zugriffe sind nur auf typische Verzeichnisse für Internetanwendungen möglich. Das Erstellen von potenziell gefährlichen Skriptdateien wird generell verhindert.
Internet Explorer	Der spezielle Regelsatz für den Internet Explorer erlaubt den Zugriff nur auf Bereiche, in denen dieser Browser etwas zu suchen hat. Außerdem wird das Anlegen von Skriptdateien auf allen Laufwerken verhindert.
Netscape	Der spezielle Regelsatz für den Netscape Navigator hat die gleiche Funktion wie der für den Internet Explorer.
Untrusted Applications	Der Regelsatz für verdächtige Anwendungen schränkt die Zugriffsmöglichkeiten für die Anwendungen auf wenige Test- bzw. Download-Verzeichnisse und den temporären Ordner ein. Außerdem wird das Erstellen von potenziell gefährlichen Skriptdateien blockiert.

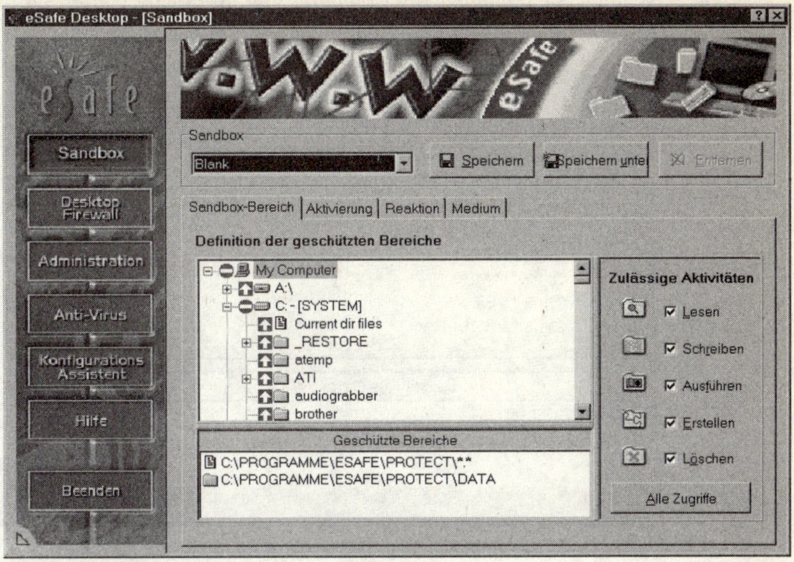

Die Sandbox-Einstellungen von eSafe

2. Um einen neuen Regelsatz anzulegen, wählen Sie zunächst den leeren Regelsatz *Blank* aus der Liste der Regelsätze aus.

3. Speichern Sie diesen Satz mit *Sichern als* unter einem neuen, geeigneten Namen ab (z. B. dem der zu testenden Anwendung). Bestätigen Sie ggf. den Warnhinweis über das Erstellen von anwendungsunabhängigen Regelsätzen.

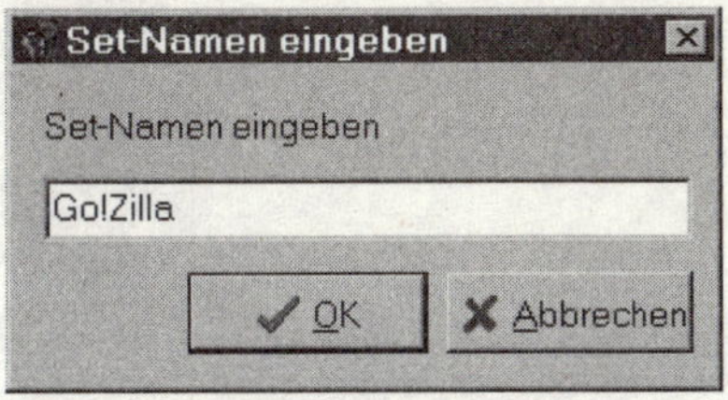

So speichern Sie einen neuen Regelsatz

Nun gilt es, den neuen Satz mit Regeln anzufüllen. Dazu können Sie im Feld *Definition der geschützten Bereiche* genau festlegen, auf welche Daten das neue Programm zugreifen darf. Üblicherweise sollten Sie zunächst sämtliche Laufwerke und Verzeichnisse sperren. Die einzige Ausnahme ist das Verzeichnis, in dem sich das Programm selbst befindet. Hier sollte der Zugriff auf Konfigurationsdateien und das Speichern temporärer Daten möglich sein. Gehen Sie am besten folgendermaßen vor:

4. Wählen Sie zunächst *My Computer* aus und deaktivieren Sie hierfür im Bereich *Zulässige Aktivitäten* rechts sämtliche Zugriffsrechte.

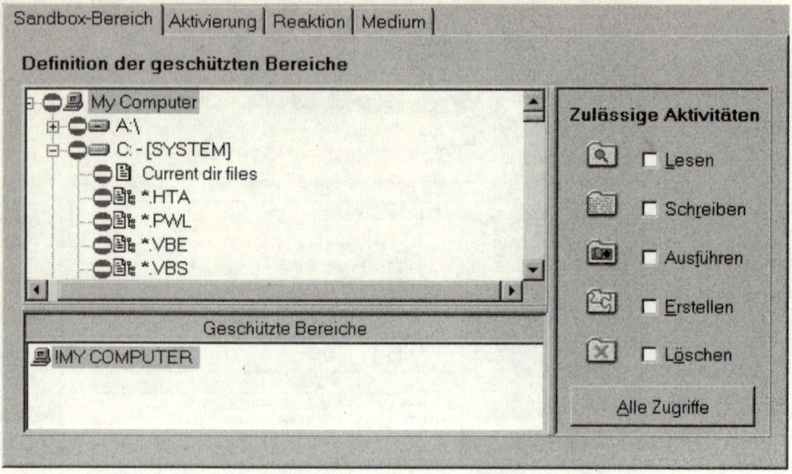

Deaktivieren Sie zunächst sämtliche Zugriffrechte für alle Bereiche

5. Wählen Sie dann das Verzeichnis aus, in dem das zu testende Programm installiert ist, und geben sie hier alle Rechte wieder frei, damit das Programm sich zumindest in seinem eigenen Verzeichnis frei bewegen darf, wo es ja nicht viel Schaden anrichten kann.

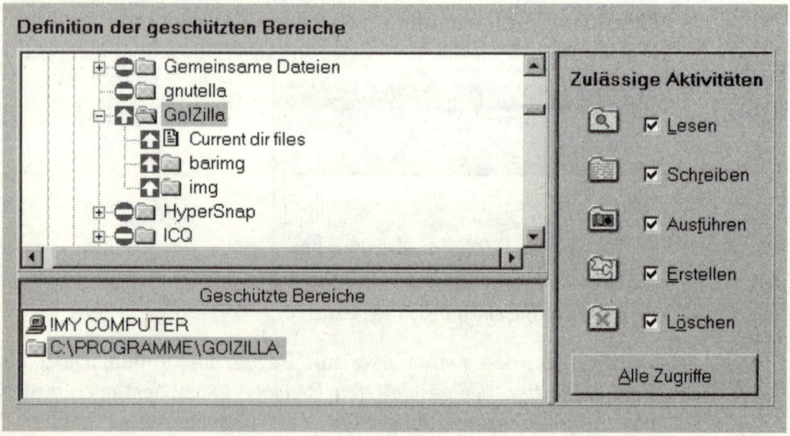

Geben Sie zumindest das eigene Verzeichnis des zu testenden Programms frei

TIPP

Weitere Verzeichnisse freigeben

Häufig ist es sinnvoll, weitere Verzeichnisse freizugeben. So benötigen z. B. viele Anwendungen Zugriff auf den Temporären Ordner von Windows, um dort vorübergehend Dateien abzulegen. Manche Programme müssen aufgrund ihres Anwendungsgebietes auf bestimmte Verzeichnisse zugreifen können. So muss etwa ein Cookie-Verwaltungsprogramm (siehe auch Kapitel 8) unbedingt Zugriff auf den Cookies-Ordner haben, um überhaupt funktionieren zu können. Diese Ergänzungen können Sie aber nach und nach vornehmen, wenn Sie beim Testen des Programms feststellen, dass die Anwendung auf bestimmte Dateien zugreifen will. Wenn diese Dateien unbedenklich sind, geben Sie den Zugriff darauf durch eine Regeländerung frei und testen das Programm erneut.

6. Wechseln Sie dann in das Register *Aktivierung*, um festzulegen, ob und für welches Programm der Regelsatz gelten soll. Ganz oben bestimmen Sie zunächst, ob für diesen Regelsatz die *Sandbox aktiv* sein soll, Sie den Regelsatz im *Lernmodus* betreiben oder Sie die *Sandbox nicht verwenden* wollen. So können Sie einzelne Sets bei Bedarf vorübergehend abschalten.

INFO

Der Lernmodus von eSafe

Im Lernmodus registriert eSafe alle Zugriffe der Anwendung und stellt basierend darauf selbst die Regeln für dieses Programm auf. Das ist aber nur dann sinnvoll, wenn Sie sicher sind, dass die Anwendung keine Risiken in sich birgt. Dadurch ist es z. B. möglich, für selbst entwickelte Software Regelsätze zu erstellen und mit der Software zu verbreiten. Dazu können Sie in den Sandbox-Einstellungen unter *Aktivierung* den Lernmodus auswählen und angeben, bis zu welchem Datum die Lernphase andauern soll (standardmäßig einen Monat). Nach Ablauf der Lernphase wird diese automatisch beendet und der bis dahin entstandene Regelsatz aktiviert.

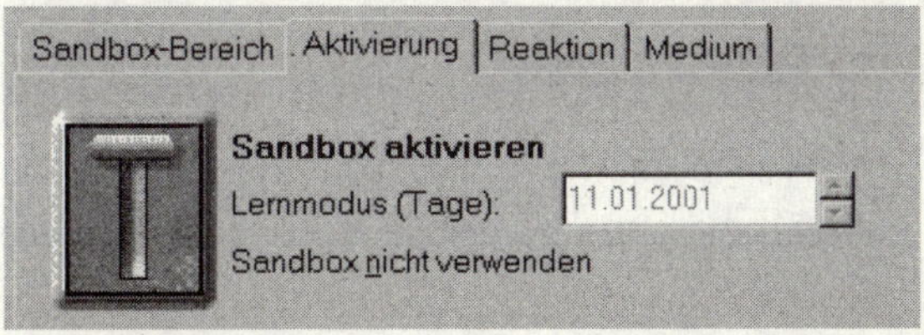

Aktivieren Sie die Sandbox für den zu erstellenden Regelsatz

7. Darunter im Bereich *Sandbox-Modus* stellen Sie ein, für welche Anwendung der Regelsatz gelten soll. Wählen Sie hierzu die Option *Programmspezifisch - für die folgenden Programme* und klicken Sie dann auf die Schaltfläche *Hinzufügen* oben links. Wählen Sie im anschließenden Dateiauswahl-Dialog die Programmdatei der zu testenden Anwendung aus.

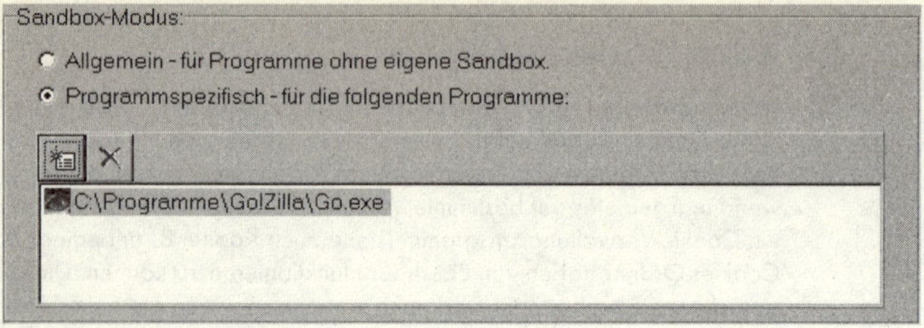

Wählen Sie die Anwendung aus, für die der neue Regelsatz gelten soll

8. Wechseln Sie dann in die Kategorie *Reaktion*, um festzulegen, wie eSafe auf Regelverletzungen durch das zu testende Programm reagieren soll. Beim Testen neuer Software sollten Sie bei allen Arten von Schutzverletzungen den *Zugriff verweigern und anhalten*. Die Warnungen sollten Sie unbedingt eingeschaltet lassen (also NICHT die Option *Keine Warnung* wählen), damit Sie beim Testen der Anwendung sofort auf Schutzverletzungen hingewiesen werden. Andernfalls stürzt die zu testende Anwendung womöglich kommentarlos ab, weil eSafe einen bestimmten Zugriff unterbunden hat. Dann würden Sie aber nicht sicher wissen, ob der Absturz an einer Reaktion von eSafe oder an einem Fehler im Programm selbst lag.

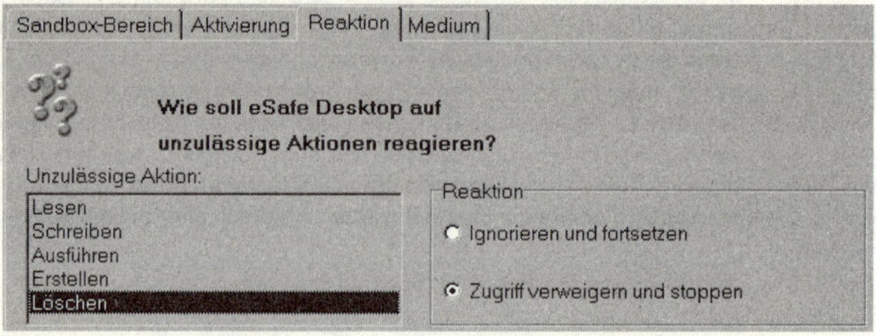

Legen Sie die strenge Reaktionen auf Schutzverletzungen fest

9. Speichern Sie schließlich den so erstellten Regelsatz mit einem Klick auf *Speichern*.

Testmodus: automatisch oder interaktiv?

Bevor Sie mit dem eigentlichen Test beginnen, sollten Sie sich noch für eine Testmethode entscheiden. Standardmäßig läuft der Test in einem automatischen Modus ab. Dabei werden Regelverletzungen entsprechend der Voreinstellungen unterbunden bzw. blockiert. Dabei wird - wiederum abhängig von den Voreinstellungen - eine Warnung angezeigt oder die Reaktion von eSafe in einem Protokoll vermerkt. Alternativ dazu gibt es einen interaktiven Modus. Hierbei werden Sie auf jede Regelverletzung hingewiesen und können dann jeweils entscheiden, ob die Aktion von eSafe zugelassen oder blockiert werden soll. Dieser Modus eignet sich besonders für die ersten Schritte mit einem neuen Programm. So kann man schnell feststellen, auf welche Ressourcen die Anwendung unbedingt zugreifen muss, um funktionieren zu können. Das interaktive Zulassen von unbedenklichen Zugriffen erspart wiederholte Anpassungen der Regel.

1. Um den interaktiven Testmodus einzustellen, öffnen Sie die Administration-Einstellungen von eSafe und wechseln dort in die Kategorie *Benutzerverwaltung*.

2. Öffnen Sie dort für den Benutzer, mit dem die Anwendung getestet werden soll, die Untereigenschaft *Rechte/eSafe Desktop*.

3. Hier finden Sie unter anderem die Eigenschaft *Auswahl zulassen*, die Sie mit einem Doppelklick aktivieren können (sodass ein grünes Häkchen vorangestellt wird). Damit aktivieren Sie den interaktiven Modus bei Schutzverletzungen.

4. *Übernehmen* Sie anschließend die neue Einstellung für den oder die Benutzer.

Die Benutzerverwaltung von eSafe wird in Kapitel 2 ausführlicher vorgestellt. Falls Sie diese Komponente von eSafe bislang noch nicht verwenden, finden Sie in der Benutzerliste lediglich den Benutzer *Anonym* vor. Dieser wird automatisch allen Benutzern zugewiesen, für die kein anderweitiges Profil vorhanden ist. In dem Fall sollten Sie also bei diesem Benutzer die *Auswahl zulassen*-Eigenschaft aktivieren.

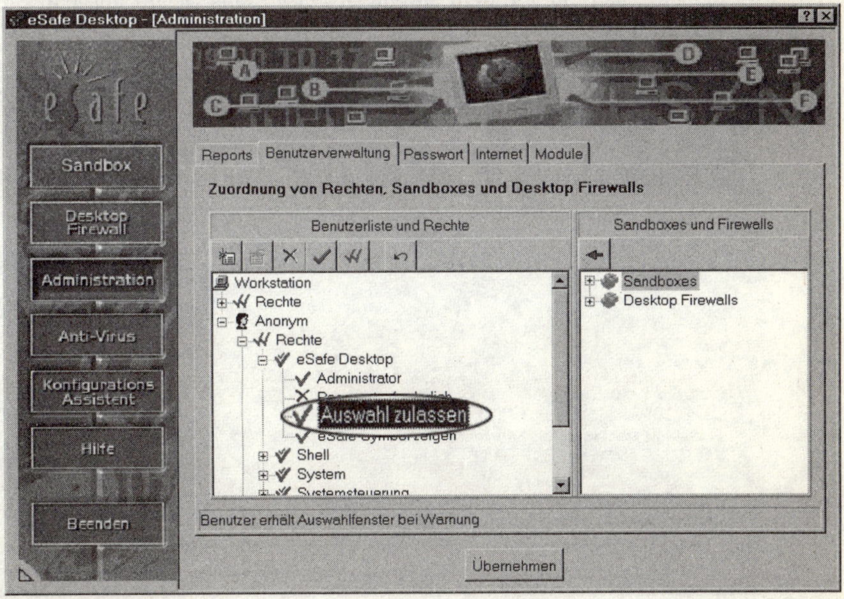

Diese Eigenschaft steuert den interaktiven Modus beim Auftreten von Schutzverletzungen

Das Testen der Anwendung

Nun geht es daran, das Programm zu testen. Vergewissern Sie sich zunächst noch einmal, dass das Sicherheitslevel von eSafe auf *Optimal* oder besser noch *Extrem* steht. Nur dann greifen die definierten Beschränkungen auch wirklich. Starten Sie dann das Programm und testen Sie es gründlich. Dazu gehört neben dem Benutzen der Hauptfunktionen auch das Ausprobieren möglichst aller Nebenfunktionen und eventuell integrierter Hilfsprogramme. Wichtig ist, dass die Anwendung über einen längeren Zeitraum läuft. Anwendungen mit unsauber programmiertem Speichermanagement stürzen z. B. erst nach einiger Zeit scheinbar unmotiviert ab. Wenn Sie genug Zeit haben, weiten Sie die Testphase am besten auf mehrere Tage oder Wochen aus.

Regelverletzungen des getesteten Programms

Während das Programm läuft, überwacht eSafe alle seine Aktivitäten. Wenn ein Zugriff gestartet wird, der den formulierten Schutzregeln widerspricht, hält das Programm an und Sie werden durch eine Meldung darauf aufmerksam gemacht. Im automatischen Modus informiert die Meldung Sie lediglich darüber, welche Anwendung auf welche Daten unerlaubterweise zugreifen will, nachdem die Aktion der Anwendung schon blockiert worden ist. In vielen Fällen wird die Anwendung durch diese Blockade gestört und läuft nicht korrekt weiter. Im interaktiven Modus erhalten Sie zusätzlich verschiedene Optionen für den Umgang mit dieser Schutzverletzung. Mit ein wenig Kenntnis Ihres Systems können Sie selbst beurteilen, ob von dem jeweiligen Zugriff eine Gefahr ausgeht. Sie haben verschiedene Möglichkeiten, zu reagieren:

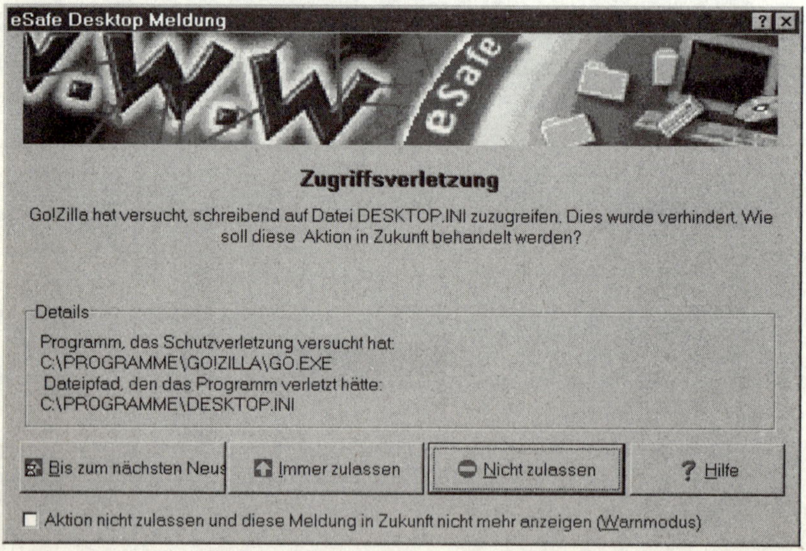

Eine interaktive Warnmeldung lässt Ihnen die Wahl, wie mit der Schutzverletzung umzugehen ist

- *Bis zum nächsten Neustart* lässt den Zugriff vorläufig bis zum nächsten Start des Rechners zu. Die bestehenden Regeln werden aber nicht dauerhaft geändert, sodass ein erneuter gleicher Zugriff wieder zu einer Schutzverletzung führen wird. Wählen Sie diese Option, wenn der Zugriff keine unmittelbare Gefahr darstellt, Sie ein generelles Risiko aber nicht ausschließen können.
- *Immer zulassen* gestattet den Zugriff jetzt und auch in Zukunft. Das Testprogramm wird auf diese Daten also ab sofort ohne Schutzverletzung zugreifen können. eSafe realisiert das durch ein automatisches Anpassen der Schutzregeln. Wenn Sie also hier den Zugriff auf ein bestimmtes Verzeichnis zulassen, wird der Regelsatz automatisch entsprechend aktualisiert.
- *Nicht zulassen* unterbindet den versuchten Zugriff gänzlich. Wählen Sie diese Option immer dann, wenn Sie bei einem Zugriff Zweifel haben. Das zu testende Programm wird darauf i. d. R. mit einer Fehlermeldung reagieren. Es kann aber auch vorkommen, dass das Programm ohne diesen Zugriff nicht ordnungsgemäß funktioniert und einen Absturz verursacht. Hier gilt es, den goldenen Mittelweg zwischen Sicherheit und Performance zu finden.
- Damit derselbe Zugriff nicht immer wieder eine Fehlermeldung provoziert, können Sie beim Untersagen die Option *Aktion nicht zulassen und diese Meldung in Zukunft nicht mehr anzeigen* einschalten. Sie sorgt dafür, dass ein einmal verbotener Zugriff auch in Zukunft immer wieder kommentarlos abgeblockt wird.

So reagieren Sie auf unerlaubte Zugriffe

Wenn ein zu testendes Programm wirklich in fremden Revieren wildern, also auf Verzeichnisse und Dateien zugreifen will, mit denen es eigentlich nichts zu tun hat, müssen Sie entscheiden, ob Sie das zulassen wollen. Wichtigstes Kriterium sollte dabei die Datei sein, die das Programm lesen oder verändern will. eSafe teilt Ihnen den Namen dieser Datei mit. Versuchen Sie an der Bezeichnung zu erkennen, um was für eine Datei es sich handelt. Wenn Ihnen die Datei bekannt ist, können Sie selbst beurteilen, ob Sie den Zugriff genehmigen wollen. Wissen Sie über den Inhalt der angeforderten Datei nichts, sollten Sie den Zugriff im Zweifelsfall unterbinden.

Mit den Funktionen des interaktiven Modus können Sie den Schutz-Regelsatz für jedes Programm nach und nach trainieren (nicht zu verwechseln mit der Lernphase). Bei jedem langfristig erlaubten oder verbotenen Zugriff passt eSafe den Regelsatz an. Wenn das Programm ohne Warnmeldung läuft und seine Aufgabe ordnungsgemäß erfüllt, ist der Regelsatz wohl genau richtig und schützt Sie zuverlässig, ohne das Programm einzuschränken. Wenn ein Programm hingegen immer wieder Zugriff auf Verzeichnisse und Dateien versucht, mit denen es eigentlich nichts zu tun hat, sollten Sie sich nochmal überlegen, ob Sie dieses Programm wirklich benutzen wollen. Auch dann gibt es aber keinen Grund zur Sorge. Solange eSafe aktiv ist, verhindert es unerwünschte Zugriff und Sie haben keinen Grund zur Sorge.

4. Alarmstufe 3: Schutz vor Eindringlingen

4.1 Schutzwall gegen Angreifer – Firewalls ... 203
Das Funktionsprinzip: Geregeltes Filtern des Datenverkehrs ... 204
Profilösungen vs. Personal Firewalls ... 206
Einfach und sicher: ZoneAlarm für Einsteiger ... 207
Flexibel und leistungsstark: eSafe für Fortgeschrittene ... 221

4.2 Vertrauen ist gut, Kontrolle ist besser – Den Rechner überwachen ... 248
Angriffe und andere Aktivitäten protokollieren ... 249
Unbeaufsichtigte PCs automatisch überwachen ... 259

In den beiden vorangegangenen Kapiteln haben wir uns hauptsächlich mit dem passiven Schutz beschäftigt, also mit dem sicheren Konfigurieren und Benutzen des Systems und dem Schließen von gefährlichen Sicherheitslücken. Nun gehen wir daran, eine aktivere Rolle zu übernehmen und Vorkehrungen zu treffen, die die Sicherheit unseres PCs und der darauf enthaltenen Daten darüber hinaus steigern. Das bedeutet, Software einzusetzen, die zusätzliche Schutzfunktionen beinhaltet. Eine solche Art von Programmen sind Firewall-Produkte, die alle Daten überwachen, die zwischen dem PC und dem Internet hin- und herfließen. Dabei können Firewalls Filter einsetzen, die nur bestimmte Arten von Daten durchlassen. Ebenso ist das Filtern des Inhalts möglich, d. h., Daten mit bestimmtem Inhalt werden nicht heraus- oder hereingelassen. Neben dieser technischen Abschottung des PCs gegenüber dem Netzwerk sollte auch der Rechner selbst auf Ein- und Angriffe hin überwacht werden. So gibt es spezielle Programme, mit denen man automatisch protokollieren lassen kann, was während der eigenen Abwesenheit mit dem Rechner geschieht. So kommt man heimlichen Datendieben schnell auf die Schliche.

4.1 Schutzwall gegen Angreifer – Firewalls

Alle mit dem Internet verbundenen PCs benutzen zur Kommunikation TCP/IP und die darauf aufsetzenden Protokolle. Das gilt unabhängig davon, ob die Rechner eine feste Verbindung zum Internet haben oder sich bei Bedarf per Modem oder ISDN einwählen. TCP/IP ist eine Protokollfamilie, die auf Effizienz, nicht aber auf Sicherheit ausgelegt ist. Deshalb bietet sie Hackern eine Vielzahl von Angriffsmöglichkeiten, um die Rechner anderer auszuspionieren oder lahm zu legen.

INFO

Was bedeutet TCP/IP?

TCP/IP ist das wichtigste Kommunikationsprotokoll des Internets. Genau gesagt besteht es aus zwei Komponenten. Das **T**ransmission **C**ontrol **P**rotocol (TCP) zerlegt Informationen in handliche Pakete. Diese Pakete werden durch das **I**nternet **P**rotocol (IP) an den Zielrechner weitergeleitet und dort wird wiederum per TCP die ursprüngliche Information reproduziert. Beide Protokolle sind plattformunabhängig. Dadurch können verschiedenste Rechner und Programme Daten über das Internet austauschen. Alle höheren Internetprotokolle wie das **H**ypertext **T**ransfer **P**rotocol (HTTP) für das WWW oder das **S**imple **M**ail **T**ransfer **P**rotocol (SMTP) für E-Mail setzen auf die Funktionen von TCP/IP auf. Bei der Entwicklung von TCP/IP wurde vor allem auf Effizienz und Flexibilität geachtet. Die Datenpakete suchen sich selbst den kürzesten Weg. Dabei umgehen sie automatisch verstopfte oder ausgefallene Netzbereiche. Solange irgendeine Verbindung zwischen Ausgangs- und Zielrechner besteht, werden die Daten ihr Ziel mit hoher Wahrscheinlichkeit erreichen. Das Szenario bei der Entwicklung von TCP/IP war ein weltweites Netzwerk, das selbst nach einem Atomkrieg noch Kommunikation ermöglichen sollte. Auf Angriffe von innen, z. B. auf Sicherheitsschwachstellen der Protokolle wurde dabei weniger geachtet.

Um sich gegen Angriffe aus dem Internet zu schützen, ist es deshalb nötig, den Rechner abzuschotten. Am einfachsten ginge das natürlich rein physikalisch, durch das Ziehen des Netzwerksteckers. Da der PC dann aber selbst auch keinen Kontakt zum Netz mehr hat, ist diese Lösung meist etwas zu radikal. Eigentlich braucht man einen „intelligenten Stecker", der nur den erwünschten Datenverkehr zulässt, allen anderen aber unterbindet. Tatsächlich ist dies kein frommer Wunsch, sondern durchaus machbar. Das Zauberwort dabei heißt „Firewall".

Das Funktionsprinzip: Geregeltes Filtern des Datenverkehrs

Die TCP/IP-Protokolle arbeiten paketorientiert, d. h., alle zu übermittelnden Daten werden in kleine Pakete zerlegt. Jedes Paket besteht aus verschiedenen Steuerungsinformationen, wie der IP-Adresse des abschickenden Rechners und der Zieladresse, und dem eigentlichen Inhalt. Wenn Sie z. B. eine Webseite von einem Webserver anfordern, zerlegt der Server die entsprechende Datei in viele kleine Pakete, die er mit der IP-Adresse Ihres Rechners als Ziel auf den Weg schickt. Die Pakete sind in der Lage, sich ihren Weg zum Zielrechner selbst zu suchen. Auf Ihrem PC angelangt, sammelt Ihr Webbrowser die einzelnen Pakete und setzt sie wieder zur ursprünglichen Webseite zusammen.

Noch bevor das geschieht, schalten sich die sog. Firewalls ein. Diese hard- oder softwarebasierten Schutzmechanismen überwachen alle ein- und ausgehenden Datenpakete und können schädliche Pakete ausfiltern, bevor diese wieder zu den ursprünglichen Daten zusammengesetzt werden und auf dem Rechner Schaden anrichten könnten. Solche Paketfilter werden als Schnittstelle zwischen einem PC oder einem ganzen lokalen Netzwerk und dem Internet eingesetzt. Sie analysieren die Datenpakete und achten darauf,

- wo die Pakete herstammen,
- an wen sie adressiert sind,
- welches Protokoll sie benutzen und
- welchen Inhalt sie haben.

Durch ein flexibles Regelwerk kann man dann festlegen, welche Pakete ungehindert passieren dürfen und welche als potenzielle Gefahr abzulehnen sind. So ist es z. B. möglich,

- alle Datenpakete von bestimmten Adressen abzuweisen,
- Datenübertragungen vom eigenen Rechner zu bestimmten anderen Rechnern zu unterbinden,
- das Verwenden bestimmter Protokolle zu verhindern oder
- Datenpakete aufgrund bestimmter enthaltener Schlüsselwörter abzulehnen.

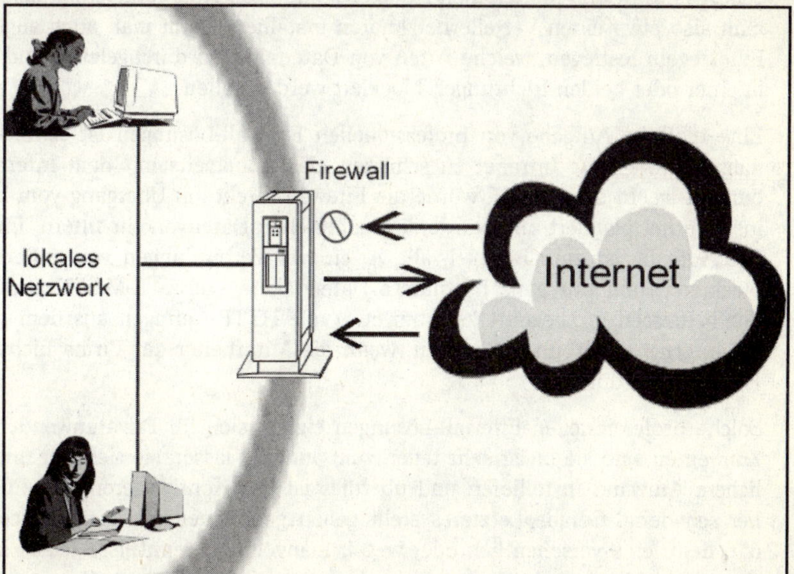

So schützt eine Firewall Rechner und lokale Netzwerke

INFO

Was genau heißt Firewall?

Die englische Bezeichnung Firewall (übersetzt etwa "Brandmauer") entstammt dem Brandschutz bzw. der Bautechnik. Früher kam es in größeren Städten häufig vor, dass durch einen ursprünglich ziemlich kleinen Brand ganze Wohnblocks oder gar Stadtviertel vernichtet wurden. Das lag daran, dass die Flammen in den dicht bebauten Straßen schnell von Haus zu Haus übersprangen. Irgendwann kam man deshalb auf die Idee, zwischen den Häusern Brandmauern zu errichten. Das sind Mauern, die eine bestimmte Dicke und Stabilität haben müssen und außerdem keine Fenster aufweisen dürfen. Diese Mauern verhindern meistens das Übergreifen des Feuers auf das nächste Haus. Bei der Entwicklung der Paketfilter für Netzwerke kam man sehr schnell auf die nahe liegende Bezeichnung Firewall, weil auch hier das Übergreifen von Gefahren und Schäden von einem Netzteil auf ein anderes verhindert werden soll.

Profilösungen vs. Personal Firewalls

Die Bezeichnung Firewall wird heute im Zusammenhang mit verschiedenen Arten von Produkten verwendet. Ursprünglich wurden Firewalls nur für professionelle Netzwerkanwendungen entwickelt und waren meist als Hardware ausgeführt, d. h., man musste einen mehr oder weniger kleinen schwarzen Kasten kaufen und zwischen das eigene Netzwerk und das Internet schalten. Oftmals gehört ein Firewall-Modul auch zu einer komplexen Netzwerklösung dazu. Wenn man also etwa einen Verteilernetzknoten installiert, kann man auch zugleich in Filterregeln festlegen, welche Arten von Datenpaketen durchgeleitet und welche in einer oder beiden Richtungen blockiert werden sollen.

Eine typische Aufgabe von professionellen Firewall-Lösungen ist etwa, ein Firmennetzwerk bzw. Intranet zu schützen, das seinerseits mit dem Internet verbunden ist. In diesem Fall würde die Firewall direkt am Übergang vom Intranet ins Internet platziert und würde dort sämtlichen Datenverkehr filtern. Eine häufige Aufgabe ist zum Beispiel, alle Arten von Verbindungen von außerhalb zu blockieren und nur ganz bestimmte Datenpakete - etwa E-Mail-Nachrichten - durchzulassen. Umgekehrt könnten etwa alle HTTP-Anfragen aus dem Intranet ins Internet unterbunden werden, wenn die Mitarbeiter der Firma nicht im Internet surfen dürfen.

Solche professionellen Firewall-Lösungen eignen sich für Privatanwender kaum. Zum einen sind sie meist sehr teuer, zum anderen lassen sie sich nur mit erheblichem Aufwand installieren und überdies ist das Konfigurieren und Pflegen eher schwierig. Gerade Letzteres stellt genau genommen ein zusätzliches Risiko dar, denn eine versehentlich oder wegen mangelnder Kenntnisse falsch konfigurierte Firewall wiegt den Benutzer in einer trügerischen Sicherheit.

Um den eigenen PC zu schützen, empfiehlt sich deshalb eher ein Produkt aus dem Bereich der „Personal Firewalls“. Dabei handelt es sich durchweg um Softwareprodukte, die als Ergänzung des Betriebssystems installiert werden. Sie arbeitet nach dem gleichen Grundprinzip, nur dass sie sich direkt in die TCP/IP-Protokolle des Betriebssystems einklinkt und dort ihre Filter installiert. Sie sind erheblich billiger und vor allem wesentlich leichter zu bedienen, denn bei ihrer Entwicklung wurde an normale Benutzer gedacht. So muss man sich nicht mit der komplexen und fehlerträchtigen Formulierung von Paketfilterdefinitionen herumschlagen, sondern kann über eine komfortable Oberfläche einfach auswählen, welche Internetdienste verfügbar sein sollen, welche Anwendungen auf das Internet zugreifen dürfen und welche Daten gezielt vor der Übertragung ins Internet geschützt werden sollen.

Im Folgenden stellen wir Ihnen zwei verschiedene Produkte aus dem Bereich der Personal Firewalls vor. Zunächst zeigen wir ein Programm, das sich ganz schnell und unkompliziert installieren und aktivieren lässt und sich somit besonders für Einsteiger eignet, die schnell auf Nummer Sicher gehen wollen. Anschließend machen wir Sie mit einem etwas komplexeren Produkt vertraut, das einen etwas höheren Aufwand bei der Installation und Pflege erfordert. Dafür wird man allerdings mit einem leistungsfähigeren und flexibleren Werkzeug belohnt, das sich optimal an das eigene Schutzbedürfnis anpassen lässt.

Einfach und sicher: ZoneAlarm für Einsteiger

Als ersten Kandidaten für den zuverlässigen Schutz Ihres PCs per Personal Firewall wollen wir Ihnen *ZoneAlarm* vorstellen. Dieses Programm ist als kostenlose Testversion verfügbar und kann unter http://www.zonealarm.com heruntergeladen werden. Es handelt sich bei dieser Software um ein sehr einfach zu bedienendes Programm, das besonders für Einsteiger gut geeignet ist. Es arbeitet hauptsächlich anwendungsorientiert, d. h., über ZoneAlarm kann man genau steuern, welche Anwendung wie auf das Internet zugreifen darf. Das bietet einen sehr zuverlässigen Schutz vor Trojanern und ähnlichen versteckten Übeltätern. Darüber hinaus kann der gesamte Datenverkehr zwischen PC und Internet aber auch per Mausklick komplett deaktiviert werden. Zusätzlich machen Automatik-Einstellungen das Programm für alle interessant, die über ein lokales Netzwerk permanent mit dem Internet verbunden sind oder die sich per Flatrate über längere Zeit ins Internet einwählen.

ZoneAlarm installieren

Die Installation von ZoneAlarm läuft denkbar einfach ab. Wie von modernen Windows-Anwendungen gewohnt, führt ein komfortabler Assistent durch den gesamten Vorgang. Im Prinzip muss man lediglich das Lizenzabkommen bestätigen und den Ordner für die Installation der Dateien auswählen. Einzig beachtenswert ist die Eingabe der *User Information*, der Benutzerinformationen. Hier können Sie Ihren Namen und Ihre E-Mail-Adresse eingeben. Wenn Sie darüber hinaus die Option *I want to register ZoneAlarm so I can download updates* aktivieren, registriert das Programm Sie beim ersten Start via Internet, sodass Sie in Zukunft Programmaktualisierungen für ZoneAlarm automatisch herunterladen und integrieren können. Wenn Sie das Programm längerfristig benutzen wollen, ist das sicherlich sinnvoll, denn auch Firewall-Programme sind nie absolut sicher vor Programmfehlern und Lücken und sollten deshalb stets aktuell gehalten werden.

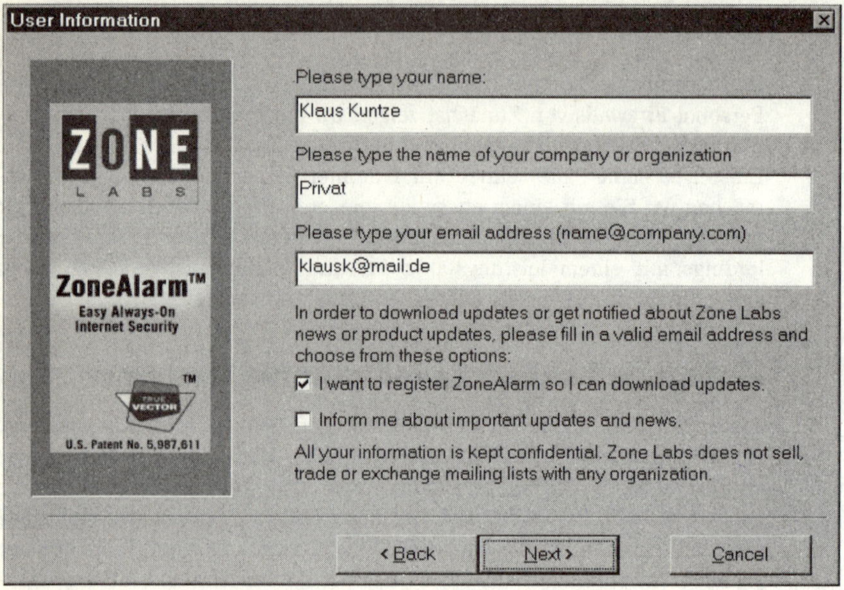

Lassen Sie sich als Benutzer registrieren, um in den Genuss von Aktualisierungen zu kommen

Nach dem Abschluss der Installation kann das Programm sofort genutzt werden. Es ist noch nicht einmal ein Neustart des Rechners erforderlich.

Der erste Start

Beim ersten Start, der normalerweise direkt im Anschluss an die Installation erfolgt, müssen Sie einmalig ein Formular mit einigen kurzen Fragen ausfüllen. Diese Angaben werden über das Internet an den Server des Betreibers übermittelt und laut ZoneAlarm vertraulich behandelt. Achten Sie darauf, alle Felder (irgendwie) auszufüllen, bevor Sie auf *Finish* klicken.

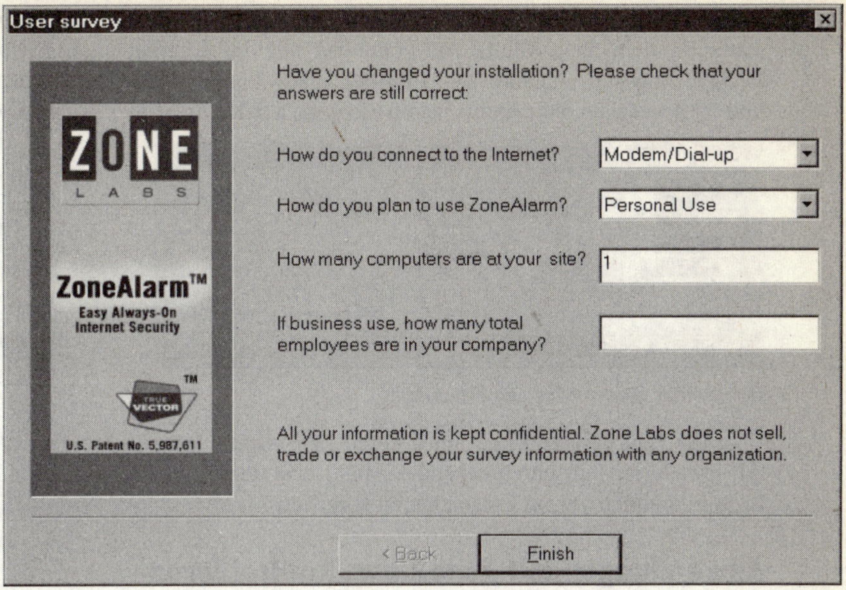

Beim ersten Start müssen Sie einige kurze Fragen beantworten

Anschließend finden Sie das ZoneAlarm-Symbol rechts unten in der Startleiste vor. Dieses Symbol zeigt den Sicherheitsstatus Ihres Rechners an und erlaubt darüber hinaus den Zugang zu allen Einstellungen und Funktionen von ZoneAlarm. Dazu kann man das Symbol einfach mit der rechten Maustaste anklicken, um das kontextabhängige Menü für ZoneAlarm zu öffnen. Zu den Bedeutungen der einzelnen Funktionen kommen wir im Folgenden noch.

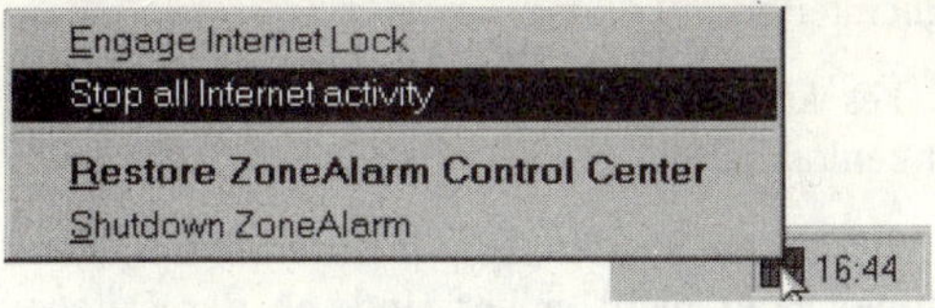

Über das ZoneAlarm-Symbol sind alle Funktionen des Programms zugänglich

Um das zentrale Steuermodul von ZoneAlarm zu öffnen, genügt ein Doppelklick der linken Maustaste auf das ZoneAlarm-Symbol. Dann erscheint ein kleines Fenster, das einen Überblick über den Sicherheitsstatus gibt und zugleich Zugang zu den Einstellungen des Programms bietet. Die vier vertikalen Anzeigen ganz links zeigen den Datenverkehr, den ZoneAlarm gerade überwacht. Das große Schloss-Symbol rechts daneben macht deutlich, ob Ihr PC gerade vom Internet abgeschottet ist (Schloss zu - *Locked*) oder ob Verbindungen ins Netz möglich sind (Schloss offen - *Unlocked*). Dieser Zustand lässt sich über den großen roten STOP-Schalter in der Mitte des Fensters steuern. Der Status *Unlocked* bedeutet übrigens nicht unsicher, sondern ist eigentlich der normale Betriebszustand, in dem ausgewählte Anwendungen auf das Internet zugreifen können. *Locked* hingegen blockiert den Internetzugang komplett für alle Anwendungen und ist sozusagen das Notaus, wenn Sie ganz auf Nummer Sicher gehen wollen.

Das zentrale Steuermodul von ZoneAlarm

Über die fünf Schaltflächen am unteren Fensterrand können Sie das Steuermodul jeweils um ein entsprechendes Menü erweitern. Auf die einzelnen Einstellungen kommen wir im Folgenden zu sprechen.

Anwendungen mit ZoneAlarm kontrollieren

Wenn ZoneAlarm aktiv ist, kontrolliert es automatisch die Datenverbindungen zwischen PC und Internet. Wann immer eine Anwendung versucht, auf das Internet zuzugreifen, bemerkt ZoneAlarm dies. Je nach Einstellung kann nun eine vollautomatische oder eine interaktive Reaktion erfolgen.

Wenn ZoneAlarm auf eine Anwendung stößt, die dem Programm bislang unbekannt ist, erfolgt eine interaktive Rückfrage an den Benutzer. Darin meldet ZoneAlarm, welche Anwendung auf das Internet zugreifen will. Als Reaktion haben Sie grundsätzlich drei Möglichkeiten:

1. Mit einem Klick auf *Yes* können Sie den Zugriff erlauben, wenn Sie die Anwendung für bedenkenlos halten.

2. Mit einem Klick auf *No* können Sie den Zugriff unterbinden, wenn Sie die Anwendung nicht kennen oder nicht sicher sind, ob der Datenaustausch ungefährlich ist.

3. Wenn Sie vor dem Klick auf eine der beiden Schaltfläche die Option *Remember the answer each time I use this program* aktivieren, merkt sich ZoneAlarm die getroffene Entscheidung für diese Anwendung. Beim nächsten Start des gleichen Programms werden Sie dann nicht wieder gefragt, sondern ZoneAlarm geht automatisch von der zuvor gewählten Antwort aus. So lassen sich die Sicherheitsfunktionen automatisieren und komfortabler gestalten.

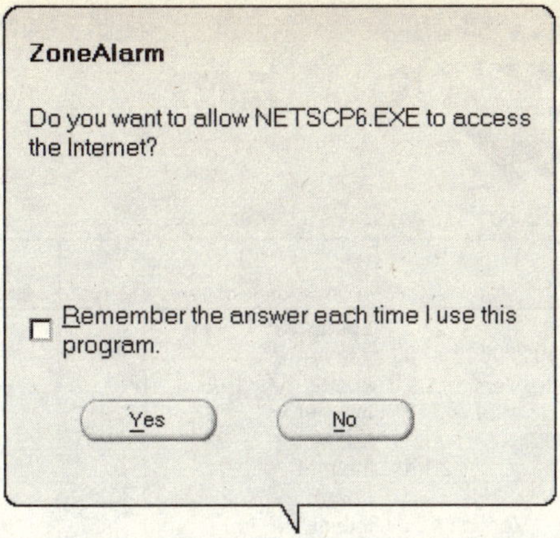

ZoneAlarm meldet den Zugriff einer Anwendung auf das Internet

Auf diese Weise können Sie die Kontrolle aller Ihrer Internetanwendungen durch ZoneAlarm nach und nach automatisieren. Wenn dann doch mal wieder ein Hinweisfenster auftaucht, kann das eigentlich nur daran liegen, dass Sie ein neues Internetprogramm installiert haben oder dass sich doch irgendwie ein trojanisches Pferd auf Ihrem PC eingeschlichen hat.

Die Regeln für Anwendungen bearbeiten

Die im interaktiven Modus einmal erstellten Zugriffsregeln für die einzelnen Programme lassen sich nachträglich verändern. Wenn Sie etwa einer Anwendung fälschlicherweise den Zugriff zum Internet verwehrt haben, können Sie dies schnell rückgängig machen und die Anwendung doch benutzen.

1. Dazu öffnen Sie im zentralen Steuermodul von ZoneAlarm mit einem Klick auf *Programs* die Programmeinstellungen.

2. Hier finden Sie für jede Anwendung, die ZoneAlarm bislang erfasst hat, einen Eintrag vor. Dieser enthält neben dem Namen und der Versionsbezeichnung der Anwendung alle Regeln, die derzeit für diese Anwendung gelten.

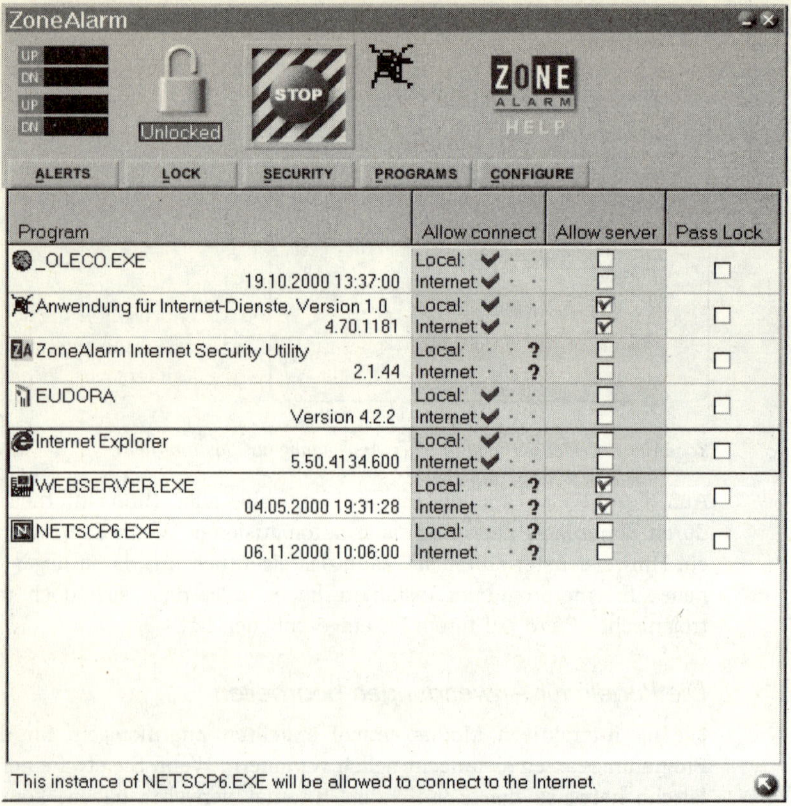

ZoneAlarm speichert für alle Internetanwendungen Zugriffsregeln

3. Um für eine der Anwendungen die Regeln zu ändern, klicken Sie mit der rechten Maustaste auf deren Eintrag. Damit öffnen Sie ein kontextabhängiges Menü, in dem Sie alle Regeln direkt festlegen können.

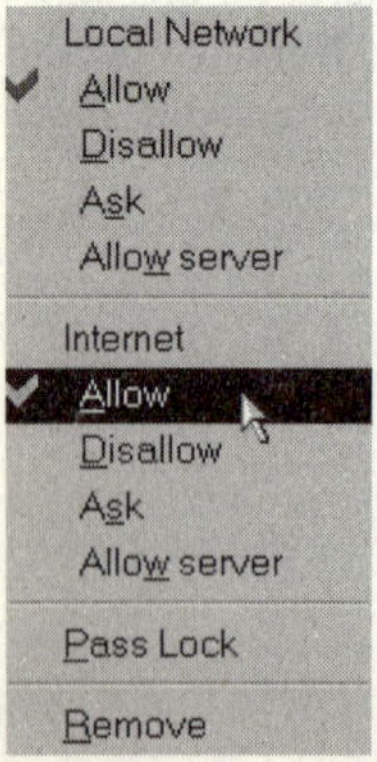

Das Kontextmenü zum Festlegen der Zugriffsregeln

4. Im Kontextmenü können Sie zunächst getrennt für das lokale Netzwerk (*Local Network*) und das *Internet* festlegen, ob der Zugriff durch die Anwendung zulässig (*Allow*) oder unzulässig (*Disallow*) sein oder jedes Mal per interaktiver Rückfrage (*Ask*) genehmigt werden soll. Zusätzlich können Sie einstellen, ob die Anwendung in der jeweiligen Zone als Server auftreten darf (*Allow server*).

5. Sehr wichtig kann die Einstellung *Pass Lock* sein, die sich ebenfalls für jede Anwendung individuell einstellen lässt. Sie erlaubt es einer Anwendung, auf das Internet zuzugreifen, selbst wenn der allgemeine Internetzugriff eigentlich durch ZoneAlarm unterbunden ist (durch den großen roten Stop-Knopf). Allerdings sollte man mit dieser Ausnahmegenehmigung wirklich sparsam umgehen, da sonst das Sicherheitskonzept von ZoneAlarm durchlöchert wird.

6. Mit der Funktion *Remove* können Sie schließlich einzelne Anwendungen komplett aus der Datenbank von ZoneAlarm entfernen. Das macht Sinn, wenn Sie ein Programm mittlerweile deinstalliert haben oder wenn Sie für eine Anwendung die Regeln interaktiv komplett neu einstellen wollen.

Die Einstellungen der Sicherheitszonen

ZoneAlarm unterscheidet zwei verschiedene Sicherheitszonen. Die eine bezieht sich auf das lokale Netzwerk. Dieses umfasst den eigenen Rechnern und eventuell darauf laufende Server, etwa den Personal Webserver. Wenn der PC darüber hinaus etwa per Netzwerkkarte direkt mit anderen Rechner verbunden ist, zählen diese ebenfalls zum lokalen Netzwerk. Die andere Zone, von ZoneAlarm allgemein als *Internet* bezeichnet, umfasst alles, was darüber hinaus geht, also alle Rechner, mit denen eine Verbindung per TCP/IP etwa über eine Einwählverbindung aufgebaut wird.

Dieses zweigeteilte Konzept ermöglicht, verschiedene Sicherheitsanforderungen an verschiedene Rechner zu stellen. So geht vom eigenen PC oder den Rechnern von Kollegen im lokalen Netzwerk in der Regel keine so große Gefahr aus wie von beliebigen Servern aus dem Internet. Dementsprechend kann man in der lokalen Zone großzügiger und weniger restriktiv sein. Begibt man sich hingegen in die gefährlichen Weiten des Internets, sollte ZoneAlarm besser aufpassen und strenger kontrollieren.

1. Um die Einstellungen für die verschiedenen Sicherheitszonen vorzunehmen, klicken Sie im zentralen Steuermodul von ZoneAlarm auf die Schaltfläche *Security*. ZoneAlarm erweitert sein Fenster darauf, um die Sicherheitseinstellungen.

2. In der linken, grünen Hälfte des Fensters sehen Sie die Einstellungen für die lokale Zone (*Local*). Über den Schieberegler in der Mitte kann die Sicherheitsebene erhöht oder verringert werden. Die Standardeinstellung für die lokale Zone ist *Medium*. In dieser Ebene werden die Anwendungsregeln kontrolliert und eine Internetblockade durch ZoneAlarm blockiert wirklich allen Datenverkehr. Allerdings wird der Zugriff auf durch Windows freigegebene Ressourcen wie Netzlaufwerke und Drucker erlaubt und Ihr PC sowie seine freigegebenen Dienste sind im lokalen Netzwerk sichtbar.
3. In der rechten, blauen Hälfte finden Sie die entsprechenden Einstellungen für die Internetzone. Hier ist die Standardsicherheitsebene *High*. Dabei wird zusätzlich zu den Sicherheitsmaßnahmen der mittleren Stufe auch der Zugriff auf freigegebene Windows-Ressourcen blockiert und die Firewall versteckt sämtliche unbenutzten Ports, um Ihren PC nicht unnötigen Angriffen auszusetzen.

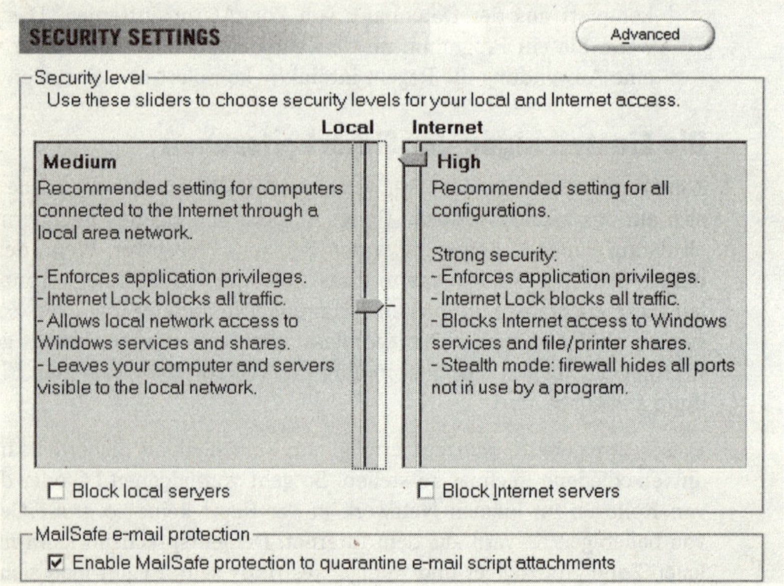

Die Sicherheitseinstellungen von ZoneAlarm werden in eine lokale und eine Internetzone unterteilt

4. Zusätzlich können Sie für beide Zonen die Option *Block local servers* bzw. *Block Internet servers* aktivieren. Damit werden für die jeweilige Zone sämtliche Serverdienste, die Ihr PC anbieten könnte, blockiert. Wichtig: Diese globale Option überstimmt eventuelle individuelle Anwendungsregeln, mit denen Sie einzelnen Programmen womöglich erlaubt haben, als Server aufzutreten.

TIPP

Die MailSafe-Quarantäne

ZoneAlarm bietet eine Quarantäne-Funktion für potenziell gefährliche VBS-Skripts in empfangenen E-Mails an. Diese Funktion wird über die Option *Enable MailSafe protection to quarantine e-mail script attachments* in den *Security*-Einstellungen gesteuert. Im Allgemeinen sollte diese Option aktiviert sein. In einzelnen Fällen können sich allerdings Probleme mit E-Mail-Programmen oder anderen Mailviren-Schutzprogrammen ergeben. In diesem Fall sollten Sie diese Option ausschalten, um die Quarantäne-Funktion zu deaktivieren.

Internet Lock – die Internetblockade

TIPP

Die Internetblockade sinnvoll umgehen

In einigen Fällen kann es sinnvoll sein, die Internetblockade umgehen zu lassen. Wenn Sie beispielsweise Ihr E-Mail-Programm regelmäßig alle zehn Minuten nach neuen E-Mails prüfen lassen, kann das nur klappen, wenn kein Internet Lock aktiv ist bzw. wenn das E-Mail-Programm die Blockade umgehen darf. In dem Fall sollten Sie also für das E-Mail-Programm (und nur dafür) die Pass Lock-Regel aktivieren und die automatische Internetblockade im weniger sicheren *Pass Lock programs may access the Internet*-Modus laufen lassen. Andererseits könnte man sich auch auf den Standpunkt stellen, dass eine regelmäßige E-Mail-Prüfung überflüssig ist, wenn das Internet-Lock aufgrund einer längeren Inaktivität des PCs aktiviert wurde, Sie sich also vermutlich gerade ohnehin nicht am Rechner aufhalten. So gesehen könnte das E-Mail-Programm mit dem nächsten Check also auch warten, bis Sie den PC wieder benutzen. Generell sollte man ZoneAlarm stets mit den möglichst sichersten Einstellungen betreiben und Ausnahmen nur dann vorsehen, wenn sie wirklich notwendig sind und vertretbar erscheinen.

Eine der mächtigsten Funktionen von ZoneAlarm ist das Internet Lock, die völlige Blockade sämtlichen Internetverkehrs, unabhängig davon, welche Anwendung darauf zugreifen möchte. Diese Funktion ist insbesondere dann interessant, wenn Ihr PC regelmäßig längere Zeit mit dem Internet verbunden ist – entweder permanent durch eine Anbindung über das lokale Netzwerk oder zumindest längere Zeit, wenn Sie sich zeitunabhängig etwa mit einer Flatrate ins Internet einwählen. Wie Sie das Internet Lock mit dem großen roten Knopf im zentralen Steuermodul von ZoneAlarm jederzeit aktivieren können, haben wir weiter vorn bereits gezeigt. Es gibt aber auch die sehr praktische Möglichkeit, die Internetblockade unter bestimmten Umständen automatisch zu aktivieren. So lässt sich der Sicherheitsstatus Ihres PCs enorm erhöhen, ohne dass Sie selbst ständig daran denken müssen.

1. Um die Einstellungen für die Internetblockade vorzunehmen, klicken Sie im zentralen Steuermodul von ZoneAlarm auf die Schaltfläche *Lock*. Damit erweitern Sie das ZoneAlarm-Fenster um das Menü *Internet Lock Settings*.

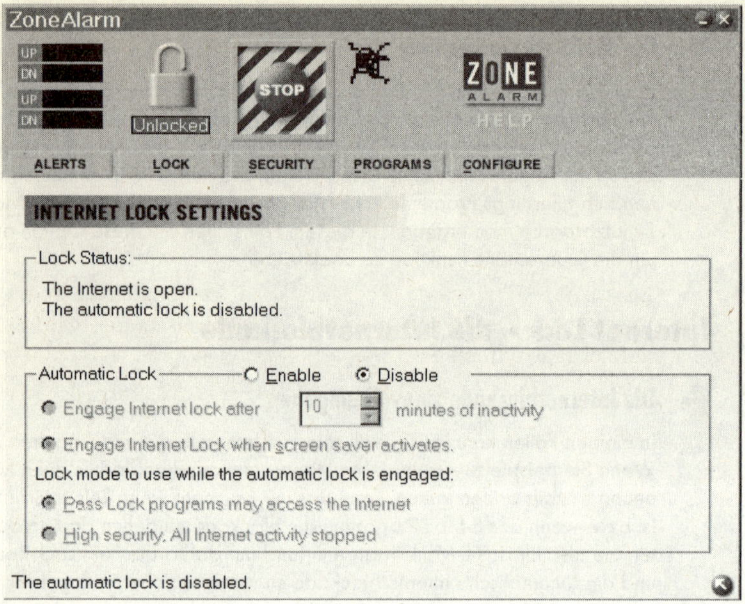

Die Standardeinstellungen für das Internet Lock von ZoneAlarm

2. Standardmäßig ist die Automatische Aktivierung des Internet Lock ausgeschaltet, d. h., die Internetblockade kann nur manuell über den Stop-Knopf im Steuermodul ein- bzw. ausgeschaltet werden. Um die Funktionen zum automatischen Aktivieren des Internet Lock einzuschalten, aktivieren Sie die Option *Enable* im Bereich *Automatic Lock*.

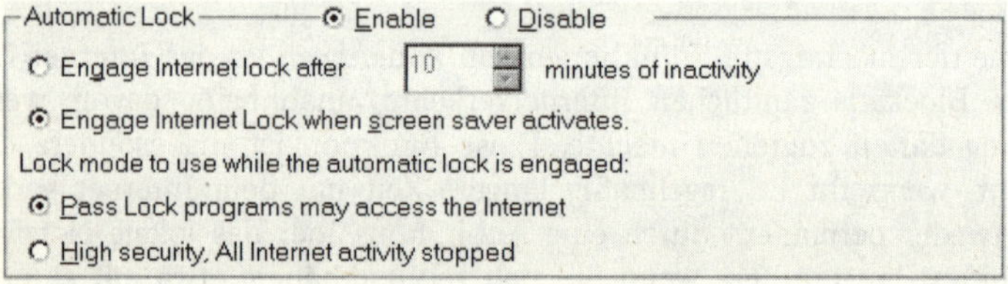

Die Optionen zum automatischen Aktivieren des Internet Lock

3. Wenn das automatische Aktivieren des Internet Lock eingeschaltet ist, gibt es zwei Möglichkeiten, wie die Internet Blockade aktiviert werden kann. Mit der Option *Engange Internet lock after X minutes of inactivity* sorgen Sie dafür, dass die Internetblockade automatisch nach einem bestimmten Zeitraum ohne Aktivität auf Ihrem PC beginnt. Diese Inaktivität bezieht sich nicht nur auf Datenverkehr, sondern auf jede Art von Aktivität (ähnlich wie bei einem Bildschirmschoner). Wurde die Internetblockade auf diese Weise ausgelöst, muss sie explizit durch den Stop-Knopf im zentralen Steuermodul wieder aufgehoben werden.

4. Eine ähnliche Möglichkeit bietet die Option *Engange Internet Lock when screen saver activates*. Sie koppelt die Aktivierung der Internetblockade an den systemweit eingestellten Bildschirmschoner Ihres PCs. Das Ergebnis ist ähnlich, führt aber zu einigen Unterschieden. Zum einen lässt sich so der gewünschte Zeitraum der Inaktivität zentral steuern (und es gibt nicht womöglich Abweichungen zwischen Bildschirmschoner und Internetblockade). So kann man stets sicher sein, dass bei aktivem Bildschirmschoner der Datenverkehr blockiert wird. Außerdem gibt es Bildschirmschoner, die man bei Bedarf sofort manuell starten kann, wodurch auch das Internet-Lock sofort aktiv würde. Schließlich gibt es noch einen weiteren, wichtigen Unterschied: Deaktiviert man den Bildschirmschoner, wird auch die Internetblockade automatisch wieder aufgehoben.

5. Wenn das Internet-Lock aktiv ist, gibt es zwei unterschiedlich sichere Betriebsarten: Mit der Option *Pass Lock programs may access the Internet* gestatten Sie Programmen, bei denen die Pass Lock-Regel aktiviert ist, die Internetblockade zu umgehen. Mit *High security, All Internet activity stopped* hingegen gehen Sie ganz auf Nummer Sicher und unterbinden unabhängig von den sonstigen Anwendungsregeln sämtliche Aktivitäten.

Mit Alarmen umgehen

Neben den interaktiven Rückfragen von ZoneAlarm bei Zugriffsversuchen von Anwendungen auf das Internet gibt es noch eine weitere Art von Rückmeldung, mit der sich das Programm melden kann. So genannte Alarme werden immer dann ausgelöst, wenn ZoneAlarm automatisch bestimmte Aktionen unterbindet. Das kann z. B. ein Verbindungsversuch eines externen Rechners auf einen der Ports Ihres PCs sein, wenn für die Internetzone die standardmäßige höchste Sicherheitsstufe aktiviert ist. In einem solchen Fall blendet das Programm ein Alarmfenster ein, das Ihnen die wichtigsten Informationen zur blockierten Aktion gibt.

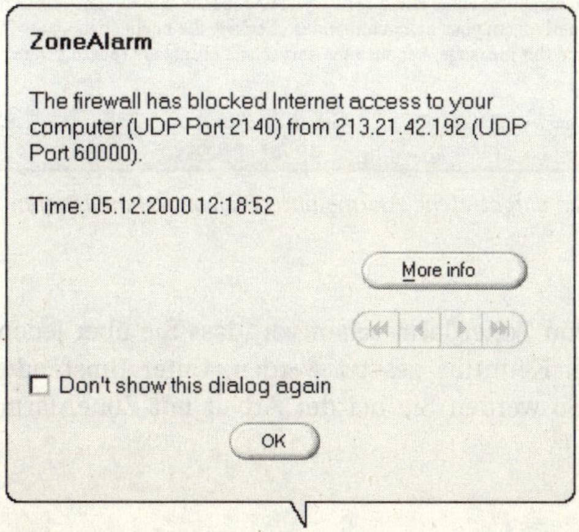

ZoneAlarm alarmiert Sie über einen blockierten Zugriff

In den meisten Fällen steht Ihnen in diesem Alarmfenster die Schaltfläche *More info* zur Verfügung, mit der Sie zusätzliche Informationen zu diesem „Störfall" abrufen können. ZoneAlarm öffnet dann den Webbrowser und zeigt hier ausführliche Informationen zum Alarm an, etwa von welcher IP-Adresse die Störung ausgelöst wurde. Zusätzlich stellt das Programm Hilfen bereit, mit denen Sie der Identität des Angreifers auf die Spur kommen können (*Who ist this?*). Darunter finden Sie schließlich Erläuterungen und Tipps, was der Alarm genau bedeutet und wie Sie damit umgehen können. Bei diesem *AlertAnalyzer* handelt es sich um einen Onlineservice des ZoneAlarm-Herstellers, der allerdings nur funktioniert, wenn Ihr PC auch gerade eine Onlineverbindung hat.

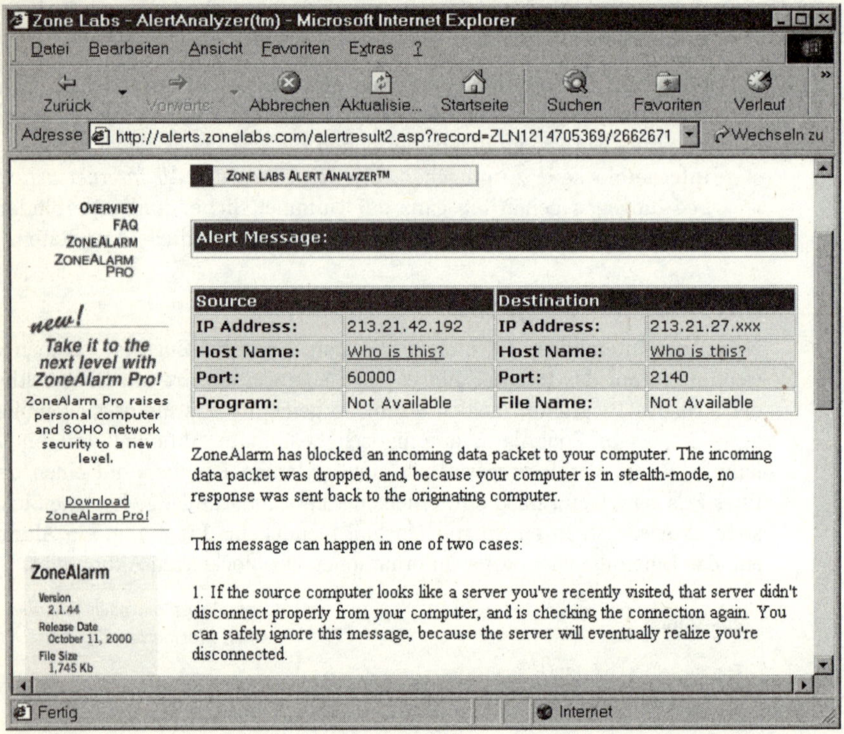

Mit dem AlertAnalyzer können Sie aufgetretene Alarme untersuchen und analysieren

Alarme effektiv steuern

Die Standardeinstellungen von ZoneAlarm sehen vor, dass Sie über jeden Alarm mit einem Hinweisfenster in Kenntnis gesetzt werden. Unter Umständen kann dies aber auch lästig sein. So werden Sie bei der Arbeit mit ZoneAlarm relativ schnell feststellen, dass Sie bei der Einwahl etwa über einen Call-by-Call-Provider relativ häufig Opfer von Portscans werden (siehe hierzu auch Kapitel 1). Das ist an sich nicht weiter tragisch, solange die Angreifer nicht fündig werden und einen offenen Port oder gar einen aktiven Trojaner vorfinden. Da ZoneAlarm bei solchen Portscans aber einen Alarm auszulösen pflegt, kann der Vorgang schon lästig werden. Allerdings kann man das genaue Verhalten von ZoneAlarm bei Alarmen in gewissem Umfang in die gewünschten Bahnen lenken.

1. Um die Alarmeinstellungen von ZoneAlarm anzupassen, klicken Sie im zentralen Steuermodul auf die Schaltfläche *Alerts*. Im dadurch aufgerufenen Menü finden Sie die entsprechenden Optionen vor.

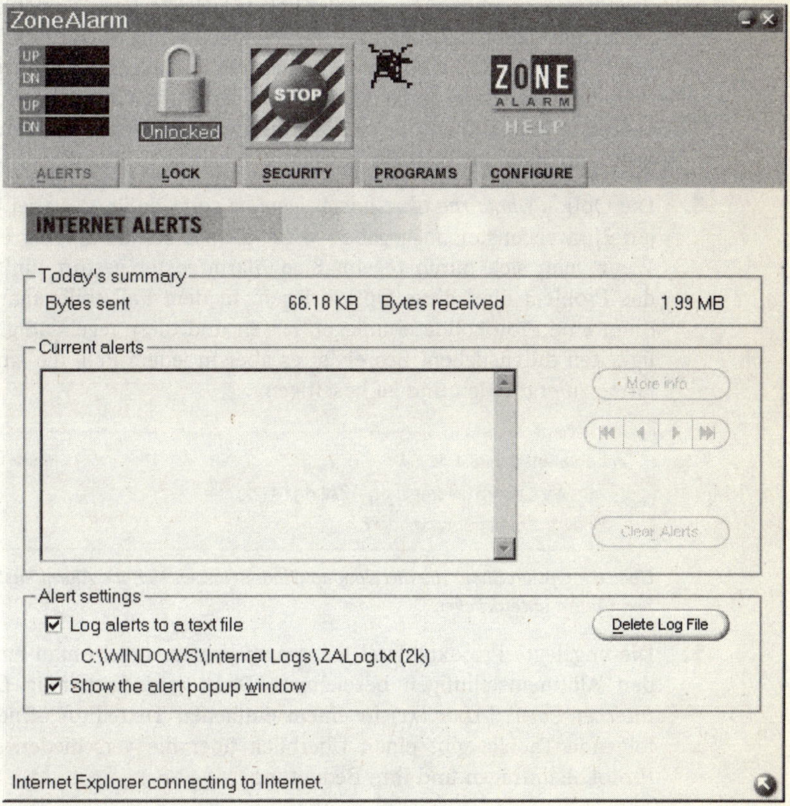

Die Alarm-Einstellungen von ZoneAlarm

2. Ganz oben finden Sie zunächst eine kurze Zusammenfassung des heutigen Tages (*Today's summary*) mit der Anzahl der gesendeten und empfangenen Daten. Darunter sehen Sie die aktuellen Alarme, die von ZoneAlarm registriert wurden. Mit den Navigationstasten können Sie die verschiedenen Alarme durchgehen und untersuchen. Die Schaltfläche *More info* ruft auch hier für den gerade angezeigten Alarm den AlertAnalyzer auf. Mit *Clear Alerts* können alle angezeigten Alarme gelöscht werden.

3. Ganz unten folgen schließlich die *Alert settings*, die Alarmeinstellungen. Mit der Option *Log alerts to a text file* lassen Sie alle Alarme in einer Textdatei protokollieren. Der genaue Name und Pfad dieser Datei werden darunter angegeben. Mit einem Klick auf *Delete Log File* wird der aktuelle Inhalt der Datei gelöscht und die Protokollierung wieder von vorn begonnen. Das Protokollieren von Alarmen ist auf alle Fälle sinnvoll. So kann man beispielsweise durch Überprüfen der Aufzeichnungen Angriffsmuster erkennen bzw. prüfen, ob von bestimmten Adressen aus bereits früher Angriffe durchgeführt wurden.

4. Die Option *Show the alert popup window* sorgt dafür, dass bei jedem Alarm ein Hinweisfenster ausgegeben wird. Sie ist standardmäßig eingeschaltet. Wenn man sich durch regelmäßige Alarmfenster gestört fühlt, kann man das Problem über diese Option lösen. In dem Fall sollte man aber unbedingt eine Protokolldatei anlegen lassen und diese regelmäßig nach Auffälligkeiten durchsuchen. Besser ist es aber in jedem Fall, die Ursache der Alarme zu ergründen und zu beseitigen.

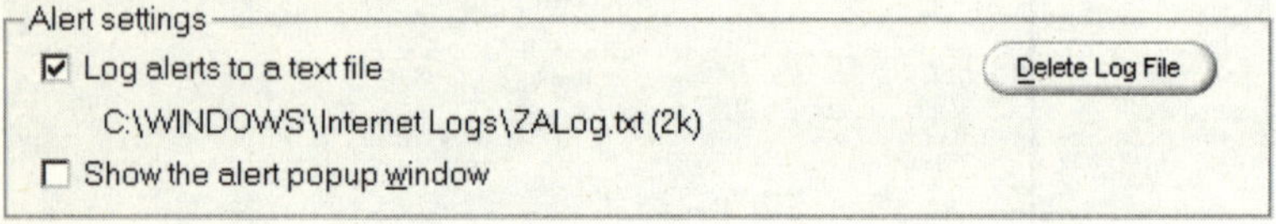

Über die Option Show the alert popup window lassen sich die Alarmfenster von ZoneAlarm unterdrücken

5. Die angelegte Protokolldatei kann man prüfen, indem man einfach die bei den Alarmeinstellungen bezeichnete Datei (standardmäßig *C:\Windows\Internet Logs\ZALog.txt*) in einem einfachen Texteditor öffnet. Die nachfolgende Tabelle gibt einen Überblick über die verschiedenen Arten von Protokolleinträgen und ihre Bedeutung.

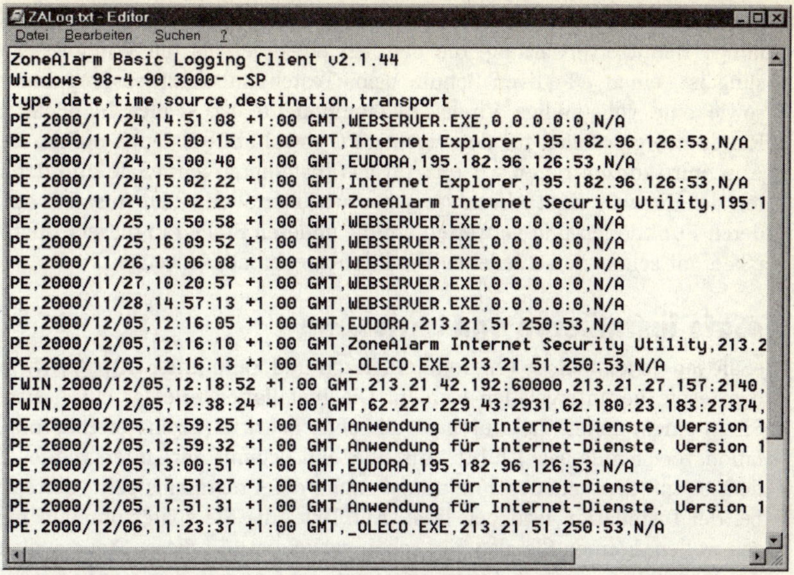


```
ZoneAlarm Basic Logging Client v2.1.44
Windows 98-4.90.3000- -SP
type,date,time,source,destination,transport
PE,2000/11/24,14:51:08 +1:00 GMT,WEBSERVER.EXE,0.0.0.0:0,N/A
PE,2000/11/24,15:00:15 +1:00 GMT,Internet Explorer,195.182.96.126:53,N/A
PE,2000/11/24,15:00:40 +1:00 GMT,EUDORA,195.182.96.126:53,N/A
PE,2000/11/24,15:02:22 +1:00 GMT,Internet Explorer,195.182.96.126:53,N/A
PE,2000/11/24,15:02:23 +1:00 GMT,ZoneAlarm Internet Security Utility,195.1
PE,2000/11/25,10:50:58 +1:00 GMT,WEBSERVER.EXE,0.0.0.0:0,N/A
PE,2000/11/25,16:09:52 +1:00 GMT,WEBSERVER.EXE,0.0.0.0:0,N/A
PE,2000/11/26,13:06:08 +1:00 GMT,WEBSERVER.EXE,0.0.0.0:0,N/A
PE,2000/11/27,10:20:57 +1:00 GMT,WEBSERVER.EXE,0.0.0.0:0,N/A
PE,2000/11/28,14:57:13 +1:00 GMT,WEBSERVER.EXE,0.0.0.0:0,N/A
PE,2000/12/05,12:16:05 +1:00 GMT,EUDORA,213.21.51.250:53,N/A
PE,2000/12/05,12:16:10 +1:00 GMT,ZoneAlarm Internet Security Utility,213.2
PE,2000/12/05,12:16:13 +1:00 GMT,_OLECO.EXE,213.21.51.250:53,N/A
FWIN,2000/12/05,12:18:52 +1:00 GMT,213.21.42.192:60000,213.21.27.157:2140,
FWIN,2000/12/05,12:38:24 +1:00 GMT,62.227.229.43:2931,62.180.23.183:27374,
PE,2000/12/05,12:59:25 +1:00 GMT,Anwendung für Internet-Dienste, Version 1
PE,2000/12/05,12:59:32 +1:00 GMT,Anwendung für Internet-Dienste, Version 1
PE,2000/12/05,13:00:51 +1:00 GMT,EUDORA,195.182.96.126:53,N/A
PE,2000/12/05,17:51:27 +1:00 GMT,Anwendung für Internet-Dienste, Version 1
PE,2000/12/05,17:51:31 +1:00 GMT,Anwendung für Internet-Dienste, Version 1
PE,2000/12/06,11:23:37 +1:00 GMT,_OLECO.EXE,213.21.51.250:53,N/A
```

So sieht eine Protokolldatei von ZoneAlarm üblicherweise aus

Art des Eintrags	Bedeutung	Enthaltene Informationen
FWIN	eine eintreffende Anfrage wurde blockiert	Datum und Uhrzeit IP-Adresse und Portnummer des Absenderrechners IP-Adresse und Portnummer des Zielrechners Verwendetes Protokoll (TCP, UDP, ICMP oder IGMP)
FWOUT	eine herausgehende Anfrage wurde blockiert	Datum und Uhrzeit verursachende Anwendung IP-Adresse und Portnummer des Zielrechners Verwendetes Protokoll (TCP, UDP, ICMP oder IGMP)
PE	Verbindungsversuch einer Anwendung wurde blockiert	Datum und Uhrzeit Verursachende Anwendung IP-Adresse und Portnummer des Zielrechners

Flexibel und leistungsstark: eSafe für Fortgeschrittene

Mit *ZoneAlarm* haben wir Ihnen auf den vorangegangenen Seiten eine leicht zu bedienende und trotzdem komplette Firewall-Lösung vorgestellt, die einen PC effektiv überwachen und schützen kann. Nun wollen wir Ihnen noch eine Alternative zeigen, die zwar etwas aufwendiger zu benutzen, dafür aber auch deutlich leistungsfähiger ist und sich vor allem wesentlich flexibler an die persönlichen Sicherheitsbedürfnisse anpassen lässt. *eSafe* ist eine Sicherheitslösung, die einen erheblich umfassenderen Ansatz als ZoneAlarm verfolgt. Sie ist auch - aber eben nicht nur - eine Firewall-Lösung. Darüber hinaus bietet sie auch eine leistungsfähige Benutzerverwaltung, die deutlich effektiver als die Windows-eigene Lösung ist, einen effektiven Schutz beim Testen unbekannter Programme bietet sowie eine vollständige Virenschutzkomponente ist - alles in allem also ein Rundumsorglos-Paket für den eigenen PC sowohl off- als auch online. In diesem Abschnitt konzentrieren wir uns auf das Installieren von eSafe und das Einrichten der Firewall. Zum Abschluss geben wir aber auch einen Ausblick auf die anderen Funktionen und verweisen auf die anderen Stellen in diesem Buch, wo wir eSafe mit seinen verschiedenen Funktionen ebenfalls einsetzen.

eSafe installieren und aktivieren

eSafe ist als kostenlose Freeware erhältlich und kann unter http://www.ealladin.com/esafe heruntergeladen werden. Die Installation erledigt ein Assistent, der Sie in einem ersten Teil durch die üblichen Schritte (Lizenzvereinbarung, Installationsverzeichnis usw.) führt. Anschließend beginnt der „interessante" Teil, bei dem es um den genauen Funktionsumfang des Programms geht, der sich schon bei der Installation festlegen lässt. Auf Teile, die Sie später ohnehin nicht nutzen wollen, können Sie also hier schon verzichten. An dieser Stelle steigen wir in die Installation ein, um Ihnen zu zeigen, was es mit den einzelnen Teilen auf sich hat und welche verzichtbar oder unverzichtbar sind.

1. Der spannende Teil der Installation beginnt mit der Frage, ob eSafe *Standard* oder *Benutzerdefiniert* installiert werden soll. Wir empfehlen Ihnen unbedingt die benutzerdefinierte Installation, bei der Sie den Installationsumfang individuell anpassen können. Besonders, wenn Sie bereits Sicherheitssoftware wie etwa einen Virenscanner installiert haben, sollten Sie bestimmte Komponenten von eSafe nicht installieren, damit es nicht zu Konflikten kommt. Mit der *Standard*-Installation wird eSafe einfach komplett installiert. Das ist empfehlenswert, wenn Sie bislang noch keinerlei Sicherheitssoftware auf Ihrem PC laufen haben.

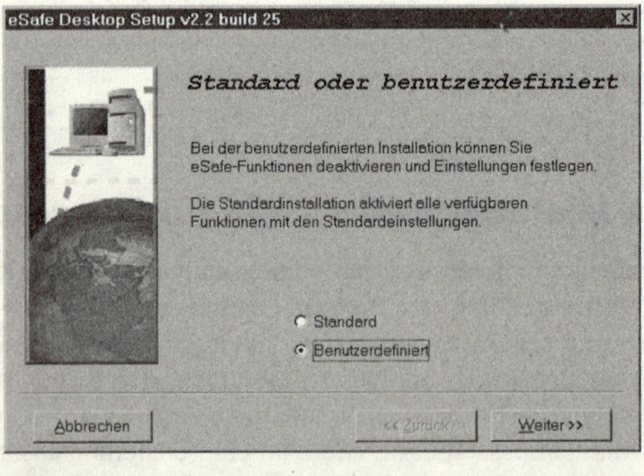

Wählen Sie die benutzerdefinierte Installation, um eSafe optimal abstimmen zu können

2. Als Erstes steht das *Sandbox-Modul* zur Disposition. Dabei handelt es sich um eine Funktion, mit der die Zugriffsrechte von Programmen auf die Ressourcen des Rechners individuell eingeschränkt werden können. Sie eignet sich besonders zum Testen neuer Programme, die so effektiv eingeschränkt werden können, wodurch das Testrisiko verringert wird. Dieses Modul sollte im Normalfall stets mitinstalliert werden.

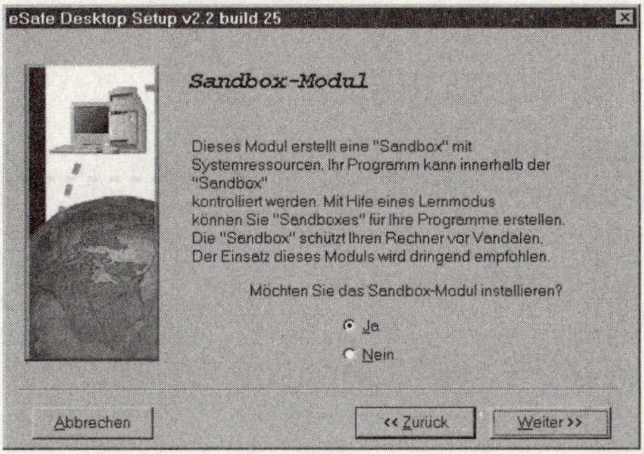

Das Sandbox-Modul kann unbekannte oder gefährliche Programme effektiv einschränken

3. Als Nächstes stellt sich die Frage nach dem *Desktop Firewall-Modul*. Diese beinhaltet die eigentliche Firewall-Funktionalität von eSafe. Wenn Sie das Programm hauptsächlich wegen dieser Funktion installieren, sollten Sie hier natürlich *Ja* wählen. Anders kann es aussehen, wenn Sie vielleicht bereits ein leistungsfähiges Firewall-Programm mit zufrieden stellenden Ergebnissen einsetzen oder sich Ihr PC in einem lokalen Netzwerk befindet, das etwa durch eine gute Hardware-Firewall geschützt ist. Dann können Sie auf dieses eSafe-Modul verzichten.

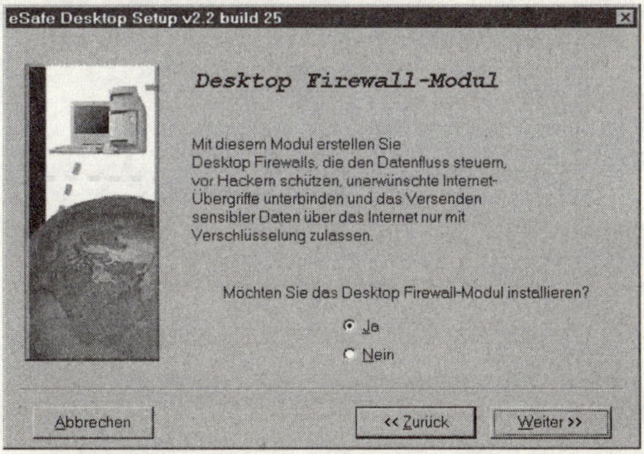

Falls noch keine entsprechende Software vorhanden ist, sollten Sie das Desktop Firewall-Modul installieren

4. Schließlich fragt der Assistent nach der *Installation von Anti-Virus*, den Virenschutzkomponenten von eSafe. Wenn Sie noch keinerlei Antiviren-Software benutzen, sollten Sie eSafe Anti-Virus vollständig installieren. Andernfalls ist es sinnvoll, *Nur den On-Demand Anti-Virus-Scanner installieren* zu lassen. Der steht dann bei Bedarf zur Verfügung und kann im Zweifelsfall für eine zweite Diagnose genutzt werden.

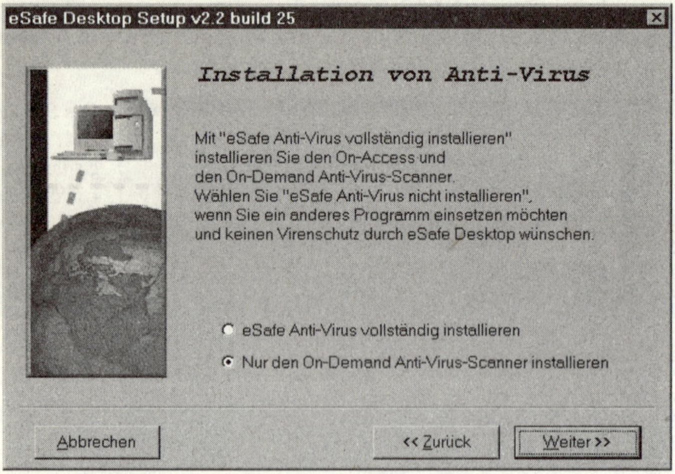

Den vollständigen Virenschutz sollten Sie nur installieren, wenn noch keine derartige Software vorhanden ist

5. Zum Abschluss werden Sie noch gebeten, Ihren Namen und Ihre E-Mail-Adresse anzugeben, um sich in der Benutzerdatenbank von eSafe registrieren zu lassen. Sie werden dann per E-Mail über Neuigkeiten auf dem Laufenden gehalten, müssen aber auch mit der einen oder anderen Werbe-E-Mail rechnen.

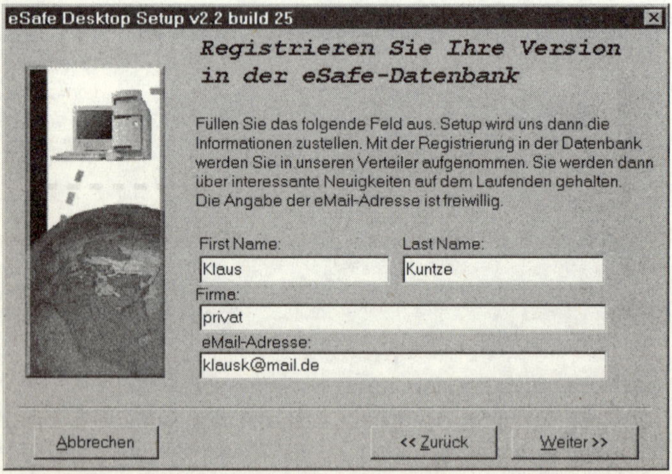

Als registrierter eSafe-Benutzer werden Sie per E-Mail auf dem Laufenden gehalten

6. Damit ist die Installation abgeschlossen. Damit eSafe aktiv werden kann, ist allerdings ein Neustart des Rechners erforderlich.

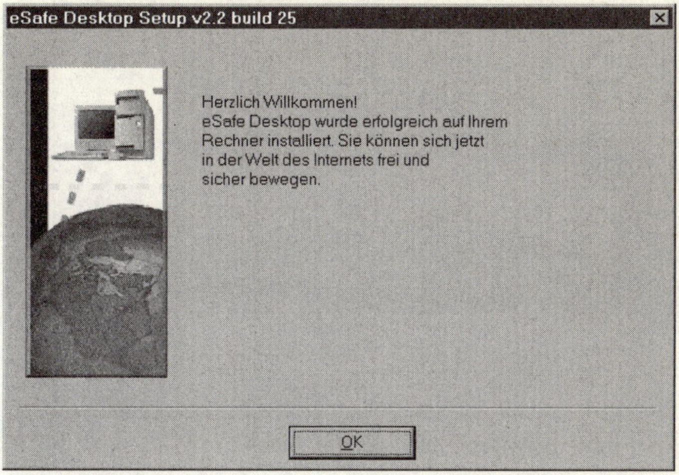

Die Installation von eSafe ist erfolgreich abgeschlossen

Der erste Start

Nach dem Neustart wird eSafe zum ersten Mal aktiviert. Dabei überprüft der Konfigurations-Assistent Ihren Rechner auf Kommunikationsprogramme, und deren potenzielle Schwachpunkte. Viele verbreitete Programme kennt eSafe bereits von Hause aus, so die populären Webbrowser Internet Explorer und Netscape Navigator, aber auch andere bekannte Internetprogramme wie Eudora oder Onlinezugangssoftware von AOL. Für diese Programme verfügt eSafe über Regelsätze, die bestimmen, auf welche Systemressourcen die Software zugreifen darf. Selbstverständlich können Sie diese Regeln Ihren Bedürfnissen anpassen bzw. ganz neue Regelsätze für Programme erstellen, die eSafe noch nicht kennt.

TIPP

Systemanalyse manuell starten

Standardmäßig führt eSafe bei jedem Systemstart eine Analyse der vorhandenen Software durch. So werden automatisch neu hinzugekommene Programme erkannt und überprüft. Allerdings ist die Prozedur etwas zeitaufwendig und eigentlich nicht ständig nötig. Sie können sie verhindern, indem Sie beim nächsten Start die Option *Aufforderung bei Neustart NICHT MEHR anzeigen* aktivieren. Dann sollten Sie die Systenanalyse aber jedes Mal manuell starten, nachdem Sie neue Software auf Ihrem Rechner installiert haben.

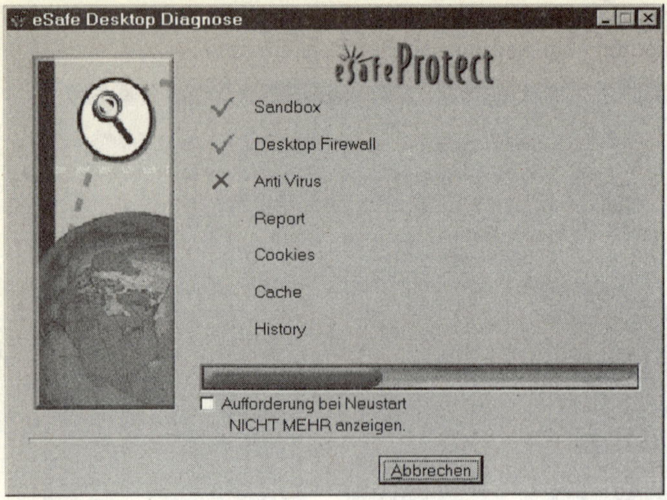

eSafe analysiert die Software auf Ihrem Rechner

Nach Abschluss der Analyse zeigt Ihnen eSafe alle bekannten Programme an, die es entdeckt hat. Hier können Sie entscheiden, welches der Programme überwacht werden soll. Standardmäßig ist das Kästchen bei jedem Eintrag aktiviert.

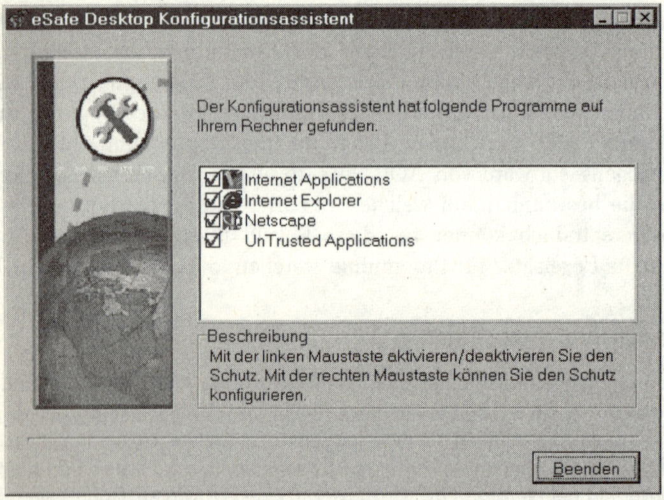

eSafe meldet alle gefundenen Kommunikationsanwendungen

Wenn eine bestimmte Software vom Überwachen ausgeschlossen werden soll, schalten Sie das Kästchen bei dem betreffenden Eintrag aus. Normalerweise ist das allerdings nicht notwendig. Nur wenn es zu Problemen mit dem Programm kommt und Sie sicher sind, das Programm bedenkenlos ausführen zu können, sollten Sie die Überwachung deaktivieren. Auf das Thema der Sandbox und das Überwachen und Einschränken von Anwendungen gehen wir in Kapitel 3 ausführlicher ein.

eSafe in Betrieb: Startleisten-Symbol und Sicherheitsmonitor

Im normalen Rechnerbetrieb bemerken Sie von eSafe nur eine kleines Icon rechts unten in der Startleiste. Es verrät Ihnen durch verschiedene Formen den Sicherheitsstatus Ihres Rechners:

- Ein Globus mit abgehenden Strahlen bedeutet, dass eSafe aktiv ist und normal funktioniert. Ihr Rechner ist sicher.
- Ein Globus mit abgehenden blinkenden Strahlen weist ebenfalls auf den bestehenden Schutz hin. Darüber hinaus besteht von Ihrem Rechner jetzt eine aktive Onlineverbindung. Sie bedeutet eine erhöhte Gefahr. Trotzdem ist Ihr Rechner sicher.
- Ein Globus mit roten Strahlen bedeutet höchste Alarmstufe. eSafe ist nicht aktiv (z. B. weil sie es vorübergehend deaktiviert haben) und Ihr Rechner ist zur Zeit ungeschützt.

Das Globus-Symbol zeigt jederzeit den Sicherheitszustand von eSafe an

Durch einen Doppelklick auf das Symbol öffnen Sie den Sicherheits-Monitor. Er gibt detailliertere Auskunft über den Systemstatus:

- Die *Protection*-Skala gibt die Sicherheitsstufe Ihres Systems wieder. Sie hängt vom gewählten *Protection Level* (siehe unten) ab.
- Die *Activity*-Anzeige verrät Ihnen, wie stark die sicherheitsrelevante Aktivität auf Ihrem Rechner zur Zeit ist. Sie hängt z. B. von bestehenden Onlineverbindungen und gestarteten Anwendungen ab.
- Rechts daneben sehen Sie Anzeigen für die verschiedenen Onlineaktivitäten. Sie werden in *FTP* (Dateitransfer), *WEB* fürs WWW, *MAIL* für E-Mail und sonstige (*OTHER*) unterschieden.
- Unterhalb des Monitors stellen Sie das Protection Level ein. Die vier Level *AUS* (keine Sicherheit), *NIEDRIG*, *OPTIMAL* und *EXTREM* (sehr hohe Sicherheit) stehen zur Verfügung. Normalerweise bietet die Option *OPTIMAL* einen guten Kompromiss zwischen Sicherheit und Peformance. *EXTREM* ist nur für sehr kritische Anwendungen nötig. *AUS* sollten Sie eSafe möglichst nie stellen. Nur wenn eine dringend benötigte Anwendung zu stark behindert wird, ist diese Einstellung sinnvoll.

Außerdem erlaubt der Sicherheits-Monitor den Zugriff auf den Konfigurations-Assistenten (*Optionen*) und den Virenscanner (*Anti-Virus*).

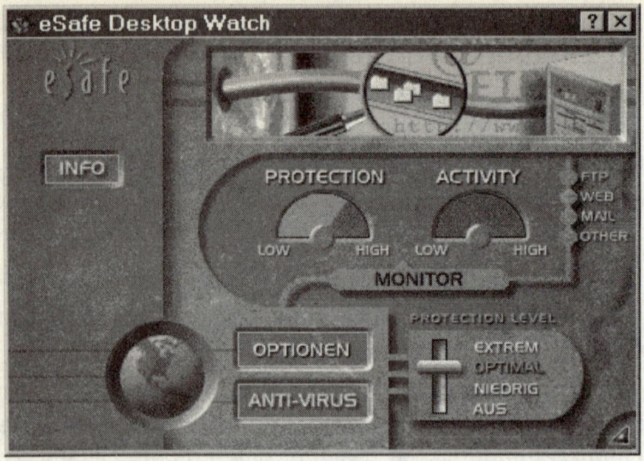

Alles im Überblick: Der zentrale Sicherheitsmonitor von eSafe

eSafe als Firewall einsetzen

Nachdem eSafe installiert und aktiviert ist, können Sie an das Einrichten des Firewall-Moduls gehen. Ganz wichtig hierbei: Im Gegensatz zu anderen Produkten bietet eSafe nach der Installation zunächst erst mal gar keinen Schutz. Erst wenn man den Filter entsprechend konfiguriert hat, wird die Firewall auch aktiv. eSafe bietet eine ganze Reihe von verschiedenen Möglichkeiten, Regeln für die Firewall zu erstellen. Im Folgenden zeigen wir Ihnen die wichtigsten Einstellungen.

1. Den Zugang zu den Firewall-Einstellungen (und allen anderen eSafe-Optionen) finden Sie im Sicherheitsmonitor von eSafe. Klicken Sie hier auf die Schaltfläche *Optionen*.

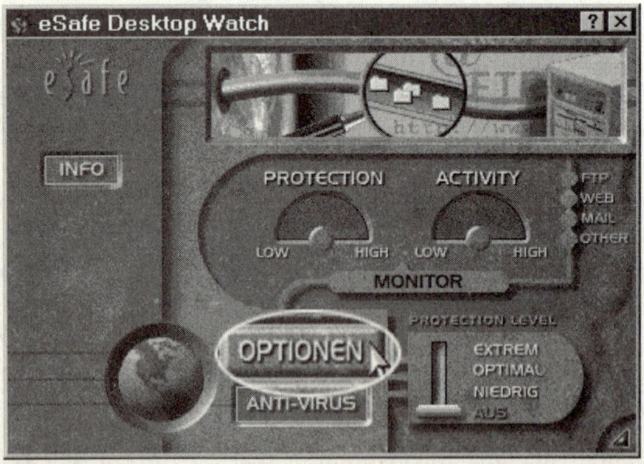

Mit Optionen erhalten Sie Zugang zu den Einstellungen von eSafe

2. Damit rufen Sie zunächst den Konfigurationsassistenten auf, mit dem Sie eSafe schrittweise konfigurieren können. Für individuelle Firewall-Einstellungen klicken Sie aber am besten auf die Schaltfläche *Erweiterte Konfiguration*.

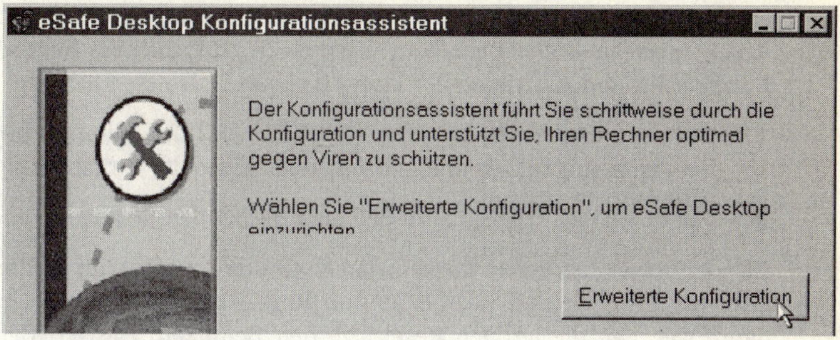

Die erweiterte Konfiguration bringt Sie direkt in die individuellen Einstellungen

3. Dadurch gelangen Sie direkt in die umfangreichen Einstellmenüs von eSafe. Die Navigationsleiste am linken Fensterrand erlaubt, zwischen den verschiedenen Kategorien der Optionen hin und her zu wechseln. Standardmäßig wird die oberste Kategorie *Sandbox* angezeigt. Um zu den Firewall-Einstellungen zu gelangen, klicken Sie in der Navigationsleiste auf die Schaltfläche *Desktop Firewall*. Daraufhin werden in der rechten Fensterhälfte die Menüs für die Firewall-Einstellungen angezeigt.

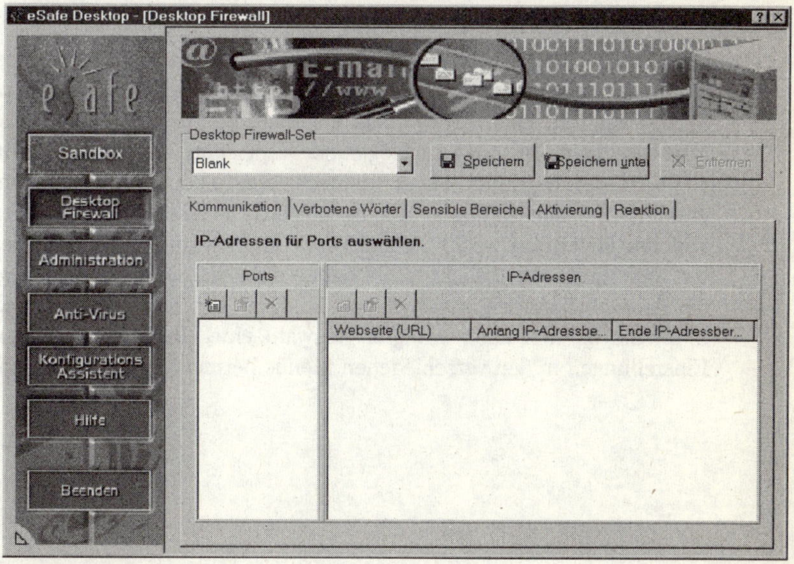

Die Firewall-Einstellungen von eSafe

Vorgefertigte Regelsätze verwenden

Eines der grundlegenden Konzepte bei eSafe sind die Regelsätze. Da sich mit den flexiblen Einstellungsmöglichkeiten von eSafe eine Vielzahl von Regeln erstellen lassen, kann man diese einzeln kaum sinnvoll handhaben. Deshalb lassen sich einmal erstellte Regeln in Regelsätze zusammenfassen. Statt einzelner Regeln weist man den Benutzern dann einen oder mehrere Regelsätze zu. Zum Einzustellen und Aktivieren der Firewall gehören also zwei Schritte:

1. Erstellen eines oder mehrerer Regelsätze mit den Filterregeln für die Firewall bzw. Auswählen und ggf. Anpassen eines der vorhandenen Regelsätze.

2. Zuordnen der Regelsätze zu den entsprechenden Benutzern.

Auf den folgenden Seiten konzentrieren wir uns zunächst auf den ersten Schritt, also das Erstellen und Bearbeiten von Regelsätzen. Zum Abschluss zeigen wir dann, wie man die fertigen Regelsätze den Benutzern zuweist. Bevor man sich mit dem Erstellen oder Ändern von Filterregeln beschäftigt, sollte man sich mit dem Umgang mit Regelsätzen vertraut machen, da sie die einzige Möglichkeit darstellen, durchgeführte Änderungen auch dauerhaft zu speichern. Die Funktionen zum Umgang mit Regelsätzen finden Sie in den Firewall-Einstellungen ganz oben im Bereich *Desktop Firewall-Set*.

Die Funktionen zum Umgang mit Regelsätzen

Ganz links befindet sich ein Auswahlfeld. Hier sind alle Regelsätze aufgeführt, die eSafe gespeichert hat. Darunter sind sowohl eine Reihe von vorgefertigten Sätzen, die mit installiert wurden, als auch die individuellen Regelsätze, die Sie selbst im Laufe der Zeit angelegt und gespeichert haben. Standardmäßig eingestellt ist der Regelsatz *Blank* (deutsch „leer"), der praktisch keinerlei Regeln enthält, also alle Aktionen uneingeschränkt zulässt. Sie können zu einem der anderen Regelsätze wechseln, indem sie einfach im Auswahlfeld den gewünschten Satz einstellen. Beachten Sie dabei, dass Sie den jeweiligen Regelsatz durch die Auswahl keinesfalls aktivieren. Sie rufen ihn lediglich zum Bearbeiten auf, d. h., Sie können nach erfolgter Auswahl eines Regelsatzes dessen detaillierte Einstellungen in den verschiedenen Menüs betrachten und verändern.

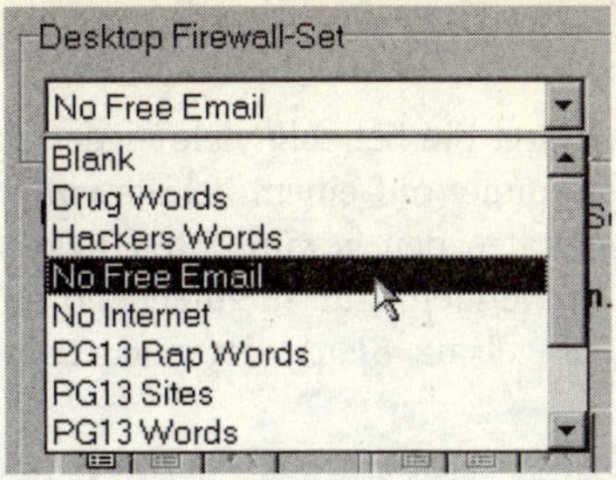

Über das Auswahlfeld wählen Sie Regelsätze zum Bearbeiten aus

Beim Installieren von eSafe werden bereits eine Reihe von vorgefertigten Regelsätzen eingerichtet, die Sie sich zu Nutze machen können. Gleichzeitig können diese Regelsätze als Beispiele und Anregungen für das Erstellen eigener Regeln dienen. Die folgende Tabelle gibt einen Überblick über die vorgefertigten Regelsätze und ihre Bedeutung.

Regelsatz-Name	**Bedeutung**
Blank	Der "leere" Regelsatz, der nach der Installation standardmäßig verwendet wird. Er umfasst KEINERLEI Beschränkungen!
Drug Words	Ein Wortfilter, der (einige wenige) Schlüsselwörter zum Thema „Drogen" enthält und entsprechende Adressen, Webseiten und Newsbeiträge herausfiltert.
Hackers Words	Ein Wortfilter, der eine umfangreiche Liste mit Schlüsselwörtern zum Thema „Hacker" enthält und entsprechende Adressen, Webseiten und Newsbeiträge herausfiltert.
No Free Email	Ein Wortfilter, der zahlreiche Begriffe und Adressen aus dem Bereich „kostenlose E-Mail" enthält und entsprechende Adressen, Webseiten und Newsbeiträge herausfiltert.
No Internet	Ein sehr restriktiver Portfilter, der jeglichen Internetverkehr effektiv unterbindet.
PG13 Rap Words *PG13 Sites* *PG13 Words*	Drei Jugendschutzfilter, die gemeinsam Adressen und Schlüsselwörter, die für Kinder und Jugendliche nicht geeignet sind, ausfiltern.
Racist Words	Wortfilter mit einer umfangreichen Sammlung von internationalen rassistischen Begriffen.
Spanish Profanity	Eine Sammlung von spanischen Kraftausdrücken, die per Wortfilter unterdrückt werden.
Trojan/Hackers Ports	Ein Portfilter, der den Datenverkehr auf allen Ports blockiert, die üblicherweise von Trojanern oder ähnlichen Hacker-Tools verwendet werden.

Eigene Regelsätze erstellen

Neben den vorgefertigten Regelsätzen können Sie beliebig viele eigene Regelsätze erstellen. Ein eigener Regelsatz basiert immer auf einem bereits vorhandenen Satz. Wenn einer der vorgefertigten Regelsätze den gewünschten Regeln schon recht nahe kommt, können Sie diesen verwenden und entsprechend anpassen. Andernfalls verwenden Sie einfach den Regelsatz *Blank*, der noch keine Regel enthält.

Wenn Sie die eigenen Regeln in den Menüs erstellt haben (welche Möglichkeiten es hier genau gibt, zeigen wir auf den folgenden Seiten), speichern Sie die Regeln in einem eigenen Regelsatz, indem Sie im Bereich *Desktop Firewall-Set* auf die Schaltfläche *Speichern unter* klicken. Daraufhin wird das Eingabefenster *Set-Namen eingeben* angezeigt, in dem Sie einen Namen für den neuen Regelsatz eintippen. Verwenden Sie am besten eine Bezeichnung, die möglichst genau die Funktion des Regelsatzes ausdrückt. Nur so können Sie den Regelsatz später auch in einer umfangreicheren Liste schnell und sicher wiederfinden. Bestätigen Sie die Eingabe mit *OK*.

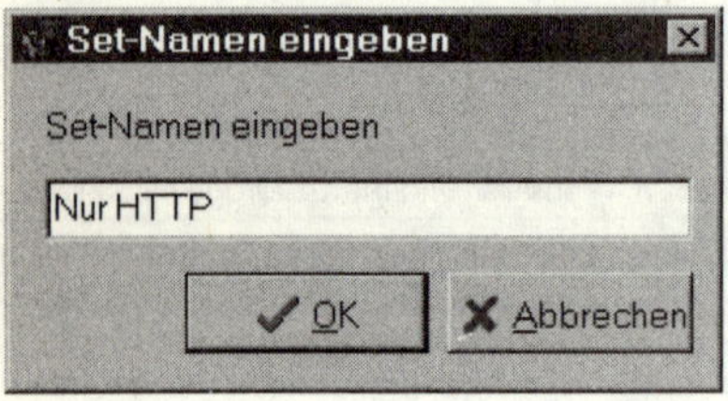

Geben Sie einen möglichst aussagekräftigen Namen für Ihre Regelsätze an

Wenn Sie später Änderungen an einem einmal erstellten Regelsatz vornehmen wollen, genügt es, einfach auf die *Speichern*-Schaltfläche zu klicken. Dann müssen Sie nicht jedes Mal wieder den Namen des Regelsatzes angeben. Wenn Sie nach einer Änderung am aktuell gewählten Regelsatz die Firewall-Konfiguration verlassen oder zu einem anderen Regelsatz wechseln, ohne die Änderungen zuvor gespeichert zu haben, macht eSafe Sie darauf aufmerksam und bietet Ihnen an, die Änderungen zu speichern, zu verwerfen oder den Vorgang ganz abzubrechen und zu den Einstellungen für diesen Regelsatz zurückzukehren.

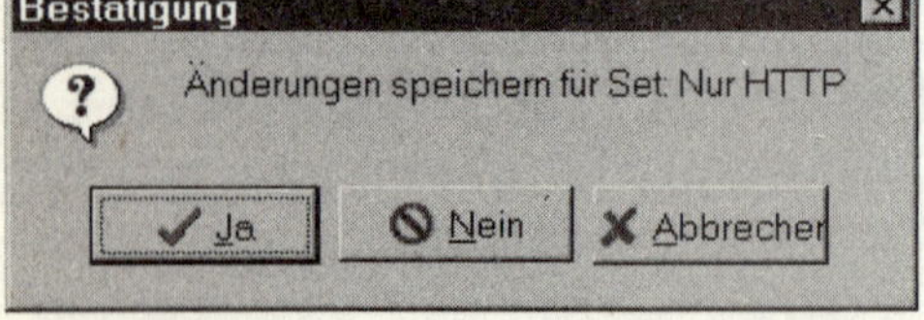

Keine Änderung geht verloren: eSafe erinnert Sie automatisch an das Speichern von Änderungen

Eigene Portfilter definieren

In der Kategorie *Kommunikation* der Firewall-Konfiguration bietet eSafe die Möglichkeit, eigene Portfilterregeln zu erstellen. Diese Filterung von einzelnen Ports anhand von vordefinierten Regeln stellt die Basisfunktionalität einer Firewall dar. Sie ermöglicht, die unterschiedlichen Internetdienste generell oder auch nur für bestimmte Benutzer zu sperren. Im folgenden Beispiel werden wir zeigen, wie man etwa den Zugriff auf Newsgruppen für einen PC per Portfilter steuern kann. Dazu formulieren wir eine Regel, die alle Kommunikation auf dem standardmäßigen News-Port 119 mit Ausnahme eines ganz bestimmten News-Servers blockiert.

INFO

TCP/IP und Ports

Beim Internetprotokoll TCP/IP ist die Kommunikation in verschiedene Ebenen unterteilt. Schließlich sollen auf einer Netzverbindung mehrere verschiedene Internetdienste parallel laufen können. So will man z. B. E-Mail empfangen und senden, während man gleichzeitig durchs Web surft. Um diesen parallelen Einsatz mehrerer Protokolle zu ermöglichen, ist die Kommunikation in Ports organisiert. Das kann man sich wie eine Autobahn mit mehreren Fahrspuren vorstellen. Es gibt eine Reihe von Standard-Ports für die wesentlichen Internetdienste (etwa Port 80 für Webserver). Darüber hinaus stehen einige tausend freie Ports zur Verfügung, die beliebig genutzt werden können. Eine Firewall ist in der Lage, einzelne Ports zu blockieren und so die entsprechenden Dienste für einen Rechner komplett zu deaktivieren.

Eine sehr ausführliche Liste der aktuell gültigen Portbelegungen findet sich unter http://www.isi.edu/in-notes/iana/assignments/port-numbers.

1. Um einen Portfilter zu erstellen, muss man zunächst den oder die Ports auswählen, auf den sich der Filter auswirken soll. Klicken Sie dazu im Bereich *Ports* auf die Schaltfläche *Neuer Port* ganz links.

Legen Sie zunächst einen neuen Port an

2. Dadurch wird das *Port hinzufügen/ändern*-Fenster eingeblendet, in dem Sie rechts in der Portliste den gewünschten Port auswählen können. Hier sind alle dem Programm bekannten Ports sowohl mit Portname als auch -nummer aufgeführt. Für unser Beispiel wählen wir den *NNTP*-Port 119, der für das **N**etwork **N**ews **T**ransport **P**rotocol NNTP steht, das für den Datenaustausch via Newsgruppen zuständig ist.

TIPP

Weitere Ports einfügen

eSafe präsentiert in der Portliste nur die ihm bekannten Ports. Sie können aber manuell beliebig viele weitere Ports hinzufügen, indem Sie einfach auf die Schaltfläche *Neuen Port hinzufügen* oben links klicken. Dann können Sie in einem zusäzlichen Fenster einen weiteren Port angeben (beispielsweise den „ICQ"-Port mit der Nummer 4000), der dann ab sofort ebenfalls in der Portliste geführt wird.

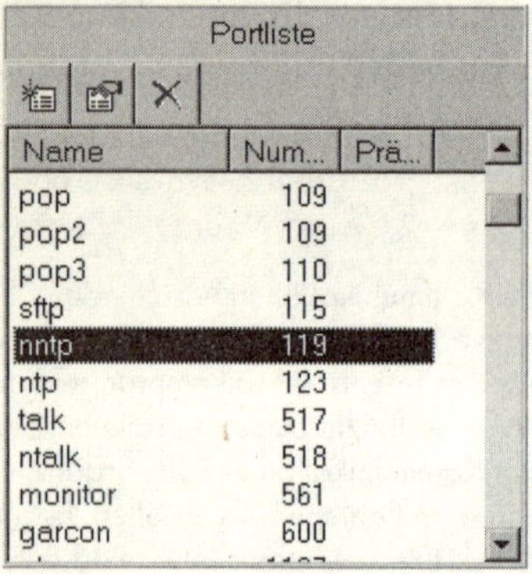

Wählen Sie in der Portliste den zu filternden Port aus

3. Nachdem der zu filternde Port festgelegt ist, müssen Sie angeben, in welcher Richtung Daten auf diesem Port gefiltert werden sollen. Sie können nur die *Ein*gehenden (von anderen Rechnern an Ihren PC), nur die *Aus*gehenden (von Ihrem PC an andere Rechner) oder alle *Ein/Aus*gehenden Daten filtern. In unserem Beispiel wollen wir den Newsverkehr standardmäßig komplett lahm legen und entscheiden uns deshalb für die Einstellung *Ein/Aus*.

Ich welcher Richtung sollen die fließenden Daten gefiltert werden?

4. Schließlich muss man angeben, ob der Datenverkehr für den ausgewählten Port und die gewählte Richtung standardmäßig aktiviert (*Normal aktivieren*) oder deaktiviert (*Normal deaktivieren*) werden soll.

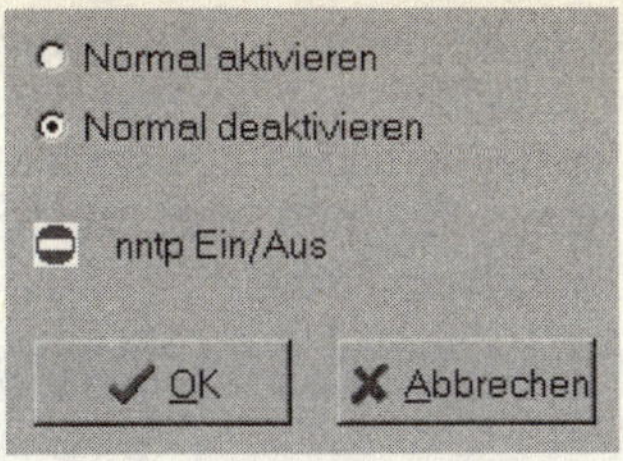

Der gewählte Port kann standardmäßig aktiviert oder deaktiviert werden

5. Unterhalb dieser Optionen findet man eine praktische Kurzzusammenfassung der aktuellen Einstellungen. Das Symbol signalisiert, ob der Port standardmäßig aktiviert (grün-weißes Autobahn-Symbol) oder deaktiviert (rotes Gesperrt-Symbol) ist. Dahinter folgt der Name des Ports und die Angabe der Filterrichtung. Mit einem Klick auf *OK* kann man den so gewählten Portfilter übernehmen.

6. Zurück im Kommunikationsmenü finden Sie nun im Bereich *Ports* einen Eintrag für den gerade erstellten Portfilter vor. Wir haben in unserem Beispiel nun einen Filter erstellt, der sämtlichen Datenverkehr über den NNTP-Port blockiert und somit sämtlichen Newsaustausch effektiv verhindert.

Der Portfilter für NNTP ist erstellt

7. Für unser Beispiel hatten wir allerdings vorgesehen, den Newsaustausch mit genau einem Newsserver zuzulassen, der unbedenklich erscheint. Dazu müssen wir nun im Bereich *Zulässige Adressen* eine Ausnahme von der sonst so restriktiven Filterregel formulieren. Dazu klicken Sie auf die Schaltfläche *Neue Adresse* links oben in diesem Bereich.

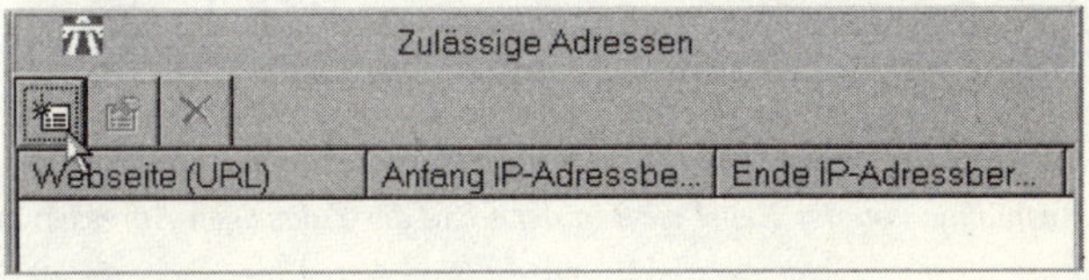

Um Ausnahmen von der Regel zu machen, muss man die entsprechenden zulässigen Adressen angeben

8. Dadurch wird das *IP-Adresse hinzufügen/ändern*-Fenster angezeigt. Hier können Sie den IP-Namen des Rechners (in unserem Beispiel der Newsserver) eingeben, mit dem trotz des Portfilters ein Datenaustausch möglich sein soll. Wählen Sie dazu die Option *Nach Name* und geben Sie im Feld darunter den kompletten Namen des Rechners ein. Alternativ können Sie auch die Option *Nach IP-Adresse* anwählen und im Feld darunter die IP-Nummer des Rechners angeben. Das ist besonders interessant, weil man so die Ausnahmegenehmigung auf einen ganzen Bereich von Rechnern ausdehnen kann, etwa alle Rechner der eigenen Firma.

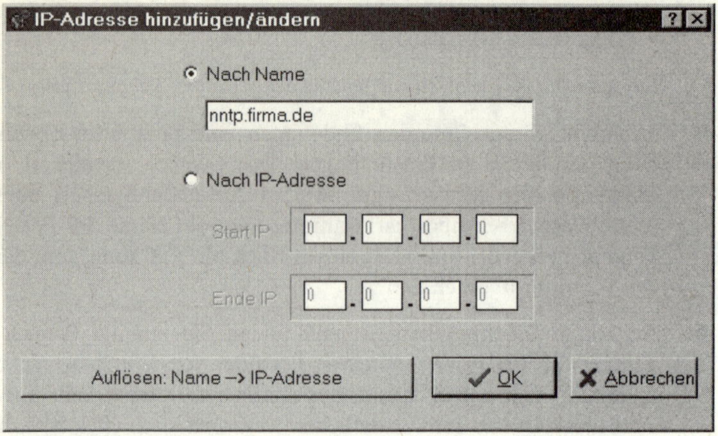

Geben Sie den IP-Namen oder die IP-Nummer von zulässigen Adressen an

9. Wenn Sie die IP-Adresse auf die eine oder andere Weise eingegeben haben, übernehmen Sie die Regelausnahme mit einem Klick auf *OK*. Das bringt Sie zurück in das *Kommunikation*-Menü, wo Sie im Feld *Zulässige Adressen* nun den neuen Eintrag vorfinden. Auf die so beschriebene Art und Weise können Sie für jeden Portfilter beliebig viele Ausnahmeadressen definieren. Beachten Sie dabei lediglich, dass eine erstellte Ausnahme immer nur für den gerade im *Ports*-Bereich ausgewählten Portfilter gilt. Andere Portfilter im gleichen Regelsatz bleiben davon unberührt.

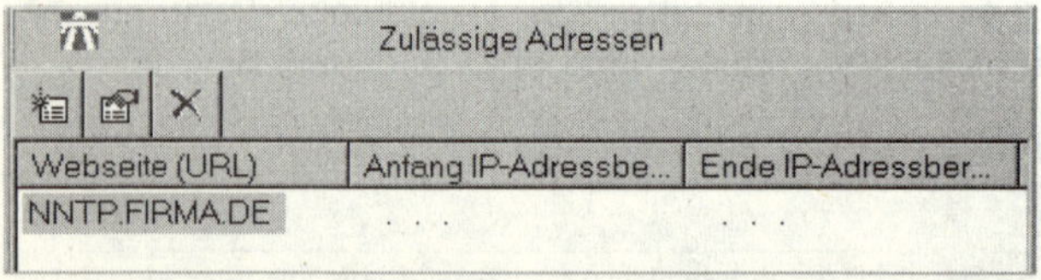

Die Ausnahme von der Regel wird in der Liste der Zulässigen Adressen aufgeführt

Damit haben Sie einen kompletten Portfilter erstellt. Bedenken Sie aber, dass er erst aktiviert wird, wenn Sie ihn in einem Regelsatz speichern und einem Benutzer zuweisen. Wenn dieser Benutzer (und damit auch der Regelsatz) aktiv ist, wird eSafe alle eingehenden Datenpakete auf diesem Port überprüfen und nur Pakete von als Ausnahmen aufgeführten Rechnern akzeptieren. Die Inhalte aller anderen Pakete gelangen gar nicht erst auf Ihren Rechner und können so auch keinen Schaden anrichten.

Auf die gleiche Weise können Sie Filter für andere Ports wie Telnet, FTP, SMTP oder POP einrichten. So ist es beispielsweise sinnvoll, nur die Ports aktiviert zu lassen, die man selbst auch benutzen will. Wenn sie z. B. die Messenger-Anwendung ICQ nicht benutzen wollen und sie auch sonst niemand von Ihrem PC aus verwenden soll, können Sie den üblichen ICQ-Port 4000 einfach vollständig für ein- und ausgehende Datenpakete blockieren. Wollen Sie Ihren Rechner vorübergehend völlig vom Netz isolieren, dann richten Sie einen Filter für alle Ports (*All_Ports*) ein und wählen als Kriterium, ein- und ausgehende Pakete generell zu verbieten. Dann wird jeglicher Datenfluss per TCP/IP zwischen Ihrem Rechner und anderen Computern effektiv verhindert. Genau das macht übrigens der vorgefertigte Regelsatz *No Internet* von eSafe. Die nachfolgende Tabelle gibt einen Überblick über die wichtigsten Ports und ihre Funktionen.

Portnummer	Portname	Bedeutung
20+21	FTP	Dateitransfer (File Transfer Protocol)
23	Telnet	Fernsteuerung per Telnet
25	SMTP	Postausgangsprotokoll (Simple Mail Transfer Protocol)
80	HTTP	Webseitentransfer (Hypertext Transfer Protocol)
109-110	POP	Posteingangsprotokoll (Post Office Protocol – POP bzw. POP3)
119	NNTP	Newsgruppentransfer (Network News Protocol)
529	IRC	Internet Relay Chat

Datenpakete nach Inhalt filtern

Die klassischen Portfilter arbeiten „nur" auf der Grundlage von Adressinformationen, d. h., sie analysieren die Steuerinformationen der Datenpakete nach dem Woher, Wohin und Wie und filtern entsprechend der hinterlegten Regeln aus. Sie interessieren sich dabei nicht für den eigentlichen Inhalt, ob dieser also überhaupt gefährlich ist oder nicht. Deshalb schießen sie auch gern mal über das Ziel hinaus oder lassen andererseits durchaus zu beanstandende Inhalte durch, einfach weil kein entsprechender Portfilter eingerichtet ist. Deshalb verfolgt eSafe parallel zu den Portfiltern noch einen zweiten, inhaltsbasierten Ansatz. Der setzt alle ein- und ausgehenden Datenpakete temporär zusammen und kann so den Inhalt prüfen. Datenübertragungen, die bestimmte Schlüsselwörter enthalten, kann eSafe auf diese Weise unterbinden. Eine solche Funktion eignet sich sicherlich primär für Aspekte des Kinder- und Jugendschutzes, indem z. B. Webseiten oder E-Mails mit bestimmten anstößigen Begriffen effektiv zum Schutz von vertraulichen Informationen eingesetzt werden, wie Sie im Folgenden sehen werden.

In der Kategorie *Verbotene Wörter* können Sie eine Liste mit Schlüsselbegriffen pflegen, bei deren Auftauchen eSafe die entsprechende Webseite, Adresse oder Nachricht blockieren soll.

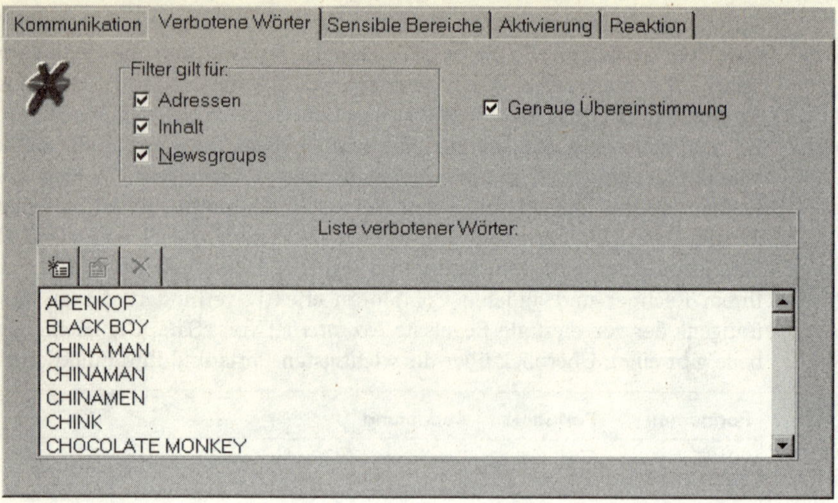

eSafe kann Inhalte mit unerwünschten Schlüsselwörtern herausfiltern und blockieren

1. Wenn Sie eine Liste mit verbotenen Schlüsselwörtern anlegen wollen, sollten Sie zunächst festlegen, welche Arten von Informationen nach diesen Schlüsselwörtern durchsucht werden sollen. Dazu aktivieren Sie im Bereich *Filter gilt für* die zutreffenden Optionen. *Adressen* unterbindet die Übermittlung von jeglichen Rechneradressen (z. B. auch Webseitenadressen), die eines der Schlüsselwörter enthalten. *Inhalt* durchsucht die eigentlichen Inhalte sämtlicher übertragenen Datenpaketen und *Newsgroups* filtert eingegebene Newsgruppennamen nach den verbotenen Wörtern.

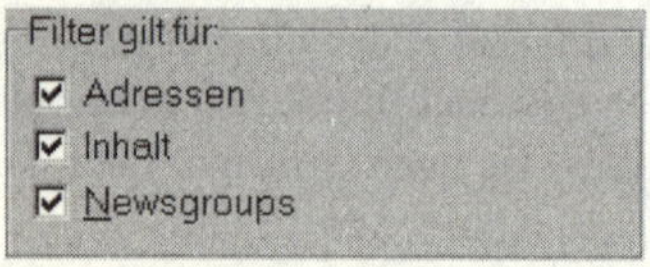

Der Wirkungsbereich des Inhaltsfilters kann ganz genau festgelegt werden

2. Zusätzlich können Sie angeben, ob beim Durchsuchen von Adressen und Inhalt eine *Genaue Übereinstimmung* gefordert sein soll. In dem Fall würde der Filter nur fündig werden, wenn der Suchbegriff als allein stehender Begriff enthalten ist. Wenn Sie etwa „Porno“ als Schlüsselbegriff verwenden, würde die Adresse *www.porno.de* ausgefiltert werden, nicht aber *www.pornografie.de*. Wenn Sie hingegen die genaue Übereinstimmung deaktivieren, würden beide Adressen ausgefiltert. Letzteres dürfte gerade zum Schutz von Kindern und Jugendlichen in den meisten Fällen sinnvoll sein.

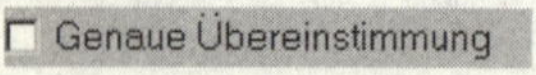

Die genaue Übereinstimmung ist in den meisten Fällen nicht empfehlenswert

INFO

Wann greift der Schlüsselwortfilter?

Um den Schlüsselwortfilter effektiv einzusetzen, sollten Sie sich über die Funktionsweise im Klaren sein. Nehmen wir als Beispiel für ein verbotenes Wort „Sex". Wenn Sie *Adressen* danach durchsuchen lassen, würde jede Adresse, die den Begriff „Sex" enthält (etwa *www.sex.de* oder *www.sex-world.com*) ausgefiltert. Es würde also schon die Anforderung einer Seite von dieser Adresse scheitern, sodass die entsprechende Webseite, selbst wenn sie den verbotenen Begriff vielleicht gar nicht enthält, nie auf den Rechner gelangen würde. Ähnlich ist die Vorgehensweise bei Namen von *Newsgruppen*. Beim Durchsuchen des Inhalts von Datenpaketen filtert eSafe genau die Datenpakete aus, die den fraglichen Schlüsselbegriff enthalten. Da eine Webseite in einer Vielzahl von Datenpaketen übertragen wird, würde die Seite also nicht unbedingt komplett blockiert. Je nach Aufbau der Seite können eventuell auch nur bestimmte (anstößige) Teile fehlen. In den meisten Fällen dürfte die Webseite aber komplett blockiert werden. Noch ein wichtiger Hinweis: eSafe kann nur den Inhalt prüfen, wenn er unmittelbar in den Datenpaketen enthalten ist. Bei mittelbaren Informationsträgern wie etwa Bildern kann der Filter nicht funktionieren. „Pornografie" als Schlüsselbegriff reicht also nicht, um etwa auch pornografische Bilder auszufiltern.

3. Im Bereich *Liste verbotener Wörter* tragen Sie schließlich die Schlüsselwörter ein, die eine Blockade der entsprechenden Webseite oder Adresse auslösen sollen. Leider kann man die Begriffe hier nicht einfache eintippen oder aus einer Datei übernehmen. Stattdessen muss man jeden Begriff einzeln in einem Eingabedialog eintippen. Dazu klicken Sie auf die Schaltfläche *Hinzufügen* links oben in diesem Bereich.

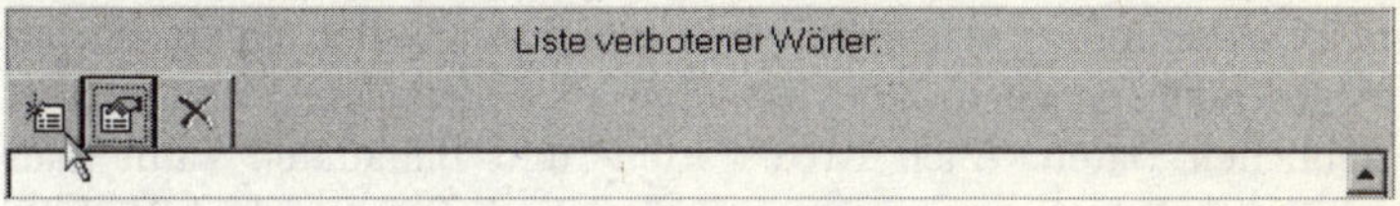

Klicken Sie auf die Hinzufügen-Schaltfläche, um neue Schlüsselwörter in die Liste aufzunehmen

4. Im anschließenden *Wort hinzufügen*-Dialog tippen Sie den Begriff ein, der in die Liste der verbotenen Wörter aufgenommen werden soll. Geben Sie das Wort in genau der Schreibweise ein, wie es gefiltert werden soll. Kommen mehrere Schreibweisen in Frage, erstellen Sie am besten auch mehrere Einträge (Beispiel: Pornografie - Pornographie). Übernehmen Sie die Eingabe mit einem Klick auf *OK*.

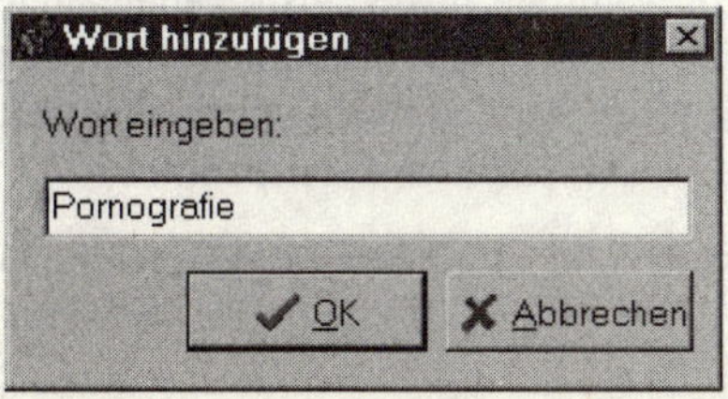

Geben Sie den Begriff ein, der als Schlüsselbegriff in die Liste aufgenommen werden soll

5. Anschließend finden Sie den neuen Eintrag in der Liste der verbotenen Wörter wieder.

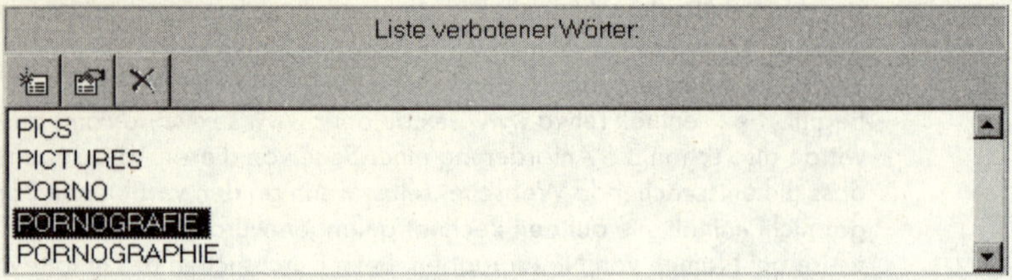

Neue Schlüsselbegriffe werden in die Liste der verbotenen Wörter aufgenommen

6. Abschließend sollten Sie auch die so erstellte Liste mit Schlüsselbegriffen in einem eigenen Regelsatz ablegen. So werden die Begriffe gespeichert und können später bestimmten Benutzern zugewiesen werden.

Vertrauliche Daten per Inhaltsfilter schützen

Nach dem gleichen Prinzip wie die Liste der verbotenen Wörter arbeitet auch eSafes Schutz für *Sensible Bereiche*. Dabei handelt es sich im Prinzip um nichts anderes als eine Liste vertraulicher Informationen. Sie schützt Sie davor, versehentlich geheime Daten unverschlüsselt über das Internet zu verschicken. Wenn Sie z. B. vermeiden wollen, dass jemand, mit dem Sie über das Internet in Kontakt stehen, Ihre private Telefonnummer erfährt, können Sie diese Nummer in die Liste der geheimen Informationen aufnehmen. eSafe überprüft den Inhalt aller ausgehenden Daten-Pakete und vergleicht ihn mit dieser Liste. Sollte sich Ihre Telefonnummer versehentlich in eine E-Mail oder ein verschicktes Dokument eingeschlichen haben, blockiert eSafe die Übertragung und schützt so Ihre vertraulichen Daten. Auch Kreditkarten- und Bankdaten kann man dadurch so schützen, dass sie nur noch verschlüsselt, also über sichere Verbindungen, übertragen werden können. So müssen Sie sich beim Onlineshopping keine Gedanken mehr machen. Wenn ein Shop Ihre Daten unverschlüsselt übertragen will, schreitet eSafe sofort ein und verhindert den Transfer.

Ebenso kann diese Funktion Sie vor trojanischen Pferden schützen, die von einem Hacker auf Ihrem Rechner eingeschleust wurden (siehe Kapitel 4). Wenn ein solches Spionage-Programm versucht, ergaunerte Passwörter oder andere vertrauliche Daten über das Internet an seinen Urheber zu schicken, fängt eSafe diese Daten-Pakete ebenfalls ab, wenn sie in der Liste geheimer Informationen definiert sind. Selbstverständlich können Sie vertrauliche Daten nach wie vor verschlüsselt übermitteln. eSafe filtert Schlüsselwörter nur aus, wenn sie als unverschlüsselter Klartext in einem Datenpaket enthalten sind.

1. Um die zu schützenden vertraulichen Daten zu definieren, klicken Sie in der Kategorie *Sensible Bereiche* in der *Liste vertraulicher Daten* auf die ganz linke Schaltfläche *Neuer Eintrag*.

2. Damit öffnen Sie einen *Sensible Daten*-Eingabedialog, in dem Sie jeweils eine vertrauliche Information definieren können.

3. Geben Sie zunächst eine *Beschreibung der sensiblen Daten* an. Diese dient nur Ihrer eigenen Orientierung und kann ganz beliebig ausfallen. Sie sollte eben nur möglichst klar machen, um was für Daten es sich handelt.

4. Darunter geben Sie bei *Wert* die Information an, die geschützt werden soll, also z. B. Ihre Kreditkartennummer. Verwenden Sie dabei genau die Form, in der die Daten im Zweifelsfall übertragen würden. Da die Daten ja nun mal geheim und vertraulich bleiben sollen, verwendet eSafe bei der Eingabe eine ähnliche Technik wie beim Eintippen von Passwörtern, d. h., statt der eigentlichen Zeichen erscheinen nur ***. Das soll Ihre Daten vor neugierigen Blicken schützen.

5. Damit Sie sicher sein können, auch wirklich die richtigen Daten eingetippt zu haben (man kann ja nicht sehen, was man tippt), wiederholen Sie die Eingabe unter *Prüfen* noch einmal genauso.

6. Wenn Sie anschließen auf *OK* klicken, prüft eSafe, ob die beiden Eingaben exakt übereinstimmen. Passt die Übereinstimmung nicht, beschwert sich das Programm und bittet um Nachbesserung.

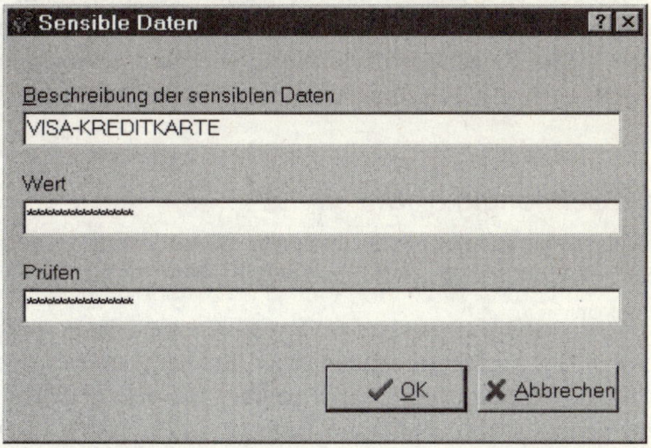

Geben Sie genau die Daten an, die eSafe vor versehentlicher Preisgabe schützen soll

7. Wenn alles in Ordnung war, wird die Eingabe akzeptiert und ein neuen Eintrag in der Liste vertraulicher Daten erstellt. Hier sehen Sie nur die zuvor eingegebene Beschreibung des Eintrags.

8. Einen einmal erstellten Eintrag können Sie bearbeiten - etwa wenn sich die Bankverbindung oder die Kreditkartennummer ändert -, indem Sie ihn in der Liste markieren und auf die mittlere Schaltfläche *Eintrag ändern* klicken. Damit öffnen Sie erneut den bereits bekannten *Sensible Daten*-Dialog und können alle Eingabefelder bearbeiten.

9. Wenn Sie einen Eintrag nicht mehr benötigen sollten, können Sie ihn auch wieder entfernen. Markieren Sie ihn dazu in der Liste und klicken Sie auf die ganz rechte Schaltfläche *Eintrag löschen*. Achtung: Der Eintrag wird dann sofort und ohne Sicherheitsrückfrage entfernt!

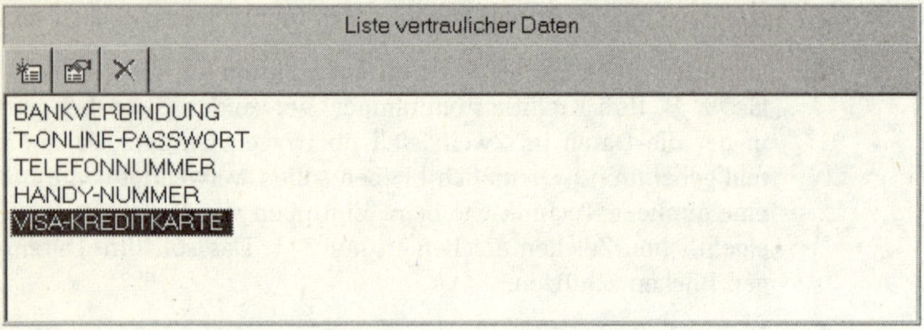

Geheime Informationen dürfen Ihren PC nur verschlüsselt verlassen

eSafe schützt alle hier definierten Informationen mit dem Mechanismus des Inhaltsfilters. Datenpakete, die eine dieser vertraulichen Informationen enthalten, werden blockiert und können den Rechner nicht verlassen. In der Praxis kann sich das durch Fehlermeldungen bemerkbar machen. Wenn Sie etwa beim Onlineshopping Probleme erfahren, sollten Sie also die Möglichkeit in Betracht ziehen, dass eine der Schutzfunktionen von eSafe dafür verantwortlich ist. Andererseits werden wir im Folgenden noch zeigen, wie Sie das Programm so einstellen, dass es mit einer Bildschirmmeldung auf verhinderte Schutzverletzungen hinweist.

Regelsätze zeitabhängig aktivieren

Für jeden Regelsatz kann man genau festlegen, ob und wann er aktiviert werden soll. Die dazu notwendigen Einstellungsmöglichkeiten finden Sie in der Kategorie *Aktivierung* vor.

1. Hier können Sie zunächst bestimmen, ob Sie den gerade ausgewählten Regelsatz *Aktivieren* oder *Deaktivieren* wollen. Das hat den Vorteil, dass Sie einen momentan nicht benötigten Regelsatz nicht gleich löschen müssen. Stattdessen deaktivieren Sie ihn einfach und können ihn später jederzeit wieder reaktivieren. Bedenken Sie dabei, dass sich diese Einstellung wirklich nur auf den gerade ausgewählten Regelsatz bezieht, nicht auf die gesamte Firewall als solche. Wenn für den aktiven Benutzer weitere Regelsätze gelten, können diese trotzdem aktiv sein.

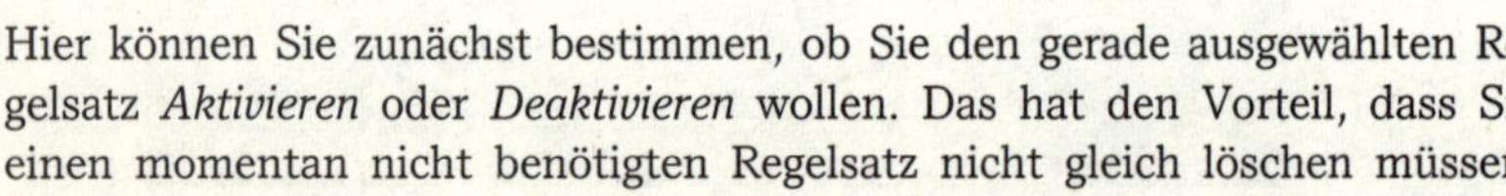

Jeder Regelsatz kann über diese Einstellung aktiviert oder deaktiviert werden

2. Darunter können Sie einen Zeitraum angeben, in dem die oben gewählte Aktivierung bzw. Deaktivierung gelten soll. Wenn Sie z. B. verhindern wollen, dass Ihr PC tagsüber in Ihrer Abwesenheit zum Internetsurfen genutzt wird, erstellen Sie einen Regelsatz, der sämtliche Ports sperrt (oder Sie übernehmen hierfür den vorgefertigten Regelsatz *No Internet*), und aktivieren ihn beispielsweise in der Zeit von 8.00 Uhr morgens bis 20.00 Uhr abends. Dann lässt eSafe in dieser Zeit keinerlei Datenverkehr auf irgendeinem Port zu und blockiert somit den Internetzugang zuverlässig. So können Sie beispielsweise verhindern, dass andere Familienmitglieder Ihren PC ohne Ihr Wissen beim Surfen versehentlich mit Viren oder Trojanern infizieren.

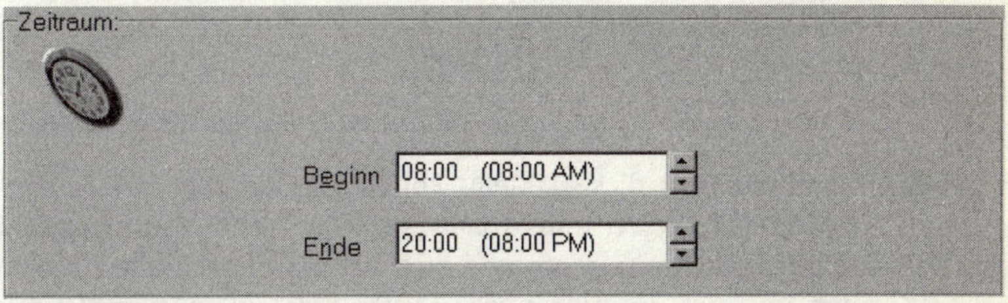

Regelsätze können automatisch für einen bestimmten Zeitraum aktiviert oder deaktiviert werden

Reaktionen auf Regelverstöße

Schließlich müssen Sie eSafe noch mitteilen, wie es reagieren soll, wenn eine Schutzverletzung auftritt, wenn also versucht wird, Daten zu übertragen, die von der festgelegten Regel betroffen sind. Dazu stehen in der Kategorie *Reaktion* verschiedene Möglichkeiten zur Auswahl.

1. Wählen Sie hier zunächst im Bereich *Unzulässige Aktion* die Aktion aus, für die Sie eine Reaktion vorbestimmen wollen. eSafe unterscheidet Einstellungen für nicht erlaubte Zugriffe auf Webseiten, Ports, IP-Adressen und verbotene Wörter.

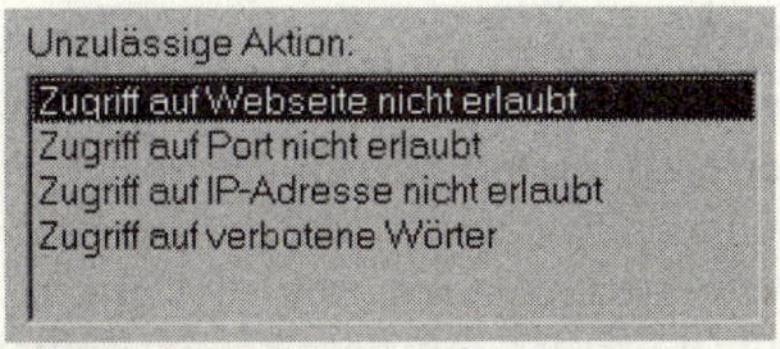

Wählen Sie zunächst die Art von Aktion, für die Sie eine Reaktion bestimmen wollen, aus

2. Im Kästchen *Reaktion* können Sie dann für die links ausgewählte Aktion eine von zwei möglichen Reaktionen wählen. *Ignorieren und fortsetzen* ist die weniger empfehlenswerte Wahl. Wenn diese Option aktiviert ist, ignoriert eSafe die Filterregel und setzt die vom Benutzer durchgeführte Aktion trotz des Regelverstoßes fort. Dies ist in der Regel nicht sinnvoll. Die standardmäßige Reaktion auf alle Aktionen ist deshalb *Zugriff verweigern und stoppen*. Hierbei bricht eSafe die Aktion, die einer der Filter ausgelöst hat, rigoros ab.

3. Legen Sie für alle Arten von unzulässigen Aktionen eine geeignete Reaktion fest bzw. überprüfen Sie, ob die Standardreaktion *Zugriff verweigern und stoppen* auch wirklich für alle Aktionen eingestellt ist.

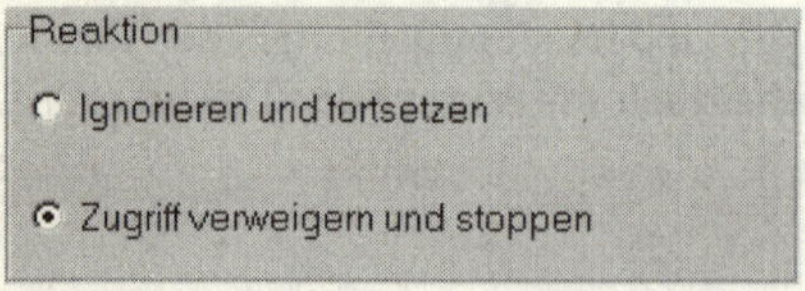

Wählen Sie aus, wie das System auf bestimmte Regelverstöße reagieren soll

4. Ganz unten in diesem Menü können Sie darüber hinaus den *Warnmodus* aktivieren. Dieser unterdrückt jegliche Arten von Hinweisfenstern und Warnungen durch eSafe und zeichnet stattdessen alle fragwürdigen Aktionen und die Reaktionen des Systems darauf in einer Protokolldatei auf. Dieser Modus eignet sich besonders, wenn Sie eSafe zur Einschränkung und Überwachung von anderen Benutzern Ihres PCs einsetzen wollen. Diese bemerken von der Kontrolle durch eSafe nichts, außer dass sich bestimmte Adressen oder Webseiten unter Umständen nicht anfordern lassen. Dafür können Sie dann später im Protokoll nachlesen, ob die anderen Benutzer eventuelle Filterregeln ausgelöst haben.

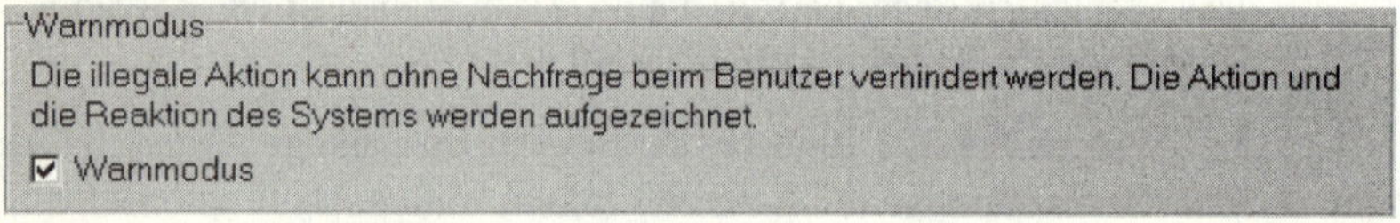

Mit dem Warnmodus können Sie andere Benutzer Ihres Rechners heimlich überwachen

Benutzern Regelsätze zuweisen

Auf den vorangegangenen Seiten haben wir Ihnen gezeigt, welche Möglichkeiten eSafe zum Definieren von Filterregeln bietet und wie Sie solche Filterregeln in Regelsätze zusammenfassen können. Damit ein fertiger Regelsatz auch aktiv werden kann, muss er einem Benutzer zugewiesen werden. Dazu müssen Sie den oder die entsprechenden Benutzer in der Benutzer-Administration von eSafe auswählen und ihnen die zuvor erstellten Regelsätze zuordnen. Die Benutzerverwaltung von Windows und eSafe stellen wir in Kapitel 2 ausführlicher vor. Hier beschränken wir uns deshalb auf die wesentlichen Schritte zum Zuordnen der Regelsätze.

1. Um einen Regelsatz einem Benutzer zuordnen zu können, wechseln Sie in den eSafe-Einstellungen zunächst vom *Desktop Firewall* in die Rubrik *Administration*, indem Sie die gleichnamige Schaltfläche in der linken Navigationsleiste betätigen.

2. Auch die Administrationsmenüs unterteilen sich in mehrere Kategorien. Öffnen Sie die Kategorie *Benutzerverwaltung*, um zu den Benutzereinstellungen von eSafe zu gelangen.

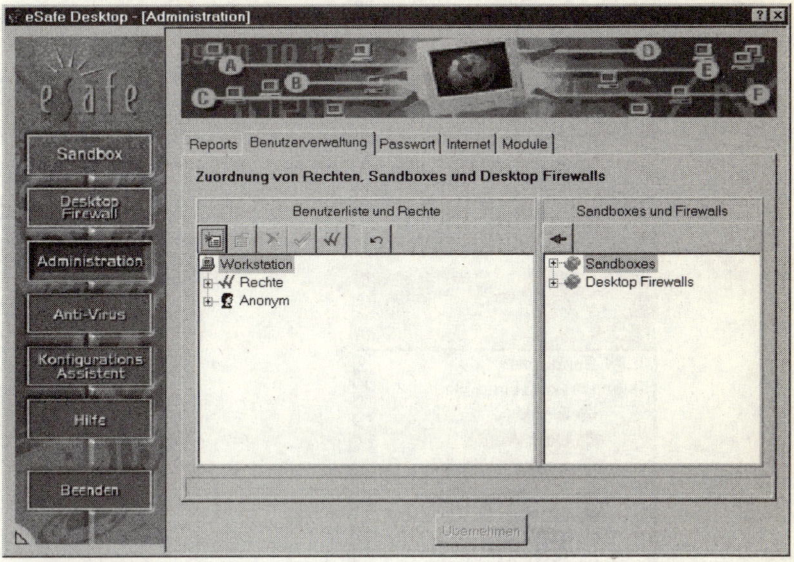

In der Benutzerverwaltung von eSafe legen Sie genau fest, welche Rechte jeder Benutzer hat

3. Wählen Sie hier in der linken Hälfte *Benutzerliste und Rechte* zunächst den Benutzer aus, dem Sie einen oder mehrere Regelsätze zuweisen wollen. Dazu finden Sie einen Eintrag für jeden Benutzer, den Sie eingetragen haben. Wenn Sie die Benutzerverwaltung von eSafe bislang nicht verwendet haben, sollten Sie den Benutzer *Anonym* wählen. Dessen Rechte erhalten alle Benutzer, für die nicht ausdrücklich ein eigener Eintrag angelegt wurde. (Mehr zur Benutzerverwaltung von eSafe erfahren Sie in Kapitel 2.)

4. Öffnen Sie für den ausgewählten Benutzer den Untereintrag *Desktop Firewalls*. Hier sehen Sie, welche Regelsätze für diesen Benutzer bislang gelten. In der Regel ist dies nur der leere Regelsatz *Blank*.

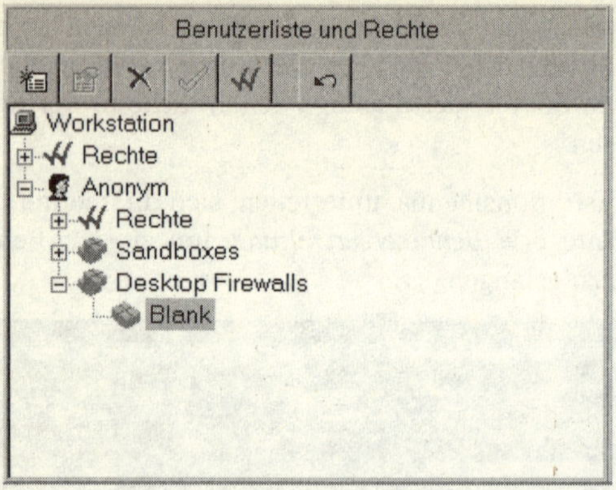

Wählen Sie den Benutzer aus, dem Sie Regelsätze zuordnen wollen

5. Öffnen Sie dann im rechten Bereich *Sandboxes* den Untereintrag *Desktop Firewalls*. Dadurch erhalten Sie eine Liste aller definierten Regelsätze.

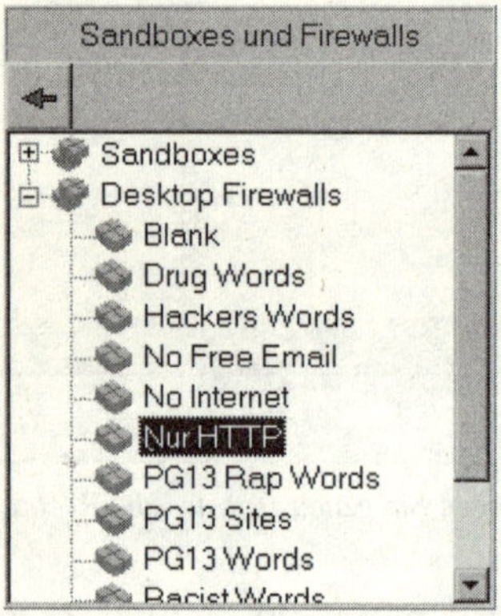

Unter Desktop Firewalls finden Sie alle definierten Regelsätze

6. Um für den links ausgewählten Benutzer einen der Regelsätze zu übernehmen, markieren Sie diesen Regelsatz rechts und klicken dann auf die *Zuordnen-* Schaltfläche mit dem roten Pfeil. Alternativ können Sie den Regelsatz auch einfach mit dem Mauszeiger „ergreifen“ und bei gedrückter linker Maustaste nach links auf den Benutzer „ziehen“ und dort loslassen. Der Effekt ist beide Male derselbe: Der Regelsatz wird diesem Benutzer zugeordnet und erscheint ab sofort in dessen Untereintrag *Desktop Firewalls*.

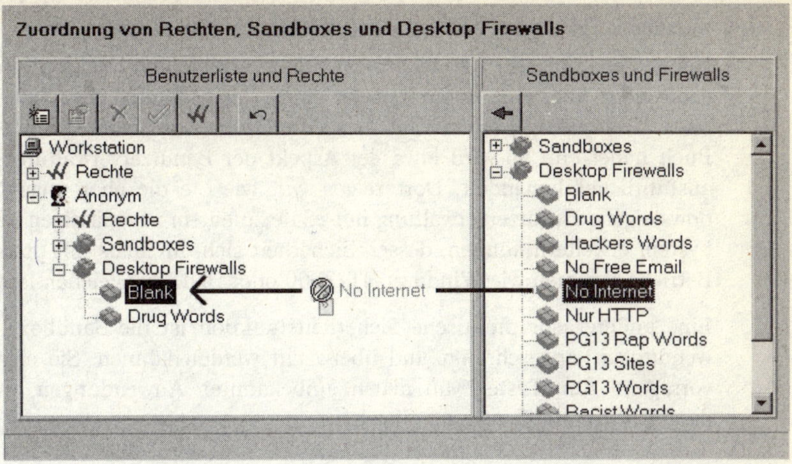

Ordnen Sie die Regelsätze aus dem rechten Bereich dem ausgewählten Benutzer links zu

7. Auf diese Art und Weise können Sie einem Benutzer beliebig viele der vorhandenen Regelsätze zuweisen. Wenn Sie für diesen (und ggf. auch alle anderen) Benutzer alle erforderlichen Regelsätze zugeordnet haben, müssen Sie die veränderten Einstellungen noch speichern. Das geschieht ganz einfach, indem Sie in der Navigationsleiste in eine der anderen Rubriken wechseln oder einfach auf die Schaltfläche *Beenden* klicken, um die Einstellungen zu schließen. eSafe fragt dann nach, ob Sie die vorgenommenen *Änderungen speichern* wollen. Bestätigen Sie diese Rückfrage mit *Ja*. Andernfalls können Sie die Änderungen mit *Nein* verwerfen oder den ganzen Vorgang *Abbrechen*.

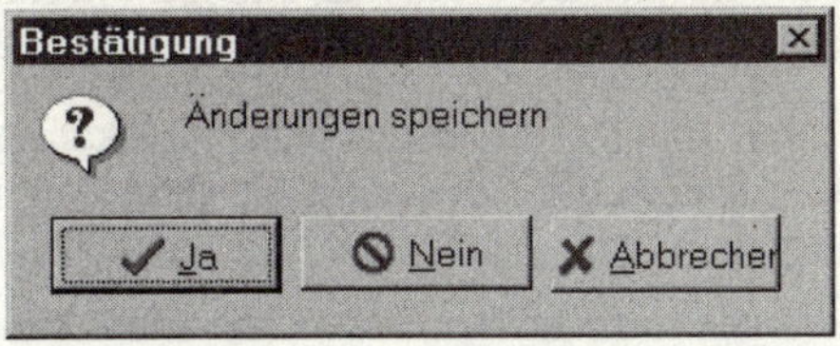

Speichern Sie die an den Benutzereigenschaften vorgenommen Änderungen

Wie im Abschnitt zur Benutzerverwaltung ausführlicher beschrieben, orientiert sich eSafe an der Windows-Benutzerverwaltung. Wenn sich dort ein neuer Benutzer anmeldet, aktiviert eSafe automatisch die diesem Nutzer zugeordneten Regelsätze. Sollten Sie die Benutzerverwaltung von Windows nicht verwenden oder wenn sich ein unbekannter Benutzer anmeldet, greift eSafe auf den allgemeinen Benutzer *Anonym* zurück und verwendet dessen Regelzuordnungen. Aus diesem Grund sollten die Regeln für diesen speziellen Benutzer auch möglichst restriktiv sein.

Ausblick: Weitere Sicherheitsfunktionen von eSafe

Neben der in diesem Kapitel ausführlicher vorgestellten Desktop Firewall verfügt eSafe noch über eine Reihe weiterer sinnvoller und nützlicher Sicherheitsfunktionen. Teilweise gehen wir auf diese Funktionen an anderer Stellen in diesem Buch näher ein. So wird etwa der Aspekt der Benutzerverwaltung in Kapitel 2 ausführlicher behandelt. Dort zeigen wir, wie Sie die eher ungenügende Windows-eigene Benutzerverwaltung mit eSafe zu einem zuverlässigen und effektiven System erweitern können, dessen Sicherheit sich durchaus mit professionelleren Betriebssystemen wie Windows NT/2000 oder UNIX vergleichen lässt.

Eine andere sehr praktische Sicherheitsfunktion ist die Sandbox, mit der Anwendungen eingeschränkt und überwacht werden können. Sie eignet sich hervorragend zum Testen von neuen, unbekannten Anwendungen, weswegen wir darauf in Kapitel 3 genauer eingehen.

4.2 Vertrauen ist gut, Kontrolle ist besser – Den Rechner überwachen

Die in diesem Kapitel bislang vorgestellten Programme schützen Ihren PC vor Angriffen aus dem Netzwerk bzw. dem Internet. Wie wir in den vorangegangenen Kapitel gezeigt haben, gehen Angriffe aber nicht unbedingt nur von einem angeschlossenen Netzwerk aus. Auch der PC selbst kann als Werkzeug für einen Angriff dienen, wenn jemand unmittelbaren Zugang dazu hat. Unter einem unmittelbaren Zugang verstehen wir die Möglichkeit, den Raum mit dem PC zu betreten und unbeobachtet Zugriff auf Monitor, Tastatur und externe Speicherlaufwerke (insbesondere Diskette und CD-ROM) zu erlangen. Wenn diese Möglichkeiten gegeben sind, kann ein Hacker

- die von ihm gewünschten Dateien direkt auf dem PC lokalisieren und auf eine Diskette speichern, sodass die Notwendigkeit eines Angriffs über ein Netzwerk ganz entfällt,
- mit geeigneten Werkzeugen vertrauliche Daten wie etwa Passwörter vom PC auslesen, sodass er einen späteren Netzwerk-Angriff ohne großen Aufwand und ohne Aufsehen durchführen kann,
- die Konfiguration des PCs unauffällig so verändern, dass ihm ein späterer Angriff erleichtert wird oder
- heimlich spezielle Software installieren, die etwa die Eingaben des Benutzers protokolliert (Passwörter ausspähen!) oder die ihm eine Hintertür in das System öffnet, die er zu einem beliebigen späteren Zeitpunkt ausnutzen kann (Trojaner).

Um solche Angriffe zu vermeiden, sollte man nicht nur die Netzwerkverbindung des eigenen Rechners schützen, sondern auch den Zugang zum PC selbst kontrollieren. Die effektivste Möglichkeit wäre natürlich, den PC sicher wegzuschließen, solange man ihn nicht selbst benutzt. Dies ist aber meist nicht möglich, wenn es etwa um den PC im Büro geht oder wenn man den heimischen PC mit anderen Familienmitgliedern teilt. Selbst wenn man den PC oder die Bürotür abschließen kann, ist der Schutz nur so effektiv wie das Türschloss. Ein Hacker, der ein ernsthaftes und handfestes Ziel verfolgt, wird auch vor einem Einbruch nicht zurückschrecken.

Angriffe und andere Aktivitäten protokollieren

Wenn man den Zugriff auf den PC also nicht zuverlässig einschränken kann, sollte man zumindest genau kontrollieren, was mit dem Rechner geschieht, solange man selbst nicht damit arbeitet. Die konservative Lösung hierfür wäre eine Videoüberwachung des Raums. Diese ist aber nicht praktisch, da sie relativ aufwendig ist bzw. nur mit hohem Aufwand so durchgeführt werden kann, dass ein Angreifer sie nicht sofort bemerkt. Außerdem kann eine Überwachungskamera in den wenigsten Fällen genau aufzeichnen, was auf dem Bildschirm geschieht, weil der Benutzer meist davor sitzt. (Trotzdem sollte der Abschreckungswert einer Überwachungskamera oder auch einer geeigneten Attrappe nicht unterschätzt werden!)

Viel effektiver ist es aber, den PC selbst als Überwachungsinstrument zu verwenden. Schließlich muss man ja lediglich ein Programm installieren, das unauffällig im Hintergrund läuft und genau aufzeichnet, was mit dem PC geschieht.

Ein solches Programm ist *Salus*, das Sie also kostenlose Testversion unter http://www.ezetest.com/salus herunterladen können. Salus versteckt sich nach der Installation im Hintergrund und zeichnet eine Vielzahl von Informationen auf. Dazu gehören:

- die Zeitpunkte für das Starten und Beenden von Windows-Sitzungen, einschließlich des angemeldeten Benutzers,
- das Starten von Anwendungen und Öffnen von Dokumenten,
- das Herstellen und Beenden von Internetverbindungen wie etwa Interneteinwahlen,
- Internetadressen und Webseiten, die aufgerufen und angefordert wurden,
- vom Benutzer eingegebene Zeichen, Wörter und Texte,
- vom Benutzer eingegebene Passwörter (soweit das Programm diese aufzeichnen kann) sowie
- Textdaten, die über die Zwischenablage zwischen Anwendungen ausgetauscht wurden.

Jede einzelne dieser Arten von Informationen können schon sehr wertvoll sein. Da das Programm bei Bedarf aber alle diese Daten gemeinsam in einem kontinuierlichen zeitlichen Ablauf darstellen kann, erhält man so ein sehr genaues Bild von den Aktionen, die eine Benutzer an dem PC durchgeführt hat.

Salus für die Überwachung einrichten

Salus wird von einem praktischen Assistenten installiert, der fast alle notwendigen Schritte automatisch durchführt. Sie müssen lediglich einige wenige Einstellungen vornehmen, um das Programm an Ihre Vorstellungen anzupassen. Deshalb wird zum Abschluss der Installation ein Menü angezeigt, in dem Sie die wichtigsten Einstellungen vornehmen können.

1. Im oberen Bereich des *Properties*-Menüs stellen Sie zunächst das Startverhalten von Salus ein. Standardmäßig ist die Option *Start at Windows start up* aktiviert, d. h., Salus startet immer gemeinsam mit Windows, was sicherlich die sinnvollste Lösung ist. Wenn Sie diese Option deaktivieren, müssen Sie das Programms jeweils manuell aufrufen.

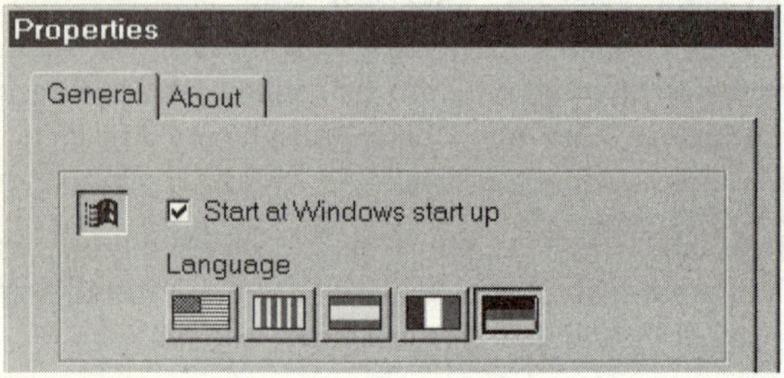

Wählen Sie das Startverhalten und die Oberflächensprachen für Salus

2. Darunter können Sie unter *Language* die Sprache wählen, in der die Salus-Oberfläche angezeigt werden soll. Klicken Sie dazu einfach auf die Schaltfläche mit der passenden Flagge. (Diese Einstellung wirkt sich nicht sofort, sondern erst nach dem ersten Start des Verwaltungsprogramms aus.)

3. Weiter unten im Menü finden Sie im Bereich *Activation* bei *Introduce the text that will make the application visible* ein ganz wichtiges Eingabefeld. Geben Sie hier die Zeichenfolge ein, mit der das Verwaltungsprogramm von Salus aktiviert werden soll. Standardmäßig ist das Geheimwort *trial* eingetragen. Dieses sollten Sie aber nicht übernehmen, da alle anderen Salus-Benutzer es auch kennen. Wählen Sie stattdessen eine eigene Zeichenfolge, die möglichst so aussehen sollte, das niemand sie versehentlich (etwa beim Erstellen eines Textes) eingibt.

INFO

Die Aktivierung per Geheimwort

Um wirklich funktionieren zu können, ist Salus darauf angewiesen, dass die überwachten befugten oder unbefugten Benutzer nichts von der Überwachung bemerken. Sie dürfen also das Programm auf gar keinen Fall finden. Deshalb taucht Salus auch im aktiven Zustand nicht in der Taskleiste oder im Taskmanager auf, sondern läuft absolut unauffällig im Hintergrund. Um das Verwaltungsprogramm zu aktivieren, geben Sie einfach die Zeichenfolge ein, die Sie zuvor bei den Einstellungen festgelegt haben. Sie können diese geheimen Zeichen in jeder beliebigen Anwendung oder auch jede beliebige Text- oder Dialogbox eintippen, die eine freie Eingabe erlaubt. Prinzipiell können Sie auch einfach auf dem Windows-Desktop drauflostippen, ohne eine Eingabemöglichkeit zu haben. Salus überwacht die Tastatur und startet automatisch das Verwaltungsprogramm, sowie die eingestellte Zeichenfolge eingetippt wurde. Deshalb sollten Sie auch eine Zeichenfolge wählen, die andere Benutzer kaum zufällig eintippen würden (also keine einfachen Namen, reine Zahlenkombinationen oder Ähnliches).

4. Die Option *Keyboard enhanced* ermöglicht es, auch exotischere Sonderzeichen für das Kennwort zu verwenden, was die Wahrscheinlichkeit, dass jemand das Geheimwort versehentlich eintippt, weiter verringert. Andererseits kann es bei dieser Option zu Problemen bei manchen Anwendungen kommen, weshalb die Option im Zweifelsfall deaktiviert bleiben sollte.

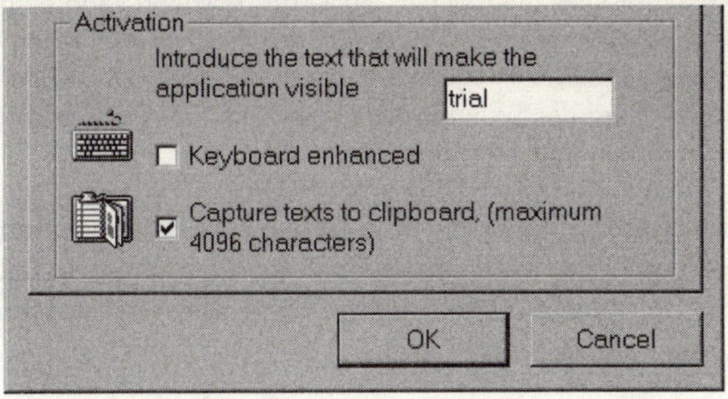

Geben Sie das Geheimwort ein, durch das das Verwaltungsprogramm von Salus aktiviert wird

5. Die Option *Capture texts to clipboard* sorgt schließlich dafür, dass Salus auch alle Texte erfasst, die per Kopieren bzw. Ausschneiden in die Zwischenablage verschoben werden. Dabei wird der gespeicherte Text grundsätzlich auf maximal die ersten 4096 Zeichen begrenzt, um Speicherplatz zu sparen.

6. Übernehmen Sie die gewählten Einstellungen mit *OK*. Bevor Salus endgültig startet, erscheint ein Hinweisfenster, in dem noch einmal das gewählte Geheimwort angezeigt wird. Außerdem steht hier der Hinweis, wie Sie mithilfe dieses Geheimworts das Verwaltungsprogramm von Salus starten können.

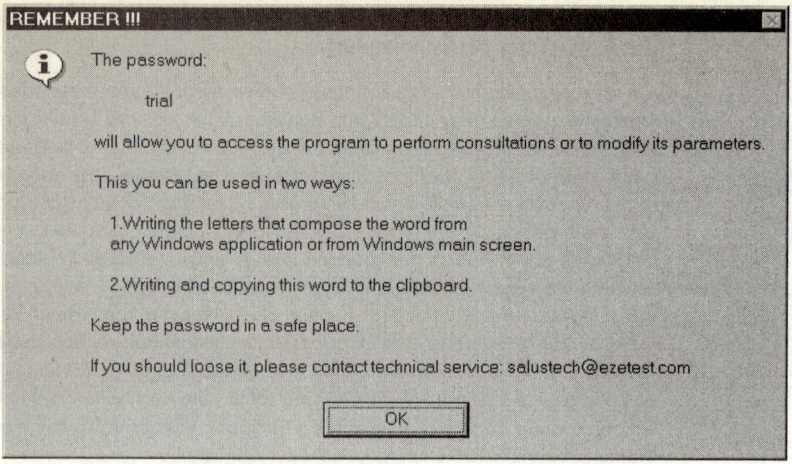

Der letzte Hinweis, bevor Salus endgültig im Hintergrund verschwindet und mit seiner Überwachung beginnt

TIPP

Das Salus-Passwort

Merken Sie sich das gewählte Passwort gut. Es ist die einzige Möglichkeit, das Salus-Verwaltungsprogramm zu erreichen. Sollte das Passwort verloren gehen, bleibt Ihnen höchstens ein Hilferuf an den Hersteller des Programms. Dieser wird aber in der Regel nur registrierten, zahlenden Benutzern behilflich sein. Notfalls können Sie das Programm über die Systemeinstellungen unter *Software* deinstallieren. Die aufgezeichneten Daten sind dann aber verloren.

Salus ist nun im Hintergrund aktiv und zeichnet alle relevanten Daten auf. Wenn Sie die entsprechende Standardeinstellung übernommen haben, wird es bei jedem Neustart des Rechners automatisch mit aktiviert und zeichnet somit wirklich alle Aktionen mit diesem PC auf.

Die Salus-Aufzeichnungen auswerten

Wenn Salus bereits im Hintergrund aktiv war, können Sie jederzeit das Verwaltungsprogramm aufrufen, um die Aufzeichnungen auszuwerten. Geben Sie dazu einfach die in den Einstellungen festgelegte Zeichenkombination ein. Sowie Sie das letzte Zeichen eingegeben haben, startet automatisch das Verwaltungsprogramm. In der kostenlosen Testversion müssen Sie lediglich das zusätzliche Hinweisfenster mit einem Klick auf *Continue* schließen.

Im Verwaltungsfenster finden Sie in der linken Fensterhälfte einen Kalender, in dem Sie den Tag auswählen können, dessen Aufzeichnungen Sie auswerten wollen. In der kostenlosen Testversion wird jeweils nur der aktuelle Tag gespeichert, der auch automatisch ausgewählt wird. Mit der Schaltfläche *Eigenschaften* ganz oben links rufen Sie das Einstellungsmenü auf, das Sie bereits von der Installation kennen. Hier können Sie die anfangs getroffenen Einstellungen nachträglich verändern (etwa das Geheimwort wechseln). Mit der Schaltfläche *Unsichtbar-Modus* rechts daneben schließen Sie das Verwaltungsprogramm und lassen Salus wieder im Hintergrund verschwinden.

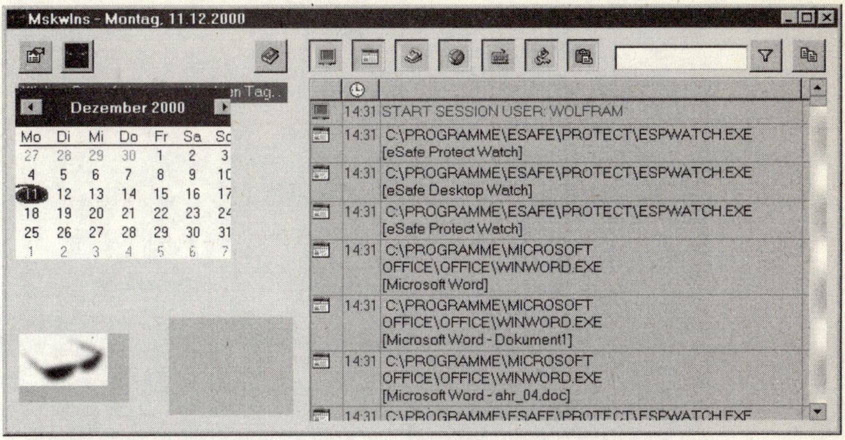

Im Verwaltungsprogramm von Salus sind alle Aktionen chronologisch verzeichnet

In der rechten Fensterhälfte finden Sie das Aktionsprotokoll und alle damit verbundenen Funktionen. Die Schaltflächen oberhalb der Aktionsliste sind Filter, mit denen sich die Anzeige von bestimmten Informationen ein- und ausschalten lässt. Wir stellen die Schaltflächen und ihre Bedeutung von links nach rechts vor:

- *Beginn/Ende des Programms*: zeichnet auf, wann Salus die Aufzeichnung einer Sitzung begonnen bzw. beendet hat und welcher Benutzer dabei angemeldet war. Wenn Salus automatisch mit Windows startet, ist dies gleichbedeutend mit dem Beginn und Ende der Windows-Sitzungen und -Benutzer

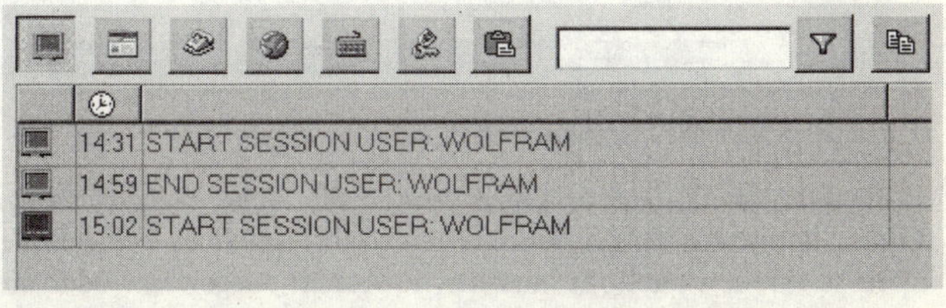

Salus verrät, welcher Benutzer sich wann an- bzw. abgemeldet hat

- *Fenster (Titel)*: Zeichnet alle Fenster auf, die auf dem Bildschirm angezeigt werden. Dadurch werden alle Anwendungen erfasst, die gestartet werden. Da die meisten Anwendungen in der Titelzeile ihres Fensters auch den

Namen des gerade geöffneten Dokuments anzeigen, erfasst Salus in den meisten Fällen auch die Namen der Dokumente, die mit den Anwendungen geöffnet wurden. Das Programm erstellt jeweils einen Eintrag, wenn ein Fenster den Fokus erhält. So kann man die Aktionen des Benutzers sehr genau nachvollziehen.

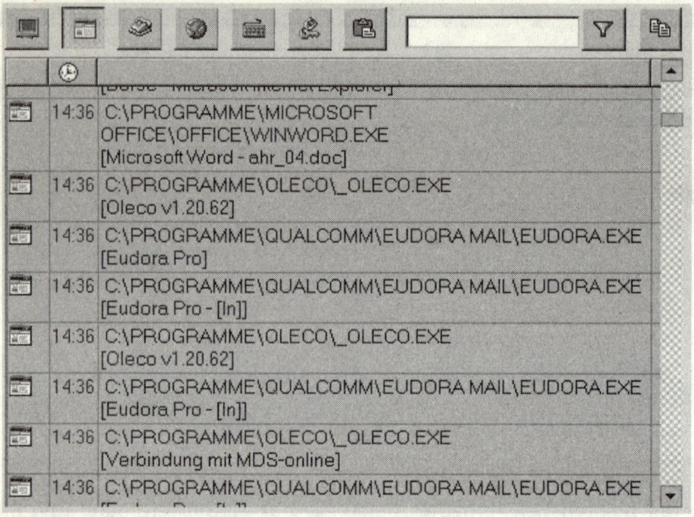

Salus zeichnet alle gestarteten Anwendungen und die damit geöffneten Dokumente auf

- *Beginn/Ende der Internetverbindung*: Salus zeichnet bei jeder Einwahlverbindung den Zeitpunkt der Einwahl und des Verbindungsendes auf. Außerdem gibt es beim Verbindungsaufbau an, mit welchem Gerät und mit welcher DFÜ-Verbindung der Kontakt erfolgte.

Salus zeichnet alle Interneteinwahlen auf

- *Besuchte WEB-Sites*: Salus zeichnet sämtliche Webadressen auf, die von den Benutzern aufgerufen wurden. Dabei spielt es keine Rolle, ob die Adresse direkt eingetippt, aus den Favoriten ausgewählt oder auf andere Art und Weise eingegeben wurde. Für jeden Abruf wird ein Eintrag mit Uhrzeit erstellt.

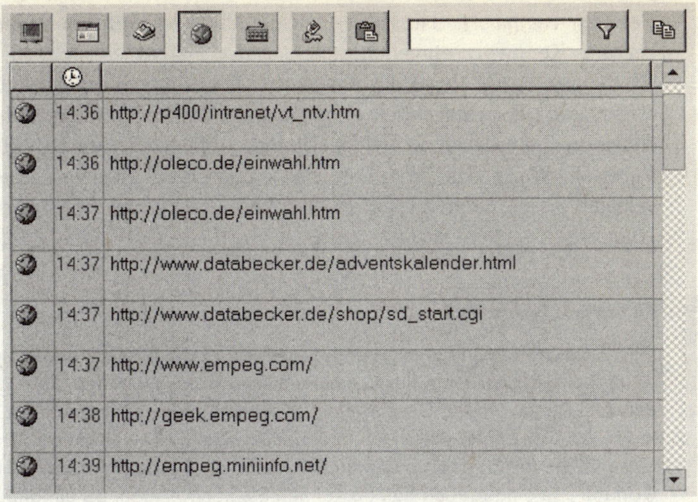

Salus zeichnet die Adressen aller besuchten Webseiten auf

- *Geschriebener Text*: Salus zeichnet sämtliche Zeichen auf, die von den Benutzern eingegeben werden. Dabei wird für jeden Text, der mit einem Mal eingegeben wurde, ein eigener Eintrag erstellt. Hat der Benutzer zwischendurch eine andere Aktion durchgeführt (etwa die Anwendung gewechselt), erstellt Salus einen neuen Eintrag. Die Aufzeichnung ist so präzise, dass man z. B. das Erstellen eines Textes genau nachvollziehen kann. Auch andere interessante Eingaben wie etwa Passwörter oder TANs und PINs können in dieser Liste auftauchen.

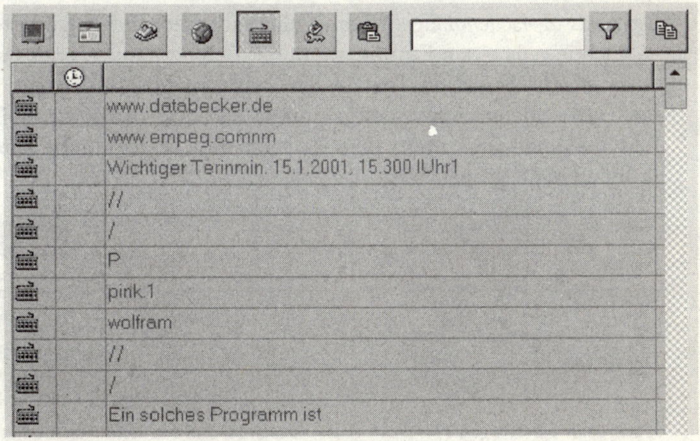

Salus zeichnet alle Tastatureingaben der Benutzer auf

- *Benutzer-Kennwort*: Salus zeichnet alle Aktionen auf, bei denen der Benutzer ein Kennwort eingeben muss. Dabei macht es sich zu Nutze, dass Passwörter in der Regel durch spezielle Eingabefelder abgefragt werden, bei denen statt der tatsächlich eingegebenen Zeichen nur Sternchen (***) erscheinen. Salus erkennt solche Dialoge und erstellt einen entsprechenden Vermerk. Wenn das Programm das eingegebene Passwort erkennen kann, verzeichnet es auch dieses. In der Regel steht hier aber nur der Eintrag *[Blank]*.

TIPP

Passwörter ermitteln

Dass Salus den Wortlaut eines eingegebenen Passworts nicht angibt, muss nicht immer heißen, dass man diesen nicht ermitteln kann. Wenn Sie die Anzeigen von *Benutzer-Kennwort* und *Geschriebener Text* kombinieren, finden Sie in der chronologischen Liste beider Arten von Informationen teilweise unmittelbar hinter dem *Benutzer-Kennwort*-Eintrag genau die Zeichenfolge, die der Benutzer bei der Passwortabfrage eingegeben hat. So können Sie kontrollieren, ob ein anderer Benutzer vielleicht im Besitz Ihrer eigenen Passwörter ist.

Salus verzeichnet sogar eingegebene Benutzer-Kennwörter

- *Text aus Zwischenablage*: Wenn Salus entsprechend eingestellt ist, erstellt es auch jeweils einen Eintrag, wenn der Benutzer mittels der *Kopieren*- bzw. *Ausschneiden*-Funktion Text in die Zwischenablage überträgt, um ihn von dort mit anderen Anwendungen auszutauschen. Jeder dieser Einträge enthält maximal die ersten 4096 Zeichen des Textes. Mehr wird aus Platzgründen nicht gespeichert.

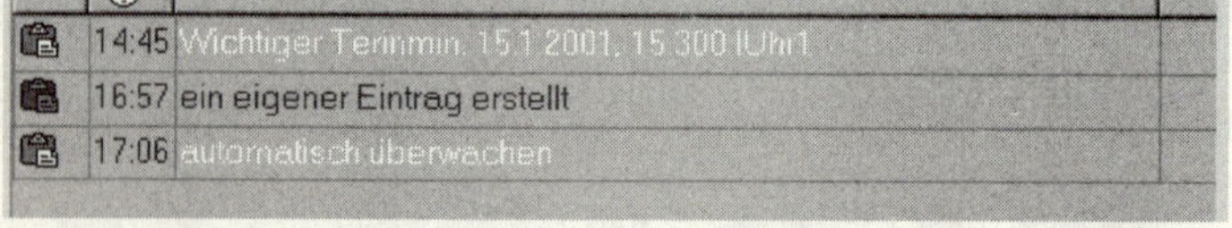

Auch beim Übertragen von Text in die Zwischenablage erstellt Salus einen Vermerk

Die verschiedenen Arten von Einträgen lassen sich beliebig kombinieren. Salus stellt immer die Einträge dar, deren Schaltfläche oben eingeschaltet (also „eingedrückt") ist, wobei die chronologische Reihenfolge streng eingehalten wird. Es lassen sich mehrere bis zu alle Schaltflächen gleichzeitig aktivieren, wodurch man ein ganz exaktes Protokoll sämtlicher Benutzeraktionen erhält. So kann man auch die verschiedenen Arten von Einträgen zueinander in Bezug se Beispiel: Was hat der Benutzer eingegeben, nachdem er ein bestimmtes Dokument in der Textverarbeitung geöffnet hat?

Im Salus-Protokoll suchen

Damit Sie auch in umfangreichen Aktionsprotokollen nicht den Überblick verlieren, hat Salus eine praktische Suchfunktion eingebaut, mit der Sie die angezeigten Einträge auf solche beschränken können, die einen bestimmten Schlüsselbegriff enthalten.

Schalten Sie dazu zunächst am besten alle Arten von Informationen ein.

1. Geben Sie dann im Eingabefeld oben rechts den Suchbegriff ein. Wir verwenden in unserem Beispiel etwa den Suchbegriff „Eudora", weil wir einfach alle Einträge sehen wollen, die irgendetwas mit diesem E-Mail-Programm zu tun haben.

Geben Sie im Eingabefeld einen Schlüsselbegriff für die Suche ein

2. Klicken Sie dann auf die Schaltfläche *Filter* rechts neben dem Eingabefeld. Salus filtert daraufhin die Einträge in der Aktionsliste und lässt nur solche über, die den gewählten Schlüsselbegriff irgendwo enthalten.

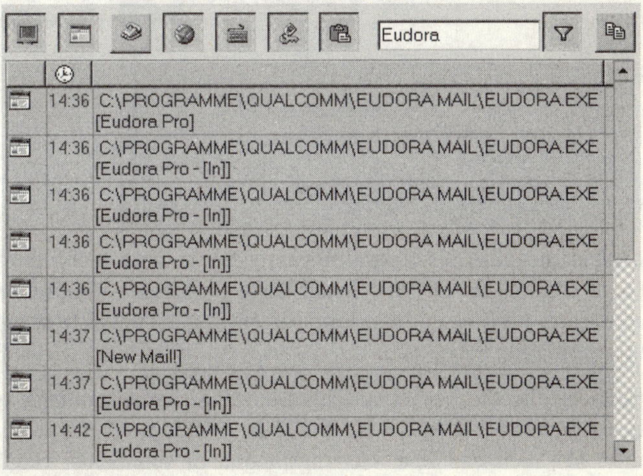

So kann man die protokollierten Aktionen nach bestimmten Schlüsselbegriffen durchsuchen

3. Um den Filtereffekt wieder aufzuheben und alle Einträge zu sehen, klicken Sie einfach erneut auf die *Filter*-Schaltfläche.

Mit diesen Funktionen können Sie sich jederzeit einen Überblick verschaffen, was in Ihrer Abwesenheit mit Ihrem PC geschehen ist. Ebenso kann man Salus verwenden, um Nachwuchssurfer zu kontrollieren oder auch die eigenen Aktionen zu dokumentieren. Wenn Ihnen beispielsweise mal wieder eine ganze Seite Text verloren gegangen ist, weil Windows oder die Textverarbeitungsanwendung abgestürzt ist, bevor Sie das Dokument speichern konnten, haben Sie gute Chancen, den eingegebenen Text mithilfe von Salus zumindest zum größten Teil rekonstruieren zu können und sich so jede Menge Arbeit zu sparen.

Salus deaktivieren

Da das Salus-Programm ganz darauf ausgerichtet ist, unauffällig im Hintergrund zu arbeiten und von den zu überwachenden Benutzern nicht bemerkt zu werden, kann man das Programm nicht ohne weiteres beenden, sondern muss eine bestimmte Prozedur einhalten.

1. Rufen Sie zunächst durch Eingabe des Geheimworts das Verwaltungsprogramm von Salus auf.
2. Öffnen Sie hier mit einem Klick auf die Schaltfläche *Eigenschaften* ganz links das Einstellungsmenü und deaktivieren Sie dort die Option *Automatischer Programmbeginn bei jedem Windows-Start*. Dadurch verhindern Sie, dass Salus beim nächsten Windows-Start automatisch wieder aktiviert wird. Schließen Sie die Einstellungen mit *OK*.

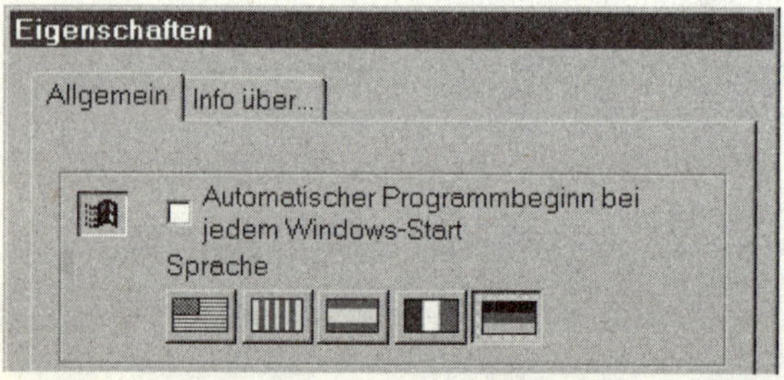

Deaktivieren Sie den automatischen Programmstart

3. Beenden Sie nun das Verwaltungsprogramm, aber nicht durch das sonst übliche Verstecken mit der Schaltfläche *Unsichtbar-Modus*, sondern schließen Sie das Fenster mit den Funktionen in der Titelleiste oder mit der Tastenkombination [Alt]+[F4].
4. Bestätigen Sie die beiden anschließenden Sicherheitsabfrage zum Beenden des Programms mit einem Klick auf *Ja*. Damit werden sowohl das Verwaltungs- als auch das Überwachungsprogramm von Salus endgültig beendet und aus dem Speicher entfernt. Eine weitere Überwachung findet nicht statt.

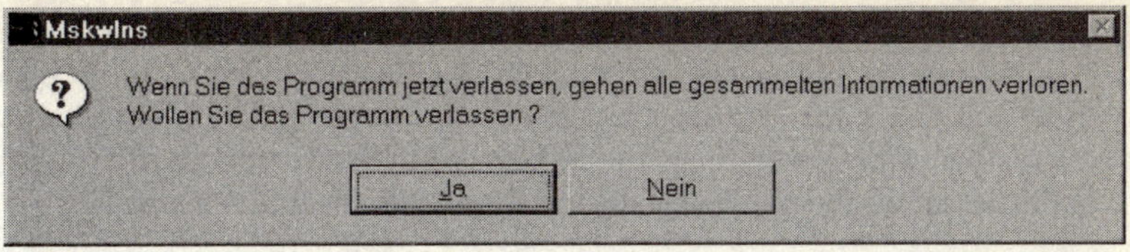

Bestätigen Sie die Sicherheitsabfragen, um das Salus-Programm endgültig zu beenden

Befolgen Sie unbedingt alle Schritte, um Salus vollständig zu deaktivieren. Wenn Sie beispielsweise das Programm einfach beenden, ohne zuvor die Einstellung für den automatischen Start mit Windows zu deaktivieren, wird das Kontrollprogramm zwar für den Augenblick beendet, ist aber ab dem nächsten Windows-Neustart wieder aktiv und sammelt weiter Daten.

Unbeaufsichtigte PCs automatisch überwachen

Eingangs dieses Abschnitts haben wir bereits den Vergleich mit einer Überwachungskamera bemüht. Diese wäre in der Praxis wenig effektiv, weil sie das Bild vom Monitor in der Regel nicht aufzeichnen kann. Das liegt zum einen daran, dass der Benutzer des PCs meist genau vor dem Monitor sitzt. Selbst wenn dies nicht der Fall ist, ist es mit handelsüblichen Kameras fast unmöglich, über eine Entfernung von mehreren Metern ein so gutes Bild aufzuzeichnen, dass man in der Aufzeichnung Details vom Bildschirm erkennen könnte. Die klassische Überwachungskamera fällt also aus. Es spricht aber nichts dagegen, das Geschehen auf dem Bildschirm sozusagen von innen heraus aufzunehmen. Auch hier kann man wieder ein Programm installieren, das heimlich im Hintergrund läuft und in regelmäßigen Abständen (zum Beispiel alle 60 Sekunden) eine Kopie vom aktuellen Bildschirminhalt erstellt und speichert. Diese Bilder kann man später in aller Ruhe betrachten und auswerten. Sie verraten ganz genau, was ein Benutzer gemacht hat, welche Anwendungen und Dokumente er geöffnet hat, welche Einstellungen des Rechners er womöglich verändert hat oder welche Webseiten er mit dem Browser abgerufen hat.

Videoüberwachung mit PC Spy

Ein solches visuelles Überwachungsprogramm ist PC Spy, das Sie unter http://www.softdd.com als kostenlose Testversion herunterladen können. Es läuft völlig unauffällig im Hintergrund und kann auch nicht gefunden und angehalten werden, wenn man mit Strg+Alt+Entf den Windows-Taskmanager aufruft. Man kann das Programm so konfigurieren, dass es ab einem bestimmten Zeitpunkt beginnt, eine bestimmte Anzahl von Bildschirmkopien zu erstellen und zu speichern, wobei der zeitliche Abstand zwischen zwei Kopien frei einstellbar ist. Dabei lässt sich das Programm auch nicht davon stören, dass der PC zwischendurch womöglich aus- und wieder eingeschaltet wird. Es aktiviert sich zum richtigen Zeitpunkt automatisch. Die Bilder werden mit einem unauffälligen Dateityp gespeichert, sodass man sie auch bei zufälligem Finden nicht als Bilddateien erkennen kann. Sie können nur mit dem PC Spy-Programm betrachtet werden. Dieses bietet dann allerdings die Möglichkeit, die Dateien als JPEG-Grafiken zu exportieren, wenn man sie beispielsweise als Beweismittel benötigt.

PC Spy konfigurieren

Bei der Installation wird PC Spy standardmäßig in das Verzeichnis *C:\Windows\Programme\Softdd\PCS Spy* installiert. Einträge im Startmenü oder ein Symbol auf dem Windows-Desktop werden nicht erstellt, da das Programm ja völlig unauffällig arbeiten und der Überwachte möglichst nichts davon bemerken soll. Um das Programm aufzurufen, starten Sie die Datei *pcs.exe* im oben angegebenen Verzeichnis. Die folgende Anleitung zeigt, wie Sie PC Spy mit wenigen Schritten so einstellen, dass es die Aktivitäten auf Ihrem PC heimlich überwacht.

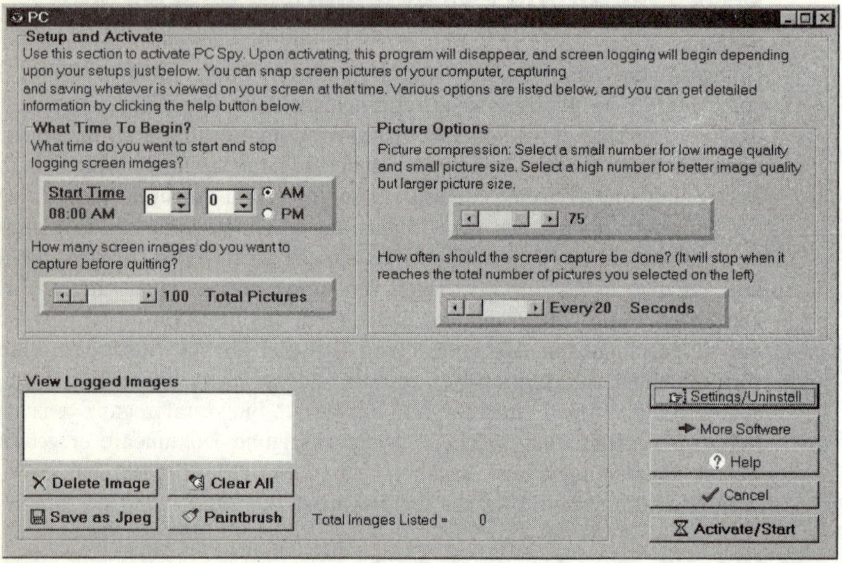

Das Konfigurationsmenü von PC Spy

1. Um PC Spy für seine heimliche Tätigkeit zu konfigurieren, wählen Sie zunächst die Startzeit, ab der das Programm mit dem Aufzeichnen des Bildschirminhalts beginnen soll. Wählen Sie dazu im Bereich *What Time To Begin* eine Uhrzeit aus. Die Angabe erfolgt im amerikanischen Zeitformat, d. h., man gibt nur die Stunden von 0 bis 12 Uhr und über die Ergänzung *AM* (vor Mittag) bzw. *PM* (nach Mittag) an, ob es sich um eine Uhrzeit zwischen 0 und 12 Uhr oder 12 und 24 Uhr (europäischer) Zeit handelt. Stellen Sie mit den Auswahlfeldern für Stunden und Minuten und den Optionen für AM bzw. PM die gewünschte Startzeit ein.

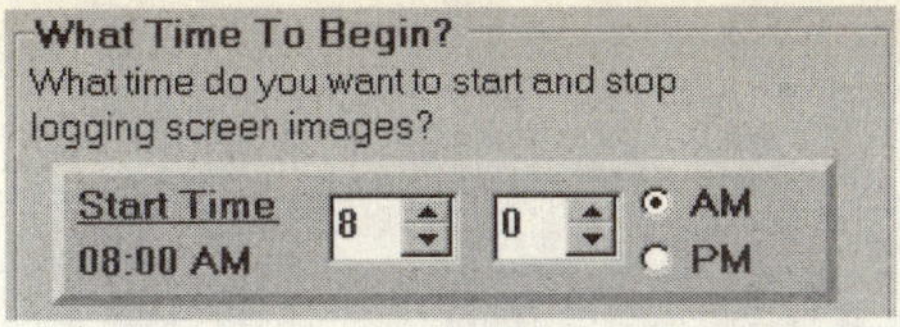

Stellen Sie zunächst die gewünschte Startzeit der Aufnahme ein

TIPP

Die richtige Startzeit

Wenn die Startzeit erreicht ist, beginnt PC automatisch mit den Aufnahmen. Sollte der PC zu diesem Zeitpunkt nicht eingeschaltet sein, spielt dies keine Rolle. Beim nächsten Start erkennt PC Spy automatisch, dass die Startzeit bereits verstrichen ist und beginnt sofort mit den Aufzeichnungen. Wichtig ist allerdings, dass die interne Uhr Ihres PCs korrekt eingestellt ist, sodass sich das Programm an dieser Uhr orientiert. Normalerweise wird die Uhrzeit unten rechts in der Startleiste eingeblendet, sodass Sie das dort kontrollieren können. Andernfalls finden Sie in den Systemeinstellungen unter *Start\Einstellungen\Systemsteuerung* die Optionen für *Datum/Uhrzeit*.

2. Direkt darunter können Sie anschließend angeben, wie viele Bildschirmkopien PC Spy insgesamt machen soll. Diese Funktion soll vor allem verhindern, dass sich bei einer langen Arbeitssitzung mit vielen Aufnahmen die Festplatte mit den Bilddateien füllt. Sie können maximal 9999 Bildschirmkopien erstellen lassen. Das reicht aber immer noch für knapp 14 Stunden Überwachung, wenn Sie das kleinste Zeitintervall (5 Sekunden) zwischen zwei Aufnahmen wählen.

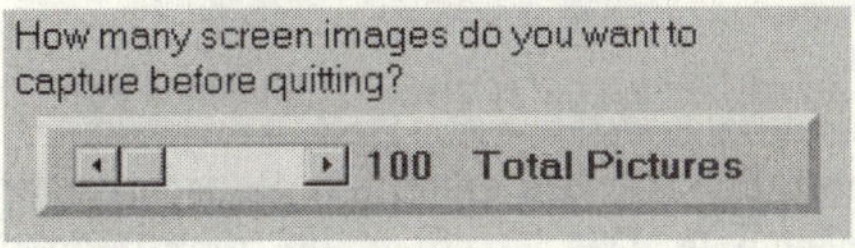

Geben Sie vor, wie viele Aufnahmen insgesamt gemacht werden sollen

3. Unter *Picture Options* können Sie zunächst die Qualität der aufgezeichneten Bilder einstellen. Um möglichst platzsparend zu arbeiten, verwendet PC Spy eine Komprimierung der erstellten Bilddateien, die sich allerdings auf die Bildqualität auswirkt. Je kleiner der Qualitätsgrad ist, desto kleiner werden die Dateien, aber desto geringer wird auch die Qualität. Mit dem Standardwert 75 erhalten Sie aber schon sehr gut lesbare Bilder. Unsere Tests haben gezeigt, dass man die Qualität bis zum Faktor 40 verringern kann und dabei noch immer lesbare Bilder erhält.

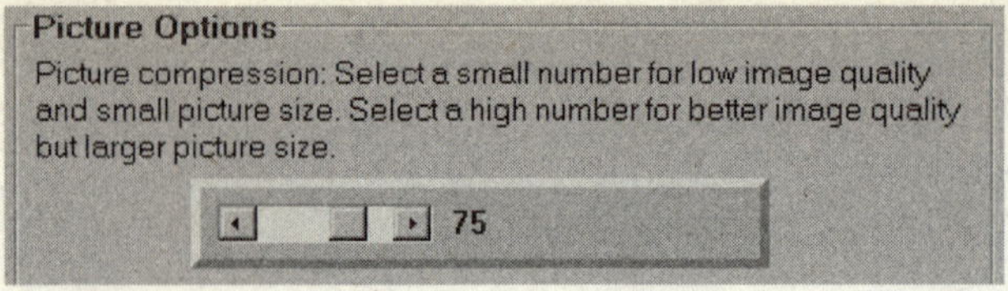

Über den Kompressionsfaktor wird die Größe und Qualität der gespeicherten Bilddateien eingestellt

4. Unterhalb der Qualitätsoption finden Sie schließlich die wichtigste Einstellung: wie häufig eine Aufnahme erstellt werden soll. Dazu wählen Sie das Zeitintervall in Sekunden, das zwischen zwei Aufnahmen verstreichen soll. Das kleinste Intervall liegt bei 5, das größtmögliche bei 900 Sekunden (= 15 Minuten). Welches Intervall Sie wählen sollten, hängt davon ab, wie genau Sie über die Aktivitäten im Bilde sein wollen bzw. was der zu Überwachende voraussichtlich anstellen wird. Eine Einstellung von ca. 120 Sekunden Zeitintervall zwischen den Aufnahmen gibt einen ganz guten Eindruck davon, was ein Benutzer so anstellt. Wollen Sie aber etwa eine Websurf-Sitzung überwachen und jede einzelne der aufgerufenen Webseiten mitbekommen, müssen Sie das Intervall kürzer wählen. Gleiches gilt, wenn Sie etwa eine Chatsitzung oder das Lesen und Schreiben von E-Mails quasi mitschneiden wollen.

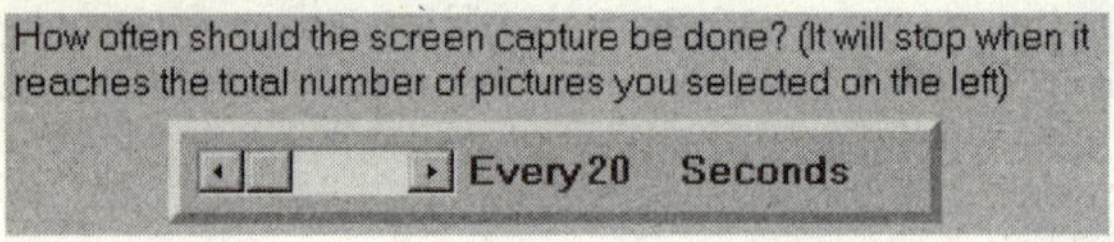

Geben Sie an, in welchen Zeitabständen die einzelnen Aufnahmen erfolgen sollen

5. Standardmäßig speichert PC Spy die erstellten Bildschirmkopien im Verzeichnis *C:\Windows\Temp_lg*. Das ist ein völlig unauffälliger Ordner, der auf den meisten PCs zwischen zahlreichen temporären Dateien und Verzeichnissen gar nicht auffällt. Sie können den Speicherpfad aber auf ein anderes Verzeichnis oder auch ein anderes Laufwerk ändern, wenn Sie mit *Settings/Uninstall* das *Uninstall*-Menü öffnen und dort mit einem Klick auf die Schaltfläche *Stored Images Location* einen anderen Speicherpfad angeben.

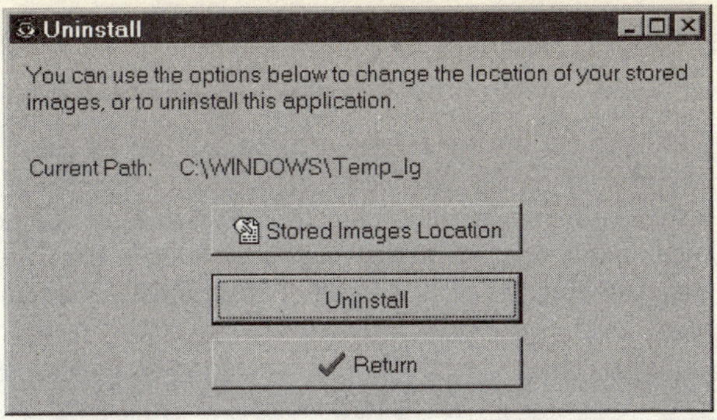

Im Uninstall-Menü können Sie den Standardpfad zum Speichern der Bilddateien ändern

6. Nachdem soweit alle Einstellungen vorgenommen wurden, können Sie PC Spy aktivieren. Klicken Sie dazu auf die Schaltfläche *Activate/Start*. Das Programm präsentiert nun noch einmal eine Zusammenfassung der Voreinstellungen. Wenn Sie diese mit einem Klick auf *OK* bestätigen, verabschiedet sich PC Spy in sein Versteck im Hintergrund.

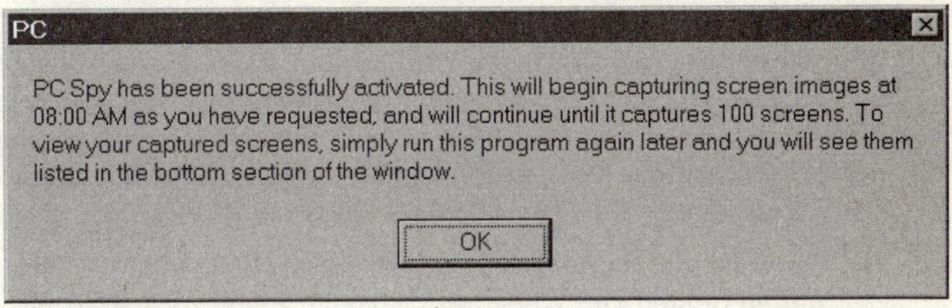

Bestätigen Sie die Zusammenfassung der Einstellungen, um PC Spy endgültig zu aktivieren

Das Überwachungsmodul von PC Spy ist nun im Hintergrund aktiv. Es lauert dort, bis der voreingestellte Zeitpunkt erreicht ist. Dann aktiviert es die Aufzeichnung und erstellt gemäß den Voreinstellungen die Bildschirmkopien. Auch dies läuft komplett im Hintergrund ab, sodass der Überwachte davon gar nichts mitbekommt. Es läuft so lange, bis die vorgegebene Anzahl von Bildern erreicht ist, und deaktiviert sich dann automatisch.

Auswerten der Bildaufzeichnungen

Wenn PC Spy seine Aufzeichnungen gemacht hat, können Sie die erstellten Bildschirmkopien jederzeit betrachten. Dazu starten Sie erneut das PC Spy-Programm *pcs.exe*. Sollte PC Spy zu diesem Zeitpunkt noch aktiviert sein (weil die vorgegebene Bilderzahl noch nicht erreicht wurde), finden Sie im Konfigurationsmenü die Meldung ** *Software Currently Activated* sowie eine *Deactivate*-Schaltfläche vor. Sie können den Spion jederzeit abschalten, indem Sie auf die *Deactivate*-Schaltfläche klicken und die anschließende Sicherheitsabfrage bestätigen.

Sollte PC Spy noch aktiv sein, können Sie es mit Deactivate jederzeit abschalten

Wenn PC Spy Bildschirmaufnahmen gemacht hat, können Sie diese ebenfalls im Hauptmenü unten links im Bereich *View Logged Images* betrachten. Hier finden Sie eine Liste aller Aufnahmen, die in der Regel einfach in der Reihenfolge ihrer Entstehung nummeriert sind. Wenn Sie eine der Dateien in der Liste auswählen, wird rechts daneben eine Minivorschau des Bildes und der Zeitpunkt der Aufnahme angezeigt.

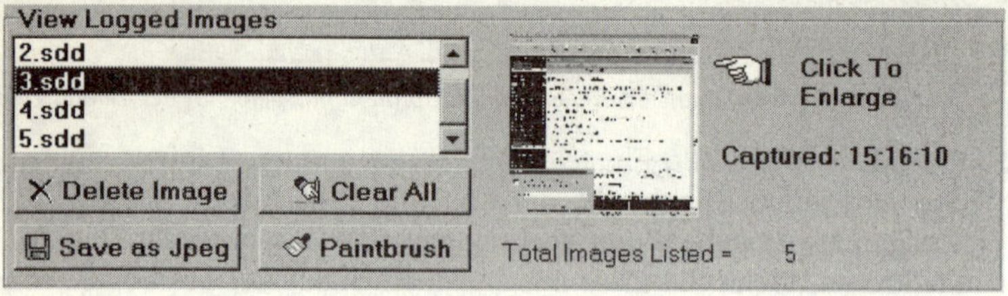

In diesem Bereich des Hauptmenüs können Sie die aufgezeichneten Bildschirmkopien betrachten

Mit einem Klick auf das kleine Vorschaubild lassen Sie die Bildschirmkopie in voller Größe anzeigen. Da die Kopie normalerweise in der gleichen Bildschirmauflösung erstellt wird, in der Sie sie nun betrachten, passt sie nicht komplett auf den Bildschirm. Mit den Bildlaufleisten können Sie allerdings das gesamte Bild betrachten bzw. die besonders interessanten Bereiche zentrieren.

Die vier Schaltflächen unterhalb der Bilderliste stellen die wichtigsten Funktionen zum Verwalten und Weiterbearbeiten der Bilder zur Verfügung:

- *Paintbrush* startet das auf Ihrem PC als Standardprogramm für Bitmap-Grafiken definierte Programm. In der Regel handelt es sich dabei um das Windows-eigene *Paint*-Programm. Vielleicht haben Sie aber auch ein anderes Programm als Standard eingestellt. Sollte ein Klick auf diese Schaltfläche nichts bewirken, ist auf Ihrem PC kein solches Programm installiert.
- Mit *Save as Jpeg* können Sie das gerade in der Liste ausgewählte Bild im JPEG-Format speichern. JPEG arbeitet mit einem sehr guten Kompressionsverfahren und erzeugt relativ kleine Dateien. Auf diese Weise exportierte JPEG-Dateien sind von der Lösch-Funktion (s. u.) nicht betroffen.
- Ein Klick auf *Delete Image* löscht die gerade ausgewählte Datei und gibt den Speicherplatz wieder frei.
- Ähnlich, aber etwas rigoroser arbeitet die Funktion *Clear All*. Sie löscht alle derzeit gespeicherten Bildschirmkopien von der Festplatte. Zuvor folgt allerdings noch eine Sicherheitsrückfrage, die Sie mit einem Klick auf die Schaltfläche *Yes* bestätigen. Anschließend werden alle Bilddateien (mit Ausnahme zuvor eventuell exportierter JPEG-Dateien) unwiderruflich gelöscht.

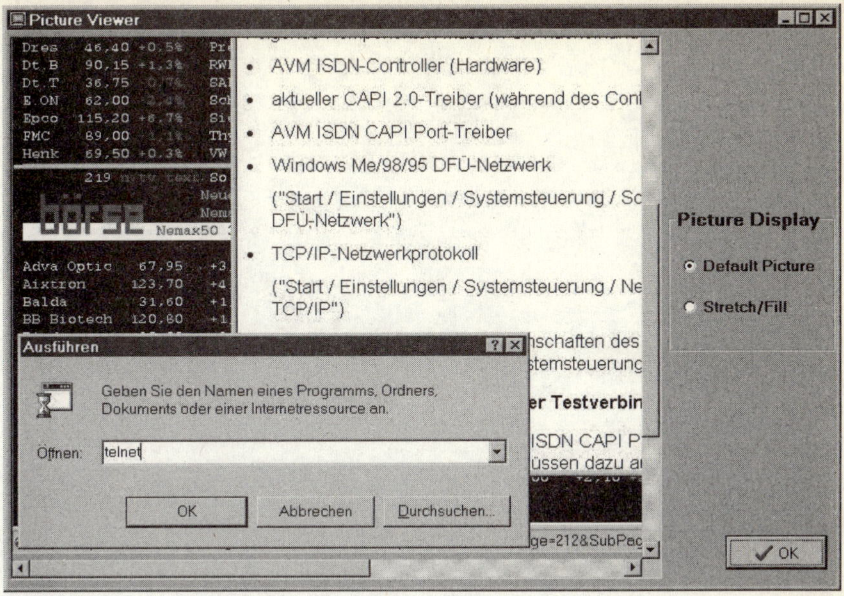

Mit der Picture Viewer-Funktion können Sie die aufgezeichneten Bilder in voller Größe betrachten

Um keinen unnötigen Speicherplatz zu verschwenden, sollten Sie diese Funktionen effektiv einsetzen. Am besten kontrollieren Sie die erstellten Bildschirmkopien regelmäßig. Sollten dabei „interessante" Aufnahmen entstanden sein, die Sie noch verwenden wollen, speichern Sie diese als JPEG-Dateien. Löschen Sie dann mit *Clear All* die restlichen Bildschirmkopien, um den Speicherplatz freizugeben. Bedenken Sie dabei, dass knapp werdender Platz auf der Festplatte den überwachten Benutzer dazu bringen könnte, nach der Ursache zu suchen und dabei auf eine Vielzahl von merkwürdigen Dateien zu stoßen, die ihn womöglich misstrauisch machen.

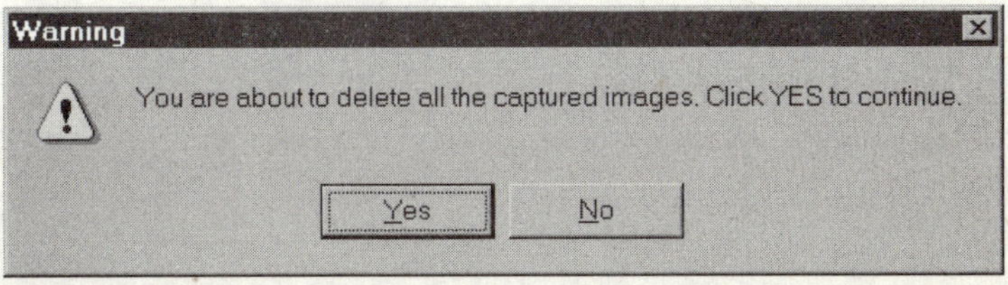

Bestätigen Sie die Sicherheitsabfrage zum Löschen der gespeicherten Bildschirmkopien

5. Gegenschlag – Setzen Sie sich zur Wehr!

5.1 Runter mit der Hose! – Angreifer identifizieren 268
Ping – Wer bist Du? 268
Traceroute – Wo kommst du her? 271
Whois – Die Hintermänner aufdecken 272
NeoTrace – Professionelle Analyse 276
5.2 Wenn sonst nichts hilft – Zurückschlagen? 283
Auge um Auge – Zahn um Zahn 283
Onlineangebote zum Kampf gegen Hacker 284
HackTracer – Hacker abblocken und melden 286
5.3 Rechtliche Mittel gegen Hacker 295
Strafrechtliche Konsequenzen 295
Zivilrechtliche Konsequenzen 296

In diesem Buch finden Sie eine Vielzahl an Informationen darüber, wie Hacker vorgehen und wie man sich effektiv davor schützen bzw. Angriffe frühzeitig erkennen kann. Wir wollen aber auch eine Frage nicht außen vor lassen, die sonst leider häufig zu kurz kommt: Was kann man denn nun eigentlich unternehmen, wenn man tatsächlich angegriffen wird? Schließlich ist es mit dem Erkennen eines Angriffs allein noch nicht getan. Sicher kann man verschiedene Software wie etwa einen Personal Firewall dazu verwenden, um den Erfolg des Angriffs zu vereiteln. Aber soll man den Hacker ungeschoren davonkommen und weiter ungestört seine digitalen Torpedos abschießen lassen? Abgesehen davon, dass das durch die ständigen Angriffe erzeugte Datenaufkommen zumindest teilweise auch auf die eigene Rechnung geht, ist es ja denkbar, dass der Angreifer irgendwann eben doch eine Lücke findet. Außerdem sind Sie vielleicht nicht das einzige Opfer und vielleicht sind andere viel schlechter geschützt als Sie? Wenn man einen Hacker auf frischer Tat erwischt, sollte man also ruhig versuchen, ihm einen Denkzettel zu verpassen.

In diesem Kapitel beschäftigen wir uns damit, wie man Angreifer aus dem Internet identifizieren kann und welche Möglichkeiten bestehen, ihnen das Handwerk zu legen. Viele der beschriebenen Methoden eignen sich auch für Angriffe in einem Firmenintranet. Hier hat man allerdings ohnehin bessere Chancen, sich zu wehren. Wenn man erst mal eine Netzwerkadresse als Urheber der Angriffe ausgemacht hat, kann man meist leicht feststellen, welchem „Kollegen“ diese Adresse zugeordnet ist.

5.1 Runter mit der Hose! – Angreifer identifizieren

Der erste Schritt zur Gegenwehr ist immer das Identifizieren des Angreifers. Wie soll man sich auch wehren oder jemandem das Handwerk legen, wenn man dessen Identität nicht kennt. Um es aber gleich ganz klar zu sagen: Den tatsächlich Namen der Person am anderen Ende der Leitung herauszubekommen, ist ohne professionelle Hilfe fast unmöglich. Kaum ein Hacker wird so ungeschickt sein, irgendwo eine Spur zu seiner Person zu hinterlassen. Es sei denn, es ist jemand, den Sie ohnehin näher kennen und der sich durch bestimmte Aktionen verrät.

Da der Datenverkehr in Netzwerken letztlich nicht personengebunden ist, sondern zwischen Maschinen stattfindet, kann man aber die Identität des verwendeten Rechners herausbekommen. Ebenso kann man ermitteln, zu welcher Domäne dieser Rechner gehört. Für Domänen wiederum sind bestimmte Personen, Firmen oder Organisationen zuständig. Diese kann man durchaus ermitteln und dadurch einen Ansprechpartner finden, der bei der Suche nach dem wirklichen Täter weiterhelfen kann. Ein einfaches Beispiel: Wenn sich ein Hacker über den Call-by-Call-Zugang eines Providers einwählt, kann man zumindest diesen Provider ermitteln. Da dort aber erst mal Schluss ist, kann man sich dann mit den Protokollen der Angriffe an diesen Provider wenden. Wenn die Angriffe des Hackers einen Straftatbestand erfüllen, kann der Provider z. B. aus seinen Protokollen ermitteln, von welchem Anschluss die Einwahlen erfolgten. So kann man aus einer Rechneradresse bis zur tatsächlichen Identität einer Person gelangen.

Ping – Wer bist Du?

Ausgangspunkt für die Identifizierung eines Angreifers ist zumindest unter Windows 9x/Me immer eine spezielle Software. Entweder ein Protokollwerkzeug, das alle Netzwerkaktivitäten aufzeichnet, oder ein Schutzprogramm wie etwa eine Personal Firewall, das Angriffe erkennt und darauf hinweist. Andere Betriebssysteme verfügen schon von Haus aus über ein Protokoll, das alle wesentlichen Vorkommnisse festhält. Die meisten Schutzprogramme verfügen außerdem zusätzlich über Protokollfunktionen. Das ist ganz wesentlich, denn ohne ein Protokoll kann man einen Angriff im Nachhinein nicht nachweisen. Außerdem ist etwa für das Kontrollieren der Einwahlprotokolle eines Providers der exakte

Zeitpunkt des Angriffs ganz unerlässlich. Die wichtigste Information ist aber zunächst die IP-Adresse des angreifenden Rechners. Diese wird vom Firewall-Programm in der Regel gemeldet oder protokolliert.

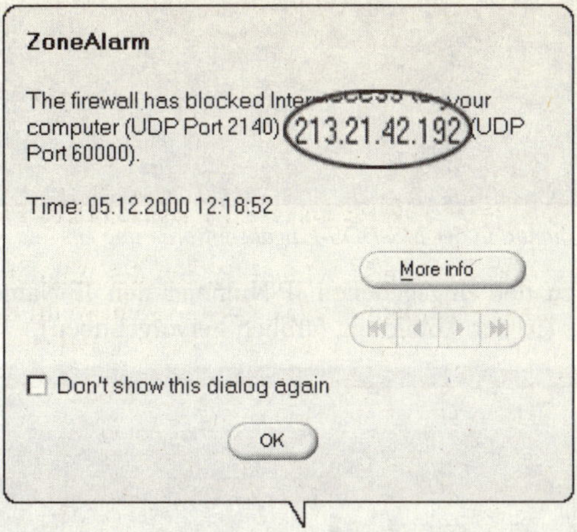

Sicherheitsprogramme melden bei einem Angriff die IP-Nummer des Ausgangsrechners

Diese IP-Nummer ist der Ausgangspunkt jeder Identifizierung. Sie gibt die Internetadresse des Rechners an, den der Angreifer für seine Aktivitäten genutzt hat. So eine IP-Nummer ist leider nicht sehr vielsagend. Es gibt allerdings zu den meisten IP-Nummern ein vielsagenderes Pendant, den IP-Namen. Mithilfe des **D**omain **N**ame **S**ervice (DNS) kann man einen IP-Namen in eine IP-Nummer auflösen bzw. umgekehrt aufgrund einer IP-Nummer den dazugehörenden IP-Namen ermitteln. Die einfachste Möglichkeit dazu ist der **P**acket **I**nternet **G**roper, meist als *Ping* abgekürzt, der praktisch zum Umfang jedes modernen Betriebssystems gehört. So kennt auch Windows zwar keine grafische *Ping*-Anwendung, aber man kann dieses Kommando in der MS-DOS-Eingabeaufforderung eingeben, was auch völlig reicht. Um mittels Ping zu einer IP-Nummer den dazugehörenden IP-Namen zu ermitteln, gehen Sie wie folgt vor:

1. Stellen Sie sicher, dass Ihr PC über eine funktionsfähige Internetverbindung verfügt. Ping-Abfragen können nur online durchgeführt werden.

2. Öffnen Sie dann die MS-DOS-Eingabeaufforderung und geben Sie das Ping-Kommando ein. Verwenden Sie dazu folgende Syntax: *ping -a <IP-Nummer>*. Wenn also beispielsweise ein Angriff von der IP-Nummer *213.61.1.3* erfolgt ist, geben Sie

   ```
   ping -a 213.61.1.3
   ```

   ein. Vergessen Sie auf keinen Fall, die Option *-a* anzugeben. Nur so wird zur IP-Nummer auch der IP-Name ermittelt.

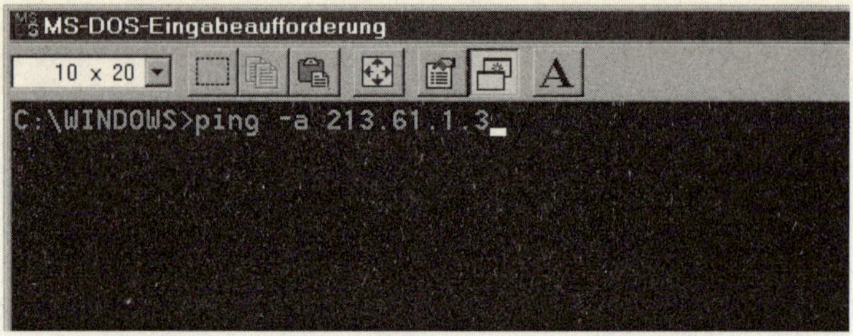

Geben Sie das Ping-Kommando in der MS-DOS-Eingabeaufforderung ein

3. Ping ermittelt dann zu der eingegebenen IP-Nummer den IP-Namen und gibt ihn als Erstes aus (in der Abbildung farblich hervorgehoben).

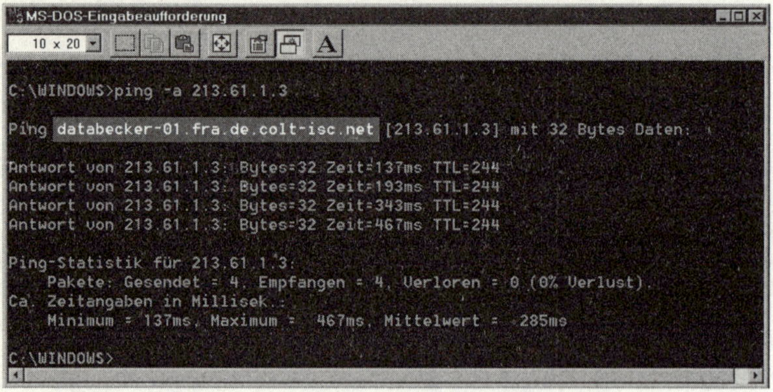

Ping ermittelt aus der IP-Nummer den dazugehörenden IP-Namen

4. Die weiteren Ausgaben kommen daher, dass Ping anschließend die Geschwindigkeit der Verbindung zu diesem Internetrechner ermittelt. Sie sind für die Identität nicht weiter von Belang. Sollte die Geschwindigkeitsüberprüfung zu lange dauern, was bei einem weit entfernten Rechner durchaus einmal vorkommen kann, können Sie den Vorgang mit [Strg]+[C] abbrechen.

5. Notieren Sie den ermittelten IP-Namen für die weitere Verwendung und schließen Sie die MS-DOS-Eingabeaufforderung durch Eingabe von *exit* und [Enter].

Damit kennen Sie den Rechnernamen. Zu diesem gehört auch die Domäne, in die dieser Rechner eingeordnet ist. Sie besteht aus den beiden letzten durch einen Punkt getrennten Teilen. Beim IP-Namen *www.server.provider.de* wäre die Domäne also *provider.de*. Mit diesen Informationen können Sie weitersuchen, was wir im übernächsten Abschnitt beschreiben. Manchmal bringt Ping aber auch noch nicht das gewünschte Ergebnis. Manche IP-Nummern lassen sich nicht in Namen umwandeln. Was Sie in diesem Fall tun können, zeigt der nachfolgende Abschnitt.

Traceroute – Wo kommst du her?

Für den Fall, dass man mit Ping nicht erfolgreich ist, kann man es mit einem ähnlichen Werkzeug namens Traceroute versuchen. Es gehört ebenfalls zum Umfang der meisten modernen Betriebssysteme und hat die Aufgabe, eine Internetverbindung zwischen zwei Rechnern zu verfolgen. Dabei macht es sehr genaue Angaben über die Zwischenstationen, über die die Datenpakete laufen. So kann man sich ein Bild von der „Nachbarschaft" des angreifenden Rechners machen, auch wenn dieser selbst keine Informationen preisgibt. Bei Windows heißt das entsprechende Kommando für die MS-DOS-Eingabeaufforderung *tracert*. Es wird folgendermaßen eingesetzt:

1. Auch für *tracert* müssen Sie zunächst eine Internetverbindung herstellen, da es nur online funktioniert.

2. Öffnen Sie dann die MS-DOS-Eingabeaufforderung und geben Sie das *tracert*-Kommando mit folgender Syntax ein: *tracert <IP-Nummer>*. Um den Weg zum Rechner mit der IP-Nummer *213.61.1.3* zu untersuchen, geben Sie also das Kommando

```
tracert 213.61.1.3
```

ein.

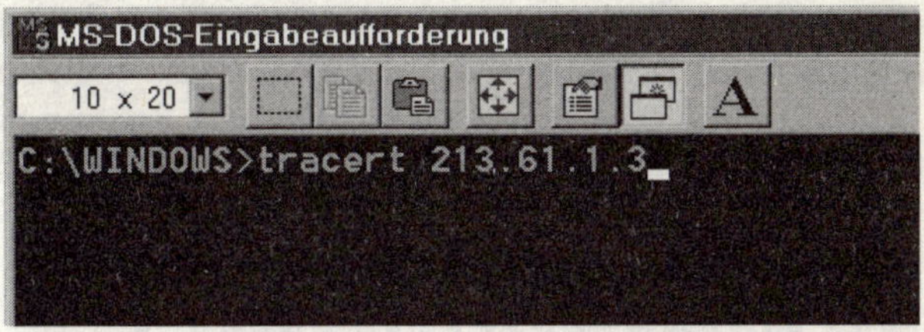

Geben Sie das Traceroute-Kommando in der MS-DOS-Eingabeaufforderung ein

3. Traceroute beginnt nun, den Weg der Daten von Ihrem eigenen PC bis zu dem Rechner mit der angegebenen IP-Nummer zu verfolgen. Dabei beginnt er mit der Station, die Ihrem Rechner am nächsten ist und springt dann von Rechner zu Rechner weiter. Zu jeder Zwischenstation gibt das Programm wiederum die IP-Nummer des beteiligten Rechners und - soweit ermittelbar - den IP-Namen aus.

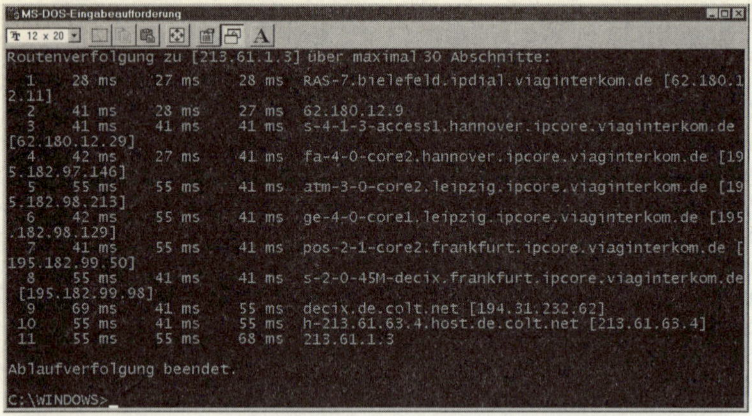

So sehen die Ergebnisse der Verbindungsanalyse durch Traceroute aus

Wenn sich zur gesuchten IP-Nummer mittels Ping kein IP-Name finden lässt, kann dies auch mit Traceroute nicht gelingen. Die Wahrscheinlichkeit ist aber recht hoch, dass Traceroute zu den unmittelbaren Nachbarn des angreifenden Rechners die IP-Namen ermitteln kann. Diese gehören in der Regel auch schon zum Netzwerk des gleichen Providers, sodass man auch hier einen Domänennamen erfahren kann. Eine gleich oder ähnlich beginnende IP-Nummer ist ebenfalls ein deutlicher Hinweis darauf, dass beide Rechner zum selben Netzwerk gehören. Wenn man den Domänennamen auf diese Weise ermittelt, sollte man allerdings mit dem Provider abklären, ob der fragliche Rechner tatsächlich zu dessen Netzwerk gehört. Auf alle Fälle besteht aber eine unmittelbare Verbindung, sodass der Domäneninhaber den Betreiber des Rechners kennen muss.

Whois – Die Hintermänner aufdecken

Eine Domäne hilft noch nicht unbedingt viel weiter. Sie können in jedem Fall versuchen, ob es zur ermittelten Domäne ein Webangebot gibt. Wenn Sie etwa die Domäne provider.de haben, geben Sie doch einfach mal „http://www.provider.de" in Ihrem Webbrowser ein. Mit etwas Glück gibt es einen Webserver zu dieser Domäne, der in der Regel im Impressum Kontaktmöglichkeiten zum Betreiber anbietet. Wenn dieser Weg nicht erfolgreich ist, gibt es noch eine andere Möglichkeit, den Betreiber einer Domäne zu ermitteln. Die für die Organisation der Top-Level-Domänen zuständigen Organisationen (*.com*, *.de*, *.net* usw.) führen Datenbanken über die Domänen, die unter den jeweiligen Top-Level-Domänen registriert sind. Dieser Erfassung kann sich kein Domänenbetreiber entziehen. Die Datenbanken können online über das Internet abgefragt werden. Wenn es sich bei der gesuchten Domäne beispielsweise um eine deutsche Domäne mit der Endung *.de* handelt, können Sie sich an die DENIC wenden, die für die Organisation der deutschen Top-Level-Domäne zuständig ist.

1. Rufen Sie in Ihrem Webbrowser das Webangebot der DENIC unter http://www.denic.de auf. Wählen Sie auf der Startseite den Menüpunkt *Whois - Suche nach Domainnamen* aus.

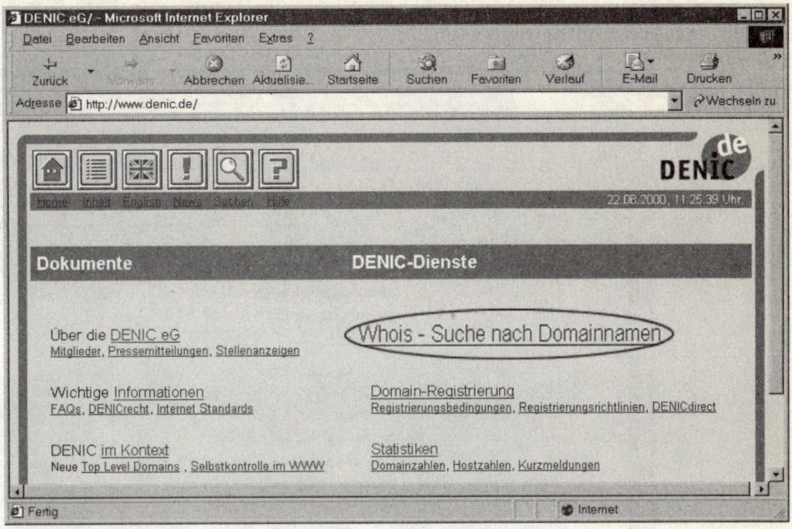

Auf der DENIC-Startseite finden Sie den Menüpunkt Whois - Suche nach Domainnamen

2. Damit gelangen Sie zum Suchmenü, in dem Sie die Domäne eingeben, über deren Betreiber Sie etwas erfahren wollen, und auf die *Suchen*-Schaltfläche klicken.

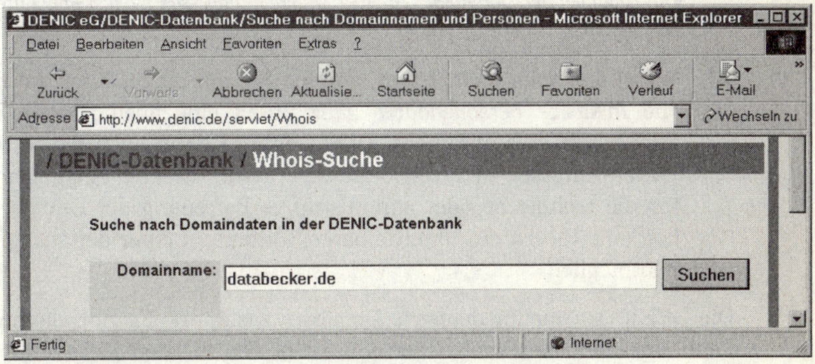

Geben Sie die Domäne ein, über die Sie etwas erfahren wollen

3. Daraufhin wird die DENIC-Datenbank nach der angegebenen Domäne durchsucht und eine Ergebnisseite erstellt, die die wesentlichen Angaben zum Inhaber der Domain enthält. In der Regel finden Sie bei *Domaininhaber* den Namen und die Anschrift der Firma, die diese Domäne registriert hat und betreibt.

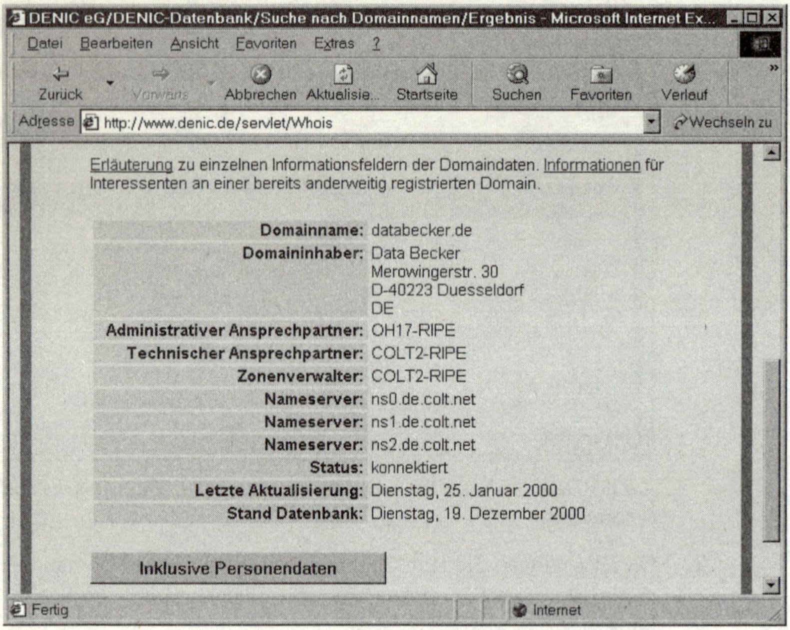

Die Angaben der Datenbank zu einer Domäne umfassen Namen und Adresse des Inhabers

4. Wenn das noch nicht reicht, können Sie mit einem Klick auf die Schaltfläche *Inklusive Personendaten* ganz unten eine ausführlichere Version des Suchergebnisses anfordern. Dieses enthält dann auch die Namen und ggf. E-Mail-Adressen und Telefonnummern von direkten Ansprechpartnern, die für die technische oder administrative Betreuung der Domäne verantwortlich sind. So ist ein unmittelbarer Kontakt zu einer der zuständigen Personen möglich.

Die DENIC ist nur für deutsche Domänen zuständig. Es gibt allerdings in jedem Land eine ähnliche Organisation. Sie ist in den meisten Fällen über die Adresse http://www.nic+<nationale Top-Level-Domäne> erreichbar. Für Österreich lautet die Adresse beispielsweise http://www.nic.at, für die Schweiz http://www.nic.ch.

Die meisten Domänenorganisationen stellen eine Onlinesuchabfrage bereit. Andernfalls können Sie versuchen, die gewünschten Informationen per E-Mail anzufordern.

Für die nicht nationalen Top-Level-Domänen wie etwa *.com*, *.net* oder *.org* gibt es ebenfalls eine zentrale Datenbank für die Abfrage nach Domäneninhabern. Diese erreichen Sie z. B. unter der Adresse http://www.whois.net.

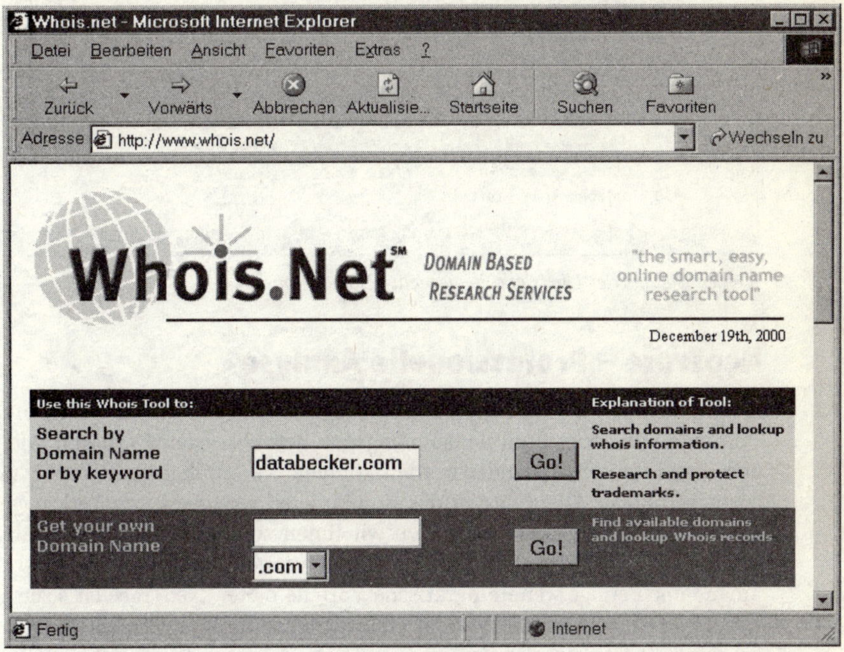

www.whois.net bietet eine Suche nach Domäneninformationen für verschiedene Top-Level-Domänen

Hier finden Sie direkt auf der Startseite ein Suchformular, in das Sie lediglich die gesuchte Domäne eingeben und dann auf *Go!* klicken müssen. Wenn mehrere Domänen in Frage kommen, erhalten Sie zunächst eine Übersicht aller Kandidaten.

Wählen Sie hier die genaue Domäne aus, über die Sie mehr erfahren wollen. Anschließend erhalten Sie die Informationen, die über den Betreiber dieser Domäne vorliegen.

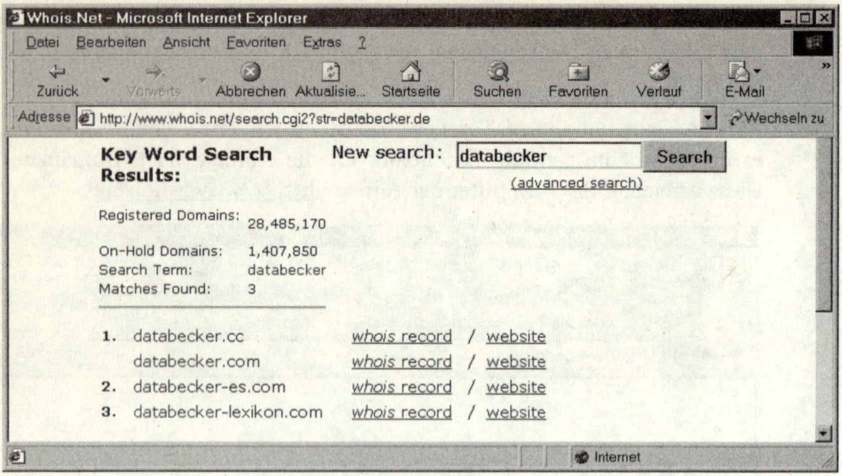

Wählen Sie aus der Übersicht die gesuchte Domäne aus

NeoTrace – Professionelle Analyse

Bislang haben wir verschiedene Werkzeuge vorgestellt, die aus den Bordmitteln stammen, also zum Funktionsumfang des Betriebssystems gehören oder online über das Internet verwendet werden können. Sie erfüllen ihren Zweck und sind leicht verfügbar. Allerdings ist das Kombinieren verschiedener Werkzeuge immer etwas umständlich. Deshalb wollen wir Ihnen zum Abschluss dieses Abschnitts ein Produkt vorstellen, das alle diese Funktionen in sich vereint und darüber hinaus noch einige weitere praktische Vorteile bietet. NeoTrace ist sozusagen die Deluxe-Variante zum Analysieren einer Datenverbindung. Es liefert nach Eingabe einer IP-Adresse alle verfügbaren Daten in einer komfortablen Oberfläche. Dabei greift es sowohl auf die Whois-Datenbanken als auch auf eigenes Kartenmaterial zurück, um den Weg zum und den Standort des gesuchten Rechners auch grafisch anzuzeigen. Unter http://www.neotrace.com können Sie eine kostenlose Testversion des Programms herunterladen.

NeoTrace installieren und einrichten

NeoTrace kommt als selbst installierendes Programm. Die Installation läuft in den üblichen Phasen ab. Ein Neustart des Rechners ist in der Regel nicht notwendig. Anschließend ist es beim ersten Start notwendig, dem Programm den eigenen Standort anzugeben. Diesen muss es wissen, damit es die Verbindung zum Zielrechner ordnungsgemäß auf einer Karte darstellen kann. Für diese Einstellung startet automatisch ein Assistent, der Sie durch alle Schritte führt.

1. Beim Start begrüßt Sie der Assistent zunächst mit einer kurzen Meldung. Wichtig: Damit er anschließend auf die Standortdatenbank zugreifen kann, muss eine Onlineverbindung bestehen. Stellen Sie also Kontakt zum Internet her und gehen Sie anschließend mit einem Klick auf *Next* zum nächsten Schritt weiter.

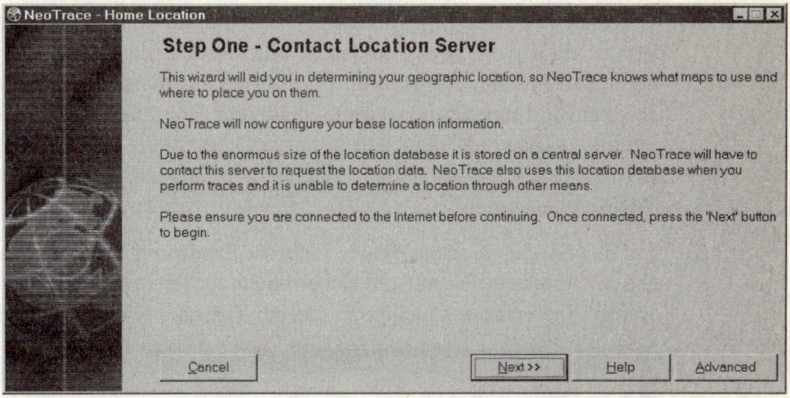

Stellen Sie eine Internetverbindung her, bevor der Standortassistent seine Arbeit aufnimmt

2. Wählen Sie dann im Feld *Select your Country* zunächst Ihr Heimatland aus. Beachten Sie, dass die Länder hier in den englischen Schreibweisen aufgeführt sind, also zum Beispiel *Austria*, *Germany* und *Switzerland*.

3. Geben Sie anschließend im Feld *City* den Namen Ihres Wohnorts an. In der Datenbank befinden sich nur größere Städte.

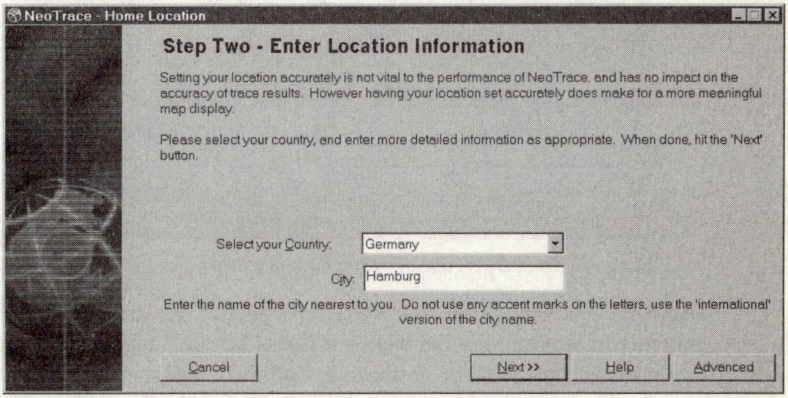

Geben Sie Ihr Heimatland und die nächstgelegene größere Stadt an

Wenn Sie in einem kleinen Ort wohnen, sollten Sie einfach den Namen der nächstgelegenen größeren Stadt verwenden, die das Programm kennt. Verwenden Sie dabei keine deutschen Umlaute, sondern die „internationale" Schreibweise, also etwa *Saarbruecken* statt *Saarbrücken*.

4. Wenn die nächste bekannte Stadt zu weit weg liegt oder Sie aus anderen Gründen mit dem Ergebnis nicht zufrieden sind, können Sie Ihren Standpunkt auch ganz genau angeben. Klicken Sie dazu auf *Advanced*. Damit schließen Sie den Assistenten und öffnen stattdessen ein weiteres Fenster, in dem Sie Ihren Standort ganz exakt mit Breitengrad (*Latitude*) und Längengrad (*Longitude*) angeben können. Diese Werte können Sie z. B. mit einem GPS-System feststellen oder einer möglichst detaillierten Karte Ihrer Region entnehmen.

5. Sollten Sie die genauen Werte nicht in Erfahrung bringen können, können Sie mit einem Klick auf die Schaltfläche *Other Location Lookup Resources* weitere Informationsquellen zu diesem Thema aus dem Internet abrufen.

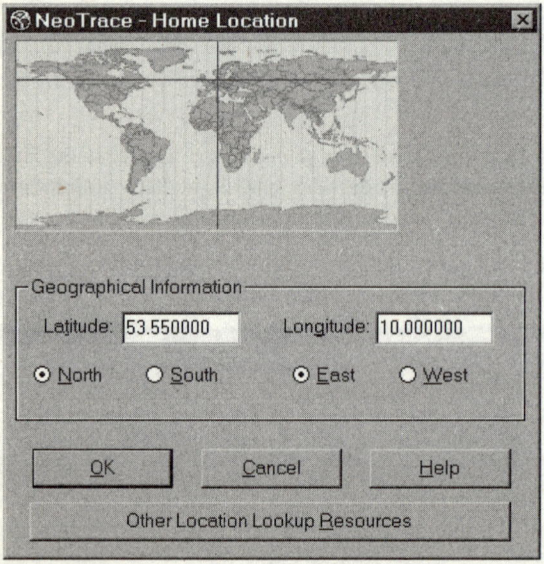

Für ganz Genaue: Angabe des Standorts in Längen- und Breitengrad

Damit ist das Einrichten von NeoTrace beendet. Anschließend startet das Programm zum ersten Mal. Bei weiteren Starts ist das Eingeben des eigenen Standorts natürlich nicht mehr notwendig. Sollte Ihr Rechner einmal umziehen, können Sie die Angaben aber ändern, indem Sie im NeoTrace-Hauptfenster auf *Options* klicken, in die Kategorie *Map* wechseln und dort mit *Set Home Location* den Standortassistenten erneut starten.

Nach dem Einrichten des Standorts startet NeoTrace automatisch zum ersten Mal

Mit NeoTrace Verbindungen verfolgen

Um mit NeoTrace eine Verbindung zu einem verdächtigen Rechner zu verfolgen und dessen Identität zu ermitteln, benötigen Sie genau wie bei Ping oder Trace lediglich eine IP-Nummer.

1. Geben Sie die fragliche IP-Nummer oder auch eine IP-Adresse im NeoTrace-Fenster ganz oben im Feld *Target* ein und klicken Sie dann auf die Schaltfläche *Go*.

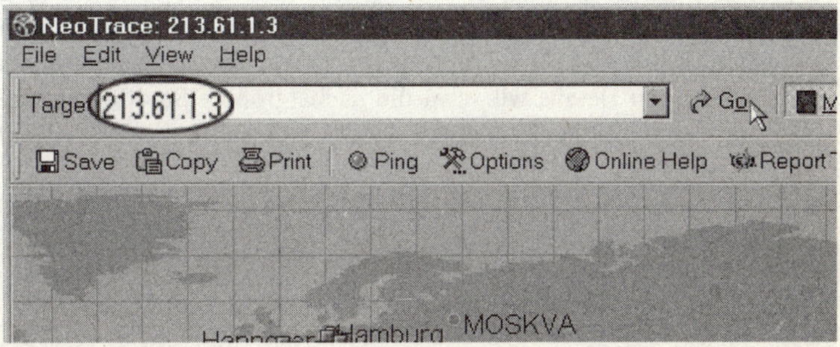

Geben Sie Nummer oder Name des verdächtigen Rechners im Feld Target ein, um die Suche zu starten

2. NeoTrace startet daraufhin seine Suche. Dabei ermittelt es genau wie Traceroute den genauen Weg von Ihrem PC zum Zielrechner samt aller Zwischenstationen. Zu allen beteiligten Rechner liefert es dabei so viel Informationen, wie es beschaffen kann. Der ganze Vorgang kann je nach Anzahl der Zwischenstationen etwas länger dauern. Im Info-Fenster rechts können Sie den Fortschritt und die Anzahl der untersuchten Rechner verfolgen.

3. Bereits während der Analyse beginnt NeoTrace damit, eine Karte der Verbindung zu erstellen. Dazu enthält es im *Map View* eine Weltkarte, auf der die einzelnen Rechner und die Verbindungen zwischen ihnen eingezeichnet werden.

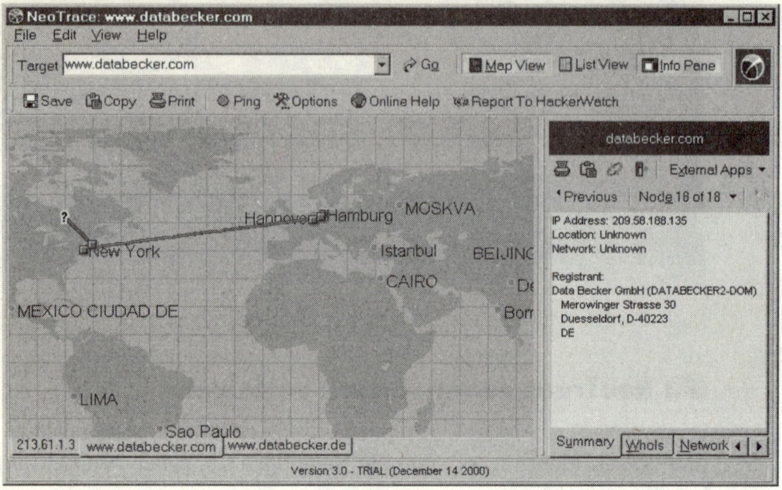

NeoTrace zeichnet die Verbindung zum Zielrechner auf einer Weltkarte ein

4. Da Sie sich ja vermutlich vor allem für den letzten Rechner am anderen Ende der Verbindung interessieren, können Sie die Zoom-Funktion der Karte verwenden, um diesen groß ins Zentrum zu rücken. Klicken Sie dazu einfach mit der linken Maustaste bis zu sieben Mal auf dessen Kartenposition. Mit jedem Klick wird der Ausschnitt kleiner und detaillierter, bis man schließlich Details wie etwa die nächstgrößere Stadt erkennen kann, in deren Nähe sich der Standort befindet. Mit einem Klick der rechten Maustaste vergrößern Sie den Bildausschnitt wieder.

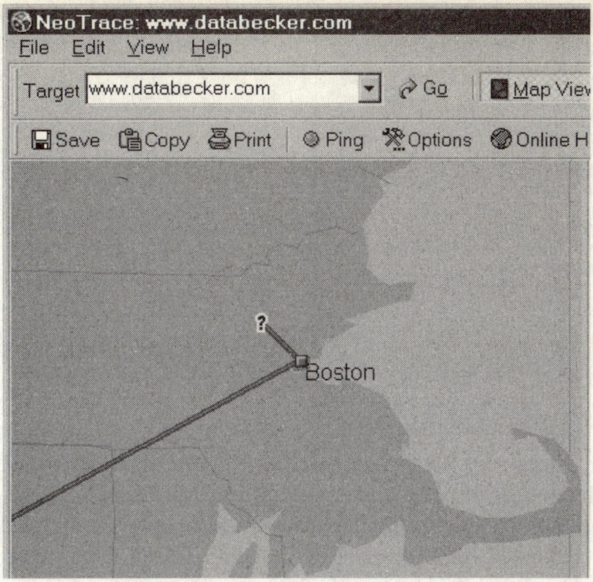

Mit der Zoom-Funktion können Sie den Standort einzelner Rechner genauer betrachten

5. Wenn Sie direkt auf den Standort eines der Rechner (zum Beispiel auf den Zielrechner) klicken, ohne dass sich der Mauszeiger in eine Lupe verwandeln, können Sie weitere Informationen zu diesem Rechner abrufen. Sollten sich an diesem Standort gleich mehrere Rechner befinden, die an der Verbindung beteiligt sind, erscheint in der Karte ein kleines Menü mit der Auswahl dieser Rechner.

Wenn mehrere Rechner in Frage kommen, geben Sie im Auswahlmenü den gewünschten an

6. Zum ausgewählten Rechner werden rechts in der *Info Pane* alle verfügbaren Informationen angezeigt. Ganz oben findet sich hier der IP-Name, wenn er aus der IP-Nummer abzuleiten ist. Bei den darunter folgenden Informationen ist meist die Kategorie *Summary* am sinnvollsten. Sie enthält alle wesentlichen Informationen im Überblick. Wenn eine Adresse des Domäneninhabers verfügbar ist, wird sie hier angezeigt.

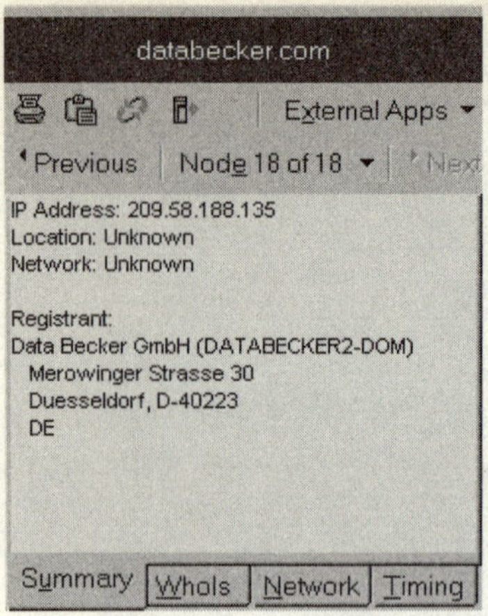

In der Kategorie Summary der Info Pane finden Sie die wesentlichen Informationen zum Rechner

7. In der Kategorie *WhoIs* können Sie die Informationen aus der Whois-Datenbank abrufen. Ein großer Vorteil von NeoTrace ist, dass es die Daten automatisch entsprechend der Top-Level-Domäne abruft, sodass Sie sich keine Gedanken darüber machen müssen, welche Organisation für die jeweilige Top-Level-Domäne zuständig ist.

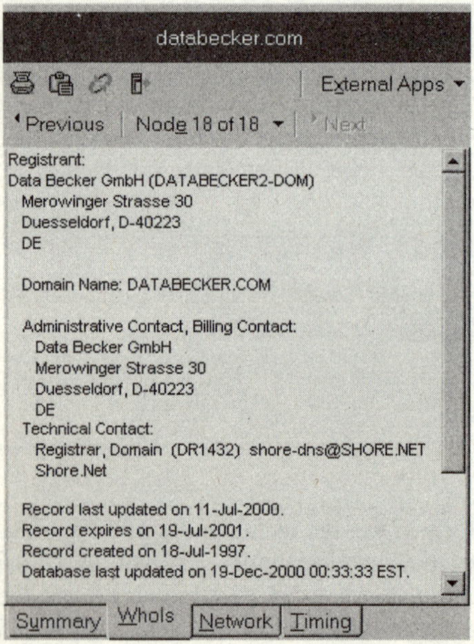

NeoTrace stellt auch die Daten aus der Whois-Datenbank zur Verfügung

5.2 Wenn sonst nichts hilft – Zurückschlagen?

Im ersten Teil dieses Kapitels haben wir uns damit beschäftigt, wie man die Identität eines Angreifers bzw. die des verwendeten Rechners ermitteln kann. Nun wollen wir uns der Frage zuwenden, was man mit dieser Information anfangen kann.

Auge um Auge – Zahn um Zahn

Eine durchaus nahe liegende Möglichkeit wäre es sicherlich, dem Angreifer sein Tun einfach mit gleicher Münze heimzuzahlen. Wenn man die IP-Adresse des verwendeten Rechners kennt, ist es ja ohne weiteres möglich, ein entsprechendes Programm zu verwenden, um einen Gegenangriff zu starten. Wir möchten Ihnen davon aber abraten, auch wenn es noch so sehr im Finger juckt. Gegen eine solche Racheaktion sprechen verschiedene Gründe, auf die wir im Folgenden kurz eingehen wollen.

Bewahren Sie Ihr gutes Gewissen

Das Zitat „Auge um Auge - Zahn um Zahn" ist eine Umschreibung für Rache aus dem Alten Testament der Bibel. Damals hat es so schon nicht funktioniert, deshalb hat man ein paar tausend Jahre später das Neue Testament aufgelegt, wo es jetzt heißt „Halte auch die andere Wange hin!" Das soll nicht bedeuten, dass Sie Hacker einfach so ungestraft weitermachen lassen sollen. Aber einfach Gleiches mit Gleichem zu vergelten, bringt es einfach nicht. Zum einen können Sie davon ausgehen, dass ein einigermaßen intelligenter Hacker sich vor Gegenangriffen schützt, sodass Ihre Bemühungen wirkungslos verpuffen. Zum anderen erwecken Sie durch solche Gegenmaßnahmen womöglich erst recht das Interesse des Angreifers und zetteln so einen regelrechten Informationskrieg an. Im Übrigen: Wenn Sie selbst die gleichen Waffen wie der Angreifer einsetzen, sind Sie doch auch nicht viel besser, oder?

Bleiben Sie unbescholten

Hacker bewegen sich rechtlich gesehen stets auf dünnem Eis. Der letzte Abschnitt dieses Kapitels geht ausführlicher darauf ein, was genau erlaubt und was verboten ist. Wenn Sie selbst die gleichen Methoden und Werkzeuge verwenden, betreten Sie ebenfalls dieses dünne Eis. Das Manipulieren oder Zerstören fremder Daten ist eine Straftat und kann sowohl strafrechtliche als auch zivilrechtliche Konsequenzen nach sich ziehen. Wie Sie selbst erfahren haben, kann man auch im anonymen Internet den Urheber eines Angriffs durchaus ermitteln. Sie sollten also nicht davon ausgehen, dass man Sie schon nicht erwischen wird. Im Übrigen nehmen Sie sich durch eine solche Aktion die Chance, selbst rechtlich gegen einen Hacker vorgehen zu können.

Verschonen Sie Unschuldige

Ein überzeugendes Argument wider Gegenangriffe ist schließlich, dass Sie niemals sicher sein können, mit Ihren Angriffen auch den Richtigen (und nur den) zu treffen. Hacker-Angriffe richten sich schließlich nicht unmittelbar gegen einzelne Personen, sondern gegen Rechner und Netzwerke. Der Hacker muss aber nicht der einzige Benutzer eines Rechners oder Netzwerks sein. Wenn Sie also beispielsweise einen Denial of Service-Angriff starten, treffen Sie damit höchstwahrscheinlich auch unschuldige Dritte. Außerdem kann es sein, dass der Hacker den Angriff gar nicht von seinem eigenen Rechner aus gestartet, sondern dafür beispielsweise einen Trojaner auf dem Rechner eines Unwissenden benutzt hat. Dann hat Ihre Recherche die IP-Adresse dieses unschuldig Beteiligten zu Tage gebracht. Wenn Sie diesen angreifen, macht das dem Hacker nichts aus, schadet aber dem ahnungslosen Besitzer des missbrauchten Rechners.

Sie sehen also, dass es gute Gründe gibt, sich nicht auf dieselbe Ebene wie der Angreifer herabzubegeben. Auch ohne Gegenschlag sind Sie schließlich nicht völlig hilflos. Zum einen können Sie sich an den Netzwerkbetreiber wenden, von dessen Rechner aus der Hacker agiert. Zum anderen gibt es im Internet Angebote, die Sie beim Kampf gegen Hacker unterstützen. Sie basieren auf der Idee „Gemeinsam sind wir stark" und werten die Meldungen zahlreicher Teilnehmer aus, um in Hacker-Angriffen Muster zu erkennen und notorische Übeltäter zu überführen.

Onlineangebote zum Kampf gegen Hacker

Ein sehr informatives Angebot ist *AntiOnline*, das Sie unter http://www.antionline.com finden. Es bietet eine Vielzahl von Informationen zum Kampf gegen Hacker. So finden Sie hier aktuelle Informationen über Angriffe und ausführliche Tipps, wie Sie Hackern auf die Spur kommen. Außerdem erhalten Sie hier Zugang zu einschlägigen Diskussionsforen, in denen Sie sich mit anderen Betroffenen austauschen können. Linksammlungen und Mailinglisten zum Thema runden das Angebot ab.

Noch einen Schritt weiter geht das Angebot *HackerWatch* unter http://www.hackerwatch.org. Hier sammelt man Daten über Hacker-Angriffe in einer zentralen Datenbank. Diese werden laufend analysiert, um Muster in den Angriffsdaten zu erkennen. Werden Muster erkannt, beispielsweise wenn mehrere Teilnehmer von derselben Adresse aus angegriffen werden, informiert HackerWatch die Betroffenen und ermöglicht es ihnen, Kontakt zueinander aufzunehmen. So kann man gemeinsam gegen Angreifer vorgehen und hat z. B. bei der Strafverfolgung wesentlich bessere Chancen. Hacker, die regelmäßig und gegen viele Opfer vorgehen, werden von den Behörden viel eher ernst genommen, als Einzel- und Gelegenheitstäter.

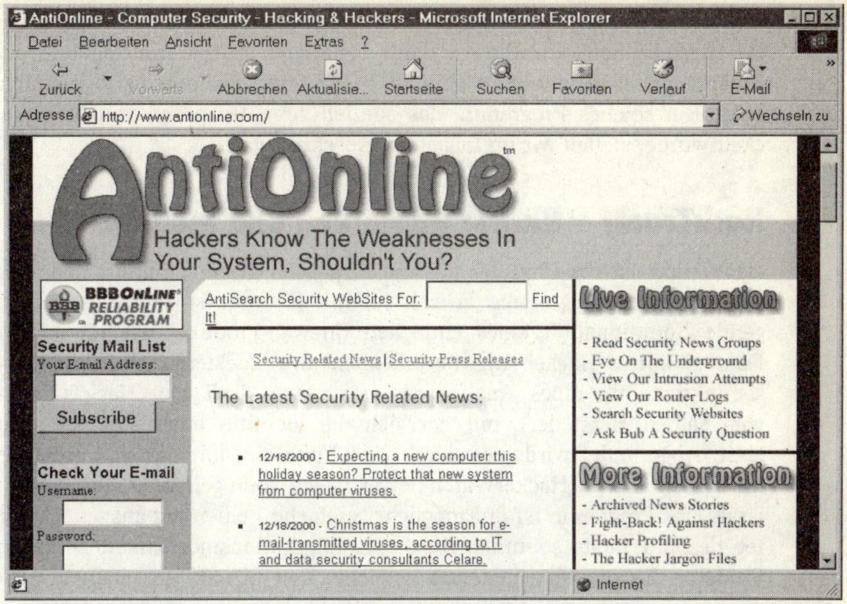

AntiOnline bietet zahlreiche Informationen zum Kampf gegen Hacker

HackerWatch sammelt und wertet Daten von Angriffen aus der ganzen Welt zentral aus

Um Informationen über erfolgte Angriffe an HackerWatch zu melden, benötigen Sie spezielle Software, die die dafür benötigten Daten ermittelt und überträgt. Entsprechende Funktionen sind in bestimmten Sicherheitsprogrammen eingebaut. Ein solches Programm, das speziell zum Aufspüren von Hackern entwickelt wurde, stellen wir im folgenden Abschnitt vor.

HackTracer – Hacker abblocken und melden

HackTracer ist ein Produkt, das die Eigenschaften und Funktionen verschiedener Sicherheitsprogramme in sich vereint. Es umfasst zum einen die grundlegende Funktionalität eines einfachen Firewall-Produkts wie etwa ZoneAlarm. Damit kann es Hacker-Angriffe erkennen und blockieren. Dazu kommt die Basisfunktionalität eines Analyseprogramms wie NeoTrace (HackTracer stammt vom selben Hersteller), mit der sich die Identität eines Angreifers ermitteln lässt. Abgerundet wird dies durch eine Funktion, mit der sich ein Angriff per Mausklick an den HackerWatch-Server (siehe vorangehender Abschnitt) melden lässt. Das Programm ist auf möglichst einfache Bedienung ausgerichtet und bietet deshalb nicht so umfangreiche Konfigurationsmöglichkeiten wie spezielle Produkte für die verschiedenen Bereiche. Den Einsatz als einziges Sicherheitsprogramm empfehlen wir deshalb ausdrücklich nicht. Es eignet sich aber hervorragend, wenn Sie konkrete Probleme mit Hackern haben. Dann kann es einerseits sicherstellen, dass diese keinen Schaden anrichten können, indem unbefugte Eindringlinge effektiv ausgesperrt werden. Andererseits kann es bei der Identifizierung der Angreifer helfen und diese an den HackerWatch-Service melden. Eine kostenlose Testversion von HackerWatch können Sie unter http://www.neoworx.com herunterladen.

HackTracer installieren und einrichten

Die Installation von HackTracer wird von einem Installationsassistenten erledigt und folgt den für Windows-Anwendungen üblichen Bahnen. Zum Abschluss der Installation muss der Rechner neu gestartet werden. Dies ist wichtig, denn erst nach dem Neustart ist HackTracer wirklich aktiv. Danach wird es über den *Autostart*-Ordner bei jedem Windows-Neustart automatisch mit aktiviert. Beim ersten Start sind einige Einstellungen vorzunehmen, ohne die man das Programm nicht sinnvoll betreiben kann. Für einige der folgenden Aktionen ist eine Onlineverbindung erforderlich. Außerdem können Hilfe und Erläuterungen zum Programm nur online abgerufen werden. Deshalb ist es empfehlenswert, vor den folgenden Schritten eine Internetverbindung herzustellen.

1. Beim ersten Start von HackTracer öffnet sich automatisch das Einstellungsmenü mit der Kategorie *Security*.

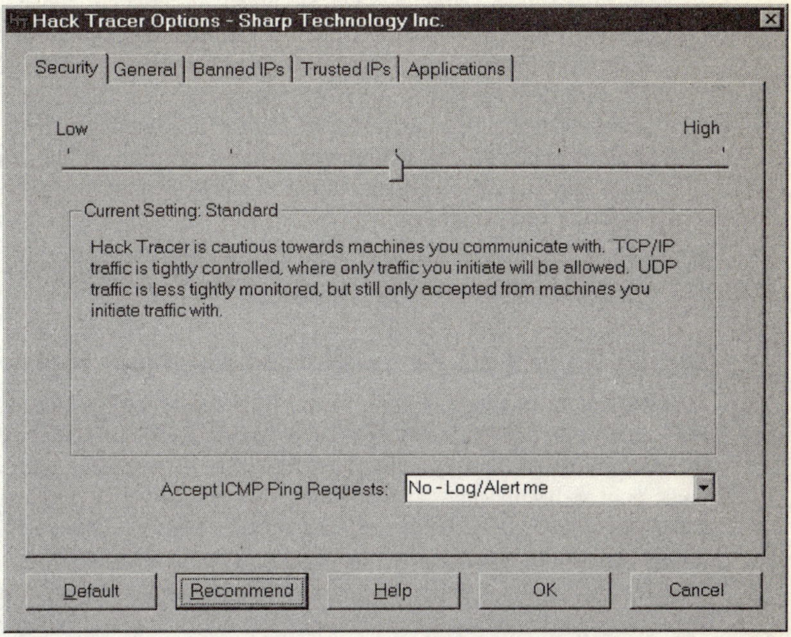

Wählen Sie den Sicherheitsstatus aus, den HackTracer für Ihren Rechner herstellen soll

2. Mit dem Schieberegler oben können Sie in mehreren Stufen wählen, welcher Sicherheitsgrad für Ihren PC bestehen soll.

TIPP

Die richtige Sicherheitsstufe für HackTracer

Wenn Sie den Schieber ganz nach links schieben (*Current Setting: Open*) deaktivieren Sie die Schutzfunktion von HackTracer praktisch völlig. Dies ist natürlich nicht empfehlenswert, kann aber vorübergehend sinnvoll sein, wenn ein Internetprogramm behindert wird. Das andere Extrem wäre ganz rechts (*Current Setting: Lock-Down*). Damit wird jeglicher Internetverkehr Ihres Rechners strikt unterbunden. In diesem Modus werden allerdings auch keine Hacker-Angriffe gemeldet. Am besten ist deshalb wie immer die goldene Mitte: Mit *Current Setting: Standard* schützen Sie Ihren PC zuverlässig. Datenverkehr mit anderen ist nur dann zulässig, wenn Sie ihn von sich aus initiiert haben. Erfolgt ein nicht provozierter Kontaktversuch, erkennt HackTracer dieses als Angriff und setzt seinen Schutzmechanismus in Gang. Wenn Sie feststellen, dass HackTracer mit den aktuellen Einstellungen zu viele falsche Alarme produziert, können Sie dies mit einer Lockerung der Sicherheitsstufe meist verhindern.

3. Wenn Sie eine Sicherheitsstufe ausgewählt haben, sollten Sie noch in die Kategorie *General* wechseln. Hier finden Sie unten die Schaltfläche *Change Home Location*. Damit können Sie einen Assistenten zum Bestimmen des eigenen Standorts starten. Dieser ist notwendig, wenn Sie die grafische Traceroute-Funktion von HackTracer verwenden wollen. Da das Programm aus dem gleichen Hause wie NeoTrace stammt, enthält es eine abgespeckte Version davon, die aber praktisch denselben Standortassistenten umfasst. Deshalb gehen wir hier nicht noch einmal ausführlich auf dessen Verwendung ein. Im Zweifelsfall sollten Sie einige Seiten zur Beschreibung von NeoTrace zurückblättern.

4. Damit sind die wichtigsten Grundeinstellungen erledigt und Sie können das Optionenmenü mit *OK* schließen.

Lassen Sie sich als HackerWatch-Teilnehmer registrieren

Eine weitere Vorbereitung sollten Sie noch treffen, wenn Sie Hacker-Angriffe per HackTracer an den HackerWatch-Server melden wollen. Damit ein sinnvolles Verarbeiten der Daten möglich ist und damit der Dienst nicht missbraucht wird, muss man sich zunächst als Teilnehmer bei HackerWatch registrieren. Das ist völlig kostenlos und erfordert nur, den eigenen Namen und eine E-Mail-Adresse anzugeben. Dafür erhält man eine Benutzerkennung, mit der man dann von HackTracer Reports erstellen und abschicken lassen kann. Die persönlichen Daten werden nach Auskunft des Servicebetreibers vertraulich behandelt. Wenn es die Ermittlungen gegen einen Hacker erfordern, werden Sie an die Ermittlungsbehörden oder andere befugte Personen weitergeleitet. Zuvor werden Sie aber grundsätzlich informiert und um Ihr Einverständnis gebeten.

1. Um sich als Teilnehmer bei HackerWatch registrieren zu lassen, rufen Sie im Hauptfenster von HackTracer die Menüfunktion *Event/Report User Settings* auf.

2. Damit öffnen Sie das *Event Report Sign-Up*-Fenster, in dem Sie im Feld *E-mail Address* eine gültige E-Mail-Adresse angeben.

3. Darunter tragen Sie im Feld *Nickname* Ihren Namen oder Spitznamen ein.

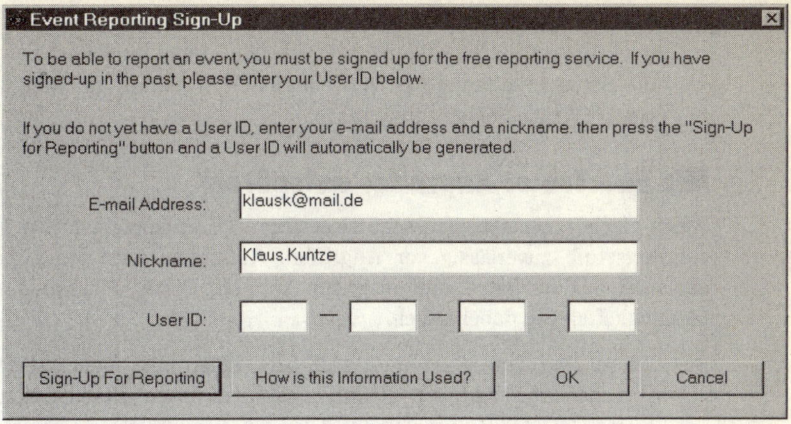

Geben Sie zum registrieren Ihre E-Mail-Adresse und Ihren Namen an

4. Sollte Ihr PC noch keine Internetverbindung haben, stellen Sie jetzt eine her. Sie ist für den nächsten Schritt unbedingt erforderlich.

5. Klicken Sie dann auf die Schaltfläche *Sign-Up For Reporting*. Das Programm meldet daraufhin die eingetragenen persönlichen Daten an den HackerWatch-Server. Dieser registriert Sie damit und weist Ihnen eine vierteilige Benutzerkennung zu. Diese übermittelt er an das Programm zurück, wo sie dann automatisch unter *User ID* eingetragen wird.

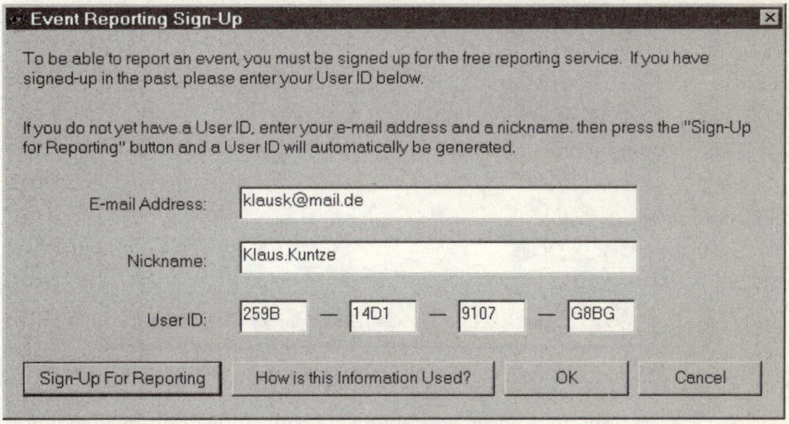

Nach erfolgter Registrierung wird die zugeteilte Benutzerkennung automatisch eingetragen

6. Wichtig: Nachdem die Benutzerkennung eingetragen wurde, müssen Sie noch einmal auf *OK* klicken. Dann übernimmt und speichert HackTracer die Benutzerkennung und verwendet sie bei zukünftigen Meldungen an den HackerWatch-Server automatisch.

Mit HackTracer Angreifer aufspüren

Wenn HackTracer aktiv ist, schützt es Ihren PC entsprechend der gewählten Sicherheitsstufe zuverlässig vor Angriffen. Außerdem wird jedes Angriffereignis gemeldet, sodass Sie darauf reagieren können. Dieser Workshop zeigt, welche Möglichkeiten Sie dabei haben.

1. Wenn HackTracer einen Angriff bzw. einen den Sicherheitsregeln widersprechenden Zugriff registriert, meldet es Ihnen dieses Ereignis in einem *Event Detected*-Hinweisfenster. Dieses wird unmittelbar angezeigt, egal welche Anwendungen sonst noch gerade auf Ihrem PC laufen. Dieses Hinweisfenster gibt an, welcher Art der Angriff ist und von welchem Rechner er ausgeht. Außerdem stellt es Ihnen Schaltflächen für die verschiedenen möglichen Maßnahmen zur Verfügung.

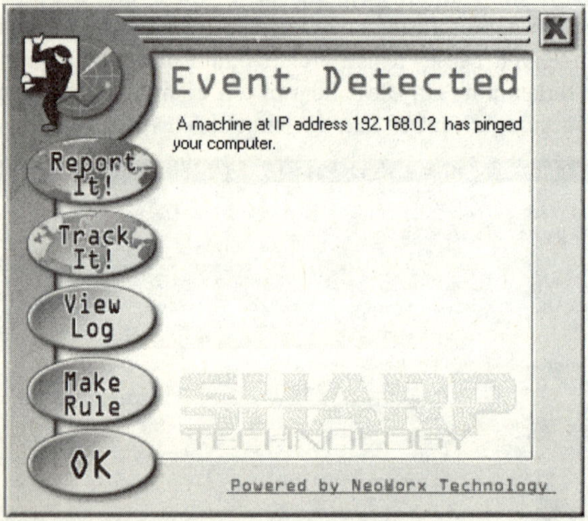

So meldet HackTracer verdächtige Ereignisse

2. Bei einem Angriff von einem bislang unbekannten Rechner sollten Sie zunächst versuchen, die Identität des Ausgangsrechners zu ermitteln. Vielleicht klärt sich die Ursache für die Meldung so ja als harmlos auf. Klicken Sie dazu auf die Schaltfläche *Track It!*.

3. HackTracer startet daraufhin ein grafisches Traceroute-Modul *NeoTrace Express*, das eine abgespeckte Variante des weiter oben in diesem Kapitel

vorgestellten NeoTrace ist. Es verfolgt die Verbindung von Ihrem PC bis zum Ausgangsrechner und stellt sie grafisch auf einer Weltkarte dar.

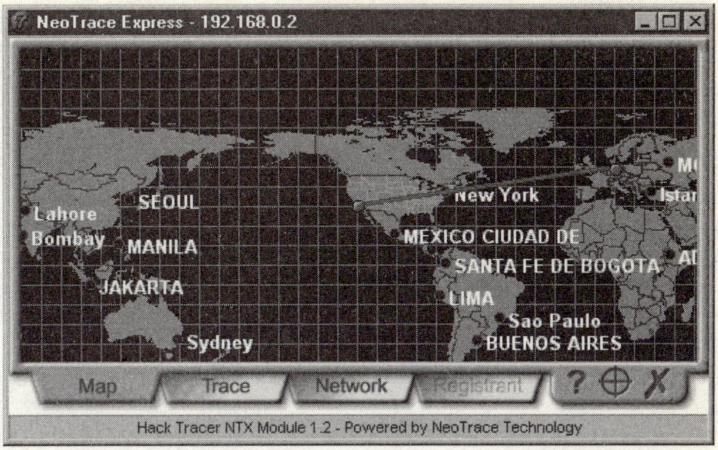

HackTracer stellt die Verbindung zum verdächtigen Rechner grafisch dar

4. Auch bei HackTracer können Sie den verdächtigen Ausgangsrechner einkreisen, indem Sie seine Darstellung mit einer Zoom-Funktion vergrößern. Klicken Sie dazu mehrfach mit der linken Maustaste auf den Bereich um den gesuchten Rechner, bis ausreichend Details zu sehen sind.

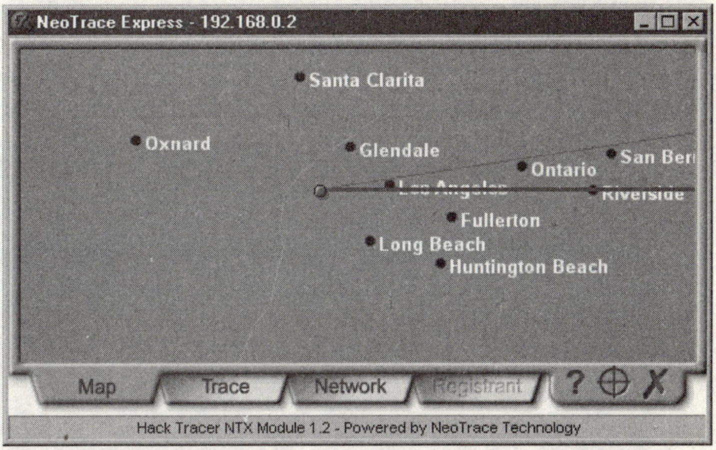

Mit der Zoom-Funktion lässt sich der gesuchte Rechner näher einkreisen

5. Wenn Sie in die Kategorie *Network* bzw. *Registrant* wechseln, erhalten Sie dort alle Informationen, die über Whois-Datenbanken zu dem Rechner verfügbar sind. So erfahren Sie, wer für die Domäne verantwortlich ist, zu der dieser Rechner gehört, und wie die Ansprechpartner erreichbar sind. Wenn

Sie genügend Informationen gesammelt haben, schließen Sie das Fenster mit einem Klick auf das *x*-förmige Symbol unten rechts.

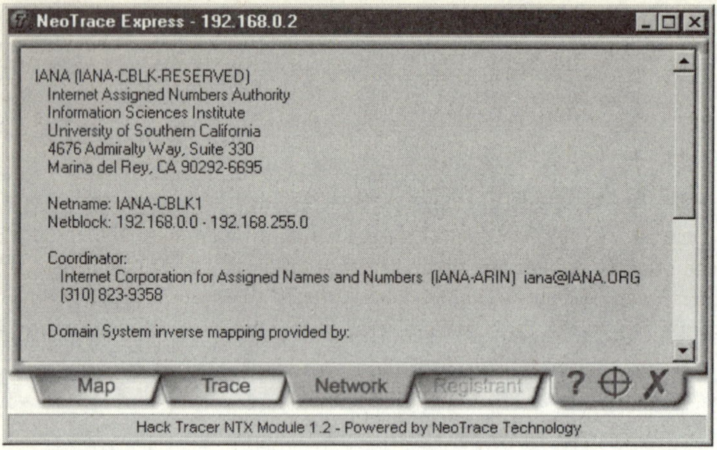

Auch HackTracer wertet Informationen aus den Whois-Datenbanken aus

6. Wenn Sie der Überzeugung sind, dass es sich bei dem unberechtigten Zugriff um einen Hacker-Angriff handelt, können Sie das Ereignis an die HackerWatch melden. Voraussetzung dafür ist, dass Sie sich wie oben beschrieben dort als Teilnehmer registriert haben. Dann können Sie mit einem Klick auf *Report It!* eine Meldung über den Vorfall absetzen.

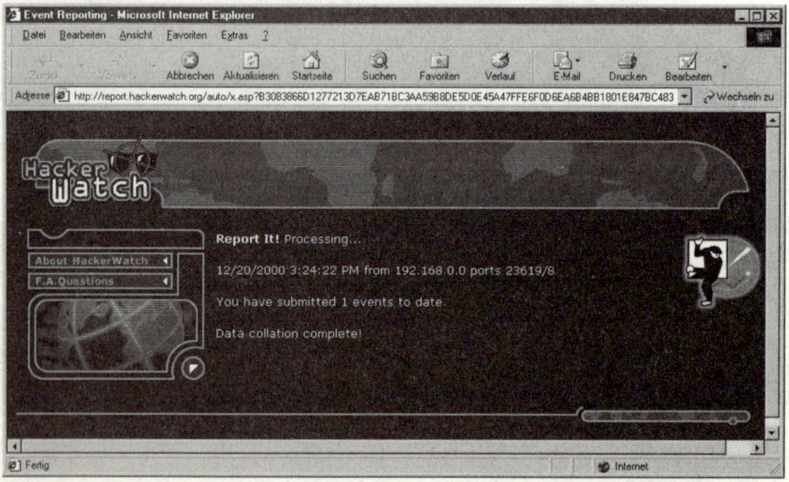

HackTracer startet den Webbrowser, um den Angriff an den HackerWatch-Server zu melden

7. HackTracer erstellt daraufhin eine Meldung, die alle relevanten Daten wie Ausgangsrechner, Art und Zeitpunkt des Angriffs umfasst. Um diese abzusetzen, startet das Programm den Standard-Webbrowser und ruft die Reportseite des HackerWatch-Servers auf. Dieser nimmt die Meldung in Empfang und sendet zur Bestätigung eine Antwortseite. Wenn diese mit der Meldung *Data collation complete* endet, sind Ihre Daten ordnungsgemäß beim HackerWatch-Server angekommen.

Das Ereignisprotokoll von HackTracer

Solange HackTracer keine Ereignisse zu melden hat, sehen Sie von dem Programm nur ein kleines Symbol rechts unten in der Startleiste. Es gibt aber auch ein Hauptprogramm, das einerseits der Konfiguration dient und andererseits ein Protokoll aller verzeichneten Ereignisse führt. Sie können dieses Programm auf zwei Arten aufrufen:

- Wenn ein Ereignis-Hinweisfenster angezeigt wird, können Sie dort auf die Schaltfläche *View Log* klicken, um das Hauptfenster anzuzeigen.
- Auch ohne Ereignis können Sie das Hauptfenster aufrufen, indem Sie einen Doppelklick auf das HackTracer-Symbol rechts unten in der Startleiste ausführen.

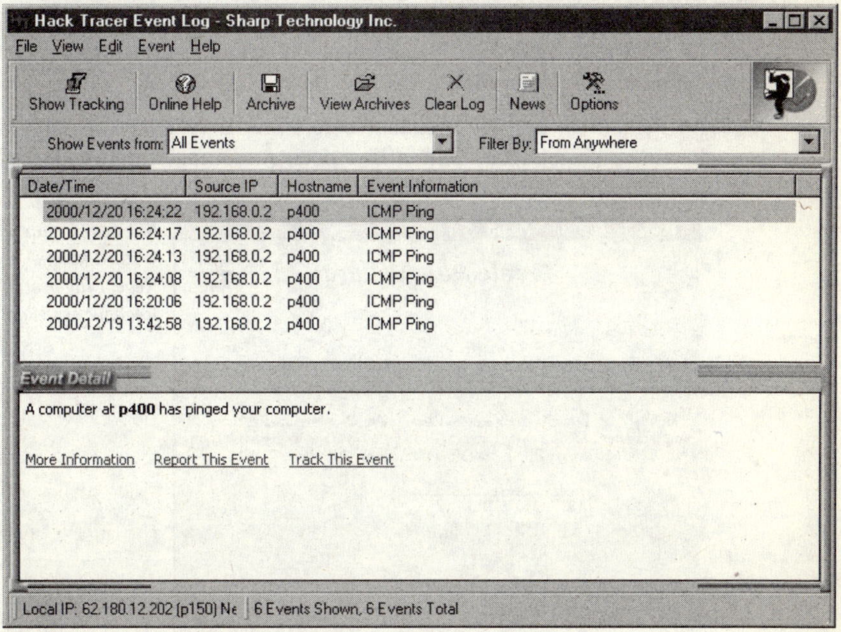

Im Hauptfenster von HackTracer sind alle Ereignisse protokolliert

Hier können Sie die Liste der registrierten Ereignisse einsehen. Sollte diese sehr umfangreich sein, können Sie mithilfe der Funktionen *Show Events from* und *Filter By* gezielt nur bestimmte Ereignisse anzeigen lassen. Wenn Sie eines der Ereignisse anzeigen, werden im unteren Bereich *Event Detail* alle Informationen zu diesem Eintrag ausgegeben. Hier finden Sie auch Funktionen, um die im Workshop vorgestellte Maßnahmen nachträglich einzuleiten. Bei Meldungen an HackerWatch sollten Sie aber nicht zu lange warten. Alles, was älter als drei Tage ist, wird dort grundsätzlich als veraltet angesehen und nicht berücksichtigt.

Falschen Alarm vermeiden

In der Anfangszeit werden Sie vielleicht feststellen, dass HackTracer relativ häufig Angriffe meldet, wenn nur ganz harmlose Zugriffe vorliegen. Das hängt immer auch davon ab, welche Sicherheitsstufe Sie gewählt haben und welche Internetdienste Sie verwenden. Um regelmäßige falsche Alarme zu vermeiden, können Sie Regeln aufstellen, welche Zugriffe HackTracer kommentarlos erlauben soll.

1. Dazu können Sie z. B. im Ereignis-Hinweisfenster auf die Schaltfläche *Make Rule* klicken. Alternativ dazu können Sie das Ereignis auch zu jedem späteren Zeitpunkt im Protokoll auswählen und mit der Menüfunktion *Event/Configure Application Rule on Event* den gleichen Effekt erreichen.
2. In beiden Fällen öffnen Sie damit den *Create Rule Wizard*, einen Assistenten, der beim Erstellen von Regeln hilft. Wählen Sie hier zunächst, ob Sie für diesen Rechner den Zugang generell erlauben (*Make this IP a Trusted IP*) oder untersagen (*Make this IP a Banned IP*) wollen.
3. Im Feld *From* hat der Assistent bereits die IP-Nummer des ausgewählten Rechners eingetragen. Sollten hier noch Änderungen notwendig sein, können Sie diese aber vornehmen.

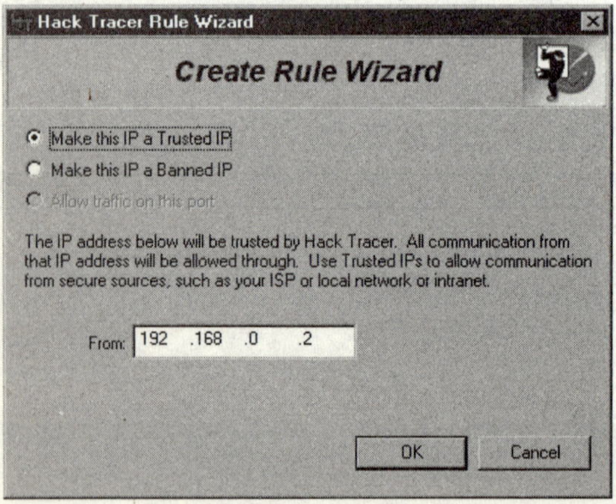

Mit dem Create Rule Wizard können Sie Regeln für bestimmte Rechner erstellen

4. Ist alles fertig, übernehmen Sie die neue Regel mit einem Klick auf *OK*.

Weitere Kontaktversuche von diesem Rechner werden in Zukunft abhängig von dieser Regel behandelt. Haben Sie den Rechner als *Trusted IP* definiert, werden Zugriffe kommentarlos zugelassen. Haben Sie den Rechner hingegen als *Banned IP* verbannt, werden seine Zugriffe kommentarlos abgewiesen. In jedem Fall werden Sie nicht weiter mit Hinweismeldungen bombardiert, wenn Zugriffe von diesem Rechner erfolgen. Sollten Sie eine Regel später zurücknehmen wollen, finden Sie diese in den Einstellungen, die Sie mit *File/Options* öffnen können. Hier sind unter anderem die Kategorien *Banned IP's* und *Trusted IP's* enthalten.

5.3 Rechtliche Mittel gegen Hacker

Wenn man denn tatsächlich einen Hacker auf frischer Tat ertappt hat, stellt sich die Frage, inwieweit man ihn für sein Tun zur Verantwortung ziehen kann. Das Hacken an sich ist noch kein Verbrechen. In den meisten Fällen muss der Täter erst dann mit rechtlichen Konsequenzen rechnen, wenn tatsächlich ein Schaden entsteht. In diesem Abschnitt umreißen wir die möglichen straf- und zivilrechtlichen Konsequenzen für ertappte Hacker. So wissen Sie, wann es überhaupt Sinn macht, gegen einen Angreifer vorzugehen. Auch wenn Sie mit dem Gedanken spielen, das eine oder andere Hacker-Werkzeug mal selbst auszuprobieren, sollten Sie diesen Abschnitt sorgfältig studieren. So erfahren Sie, was erlaubt ist und wovon man besser die Finger lassen sollte.

Strafrechtliche Konsequenzen

Wann immer die Aktionen eines Hackers einen Straftatbestand erfüllen, kann man eine Strafanzeige stellen. Dazu genügt es, den Vorfall bei der Polizei zur Kenntnis zu bringen oder etwa brieflich der Staatsanwaltschaft mitzuteilen. Wenn genügend Anhaltspunkte für eine Straftat vorliegen, muss die Staatsanwaltschaft aufgrund einer solchen Anzeige tätig werden. Kosten für die Ermittlungen müssen Sie als Anzeigender nicht tragen. Auch einen Anwalt müssen Sie deswegen noch nicht gleich einschalten.

Allerdings muss sich ein Hacker schon etwas anstrengen, um eine Straftat zu begehen. Allgemein gesagt gilt nämlich, dass ein Versuch nicht strafbar ist. Das beste Beispiel dafür sind Portscans. Solche Portscans durchzuführen und damit nach Sicherheitslücken auf Rechner zu suchen, ist völlig legal. Das ist etwa so, als ob jemand bei einem parkenden Auto probeweise an der Tür rüttelt, um zu sehen, ob sie vielleicht unverschlossen ist. So etwas lässt das Gesetz ohne weiteres zu. Auch wenn ein Hacker eine gefundene Sicherheitslücken ausnutzt, um Daten auszuspähen, begibt er sich noch nicht unbedingt in die Illegalität. Daten, die ohne besondere Vorkehrungen auf einem Rechner gespeichert sind, unterliegen rechtlich gesehen keinem speziellen Schutz. Nur wenn ein Hacker in einem geschäftlichen Umfeld „Geschäfts- oder Betriebsgeheimnisse" etwa im Auftrag eines Mitbewerbers ausspäht, kann dies eine Verstoß gegen das Gesetz gegen unlauteren Wettbewerb darstellen. Dies gilt aber tatsächlich nur im Fall von Wirtschaftsspionage und nicht bei privaten Angriffen.

Wenn ein Hacker sich - auch im privaten Umfeld - an „besonders gesicherte Daten" heranmacht, begeht er allerdings eine Straftat. Was eine solche besondere Sicherung ist, darüber würden sich die Anwälte vor Gericht aber trefflich streiten können. Einfache Sicherungen wie etwa ein Passwort für ein Word-Dokument dürften wohl kaum ausreichen. Verschlüsselt man eine Datei aber extra mit einem speziellen Programm (z. B. PGP), dürfte man seine Absicht, diese vor Dritten zu schützen, wohl ausreichend deutlich gemacht haben. Knackt ein Hacker diese Verschlüsselung, begeht er also eine Straftat.

Ein Straftatbestand ist definitiv auch dann erfüllt, wenn der Hacker Daten auf dem angegriffenen Rechner verändert oder zerstört. Dabei spielt es keine Rolle, ob diese Daten besonders geschützt waren oder nicht. Nun kann man sich zwar auf den Standpunkt stellen, dass allein der Angriff (z. B. bei einem Portscan) schon Daten im Arbeitsspeicher des Rechners verändert. In der Praxis wird dies aber weniger streng ausgelegt und nur auf fest gespeicherte Daten bzw. Dateien bezogen.

Straftatbestand Computersabotage

Ein besonders interessanter Aspekt im Zusammenhang mit Hackern ist der Straftatbestand der Computersabotage. Dieser ist vergleichsweise weit gefasst und bezieht sich auf alle Schäden und Beeinträchtigungen, die durch die Aktivitäten eines Hackers entstehen. Dabei geht es also nicht nur um tatsächliche Beschädigungen und Manipulationen von Dateien, sondern etwa auch schon um die Störung der Datenverarbeitung. Wenn z. B. ein Hacker durch einen Denial of Service-Angriff oder einen permanenten Portscan einen Internetzugang lahm legt, ist der Bestand der Computersabotage erfüllt. Allerdings kann Computersabotage grundsätzlich nur von Firmen, Behörden oder Organisationen, nicht aber von Privatleuten in Anspruch genommen werden. Als privater Nutzer hat man so also noch keine Chance, einen Plagegeist loszuwerden.

Zivilrechtliche Konsequenzen

Unabhängig vom Strafrecht kann ein Hacker-Angriff grundsätzlich zivilrechtliche Konsequenzen haben, egal ob dabei ein Straftatbestand erfüllt wurde oder nicht. Wenn man durch einen Hacker einen Schaden erlitten hat, kann man prinzipiell einen Schadensersatzanspruch gelten machen. Das gilt dann, wenn man sowohl den Schaden als auch den Urheber desselbigen zweifelsfrei nachweisen kann. Schadensersatzansprüche muss man allerdings grundsätzlich selbst durchsetzen, d. h., man muss dem Täter den Schaden in Rechnung stellen, diese ggf. anmahnen und, wenn das nicht hilft, eine Zivilklage anstrengen. Dabei lehnt man sich natürlich immer selbst ein Stück weit aus dem Fenster. Wenn man die Klage verliert, muss man die Gerichtskosten und alle Kosten des Beklagten tragen, von den eigenen ganz abgesehen. Außerdem besteht bei neuartigen technischen Sachverhalten immer die Gefahr, auf einen altmodischen Richter mit wenig Verständnis für solche Dinge zu stoßen. Trotzdem sollte man, wenn man einen zählbaren Schaden erlitten hat, sich unbedingt von einem sachkundigen Anwalt beraten lassen, ob eine Zivilklage in diesem Fall sinnvoll ist.

6. Vernetzte Gefahren – Angriffe im Firmennetzwerk

6.1 Hallo Kollege: Zeig mir deine Festplatte! 300

Offene Ports – Einladungen für Hacker 301

Wer spioniert mich aus? – Software zur Angriffserkennung 309

6.2 Der große Lauschangriff im Netzwerk 315

Passwörter und Vertrauliches abhören – Paket-Sniffing 315

6.3 Big Brother is watching you! Überwachung am Arbeitsplatz – Was ist möglich, was ist erlaubt? 321

Technische Möglichkeiten zur Überwachung 322

Alles was Recht ist? – Das darf der Chef über Sie wissen 323

Goldene Regeln – So verhalten Sie sich richtig 325

6.4 Verräterische Surfspuren beseitigen 326

Cache und Verlaufsdaten des Browsers löschen 327

Private Passwörter am Arbeitsplatz schützen 338

Vertrauliche private Daten am Arbeitsplatz 342

6.5 Windows im Netzwerk – eine gefährliche Kombination 345

Die Datei- und Druckerfreigabe schützen 345

Gefahrenquelle Netzwerkprotokolle 354

Der DFÜ-Server als Einfallstor 359

In den vorangegangenen Kapiteln haben wir uns mit allein stehenden Windows-Rechnern befasst, die höchstens durch eine Einwählverbindung per Modem oder ISDN-Adapter mit dem Internet verbunden werden können. Nicht nur in großen Firmen halten aber mehr und mehr Netzwerke Einzug. Auch private Anwender und kleinere Büros machen sich mehr und mehr die Vorteile zu Nutze, die durch das Vernetzen einzelner Rechner entstehen, insbesondere da die Kosten für eine Vernetzung inzwischen sehr niedrig geworden ist. Netzwerkstartpakete mit zwei Netzwerkkarten und Kabel zum Verbinden zweier PCs bekommt man schon für unter 100,- DM. Auch größere Netzwerke von drei bis 100 oder mehr PCs lassen sich ohne allzu große Kosten schaffen.

Allerdings bringt die Vernetzung auch Gefahren mit sich. Zum einen kann der problemlose Datenaustausch auch zum Boomerang werden. Ist ein Virus erst einmal in einen Rechner des Netzwerks eingedrungen, hat er meist ein leichtes Spiel, das gesamte Netzwerk zu erobern. Ähnlich sieht es leider bei Hacker-Angriffen aus. Hat ein Hacker erst mal den Zugang zu einem Rechner erlangt, kann er von dort aus viel einfacher andere Komponenten des Netzwerks angreifen, insbesondere wenn die Sicherheitsmaßnahmen nur lasch gehandhabt werden. Bietet ein Netzwerk außerdem auch noch Internetzugang für die angeschlossenen Rechner an, ergibt sich so für Angreifer ein Königsweg, aus sicherer Entfernung in ein Firmennetzwerk und die angeschlossenen Rechner einzudringen.

Nicht immer aber kommen die Angreifer von außerhalb. Ein Firmennetzwerk bietet auch den lieben Kollegen zahlreiche Möglichkeiten, andere Mitarbeiter auszuspionieren oder zu sabotieren, egal ob nun aus „Spaß" oder mit böser Absicht. Wo man sonst eine Bürotür oder eine Schreibtischschublade aufbrechen müsste, reichen dank der Netzwerkverbindungen zwischen allen Rechnern einige Grundkenntnisse über Sicherheitslücken oder fehlerhafte Konfigurationen. In diesem Kapitel zeigen wir Ihnen, wie Sie solchen Fallen aus dem Weg gehen und sowohl geschäftliche als auch private Daten in einer vernetzten Umgebung zuverlässig schützen.

6.1 Hallo Kollege: Zeig mir deine Festplatte!

Prinzipiell können PCs im Netzwerk genauso angegriffen werden wie Rechner, die sich per Modem oder ISDN-Adapter ins Internet einwählen. Beides sind nur unterschiedliche Methoden, um zum gleichen Ergebnis zu kommen, nämlich einer Netzwerkverbindung mit anderen Rechnern. Trotzdem sind PCs mit einer festen Netzwerkverbindung erheblich mehr gefährdet. Das resultiert allein schon aus der Tatsache, dass ein PC mit Netzwerkanschluss praktisch rund um die Uhr - oder zumindest solange wie er angeschaltet ist - angegriffen werden kann. Ein Einwahl-PC, der sich z. B. nur eine halbe Stunde pro Tag per DFÜ ins Internet einwählt, kann eben auch nur in dieser halben Stunde von außerhalb angegriffen werden. Für einen gezielten Angriff könnte auch diese halbe Stunde schon ausreichen. Viele Attacken von Hackern gehen aber erst mal ins Blaue, so nach dem Motto „Welche Rechner sind für einen Angriff überhaupt erreichbar?" Da ist ein PC, der permanent ans Netzwerk angeschlossen ist, natürlich erheblich stärker gefährdet. Hinzu kommt, dass ein direkter Netzwerkanschluss in der Regel erheblich leistungsfähiger als eine DFÜ-Einwahl per Modem oder ISDN ist. Der durch einen Angriff zusätzlich entstehende Datenverkehr fällt so gar nicht groß ins Gewicht und dem Benutzer deshalb meist auch nicht auf. Bei einer schmalbandigen Einwählverbindung wird man eher stutzig, wenn die ansonsten guten Durchsatzraten plötzlich in den Keller gehen.

TIPP

Netzwerkanschluss vs. ADSL-Flatrate

In jüngster Zeit erlangen im Bereich der Interneteinwahl zwei neue Techniken zunehmend an Bedeutung: Durch das asynchrone Verbindungsverfahren ADSL (z. B. von T-Online als T-DSL angeboten) lässt sich auf herkömmlichen Telefonanschlüssen eine erheblich höhere Datengeschwindigkeit erreichen. Die Flatrate ermöglicht es Internetnutzern, sich zu einem Festpreis rund um die Uhr ins Internet einzuwählen. Die Kombination beider Techniken etwa durch die T-DSL-Flatrate von T-Online beinhaltet auch wichtige sicherheitsrelevante Aspekte: Ein PC mit DSL-Zugang erreicht Datenraten, die mit einer direkten Netzwerkverbindung durchaus vergleichbar sind. Ist er nun noch durch eine Flatrate regelmäßig über viele Stunden mit dem Internet verbunden, wird er dadurch einem PC mit Netzwerkanschluss quasi gleichgestellt. Das ist einerseits schön für den Surfer, andererseits muss man sich darüber im Klaren sein, dass der PC dadurch den gleichen Gefahren wie ein Netzwerkrechner ausgesetzt ist. Er kann also ebenfalls jederzeit von außen angegriffen werden und sollte deshalb auch entsprechend geschützt werden.

Offene Ports – Einladungen für Hacker

Wenn ein Hacker versucht, einen Rechner im Netzwerk anzugreifen, ist sein erstes Mittel in der Regel ein Portscan. Dieser verrät ihm meist schon alles, was er über den Rechner und damit für die weitere Planung seines Angriffs wissen muss. Was genau ist ein Portscan? Wenn ein PC mit dem Internet verbunden ist, kann er über das TCP/IP-Protokoll Daten mit anderen Internetrechnern austauschen. Wie Sie sicher wissen, besteht das Internet aber aus einer ganzen Reihe von Diensten. Da gibt es etwa E-Mail, das Web, Newsgruppen, Datei-Downloads, Chats und so weiter und so fort. Jeder dieser Dienste verwendet eigene Protokolle, die aber alle auf „dem" Internetprotokoll TCP/IP aufsetzen. Damit es bei den vielen Diensten und Protokollen kein Durcheinander gibt, ist die Datenkommunikation im Internet in verschiedene Bereiche unterteilt. Da gibt es z. B. einen Bereich für das Anfordern und Übertragen von Webseiten, einen für das Austauschen von E-Mails usw. Wenn ein Internetrechner einen dieser Dienste benutzen will, muss er eine Verbindung zum entsprechenden Bereich herstellen. Diese Verbindung bezeichnet mal als *Port*. Für alle wichtigen Standarddienste gibt es festgelegte Standardports, wie etwa den Port 80 für das WWW. Darüber hinaus gibt es aber noch einige tausend Ports, die frei verfügbar sind und z. B. von beliebigen Internetprogrammen genutzt werden dürfen.

Mit einem Portscan kann ein Hacker feststellen, welche Internetdienste von Ihrem PC genutzt bzw. angeboten werden. Dazu schickt er einfach eine Anfrage an einen Port und wartet, ob er darauf eine Antwort erhält. Wenn er z. B. eine Anfrage an den Port 20 loslässt und eine Antwort darauf erhält, weiß er, dass auf

Ihrem PC ein FTP-Server läuft. Port 20 (und 21) sind nämlich für den Dateitransferdienst FTP zuständig. Mit diesem Wissen könnte ein Angreifer z. B. versuchen, sich über den FTP-Server Zugang zu Ihrem Rechner zu verschaffen. Nach diesem Prinzip können Hacker Ihren PC systematisch untersuchen, indem sie einfach an alle denkbaren Ports eine Anfrage schicken und die Reaktion auswerten. So wissen sie in kürzester Zeit, welche Verbindungen von Ihrem Rechner unterstützt werden, und können den weiteren Angriff planen.

INFO

Sind Portscans legal?

Ein Portscan ist bislang völlig legal. Das Testen eines Ports ist eine ganz reguläre Möglichkeit von TCP/IP und stellt technisch gesehen keinesfalls einen „Hack" dar. Auch das systematische Testen vieler oder aller Ports eines Rechners gilt nicht als Straftat. Das ist in etwa so, als ob Sie eine Straße entlanggehen und bei allen geparkten Autos kurz den Türgriff betätigen, um ein nicht verschlossenes Auto zu finden. Erst wenn Sie eine Tür tatsächlich öffnen, sich hineinsetzen und die Zündung kurzschließen, begehen Sie eine Straftat. Ebenso ist es auch bei Portscans: Erst wenn Sie die Ergebnisse eines Scans verwenden, um sich Zugang zu verschaffen und Daten zu manipulieren oder zu zerstören, begehen Sie eine Straftat. Bis dahin gilt alles noch als technische Spielerei. Mehr zu rechtlichen Aspekten finden Sie im letzten Abschnitt von Kapitel 5.

Rechner durch Portscans überprüfen

In diesem Workshop wollen wir Ihnen zeigen, wie Sie selbst einen Portscan durchführen können. Dies sollte natürlich keine Anleitung sein, in die Rechner von anderen Benutzern einzubrechen. Vielmehr sollten Sie einmal versuchen, in Ihren eigenen PC einzudringen. Durch einen solchen simulierten Angriff kann kein Schaden entstehen, aber Sie können feststellen, welche Sicherheitslücken Ihr System aufweist und wie einfach oder wie schwierig es ist, diese auszunutzen und sich Zugang zu wichtigen Daten zu verschaffen. In diesem Beispiel verwenden wir den Portscanner **Y**et **a**nother **P**ort**s**canner YAPS. Sie finden eine kostenlose Testversion dieses Programms unter http://www.tni.net/~ted/Yaps/Yaps.html.

Die Auswahl an Portscannern ist ziemlich groß, aber wir haben uns für diesen entschieden, weil er eben nicht nur einfach die Ports scannt, sondern dem Benutzern auch bei der Auswertung der Ergebnisse hilft. So testet YAPS automatisch auf einige der häufigsten Sicherheitslücken und Fehlkonfigurationen. Wenn man einen kompletten Testlauf mit diesem Programm übersteht und keine dramatischen Rückmeldungen erhält, kann man also davon ausgehen, dass der eigene PC relativ sicher dasteht. Kommen doch Rückmeldungen, kann man den Ursachen auf den Grund gehen und die Sicherheit verbessern.

YAPS für den Portscan konfigurieren

Bevor Sie YAPS für einen Portscan einsetzen, sollten Sie zunächst die Konfiguration des Programms prüfen. Es lässt sich über eine Vielzahl von Optionen und Einstellungen sehr genau anpassen. So kann man einerseits einen sehr umfassenden Scan durchführen, der dann allerdings auch etwas Zeit benötigt. Auf der anderen Seite sind auch sehr spezielle Tests einzelner Ports oder bestimmter Sicherheitslücken möglich, mit denen man sehr schnell zu einem Ergebnis kommt.

1. Um die Konfiguration von YAPS einzusehen und zu verändern, starten Sie das Programm (normalerweise mit *Start\Programme\YAPS\YAPS*) und klicken im Hauptfenster auf die Schaltfläche *Configure* unten links.
2. Dadurch öffnen Sie das *YAPS Config*-Menü, in dem Sie alle YAPS-Einstellungen zentral vornehmen können. Oben rechts finden Sie zwei Schaltflächen, mit denen Sie alle Optionen aktivieren (*Select All*) bzw. deaktivieren (*Clear All*) können.

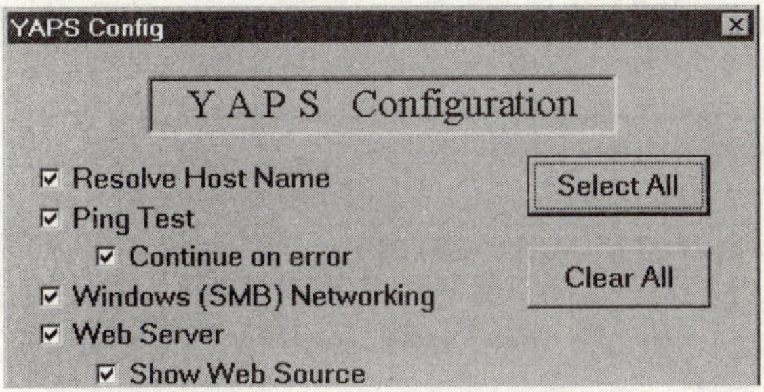

Im YAPS-Konfigurationsmenü wählen Sie die verschiedenen durchzuführenden Tests

3. Mit der Option *Resolve Host Name* werden die IP-Nummern der zu untersuchenden Internetrechner in die dazugehörigen IP-Namen aufgelöst. Dies ist sinnvoll, wenn Sie den oder die Namen nicht kennen. Andernfalls sollten Sie diese Option abschalten, da sie unter Umständen viel Zeit kosten kann.
4. Ein *Ping Test* überprüft die Dauer der Datenübertragung zum gescannten Rechner und gibt im Protokoll die kürzeste, längste und durchschnittliche Dauer an. Wenn Sie zusätzlich die Option *Continue on error* aktivieren, werden die Tests auch fortgesetzt, wenn einzelne Pings nicht beantwortet werden.
5. Beim Scannen von Windows-Rechnern ist die Option *Windows (SMB) Networking* besonders wichtig. Sie sucht nach freigegebenen Druckern und Dateien auf dem gescannten PC.
6. Schalten Sie die Option *Web Server* ein, um nach einem aktiven Webserver auf dem zu untersuchenden Rechner zu scannen. Wenn außerdem die Option *Show Web Source* aktiv ist, ruft YAPS automatisch die Startseite des Webservers ab.

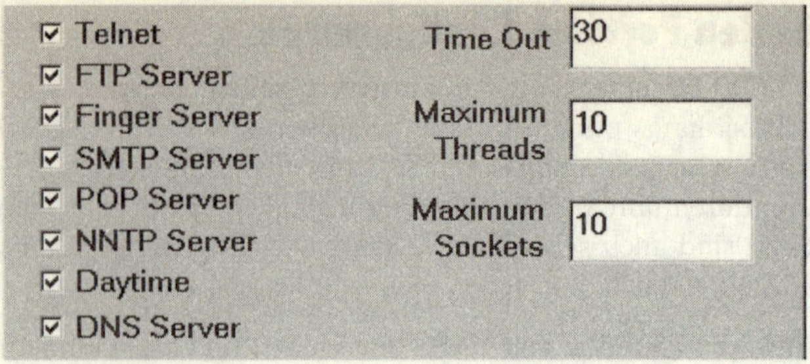

Mit diesen Optionen können Sie nach den wichtigsten Internetdiensten scannen

7. Darunter finden Sie eine Reihe von Optionen, mit denen Sie Tests auf die wesentlichen Internetdienste durchführen können. Zu jeder aktivierten Option führt YAPS einen Portscan aus und vermerkt im Scan-Protokoll, falls ein entsprechender Dienst gefunden wurde. Die Einstellungen rechts geben die maximale Anzahl von parallelen Verbindungen an, die YAPS für die Tests aufbauen kann. In der Testversion sind sie ohnehin eingeschränkt, sodass Sie die Standardeinstellungen beibehalten sollten.

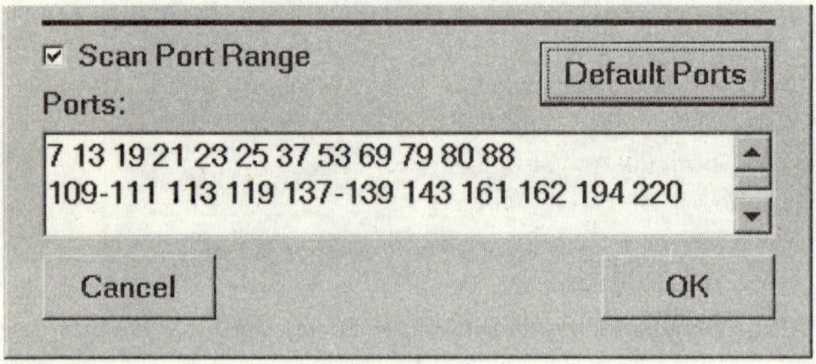

Mit Scan Port Range können Sie beliebige Ports scannen

8. Wenn Sie neben den Standardtests noch weitere Portscans durchführen wollen, aktivieren Sie ganz unten die Option *Scan Port Range*. Dann können Sie im Feld darunter die Nummern der zu testenden Ports angeben. Einzelne Portnummern werden durch ein Leerzeichen getrennt. Schreiben Sie zwischen zwei Portnummern einen Bindestrich, wird dies als Intervall aufgefasst und es werden alle dazwischen liegenden Ports getestet.

9. Mit einem Klick auf die Schaltfläche *Default Ports* fügen Sie in das Eingabefeld eine Reihe von vorgefertigten Standardports und Portintervallen ein, die erfahrungsgemäß die interessantesten Ergebnisse bringen.

10. Übernehmen Sie die Portscan-Einstellungen mit einem Klick auf *OK*.

Den Portscan durchführen

Um einen Portscan mit YAPS durchzuführen, sollten Sie zunächst wie oben beschrieben die Konfiguration des Tools vornehmen. Anschließend kehren Sie ins Hauptfenster zurück, um den eigentlichen Portscan zu starten.

1. Geben Sie zunächst im Feld *Starting IP* die IP-Nummer oder den IP-Namen des zu scannenden Rechners ein. Wollen Sie gleich mehrere Rechner auf einmal scannen (z. B. alle Rechner in einem lokalen Netzwerk) können Sie ein Intervall von IP-Nummern verwenden, indem Sie bei *Starting IP* die erste und bei *Ending IP* die letzte Nummer des Intervalls angeben. In diesem Fall können Sie keine IP-Namen verwenden, sondern müssen unbedingt IP-Nummern angeben.

2. Geben Sie dann im Feld *Output File* die Datei an, in die das Protokoll des Portscans geschrieben werden soll. YAPS erstellt dazu eine Datei im HTML-Format, die anschließend in einem beliebigen Webbrowser betrachtet werden kann. Um eine neue Datei zu erstellen, tippen Sie einfach Dateipfad und -name im Feld ein. Wollen Sie eine bereits vorhandene Datei überschreiben, können Sie mit *Choose* einen Dateiauswahldialog öffnen.

3. Damit sind alle Vorbereitungen getroffen und Sie können den Portscan mit einem Klick auf *Begin Scan* starten.

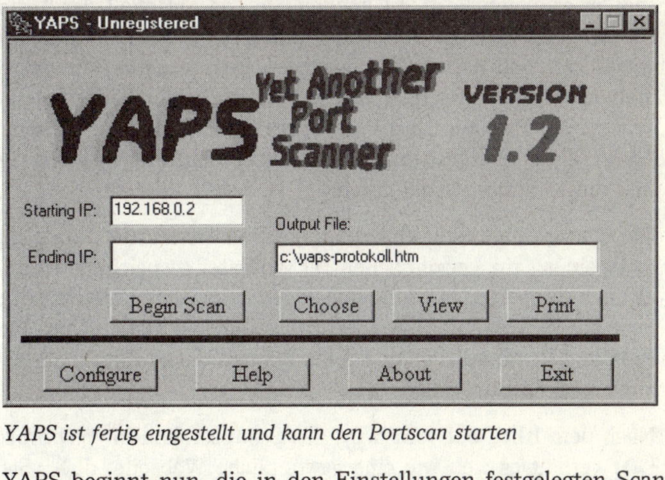

YAPS ist fertig eingestellt und kann den Portscan starten

4. YAPS beginnt nun, die in den Einstellungen festgelegten Scans der Reihe nach zu durchlaufen. Die dabei gewonnenen Erkenntnisse hält es in der eingestellten Protokolldatei fest. Ein Statusfenster hält Sie währenddessen auf dem Laufenden und informiert Sie über den erzielten Fortschritt.

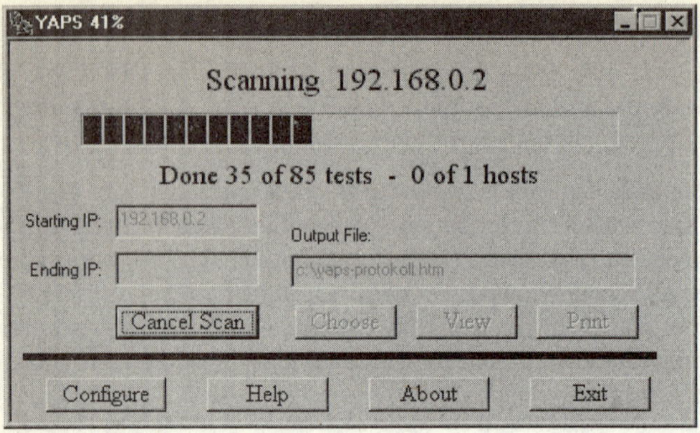

Während des laufenden Portscans zeigt YAPS den Fortschritt an

Abschließend kehrt YAPS zum gewohnten Hauptfenster zurück. Dass der Portscan durchgeführt wurde, erkennen Sie daran, dass nun die Schaltflächen *View* und *Print* aktiviert sind, mit denen man das Protokoll des Scans betrachten bzw. ausdrucken kann.

Die Ergebnisse auswerten

Nach einem erfolgten Portscan können Sie das Protokoll der Tests betrachten, um auszuwerten, welchen Status der untersuchte Rechner hat und welche Sicherheitslücken sich daraus womöglich ergeben können. Für das folgende Beispiel haben wir einen Rechner mit einigen typischen Sicherheitslücken präpariert, wie sie bei Rechnern mit Windows 9x/ME häufig vorkommen, und haben YAPS dann einen Portscan mit allen Tests durchführen lassen. Gehen wir das Protokoll dieses Scans einmal durch:

1. Um das Scanprotokoll abzurufen, klicken Sie auf die *View*-Schaltfläche. Da es in einer ganz gewöhnlichen HTML-Datei gespeichert wurde, können Sie es auch ohne das YAPS-Programm jederzeit öffnen. Auch YAPS startet einfach nur den Standardbrowser und öffnet die Datei darin. Wollen Sie das Protokoll lieber auf Papier haben, können Sie es mit einem Klick auf *Print* auch direkt ausdrucken.

2. Nach dem Klick auf *View* wird das Scanprotokoll im Webbrowser geöffnet. Hier verhält es sich wie eine gewöhnliche Webseite, d. h., Sie können die Bildlaufleisten benutzen, um das Dokument von oben nach unten zu durchwandern.

3. Ganz oben finden Sie zunächst eine Zusammenfassung der Einstellungen. Dazu gehört der untersuchte Rechner und der Zeitpunkt des Portscans. Darunter folgen die untersuchten Ports und die durchgeführten *Smartscans*, also die speziellen Tests auf bestimmte Sicherheitslücken.

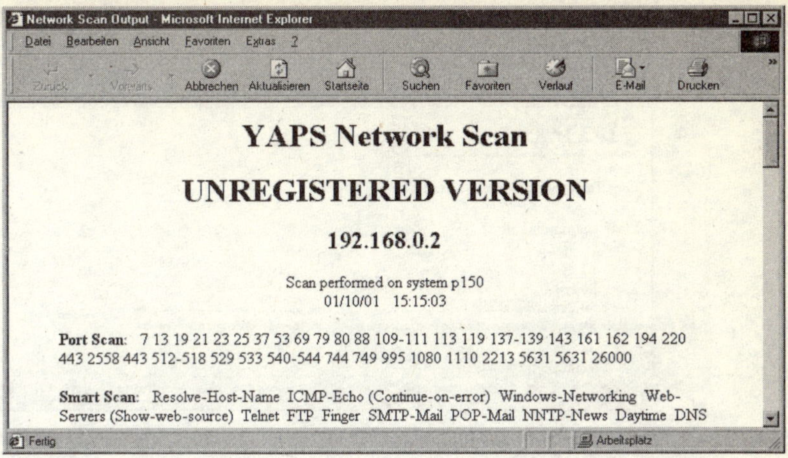

Ganz oben werden die Einstellungen zusammengefasst, mit denen der Portscan durchgeführt wurde

4. Darunter beginnen die eigentlichen Ergebnisse des Scans. Zunächst folgt die IP-Nummer des gescannten Rechners. Wenn YAPS dazu einen IP-Namen ermitteln konnte, wird auch dieser angezeigt.

5. Danach folgt das Ergebnis der Ping-Tests. Hier wird die durchschnittliche (*avg*), die kürzeste (*min*) sowie die längste (*max*) Wartezeit auf eine Ping-Antwort angegeben. In unserem Beispiel stand der gescannte Rechner in unmittelbarer Nachbarschaft, sodass die Verbindung sehr schnell war. Die *0* bedeutet also nicht, dass keine Ping-Antwort kam, sondern dass die Antwort ohne messbare Verzögerung erfolgte.

6. Unter den Ping-Messzeiten folgt das Ergebnis der direkten Portscans. YAPS führt hier alle Ports auf, die es gescannt und bei denen es eine Antwort erhalten hat. Das bedeutet, dass auf diese Ports eine Kommunikation mit dem geprüften Rechner möglich ist. In unserem Beispiel ergab der Scan insgesamt vier offene Ports. Die Ports 80 und 443 lassen sich auf einen Webserver zurückführen, der auf dem Rechner läuft. Port 21 ist von einem FTP-Server besetzt. Beide Serverdienste werden durch weitere Untersuchungen noch näher geprüft. Unbedingt beachten sollte man aber den Port 2558. Hier ist offensichtlich eine Software aktiv, die diesen Port bedient. Da es sich dabei nicht um einen Standardport handelt, könnte dies ein Hinweis auf einen Trojaner sein, der aktiv ist und über den Port gesteuert werden kann.

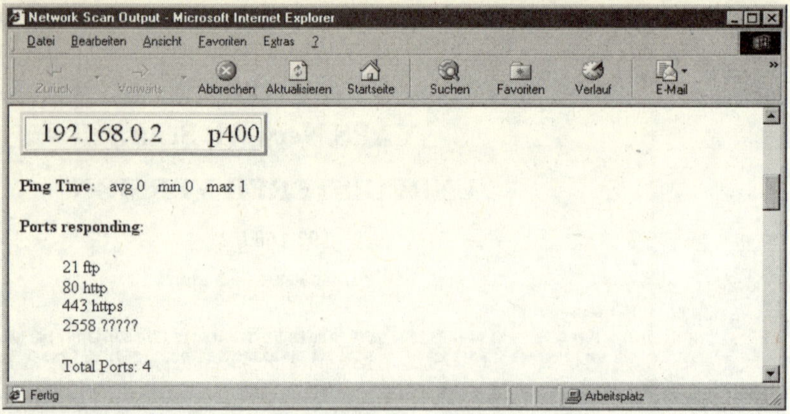

Im YAPS-Protokoll sind alle Ports vermerkt, die beim Scan reagiert haben

7. Anschließend folgen die Spezialtests auf bestimmte Sicherheitslücken hin. In unserem Beispiel etwa hat YAPS eine Datei- und eine Druckerfreigabe auf dem gescannten Rechner entdeckt. Die Dateifreigabe ist noch nicht mal durch ein Kennwort geschützt, sodass ein Klick auf den Link direkt den Zugriff auf das Verzeichnis öffnen würde.

8. Weiterhin hat YAPS auf Port 80 einen aktiven Webserver entdeckt. Von diesem ruft er auch gleich das Startdokument ab und führt den entsprechenden HTML-Quelltext im Protokoll auf.

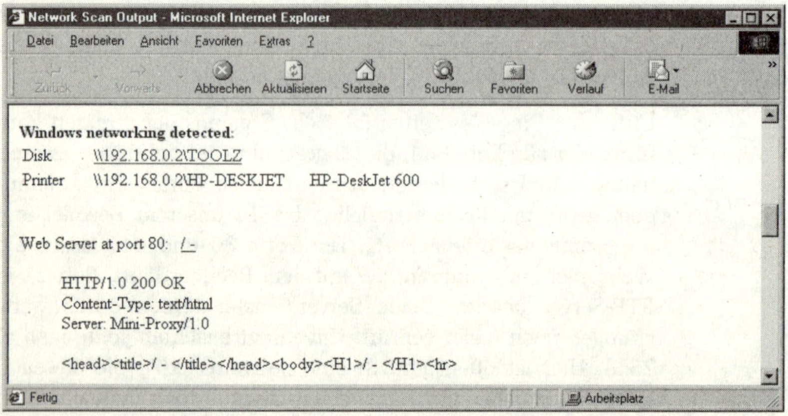

YAPS hat eine Datei- und Druckerfreigabe sowie einen laufenden Webserver entdeckt

9. Schließlich folgt ganz am Ende noch die Prüfung des FTP-Ports. Hier hat YAPS einen laufenden FTP-Server entdeckt. In solchen Fällen versucht das Programm automatisch, einen anonymen Zugang per FTP zu erlangen. Wie das Protokoll zeigt, war der Versuch erfolgreich, d. h., man kann ohne Eingabe eines Passworts Zugang zu Dateien auf dem gescannten Rechner erlangen. Diese Sicherheitslücke ist oftmals Resultat einer fehlerhaften Konfiguration, wobei der Benutzer des PCs oftmals gar nichts von dem FTP-Server und dem anonymen Zugang weiß.

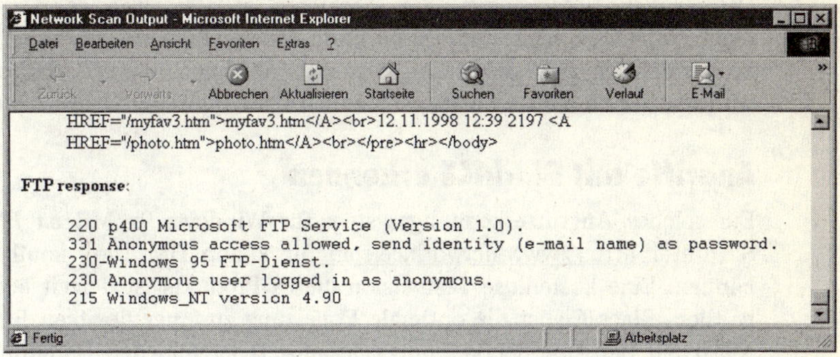

Besonders bedenklich: Es ist auch ein FTP-Server vorhanden, der einen anonymen Zugang erlaubt

Aus den durch den Portscan gewonnenen Erkenntnissen lassen sich Rückschlüsse auf mögliche Angriffsmethoden ziehen, die bei diesem Rechner Erfolg haben könnten. In Kapitel 1 haben wir uns ausführlicher mit der Vorgehensweise von Hackern und ihren Angriffsmethoden auseinander gesetzt. Dort finden Sie auch Informationen darüber, durch welche Angriffe sich die beschriebenen Sicherheitslücken unter Umständen ausnutzen ließen.

Wer spioniert mich aus? – Software zur Angriffserkennung

Wie kann man sich vor Portscans schützen? Die radikalste Lösung wäre sicherlich das Abklemmen des Rechners vom Netzwerk, aber das ist ja eigentlich nicht Sinn der Sache. Also muss man das Abklemmen virtuell vollziehen. Das kann man z. B. machen, indem man alle Dienste, die nicht unbedingt benötigt werden, deaktiviert. Warum muss auf dem Rechner z. B. ein Webserver oder ein FTP-Server laufen, wenn dessen Dienste eigentlich nicht benötigt werden? Will man aber bestimmte Serverdienste anbieten, muss man sie auch aktivieren. Einen recht guten Schutz gegen Portscans und daraus resultierende Angriffe bieten Personal Firewalls, wie wir sie in Kapitel 4 vorgestellt haben. Sie blockieren alle Ports, die nicht ausdrückliche benötigt werden und verstecken sie vor Portscans. So bleibt der Angreifer im Ungewissen. Dies gilt allerdings auch für Sie selbst. Manche Firewalls bieten zwar Protokollfunktionen und vermerken darin etwa Zugriffsversuche auf blockierte Ports, aber im Nachhinein ist es mühsam bis unmöglich festzustellen, ob das nun ein verirrtes Datenpaket oder ein ernst gemeinter Angriff war.

Damit Angriffe nicht nur stillschweigend abgewehrt, sondern Sie auch sofort davon in Kenntnis gesetzt werden, gibt es eine spezielle Art von Software, die so genannte **I**ntrusion **D**etection **S**ystems *IDS* (deutsch etwa Angriffserkennungssysteme). Das sind besondere Programme, die ähnlich wie Firewalls den Datenverkehr überwachen. Sie blockieren aber unzulässige Kontaktversuche nicht einfach, sondern versuchen, darin Muster für gezielte Angriffe zu finden. So können sie z. B. feststellen, wann Ihr Rechner einem Portscan unterzogen wird oder wann ein Angreifer ganz gezielt nach typischen Schwachstellen sucht.

Angriffe mit BlackICE erkennen

Ein solches Angriffserkennungssystem für Windows 9x/ME ist *BlackICE*, das Sie unter http://www.networkice.com für knapp DM 100,- käuflich erwerben können. Eine kostenlose Testversion dieses Produkts ist derzeit leider nicht erhältlich. BlackICE ist die optimale Ergänzung zu einer flexiblen Firewall, da es selbst auf die Angriffserkennung spezialisiert ist und den Datenfluss nur nach sehr groben Kriterien blockieren, aber keineswegs so flexibel wie eine leistungsfähige Firewall filtern kann.

1. Nach der Installation von BlackICE finden Sie rechts unten in der Startleiste ein Symbol für das aktive Programm vor. Es wird in Zukunft bei jedem Systemstart automatisch aktiviert, solange Sie es nicht ausdrücklich abschalten. Über das Symbol ist mit einem Doppelklick auch das Verwaltungsprogramm zugänglich.

Wenn BlackICE aktiv ist, erkennen Sie dies am Symbol rechts unten in der Startleiste

2. Damit Sie sich auf das Programm verlassen können, sollten Sie zunächst die gewünschte Sicherheitsstufe wählen. Öffnen Sie dazu im Verwaltungsprogramm mit *Tools/Edit BlackICE Settings* die Einstellungen und wechseln Sie dort in die Kategorie *Protection.*

3. Hier können Sie im Bereich *Security Level* die gewünschte Sicherheitsstufe wählen:

   - *Paranoid* unterbindet jeglichen eintreffenden Datenverkehr. Damit sind keinerlei Internetfunktionen mehr möglich. Diese Einstellung kann höchstens vorübergehend sinnvoll sein.
   - *Nervous* ist die striktere der beiden sinnvollen Einstellungen. Sie unterbindet den größten Teil des eintreffenden Datenverkehrs. Von Ihnen selbst initiierte Übertragungen wie etwa angeforderte Webseiten sind aber weiterhin möglich. Diese Einstellung ist grundsätzlich empfehlenswert.

- *Cautious* ist etwas weniger streng als *Nervous* und blockiert nur eintreffende Daten, die als gefährlich eingestuft werden. Diese Einstellung sollten Sie wählen, wenn es beim strengeren *Nervous* Probleme mit bestimmten Anwendungen gibt.
- Mit der Einstellung *Trusting* können Sie großes Vertrauen beweisen und alle Arten von ankommenden Daten durchlassen. Dies ist nicht besonders sicher, kann aber eine sinnvolle Einstellung sein, wenn Ihr System zusätzlich durch eine leistungsfähige Personal Firewall geschützt wird.

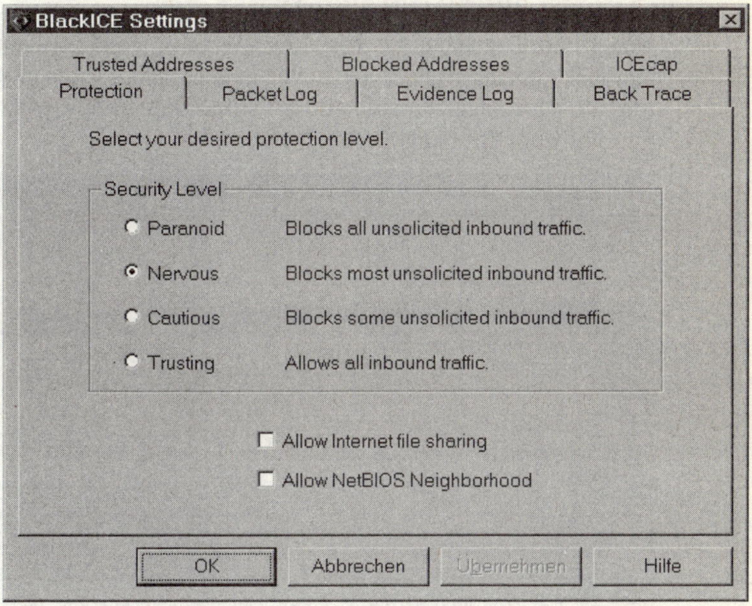

Wählen Sie die Sicherheitsstufe, die BlackICE für Ihren PC herstellen soll

4. Durch das Aktivieren der beiden unteren Option lassen Sie zu, dass Ihr PC über das Internet Dateien mit anderen Rechnern teilt (*Allow Internet file sharing*) bzw. dass Ihr PC und seine Ressourcen in der Netzwerkumgebung des lokalen Netzwerks angezeigt wird (*Allow NetBIOS Neighborhood*).

5. Übernehmen Sie die geänderten Einstellungen mit *OK*.

Auf BlackICE-Alarme reagieren

Damit ist BlackICE automatisch mit den gewählten Einstellungen aktiv. Normalerweise läuft es ganz unauffällig im Hintergrund. Wenn das Programm Aktivitäten feststellt, die es für bedrohlich hält, beginnt das Symbol in der Startleiste zu blinken. Zusätzlich können Sie unter *Tools/Preferences* auch eine akustische Alarmierung einstellen.

1. Wenn ein Alarm vorliegt, genügt ein Doppelklick auf das blinkende BlackICE-Symbol, um das Hauptfenster zu öffnen. Hier wird automatisch die Kategorie *Attacks* angezeigt, in der eine Liste alle Angriffsversuche aufführt. Jedem Eintrag können Sie den Zeitpunkt, die Art des vermuteten Angriffs und den Ausgangsrechner der Aktivitäten entnehmen. Wenn Sie einen der Angriffe auswählen, wird unten im Fenster außerdem eine kurze Erläuterung der Angriffsart angezeigt.

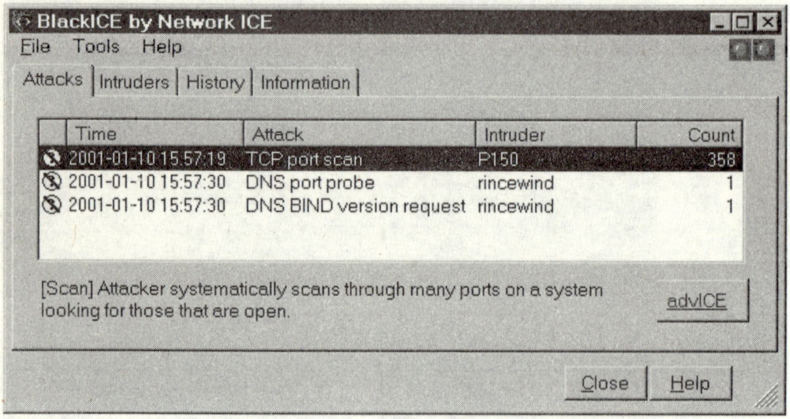

BlackICE vermerkt die registrierten Angriffe mit Zeitpunkt, Art und Herkunft

2. Wenn Sie einen Angriff auswählen und auf die Schaltfläche *advICE* rechts unten klicken, können Sie außerdem online eine ausführlichere Erklärung des Angriffs von der Website des BlackICE-Herstellers abrufen.

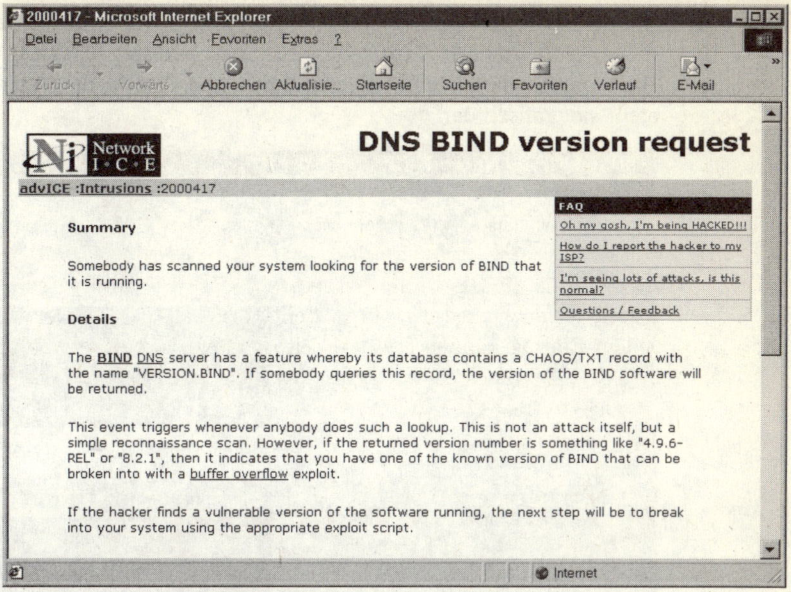

Online ist eine ausführlichere Erklärung der Angriffsarten mitsamt Tipps abrufbar

3. Um mehr über den Urheber eines Angriffs zu erfahren, können Sie auf den Eintrag des Angriffs doppelklicken. Dadurch wechseln Sie in die Kategorie *Intruders*, wobei automatisch der Urheber des ausgewählten Angriffs hervorgehoben wird. Im Kästchen rechts finden Sie alle Informationen vor, die BlackICE zu diesem Rechner beschaffen konnte. Diese Angaben können als Ausgangspunkt für eine Recherche dienen, wie wir sie in Kapitel 5 beschrieben haben.

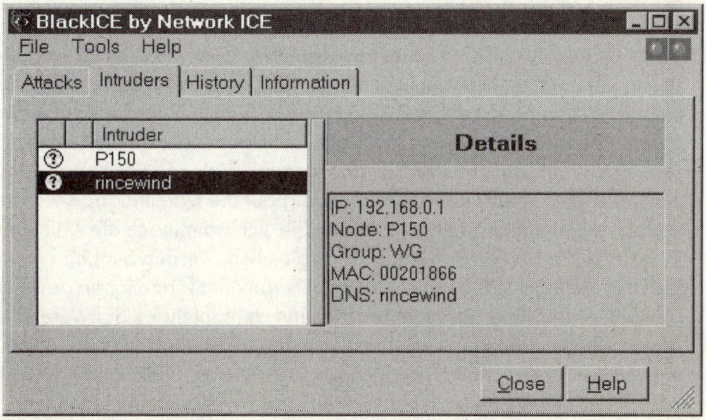

In der Kategorie Intruders finden Sie Angaben zu dem Rechner, von dem ein Angriff ausging

4. Interessant ist schließlich auch die Kategorie *History*, in der der Ablauf eines Angriffs grafisch dargestellt wird. Dazu zeichnet BlackICE die wesentlichen Daten wie etwa Datenaufkommen und Anzahl der Angriffe auf und stellt sie grafisch dar.

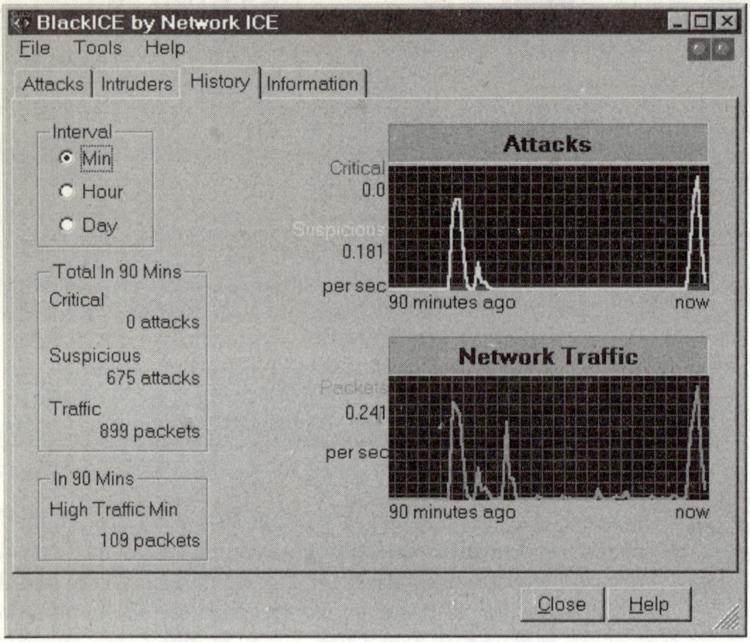

Die Kategorie History zeigt den Verlauf eines Angriffs über einen bestimmten Zeitraum

TIPP

Machen Sie die Probe

In Verbindung mit einem Portscanner wie etwa dem weiter oben vorgestellten YAPS können Sie die Funktionstüchtigkeit von BlackICE prima prüfen. Machen Sie einmal einen Portscan ohne bzw. mit deaktiviertem BlackICE und wiederholen Sie dann genau den gleiche Vorgang mit BlackICE. Dabei werden Sie feststellen, dass BlackICE den Portscan von YAPS ordnungsgemäß als solchen erkennt und meldet. Auch die Spezialtests von YAPS in Bezug auf die Dateifreigabe werden richtig als Gefahr erkannt und angezeigt. Wenn Sie sich dann noch die Mühe machen, die Protokolle der beiden Portscans zu vergleichen, werden Sie bemerken, dass YAPS bei aktivem BlackICE praktisch keine relevanten Informationen gewinnen konnte, obwohl an der Konfiguration des PCs und der laufenden Software sonst nichts geändert wurde. BlackICE verhindert also Portscans effektiv, sodass dem Angreifer ein völlig wasserdichtes System vorgegaukelt wird. Gleichzeitig werden Sie vom Angriff in Kenntnis gesetzt und können Gegenmaßnahmen ergreifen.

6.2 Der große Lauschangriff im Netzwerk

In Kapitel 1 haben wir eine ganze Reihe von verschiedenartigen Hacker-Angriffen vorgestellt. Praktisch alle diese Angriffe lassen sich auch auf PCs durchführen, die an ein Netzwerk angeschlossen sind. Allerdings gibt es bedingt durch die Netzwerktechnik noch weitere spezielle Angriffsmethoden, die erst durch den Netzwerkanschluss möglich werden.

Passwörter und Vertrauliches abhören – Paket-Sniffing

Eine besonders große Gefahr in einem Netzwerk ist das Paket-Sniffing oder auch einfach nur Sniffing genannt. Damit beschreibt man eine Technik, die es ermöglicht, den Datenverkehr auf benachbarten Rechnern zu belauschen, auch wenn dieser gar nicht für den eigenen Rechner gedacht ist. Dafür gibt es spezielle Software, mit der man die Datenpakete abfangen und mitschneiden kann. Solche Programme ermöglichen es, die Datenpakete aus dem Netzwerk zu speichern und daraus anschließend die erfolgte Kommunikation zu rekonstruieren.

INFO

Geschwätzige Netzwerkkarten

Um das Funktionsprinzip des Sniffings zu verstehen, muss man einige Grundkenntnisse über Netzwerke haben. Wir versuchen aber, es so schmerzlos wie möglich zu machen: Die Daten in Netzwerken werden in Paketen verschickt. Wenn Sie eine Datei von einem Rechner auf einen anderen übertragen, zerlegt das Netzwerkprotokoll diese also in viele kleine Datenblöcke und schickt diese einzeln über das Netzwerk. So wird die Übertragung robuster, denn im Fall eines Datenverlustes muss man nur die Pakete neu schicken, die verloren gegangen sind. Prinzipiell werden die Datenpakete direkt vom absendenden an den empfangenden Rechner geschickt. In der Praxis ist aber nicht jeder Rechner direkt mit jedem anderen Rechner in einem Netzwerk verbunden. Dann werden die Pakete von benachbarten Rechnern an den eigentlichen Empfänger weitergeleitet. Hier setzen Sniffer an. Wenn man an einem der Rechner sitzt, der an der Weitergabe beteiligt ist, kann man die Netzwerkkarte in einem speziellen Modus laufen lassen, in dem sie die Daten nicht nur weitergibt, sondern auch selbst ausliest. Dieser Modus ist eigentlich für Diagnose- und Testzwecke gedacht, kann aber dazu missbraucht werden, den gesamten Datenverkehr eines benachbarten Rechners zu belauschen. Platziert man einen solchen Lauschangriff an einer taktisch günstigen Stelle, z. B. einem zentralen Server- oder Gateway-Rechner, kann man fast den gesamten Netzwerkverkehr abhören.

Netzwerküberwachung mit SpyNet

Ein solcher Paket-Sniffer für Windows ist *SpyNet*, das genau genommen aus einer Kombination der beiden Programme *CaptureNet* und *PeepNet* besteht. CaptureNet ist das eigentliche Sniffer-Programm, das den Netzverkehr belauscht und die Datenpakete protokolliert. PeepNet ist ein Programm zum Auswerten der durch CaptureNet ermittelten Daten. Es kann anhand der protokollierten Datenpakete die Kommunikation rekonstruieren und so z. B. verschickte E-Mails oder abgerufene Webseiten sichtbar machen. Eine kostenlose Version des Programms finden Sie unter http://packetstorm.securify.com/sniffers/spynet/.

CaptureNet konfigurieren und aktivieren

1. Um den Datenverkehr zu belauschen, starten Sie CaptureNet nach der Installation mit *Start\Programme\SypNet\CaptureNet*. Beim ersten Start öffnet sich automatisch das Einstellungsmenü mit der Kategorie *Network Adapter*. Hier wählen Sie den Netzwerkadapter, der überwacht werden soll. In der Liste werden dazu alle installierten Adapter angezeigt. CaptureNet kann nicht nur Netzwerkkarten, sondern auch DFÜ-Adapter belauschen. Bestätigen Sie Ihre Wahl mit *OK*.

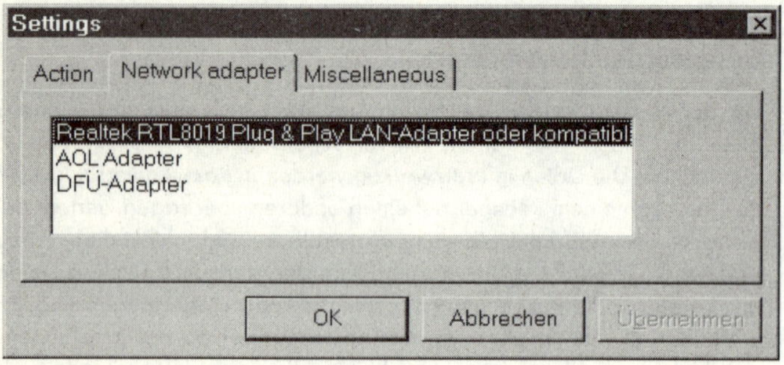

Wählen Sie zunächst den Netzwerkadapter aus, den CaptureNet überwachen soll

2. Damit CaptureNet den Treiber der Netzwerkkarte entsprechend konfigurieren kann, müssen Sie das Programm nach der Wahl eines Adapters einmal neu starten. Ein spezielles Hinweisfenster fordert Sie dazu auf. Erst nach dem Neustart kann CaptureNet seine Sniffer-Tätigkeit erfolgreich aufnehmen.

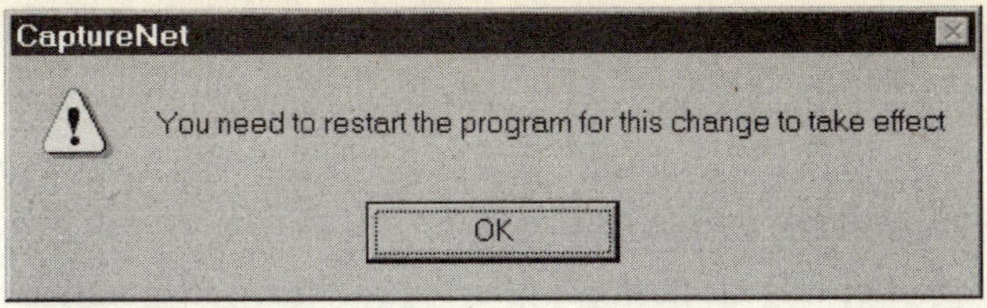

Nach der Wahl eines neuen zu überwachenden Netzwerkadapters muss CaptureNet neu gestartet werden

3. Anschließend präsentiert sich das Programm in seiner normalen Oberfläche. In der Leiste am linken Fensterrand sind alle wichtigen Bedienelemente enthalten. Rechts werden später die gesnifften Datenpakete und deren Inhalt angezeigt.

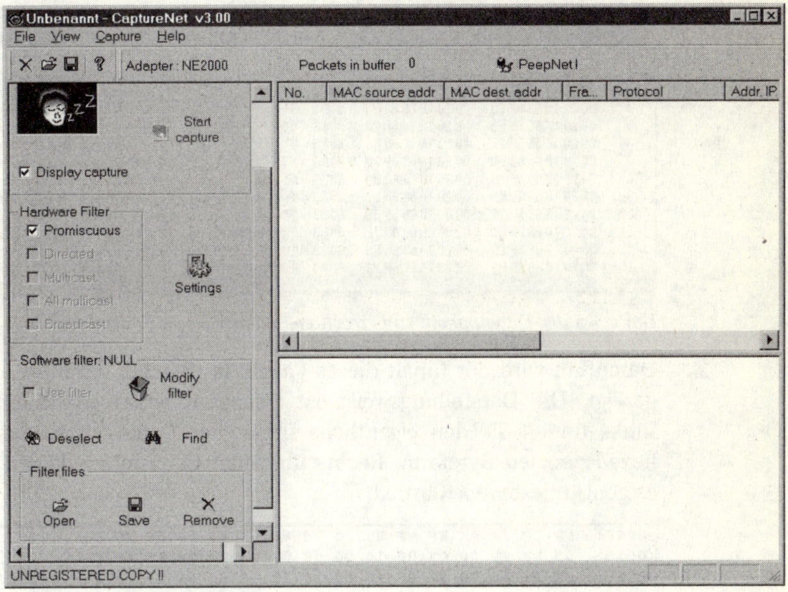

Die Programmoberfläche von CaptureNet

4. Um die Analyse des Netzwerkverkehrs zu beginnen, klicken Sie auf die abgerundete Schaltfläche *Start Capture* oben in der Bedienleiste. CaptureNet beginnt daraufhin, alle Datenpakete, die über den eingestellten Netzwerkadapter laufen, zu protokollieren. Dabei baut es in der oberen Liste rechts eine chronologische Übersicht der Pakete auf. Zu jedem Paket erhalten Sie wesentliche Angaben wie Absender- und Empfängeradresse oder das verwendete Protokoll. Je nach der Menge des Netzverkehrs kann sich die Liste sehr schnell füllen.

5. Während des Sniff-Vorgangs hat sich die *Start Capture-* in eine *Stop Capture*-Schaltfläche verwandelt. Klicken Sie darauf, um den Sniff-Vorgang wieder anzuhalten.

Die protokollierten Daten auswerten

Wenn der Sniffer eine kleine Weile gelaufen ist, haben sich bestimmt schon eine ganze Menge Datenpakete angesammelt. CaptureNet stellt eine einfache Möglichkeit zur Verfügung, den Inhalt dieser Datenpakete einzusehen. Handelt es sich dabei um Klartext wie Passwörter, E-Mails oder Textdateien, kann man den Inhalt direkt lesen.

1. Um die gesammelten Daten auszuwerten, klicken Sie auf eines der protokollierten Datenpakete. Am besten fangen Sie erst mal ganz oben an.

No.	MAC source addr	MAC dest. addr	Fra...	Protocol	Addr. IP src	Addr. IP dest	Port ...	Pc
0	00 20 18 66 6F 20	FF FF FF FF FF ...	802.3	IPX	No IP Address	No IP Address	—	—
1	00 20 18 66 60 E9	FF FF FF FF FF ...	802.3	IPX	No IP Address	No IP Address	—	—
2	00 20 18 66 6F 20	00 20 18 66 60 E9	802.3	IPX	No IP Address	No IP Address	—	—
3	00 20 18 66 60 E9	FF FF FF FF FF ...	802.3	IPX	No IP Address	No IP Address	—	—
4	00 20 18 66 6F 20	00 20 18 66 60 E9	802.3	IPX	No IP Address	No IP Address	—	—
5	00 20 18 66 60 E9	00 20 18 66 6F 20	802.3	IPX	No IP Address	No IP Address	—	—
6	00 20 18 66 6F 20	00 20 18 66 60 E9	802.3	IPX	No IP Address	No IP Address	—	—
7	00 20 18 66 60 E9	00 20 18 66 6F 20	802.3	IPX	No IP Address	No IP Address	—	—
8	00 20 18 66 6F 20	00 20 18 66 60 E9	802.3	IPX	No IP Address	No IP Address	—	—
9	00 20 18 66 60 E9	00 20 18 66 6F 20	802.3	IPX	No IP Address	No IP Address	—	—
10	00 20 18 66 6F 20	00 20 18 66 60 E9	802.3	IPX	No IP Address	No IP Address	—	—
11	00 20 18 66 60 E9	03 00 00 00 00 01	802.3	IBM Netbios	No IP Address	No IP Address	—	—
12	00 20 18 66 6F 20	00 20 18 66 60 E9	802.3	IBM Netbios	No IP Address	No IP Address	—	—
13	00 20 18 66 60 E9	00 20 18 66 6F 20	802.3	IBM Netbios	No IP Address	No IP Address	—	—

Um eines der Datenpakete zu betrachten, wählen Sie es in der Liste aus

2. Daraufhin wird der Inhalt dieses Pakets im Bereich darunter detailliert angezeigt. Die Darstellungsweise ist sicherlich etwas gewöhnungsbedürftig. Links finden Sie den eigentliche Inhalt der Daten in der ursprünglichen hexadezimalen Byteform. Rechts übersetzt CaptureNet diese Daten so gut es geht in lesbaren Klartext.

```
0000:  FF FF FF FF FF FF 00 20 18 66 60 E9 00 C4 E0 E0 ....... .f`.....
0010:  03 FF FF 00 C1 00 14 00 00 00 00 FF FF FF FF FF ................
0020:  FF 05 53 00 00 00 00 00 20 18 66 60 E9 05 53 00 ..S..... .f`..S.
0030:  00 00 00 00 00 00 00 00 00 00 00 00 00 00 00 00 ................
0040:  00 00 00 00 00 00 00 00 00 00 00 00 00 00 00 FC ................
0050:  02 00 00 57 47 20 20 20 20 20 20 20 20 20 20 20 ...WG
0060:  20 20 00 50 31 35 30 20 20 20 20 20 20 20 20 20   .P150
0070:  20 20 00 FF 53 4D 42 25 00 00 00 00 00 00 00 00   ..SMB%........
```

Der Inhalt der Datenpakete wird in einer etwas gewöhnungsbedürftigen Form angezeigt

3. Am praktischsten ist es, wenn Sie die Pfeiltasten benutzen, um die oben angezeigten Datenpakete der Reihe nach durchzugehen. Unten wird dann immer der Inhalt des gerade ausgewählten Pakets angezeigt. Sieht dieser interessant aus, können Sie in den Inhaltsbereich wechseln, um sich das Ganze näher zu betrachten.

Je nach Art des Datenverkehrs werden Sie viele Datenpakete finden, in denen sich kein erkennbarer Inhalt ausmachen lässt. Ein nicht unerheblicher Teil des Netzwerkverkehrs besteht aus so genanntem Overhead. Das sind technische Verwaltungsnachrichten, die der Synchronisierung und Selbstorganisation des Netzwerks dienen. Wann immer aber Daten im Klartext ausgetauscht werden, lassen sich diese auch sichtbar machen. Das ist z. B. bei allen Übertragungen der Fall, bei denen einfache Texte ohne Verschlüsselung übermittelt werden, also z. B. beim Lesen und Schreiben von E-Mail-Nachrichten oder beim Austausch von Textdokumenten. Selbst Passwörter (z. B. für ein elektronisches Postfach) können bei der Anmeldung mitgelesen werden, wenn das Anmeldeverfahren sie nicht verschlüsselt durchs Netzwerk überträgt.

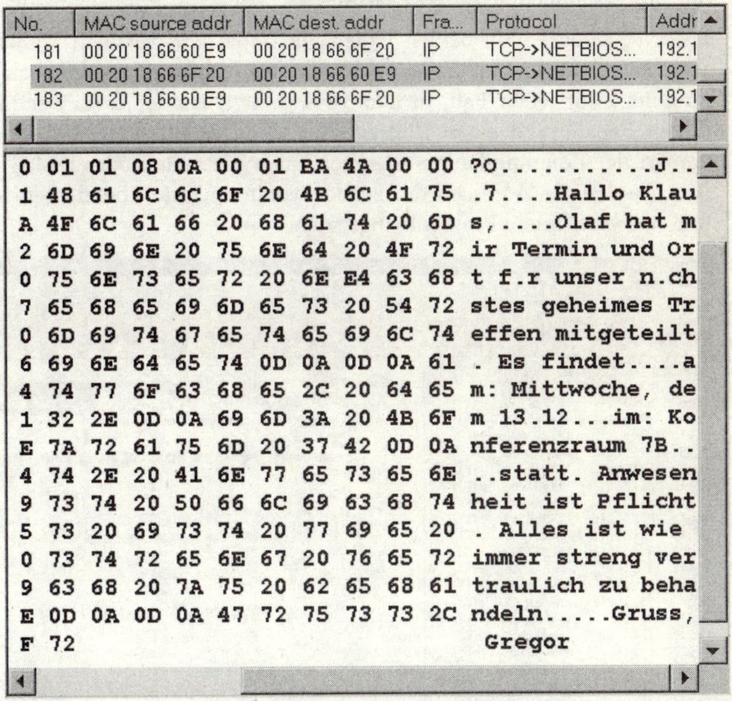

Unverschlüsselt übertragene E-Mails kann man mit einem Paket-Sniffer problemlos mitlesen

Sniffer-Daten mit PeepNet aufbereiten

Wie Sie bei den Experimenten mit CaptureNet gesehen haben, lassen sich im Sniffer nur Textinhalte einsehen, und auch das ist relativ mühsam. Zum Lieferumfang von SpyNet gehört aber auch PeepNet, mit dem sich die gesammelten Daten komfortabler analysieren lassen. PeepNet kann die gesammelten Daten auswerten und in Verbindung bringen. So lassen sich aus zusammenhängenden

Datenpaketen ganze Kommunikationsabläufe bequem rekonstruieren. Mit diesem Tool ist es beispielsweise möglich, den Abruf von E-Mails per POP inklusive dem POP-Passwort und aller Nachrichteninhalte nachzuvollziehen, wenn zuvor alle dazugehörenden Datenpakete erfasst wurden. Gleiches gilt etwa für Surfsitzungen, bei denen man die Webseiten rekonstruieren kann, die ein Surfer auf einem anderen PC abgerufen hat.

1. Wenn Sie PeepNet direkt von CaptureNet aus mit einem Klick auf die Schaltfläche *PeepNet!* starten, übernimmt es automatisch die Daten der laufenden Paketüberwachung. Alternativ können Sie auch die mit CaptureNet gesammelten Daten in einer Datei speichern und diese anschließend in PeepNet importieren (mit *File/Open*).

2. PeepNet analysiert in beiden Fällen die Daten und versucht, aus den Datenpaketen zusammenhängende Kommunikationsverbindungen zu rekonstruieren. Für jeden Fall, in dem dies gelingt, erstellt es in der Liste am linken Fensterrand einen Eintrag. Am vorangestellten Symbol kann man die Art der Kommunikation erkennen, etwa Webseiten oder E-Mail. Außerdem werden die Adressen der an der Kommunikation beteiligten Rechner und das verwendete Protokoll angegeben.

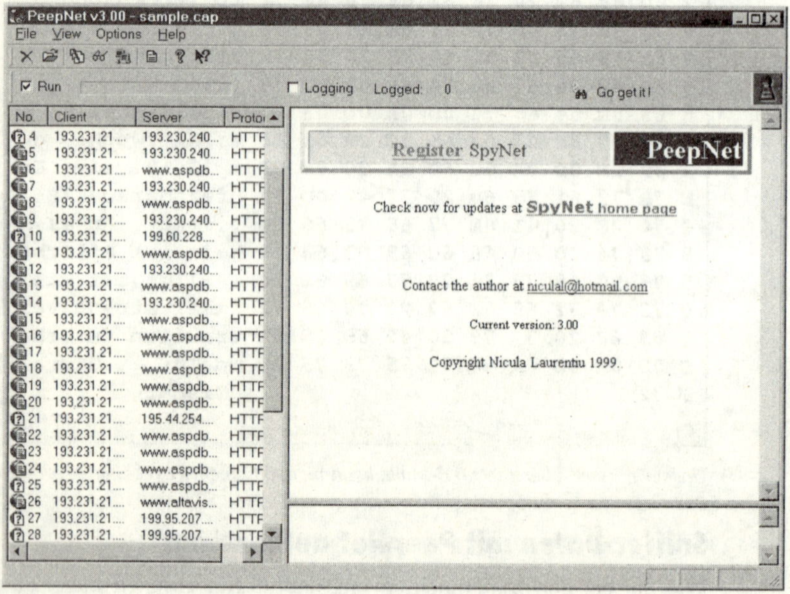

PeepNet zeigt die rekonstruierten Kommunikationsverbindungen links an

3. Um die jeweilige Kommunikation zu rekonstruieren, braucht man lediglich den entsprechenden Eintrag in der Liste auszuwählen. PeepNet bereitet dann den Inhalt so gut wie möglich auf. Handelt es sich z. B. um einen

Webseitenabruf, stellt PeepNet die entsprechende Webseite dar. Dabei entnimmt es die Daten wohlbemerkt den protokollierten Datenpaketen und ruft nicht einfach die Webseite aus dem Internet ab. Auch vertrauliche Webseiten, vor deren Abruf eine Kennwortabfrage geschaltet war, können so also rekonstruiert werden.

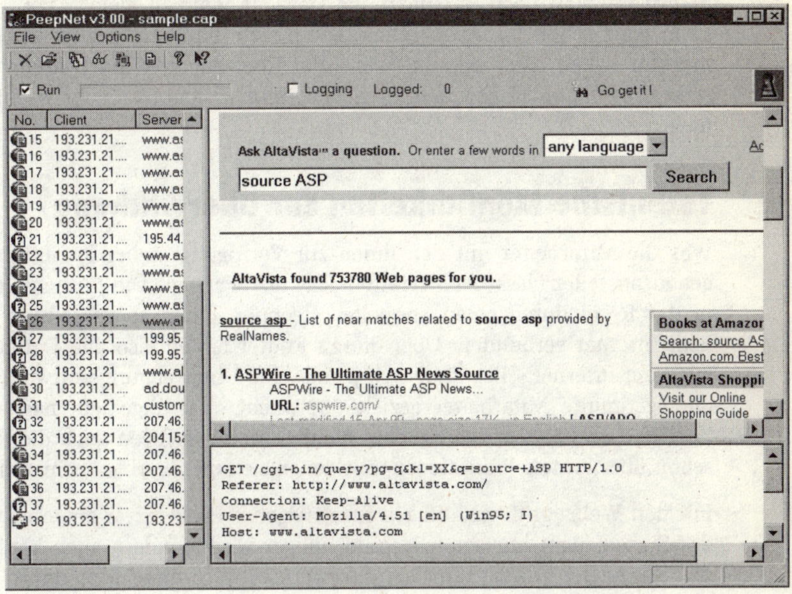

In diesem Beispiel hatte der Benutzer eines gesnifften Rechners eine Suchanfrage bei Altavista gestellt

4. Neben dem eigentlichen Inhalt führt PeepNet unten auch alle Daten auf, die aus den gesnifften Paketen erhältlich sind. Bei Webseiten gehört dazu die beteiligte Software (z. B. der verwendete Webbrowser) und wenn möglich auch das Betriebssystem.

6.3 Big Brother is watching you! Überwachung am Arbeitsplatz – Was ist möglich, was ist erlaubt?

Immer mehr Unternehmen machen sich die schnellen und kostengünstigen Kommunikationsmöglichkeiten des weltweiten Netzes zu Nutze. Schließlich bietet das Internet Zugriff auf umfangreiche aktuelle Informationen, die für manche Berufsgruppen sehr hilfreich oder sogar unumgänglich sind. Also stellen die Chefs ihren Angestellten Internetzugänge und E-Mail-Adressen zur Verfügung. Da ist die Versuchung sicherlich groß, den Zugang auch mal für nicht ganz dienstliche Zwecke zu verwenden. So eine MP3-Datei ist schließlich ziemlich groß, aber über den flotten Firmenzugang kann man in einer Mittagspause locker eine ganze CD runterladen. So ein von der Firma gesponserter Internetzugang ist schließlich unschlagbar billig und auch wesentlich schneller als die Einwahl von zu Hause per Modem oder ISDN-Karte. Da fällt die eine oder andere private Mail doch gar nicht ins Gewicht, denken viele. Aber Vorsicht, das kann ganz schön ins Auge gehen. Die private Nutzung des Internets ist in den meisten Fällen nicht erlaubt. Wenn der Chef davon Wind bekommt, kann dies arbeitsrechtliche Konsequenzen haben, und er kann es sehr leicht mitbekommen.

Technische Möglichkeiten zur Überwachung

Was die Mitarbeiter mit den ihnen zur Verfügung stehenden Internetzugängen genau anstellen, lässt sich relativ leicht überwachen. Die Firmennetzwerke sind in der Regel durch einen speziellen Rechner, einen so genannten Router, mit dem Internet verbunden. Über diesen Router laufen also alle Daten in das und aus dem Internet. Hier lässt sich prima eine Überwachungssoftware installieren, die bestimmte Mitarbeiter gezielt überwacht oder allgemein nach bestimmten Zugriffen sucht, und den Urheber meldet. Meist verfügen auch die Router selbst schon über Protokollfunktionen, mit denen sich die Zugriffe nachvollziehen lassen.

Für den Webzugriff wird oft ein firmeneigener Proxyserver eingesetzt, durch den das Surfen nicht nur schneller und billiger wird, sondern auch kontrolliert werden kann. Bei E-Mail kann die Netzwerksoftware ohne weiteres so konfiguriert werden, dass eine Kopie von allen Nachrichten an eine bestimmte Adresse geschickt wird. Die dort eingehenden Nachrichten können z. B. mit einer Volltextsuche nach bestimmten Begriffen durchsucht werden. Wenn der Chef wissen will, was seine Angestellten von ihm halten, braucht er also nur die E-Mails nach seinem Namen durchsuchen zu lassen.

Einen Schutz gegen solche Überwachungsmaßnahmen gibt es nicht. Er könnte ja auch nur so aussehen, dass Sie Ihre privaten Aktivitäten perfekt tarnen. Natürlich könnten Sie private E-Mails einfach verschlüsseln und sich damit der Überwachung entziehen. Andererseits würden Sie sich dadurch ja gerade erst verdächtig machen. Verschlüsselung ist nur empfehlenswert, wenn die private Nutzung ausdrücklich erlaubt ist und Sie sich lediglich vor neugierigen Kollegen oder Systemverwaltern schützen wollen.

Alles was Recht ist? – Das darf der Chef über Sie wissen

Technisch ist die totale Überwachung möglich, aber ist das denn erlaubt? Das Arbeitsrecht enthält einige Bestimmungen zur Überwachung von Kommunikationseinrichtungen. Die wurden zwar nicht unbedingt im Hinblick auf das Internet gemacht, lassen sich aber auch in diesen Bereich übertragen. Um Sie nicht mit juristischen Formulierungen zu langweilen, fassen wir das Ganze auf gut Deutsch zusammen.

Darf man dienstliche Kommunikationseinrichtungen auch privat nutzen?

Das hängt ganz von Ihrem Arbeitgeber ab. Allein das Vorhandensein eines Internetzugangs berechtigt nicht automatisch zur privaten Nutzung. Vielmehr muss der Arbeitgeber entscheiden, wie er zur privaten Nutzung steht. Dabei gibt es verschiedene Möglichkeiten:

- Die private Nutzung kann rigoros untersagt werden. Daran sollte man sich halten, denn Verstöße führen in der Regel zu Abmahnungen und im Wiederholungsfall kann das auch ein Kündigungsgrund sein. Falls Sie jetzt denken „Das merkt ja eh keiner!“, sollten Sie den vorangehenden Abschnitt zu den technischen Möglichkeiten noch einmal gründlich lesen.
- Die private Nutzung kann generell erlaubt sein. Schön, wenn Sie einen so großzügigen Arbeitgeber haben! Auch hier kann es aber Einschränkungen und Regeln für die Nutzung geben. Außerdem sollten einige Verhaltensregeln beachtet werden, auf die wir im nächsten Abschnitt noch eingehen.
- Die private Nutzung kann erlaubt sein, allerdings muss der Arbeitnehmer die Kosten dafür tragen. Das ist z. B. bei Telefon im Büro keine Seltenheit. Dort ist es allerdings auch leicht, vor jedem privaten Gespräch einen bestimmten Knopf zu drücken. Bei E-Mail und Internetzugang wird das etwas schwieriger, aber auch hier sind Lösungen denkbar. Bei einer solchen Regelung sollten Sie aber unbedingt darauf achten, dass Ihr Chef nicht aufgrund der Abrechungen für die private Nutzung auf die Idee kommt, Sie würden den halben Tag mit privaten Surfsitzungen verbringen. Auch hier hat es im Bereich privater Telefonnutzung durchaus schon Fälle gegeben, in denen Mitarbeitern wegen exzessiver Telefonitis gekündigt wurde.

In jedem Fall sollten Sie sich über die Regelung zur privaten Nutzung in Ihrer Firma genau informieren und sich auch daran halten. Selbst wenn es Richtlinien sind, deren Einhaltung in der Praxis nicht ernsthaft kontrolliert wird, könnte ein neidischer Kollege Regelverstöße gegen Sie verwenden.

Darf die Kommunikation der Mitarbeiter überwacht werden?

Auch wenn die technischen Möglichkeiten gegeben sind, darf der Chef nicht einfach alles mitlesen. Dabei gelten allerdings folgende Ausnahmen:

- Wenn der Arbeitnehmer ausdrücklich sein Einverständnis erklärt hat, ist Überwachungen rechtens. Das haben Sie nicht? Dann ist es ja gut, aber vielleicht suchen Sie jetzt doch mal Ihren Arbeitsvertrag raus und lesen noch mal genau das Kleingedruckte. Sicher ist sicher!
- Möglicherweise kann die Art Ihrer Arbeit eine Überwachung erfordern. Diese Regelung bezieht sich ursprünglich auf Kameraüberwachungen und erlaubt z. B. Kameras bei Kassen und Bankschaltern. Auf das Internet übertragen könnte es sich auf Mitarbeiter beziehen, die in sicherheitsrelevanten Bereichen arbeiten.
- Schließlich kann ein begründeter Anlass oder Verdacht eine Überwachung erlauben. Wenn der Chef z. B. Anlass zu der Vermutung hat, dass wichtige Firmenunterlagen per E-Mail an einen Konkurrenten verschickt werden, kann er den E-Mail-Verkehr überwachen, um den Übeltäter zu ermitteln.

Wird im Rahmen einer solchen Überwachung eine nicht erlaubte private Nutzung festgestellt, kann der Arbeitgeber seinen Angestellten dafür zur Rechenschaft ziehen. Ein einmaliges Vorkommnis sollte noch kein Kündigungsgrund sein, könnte aber zumindest eine Abmahnung und eine Schadensersatzforderung nach sich ziehen. Im Wiederholungsfall muss auch mit der Kündigung gerechnet werden.

INFO

Dürfen E-Mails vom Chef gelesen werden?

Die Überwachung des E-Mail-Verkehrs von Angestellten ist grundsätzlich nicht erlaubt. Dies gilt sowohl für Vorgesetzte als auch für Systemverwalter. Und es gilt nicht nur für private, sondern auch für dienstliche E-Mail-Nachrichten. Dies wäre ein unzulässiger Eingriff in die Privatsphäre des Mitarbeiters und ist deshalb verboten. Allerdings gibt es Ausnahmesituationen, etwa wenn ein Mitarbeiter im Urlaub ist oder erkrankt. Dann kann es für die Firma von erheblichem Interesse sein, dass das E-Mail-Postfach dieses Angestellten trotzdem geleert wird. Bevor man in Urlaub geht, kann man ja einen vertrauenswürdigen Kollegen bitten, dies zu übernehmen. Bei einem Unfall oder einer plötzlichen Krankheit hingegen hat man diese Möglichkeit vielleicht nicht. Deshalb wäre es besser, private und dienstliche Nachrichten sauber zu trennen oder zumindest keine wirklich vertraulichen privaten Nachrichten in der Firma zu empfangen. Wenn private Nachrichten erlaubt sind, wäre der Einsatz von Verschlüsselungssoftware (z. B. PGP) eine denkbare Alternative. Er empfiehlt sich auch, weil Chefs und insbesondere Systemverwalter sich nicht immer an das Verbot der Kenntnisnahme halten.

Goldene Regeln – So verhalten Sie sich richtig

Egal ob nur dienstliche oder auch private Nutzung erlaubt ist, einige Regeln sollten Sie beachten, um Schwierigkeiten und Ärger zu vermeiden. Dabei geht es nicht nur um rechtliche Aspekte, sondern auch um das Klima am Arbeitsplatz:

- Nutzen Sie beim Surfen möglichst nur seriöse Angebote. Ein Banner für eine Sex-Site kann sich immer mal einschleichen, aber der direkte Aufruf von *www.playboy.com* lässt wohl keine Fragen offen. So etwas wird ungern gesehen, allein schon, weil sich weibliche Kollegen dadurch belästigt fühlen könnten. In manchen Ländern würde allein das schon für eine Klage gegen Ihr Unternehmen wegen sexueller Nötigung am Arbeitsplatz ausreichen.
- Was Sie in einem Rundschreiben nicht sagen würden, sollten Sie auch nicht in eine E-Mail schreiben. Kollegenschelte und witzige Bemerkungen über den Chef können in einer Firma leicht mal in die falschen Hände geraten.
- Wenn Sie Ihre dienstliche E-Mail-Adresse auch für private E-Mails nutzen, sollten Sie diese deutlich als privat kennzeichnen. Besonders bei Mails in Newsgruppen, Mailing-Listen oder ähnlichen öffentlichen Diskussionsforen empfiehlt sich z. B. in der Signatur ein *Standard-Disclaimer*. Er sollte einen deutlichen Hinweis darauf enthalten, dass diese Nachricht ausschließlich Ihre private Meinung und nicht einen offiziellen Standpunkt Ihrer Firma wiedergibt.

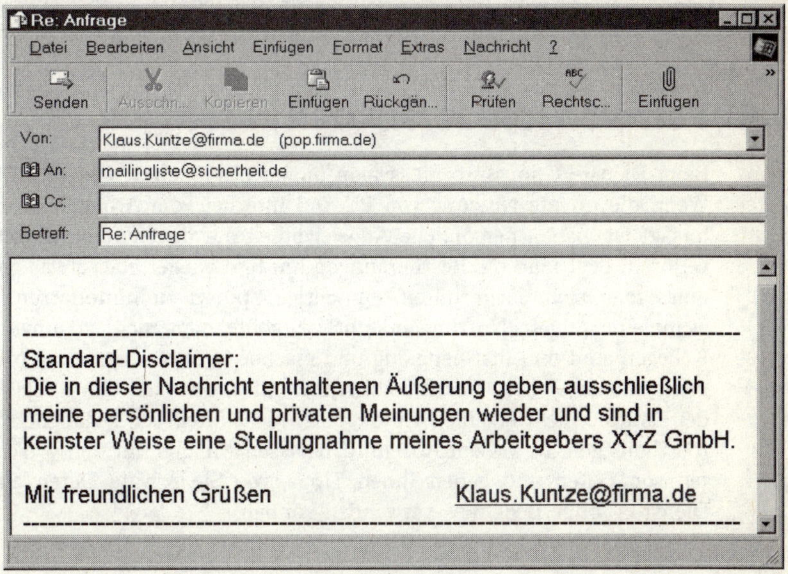

Ein Standard-Disclaimer stellt klar, dass private Aussagen nicht als offizielle Firmenmeinung gelten

- Auch wenn die private Nutzung erlaubt ist, sollten Sie es nicht übertreiben. Wenn Sie ständig die Spitzenposition beim Datentransfer innehaben oder jeden Tag so viel E-Mail bekommen, dass zum Lesen mindestens eine Stunde Arbeitszeit draufgeht, wird sich Ihr Chef das wohl nur kurze Zeit mit ansehen.
- Denken Sie immer daran, dass es Möglichkeiten zur Überwachung gibt, auch wenn sie rechtlich vielleicht nicht erlaubt sind. Ihr Chef wird Ihnen Regelverstöße in einem solchen Fall zwar nicht vorwerfen können, aber er weiß trotzdem davon. Bei der nächsten Beförderungsrunde, bei Gehaltsverhandlungen oder wenn ein Stellenabbau erforderlich ist, hat dieses Wissen dann vielleicht entscheidenden Einfluss.

TIPP

Eindeutige Richtlinien für die Nutzung des Internets

Wann immer in einem Betrieb das Internet genutzt werden kann, sollte es am besten klare und eindeutige Richtlinien darüber geben, was die Mitarbeiter dürfen und was nicht. In größeren Unternehmen sind diese meist ohnehin schon vorhanden. Ansonsten sollte der Betriebsrat dafür sorgen, dass sie erstellt und veröffentlicht werden. Auch in kleineren Betrieben sind sie aber durchaus sinnvoll, auch als Schutz der Mitarbeiter vor voreiligen mündlichen Aussagen von Vorgesetzten, die dann später plötzlich doch nicht gelten. Unter http://www.datenschutz-bayern.de/technik/orient/ibenrili.pdf finden Sie einen Entwurf für „Benutzerrichtlinien für den Umgang mit dem Internet" (als PDF-Datei), die als Grundlage für betriebsspezifische Grundlagen verwendet werden können.

6.4 Verräterische Surfspuren beseitigen

Beim Dienst-PC im Büro muss man immer besonders auf private Daten achten. Wenn die private Nutzung von PC und Internet vom Arbeitgeber eindeutig untersagt ist, haben persönliche Angelegenheit auf dem Computer ohnehin nichts verloren. Legt man die Bestimmungen hin und wieder aber etwas großzügig aus, muss man sich davor hüten, eindeutige Spuren zu hinterlassen. Aber selbst wenn eine private Nutzung erlaubt ist, sollte man nicht zu unvorsichtig sein. Kollegen sind nun mal neugierig und machen auch vor eindeutig privaten Daten nicht unbedingt halt. Deshalb sollte man alles, was man den Kollegen mittags in der Kantine nicht erzählen würde, auch nicht öffentlich zugänglich auf dem Büro-PC ablegen. In diesem Abschnitt befassen wir uns mit den verschiedenen Arten von Daten und geben Ihnen Tipps, wie Sie private Daten auch auf dem Dienst-PC ohne Bedenken verwenden können.

Cache und Verlaufsdaten des Browsers löschen

Moderne Webbrowser legen großen Wert auf Bedienbarkeit und Komfort. Dazu enthalten sie verschiedene Funktionen, die dem Benutzer das Leben erleichtern sollen. So viel Bequemlichkeit hat aber auch Nachteile: Die Browser protokollieren Informationen über die Interessen und Gewohnheiten der Benutzer. Diese Daten kann prinzipiell jeder einsehen, der Zugang zu Ihrem Rechner hat. Vielleicht haben Sie aber an Ihrem Arbeitsplatz einen Internetzugang, den Sie ab und zu auch mal zum Privatvergnügen benutzen? Oder Sie besuchen manchmal Webseiten, von denen Ihre Arbeitskollegen oder (beim heimischen PC) Ihre Kinder lieber nichts wissen sollten? Durch die gespeicherten Altlasten kann jeder mit einem Mausklick erfahren, welche Webseiten Sie in letzter Zeit besucht haben.

Welche Daten sind gefährdet?

Die Webbrowser speichern verschiedene Arten von Daten über die Aktionen ihrer Benutzer, um sie bei Bedarf schneller und komfortabler abrufbar zu machen. Dieser Abruf kann aber eben nicht nur durch den eigentlichen Benutzer erfolgen, sondern prinzipiell durch jeden, der anschließend Zugang zu diesem Rechner hat.

Ein detailliertes Surf-Protokoll im Internetcache

Im Internetcache werden alle Dokumente abgelegt, die der Benutzer angefordert hat. Dazu gehören neben den eigentlichen Webseiten auch Bilder, Sound- und Videodateien.

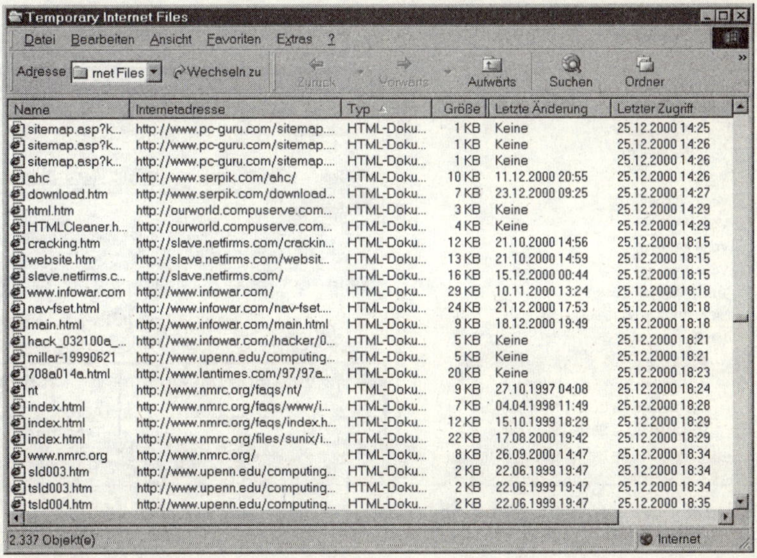

Name	Internetadresse	Typ	Größe	Letzte Änderung	Letzter Zugriff
sitemap.asp?k...	http://www.pc-guru.com/sitemap....	HTML-Doku...	1 KB	Keine	25.12.2000 14:25
sitemap.asp?k...	http://www.pc-guru.com/sitemap....	HTML-Doku...	1 KB	Keine	25.12.2000 14:26
sitemap.asp?k...	http://www.pc-guru.com/sitemap....	HTML-Doku...	1 KB	Keine	25.12.2000 14:26
ahc	http://www.serpik.com/ahc/	HTML-Doku...	10 KB	11.12.2000 20:55	25.12.2000 14:26
download.htm	http://www.serpik.com/download...	HTML-Doku...	7 KB	23.12.2000 09:25	25.12.2000 14:27
html.htm	http://ourworld.compuserve.com...	HTML-Doku...	3 KB	Keine	25.12.2000 14:29
HTMLCleaner.h...	http://ourworld.compuserve.com...	HTML-Doku...	4 KB	Keine	25.12.2000 14:29
cracking.htm	http://slave.netfirms.com/crackin...	HTML-Doku...	12 KB	21.10.2000 14:56	25.12.2000 18:15
website.htm	http://slave.netfirms.com/websit...	HTML-Doku...	13 KB	21.10.2000 14:59	25.12.2000 18:15
slave.netfirms.c...	http://slave.netfirms.com/	HTML-Doku...	16 KB	15.12.2000 00:44	25.12.2000 18:15
www.infowar.com	http://www.infowar.com/	HTML-Doku...	29 KB	10.11.2000 13:24	25.12.2000 18:18
nav-fset.html	http://www.infowar.com/nav-fset....	HTML-Doku...	24 KB	21.12.2000 17:53	25.12.2000 18:18
main.html	http://www.infowar.com/main.html	HTML-Doku...	9 KB	18.12.2000 19:49	25.12.2000 18:18
hack_032100a_...	http://www.infowar.com/hacker/0...	HTML-Doku...	5 KB	Keine	25.12.2000 18:21
millar-19990621	http://www.upenn.edu/computing...	HTML-Doku...	5 KB	Keine	25.12.2000 18:21
708a014a.html	http://www.lantimes.com/97/97a...	HTML-Doku...	20 KB	Keine	25.12.2000 18:23
nt	http://www.nmrc.org/faqs/nt/	HTML-Doku...	9 KB	27.10.1997 04:08	25.12.2000 18:24
index.html	http://www.nmrc.org/faqs/www/i...	HTML-Doku...	7 KB	04.04.1998 11:49	25.12.2000 18:28
index.html	http://www.nmrc.org/faqs/index.h...	HTML-Doku...	12 KB	15.10.1999 18:29	25.12.2000 18:29
index.html	http://www.nmrc.org/files/sunix/i...	HTML-Doku...	22 KB	17.08.2000 19:42	25.12.2000 18:29
www.nmrc.org	http://www.nmrc.org/	HTML-Doku...	8 KB	26.09.2000 14:47	25.12.2000 18:34
sld003.htm	http://www.upenn.edu/computing...	HTML-Doku...	2 KB	22.06.1999 19:47	25.12.2000 18:34
tsld003.htm	http://www.upenn.edu/computing...	HTML-Doku...	2 KB	22.06.1999 19:47	25.12.2000 18:34
tsld004.htm	http://www.upenn.edu/computing...	HTML-Doku...	2 KB	22.06.1999 19:47	25.12.2000 18:35

Im Internetcache sind alle Webdokumente der letzten Surfsitzungen inklusive Zugriffszeit verzeichnet

Je nach Einstellung des Cache-Speichers liegen die Seiten hier so lange, bis sie veraltet sind oder Platz für neue Dokumente machen müssen. Die Aufgabe des Caches ist, erneute Anfragen nach gespeicherten Dokumenten direkt zu bedienen und den Benutzern so eine zeitaufwendige Onlineverbindung zu ersparen. Allerdings geben die im Cache gespeicherten Seiten sehr detailliert Aufschluss über die Interessen des Benutzers. Jeder, der Zugang zum Rechner hat, kann so einschließlich dem genauen Zeitpunkt des Zugriffs erfahren, welche Seiten Sie in der letzten Zeit besucht haben.

Vielsagende History- und Verlaufsfunktionen

Die History- oder Verlaufsfunktion der Browser speichern die besuchten Adressen. Zweck dieser Funktion ist, dass die Benutzer für einen erneuten Besuch einfach die Adresse aus der Verlaufliste auswählen, ohne jedes Mal den kompletten URL erneut eintippen zu müssen. Zusätzlich wird diese Funktion für die sehr praktische URL-Vervollständigung verwendet: Ist eine URL-Adresse bereits bekannt, genügt es, im Adressfeld des Browsers die ersten Zeichen der Adresse einzutippen. Sobald der Browser eindeutig erkennen kann, um welche Adresse es sich handelt, vervollständigt er sie automatisch.

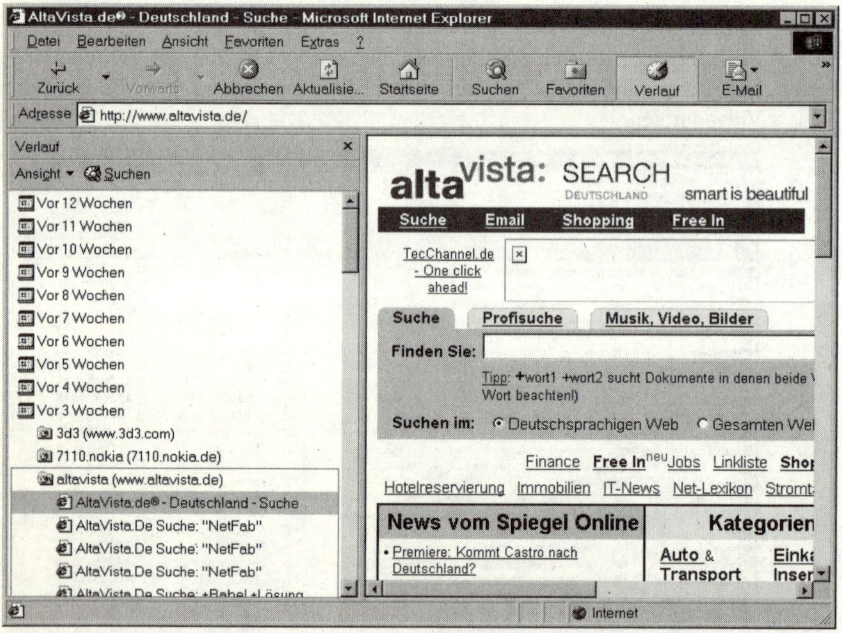

Im Verlauf des Internet Explorer sind selbst wochenalte Surfziele noch abrufbar

Auch hier kann die Bequemlichkeit des Benutzers gegen ihn verwendet werden. Genauso wie der Cache, gibt die Surfgeschichte detaillierten Aufschluss über die Aktivitäten des Benutzers. Hat ein anderer Zugriff zu Ihrem PC, kann er sofort feststellen, welche Adressen Sie in den letzten Tagen und Wochen aufgerufen haben.

Verräterische Lesezeichen

Eine weitere Gefahrenquelle sind schließlich die Lesezeichen bzw. Favoriten. Jeder Browser erlaubt es seinen Benutzern, die Adressen von Lieblingsseiten komfortabel und schnell zugänglich abzuspeichern. Auch diese Informationen geben aber Unbefugten genauso Aufschluss über die Interessen und Vorlieben der Benutzer. Schließlich hindert einen neugierigen Eindringling nichts und niemand daran, die gespeicherten Favoriten ebenfalls abzurufen. Diese Gefahrenquelle ist an sich sogar die größte. Während der Zugriff auf Cache und Verlauf zumindest gewisse Grundkenntnisse erfordert, bedarf es praktisch keinerlei Kenntnisse, um die Favoriten abzurufen, die bei den meisten Browsern direkt in die Menüleiste integriert sind. Dafür ist die Schutzmaßnahme aber auch denkbar einfach: Verzichten Sie einfach darauf, Webadressen als Lesezeichen einzurichten, wenn Sie diese vor anderen verbergen wollen.

Der Cache des Internet Explorer

Auch der Internet Explorer verfügt über einen Zwischenspeicher, in dem er alle Webseiten, die der Benutzer anfordert, ablegt. Dort bleiben sie erhalten, auch wenn der Benutzer schon längst wieder zum nächsten Angebot gewechselt ist. Erst wenn der Cache voll ist, werden die jeweils ältesten Dokumente gelöscht, um für neuere Platz zu machen. Wenn Sie eine erst kürzlich besuchte Seite erneut abrufen, holt der Browser sie erheblich schneller direkt aus dem Cache und nicht erneut aus dem Internet. Darin besteht auch die Kehrseite der Medaille: Aufgrund dieser Technik sind (je nach Größe des Caches) immer die Webseiten der in den letzten Tagen oder Wochen besuchten Angebote lokal gespeichert. Der Chef oder ein „Kollege“ kann durch den Cache somit ganz leicht feststellen, ob Sie den Firmen-Internetzugang auch wirklich nur für dienstliche Zwecke nutzen bzw. welche Webseiten Sie in der letzten Zeit abgerufen haben.

Was der Cache so alles speichert

Wollen Sie selbst einmal nachsehen, was derzeit so alles im Internetcache Ihres PCs gespeichert ist? Dann machen Sie Folgendes:

1. Öffnen Sie mit *Extras/Internetoptionen* die Einstellungen des Internet Explorer.

2. In der Kategorie *Allgemein* klicken Sie im Bereich *Temporäre Internetdateien* auf die Schaltfläche *Einstellungen*.

3. Im anschließenden *Einstellungen*-Menü klicken Sie auf *Dateien anzeigen*. Dadurch öffnen Sie den Explorer mit dem Ordner, in dem die temporären Internetdateien abgelegt sind.

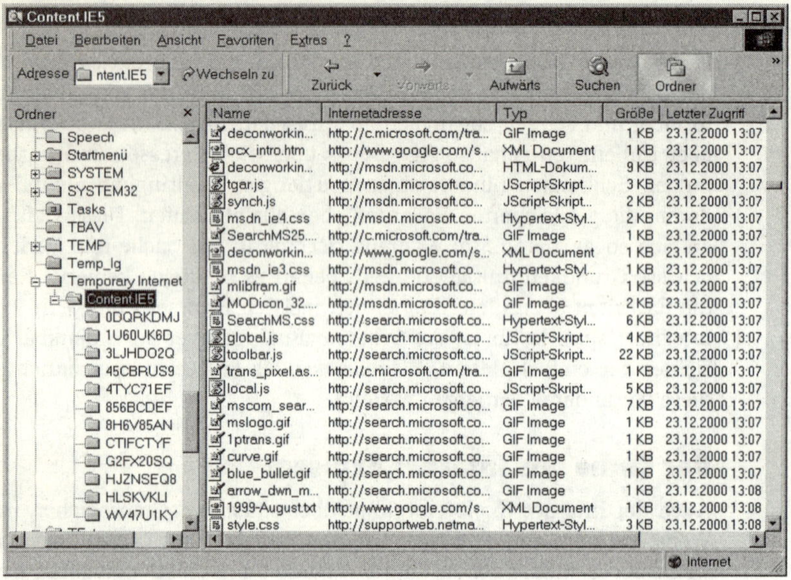

Der Internetcache: Das Gedächtnis des Internet Explorer

4. Der Liste können Sie neben Name, Größe und Datum auch den Webserver entnehmen, von dem die jeweilige Komponente heruntergeladen wurde. Vielleicht sind Sie ja überrascht, wie gut das "Gedächtnis" des Internet Explorer ist.

Leeren Sie den Cache des Internet Explorer

Wenn Sie vermeiden wollen, dass der Cache des Internet Explorer anderen Personen etwas über Ihre Surfgewohnheiten verrät, sollten Sie ihn regelmäßig löschen. Alternativ können Sie ihn auch immer dann leeren, wenn Sie Seiten besucht haben, die in irgendeiner Form kompromittierend sein könnten.

1. Um den Cache zu leeren, öffnen Sie mit *Extras/Internetoptionen* die Einstellungen und wechseln dort in die Kategorie *Allgemein*.

2. Klicken Sie hier im Bereich *Temporäre Internetdateien* auf die Schaltfläche *Dateien löschen*, um die im Cache gespeicherten Seiten loszuwerden.

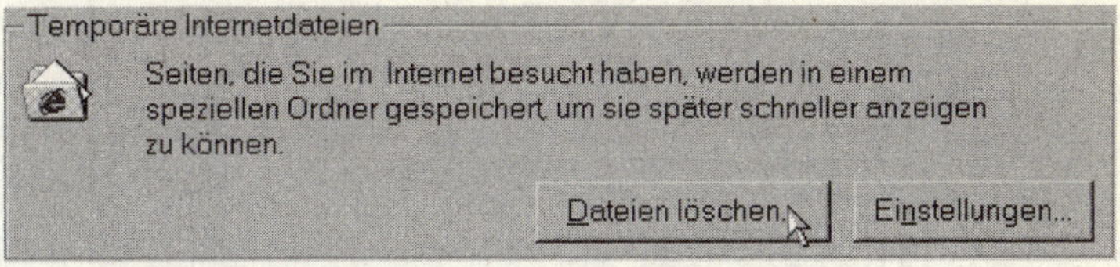

So löschen Sie den Internetcache des Internet Explorer

3. Bevor der Internet Explorer den Cache leerputzt, fragt er vorsichtshalber noch mal nach. Bestätigen Sie diese Sicherheitsabfrage mit *OK*. Sollen auch die lokal gespeicherten Inhalte von Offlineabonnements entfernt werden, aktivieren Sie zuvor die Option *Alle Offlineinhalte löschen*.

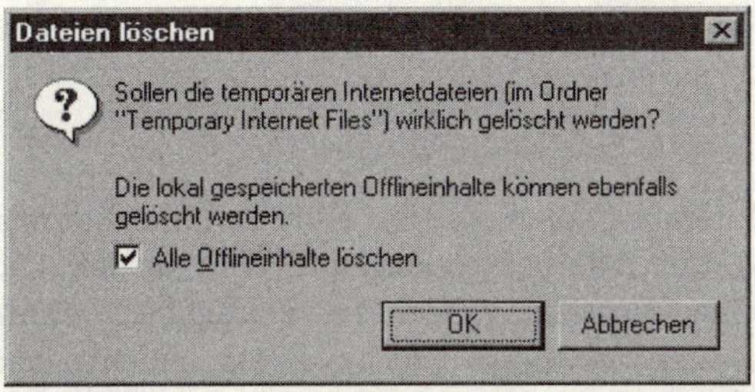

Bestätigen Sie die Sicherheitsabfrage zum Löschen mit OK

4. Der Browser räumt nun den Cache-Ordner leer. Je nach Umfang kann das etwas dauern. Lassen Sie Ihrem PC also im Zweifelsfall etwas Zeit, solange Sie noch Festplattenaktivität wahrnehmen. Danach ist Ihr PC wieder frei von verräterischen Surfspuren.

Den Cache automatisch löschen lassen

Sie können das Leeren des Caches auch automatisieren, wenn er ohnehin nach jeder Sitzung aufgeräumt werden soll. Der Internet Explorer hat extra dafür eine Option in seinen erweiterten Sicherheitseinstellungen.

1. Öffnen Sie mit *Extras/Internetoptionen* die Einstellungen des Internet Explorer und wechseln Sie in die Kategorie *Erweitert*.

2. Suchen Sie in der Liste der Einstellungen die Rubrik *Sicherheit*.

3. Hier finden Sie die Option *Leeren des Ordners „Temporary Internet Files" beim Schließen des Browsers*. Sie übernimmt das Löschen des Cache beim Beenden des Internet Explorer automatisch.

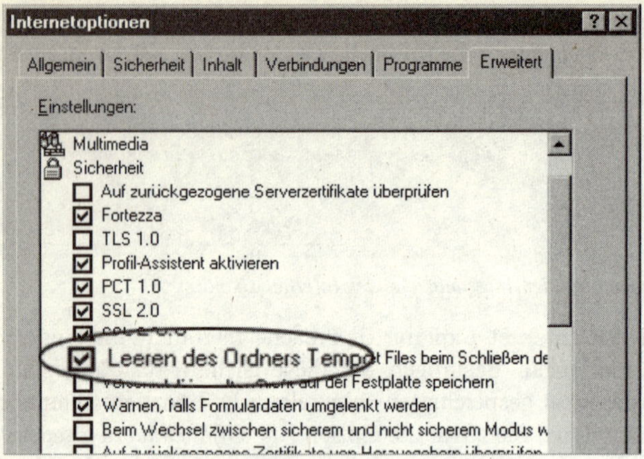

Mit dem Aktivieren dieser Option lassen Sie den Cache des Internet Explorer beim Beenden automatisch löschen

4. Bestätigen Sie die neue Einstellung mit *OK*.

Ab sofort löscht der Internet Explorer jeweils beim Beenden automatisch die im Cache gespeicherten Daten. Die beschleunigende Wirkung des Cache steht so zumindest während einer Surfsitzung noch zur Verfügung. Wenn der Internet Explorer allerdings abstürzt (das soll ja manchmal vorkommen!), kann er das Löschen des Cache leider nicht mehr durchführen. In diesem Fall bleiben die Cache-Daten bis zum nächsten korrekten Beenden oder manuellen Löschen gespeichert.

Den Cache des Internet Explorer deaktivieren

Wenn Sie das Löschen des Internet Cache nicht nach jeder Surfsitzung wiederholen wollen, können Sie den Cache auch deaktivieren. So gehen Sie keinerlei Risiko ein, verzichten aber auch auf seine beschleunigende Wirkung.

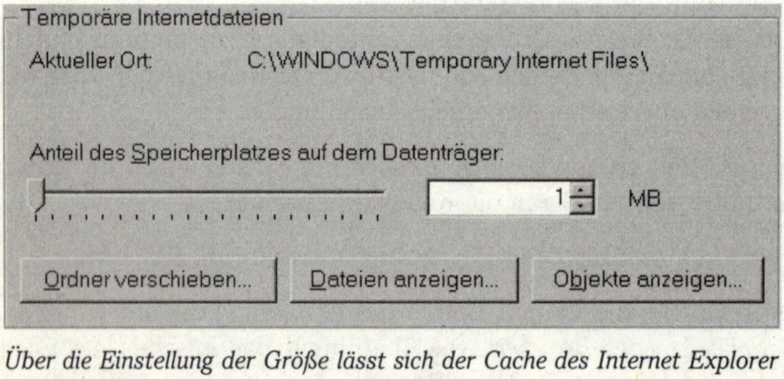

Über die Einstellung der Größe lässt sich der Cache des Internet Explorer praktisch deaktivieren

1. Klicken Sie in den allgemeinen Internetoptionen auf die Schaltfläche *Einstellungen*, um die Optionen für den Internetcache zu öffnen.

2. Hier können Sie den *Anteil des Speicherplatzes auf dem Datenträger* soweit wie möglich reduzieren. Der kleinstmögliche Wert ist 1 MB, wodurch der Cache fast völlig außer Kraft gesetzt wird.

3. Übernehmen Sie die neuen Einstellungen mit zweimal *OK*.

Der Cache des Netscape Navigator

Auch der Netscape Navigator verfügt ähnlich wie der Internet Explorer über einen Cache für Webseiten, in dem einmal übertragene Webseiten lokal vorrätig gehalten werden, um erneute Anfragen danach schneller beantworten zu können. Der Cache des Netscape Navigator ist etwas diskreter, weil er die Namen von Webseiten und Bildern durch kryptische Bezeichnungen ersetzt, die nur der Browser selbst versteht. Ein Blick in den Cache-Ordner reicht also nicht aus, um zu erkennen, welche Webseiten Sie zuletzt besucht haben. Allerdings können auch die umbenannten HTML-Dateien und Bilder geöffnet und betrachtet werden, sodass letztlich ein Aufschluss über den Inhalt möglich ist.

Löschen Sie den Cache des Netscape Navigator

Der Cache des Netscape Navigator kann jederzeit gelöscht werden, sodass möglicherweise kompromittierende Webseiten von Ihrer Festplatte verschwinden und nicht von anderen gewollt oder zufällig entdeckt werden können.

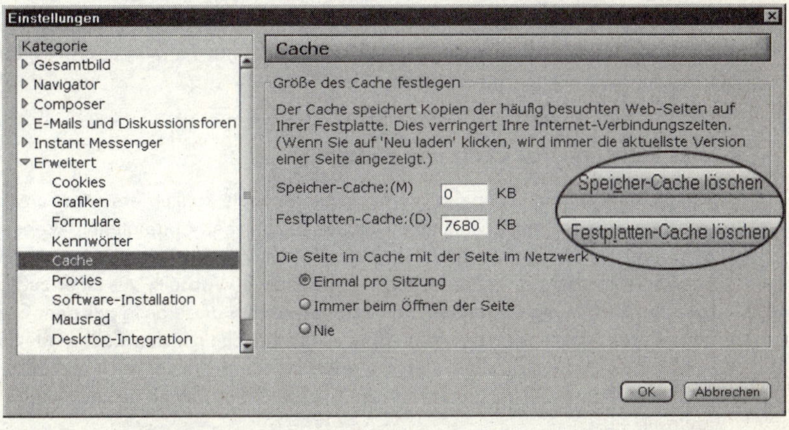

Beim Netscape Navigator kann der Cache jederzeit per Mausklick geleert werden

1. Öffnen Sie die Einstellungen des Netscape Navigator mit *Bearbeiten/Einstellungen* und wechseln Sie hier in die Kategorie *Erweitert/Cache*.

2. Mit den Schaltflächen *Speicher-Cache löschen* und *Festplatten-Cache löschen* entfernen Sie die Cache-Daten aus dem Speicher bzw. von der Festplatte. (Aus Effizienzgründen hat der Netscape Navigator ein zweistufiges Cache-System.)

Den Cache des Netscape Navigator deaktivieren

Wollen Sie zugunsten der Sicherheit ganz auf den Cache beim Netscape Navigator verzichten, ist auch das möglich. Bei den Cache-Einstellungen (siehe oben) können Sie den für die Cache-Daten zur Verfügung stehenden Speicherplatz begrenzen. Um den Cache ganz abzuschalten hilft folgender Trick: Setzen Sie die Werte einfach auf 0. Den Speicher-Cache können Sie übrigens ruhig aktiviert lassen. Die darin gespeicherten Daten verschwinden beim Beenden des Browsers von ganz allein.

Die Verlaufsdaten beim Internet Explorer

Beim Internet Explorer gibt es zusätzlich zum Cache eine Verlaufsfunktion. Im Gegensatz zum Cache, in dem die Daten ziemlich unordentlich zusammengeworfen werden, stellt der Verlauf einen strukturierten Zugriff zur Verfügung. Die im Cache gespeicherten Daten werden dabei historisch in zurückliegende Tage und Wochen geordnet. So sind die gecachten Webseiten bequem einsehbar. In Verbindung mit dem Offlinemodus kann man lokal gespeicherte Seiten ohne Onlineverbindung in aller Ruhe betrachten. Leider können Neugierige den Verlauf Ihres Internet Explorer ebenso einfach benutzen, um festzustellen, welche Webangebote Sie wann abgerufen haben.

INFO

Das Verhältnis von Cache und Verlauf

Cache und Verlauf sind beim Internet Explorer keine konkurrierenden Funktionen, sondern arbeiten eng zusammen. Der Cache speichert abgerufenen Webseiten, während der Verlauf nur die Namen der Seiten und den Zeitpunkt des Abrufs vermerkt. Wird über die Verlaufsleiste eine bestimmte Webseite aus einer zurückliegenden Surfsitzung abgerufen, holt sich der Verlauf diese Seite aus dem Cache. Aus dieser Zusammenarbeit folgt, dass es nicht reicht, nur den Cache oder nur den Verlauf zu löschen, da die Daten des jeweils anderen immer noch vorhanden wären. Um ganz sicher zu gehen, müssen Sie sowohl im Cache als auch im Verlauf aufräumen.

Löschen Sie die Daten im Internet Explorer-Verlauf

Damit der Verlauf keine vertraulichen Informationen verrät, können Sie die darin gespeicherten Daten jederzeit löschen:

1. Öffnen Sie mit *Extras/Internetoptionen* die Einstellungen des Internet Explorer und wechseln Sie hier in die Kategorie *Allgemein*. Im Bereich *Verlauf* am unteren Ende des Fensters finden Sie die Einstellungen für den Verlauf.

2. Mit der Schaltfläche *"Verlauf" leeren* entfernen Sie alle momentan im Verlauf enthaltenen Adressen.

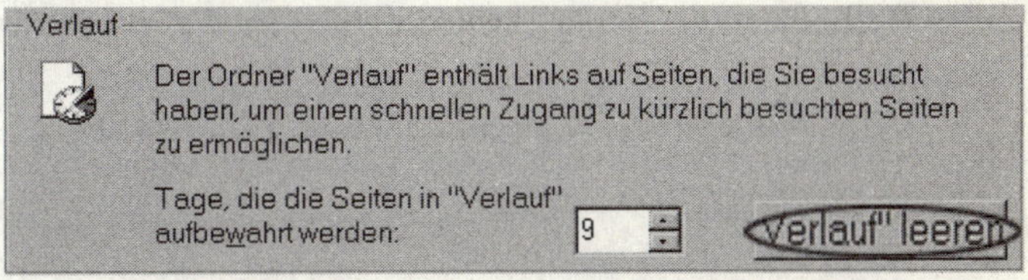

So können Sie die im Verlauf gespeicherten Adressen löschen

3. Zuvor fragt der Internet Explorer aber nochmals nach, um versehentliches Löschen zu vermeiden. Bestätigen Sie die Sicherheitsabfrage mit *OK*.

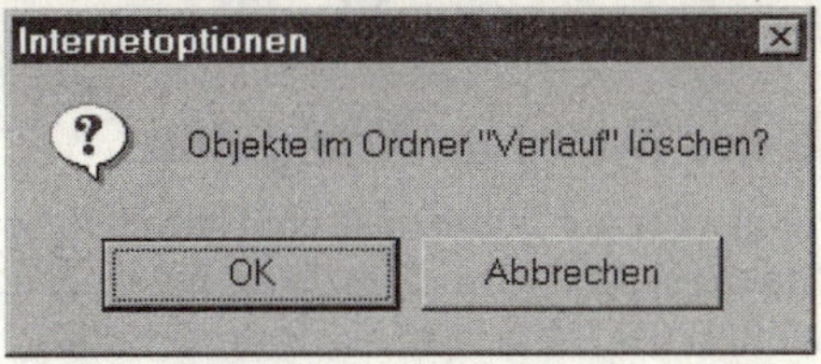

Bestätigen Sie die Sicherheitsabfrage zum Leeren des Verlaufs

TIPP

Verlauf-Einträge gezielt löschen

Da der Verlauf an sich eine recht praktische Funktion ist, wäre es schade, alle mühsam zusammengesurften Daten wegen eines kleinen Ausrutschers löschen zu müssen. Zum Glück ist auch das selektive Löschen einzelner Verlaufseinträge möglich. Öffnen Sie dazu den Verlauf und klicken Sie mit der rechten Maustaste auf den entsprechenden Eintrag. Im dadurch geöffneten Kontextmenü finden Sie den Befehl *Löschen*, über den Sie den Eintrag nach dem Bestätigen einer Sicherheitsabfrage aus dem Verlauf entfernen. Das Entfernen wirkt sich aber nur auf den Verlauf aus. Im Cache bleibt die entsprechende Seite weiterhin gespeichert.

Den Verlauf ganz deaktivieren

Da der Verlauf einiges an Speicherplatz benötigt, erlaubt der Internet Explorer die Angabe der Tage, die die Verlaufsdaten gespeichert bleiben sollen. Dadurch lässt sich der Verlauf mit einem kleinen Trick ganz außer Gefecht setzen: Wenn Sie die Zahl der Tage auf 0 setzen, macht der Verlauf praktisch keine Aufzeichnungen mehr.

1. Öffnen Sie mit *Extras/Internetoptionen* die Einstellungen des Internet Explorer und wechseln Sie in die Kategorie *Allgemein*. Hier finden Sie im Bereich *Verlauf* die Verlaufseinstellungen.

2. Stellen Sie im Feld *Tage, die die Seiten in „Verlauf" aufbewahrt werden* den Wert *0* ein, damit der Verlauf keine Informationen mehr speichert.

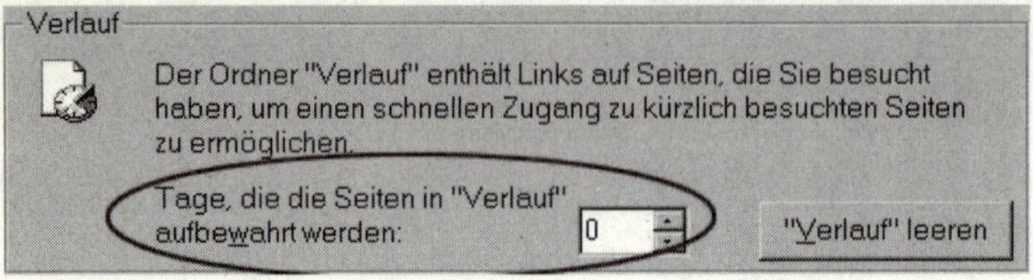

Durch Verkürzen der Aufbewahrdauer können Sie den Verlauf praktisch außer Gefecht setzen

3. Übernehmen Sie die neue Einstellung mit *OK*.

Die History-Funktion des Netscape Navigator

Was beim Internet Explorer als Verlauf bezeichnet wird, firmiert beim Netscape Navigator unter der Bezeichnung *History*. Das Prinzip ist bei beiden gleich, denn auch die History-Funktionalität des Netscape Navigator ermöglicht einen bequemeren Zugriff auf die im Cache gespeicherten Daten. Beim Navigator geht es allerdings im Vergleich etwas weniger komfortabel zu. Sicherheitstechnisch geht von dieser Funktion aber eine ebenso große Gefahr aus.

History-Daten löschen

Auch beim Netscape Navigator können Sie lästige Erinnerungen an zurückliegende Surfsitzungen loswerden:

1. Öffnen Sie die Einstellungen des Netscape Navigator mit *Bearbeiten/Einstellungen* und wechseln Sie hier in die Kategorie *Navigator/History*.

2. Mit der Schaltfläche *History löschen* im Bereich *History durchsuchen* werden Sie die gespeicherten Daten los.

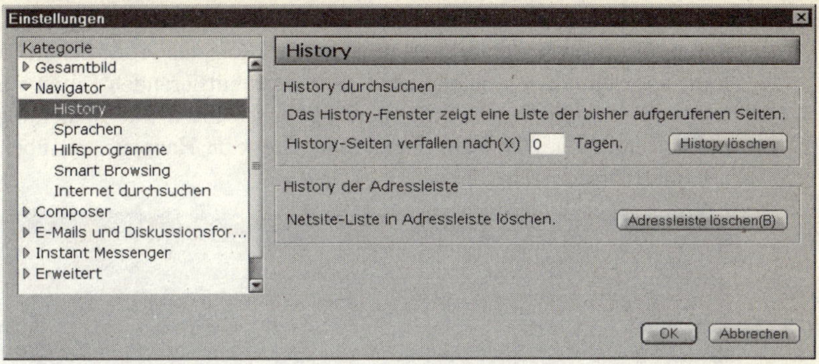

Die History-Einstellungen für die Verlaufsfunktion des Netscape Navigator

3. An gleicher Stelle können Sie die History-Funktion des Navigators auch gleich ganz deaktivieren, indem Sie bei *History-Seiten verfallen nach(X) Tagen* den Wert *0* einsetzen. Dadurch werden effektiv keine History-Daten mehr gesammelt.

4. Mit der Schaltfläche *Adressleiste löschen* können Sie außerdem die Netsite-Liste in der Adressleiste löschen.

5. Eine Sicherheitsabfrage erfolgt beim Netscape Navigator nicht. Schließen Sie das *Einstellungen*-Fenster abschließend einfach mit einem Klick auf *OK*.

Schützen Sie Ihre Privatsphäre komfortabel

Leider ist das Einstellen und Löschen der Browser-Caches zeitraubend und umständlich. Außerdem ist die Gefahr groß, dass man das Löschen im entscheidenden Augenblick doch vergisst. Da wäre es doch praktisch, einen großen roten Knopf zu haben, auf den man nach dem Browsen einfach nur drücken muss. Tatsächlich gibt es mit *Complete Cleanup* ein solches Tool. Sie finden es im Internet unter http://members.aol.com/softdd/. Complete Cleanup ist ein einfaches Shareware-Programm für Windows. Sie brauchen es bei Bedarf lediglich über das Startmenü aufzurufen. Complete Cleanup analysiert zunächst Ihr System und sucht nach Dateien und Informationen, die gelöscht werden können. Dafür kommen

- History-Daten vom Netscape Navigator,
- Verlaufsdaten des Internet Explorer,
- Cache-Dateien von beiden Browsern,
- Cookies von beiden Webbrowsern sowie
- weitere Dateien, die unnötig Speicherplatz belegen (z. B. temporäre Dateien)

in Frage. Complete Cleanup lässt Sie diese Daten nach Kategorien unterteilt löschen. Noch einfacher geht es aber mit der *Cleanup ALL!*-Schaltfläche. Sie entfernt alle gefundenen möglicherweise kompromittierenden Daten von Ihrem System und lässt Sie den Rechner beruhigt ausschalten. Die Bedienung ist sehr benutzerfreundlich. Alle Funktionen sind direkt im Hauptfenster über deutlich bezeichnete Buttons erreichbar.

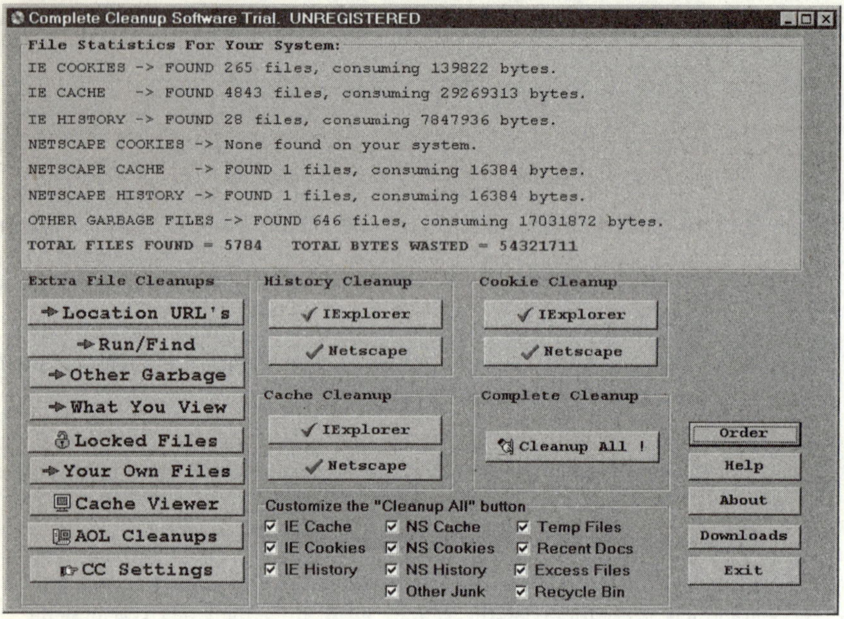

Mit Complete Cleanup schaffen Sie Platz und Ordnung auf Ihrem Rechner

Private Passwörter am Arbeitsplatz schützen

Am Arbeitsplatz haben nicht nur Sie selbst, sondern eben auch Ihre Kollegen Zugang zu Ihrem Rechner. Wenn Sie wegen Urlaub oder Krankheit mal abwesend sind, können Sie niemals sicher sein, dass nicht einer Ihrer Kollegen aus gutem oder weniger gutem Grund Ihren Rechner „ausleiht". Für Passwörter hat dies besondere Konsequenzen. Sie sollten auf keinen Fall auf dem PC gespeichert werden, auch wenn entsprechende Dialoge eine Option dazu anbieten. Andernfalls können die Kollegen ganz einfach per Mausklick Zugang zu den Daten und Funktionen erlangen, die Sie eigentlich schützen wollten.

Wenn Sie kein gutes Gedächtnis haben und fürchten, wichtige Passwörter zu vergessen, kommen Sie um ein Speichern von Passwörtern nicht herum. Das gilt umso mehr, wenn Sie verschiedene Zugänge richtigerweise mit jeweils anderen Passwörtern schützen. In solchen Fällen bieten Programme zum Verwalten von

Passwörtern einen guten Kompromiss zwischen Komfort und Sicherheit. Solche Hilfsprogramme speichern zu allen Ihren Zugängen den Benutzernamen, das Passwort und eventuell weitere Informationen. Diese Daten werden auf Ihrer Festplatte verschlüsselt abgelegt. Der Zugang ist nur durch ein Master-Passwort möglich, das Sie sich als einziges merken müssen. Ein solches Programm ist *PassKeeper*, das Sie unter http://www.passkeeper.com herunterladen und als Freeware kostenlos benutzen können.

Benutzen Sie PassKeeper zum Passwortschutz

1. Um PassKeeper zu starten, rufen Sie die Programmdatei *Pass32.exe* auf.
2. Geben Sie dann im Dialogfenster *PassKeeper - Enter Password* das Master-Passwort ein, das Ihnen den Zugriff auf die gespeicherten Zugangsdaten erlaubt. Dabei sollte es sich um ein möglichst sicheres Passwort handeln.

Bei PassKeeper müssen Sie sich lediglich ein Master-Passwort für den Zugang merken

3. War das Passwort korrekt, öffnet PassKeeper sein Hauptmenü. Hier finden Sie die Liste der gespeicherten Zugangsdaten und haben Zugang zu den Hauptfunktionen.

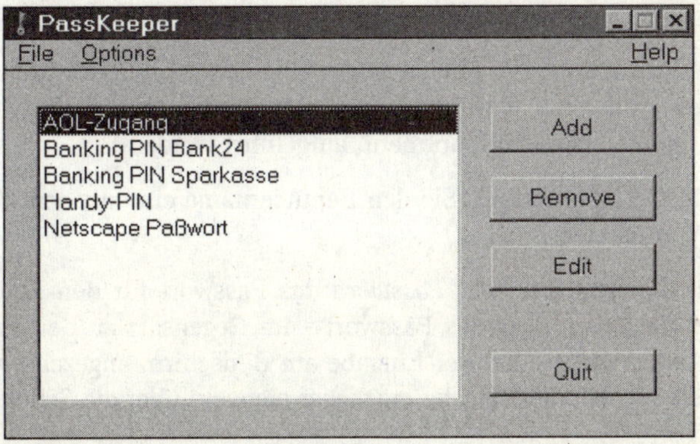

PassKeeper speichert alle Ihre vertraulichen Zugangsdaten

4. Um die Daten eines Zugangs abzurufen, doppelklicken Sie auf dessen Eintrag in der Liste. PassKeeper öffnet dann ein *Edit*-Fenster und zeigt die gespeicherten Daten darin an.

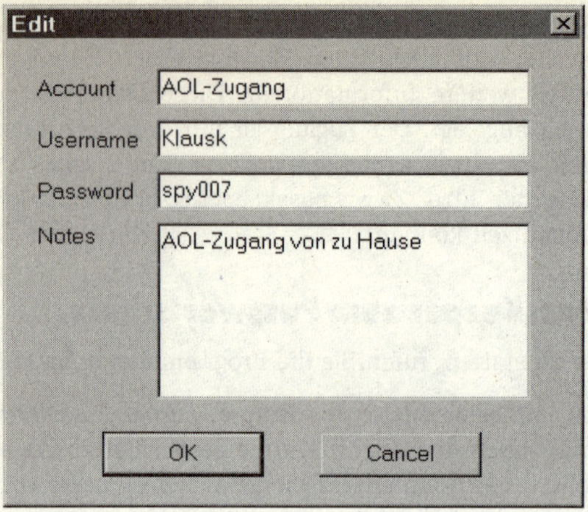

Für jeden Eintrag lassen sich neben Benutzername und Passwort weitere Daten ablegen

5. Haben Sie die gewünschten Informationen erhalten, schließen Sie das Fenster mit *Cancel*. Beim Schließen mit *OK* übernimmt PassKeeper eventuelle Änderungen in den Daten und speichert sie. So können Sie z. B. geänderte Passwörter korrigieren.

PassKeeper-Einträge erstellen

1. Um neue Zugangsdaten in PassKeeper zu speichern, starten Sie das Programm und geben Ihr Master-Passwort an.
2. Klicken Sie dann im Hauptmenü auf *Add*. PassKeeper öffnet daraufhin ein leeres *Add*-Fenster, in dem Sie die Zugangsdaten eintragen können.
3. Geben Sie zunächst im Feld *Account* eine Bezeichnung für den Zugang ein. Sie kann völlig frei gewählt werden. Mit diesem Namen wird der Eintrag später in der Liste im Hauptmenü aufgeführt werden.
4. Im Feld *Username* tragen Sie den Benutzername ein, mit dem Sie sich beim Zugang anmelden.
5. Tippen Sie dann im Feld *Password* das Passwort für den Zugang ein. Beachten Sie dabei, dass das Passwort - im Gegensatz zu den meisten anderen Gelegenheiten - bei der Eingabe am Bildschirm angezeigt wird. Es sollte Ihnen also bei der Eingabe möglichst niemand über die Schulter schauen.
6. Im Feld *Notes* können Sie beliebige Anmerkungen und Notizen für sich selbst machen.
7. Mit *OK* speichern Sie den neuen Eintrag ab.

Passwörter direkt in die Zugangsdialoge übernehmen

Wenn Sie einen Zugang aktivieren wollen, starten Sie die Zugangssoftware und anschließend PassKeeper, um die Daten nachzulesen. Da das Ablesen in einem und Eintippen in einem anderen Programm etwas mühsam und vor allem fehlerträchtig ist, wollen wir Ihnen noch eine Methode zur Arbeitserleichterung verraten. Benutzen Sie doch einfach die Windows-Zwischenablage für Ihre Zwecke.

1. Starten Sie PassKeeper, geben Sie das Master-Passwort ein und öffnen Sie den Eintrag, der die benötigten Daten beinhaltet.
2. Markieren Sie mit der Maus den Inhalt des Feldes *Username*.
3. Klicken Sie dann mit der rechten Maustaste auf das Feld und wählen Sie im kontextabhängigen Menü die Funktion *Kopieren*. Schneller geht es per Tastatur mit Strg+C.

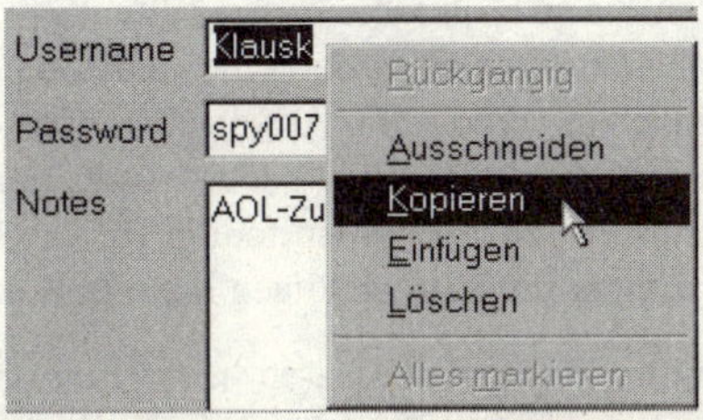

Statt mühseliges Tippen können Sie die Zugangsdaten auch aus PassKeeper übernehmen ...

4. Wechseln Sie dann zur Zugangssoftware und platzieren Sie den Mauszeiger im Eingabefeld für den Benutzername.
5. Öffnen Sie wiederum mit einem Klick der rechten Maustaste das kontextabhängige Menü und wählen Sie hier die Funktion *Einfügen*. Das analoge Tastenkürzel hierfür heißt Strg+V. Damit kopieren Sie den Eintrag aus PassKeeper in die Zugangssoftware.

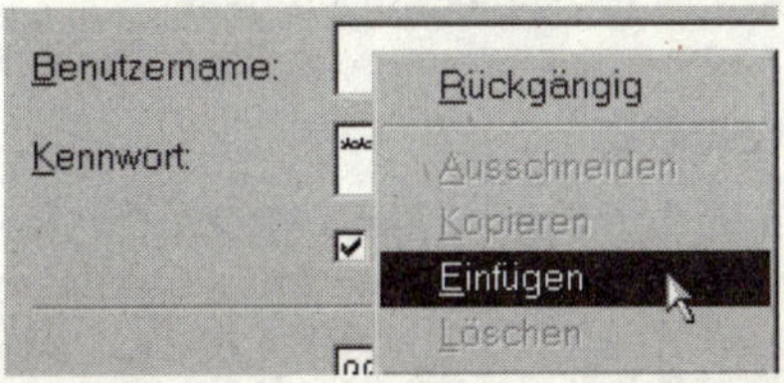

... und über die Windows-Zwischenablage in den Zugangsdialog eintragen

6. Wiederholen Sie die beiden vorangegangenen Schritte für das Passwort.
7. Da die zuletzt übertragenen Daten noch immer in der Windows-Zwischenablage gespeichert sind, sollten Sie anschließend noch einmal einen Kopieren-Vorgang mit einem beliebigen, harmlosen Text durchführen, um den vertraulichen Inhalt der Zwischenablage damit zu überschreiben.

Diese Methode funktioniert bei allen Programmen und Zugangsdialogen, die die Windows-Zwischenablage unterstützen und sich an die entsprechenden Normen halten. Probleme kann es erfahrungsgemäß mit Java-Applets geben, die im Webbrowser laufen, etwa den Benutzeroberflächen beim Internetbanking. Diese sind nicht in der Lage, Daten aus der Zwischenablage entgegenzunehmen. Da hilft dann doch nur Tippen.

Vertrauliche private Daten am Arbeitsplatz

Ein besonders heikles Thema ist der Umgang mit privaten Daten am Firmen-PC. Zunächst stellt sich dabei die Frage, ob der Firmen-PC ebenso wie andere Einrichtungen der Firma (Kopierer, Faxgeräte usw.) überhaupt für private Zwecke genutzt werden dürfen. Dies sollte durch die Betriebsordnung oder den Arbeitsvertrag eigentlich eindeutig geregelt sein. Wenn eine private Nutzung in jeder Form grundsätzlich untersagt ist, sollten Sie sich ohnehin daran halten und Privates einfach zu Hause lassen. Dann brauchen Sie sich auch keine Gedanken über besondere Vorsichtsmaßnahmen zu machen. Wenn Ihr Arbeitgeber aber die teilweise private Nutzung von firmeneigenen Arbeitsgeräten erlaubt bzw. duldet, können Sie sich dies auch zu Nutze machen. Wozu z. B. einen teuren PC anschaffen, wenn man gelegentliche Korrespondenz auch im Büro erledigen kann und darf?

Wenn Sie auf firmeneigenen Geräten aber private Daten bearbeiten und speichern, sollten Sie besondere Vorkehrungen treffen, um sie vor versehentlichen oder auch absichtlichen Einblicken durch neugierige Kollegen zu schützen. Im Unterschied zu einem privaten PC ist Ihr Bürorechner schließlich nicht nur Ihnen selbst, sondern auch anderen Mitarbeitern zugänglich. Spätestens, wenn Sie sich mal krank melden, müssen Sie davon ausgehen, dass ein Kollege Ihren PC benutzt, um z. B. wichtige Dokumente in Ihrer Abwesenheit verwenden zu können. Damit bei dieser Gelegenheit nicht auch gleich Ihre privaten Dateien die Runde durch die Firma machen, sollten Sie ggf. besondere Schutzvorkehrungen treffen.

Private E-Mail am Firmen-PC

Ein wichtiger Bereich sind sicherlich private E-Mails. Wenn Ihr Arbeitgeber den privaten Gebrauch von E-Mail über die technische Infrastruktur der Firma erlaubt, kann man dies ausnutzen. Allerdings empfiehlt es sich dabei dringend, dienstliche und private Kommunikation zu trennen. So kann man im Falle der eigenen Abwesenheit einen Kollegen beauftragen, die dienstliche Mailbox zu betreuen, während die privaten Nachrichten bis zu Ihrer Rückkehr ungelesen bleiben. Nun ist es sicherlich nicht üblich, vom Arbeitgeber neben der eigentlichen Dienstadresse noch ein zweite private E-Mail-Adresse zu verlangen. Außerdem bliebe auch dann noch das Problem, dass die privaten Nachrichten auf dem Firmenrechner liegen und dort von Kollegen oder Systemverwaltern eingesehen werden könnten.

Es gibt aber eine einfache und billige Alternative, die Sie einsetzen können, wenn Sie nicht nur E-mailen, sondern auch surfen dürfen. Besorgen Sie sich einfach ein kostenloses Postfach, das Sie per Webbrowser abfragen können. In Kapitel 7 haben wir einige Anbieter solcher Gratis-Postfächer vorgestellt. Sie haben für dieses spezielle Szenario - private E-Mail über den Firmenrechner - eine ganze Reihe von Vorteilen:

- Durch ein zusätzliches, kostenloses Postfach können Sie private und dienstliche Nachrichten sauber trennen. Bei Urlaub oder Krankheit können Sie einem Kollegen die Kontrolle über Ihr Dienstpostfach übertragen, ohne dass private Nachrichten davon betroffen sind.
- Sie erhalten für private Zwecke eine eigene, von der Firma völlig unabhängige E-Mail-Adresse. Das hat den Vorteil, dass Ihre privaten Nachrichten nicht mit Ihrem Arbeitgeben in Verbindung gebracht werden. So können Sie nicht in Verdacht geraten, den Firmennamen für private Zwecke zu missbrauchen. Andererseits müssen Sie nicht befürchten, dass private Äußerungen wiederum an Ihren Arbeitgeber zurückgetragen werden.
- Da sich das Postfach im Internet befindet und über den Webbrowser abgefragt wird, werden die Nachrichten nicht lokal auf einem Firmenrechner gespeichert (solange Sie nicht selbst einzelne Nachrichten ausdrücklich lokal als Datei ablegen). Ihre privaten Nachrichten sind also für Ihre Kollegen auch in Ihrer Abwesenheit nicht einsehbar.
- Wenn Sie darauf achten, dass die Kommunikation mit dem Webpostfach über sichere Verbindungen erfolgt (siehe Kapitel 3), können selbst die Systemverwalter in Ihrer Firma den Inhalt Ihrer privaten Nachrichten nicht herausbekommen. Da sämtliche Daten verschlüsselt ausgetauscht werden, ist ein „Belauschen" Ihrer Kommunikation nicht möglich.
- Und schließlich: Auch bei einem Wechsel des Arbeitgebers bleibt Ihre private E-Mail-Adresse erhalten, da sie nicht an einen bestimmten Rechner bzw. ein bestimmtes Netzwerk gebunden ist. Selbst im Urlaub können Sie Ihre Nachrichten jederzeit in einem Internetcafé oder bei einem Bekannten mit Internetzugang abrufen.

Private Daten zuverlässig schützen

Private E-Mails kann man wie oben beschrieben durch ein virtuelles Postfach im Internet wirksam schützen. Etwas anders sieht es mit Daten aus, die nun mal als Dateien vorhanden sein müssen, um damit arbeiten zu können. Vielleicht verwenden Sie dabei aber vertrauliche private Informationen, die Ihre Kollegen auf keinen Fall wissen sollen, etwa beim Briefwechsel mit Ihrer Krankenversicherung oder mit einem Anwalt in einem Rechtsstreit. Oder stellen Sie sich vor, jemand findet die Unterlagen, die Sie für eine Bewerbung bei einem neuen Arbeitgeber erstellt haben, und trägt sie Ihrem Noch-Chef zu. Dermaßen vertrauliche Daten sollte man keinesfalls einfach so auf der Festplatte des Büro-PCs gespeichert lassen, wo sie jederzeit absichtlich oder versehentlich von Kollegen gefunden werden können. Am besten speichern Sie solche Dateien von vornherein nur auf Disketten. Die können Sie mit nach Haus nehmen oder zumindest an einem sicheren Platz aufbewahren. So sind Ihre Daten auch gleich davor geschützt, von einem Kollegen versehentlich gelöscht oder bei der Wartung überschrieben zu werden.

TIPP

Keine privaten Daten auf Netzlaufwerken speichern

Vermeiden Sie es unbedingt, vertrauliche private Dateien auf Netzlaufwerken zu speichern. Hier wären sie zum einen allen anderen Mitarbeitern zugänglich und könnten absichtlich oder versehentlich entdeckt werden. Je nach Netzwerksystem sind solche Dateien nur mäßig oder womöglich gar nicht geschützt. Außerdem werden die Inhalte von Netzlaufwerken in der Regel automatischen Sicherungsmaßnahmen unterzogen. Dadurch verlieren Sie die Kontrolle über Ihre Daten, denn selbst wenn Sie die Datei irgendwann löschen, existiert der Inhalt als Sicherungskopie weiter und wird womöglich irgendwann bei einer Wiederherstellung zurückgespielt. Speichern Sie private Daten grundsätzlich nur auf der lokalen Festplatte Ihres Büro-PCs, wo Sie selbst Kontrolle darüber haben und wo keine regelmäßige automatische Sicherung erfolgt.

Wenn Sie Ihre Daten nicht auf Disketten sichern können, weil sie vielleicht einfach zu umfangreich sind oder weil der PC nicht über ein Diskettenlaufwerk verfügt (was allein aus Sicherheitsgründen durchaus nicht unüblich ist), müssen Sie auf diese einfache und robuste Methode verzichten. Für diesen Fall gibt es eine Alternative, Dateien auf dem Bürorechner und trotzdem sicher zu speichern: Verschlüsseln Sie die Dateien, wenn Sie die Bearbeitung abgeschlossen haben. In Kapitel 7 stellen wir das Verschlüsseln von E-Mail-Nachrichten vor. Dort zeigen wir auch, dass man mit einem Verschlüsselungsverfahren wie PGP nicht nur E-Mail-Texte, sondern auch beliebige binäre Dateien verschlüsseln kann. Verwenden Sie ein solches Verschlüsselungsverfahren, um vertrauliche Daten verschlüsselt zu speichern. Wenn Sie eine der Dateien benötigen, entschlüsseln Sie diese. Nach Abschluss der Bearbeitung verschlüsseln Sie diese sofort wieder und löschen die entschlüsselte Fassung wieder von der Festplatte. So kann ein Kollege zwar entdecken, dass Sie private Dokumente auf dem Rechner gespeichert haben, aber er kann sie nicht öffnen und einsehen.

6.5 Windows im Netzwerk – eine gefährliche Kombination

INFO

Gefährliche Sicherheitslücke in der Windows-Dateifreigabe

Wie erst kürzlich bekannt wurde, enthält die Dateifreigabefunktion von Windows schon seit der Version 95 eine Sicherheitslücke, die es Hackern ermöglicht, auf im Netzwerk freigegebene Dateien zuzugreifen, selbst wenn diese mit einem Kennwort geschützt sind. Durch einen Programmierfehler ist es möglich, den Vergleich bei der Passwortabfrage auf das erste Byte zu beschränken. Dadurch reduziert sich die Anzahl der möglichen Kennwörter auf 256 und kann mit einem einfachen Programm leicht durchprobiert werden. Nähere Informationen zu diesem Fehler, der in den Version 95, 98 und ME des Windows-Betriebssystems enthalten ist, finden Sie unter http://www.microsoft.com/technet/security/bulletin/fq00-072.asp. Dort finden sich auch Patches, mit denen sich das Problem beheben lässt.

In größeren und kleineren Firmen sind die einzelnen PCs häufig zu einem Netzwerk zusammengefasst. Ein solches Netzwerk verbindet alle angeschlossenen Rechner physikalisch miteinander und ermöglicht den Austausch von Daten. Das hat in einer Arbeitsumgebung eine Reihe von Vorteilen. So können Dokumente und Dateien unkompliziert ausgetauscht werden. Ebenso ist die elektronische Kommunikation zwischen den Mitarbeitern etwa via E-Mail möglich. Schließlich erlaubt ein Netzwerk das gemeinsame Nutzen von kostspieligen Ressourcen wie etwa Druckern oder Festspeichern. Auch das Betriebssystem Windows 9x/ME verfügt von Hause aus über eine ganze Reihe von Netzwerkfunktionen, sodass es in einem Netzwerk im Zusammenspiel mit anderen Windows-Rechnern, aber auch mit ganz anderen Betriebssystemen, eingesetzt werden kann.

Durch den Einsatz von Windows im Netzwerk entstehen aber auch eine ganze Reihe zusätzlicher Sicherheitsrisiken. Eine Netzwerkverbindung ist eben niemals eine Einbahnstraße, sondern kann immer auch unbefugten Eindringlingen Möglichkeiten bieten, vertrauliche Daten einzusehen oder Rechner im Netzwerk zu sabotieren. In diesem Abschnitt erklären wir Ihnen die Achillesfersen beim Einsatz von Windows im Netzwerk und zeigen, wie Sie Windows sicher als Netzwerkbetriebssystem einsetzen können.

Die Datei- und Druckerfreigabe schützen

Eine ganz wesentliche Netzwerkfunktion von Windows ist die Datei- und Druckerfreigabe. Sie ermöglicht es, die Ressourcen eines Windows-PCs für andere Rechner freizugeben, die sich im gleichen Netzwerk befinden. Wenn z. B. eine kleine Abteilung nur über einen Laserdrucker verfügt, so kann dieser an einen der Abteilungsrechner angeschlossen werden. Dieser Rechner gibt den lokal angeschlossenen Drucker dann für das Netzwerk frei, sodass alle anderen Mitarbeiter von ihren PCs aus ihre Dokumente darauf ausdrucken können. Dieses einfache Beispiel einer Druckerfreigabe ist sicherheitstechnisch praktisch unbedenklich. Zwar könnte ein Hacker eine solche Freigabe „knacken", aber das würde ihm höchstens den zweifelhaften Vorteil einbringen, seine Dokumente kostenlos auf dem jeweiligen Drucker ausdrucken zu können.

Etwas anders sieht das schon bei der Dateifreigabe aus. Sie funktioniert nach demselben Prinzip, allerdings gibt man hierbei keinen Drucker, sondern Verzeichnisse auf der lokalen Festplatte eines PCs (oder auch die gesamte Festplatte) für den Zugriff über ein Netzwerk frei. Über das Netzwerk können andere dann so auf diese Ordner zugreifen, als wenn sie sich lokal auf deren Festplatte befänden. Der Sinn ein solcher Dateifreigabe ist wiederum das gemeinsame Arbeiten. So kann ein Mitarbeiter auf seiner lokalen Festplatte Dokumente von allgemeinem Interesse wie etwa Projektpläne, Richtlinien, Spezifikationen usw. bereitstellen, die alle anderen abrufen können. Da der Zugriff nicht nur lesend, sondern auch schreibend erfolgen kann, können die so bereitgestellten Dokumente auch der Organisation dienen, indem etwa alle an einem Projekt Beteiligten den Projektplan jederzeit aktualisieren können.

Soweit zum praktischen und nützlichen Teil. Auf der anderen Seite bedeutet eine Dateifreigabe immer ein nicht unerhebliches Risiko. Schließlich ist die freigegebene Ressource über das Netzwerk zugänglich, d. h., jeder mit Zugriff auf das Netzwerk kann auch Zugriff auf die Daten erlangen. Deshalb ist es wichtig, die angebotenen Sicherheitsfunktionen bei der Dateifreigabe unbedingt auch einzusetzen. So kann man den Zugriff auf die Personen beschränken, die auch dafür vorgesehen sind.

Welche Dateien sind freigegeben?

Am besten überzeugen Sie sich zunächst einmal davon, ob und welche Dateien auf Ihrem PC derzeit freigegeben sind. Dazu können Sie jederzeit einen Blick in die Netzwerkumgebung werfen.

1. Öffnen Sie die Netzwerkumgebung, indem Sie auf dem Windows-Desktop das gleichnamige Symbol doppelt anklicken.

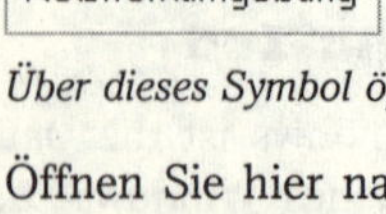

Über dieses Symbol öffnen Sie die Netzwerkumgebung Ihres Windows-PCs

2. Öffnen Sie hier nacheinander die Unterordner der Netzwerkumgebung, bis Sie zum Symbol Ihres eigenen Rechners gelangen. Hier finden Sie die Ordner, die zur Zeit für den Zugriff aus dem Netzwerk freigegeben sind. Auf der rechten Seite werden außerdem neben den Ordnern auch eventuell freigegebene Drucker angezeigt.

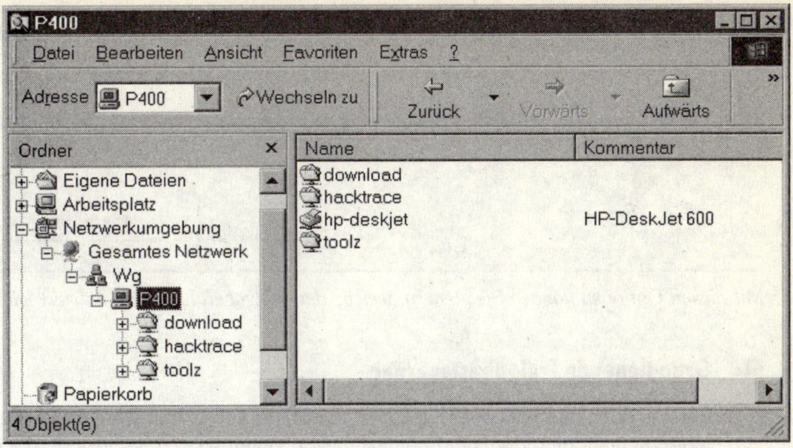

So überprüfen Sie, welche Ressourcen auf Ihrem PC gerade freigegeben sind

Die Datei- und Druckerfreigabe ganz deaktivieren

Der beste Schutz vor dem Missbrauch der Freigabefunktionen ist, diese einfach gar nicht zu verwenden. Wenn Sie auf diese Funktionalität ganz verzichten können und wollen, sollten sie die Freigabefunktion am besten völlig deaktivieren. So wird ein unbefugter Zugriff auf Ihre Daten ganz effektiv verhindert. Windows ermöglicht, diese Wahl jeweils unabhängig für die Datei- und die Druckerfreigabe zu treffen. Sie können also die praktisch ungefährliche Druckerfreigabe ohne Bedenken verwenden, während Sie die riskante Dateifreigabe ganz deaktivieren.

1. Um Freigabefunktionen des Windows-Netzwerks zu steuern, öffnen Sie zunächst mit *Start\Einstellungen\Systemsteuerung* die Systemeinstellungen und rufen hier das *Netzwerk*-Symbol auf.

2. Hier finden Sie in der Kategorie *Konfiguration* die Schaltfläche *Datei- und Druckerfreigabe*, mit der Sie ein spezielles Menü für diese Funktion abrufen können.

3. Die Option *Anderen Benutzern soll der Zugriff auf meine Dateien ermöglicht werden können* steuert die Dateifreigabe. Wenn Sie Ihre lokalen Verzeichnisse und Dateien nicht über das Netzwerk für andere Benutzer freigeben wollen, sollten Sie diese Option deaktivieren.

4. Die Option *Anderen Benutzern soll der Zugriff auf meine Drucker ermöglicht werden können* steuert die Druckerfreigabe. Wenn Sie lokal angeschlossene Drucker über das Netzwerk für andere Benutzer freigeben wollen, sollten Sie diese Option aktivieren. Übernehmen Sie geänderte Einstellungen mit *OK*.

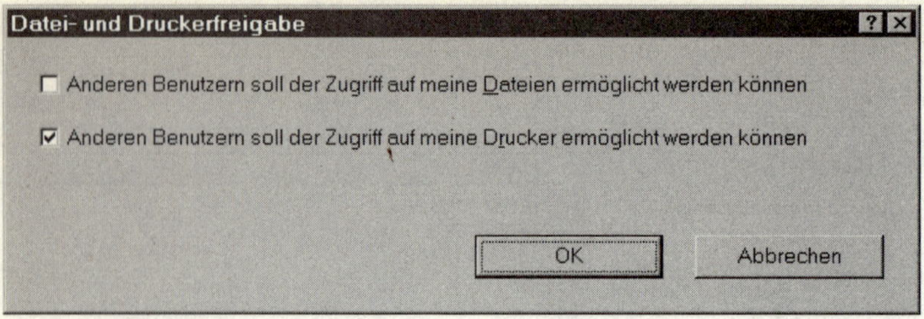

Mit diesen Optionen können Sie steuern, welche der Freigabefunktionen aktiviert wird

TIPP

Grundlegende Freigabesteuerung

Bei den oben beschriebenen Optionen handelt es sich zunächst nur um eine grundlegende Steuerung der Freigabefunktion von Windows. Wenn Sie z. B. die Druckerfreigabe aktivieren, heißt dies noch nicht, dass alle lokal angeschlossenen Drucker Ihres PCs nun automatisch auch gleich freigeschaltet wären. Dazu muss noch eine ausdrückliche Freigabe des jeweiligen Druckers erfolgen. Die hier beschriebenen Optionen steuern nur die grundsätzliche Funktion und sind deshalb besonders geeignet, alle Freigaben wirksam zu deaktivieren.

Daten im Netz sicher freigeben

Wenn Sie sich dazu entschlossen haben, bestimmte Daten über das Netzwerk freizugeben, sollten Sie darauf achten, die Sicherheitsfunktionen der Netzwerkfreigabe richtig einzusetzen, damit die Daten auch wirklich nur für die einzusehen sind, die dazu berechtigt sind. Andernfalls könnte ein Angreifer die Freigabe missbrauchen. Besteht nur ein Lesezugriff, kann er „nur" die vorhandenen Dateien und Dokumente einsehen und kopieren. Ist aber auch ein schreibender Zugriff möglich, kann er die Dateien heimlich verändern oder eigene Dateien einbringen und so z. B. Viren oder Trojaner auf Ihren Rechner einschleppen.

1. Um ein Verzeichnis freizugeben, starten Sie zunächst den Windows Explorer und lassen dieses Verzeichnis darin anzeigen.

2. Klicken Sie dann mit der rechten Maustaste auf den Ordnernamen, um das kontextabhängige Menü für dieses Verzeichnis anzuzeigen. Wählen Sie dort die Funktion *Freigabe*.

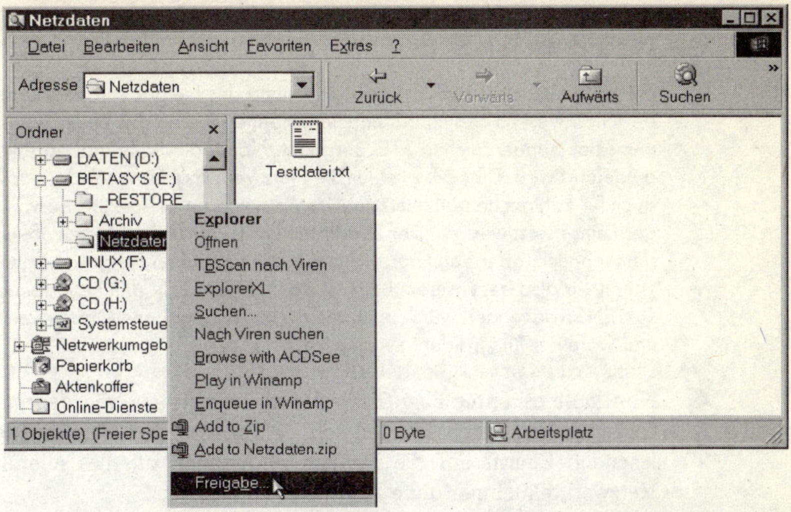

Die Freigabe-Funktion finden Sie im kontextabhängigen Menü des Windows Explorers

3. Aktivieren Sie im anschließenden Menü zunächst die Option *Freigeben als*, um die Freigabe dieses Ordners zu veranlassen. Als *Freigabename* schlägt Windows automatisch die Ordnernamen vor. Sie können hier aber auch eine andere Bezeichnung wählen. Zusätzlich können Sie einen Kommentar angeben, der in der Netzwerkumgebung zu diesem Ordner angezeigt wird. Er kann z. B. Kollegen helfen, schneller die gesuchten Daten zu finden.

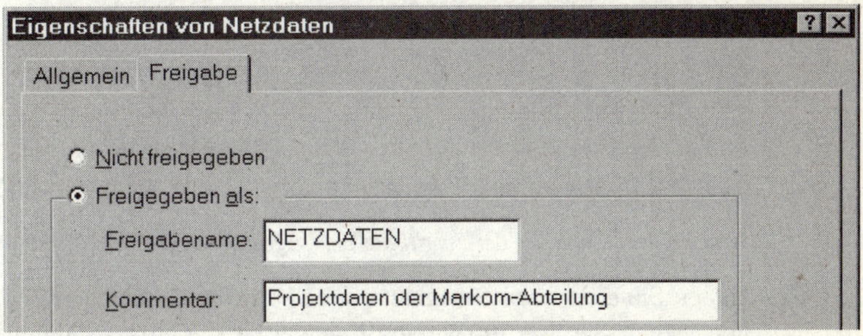

Aktivieren Sie zunächst die Freigabe und legen Sie einen Namen und ggf. einen Kommentar fest

TIPP

Der Trick mit dem $

Ein ganz einfacher Trick bei der Benennung des Freigabeordners kann die Freigabe schon wesentlich sicherer machen: Hängen Sie an das Ende des Freigabenamens das Sonderzeichen $. Es sorgt dafür, dass dieser Freigabeordner nicht mit aufgeführt wird. Dies gilt z. B. für die Netzwerkumgebung von Windows, aber auch für zahlreiche Netzwerkanalysetools, wie sie beispielsweise von Hackern gern eingesetzt werden. Der Zugriff auf ein so verstecktes Netzlaufwerk ist trotzdem möglich, aber eben nur, wenn man den genauen Freigabenamen kennt. Wenn wir also bei unserem Beispiel statt *NETZDATEN* den Freigabenamen *NETZDATEN$* verwenden würden, würde dieser freigegebene Ordner versteckt werden und wäre nur für „Insider" zugänglich.

4. Nun geht es unter *Zugriffstyp* daran, festzulegen, wie der Zugriff auf die freigegebenen Daten erfolgen soll. *Schreibgeschützt* lässt ausschließlich den lesenden Zugriff auf die Dateien im Ordner zu, dies allerdings für alle Netzwerkteilnehmer ohne Zugriffsbeschränkung.

5. Gleiches gilt für die Option *Lese-/Schreibzugriff*, nur dass sämtliche Netzteilnehmer hier nicht nur lesen, sondern auch schreiben dürfen. Diese Option ist also die unsicherste, die man normalerweise keinesfalls wählen sollte.

6. Wesentlich sicherer ist hingegen die Variante *Zugriff abhängig vom Kennwort*. In diesem Fall wird von jedem Teilnehmer, der auf die freigegebenen Dateien zugreifen will, ein Kennwort abgefragt. Abhängig von diesem Kennwort darf er entweder nur lesen oder auch schreiben. Diese Einstellung ist die sicherste und sollte normalerweise gewählt werden.

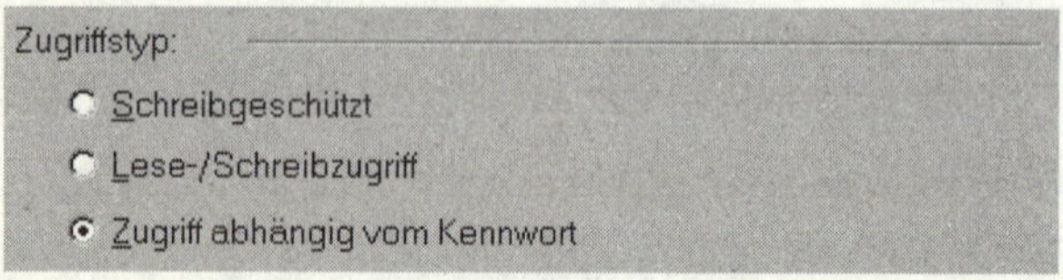

Wählen Sie, ob und wie der Zugriff auf die freigegebenen Dateien beschränkt werden soll

7. Haben Sie sich zuvor für einen vom Kennwort abhängigen Zugriff entschieden, geben Sie nun im Bereich *Kennwörter* die entsprechenden Passwörter an. Gibt ein Teilnehmer das *Schreibschutzkennwort* ein, darf er die Dateien nur lesen. Kennt er hingegen das Lese-/Schreibkennwort, darf er die Dateien auch verändern und speichern.

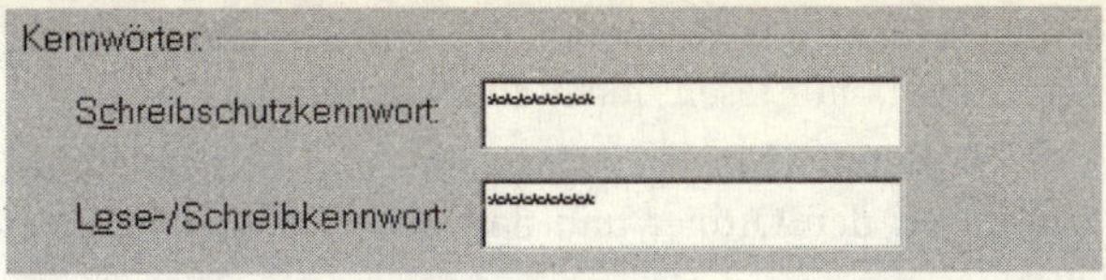

Geben Sie die Kennwörter für den Zugriff auf die freigegebenen Daten ein

8. Um die Freigabe des Ordners mit den gewählten Einstellungen zu vollenden, klicken Sie auf *OK*. Anschließend müssen Sie die Eingabe der Kennwörter noch einmal wiederholen, um Tippfehler zu vermeiden.

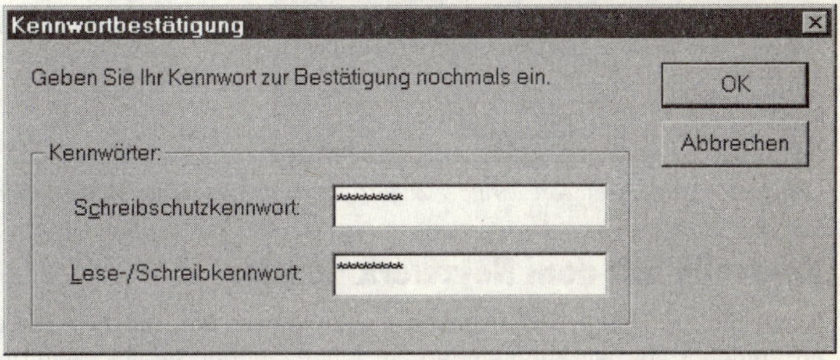

Die Eingabe der Kennwörter muss sicherheitshalber wiederholt werden

Anschließend können Sie sich mit einem Blick in die Netzwerkumgebung davon überzeugen, dass der neue Freigabeordner vorhanden ist. (Es sei denn, Sie haben den Namen wie oben beschrieben mit $ beendet, dann wird der Ordner nicht aufgeführt.) Will ein anderer Netzwerkteilnehmer auf einen so geschützten Freigabeordner zugreifen, wird er zuerst mit einer Kennwortabfrage konfrontiert.

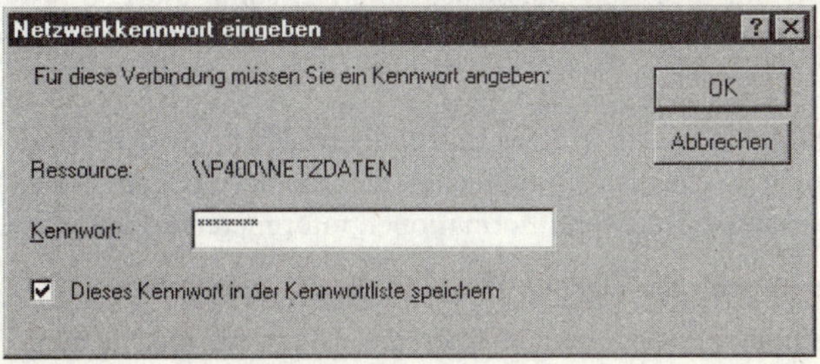

Beim Zugriff auf einen kennwortgeschützten Netzwerkordner muss der Teilnehmer das Passwort angeben

Abhängig vom hier eingegebenen Kennwort wird der Zugriff auf den Netzwerkordner erlaubt:

- Gibt der Teilnehmer das Kennwort für den Schreibschutz an, darf er den Inhalt des Ordners nur lesen, nicht aber verändern.
- Kennt der Teilnehmer hingegen das Lese- und Schreibkennwort, erhält er vollen Zugriff auf den Ordner und darf auch Dateien verändern bzw. neue hinzufügen.
- Wenn der Teilnehmer ein ganz falsches Kennwort angibt, wird ihm der Zugriff auf den Netzwerkordner verweigert, bis er das richtige Passwort eintippt.

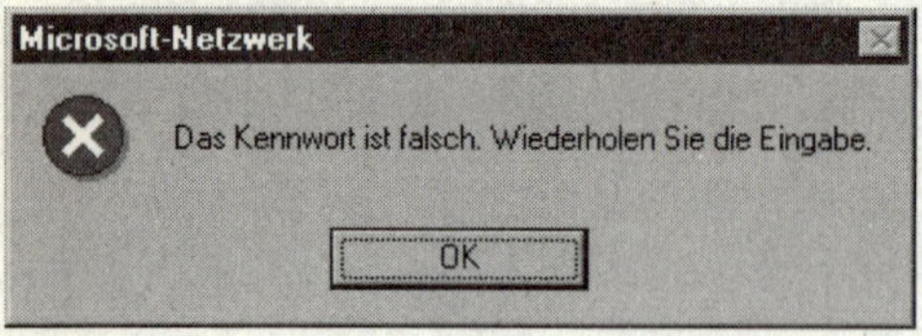

Ohne das richtige Kennwort wird der Zugriff auf die freigegebenen Daten verweigert

Kontrolle mit dem Netzwerkmonitor

Wenn Sie die Datei- und Druckerfreigabe verwenden, um Ressourcen Ihres PCs mit anderen Netzwerkteilnehmern zu teilen, sollten Sie ein wenig den Überblick behalten, wer sich an diesen Ressourcen bedient. Dies dient zum einen der Sicherheit, denn so bemerken Sie sofort, wenn sich jemand Zugang verschafft hat, der dazu gar nicht berechtigt ist. Zum andern sollte man darauf achten, dass die Netzwerkfreigabe des eigenen PCs nicht zu sehr in Anspruch genommen wird. Schließlich muss der Rechner einen Teil seiner Performance dafür verwenden, die Anfragen aus dem Netz zu beantworten, sodass er in diesen Momenten langsamer arbeitet. Wenn dies zum Dauerzustand wird, sollte die Politik der Netzwerkfreigabe neu überdacht und eventuell ein dedizierter Server für diese Aufgaben eingerichtet werden.

Um die Aktivitäten aus dem Netzwerk zu überwachen, bringt Windows den Netzwerkmonitor mit. Dies ist ein einfaches Programm, mit dem Sie sich jederzeit über alle relevanten Netzwerkinformationen informieren können:

- Welche Ressourcen des eigenen PCs sind derzeit freigegeben?
- Welche Teilnehmer sind gerade über das Netzwerk mit meinem PC verbunden?
- Welche Dateien werden gerade von Netzwerkteilnehmern bearbeitet.

Über diese rein informativen Aspekte hinaus verfügt der Netzwerkmonitor auch über einfache administrative Funktionen. So können Freigaben per Mausklick aufgehoben oder suspekte Benutzer vom eigenen PC verbannt werden. Sie finden den Netzwerkmonitor unter *Start\Programme\Zubehör\Systemprogramme\Netzwerkmonitor*.

Den Netzwerkmonitor nachträglich installieren

Sollte der Netzwerkmonitor bei der Windows-Installation nicht standardmäßig eingerichtet worden sein, können Sie dies von Hand nachholen:

1. Öffnen Sie die Windows-Optionen mit *Start\Einstellungen\Systemsteuerung* und doppelklicken Sie hier auf das Symbol *Software*.
2. Wechseln Sie in den Softwareeinstellungen in die Kategorie *Windows Setup* und lassen Sie sich die Details für die Systemprogramme anzeigen.
3. Aktivieren Sie hier die Option *Netzwerkmonitor*.

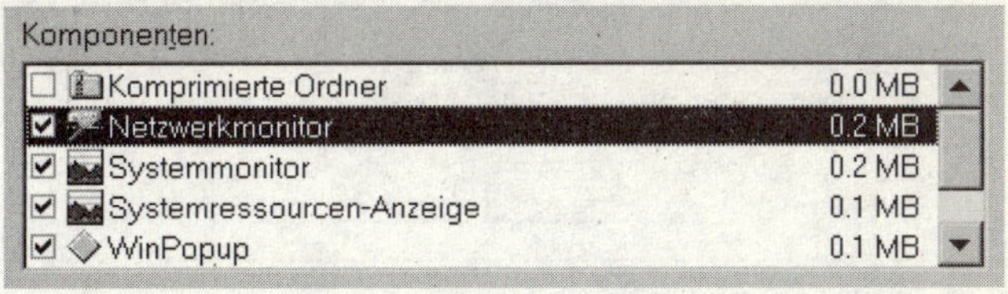

Wählen Sie den Netzwerkmonitor für die nachträgliche Installation aus

4. Bestätigen Sie das Installieren des Netzwerkmonitors mit *OK*.
5. Folgen Sie ggf. der Aufforderung des Installationsprogramms und legen Sie die Windows-Installations-CD-ROM ein.

Der Netzwerkmonitor wird nun installiert. Er steht Ihnen anschließend unter *Start\Programme\Zubehör\Systemprogramme\Netzwerkmonitor* zur Verfügung.

Der Netzwerkmonitor im Einsatz

Wenn Sie den Netzwerkmonitor starten, zeigt er standardmäßig an, welche Teilnehmer sich gerade auf Ihrem PC angemeldet haben. Zu jedem Teilnehmer erfahren Sie den Benutzernamen und den Computer, von dem aus die Anmeldung erfolgt. Wenn Sie sich im lokalen Netzwerk ein wenig auskennen, können Sie also schnell erkennen, um welche Person es sich dabei handelt.

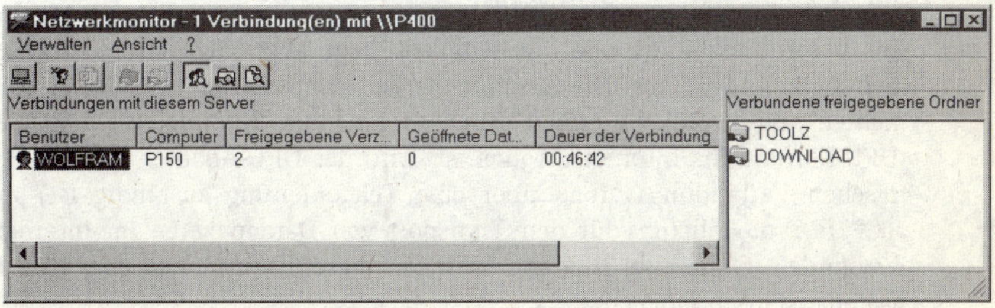

Der Netzwerkmonitor zeigt Ihnen auf einen Blick, welche Benutzer gerade auf Ihrem PC angemeldet sind

Wenn Ihnen einer der Benutzer suspekt vorkommt oder Sie die Verbindung aus einem anderen Grund abbrechen wollen, können Sie den Teilnehmer trennen. Markieren Sie ihn dazu in der Liste und wählen Sie die Menüfunktion *Verwalten/Benutzer trennen* oder verwenden Sie das *Benutzer trennen*-Symbol in der Symbolleiste. Bestätigen Sie die anschließende Sicherheitsabfrage mit *Ja*. Beachten Sie dabei aber unbedingt den Hinweis, dass der Teilnehmer durch diese Trennung unter Umständen Daten verlieren kann. Dieses Mittel sollte deshalb wirklich nur eingesetzt werden, wenn die Umstände einen unberechtigten Zugriff vermuten lassen, und nicht, um einen Kollegen zu necken.

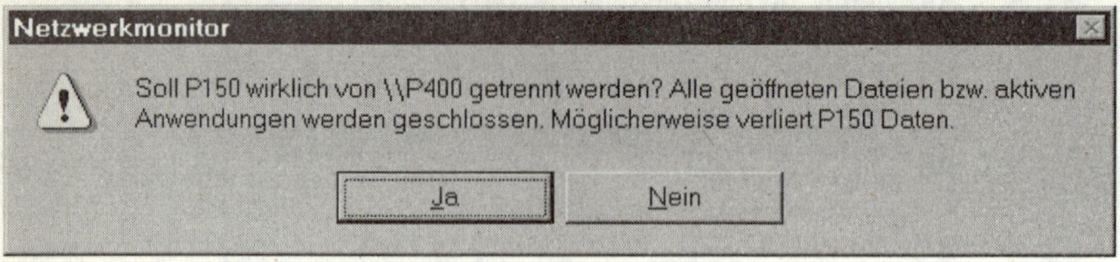

Bestätigen Sie die Sicherheitsabfrage, um einen Benutzer von Ihrem Rechner zu trennen

Gefahrenquelle Netzwerkprotokolle

Die Netzwerkfunktionen von Windows 9x/ME sind für ein Betriebssystem, das primär für den Einsatz in einfachen Büro- und Privatumgebungen vorgesehen ist, erstaunlich flexibel und leistungsfähig. Ähnlich wie bei seinem großen Bruder Windows 2000 kann man auf einem Rechner eine Vielzahl von Netzwerkkomponenten und -protokollen parallel betreiben. So kann man z. B. einen Rechner gleichzeitig mit einer Netzwerkkarte an ein Netzwerk anschließend und mit einem Modem bzw. ISDN-Adapter ins Internet einwählen. Ebenso kann man zwei Netzwerkkarten in einen Windows-PC einbauen und diese so in zwei hardwaremäßig unterschiedlichen Netzwerken einsetzen. Auf Softwareseite kann der Windows-PC verschiedene Netzwerkprotokolle gleichzeitig verwenden, so etwa das Internetprotokoll TCP/IP und die oben bereits angesprochenen Protokolle für die Datei- und Druckerfreigabe.

In dieser Flexibilität und Vielseitigkeit liegt aber zugleich auch eine große Schwäche und Gefahr. Die Zusammenarbeit der verschiedenen Netzwerkkomponenten und -protokolle erfolgt durch so genannte Bindungen. Damit z. B. eine DFÜ-Einwahl ins Internet möglich ist, wird der DFÜ-Adapter (der für den technischen Verbindungsaufbau über eine Telefonleitung zuständig ist) mit dem TCP/IP-Protokoll (das für den Transport von Datenpaketen im Internet sorgt) verbunden. Ohne eine Bindung zwischen diesen beiden Komponenten ist kein Datenaustausch möglich.

Leider ist Windows aber sehr „bindungsfreudig“ und erstellt beim Einrichten neuer Protokolle und Komponenten gern möglichst viele Bindungen. Ein einfaches Beispiel: Wenn bei einer Windows-Standardinstallation eine Netzwerkkarte vorgefunden wird, wird die Datei- und Druckerfreigabe eingerichtet.

Das ist soweit auch völlig in Ordnung. Wenn Sie nun aber an diesen PC ein Modem oder einen ISDN-Adapter anschließen, um sich ins Internet einzuwählen, werden zusätzlich auch das DFÜ-Netzwerk und das TCP/IP-Protokoll installiert (wie oben beschrieben). Dabei stellt Windows Bindungen zwischen allen Komponenten her. Das TCP/IP-Protokoll wird also auch an die Netzwerkkarte und über den DFÜ-Adapter an die Datei- und Druckerfreigabe gebunden.

Über TCP/IP kann man nun also auch Zugang z. B. zur Dateifreigabe erlangen, die ja eigentlich nur für das lokale Netzwerk vorgesehen ist. Im Klartext heißt das: Ein Angreifer kann aus dem Internet auf Ihren Rechner zugreifen und durch die Bindung zwischen TCP/IP und Dateifreigabe Zugriff auf lokal freigegebene Ressourcen erlangen. Wenn diese Freigaben nicht mal durch Kennwörter gesichert sind, kann ein Hacker die Datei sogar ohne weitere Mühen direkt von Ihrem Rechner abrufen.

Haben Sie womöglich sogar einen ungesicherten Lese- und Schreibzugriff eingeräumt, kann er eigene Dateien mit Viren oder Trojanern auf Ihren PC einschleusen, ohne dass Sie etwas davon bemerken.

Die Bindungen der Netzwerkprotokolle prüfen

Um solche versteckten Wechselwirkungen in den Netzwerkeinstellungen Ihres Windows-PCs zu vermeiden, sollten Sie unbedingt regelmäßig die Netzwerkbindungen prüfen. Dabei gilt die Faustregel: Je weniger Bindungen vorhanden sind, desto besser. Natürlich lassen sich einige Bindungen nicht vermeiden, wenn das Netzwerk funktionieren soll. Einige Konstellationen sollten aber keinesfalls zugelassen werden, wenn die Sicherheit der eigenen Daten nicht kompromittiert werden soll.

1. Um die Netzwerkeinstellungen Ihres PCs zu überprüfen, rufen Sie zunächst mit *Start\Einstellungen\Systemsteuerung* die Systemeinstellungen von Windows auf und öffnen hier die *Netzwerk*-Einstellungen.

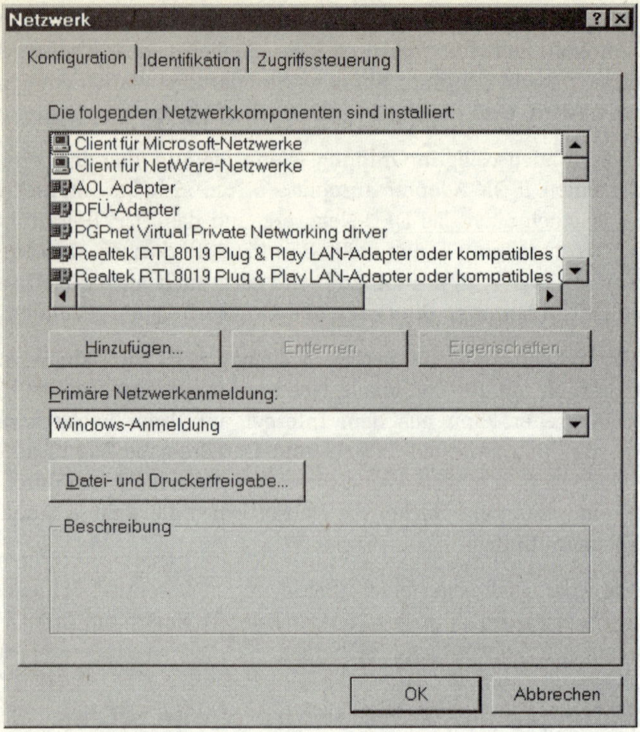

In den Netzwerkeinstellungen finden Sie alle Netzwerkkomponenten und -protokolle sowie deren Bindungen

2. Im anschließenden *Netzwerk*-Menü finden Sie in der Kategorie *Konfiguration* eine komplette Übersicht aller installierten Netzwerkkomponenten. Hier finden Sie sowohl Geräte wie den *DFÜ-Adapter* als auch Protokolle wie etwa *TCP/IP* und auch Dienste und Clients wie etwa den *Personal Web Server* oder den *Client für Microsoft-Netzwerke*. Außerdem findet sich hier ein Eintrag für jede Bindung zwischen zwei Netzwerkkomponenten. Diese erkennen Sie an dem Pfeil ->, der die Bindung zwischen zwei Komponenten symbolisiert.

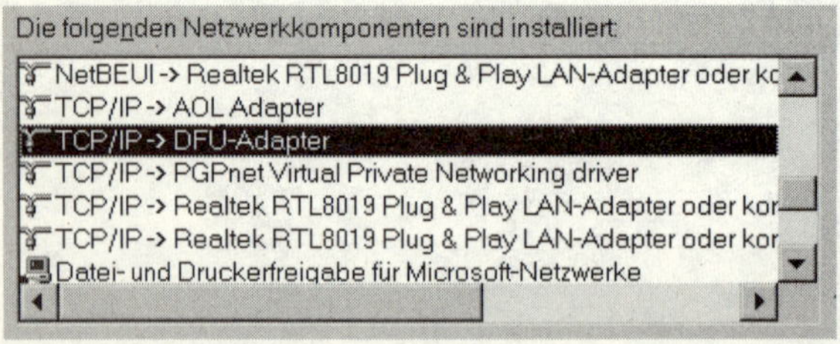

Ein Pfeil symbolisiert die Bindung zwischen Netzwerkkomponenten – in diesem Fall die des TCP/IP-Protokolls

3. Um unnötige Bindungen zu entfernen, sollten Sie sich zunächst den *DFÜ-Adapter* vornehmen. Doppelklicken Sie dazu auf diesen Eintrag, um seine Eigenschaften abzurufen. Wechseln Sie dort in das Register *Bindungen*. Bei einem PC mit Interneteinwahl per Modem oder ISDN-Adapter sollte hier normalerweise lediglich die Bindung *TCP/IP -> DFÜ-Adapter* aktiviert sein. Andere Bindungen sollten Sie ggf. deaktivieren. Übernehmen Sie die Änderungen mit *OK*.

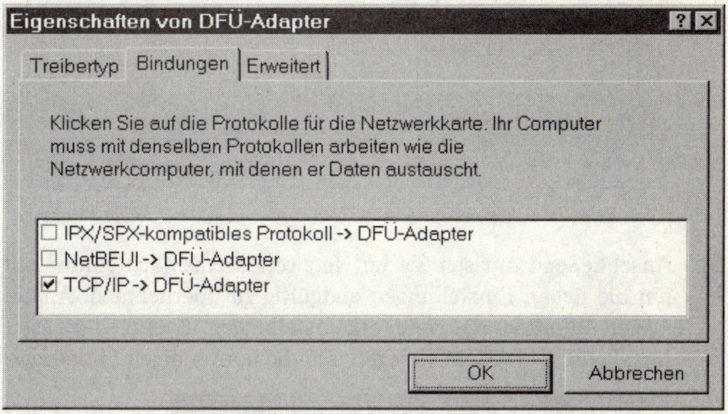

Entfernen Sie beim DFÜ-Adapter alle Bindungen bis auf TCP/IP

4. Zurück im Netzwerk-Menü sollten Sie nun die Bindung *TCP/IP -> DFÜ-Adapter* näher betrachten. Öffnen Sie dazu deren Eigenschaften wiederum mit einem Doppelklick auf den gleichnamigen Eintrag und öffnen Sie im anschließenden Menü wieder die Kategorie *Bindungen*. Hier sollten optimalerweise keine Bindungen aktiv sein. Insbesondere die Bindung an die *Datei- und Druckfreigabe für Microsoft-Netzwerke* sollte möglichst abgeschaltet sein. Lediglich die Bindung mit dem *Personal Web Server* kann sinnvoll sein, wenn sie vorhanden ist. Sie sollten sich dann aber darüber im Klaren sein, dass der Personal Web Server aus dem Internet benutzt werden kann, solange Sie eingewählt sind. Übernehmen Sie die Einstellungen wiederum mit *OK*.

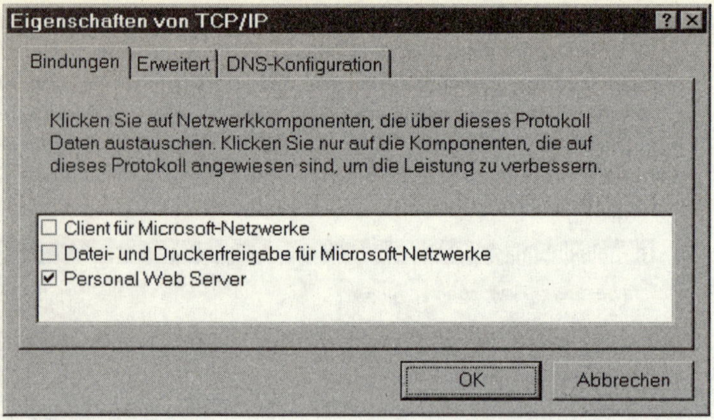

Auch TCP/IP sollte neben dem DFÜ-Adapter möglichst keine Bindungen aufweisen

5. Anschließend müssen Sie im Netzwerk-Menü noch einmal auf *OK* klicken, um die neuen Einstellungen endgültig zu übernehmen. Anschließend aktualisiert Windows die Netzwerkeinstellungen. Eventuell müssen Sie dazu die Installations-CD-ROM einlegen, um die notwendigen Dateien bereitzustellen.

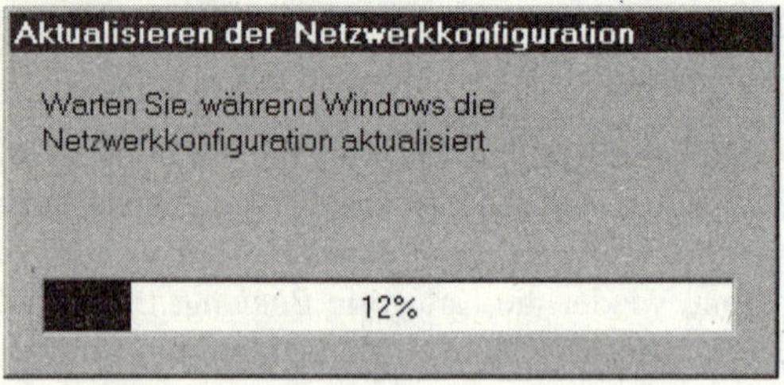

Windows aktualisiert die Netzwerkkonfiguration mit den neuen Einstellungen

6. Anschließend ist ein Windows-Neustart notwendig, damit die neue Konfiguration aktualisiert werden kann. Erst nach dem Neustart sind die neuen, sichereren Einstellungen gültig.

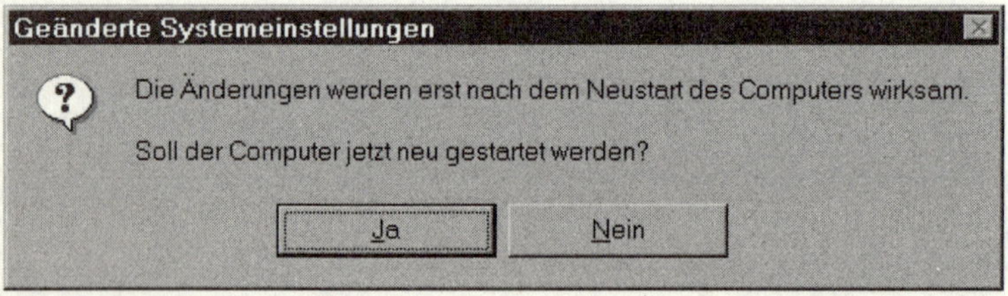

Nach Änderungen an den Netzwerkeinstellungen ist grundsätzlich ein Neustart des Rechners erforderlich

Der DFÜ-Server als Einfallstor

Wenn Ihr PC mit einem Modem oder einer ISDN-Karte ausgestattet ist, können Sie über eine Telefonleitung Verbindungen zu anderen Rechnern bzw. zum Internet aufbauen. Dieser Weg ist allerdings keine Einbahnstraße. Genauso können andere Rechner Ihr Modem oder Ihre ISDN-Karte benutzen, um eine Verbindung zu Ihrem Rechner aufzubauen und z. B. Dateien zu übertragen. Damit das funktioniert, muss auf Ihrem Rechner ein spezielles Programm, der DFÜ-Server, laufen. Er nimmt die Anrufe von anderen Rechnern entgegen und stellt Dateien bereit.

Wenn man anderen Personen den Zugang zum eigenen Rechner per Telefon ermöglicht, ist das mit einigen Risiken verbunden. Man muss z. B. genau kontrollieren, wer diesen Zugang benutzen kann. Wenn es keine Anmeldebeschränkung gibt, könnte sonst jeder, der irgendwie Kenntnis von Ihrer Telefonnummer erlangt hat, diesen Zugang nutzen.

Windows bringt seinen eigenen DFÜ-Server mit. Wenn Sie auf seine Dienste verzichten wollen, deaktivieren Sie ihn am besten, um jegliches Risiko zu minimieren. Im Folgenden zeigen wir Ihnen, wie das am zuverlässigsten geht. Außerdem beschreiben wir, wie Sie den DFÜ-Server sicher konfigurieren, wenn Sie Serverdienste anbieten wollen.

Den DFÜ-Server deinstallieren

Wenn Sie den DFÜ-Server nicht verwenden wollen, sollten Sie ihn am besten deinstallieren. Dabei wird diese Softwarekomponente vollständig vom Rechner entfernt, sodass keinerlei Risiko mehr davon ausgeht. Bei den weitaus meisten Anwendern kann man diese Deinstallation empfehlen, sodass man sich fragen muss, warum Microsoft den DFÜ-Server überhaupt standardmäßig installieren lässt.

1. Um den DFÜ-Server zu deinstallieren, öffnen Sie zunächst die Systemeinstellungen mit *Start\Einstellungen\Systemsteuerung* und rufen dort das Softwaremodul auf.

2. Wechseln Sie hier in die Kategorie *Windows Setup*. Nach kurzer Wartezeit wird die aktuelle Softwarekonfiguration von Windows angezeigt.

3. Wandern Sie im Feld *Komponenten* mit der Bildlaufleiste ganz nach unten, bis Sie die Eintragung *Verbindungen* finden. Öffnen Sie deren Einzelheiten mit einem Doppelklick.

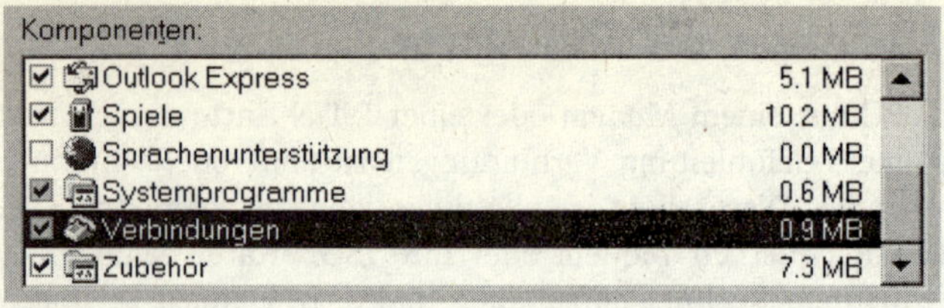

Öffnen Sie mit einem Doppelklick auf Verbindungen die DFÜ-Komponenten von Windows

4. Daraufhin erhalten Sie eine Übersicht der Verbindungskomponenten, der Sie entnehmen können, welche davon derzeit installiert sind. An zweiter Stelle finden Sie hier den *DFÜ-Server*. Hat dieser ein Häkchen, so ist er installiert. Um dies zu ändern, entfernen Sie das Häkchen mit einem einfachen Mausklick.

So deinstallieren Sie den DFÜ-Server von Windows

5. Klicken Sie anschließend zweimal auf *OK*, um den DFÜ-Server zu deinstallieren.

Anschließend können Sie sich im DFÜ-Netzwerk-Ordner davon überzeugen, dass der DFÜ-Server und seine Einstellungen auch tatsächlich verschwunden sind (siehe dazu auch den nachfolgenden Abschnitt).

Stellen Sie den DFÜ-Server sicher ein

Wenn Sie auf den DFÜ-Server nicht verzichten möchten, sollten Sie ihn zumindest so einstellen, dass er nicht von Unbefugten missbraucht werden kann. Dazu bietet der Server einige Sicherheitsfunktionen, die lediglich richtig konfiguriert werden müssen.

1. Öffnen Sie im Arbeitsplatz den Ordner *DFÜ-Netzwerk*.

2. Wählen Sie die Menüfunktion *Verbindung/DFÜ-Server*, um die Server-Einstellungen zu öffnen.

3. Im Menü *DFÜ-Server* finden Sie Register für jedes angeschlossene Modem und jede eingebaute ISDN-Karte. Für jedes dieser Geräte können Sie einzeln festlegen, ob eine Einwahl möglich sein soll. Wenn für eines der Geräte mehrere Treiber eingerichtet sind, finden Sie für jeden Treiber ein eigenes Register vor, sodass das Menü etwas unübersichtlich sein kann.

4. Um die Server-Funktionen für eines der Geräte zu sperren, stellen Sie sicher, dass die Option *Zugriff für Anrufer deaktivieren* eingeschaltet ist. Wenn Sie auf den DFÜ-Server ganz verzichten wollen, überprüfen Sie, ob diese Option bei ALLEN Geräte deaktiviert ist.

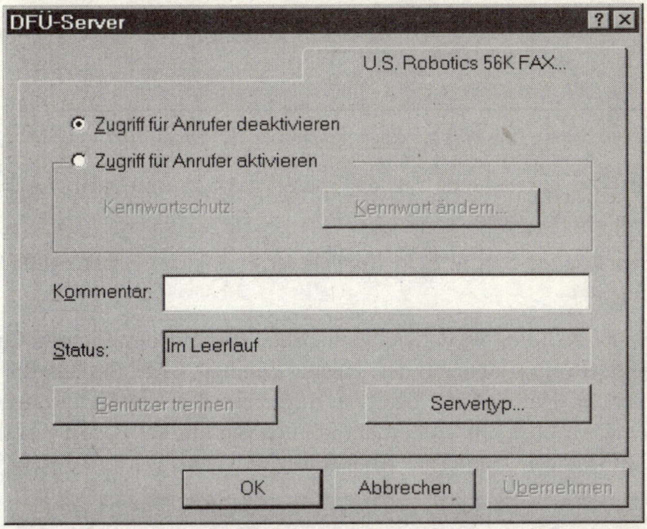

So schalten Sie den DFÜ-Server ab

5. Wenn über ein Gerät die Einwahl möglich sein soll, schalten Sie für dieses Gerät die Option *Zugriff für Anrufer aktivieren* ein.

6. Klicken Sie auf die dann aktivierte Schaltfläche *Kennwort ändern*, um den Einwähl-Zugang mit einem Passwort zu schützen. Dieses muss jeder kennen, der sich über den DFÜ-Server an Ihrem Rechner anmeldet.

7. Im Menü *Kennwort für das DFÜ-Netzwerk* geben Sie zunächst das alte Kenwort ein. Sollten Sie bisher noch keines verwendet haben, lassen Sie dieses Eingabefeld leer.

8. Im Feld *Neues Kennwort* geben Sie das Passwort für den DFÜ-Zugang ein und wiederholen die Eingabe im Feld *Neues Kennwort bestätigen*, um Tippfehler auszuschließen. Für die Wahl eines sicheren Passworts beachten Sie bitte die Hinweise in Kapitel 2.1.

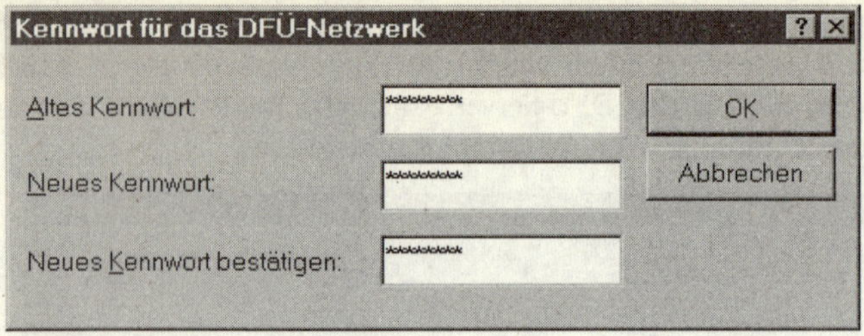

Geben Sie ein Passwort zur Zugangskontrolle für den DFÜ-Zugang an

9. Mit *OK* übernehmen Sie das neue Passwort und gelangen zurück in das DFÜ-Server-Menü.

10. Hier können Sie im Feld *Kommentar* eine kurze Bezeichnung des Zugangs eingeben.

11. Im Feld *Status* wird der momentane Zustand des Einwähl-Zugangs angezeigt. Solange niemand den Zugang benutzt, sehen Sie hier die Meldung *Im Leerlauf*. Hat sich ein Benutzer angemeldet, sehen Sie in diesem Feld Einzelheiten über ihn. Außerdem können Sie ihn bei Bedarf mit der Schaltfläche *Benutzer trennen* zur Abmeldung zwingen.

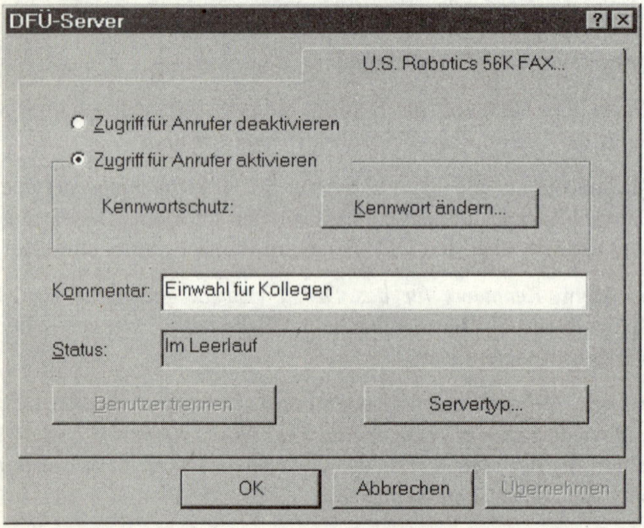

Ein fertig eingerichteter DFÜ-Zugang mit Kennwortschutz

7. E-Mail: Waffe, Informationsquelle und Kommunikationsmittel

7.1 E-Mail als Waffe – Angriffe mit elektronischer Post 365
Absender unbekannt – E-Mail-Spuren verwischen 365
Unter falscher Flagge – E-Mail-Absender fälschen 370
Virtuelle Bomben – Systeme per E-Mail lahm legen 375
E-Mail-Viren, nein danke! – Einstellungen des E-Mail-Programms 381

7.2 Infoquelle E-Mail – Risiken bei elektronischen Briefen 390
Elektronische Postkarten – Deshalb kann jeder mitlesen 390
Wie viel wird wirklich spioniert? 394
Gegenmaßnahmen: Nachrichten verschlüsseln 396
So werden Schlüssel geknackt 403

7.3 Mitleser, nein danke! – E-Mails mit PGP verschlüsseln 404
Die PGP-Werkzeuge 404
Den eigenen PGP-Schlüssel verteilen 412
Öffentliche Schlüssel aufnehmen 415
Verschlüsselte Nachrichten lesen 420
Nachrichten signieren 421
PGP mit beliebigen Anwendungen benutzen 424
Verschlüsseln von Dateianhängen 429
Wie zuverlässig ist PGP? 430
S/MIME – Die kostenpflichtige Alternative 430

7.4 Verstecken statt verschlüsseln – Schutz durch Steganografie 433
Die Idee: Vertrauliches in Datenmengen verstecken 434
Versteckte Daten sichtbar machen 441

7.5 Freemailer – kostenlos, aber nicht ungefährlich 443
GMX & Co. – Webbasierte E-Mail-Dienste 444
Vorsicht ist besser – Die wichtigsten Regeln für Freemail-Dienste 446
Eine Adresse für jeden Zweck – Zusätzliche kostenlose E-Mail-Adressen nutzen 448

E-Mail, die elektronische Post des Internets, hat es in wenigen Jahren geschafft, sich als neues Kommunikationsmittel in allen Lebensbereichen zu etablieren und wird der klassischen Briefpost über kurz oder lang ganz den Rang ablaufen. Zu groß sind die Vorteile, die sich durch diese rein elektronische Form der Kommunikation ergeben. Atemberaubende Geschwindigkeit in Verbindung mit unschlagbar niedrigen Kosten bei weltweiter Erreichbarkeit machen die elektronische Post zur Kommunikationsform der Zukunft.

Verständlicherweise macht man sich bei solchen Vorteilen nur ungern Gedanken über eventuelle Nachteile und Probleme, die mit der Verwendung von E-Mails einhergehen. Tatsächlich kann die elektronische Post aber nicht nur als zuverlässiges und komfortables Kommunikationsmedium genutzt werden, sondern auch als Informationsquelle für unbefugte Dritte. Da E-Mail auf dem offenen System Internet basiert, werden elektronische Nachrichten praktisch ungeschützt über die weltweiten Rechner und Netzwerke übertragen. Wer da mitlesen will, um etwa Spionage zu betreiben oder ein potenzielles Opfer auszuspähen, kann dies mit begrenztem technischen Aufwand tun. Dass staatliche Geheimdienste dies bereits systematisch machen, ist eine höchstens halbherzig bestrittene Tatsache.

INFO

Bespitzeln Geheimdienste die weltweite Kommunikation?

Fast schon eine Legende unter Geheindienstfreunden und -feinden ist das Echelon-System. Dabei soll es sich um eben ein solches Spionageprojekt im großen Stil handeln. Es sitzt an mehreren wichtigen Austauschknoten der weltweiten Kommunikationsnetze, protokolliert die durchfließenden Nachrichten und filtert sie maschinell aus. Lange Zeit galt seine Existenz als umstritten, da sie von offizieller Seite natürlich nicht zugegeben wurde. Inzwischen kann man Echelon wohl als Tatsache ansehen. Besonders brisant: Echelon wird federführend von den Vereinigten Staaten betrieben und ist keineswegs eine internationale Veranstaltung. Ob die Lauschangriffe sich da wirklich nur gegen Terroristen und Drogenhändler richten oder auch mal gegen Wirtschaftsunternehmen und Behörden von „befreundeten" Staaten?

Mehr Informationen zu Echelon:

http://www.heise.de/tp/deutsch/special/ech/
http://www.zdnet.de/news/report/echelon/echelon-wc.html
http://www.echelonwatch.org/
http://www.iptvreports.mcmail.com/ic2kreport.htm

Doch E-Mail kann nicht nur passiv als Informationsquelle eingesetzt werden. Die offene Architektur des Internets erlaubt es, elektronische Nachrichten sogar als Waffe zu verwenden, mit der Teilnehmer gestört und belästigt oder sogar ganze Rechner und Netzwerke ausgeschaltet werden können. Dieses Kapitel beschäftigt sich mit den sicherheitsrelevanten Aspekten der elektronischen Kommunikation per E-Mail. Wir zeigen die Schwachstellen auf und verraten Ihnen, wie Sie sich und Ihre vertraulichen Informationen vor Angriffen schützen.

7.1 E-Mail als Waffe – Angriffe mit elektronischer Post

Ein Kommunikationsmittel wie E-Mail als Waffe? Wie soll das gehen? E-Mail wird immer wieder mit der klassischen Briefpost verglichen bzw. als deren Nachfolger propagiert. Auch beim Gefahrenpotenzial kann man hier durchaus Vergleiche ziehen. So sind etwa mit Sprengstoff gefüllte Briefbomben ein immer wieder genutztes Terrorwerkzeug. Ebenso kann man mit gefälschten Briefen Schaden anrichten oder anonym Schmähungen oder Erpressungen versenden. Vor all diesen Missbräuchen ist auch die elektronische Post nicht gefeit, wie die folgenden Seiten zeigen werden.

Absender unbekannt – E-Mail-Spuren verwischen

Warum muss eine E-Mail immer einen Absender haben? Bei der richtigen Post gibt es ja auch die Möglichkeit, Briefe anonym zu verschicken. Da kann man den entsprechenden Vermerk auf dem Umschlag einfach weglassen. Ganz so einfach geht es beim E-Mailen nicht, denn die normalen E-Mail-Programme tragen automatisch Ihre E-Mail-Adresse als Absender ein, wobei Sie allerdings bei der entsprechenden Vorgabe nicht unbedingt ehrlich sein müssen. Wer meint, mit *gerhardt@bundeskanzleramt.de* anonym zu bleiben, der irrt sich aber. Im Header der E-Mail finden sich in den meisten Fällen ganz schnell Spuren der wahren Identität des Absenders. Damit können Sie also höchstens Anfänger reinlegen.

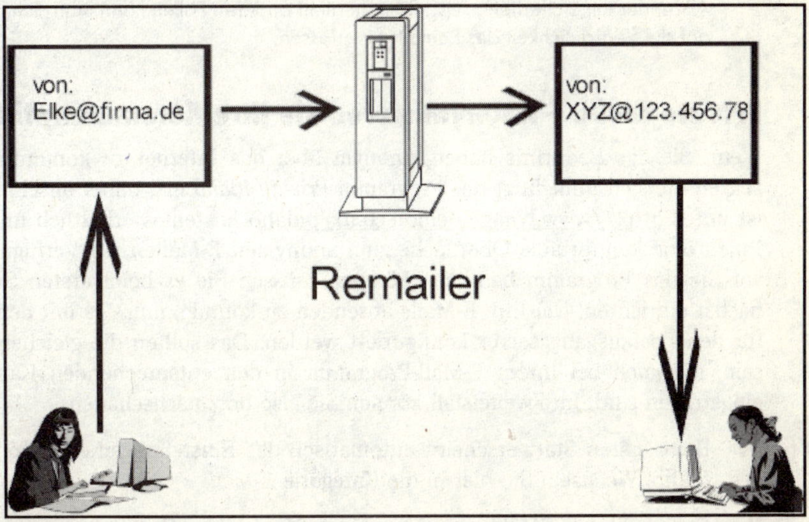

So arbeiten Remailer

Um wirklich anonym zu bleiben, können Sie aber einen speziellen Dienst des Internets in Anspruch nehmen, die so genannten *Remailer*. Diese speziellen Server nehmen E-Mails entgegen und leiten sie an den eigentlich Adressaten weiter, wobei sie die Adresse und alle anderen Informationen, die auf den Absender hinweise, spurlos tilgen. Der Empfänger erhält seine E-Mail von einer nichtssagenden Adresse und hat auch (fast) keine Chance, den wahren Absender zu ermitteln.

INFO

Wie zuverlässig sind die Remailer?

Die Remailer sind sehr zuverlässig. Das sollte aber nicht den Eindruck erwecken, dass man sie für alles und jedes missbrauchen darf. Anonyme Mailings haben durchaus ihren Zweck. Sie wurden vor allem für Menschen entwickelt, die sich beim Diskutieren in bestimmten Foren nicht zu erkennen geben möchten. Wenn z. B. der Direktor eines ländlichen Gymnasiums in einer einschlägigen Mailingliste nachfragt, wo in seiner näheren Umgebung am Wochenende eine zünftige Lack- und Leder-Party abgeht, könnte diese Mail ja leicht an einen Kollegen oder Schüler geraten. Wenn er sich den dadurch zu erwartenden Ärger ersparen will, benutzt er stattdessen eine anonyme E-Mail. So kommt er trotzdem an die Informationen und braucht keine Repressalien zu fürchten. Nicht gedacht sind Remailer-Dienste für Leute, die andere anonym ärgern, beleidigen, erschrecken oder erpressen wollen. Ganz unbeliebt sind auch Menschen, die anonyme E-Mails für Spam-Mailings missbrauchen. Was dann passiert? Ganz einfach: So anonym ist ein Remailer-Service nun auch wieder nicht. Wenn der Betreiber erfährt, dass sein Dienst in einem bestimmten Fall missbraucht wurde, kann er aus seinen Protokolldateien ermitteln, wer der eigentliche Absender war. Bei Delikten wird er diesen wahren Absender mit Sicherheit preisgeben. In allen anderen Fällen kann man sich aber auf die Vertraulichkeit des Remailers verlassen.

Private Idaho – Anonymisieren Sie Ihre Kommunikation

Wenn Sie das Bedürfnis haben, anonym über das Internet zu kommunizieren, sollten Sie sich unbedingt das Programm *Private Idaho* mal näher anschauen. Es ist unter http://www.lynagh.demon.co.uk/pidaho kostenlos erhältlich und stellt Ihnen eine komfortable Oberfläche zum anonymen E-Mailen zur Verfügung. Bevor Sie das Programm benutzen können, müssen Sie es beim ersten Start zunächst einrichten. Um Ihre E-Mails absenden zu können, muss es mit den Daten für den Postausgangsserver konfiguriert werden. Das sollten die gleichen Daten sein, die auch bei Ihrem E-Mail-Programm in den entsprechenden Kategorien eingetragen sind. Im Zweifelsfall können Sie also dort nachschauen.

1. Beim ersten Start erscheint automatisch das Einstellungsmenü von Private Idaho. Wechseln Sie hier in die Kategorie *E-mail*.

2. Geben Sie bei *SMTP server name* den Namen des Postausgangsservers an, bei dem Private Idaho Ihre Nachrichten aufgeben soll.

3. Bei *POP3 server name* tippen Sie den Namen des Posteingangsservers ein, bei dem Private Idaho die für Sie eingegangenen Nachrichten abholen soll (falls Sie Private Idaho dazu benutzen wollen).

4. Im Feld *POP3 account name* geben Sie schließlich den Benutzernamen an, mit dem Private Idaho sich für die POP-Verbindung zum Postabholen beim Posteingangsserver anmelden soll. Das dazugehörende Passwort fragt das Programm jeweils beim Verbindungsaufbau ab.

5. Die anderen Felder können Sie ebenfalls ausfüllen, aber die Informationen darin sind zum Verschicken von anonymen Nachrichten eigentlich nicht notwendig. Übernehmen Sie die Eingaben mit *OK*. Private Idaho hat nun alle Daten, um anonyme Nachrichten für Sie aufzugeben.

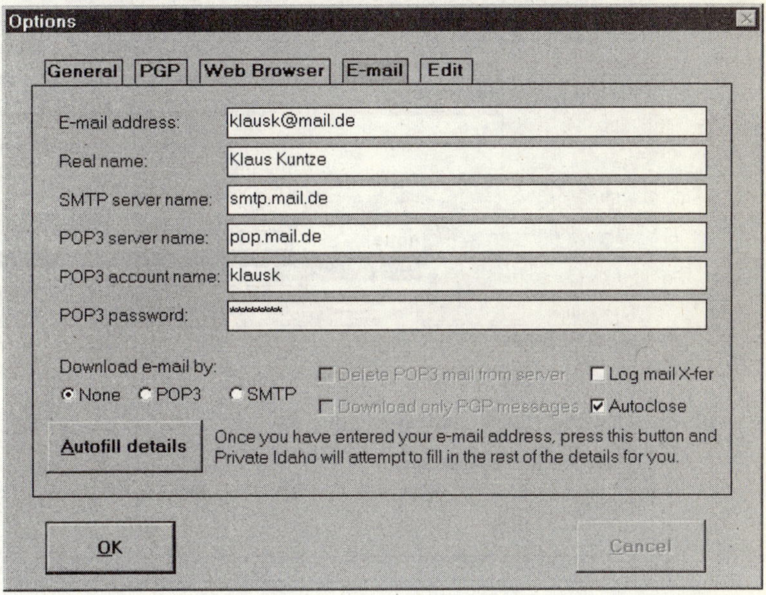

Versehen Sie Private Idaho mit den wichtigsten Daten für Ihren E-Mail-Zugang

So funktioniert's – Verschicken Sie eine anonyme E-Mail

Das Erstellen einer anonymen E-Mail unterscheidet sich zunächst einmal nicht vom Schreiben jeder anderen Nachricht. Tippen Sie den gewünschten Text ein, wobei Sie darauf achten sollten, Ihre Identität auch nicht an einer anderen Stelle als der Absenderzeile preiszugeben (z. B. in einer Signatur).

1. Geben Sie im Feld *To* den Empfänger an und tragen Sie im Feld *Subject* die Betreffzeile ein. In den Feldern *CC* und *BCC* ist bei Bedarf Platz für weitere Empfänger. Im großen Feld *Message* geben Sie den Inhalt der Nachricht ein.

2. Als nächstes wählen Sie den Remailer aus, der Ihre Nachricht anonymisieren soll. Im Feld *remailer name* stehen verschiedene Dienste zur Verfügung. In jedem Remailer-Eintrag finden Sie neben dem Namen auch die Angaben zu *latency* (die Latenzzeit, die der Remailer zum Weiterschicken einer Nachricht benötigt) und *up time* (wie zuverlässig der Remailer-Server online ist).

3. Wenn Sie ganz auf Nummer Sicher gehen wollen, entscheiden Sie sich für *chain*. Dabei wird die Nachricht über mehrere Remailer geschickt, die sie jeweils anonymisieren. Dieses mehrfache Tarnen macht es praktisch völlig unmöglich, den ursprünglichen Absender zu rekonstruieren. Dafür kann der Transport der Nachricht allerdings auch etwas länger dauern.

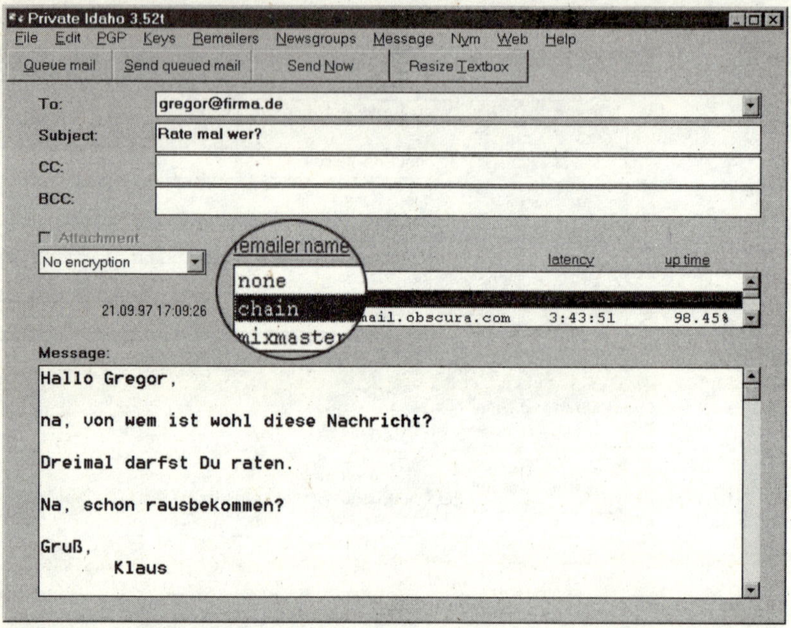

Erstellen Sie zunächst die Nachricht und wählen Sie den Remailer aus

4. Um die Nachricht für den anonymen Versand vorzubereiten, rufen Sie die Funktion *Message/Append Info* auf.

5. Haben Sie zuvor den *chain*-Modus ausgewählt, müssen Sie nun die Kette der Remailer-Server festlegen, die die Nachricht nacheinander anonymisieren sollen. Im oberen Feld finden Sie alle verfügbaren Server. Mit einem Doppelklick bringen Sie einen oder mehrere gewünschten Server in die untere Liste. Sie können einen Server auch mehrfach auswählen, der dieselbe Nachricht dann mehrfach anonym weiterreichen wird.

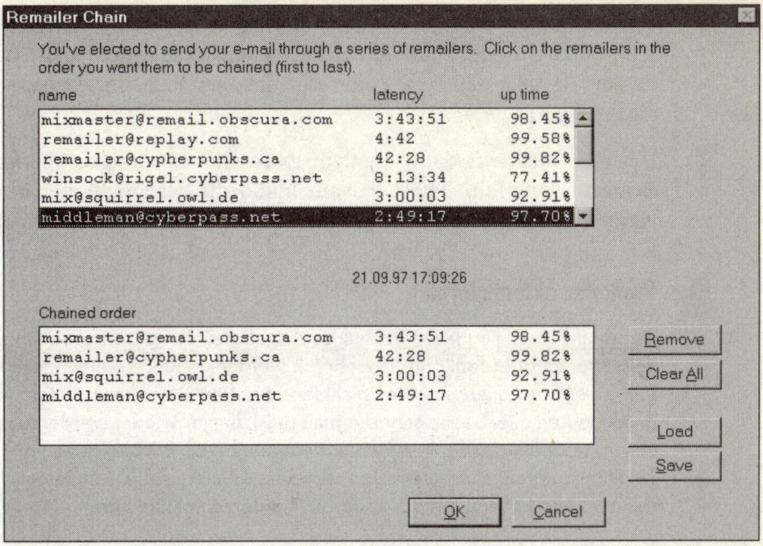

Wählen Sie die Remailer-Server aus, über die die Nachricht anonymisiert werden soll

6. Nach Abschluss der Auswahl bestätigen Sie mit *OK*. Private Idaho bereitet die Nachricht dann für den anonymen Versand vor. Danach sieht sie etwas komisch aus, aber das ist ganz normal.

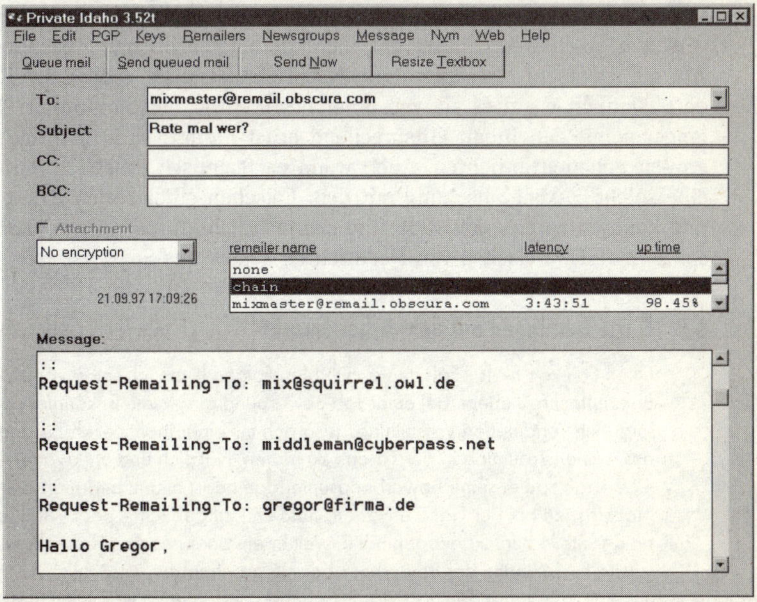

So sieht die für das Anonymisieren vorbereitete Nachricht aus

Für jeden der beteiligten Remailer wird ein spezieller Eintrag an den Anfang der Nachricht platziert. Als Empfänger der anonymen Nachricht wird in der *To*-Zeile der erste (oder der einzige) Remailer-Server aus der Kette eingetragen.

7. Um die Nachricht dann anonym loszuschicken, klicken Sie auf den *Send*-Button. Daraufhin liefert Private Idaho die Nachricht bei Ihrem Postausgangsserver ab, von wo aus sie sich anonym auf den Weg macht.

TIPP

Remailer aktualisieren

Remailer-Server sind meist kostenlose Angebote, die von Organisationen und Einzelpersonen aus Idealismus angeboten werden. Häufig können diese Angebote z. B. aus finanziellen Gründen nicht lange aufrecht erhalten werden, wodurch die gesamte Remailer-Szene sehr dynamisch ist. Immer wieder werden bestimmte Server abgeschaltet, dafür kommen andere neu hinzu. Private Idaho verfügt über eine Funktion zum automatischen Update seiner Remailer-Liste. Mit *Remailers/Update remailer info* können Sie das Programm jederzeit aktualisieren.

Unter falscher Flagge – E-Mail-Absender fälschen

Bei einer anonymen Nachricht sieht der Empfänger gar keinen bzw. einen nichtssagenden Absendernamen. Das ist für ihn insoweit vorteilhaft, als er so wenigstens gleich weiß, woran er bei dieser E-Mail ist. Es gibt aber auch Möglichkeiten, eine E-Mail ganz gezielt mit einem bestimmten Absendernamen zu versehen, auch wenn dieser gar nicht dem tatsächlichen Absender entspricht. Auf gut Deutsch: Man kann eine Nachricht fälschen, sodass der Empfänger in dem Glauben ist, dass sie von einer bestimmten Person stammt. Da der Empfänger somit den Inhalt entsprechend ernst nimmt, kann man auf diese Weise großen Schaden anrichten. Auch wenn es technisch erheblich einfacher ist, ist eine solche E-Mail-Fälschung mit dem Fälschen eines realen Briefs vergleichbar und kann entsprechende straf- und zivilrechtliche Konsequenzen haben. Deshalb sollte man das Fälschen von Nachrichten - auch aus Spaß - besser sein lassen.

INFO

Harte Bandagen auf dem Arbeitsmarkt

Einen Fall von E-Mail-Fälschung mit üblen Folgen habe ich selbst vor einiger Zeit im Bekanntenkreis erlebt. Bei einer Job-Bewerbung ging mein Bekannter nach einem erfolgreich verlaufenen Vorstellungsgespräch mit einer inoffiziellen Zusage fest davon aus, seinen Traumjob in der Tasche zu haben. Plötzlich und unerwartet erhielt er einige Tage später seine Bewerbungsunterlage nebst einem bedauernden Brief zurück. Nachfragen bei der Firma ergaben, dass er – angeblich – per E-Mail sein Interesse an der Stelle zurückgezogen hätte, weil er ein besseres Angebot erhalten hätte. Eine solche E-Mail hatte der Bewerber aber nie geschrieben, tatsächlich handelte es sich um eine Fälschung. Der Job war inzwischen anderweitig vergeben und dem Opfer blieb nur eine Anzeige gegen Unbekannt, die aber nichts einbrachte.

E-Mail-Fälschung per Telnet

Eine E-Mail zu fälschen, hört sich auf den ersten Blick sehr aufwendig an, tatsächlich ist es aber nicht wirklich schwer. Man benötigt dazu noch nicht einmal spezielle Software. Ein einfaches Telnet-Programm, wie es etwa im Lieferumfang von Windows enthalten ist, reicht völlig aus. Damit kann man sich bei einem Postausgangsserver anmelden und ein reguläres E-Mail-Programm imitieren. Nur wenige Kommandos reichen, um auf diese Art eine E-Mail abzufassen und loszuschicken.

So einfach geht es: E-Mails fälschen

Wenn ein E-Mail-Programm eine Nachricht an den Postausgangsserver übermittelt, verwendet es dazu das **S**imple **M**ail **T**ransfer **P**rotocol SMTP. Dieses Protokoll beschreibt nur einige wenige Kommandos, mit denen der Briefkopf und die Nachricht ausgetauscht werden. Wenn man eine Telnet-Verbindung zum Postausgangsserver herstellt, kann man diese Kommandos auch selbst manuell abschicken und so eine E-Mail erstellen und versenden. Dabei kann man die Daten wie etwa den Absender völlig frei gestalten und ist nicht an die Vorgaben des E-Mail-Programms gebunden. Das folgende Beispiel zeigt, wie einfach eine gefälschte E-Mail erstellt werden kann. Es soll lediglich dazu dienen, die großen Sicherheitslücken im SMTP-Protokoll aufzuzeigen. Bitte probieren Sie es höchstens mit Nachrichten an sich selbst aus - eine Fälschung bleibt nun mal eine Fälschung.

1. Zunächst rufen Sie das Windows-eigene Telnet-Programm auf, etwa indem Sie *Start/Ausführen* wählen und dann den Befehl *telnet* eingeben.

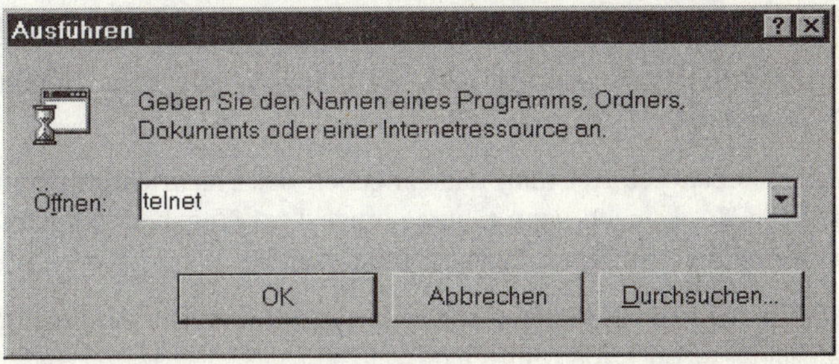

Über das Ausführen-Menü kann man das Windows-eigene Telnet-Programm aufrufen

2. Hier wählen Sie die Menüfunktion *Verbinden/Netzwerksystem,* um die Adresse des Postausgangsrechners einzugeben.

3. Als Hostname verwenden Sie den Rechnernamen, so wie er auch in den Einstellungen des E-Mail-Programms vermerkt ist. Als Anschluss muss der Port *smtp* eingetragen werden.

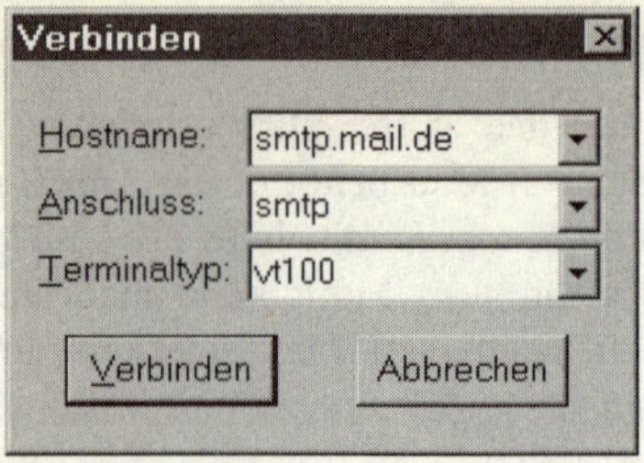

Geben Sie die Adressdaten des Postausgangsrechners an

4. Nach kurzer Zeit meldet sich der Postausgangsrechner mit einer kurzen Begrüßungsmeldung. Eine Anmeldung ist nicht erforderlich. Nun können Sie direkt mit dem Erstellen der Nachricht beginnen.

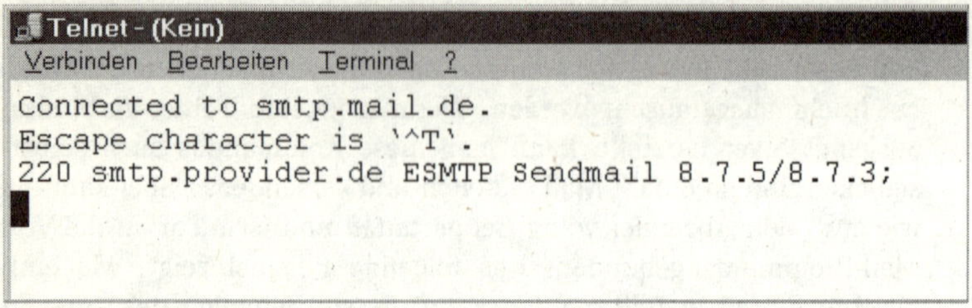

Die Telnet-Verbindung zum Postausgangsrechner ist hergestellt

5. Zunächst muss sich der eigene Rechner beim Postausgangsrechner vorstellen. Das geschieht durch das Kommando *HELO*.

6. Nach der Bestätigung folgt schon der entscheidende Schritt, nämlich die Absenderadresse. Sie wird mit dem Kommando *MAIL FROM:<Absender adresse>* übergeben, also etwa *MAIL FROM:gerhard@bundeskanzleramt.de.*

7. Danach folgt die Adresse des Empfängers mit dem Kommando *RCPT TO:lisa@internet.de.*

8. Anschließend startet man das Eingeben des Nachrichtentexts mit dem Befehl *DATA*. Danach kann man so lange Text eingeben, bis man die Eingabe mit einem "." auf einer eigenen Zeile beendet.

9. Damit wird die Nachricht zugleich abgesendet. Die Abmeldung vom Postausgangsserver erfolgt mit *QUIT*.

Zum Glück haben die meisten Postausgangsserver inzwischen Sicherungsfunktionen eingebaut, die solchen Missbrauch unterbinden oder zumindest erschweren. So lassen sich inzwischen mehr und mehr SMTP-Server nur nach vorheriger Anmeldung mit Benutzerkennung und Passwort ansprechen. Es gibt aber immer noch genug Mailserver, die aus Unkenntnis, Faulheit oder Ignoranz unsicher konfiguriert sind. Außerdem bleibt einem beharrlichen Fälscher noch immer die

Möglichkeit, seinen eigenen Mailserver zu installieren, den er ganz nach seinen Vorstellungen konfigurieren kann. Das bedeutet zwar einigen Aufwand, aber wenn man ernsthaft auf Schaden aus ist, nimmt man den wohl in Kauf.

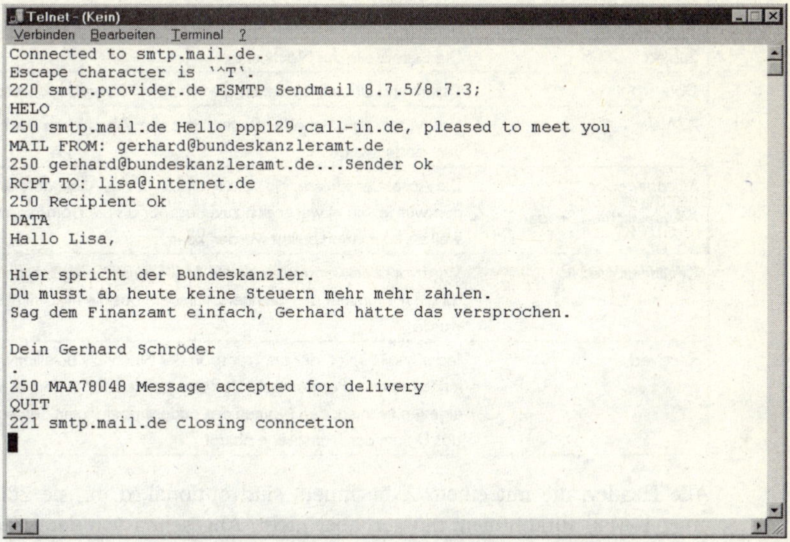

So einfach lässt sich eine E-Mail mit gefälschtem Absender erstellen

Kann man sich schützen?

Wenn ein Bekannter oder Kollege irgendwo im Internet eine Anleitung zum E-Mail-Fälschen gefunden hat und Sie damit auf den Arm nehmen will, kann man das in den meisten Fällen erkennen. Wenn Sie bei einer Nachricht misstrauisch sind, sollten Sie sich den Briefkopf mal ganz genau ansehen. Fast alle E-Mail-Programme blenden diese Informationen leider standardmäßig aus. Meist gibt es aber die Möglichkeit, sie sich trotzdem anzuschauen. Bei Outlook Express gehen Sie so vor:

1. Öffnen Sie die Nachricht, die Sie genauer untersuchen wollen.
2. Wählen Sie die Funktion *Datei/Eigenschaften*.
3. Wechseln Sie in die Kategorie *Details*.
4. Hier zeigt Ihnen Outlook Express die Header-Informationen klein und verschämt als *Internetkopfdaten* an.
5. Mehr erkennen Sie, wenn Sie auf die *Quelltext*-Schaltfläche klicken. Outlook Express zeigt nun alle Header-Einträge gut lesbar an. Die folgende Tabelle verrät Ihnen die Bedeutung der wichtigsten Header-Informationen.

Header-Name	Bedeutung
From	Die Absenderadresse, die der Absender angegeben hat. Sie muss nicht unbedingt seiner wirklichen Adresse entsprechen.
To	Die Empfängeradresse, die mit Ihrer Adresse übereinstimmen sollte.
Subject	Die Betreffzeile der Nachricht.
Date	Datum und Uhrzeit, zu denen die Nachricht abgeschickt wurde.
X-Mailer	Das Mail-Programm oder -System, das zum Abschicken der Nachricht verwendet wurde.
X-Sender oder X-Authenticated Sender	Die Absenderadresse, die vom Mail-Server des Absenders eingetragen wurde. Sie ist wesentlich zuverlässiger als die From-Information, weil sie kaum manipuliert werden kann.
X-Authenticated IP	Wird vor allem von webbasierten Mail-Diensten eingetragen. Sie verrät die IP-Nummer des Rechners, von dem aus die Nachricht erstellt wurde.
Received	Jeder Mail-Server, der am Transport der Nachricht beteiligt war, hinterlässt seinen „Poststempel" als Received-Header, in dem er seinen eigenen Namen, den Namen des anderen beteiligten Servers und das Datum der Transaktion ablegt.

Alle Header, die mit einem *X* beginnen, sind optional, d. h., sie können in einer E-Mail vorkommen, müssen aber nicht. Abgesehen von dem Header *X-Mailer*, der in fast allen Nachrichten steht, sind X-Header immer ein Warnsignal, dass eine Nachricht nicht ganz den üblichen Weg genommen hat.

6. Wenn eine Nachricht einen *X-Sender*-Header enthält, vergleichen Sie ihn mit dem *From*-Header. Unterscheiden sich die beiden, hat der Absender eine andere E-Mail-Adresse angegeben, als er eigentlich benutzt. Das muss noch nichts Schlimmes bedeuten, verrät Ihnen aber zumindest den wirklichen Absender.

7. Schauen Sie sich vor allem die *Received*-Header gut an. Jeder Mail-Server schreibt seine Markierung an den Anfang der Mail. Das heißt, der unterste *Received*-Header ist der des Mail-Servers, den der Absender benutzt hat. Vergleichen Sie die Adresse dieses Mail-Servers mit der Adresse des Absenders. Wenn die Rechnernamen sich völlig unterscheiden, dann ist dies wieder ein Hinweis auf eine nicht korrekte Absenderadresse. In dem Fall kennen Sie aber zumindest den Mailserver, den der Absender benutzt, und können sich an dessen Betreiber wenden.

Eine wirklich professionell gemachte Fälschung kann man so leider nicht erkennen. Hier hilft es nur, die Möglichkeit einer Fälschung immer im Hinterkopf zu haben und im Zweifelsfall beim angeblichen Absender nachzufragen, ob er die Nachricht tatsächlich so verfasst hat. Alternativ ist es eine Möglichkeit, in besonders kritischen Bereichen der Kommunikation grundsätzlich mit Authentifizierungs- bzw. Verschlüsselungssystemen zu arbeiten. Sie machen das Fälschen von E-Mails erheblich schwieriger bis völlig unmöglich. Ein solches Verfahren ist PGP, das wir weiter unten in diesem Kapitel ausführlicher vorstellen.

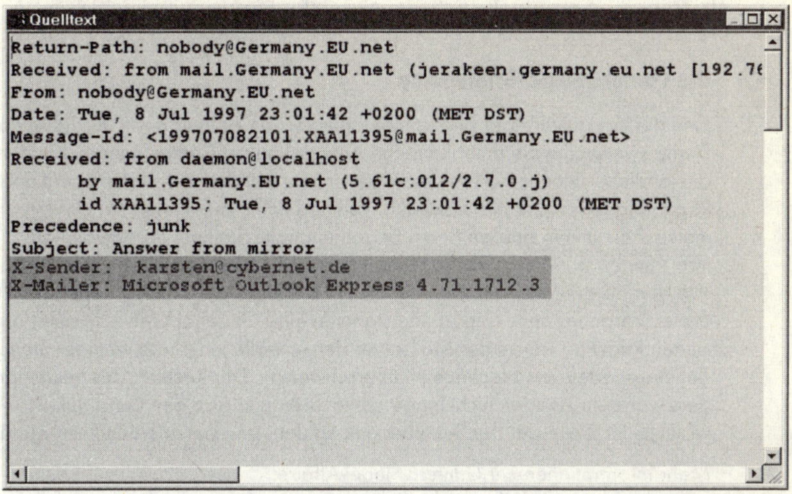

Die X-Header verraten Ihnen etwas über den wirklichen Absender einer Nachricht

Virtuelle Bomben – Systeme per E-Mail lahm legen

E-Mails können sogar als Waffen benutzt werden, um einen Internetrechner oder sogar ein ganzes Firmennetzwerk lahm zu legen. Dazu muss nur die Anzahl der eingesetzten Nachrichten bzw. deren Umfang groß genug sein, um das Angriffsziel in die Knie zu zwingen. Aber auch einfache Internetbenutzer kann man mit einer solchen Waffe angreifen. In diesem Abschnitt zeigen wir, wie E-Mail-Bomben funktionieren und wie man sich dagegen wehren kann.

So funktionieren elektronische Briefbomben

Die einfachsten Mitteln sind oft die effektivsten: Eine Mailbombe besteht aus einer großen Anzahl E-Mails, die an die Adresse des Opfers geschickt werden. Wohlgemerkt, wir reden hier nicht von Hunderten, sondern von Tausenden oder mehr. Alternativ kann man auch weniger Nachrichten verwenden, die aber einen umso größeren Umfang haben, etwa durch angehängte Attachments. Der Inhalt der einzelnen Nachrichten ist völlig egal, es kommt nur auf Anzahl und Größe an. Durch die große Zahl von fast gleichzeitig eintreffenden Nachrichten ist der Mail-Server des Opfers überlastet und bricht irgendwann zusammen. Ähnlich wie bei einem Denial-of-Service-Angriff (siehe Kapitel 1) verweigert der Rechner dann jeglichen weiteren Dienst. Der Betreiber muss Zeit, Arbeit und Geld investieren, um den Schaden zu beseitigen und den Server wieder in Betrieb zu nehmen. Gerade bei Angriffen auf Privatpersonen trifft man damit natürlich primär den Provider des Opfers, aber dieser wird sich brennend dafür interessieren, wer ihm den Ärgern eingebrockt hat, und sich ggf. durch den Entzug der Benutzerregistrierung und eventuelle Schadensersatzforderungen revanchieren.

INFO

Die Canter&Siegel-Briefbombe

Eine der spektakulärsten Briefbomben ging schon Anfang der 90er Jahre hoch. Damals versuchte die amerikanische Anwaltskanzlei Canter&Siegel, Kunden für die jährliche Greencard-Lotterie zu gewinnen. Mit der verlost die amerikanische Regierung jedes Jahr Arbeitserlaubnisse für Nicht-Amerikaner. Da das Internet damals schon seinen großen Boom begonnen hatte, kamen die Anwälte auf die Idee, ihre Kunden dort zu gewinnen. Also sandten Sie eine entsprechende Nachricht in alle damals existierenden Newsgruppen. Die Leser der Newsgruppen waren über dieses Vorgehen sehr empört und starteten eine Gegenoffensive. In einer organisierten Reaktion wurde der Mailserver der Anwälte innerhalb weniger Stunden mit Zehntausenden von Nachrichten überschwemmt. Der Rechner des Internetproviders war dem Ansturm nicht lange gewachsen und gab den Geist auf. Die Aktion verfehlte ihr Ziel nicht. Der Betreiber entzog den Anwälten die Benutzerregistrierung.

Mehr Informationen zur Canter&Siegel-Affaire:
http://www.prz.tu-berlin.de/~derek/internet/abuse.html
http://www.eff.org/Legal/Cases/Canter_Siegel/

Man kann mit Briefbomben aber auch Privatpersonen direkt angreifen. Wenn Sie z. B. jemandem täglich 10 MByte per E-Mail-Attachment zuschicken, wird ihn das kaum erfreuen. Zum einen überfüllen Sie damit sein Postfach, sodass Nachrichten von anderen abgelehnt werden. Zum anderen tut das Herunterladen solcher Datenmengen gerade bei einer kostenpflichtigen Einwählverbindung richtig weh. Eine weitere Möglichkeit ist das *List-Linking*, eine Technik, bei der man das Opfer bei möglichst vielen Mailinglisten als Abonnent anmeldet (mehr zu Mailing-Listen finden Sie unter http://www.lisde.de). Mit entsprechender Software ausgerüstet, kann man solche Massenanmeldungen mit wenigen Mausklicks auf 50 bis 100 Mailinglisten ausdehnen. Wenn jede dieser Listen tägliche eine oder mehrere Nachrichten an die Abonnenten verschickt, läuft das elektronische Postfach auch bald über.

TIPP

Mailbomben als Waffe des kleinen Mannes?

Mailbomben haben bei vergleichsweise geringem Aufwand eine recht große und unmittelbare Wirkung. Trotzdem sollte man auf ihren Einsatz verzichten, denn zum einen treffen sie häufig nicht nur das Opfer, sondern auch die anderen Kunden des betroffenen Providers und vor allem diesen selbst. Auch einem gezielt angegriffenen Privatnutzer kann unter Umständen ein mehr als ideeller Schaden entstehen, wenn etwa wichtige geschäftliche Nachrichten nicht ankommen oder erhebliche zusätzliche Onlinekosten entstehen. Daraus können sich Schadensersatzansprüche und unter Umständen sogar Strafanzeigen gegen den Verursacher ergeben.

Briefbomben abwehren

Während ein Provider mit eigenem Posteingangsserver kaum eine Chance hat, sich gegen Briefbomben zu wehren, kann man als Privatnutzer schon eher etwas gegen einen überquellenden Briefkasten tun. Es gibt Hilfsprogramme, die auf das Bekämpfen von Massenmails und Briefbomben spezialisiert sind. Im Unterschied zu einem normalen E-Mail-Programm müssen Sie diese Nachrichten nicht erst vom Posteingangsserver herunterladen, um sie zu analysieren. Email Remover etwa lädt zunächst nur eine Liste der vorliegenden Nachrichten. Von den dort aufgeführten E-Mails können Sie sich im Zweifelsfall noch eine kurze Vorschau geben lassen. Ungewollte Nachrichten können dann sofort auf dem Posteingangsserver gelöscht werden. Erst danach wird Ihr normales E-Mail-Programm gestartet, um die verbliebenen, gewollten Nachrichten abzurufen.

TIPP

List-Linking-Angriffe abwehren

Ein List-Linking-Angriff ist nur sehr schwer zu bekämpfen. Prinzipiell gibt es nur zwei Möglichkeiten, die beide nicht sehr angenehm sind. Eine besteht darin, die Abonnements bei allen Mailinglisten manuell wieder zu kündigen. Das ist sehr umständlich und zeitraubend, aber machbar. Andererseits kann der Übeltäter seine Aktion jederzeit wiederholen, sodass man von vorn anfangen kann. Etwas dauerhafter ist folgende Lösung: Geben Sie die E-Mail-Adresse auf und legen Sie sich eine neue zu. Das bedeutet zwar auch einigen Aufwand, aber solange der Angreifer die neue Adresse nicht kennt, kann er Sie nicht mehr belästigen.

Email Remover – der virtuelle Bombenräumer

Der Email Remover ist ein kostenloses Programm, das unter http://eremover.bizhosting.com heruntergeladen werden kann. Beim ersten Start muss es einmal mit den Daten Ihres Zugangs zum Posteingangsserver gefüttert werden, also den Daten, die auch Ihr standardmäßiges E-Mail-Programm verwendet.

1. Rufen Sie den Email Remover durch das Starten der ausführbaren Datei *eremove.exe* auf und bestätigen Sie das erstmalige Begrüßungsfenster durch einen Klick auf *Next*.

2. Im nächsten Schritt geben Sie die Daten für Ihren E-Mail-Zugang an. Bei *User ID* tragen Sie den Benutzernamen ein. Wenn das Programm jeweils automatisch ohne Eingabe des Passworts arbeiten soll, geben Sie bei *Password* das geheime Zugangswort ein und aktivieren die Option *save*. Im Feld *Pop Server* tragen Sie den Namen des Posteingangsservers ein. Im Zweifelsfall können Sie alle diese Daten aus den Einstellungen Ihres standardmäßigen E-Mail-Programms übernehmen. Danach geht es mit *Next* weiter.

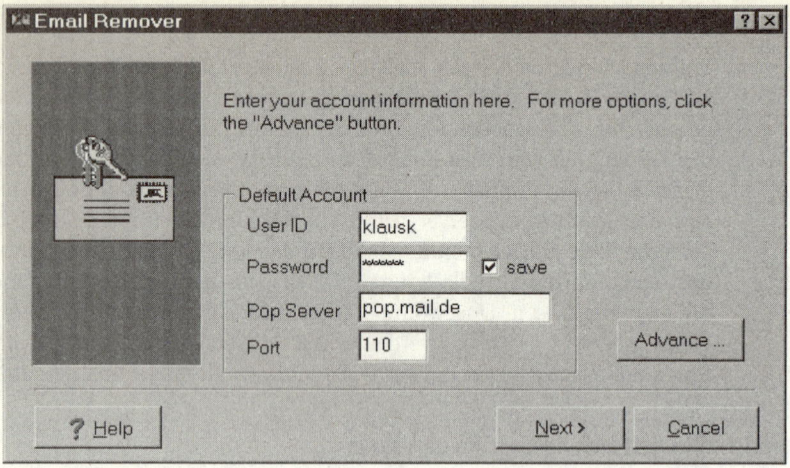

Tragen Sie hier die gleichen Zugangsdaten wie bei Ihrem E-Mail-Programm ein

3. Damit sind schon alle notwendigen Einstellungen vorgenommen und Sie sehen das Startmenü, wie es von nun an bei jedem Programmstart angezeigt wird. Wählen Sie hier die Option *I want to retrieve mail headers using below account*.

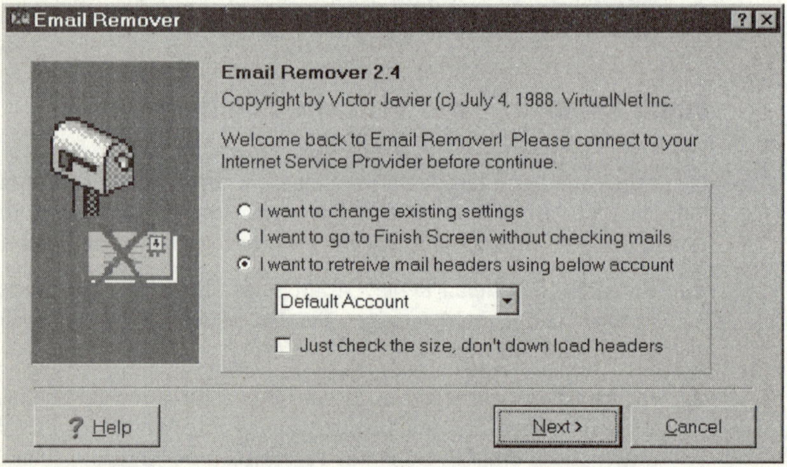

Über das Startmenü können Sie alle Funktionen des Email Removers auswählen

4. Der Email Remover meldet sich nun beim Posteingangsserver an und ruft dort Informationen zu den vorliegenden Nachrichten ab. Dabei werden nur Daten über die Nachrichten wie Absender, Betreffzeile und Umfang übermittelt, aber noch nicht die Nachrichten selbst. Den Fortschritt können Sie in einem Statusfenster verfolgen.

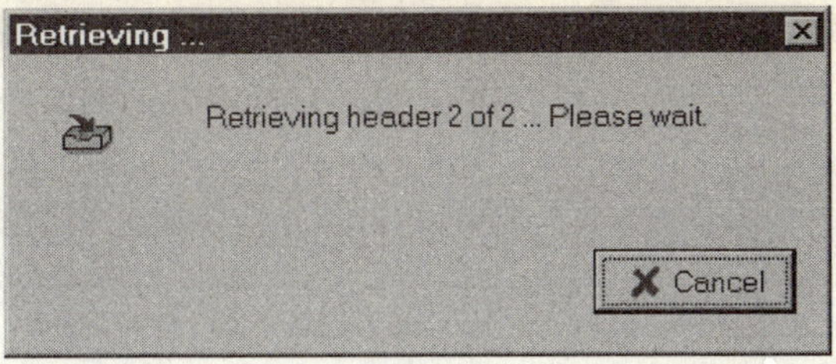

Email Remover ruft Informationen über die vorliegenden Nachrichten ab

5. Anschließend zeigt Ihnen Email Remover die Liste der vorliegenden Nachrichten an. Zu jeder E-Mail finden Sie die Größe, das Datum, den Absender und die Betreffzeile vor. Um im Zweifelsfall mehr über eine der Nachrichten zu erfahren, können Sie mit einem Doppelklick auf den Eintrag eine Vorschau erhalten. Dann ruft das Programm zusätzlich die ersten Zeilen der Nachricht ab und zeigt sie in einem separaten Fenster an.

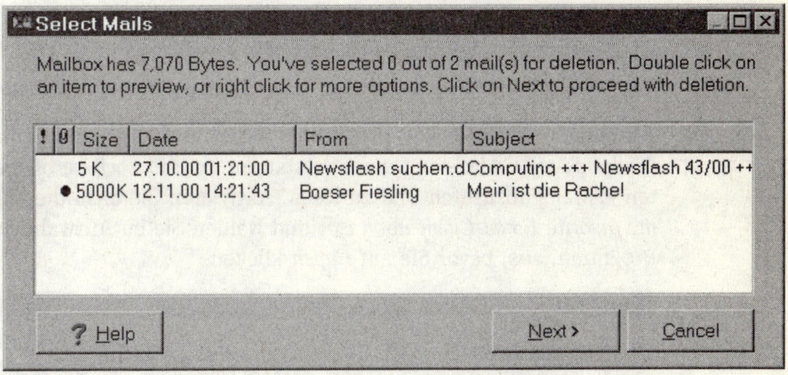

Das Programm zeigt die Liste der vorliegenden Nachrichten an

6. Um eine oder mehrere Nachrichten vom Posteingangsserver löschen zu lassen, markieren Sie diese mit einem einfachen Mausklick darauf (ein weiterer Klick hebt die Markierung auch wieder auf). Haben Sie alle zu löschenden Nachrichten ausgewählt, klicken Sie auf *Next*.

7. Bevor Email Remover die ausgewählten Nachrichten unwiderruflich löscht, erfolgt zunächst noch eine Sicherheitsabfrage, um versehentliches Löschen zu vermeiden. Dabei fasst das Programm noch einmal die Anzahl der zu löschenden Nachrichten zusammen. Um das Löschen durchzuführen, bestätigen Sie mit einem Klick auf *Yes*.

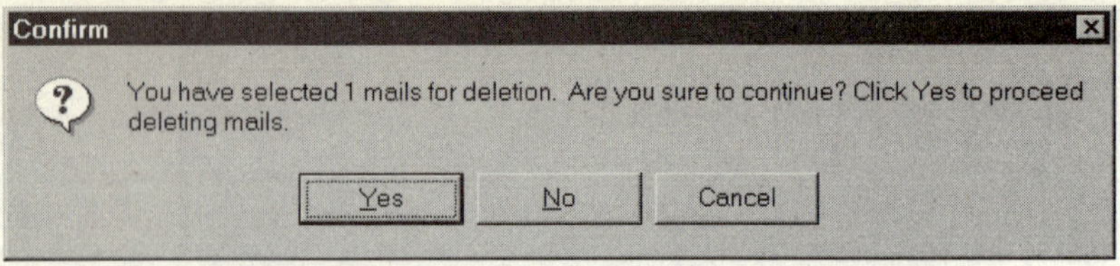

Bestätigen Sie die Sicherheitsabfrage vor dem Löschen der Nachrichten mit Yes

8. Das Programm entfernt nun die markierten Nachrichten endgültig vom Posteingangsserver und gibt den dadurch belegten Speicherplatz frei.

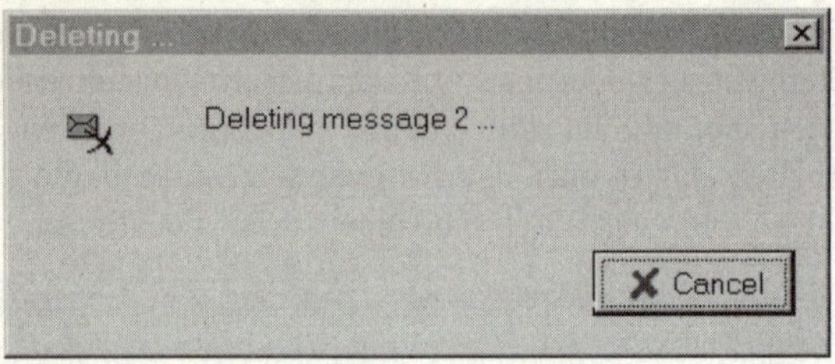

Email Remover löscht die ungewollten Nachrichten auf dem Posteingangsserver

9. Abschließend bietet das Programm Ihnen noch an, automatisch Ihr standardmäßiges E-Mail-Programm zu starten, um die noch verbliebenen, gewollten E-Mails abzurufen und zu lesen. Aktivieren Sie dazu die Option *Launch my favorite Email-Client upon exit* und wählen Sie im Auswahlfeld Ihr E-Mail-Programm aus, bevor Sie auf *Finish* klicken.

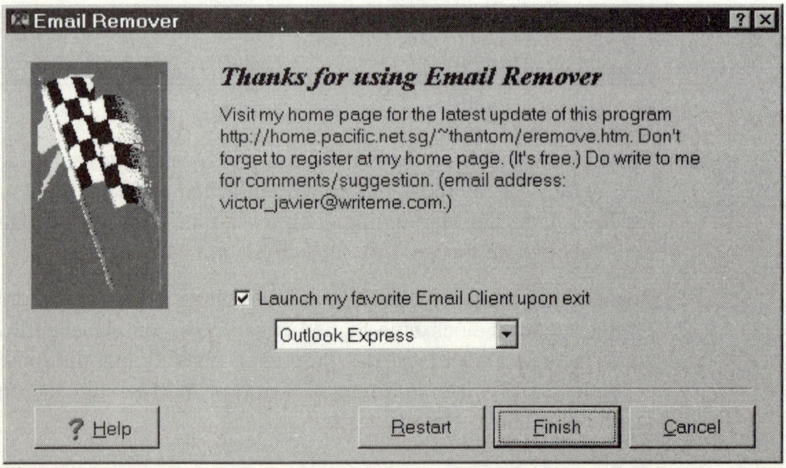

Abschließend kann Email Remover automatisch Ihr E-Mail-Programm starten

E-Mail-Viren, nein danke! – Einstellungen des E-Mail-Programms

Sehr viel Wirbel haben in der jüngeren Vergangenheit E-Mail-Viren wie das berühmt-berüchtigte „I love you" und seine Artverwandten verursacht. Bislang war man davon ausgegangen, dass Viren per E-Mail nur über binäre Dateianhänge übertragen werden können. Findige Hacker haben aber Sicherheitslücken gefunden, wie man auch in HTML-E-Mails Viren platzieren kann. Dabei nutzen sie die Tatsache aus, dass sich das E-Mail-Programm sich beim Empfangen von HTML-E-Mails genau wie ein Webbrowser verhält und auch aktive Komponenten des HTML-Codes ausführt. So ist es möglich, Skripte in eine E-Mail zu platzieren, die beinahe beliebige Funktionen auf dem PC des Empfängers ausführen können.

INFO

Gefährliche Liebesgrüße: „I love you" infiziert das Internet

Im Mai 2000 schaffte es der E-Mail-Virus „I love you", sich innerhalb weniger Stunden weltweit über das gesamte Internet zu verbreiten. Außerdem führte er auch zu einer Medienhysterie, wie man sie im Zusammenhang mit dem Internet so wohl noch nie erlebt hat. Was war passiert? Ein Nachwuchshacker von den Phillipinen hatte ein Skript in der Microsoft Makrosprache Visual Basic Script (VBS) verfasst und in E-Mails mit der Betreffzeile „I love you" (dt. „Ich liebe dich") verschickt. Der Urheber spekulierte wohl zu recht darauf, dass man so eine Nachricht gern öffnet. Wenn die E-Mail mit einem Microsoft-E-Mail-Programm geöffnet wurde, griff das Skript auf die Daten des Adressbuchs zu und verschickte die Nachricht wiederum an alle darin vermerkten Empfänger. Das führte zu einer schnellen, lawinenartigen Verbreitung. So ganz nebenbei griff das Skript auch noch Multimediadaten wie etwa MP3-Dateien an und machte sie unbrauchbar.

Das muss ja ein unglaublich talentierter Hacker gewesen sein, denken Sie jetzt vielleicht? Aber nein, das Skript ist überhaupt nicht spektakulär. Es macht sich lediglich die Tatsache zu Nutze, dass alle E-Mail-Programme von Microsoft VBS beherrschen und entsprechende Anhänge automatisch ausführen. Der eigentliche Zugriff auf das Adressbuch, das Verschicken weiterer Nachrichten und das Manipulieren von Dateien sind Funktionen, die VBS ganz ohne Tricks zur Verfügung stellt.

Mehr Informationen zum „I love you"-Virus:

http://www.intern.de/news/556.html
http://www.zdnet.com/zdnn/special/lovebites.html

So funktionieren E-Mail-Viren

E-Mails können immer dann gefährlich werden, wenn sie Dateianhänge beinhalten. Da man an eine E-Mail beliebige Dateien anhängen kann, kann ein solcher Anhang auch aus einer ausführbaren Datei bestehen. Das muss nicht mal unbedingt eine EXE-Datei sein, sondern es kann sich dabei auch um eine Skriptdatei handeln. Skripte sind keine Binärdateien, sondern enthalten einen Text, der aus Anweisungen in einer bestimmten Skriptsprache besteht. Wenn auf dem Rechner des Empfängers ein Interpreterprogramm vorhanden ist, das diese Skriptsprachen verstehen und abarbeiten kann, wird das Skript beim Aktivieren des Dateianhangs ausgeführt.

Inzwischen gibt es dank des Internets, das für interaktive und dynamische Webseiten auf Skripte angewiesen ist, verschiedene gängige Skriptsprachen. Zu den meist verbreiteten gehören JavaScript und Visual Basic Script. Besonders letztere Sprache aus dem Hause Microsoft ist besonders gefährlich. Wie schon der Name nahe legt, steht sie in enger Verwandschaft zur VisualBasic-Familie aus dem Hause Microsoft. Zu dieser Familie gehören neben der Skriptsprache VBS auch die Programmiersprache Visual Basic sowie die Makrosprache **V**isual **B**asic for **A**pplications (VBA), mit der die Office-Anwendungen von Microsoft arbeiten. Diese enge Verwandschaft erweist sich als verhängnisvoll, denn alle Mitglieder der Visual Basic-Familien verwenden das gleiche Objekt-Modell. Dadurch kann ein VBS-Skript ohne große Umstände auf die Daten und Funktionen einer auf dem Rechner installierten Office-Anwendung zugreifen. Diese wiederum unterliegt praktisch keinen Sicherheitseinschränkungen, was den Zugriff auf lokale Dateien und Daten angeht.

Genau diese Tatsache machte sich auch der Erfinder des „I love you"-Virus zu Nutze. Er schrieb einfach ein VBS-Skript, das prüfte, ob auf dem PC des Empfängers ein Windows-Adressbuch vorhanden war. Wenn ja, las es alle darin gespeicherten E-Mail-Adressen aus und brachte das E-Mail-Programm dazu, eine Kopie von sich selbst an alle diese Empfänger zu verschicken. Dazu waren keinerlei besondere Tricks oder Insiderwissen notwendig. Alle VB-Funktionen zur Fernsteuerung des Adressbuchs und des E-Mail-Programms sind bekannt und von Microsoft gut dokumentiert. Eine konkrete Vorstellung des Skripts sparen wir uns an dieser Stelle. Zum einen wollen wir keine Nachahmungen motivieren, zum anderen wäre es nichts anderes als ein Einstieg in die Skriptprogrammierung mit VBS.

Entscheidend für den Erfolg des „I love you"-Virus war aber eben nicht eine besonders raffinierte Programmierung, sondern eine Reihe von anderen Faktoren, die der Entwickler (vielleicht noch nicht mal bewusst) ausgenutzt hat:

- die oben beschriebene enge Verzahnung der VB-Programmiersprachen,
- die weltweit große Verbreitung von Microsoft-Software (der Virus betrifft praktisch ausschließlich Benutzer von Microsoft-Produkten),
- die relativ lasche Einstellung zu Sicherheitsfragen sowohl bei Microsoft als auch bei vielen Nutzern sowie
- die Tatsache, dass die VBS-Technologie auf Windows-PCs standardmäßig installiert und aktiviert wird, ohne dass die Benutzer sich darüber im Klaren sind und obwohl die wenigsten Benutzer diese Funktionen tatsächlich benutzen.

Besonders bemerkenswert: Das alles sind nach der Lesart von Microsoft keine Nachteile, sondern Vorteile der Produkte. Microsoft hat in den letzten Jahren die Interoperaibilität seiner Produkte untereinander immer weiter gesteigert und schließlich noch weitreichende Internetfunktionen integriert. Der „I love you"-Virus nutzt diese hohe Integration konsequent aus und zeigt damit eindrucksvoll auf, wie leistungsfähig die Microsoft-Produkte sind und auch wie sehr Sicherheitsüberlegungen bei der Entwicklung vernachlässigt wurden.

Muss man deshalb komplett auf Microsoft-Produkte verzichten? Nun, manche tun dies - aus verschiedenen Gründen - tatsächlich und es ist auch möglich. Es gibt genügend Alternativen auf dem Softwaremarkt, die nicht unbedingt schlechter oder teurer sein müssen. Andererseits kann man auch Microsoft-Produkte mit den richtigen Einstellungen so sicher machen, dass man sie relativ bedenkenlos einsetzen kann. Zwar verbleibt dann noch immer eine Restrisiko von Programmierfehlern und Sicherheitslücken, aber dies gilt für andere Produkte genauso.

Outlook Express virensicher machen

Das beliebte E-Mail-Programm Outlook Express ist leider eines der anfälligsten Programme. Durch seine Integration in den Internet Explorer und das Windows-Betriebssystem bietet es Hackern eine ganze Reihe von Angriffspunkten. Auch dieses Programm lässt sich aber mit den richtigen Einstellungen vor Angriffen schützen.

1. Starten Sie Outlook Express und öffnen Sie mit *Extras/Optionen* die Einstellungen des Programms.
2. Wechseln Sie hier in die Kategorie *Sicherheit*.
3. Im Bereich *Sicherheitszonen* steuern Sie, welche Sicherheitszone Outlook Express beim Umgang mit HTML-E-Mails verwenden soll. Diese Einstellung bezieht sich auf das Sicherheitskonzept des Internet Explorer, das wir in Kapitel 3 ausführlicher vorstellen.
4. Standardmäßig verwendet Outlook Express die Einstellungen der *Internetzone*, wenn eine mit HTML formatierte E-Mail angezeigt werden soll. Sicherer ist es, wenn Sie in solchen Fällen die Einstellungen der *Zone für eingeschränkte Sites* aktivieren. Diese sind in der Regel weitaus restriktiver und lassen das Ausführen aktiver Inhalte wie etwa Skripts nicht zu.

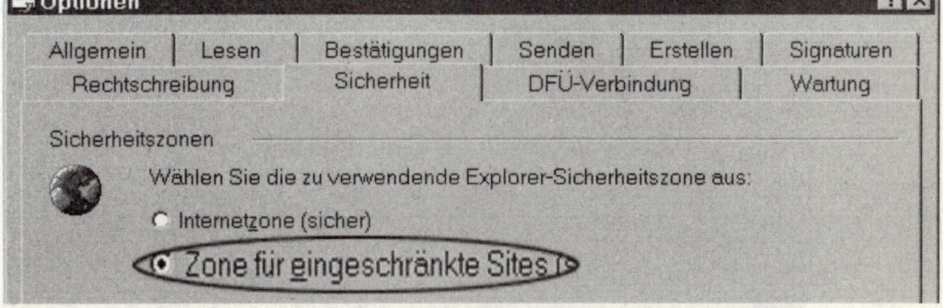

Aktivieren Sie für E-Mails sicherheitshalber die Zone für eingeschränkte Sites

5. Übernehmen Sie die neuen Einstellungen mit *OK*.

MS-Outlook virensicher machen

Auch die Office-Komponente Outlook lässt sich durch die richtigen Einstellungen sicher machen. Die Vorgehensweise ist dabei die gleiche wie bei Outlook Express, allerdings gibt es kleine Unterschiede in den Menüs.

1. Starten Sie Outlook und öffnen Sie mit *Extras/Optionen* die Einstellungen des Programms.
2. Wechseln Sie hier in die Kategorie *Sicherheit.*
3. Im Bereich *Inhalt sichern* wählen Sie, welche Sicherheitszone Outlook beim Umgang mit HTML-E-Mails verwenden soll. Diese Einstellung bezieht sich auf das Sicherheitskonzept des Internet Explorer, das wir in Kapitel 3 ausführlicher vorstellen.
4. Standardmäßig verwendet Outlook die Einstellungen der *Internetzone,* wenn eine E-Mail mit Skripts oder HTML-Elementen angezeigt werden soll. Sicherer ist es, wenn Sie in solchen Fällen die Einstellungen für *Eingeschränkte Sites* aktivieren. Diese sind standardmäßig weitaus restriktiver und lassen das Ausführen aktiver Inhalte wie etwa Skripts nicht zu.

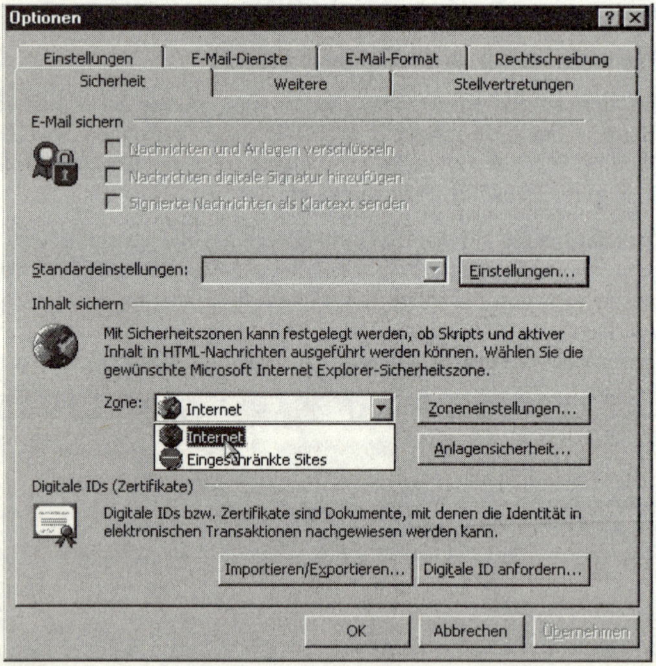

Auch in Outlook sollten Sie die sicherere Zone Eingeschränkte Sites wählen

5. Übernehmen Sie die neuen Einstellungen mit *OK.*

Überprüfen Sie die Einstellungen der Sicherheitszone

Um auf Nummer Sicher zu gehen, sollten Sie überprüfen, ob die Einstellungen der Zone für eingeschränkte Sites auch tatsächlich so konfiguriert sind, dass sie maximale Sicherheit für Ihre E-Mails bieten.

1. Starten Sie den Internet Explorer und öffnen Sie mit *Extras/Internetoptionen* dessen Einstellungen.

2. Wechseln Sie hier in die Kategorie *Sicherheit* und wählen Sie im Zonenfeld *Eingeschränkte Sites* aus.

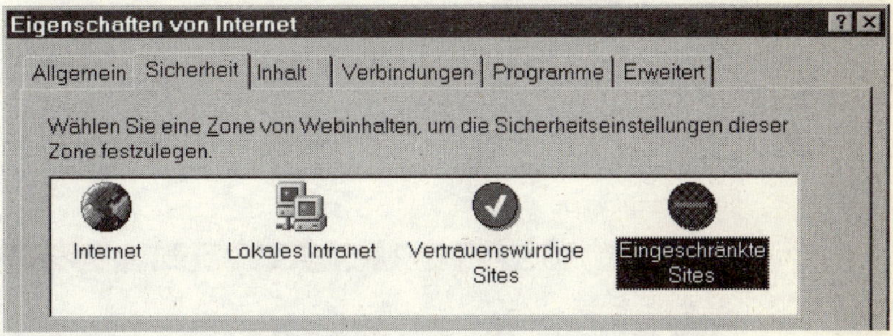

Wählen Sie die Zone für Eingeschränkte Sites aus

3. Überprüfen Sie dann im Bereich *Sicherheitsstufe dieser Zone*, ob für die eingeschränkten Sites auch die höchste Sicherheitsstufe eingestellt ist. Wenn nicht, bewegen Sie den Schiebregler ganz nach oben, bis als Stufe *Hoch* angezeigt wird.

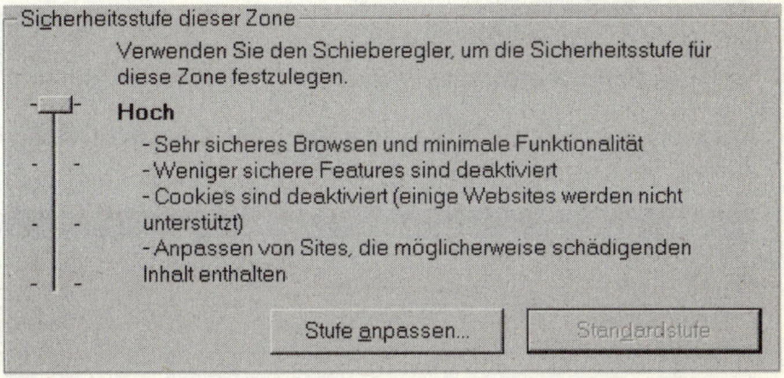

Wählen Sie für die eingeschränkten Sites die höchste Sicherheitsstufe

4. Auch in der höchsten Sicherheitsstufe hat Microsoft leider noch zwei Sicherheitseinstellungen so gewählt, dass sie nicht den größtmöglichen Schutz bieten. Diese sollten Sie nun noch manuell anpassen. Klicken Sie dazu auf *Stufe anpassen*.

5. Suchen Sie in den anschließenden Einstellungen zunächst die oberste Rubrik *ActiveX-Steuerelemente und Plug-Ins* und ändern Sie hier die erste Einstellung *ActiveX-Steuerelemente ausführen, die für Scripting sicher sind* auf *Deaktivieren*.

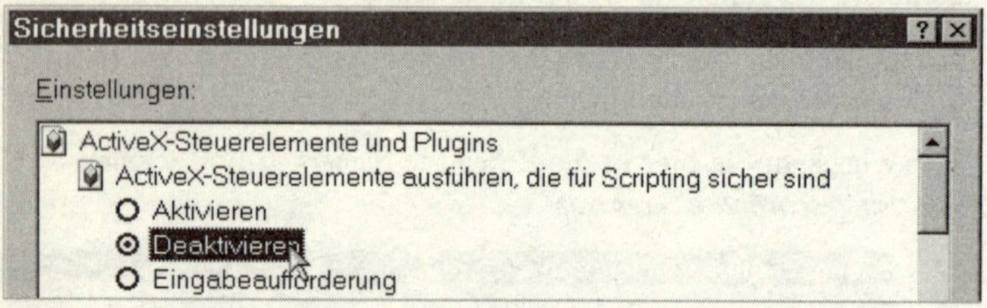

Deaktivieren Sie das Ausführen von ActiveX-Steuerelementen ...

6. Wandern Sie dann in den Einstellungen etwas nach unten bis zur Rubrik *Scripting*. Verändern Sie hier wiederum die ersten Option *Active Scripting* auf *Deaktivieren*.

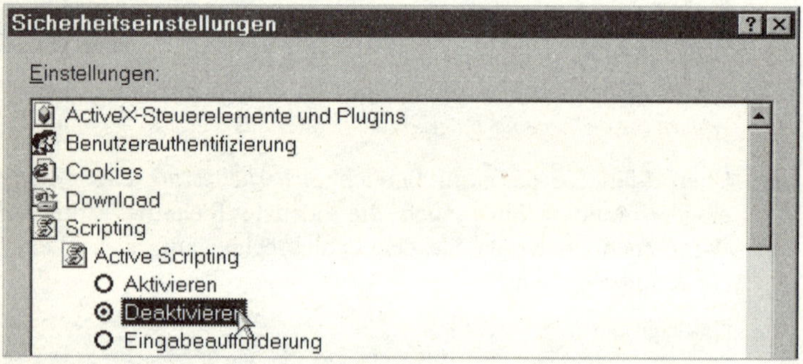

... ebenso wie das Ausführen von Skripts

7. Klicken Sie dann auf *OK* und bestätigen Sie die anschließende Sicherheitsabfrage zum Verändern der Einstellungen.

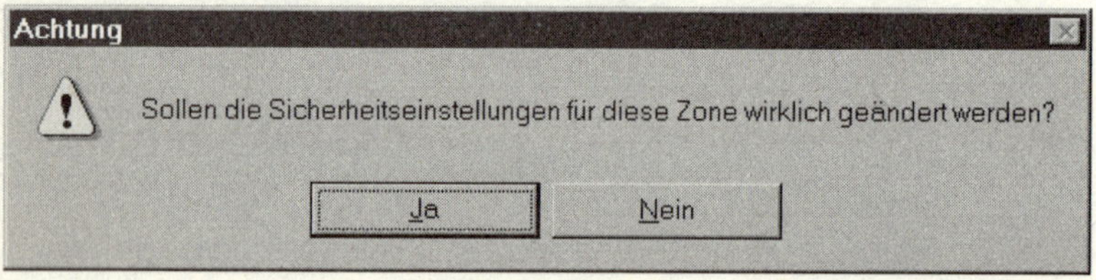

Bestätigen Sie die Sicherheitsabfrage zum Verändern der Standardeinstellungen mit Ja

8. Klicken Sie dann noch ein letztes Mal auf *OK*, um die neuen Einstellungen zu übernehmen und die Internetoptionen wieder zu schließen.

Damit ist Ihr E-Mail-Programm auch beim Empfangen und Darstellen von HTML-E-Mails mit dynamischen Komponenten vor destruktiven Inhalten geschützt. Allerdings werden auch ungefährliche dynamische und interaktive Elemente durch die Schutzfunktion unterdrückt. Damit muss man zugunsten einer größeren Sicherheit aber nun mal leben.

Risiko HTML: Formatierte E-Mails

Neben virulenten Dateianhängen gibt es noch eine weitere Quelle von Ungemach bei E-Mails: Nachrichten, die mit HTML-Elementen formatiert wurden. E-Mail besteht eigentlich aus einfachem reinen Text. Da dies den Ansprüchen an das Multimedia-Zeitalter aber nicht gerecht wurde, wollte man auch beim Erstellen von E-Mail-Nachrichten Formatierungen wie Schriftarten und -größen, Unterstreichungen, Farben, Hintergrundbilder usw. zur Verfügung haben. Genau diese Möglichkeiten sind auch beim Erstellen von Webseiten vorgesehen, weshalb es nahe lag, deren Format HTML auch für E-Mails zu übernehmen. Eine formatierte E-Mail-Nachricht ist also im Prinzip nichts anderes als eine Webseite, die man per E-Mail verschickt. Beim Empfänger bemüht das E-Mail-Programm den ohnehin installierten Browser, den Inhalt der Nachricht optisch gut rüberzubringen.

So weit so gut, allerdings erben formatierte E-Mails damit auch die Sicherheitsrisiken, die mit Webseiten verbunden sind. Eine Webseite kann eben nicht nur formatierten Text, sondern auch Skriptanweisungen enthalten, die beim Betrachten automatisch ausgeführt werden. Gleiches gilt somit auch für Web-E-Mails. Dabei sind zwei Aspekte besonders tückisch:

- Die Tatsache, dass eine mit HTML formatierte E-Mail genauso gefährlich wie eine Webseite sein kann, ist den wenigsten Benutzern klar. Deshalb werden hier längst nicht die gleichen Sicherheitsvorkehrungen getroffen.
- E-Mail-Programme wie etwa Outlook Express verfügen über eine Voransicht, in der neue Nachrichten ganz ohne Zutun des Benutzers automatisch dargestellt werden. Es kann also passieren, dass eine mit einem Skript versehene E-Mail auf den Rechner gelangt und ohne einen einzigen Mausklick des Anwenders automatisch ausgeführt wird. Selbst eine einfache Sicherheitsregel wie „E-Mails von unbekannten Absendern nicht öffnen“ kann somit nicht befolgt werden.

TIPP

Die Vorschau-Funktion bei Outlook Express deaktivieren

Die tückische Vorschau-Funktion kann in den meisten Fällen deaktiviert werden. Bei Outlook Express geht dies beispielsweise, indem man mit *Ansicht/Layout* die Layout-Einstellungen öffnet und dort die Option *Vorschaufenster anzeigen* deaktiviert.

Schutz vor E-Mails mit aktiven Elementen

Der sicherste Schutz vor aktiven E-Mails ist, ganz auf die Verwendung von E-Mail-Formatierungen zu verzichten. Wenn man dies mit den Kommunikationspartnern vereinbart, kann man zumindest die E-Mails von Bekannten ohne Bedenken öffnen. Dies nutzt allerdings nichts, wenn man E-Mail von anderen Personen bekommt. Hier erkennt man erst beim Öffnen, ob sie aktive Elemente oder reinen Text enthält. Die einfachste und sicherste Alternative wäre hier ein E-Mail-Programm, das gar nicht erst über einen integrierten Webbrowser verfügt und aktive Inhalte von Nachrichten deshalb auch nicht ausführen kann. Ein empfehlenswertes Produkt dieser Art ist Eudora (http://www.eudora.com). Es versteht zwar einfache HTML-Formatierungen, sodass man formatierte Nachrichten sogar in voller Pracht betrachten kann. Aktive Inhalte wie etwa Skriptanweisungen ignoriert das Programm aber völlig, sodass davon keine Gefahr ausgeht.

Allerdings kann man auch bei Outlook oder Outlook Express HTML-Nachrichten ohne Sicherheitsbedenken empfangen. Einzige Voraussetzung dafür ist, dass man für E-Mails wie oben beschrieben die richtige Sicherheitszone einstellt und ausreichend sicher konfiguriert. Dann werden auch hier nur die eigentlichen HTML-Formatierungen angezeigt. Interaktive und dynamische Elemente wie JavaScript oder VBS-Anweisungen werden hingegen durch die Sicherheitseinstellungen zuverlässig abgefangen.

Ernste Warnungen und Panikmache unterscheiden

Ein ganz besonderer Aspekt zum Thema E-Mail und Viren soll an dieser Stelle auch noch Erwähnung finden. Immer wieder geistern Warnungen und Meldungen über angebliche E-Mail-Viren durch das Netz und die Medien. So sollen E-Mails mit Betreffzeilen wie „Good Times" oder „Penpal Greetings" zerstörerische Viren enthalten, die den Rechner beim Lesen der Nachricht infizieren und sogar Hardware beschädigen können. Die Nachrichten über solche angeblichen E-Mail-Viren werden natürlich per E-Mail verbreitet und können sich zur echten Plage entwickeln, denn sie funktionieren nach einem ganz einfachen, aber erfolgreichen Schema:

1. In den warnenden Botschaften wird der Empfänger aufgefordert, den Text an alle seine Bekannten weiterzuleiten.

2. Die meisten Empfänger kommen der Aufforderung nach und erkennen nicht, dass die Warnung vor dem Virus der eigentliche Übeltäter ist.

3. Dadurch dass jeder Empfänger sie an möglichst viele Adressen weiterschickt, vermehrt er sich nämlich sehr erfolgreich.

Zum Glück besteht die Aufgabe solcher Viren ausschließlich in der Vermehrung und nicht in zerstörerischen Aktionen. Allerdings richten auch diese Falschmeldungen allein durch ihre Verbreitung Schaden an. Durch die u. U. entstehenden

Millionen von E-Mails werden wertvolle Übertragungskapazitäten des Internets verschwendet. Für solche Falschmeldungen, die auf die Unkenntnis oder Angst der Benutzer spekulieren, hat sich die Bezeichnung *Hoax* eingebürgert.

Einen E-Mail-Hoax erkennen

Wenn Sie eine Warnung vor einem neuen Virus erhalten, sollten Sie auf keinen Fall gleich in Panik geraten.

1. Überlegen Sie zunächst, aus welcher Quelle der Hinweis stammt.
2. Eine unverhofft erhaltene E-Mail - wie oben beschrieben - ist sicherlich kein fundierter Hinweis.
3. Auch in weniger seriösen Computerzeitschriften tauchen leider regelmäßig falsche Warnungen vor angeblichen Viren auf und verunsichern die Leser.
4. Achten Sie darauf, wie konkret die Beschreibung des angeblichen Virus ist. Ist sie völlig allgemein gehalten, so ist es wohl ein böser Scherz.
5. Sinnvolle Warnungen vor Viren geben konkrete Hinweise, wie der Virus sich verhält und woran man eine Infektion erkennen kann.
6. Im Zweifelsfall hilft ein Besuch bei http://www.vmyths.com. Hier finden Sie einen sehr guten und stets aktuellen Überblick der kursierenden Virus-Hoaxes und natürlich auch Hinweise auf tatsächliche neue Virenbedrohungen.

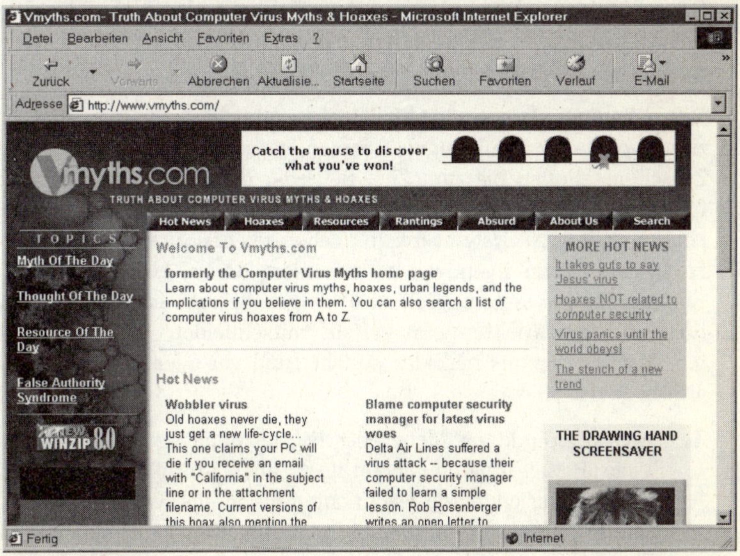

Unter http://www.vmyths.com wird über „virtuelle Viren", also Hoaxes und Panikmache, aufgeklärt

7.2 Infoquelle E-Mail – Risiken bei elektronischen Briefen

Auch wenn E-Mails nur ganz regulär zur Kommunikation verwendet werden, können sie eine Bedrohung darstellen. Das gilt insbesondere, wenn man sie nicht für zu belanglose Botschaften in der Art von „Hallo, wie geht's?“ verwendet, sondern damit wichtige und vertrauliche Informationen und Daten aus dem persönlichen oder geschäftlichen Bereich übermittelt. Dann besteht die Gefahr, dass die Nachricht eben nicht nur vom vorgesehenen Empfänger gelesen wird, sondern auch von anderen Personen, für die sie eigentlich nicht gedacht war. Schauen wir uns doch einmal die Funktionsweise der elektronischen Post an und klopfen sie auf mögliche Schwachpunkte ab.

Elektronische Postkarten – Deshalb kann jeder mitlesen

E-Mails werden mittels des Simple Mail Transfer Protocol SMTP übertragen, einem zwar schon etwas betagten, aber sehr einfachen und robusten Protokoll. In seiner Einfachheit liegt aber auch das Problem, denn es überträgt die elektronischen Nachrichten im Klartext von Rechner zu Rechner. Genau der Text, den Sie in einer E-Mail abschicken, wird also auch so durch das Internet übertragen. Ein schützender elektronischer Briefumschlag fehlt leider völlig. Statt von einem „elektronischen Brief“ zu reden, müssen wir also eigentlich viel eher die Bezeichnung „elektronische Postkarte“ verwenden.

Hinzu kommt, dass eine E-Mail nicht immer den direkten Weg von ihrem PC zum Rechner des Empfängers nehmen kann. Vielmehr passiert sie verschiedene Zwischenstationen bis zum Ziel. Bei jeder dieser Stationen wird sie zumindest für kurze Zeit zwischengespeichert, bis sie weiter übertragen wird. Das kann für einen neugierigen Systemverwalter schon reichen, um einen kurzen Blick darauf zu werfen. Wenn irgendwer es außerdem darauf abgesehen hat, Ihre E-Mail-Kommunikation systematisch zu überwachen, kann er an einer der Zwischenstationen alle Nachrichten ganz gezielt „mitschneiden“ und in aller Ruhe auswerten. Machen wir uns mal klar, welche (und vor allem wie viele) potenzielle Angriffsziele das sind:

1. Ausgangspunkt ist *Ihr eigener PC*, an dem Sie die Nachrichten erstellen. Viele E-Mail-Programme verfügen über Protokollfunktionen bzw. heben Kopien aller erstellten Nachrichten bis in alle Ewigkeit auf. Wer Zugang zu Ihrem PC und Ihrem E-Mail-Programm hat, kann also nachlesen, welche für Nachrichten Sie geschrieben und empfangen haben.

2. Der *Postausgangsserver* Ihres Internetproviders. Hier beginnt die Reise Ihrer E-Mail durch das Internet. Wenn jemand Sie gezielt überwachen will, ist das die erste Adresse. Das würde Ihr Provider nie zulassen? Vielleicht ist gerade er es, der seine Kunden überwacht! Außerdem gibt es noch die Möglichkeiten von Durchsuchungsbefehlen (für staatliche Behörden bei begründetem Verdacht) Bestechungsgeldern, oder Spionagemaßnahmen ohne Kenntnis des Providers.

3. Vom Postausgangsserver Ihres Providers geht die Reise weiter. Ziel ist der Posteingangsserver beim Provider des Empfängers. Bis dahin kann der Weg aber lang sein, denn er führt über *zahlreiche Internetrechner*, die die direkten Internetverbindung zwischen den beiden Rechnern bilden. Dabei wird die E-Mail in Form von Datenpaketen übertragen, was das Mitlesen erschwert, aber nicht unmöglich macht.

4. Am Ziel angelangt, wird aus den Datenpaketen auf dem *Posteingangsserver* beim Internetprovider des Empfängers wieder eine E-Mail im Klartext. Hier wird sie gespeichert, bis der Empfänger sie abruft. Der Posteingangsserver ist wiederum die erste Adresse für Spione, die den Empfänger überwachen wollen.

5. Irgendwann werden die Nachrichten abgerufen und landen auf dem *Rechner des Empfängers*. Dort wird sie wiederum gespeichert und bleibt so lange erhalten, bis der Empfänger sie löscht. Auch hier besteht natürlich die Möglichkeit, dass der Rechner in die falschen Hände gerät und jemand Unbefugtes die Nachrichten mitliest.

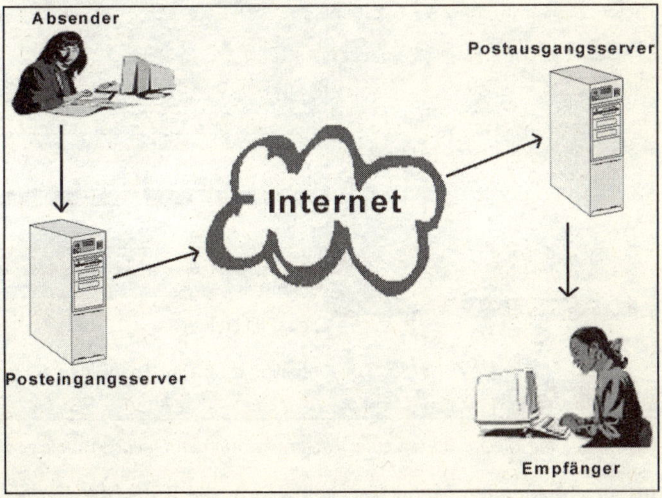

Der Weg einer E-Mail vom Absender zum Empfänger führt über mehrere angreifbare Zwischenstationen

Die Kette von Rechnern, die am Transport einer E-Mail beteiligt sind, ist also gar nicht so kurz. Sie wird sogar noch länger, wenn man virtuelle E-Mail-Adressen mit Weiterleitung, E-Mail-Sammelfächer oder ähnliche Komfortfunktionen verwendet.

Den Weg einer E-Mail verfolgen

Wenn Sie sich selbst davon überzeugen wollen, welchen Weg eine E-Mail vom Absender zu Ihnen genommen hat, können Sie dies im E-Mail-Header tun. So bezeichnet man den Briefkopf, der alle wesentlichen Angaben für den Transport der Nachricht enthält. Hier wird von jedem Rechner, der am Transport der Nachricht beteiligt ist, ein *Received*-Eintrag mit Datum und Uhrzeit eingefügt. Anhand dieser virtuellen Briefstempel kann man die Route einer E-Mail genau nachverfolgen. Die Received-Einträge werden allerdings nur angezeigt, wenn Sie die Nachricht im Quelltext anzeigen lassen. Viele E-Mail-Programme tun dies standardmäßig nicht, weil sie solche Informationen für unwichtig halten (was sie ja in vielen Fällen auch sind). Die folgende Anleitung beschreibt beispielsweise, wie Sie die Received-Einträge bei Outlook Express sichtbar machen können.

1. Markieren Sie den Eintrag der zu prüfenden Nachricht in der Nachrichtenliste oder lassen Sie die Nachricht gleich mit einem Doppelklick anzeigen.

2. Wählen Sie dann die Menüfunktion *Datei/Eigenschaften*, um die Eigenschaften der Nachricht anzeigen zu lassen. (Alternativ geht es mit Alt+Enter schneller.)

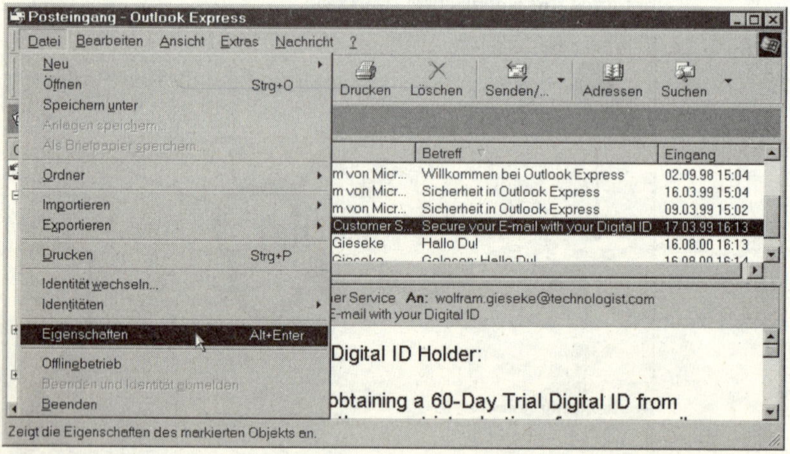

Öffnen Sie die Eigenschaften einer Nachricht, um den Quelltext anzeigen zu lassen

3. Im anschließenden Menü wechseln Sie in die Kategorie *Details*, wo im Feld *Internetkopfdaten der aktuellen Nachricht* der Briefkopf angezeigt wird.

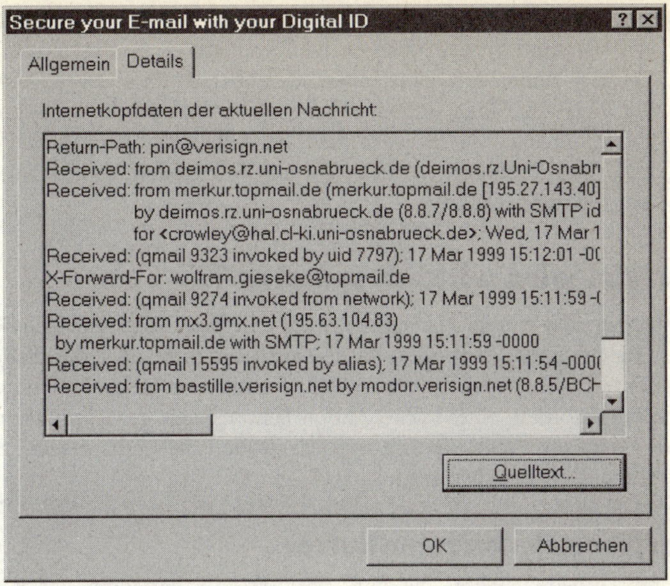

In den Eigenschaften-Details wird der gesamte Briefkopf mitsamt der Received-Einträge angezeigt

4. Übersichtlicher wird es allerdings, wenn Sie mit einem Klick auf *Quelltext* die gesamte Nachricht im Quelltext öffnen. Dann wird der Text in einem Texteditor angezeigt, wo man ihn besser lesen kann.

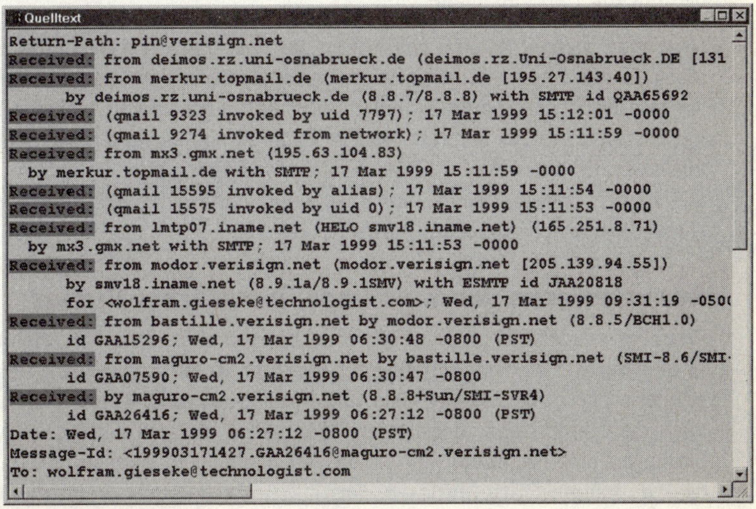

Diese Nachricht lief insgesamt über zwölf verschiedene Internetrechner, bis sie beim Empfänger eintraf

5. Hier finden Sie gleich ganz oben die Liste der *Received*-Einträge. Sie müssen von unten nach oben gelesen werden, d. h. der älteste vom ersten Rechner findet sich ganz unten, der oberste Received-Stempel stammt in der Regel vom lokalen Posteingangsserver. Lassen Sie sich von den Zeitangaben der Received-Einträge nicht verwirren. Da das Internet weltumspannend ist, durchläuft es auch zahlreiche Zeitzonen, sodass Zeitangaben immer etwas relativ sind.

Wie viel wird wirklich spioniert?

Wenn man sich einmal klar gemacht hat, wie viele Angriffsmöglichkeiten es für einen zielstrebigen Spion gibt, wird schnell deutlich, dass die technischen Voraussetzungen für einen Lauschangriff ganz einfach geschaffen werden können. Trotzdem erfordert eine solche Aktion schon einen gewissen technischen Aufwand. Bleibt die Frage, ob sich wirklich jemand die Mühe macht? Sie lässt sich nur differenziert beantworten.

Ausspionieren privater Nutzer

Für rein private Nutzer, die nur „harmlose" Nachrichten per E-Mail austauschen, ist die Gefahr nicht allzu groß. Solange die Nachrichten rein privater Natur sind, lässt sich daraus in aller Regel kein Profit schlagen, sodass sich der Aufwand nicht lohnt. Hier könnte höchstens Gefahr von Spinnern drohen oder von Bekannten, die sich revanchieren wollen - vielleicht ein(e) abgelegte(r) Ex oder so? Auch wenn ein Hacker eine Zielperson ausspähen will, kann E-Mail eine gute Informationsquelle sein.

Ganz anders sieht es aus, wenn man als Privatperson Aktivitäten nachgeht, die einen in das Interesse bestimmter Kreise rücken. Wenn man z. B. einer radikalen politischen Gruppierung nahe steht, kann man schnell in das Blickfeld des Verfassungsschutzes geraten. Nun ist es nicht so, dass die automatisch alles dürfen, aber die technischen Möglichkeiten und Befugnisse haben sie schon. Allerdings ist in einem Rechtsstaat dazu eine richterliche Anordnung (vergleichbar einem Durchsuchungsbefehl) erforderlich.

Ausspionieren geschäftlicher/beruflicher Nutzer

Wenn es um E-Mail im geschäftlichen Bereich geht, kommen wir unvermeidlich in den Bereich der Wirtschaftsspionage. Das ist ein unglaublich florierender Geschäftszweig, in dem wenig Geld und Mühen gescheut werden, um an Informationen der Konkurrenz zu gelangen. Wenn man also Protokolle von vertraulichen Sitzungen und Projekten per E-Mail verschickt, geht man immer das Risiko ein, dass unbefugte Dritte mitlesen. Das gilt übrigens auch, wenn die Mails nur im firmeninternen Intranet verteilt werden, denn auch hier gibt es technische Möglichkeiten zur Spionage.

Wer direkt Geschäfte per E-Mail erledigt, also z. B. Aufträge erteilt, sollte sich unbedingt absichern, denn dafür ist E-Mail nicht nur im Hinblick auf das Mitlesen zu gefährlich. Die elektronischen Botschaften sind auch nicht gerade fälschungssicher, sodass man durch manipulierte oder fingierte Aufträge ganz leicht in Teufels Küche kommen kann (siehe dazu auch den ersten Abschnitt dieses Kapitels).

Überwachungsstaat? – Flächendeckendes Überwachen von E-Mails

Immer wieder gibt es Gerüchte, die NSA (**N**ational **S**ecurity **A**gency, Sicherheitsbehörde der USA) oder auch der Bundesnachrichtendienst BND würde die E-Mail-Kommunikation weltweit systematisch abhören. Wenn Gerüchte sich so hartnäckig halten, ist meist auch etwas dran, aber wie soll diese Überwachung aussehen? Jeden Tag schwirren einige Millionen E-Mails durch das Internet. Jede E-Mail nimmt ihren ganz eigenen Weg vom Absender zum Empfänger, wobei es sicherlich einige Nadelöhre gibt, die von vielen E-Mails passiert werden müssen, wie z. B. die transatlantischen Leitungen von Europa in die USA.

INFO

Carnivore – Das FBI hört mit

Schon vor einiger Zeit entwickelte das FBI ein Programm unter dem vielsagenden Namen Carnivore (dt. Fleischfresser). Unter Programm ist dabei nicht nur eine Software, sondern auch eine Vorgehensweise und die dafür notwendige rechtliche Grundlage zu verstehen, um den E-Mail-Verkehr von ausgewählten Personen zu überwachen. Dabei installiert das FBI beim Provider des zu bespitzelnden Opfers eine Software, die alle relevanten Nachrichten für die eigenen Agenten kopiert. Dieses Verfahren darf offiziell ausschließlich zur Ermittlung und Strafverfolgung bei begründetem Tatverdacht eingesetzt werden. Dass ein solch mächtiges Instrument nicht auch zu anderen Zwecken eingesetzt werden wird, ist aber schwer vorstellbar. Bislang gibt es Carnivore nur in den USA. Bis sich auch Polizei und Geheimdienste hierzulande für eine solche Lösung stark machen, dürfte es aber nur eine Frage der Zeit sein.

Mehr Informationen zu Carnivore:

http://www.heise.de/tp/deutsch/inhalt/te/8357/1.html
http://www.stopcarnivore.org/
http://www.robertgraham.com/pubs/carnivore-faq.html

Prinzipiell ist es denkbar, an solchen Knotenstellen Überwachungsposten einzurichten. Damit würde man einen relativ hohen Anteil der weltweiten E-Mail-Kommunikation erfassen können. Was aber könnte man mit den erfassten Daten anfangen? Die Menge ist so groß, dass keine noch so große Schar von Mitarbeitern dagegen anlesen könnte. Es kann also nur darum gehen, diese Daten maschinell auszuwerten, wobei Computer die Texte nach bestimmten Schlüsselwörtern durchsuchen könnten, z. B. „Waffen", „Drogen" oder „Uran", um einige nahe liegende Beispiele zu nennen. Außerdem wäre es möglich, automatisch alle Nachrichten von oder an eine bestimmte Person zu protokollieren.

Technisch ist eine flächendeckende Überwachung also möglich und denkbar und wahrscheinlich existiert sie auch in dieser oder einer ähnlichen Form. Dabei gilt aber auch hier, dass man sich darüber keine Sorgen machen muss, solange man sich von verdächtigen Themen fernhält. Für den One-Night-Stand vom letzten Wochenende interessiert sich vielleicht die Ehefrau, nicht aber der Verfassungsschutz.

Systemverwalter – Manchmal neugierig oder gelangweilt

Die vielleicht größte Gefahr für die Vertraulichkeit Ihrer E-Mails geht nicht von BND und CIA aus, sondern von Systemverwaltern. Die sind manchmal einfach gelangweilt oder haben keine Lust auf „richtige" Arbeit und wühlen deshalb ganz gern in den Maildateien ihrer Benutzer herum. Schließlich ist das technisch ganz einfach und Spuren hinterlässt man als erfahrener Systemadministrator auch nicht. Nun wollen wir hier nicht eine ganze Berufsgruppe in Misskredit bringen, aber schwarze Schafe gibt es leider immer wieder, und es sind schon einige solcher Fälle bekannt geworden, wobei die Dunkelziffer vermutlich erheblich höher liegt. Was Sie Ihrem Systemadministrator bei einer Tasse Kaffee nicht erzählen würden, sollten Sie also auch nicht unbedingt ungeschützt in eine E-Mail schreiben. Besonders private Angelegenheiten – so diese denn überhaupt mit der Firmen-E-Mail erlaubt sind - können schnell zum Mobbing-Boomerang werden (siehe dazu auch Kapitel 6).

TIPP

Woran merkt man, dass E-Mail mitgelesen wird?

Tja, wenn es nur so einfach wäre. Beim Empfang einer Nachricht blinkt ein rotes Lämpchen auf und eine freundliche Stimme macht einen darauf aufmerksam, dass diese Mail bereits einmal geöffnet wurde. Leider funktioniert es so nicht. Mailspione, die sich auf das Mitlesen von Nachrichten beschränken, hinterlassen leider absolut keine Spuren. Die einzige Möglichkeit zum Schutz der Vertraulichkeit von E-Mails sind deshalb vorbeugende Maßnahmen. Nur wenn Sie bereits einen konkreten Verdacht haben, können Sie diesen überprüfen. Streuen Sie in Ihren E-Mails absichtlich falsche Informationen als Köder ein und warten Sie ab, ob jemand versucht, sich diese zu Nutze zu machen.

Gegenmaßnahmen: Nachrichten verschlüsseln

Da die E-Mail ja nur eine Art elektronischer Postkarte ist, gibt es nur eine Möglichkeit, sie vertraulicher zu gestalten, indem man sie eben mit einem elektronischen Briefumschlag versieht. Dieser hat die gleiche Aufgabe wie der Umschlag bei einem richtigen Brief, er schützt die Nachricht vor unbefugten Lesern, während die E-Mail unterwegs ist. Der elektronische Briefumschlag kann aber noch mehr, denn im Gegensatz zu einem echten Briefumschlag ist er so gestaltet, dass er nur von bestimmten berechtigten Personen wieder geöffnet werden kann.

Um eine E-Mail mit einem solchen virtuellen Briefumschlag zu schützen, kann man Verschlüsselung einsetzen. Dabei wird der ursprüngliche Inhalt einer Nachricht nach einem bestimmten mathematischen Verfahren in ein scheinbar zufälliges Zeichenwirrwarr verwandelt. Diese nichtssagenden Zeichen können bedenkenlos über das Internet verschickt werden. Der Empfänger benutzt das gleiche mathematische Verfahren in umgekehrter Weise, um aus der verschlüsselten Botschaft den ursprünglichen Text zu rekonstruieren. Damit nicht jeder, der dieses mathematische Verfahren kennt und beherrscht, eine Nachricht decodieren kann, verwenden Absender und Empfänger zusätzlich einen Schlüssel, der die genaue Berechnung der Zeichen bestimmt.

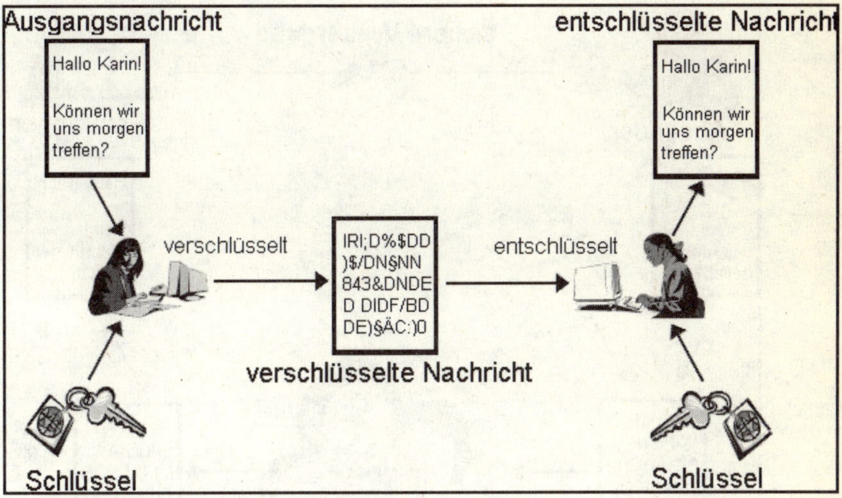

So funktioniert das Verschlüsseln von Nachrichten

Symmetrisches Verschlüsseln

Bei der einfachsten Form des Verschlüsselns benutzen Absender und Empfänger den gleichen (symmetrischen) Schlüssel. Das große Problem beim symmetrischen Verschlüsseln ist, dass der Schlüssel zwischen beiden Kommunikationspartnern vor dem ersten Austausch von Nachrichten übermittelt werden muss. Diese Vereinbarung muss unverschlüsselt erfolgen, weil ja noch kein gemeinsamer Schlüssel existiert. Dabei sollte man auf keinen Fall den Weg benutzen, über den später die Nachrichten verschickt werden. Sonst gibt man denen, gegen deren Überwachung man sich eigentlich wehren möchte, im wahrsten Sinne des Wortes den Schlüssel zur eigenen Sicherheit in die Hand.

Symmetrische Schlüssel müssen vor dem Benutzen also immer auf einem sicheren Weg ausgetauscht werden. Je nach Art des Verschlüsselungsverfahrens geht dies vielleicht durch einen telefonischen Kontakt. Bei komplexen digitalen Schlüsseln, sind allerdings Disketten oder ähnliche Datenträger nötig. Da diese aus Sicherheitsgründen nicht per Post verschickt werden sollten, ist ein persönliches Treffen die beste und sicherste Methode. Wenn der Partner aber auf einem anderen Kontinent lebt? ... Sie sehen vielleicht schon, bis man mit symmetrischen Schlüsseln an den Nachrichtenaustausch gehen kann, ist einiger Aufwand nötig. Das bedeutet aber nicht, dass diese Technik nicht sicher und verwendbar wäre. Solange man eine Möglichkeit findet, den Schlüssel auf sichere Weise zu verbreiten, ist dieses Verfahren das weitaus effektivste.

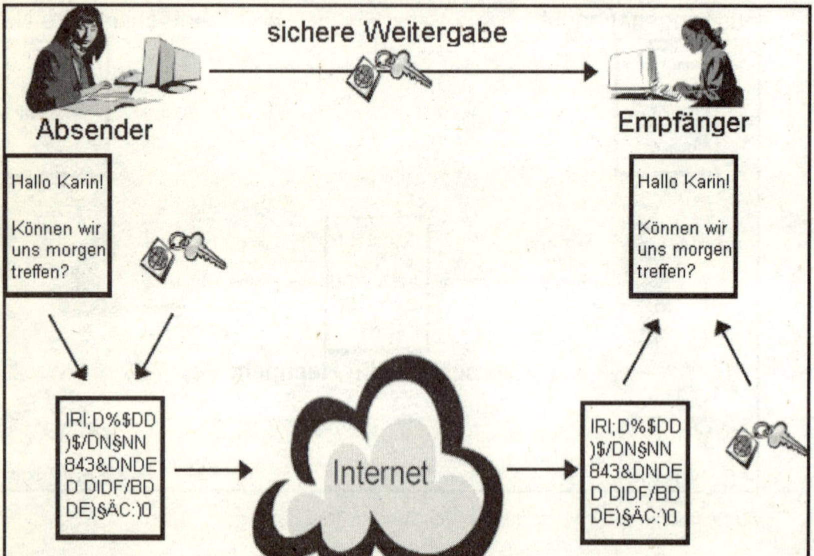

Beim symmetrischen Verschlüsseln besteht das Problem der sicheren Weitergabe des Schlüssels

DES – Data Encryption Standard

Der wohl bekannteste Vertreter der symmetrischen Schlüsselverfahren ist der **D**ata **E**ncryption **S**tandard DES. Er wurde bereits Anfang der siebziger Jahre von IBM und der NSA (**N**ational **S**ecurity **A**gency, ein Geheimdienst der USA) entwickelt. Dass er heute noch immer aktuell ist, sagt viel über seine Sicherheit aus.

DES unterteilt die zu verschlüsselnden Daten in 64 Bit große Blöcke. Diese Daten innerhalb dieser Blöcke werden beim Verschlüsseln in 16 Durchläufen verändert. Dabei stehen nur drei Manipulationsmöglichkeiten zur Verfügung:

- bei der *Exklusiven-Oder-Verknüpfung* entsteht aus zwei Bitfolgen eine neue,
- beim *Substituieren* wird eine Bitfolge durch eine andere ersetzt und
- beim *Permutieren* wird eine Bitfolge in sich umgestellt.

Ein ebenfalls 64 Bit großer Schlüssel steuert dabei, welche Operationen in welcher Reihenfolge ausgeführt werden. Nur mit diesem Schlüssel kann man die später Daten wieder entschlüsseln, wobei das gesamte Verfahren im Prinzip rückwärts läuft.

INFO

Wie sicher ist DES?

Sicherheit ist beim DES relativ. Aufgrund seiner Funktionsweise kann ein Schlüssel nur auf die harte Tour geknackt werden, nämlich durch Ausprobieren aller möglichen Varianten. Leider wurde schon bei der Entwicklung der Technik die Schlüssellänge von der beteiligten NSA aus politischen Gründen auf 64 Bit beschränkt. Das macht die rechenintensiven Attacken einfacher. Bis heute ist nur ein erfolgreicher Angriff auf DES bekannt geworden. Es gibt aber keinen Zweifel daran, dass Geheimdienste und Militärs DES-Schlüssel bei Bedarf beliebig knacken können. Bei dem häufigen Einsatzgebiet von DES für temporäre Sitzungsschlüssel kann diese Gefahr aber vernachlässigt werden.

DES wird heute von vielen Systemen im Internet- und Onlinebereich eingesetzt. So benutzen ihn z. B. die sicheren Webprotokolle S-HTTP und SSL ebenso wie der Homebanking-Standard HBCI. Um die Schwäche des zu kurzen Schlüssels zu umgehen, wurden verschiedene Verfahren nach dem Vorbild von DES entwickelt. Zu den bekanntesten gehört der **I**nternational **D**ata **E**ncryption **A**lgorithm (IDEA). Eine direkte Variante vom DES ist Triple-DES. Hierbei besteht eine Verschlüsselung aus drei einfache DES-Durchläufen, von denen der mittlere technisch eine Entschlüsselung ist. Da jeder Durchlauf einen eigenen Schlüssel verwendet, ergibt sich eine Gesamt-Schlüssellänge von bis zu 192 Bits. So lange Schlüssel machen ein Ausprobieren aller Varianten praktisch unmöglich.

Asymmetrische Schlüssel

Um das Problem der Schlüsselweitergabe zu umgehen, wurden ungleiche (asymmetrische) Schlüssel entwickelt. Dabei hat jeder Benutzer statt eines einzelnen Schlüssels ein eigenes Schlüsselpaar:

- Ein *privater Schlüssel* ist nur für den Besitzer selbst vorgesehen und muss unter allen Umständen geheim bleiben. Dieser Schlüssel kann Nachrichten verschlüsseln und die mit dem öffentlichen Schlüssel verschlüsselten wieder lesbar machen.

- Ein *öffentlicher Schlüssel* ist dafür vorgesehen, an die Kommunikationspartner des Schlüsselinhabers verteilt zu werden. Er wird benutzt, um Nachrichten an den Inhaber zu schicken, die nur diese mit seinem privaten Schlüssel lesbar machen kann. Umgekehrt kann man anhand des öffentlichen Schlüssels die Signatur einer Nachricht prüfen, die mit dem privaten Schlüssel unterschrieben wurde. So kann die Echtheit einer Nachricht festgestellt werden.

Jeder der beiden Schlüssel entschlüsselt also die Nachrichten, die mit dem jeweils anderen zuvor verschlüsselt wurden. Trotzdem kann man aus dem öffentlichen Schlüssel keine Rückschlüsse auf den privaten Schlüssel ziehen. Deshalb kann der öffentliche Schlüssel auch unbedenklich über unsichere Kanäle wie etwa das Internet verteilt werden. Solange der private Schlüssel wirklich geheim bleibt, ist eine sichere Kommunikation gewährleistet.

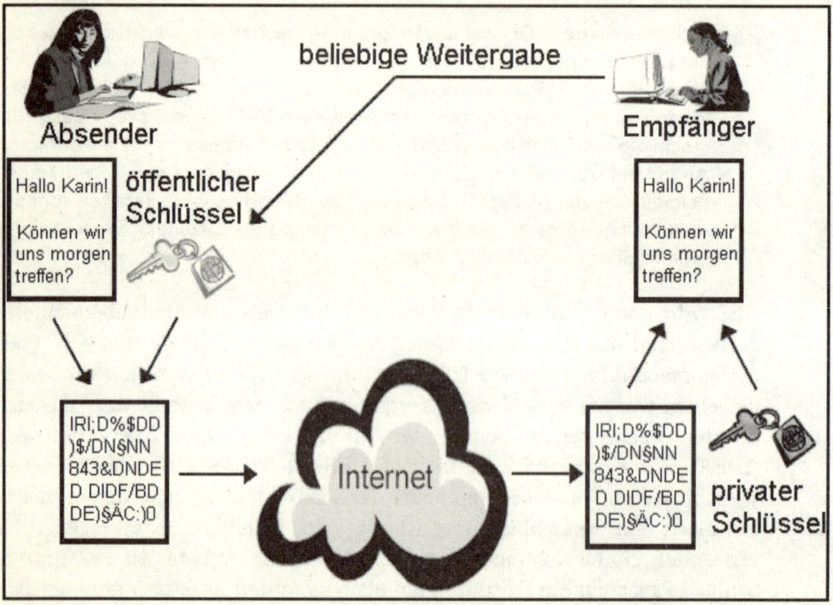

Asymmetrische Verschlüsselung ermöglicht die beliebige Weitergabe des Schlüssels

Da beim asymmetrischen Verschlüsseln jeder Benutzer seinen persönlichen Schlüssel besitzt, erfüllt dieses System zwei wichtige Sicherheitskriterien:

- Die *Vertraulichkeit* wird gewährleistet, weil Nachrichten so verschlüsselt werden können, dass sie garantiert nur der beabsichtigte Empfänger mit seinem privaten Schlüssel lesen kann. Dritte bleiben von der Kommunikation so ausgeschlossen.

- Für *Authentizität* sorgen Nachrichten, die mit einem privaten Schlüssel codiert wurden. Der Empfänger kann die Codierung mit dem öffentlichen Schlüssel des Absenders überprüfen und weiß so mit Sicherheit, dass die Nachricht vom scheinbaren Absender stammt und unverändert bei ihm angekommen ist.

Die Verteilung der Schlüssel

Die Verbreitung von asymmetrischen Schlüsseln ist erheblich einfacher als bei den symmetrischen Gegenstücken. Der private Schlüssel darf auf keinen Fall aus der Hand gegeben werden. Der öffentliche wiederum kann bedenkenlos über beliebige Kanäle verteilt werden. Einige Sicherheitsmaßnahmen sind aber von den Empfängern öffentlicher Schlüssel zu beachten. Der öffentliche Schlüssel selbst sagt zunächst nichts über die Identität des Schlüsselinhabers aus. Jeder kann ein Schlüsselpaar erzeugen und dabei einen beliebigen Namen angeben. So ist es möglich, dass Ihnen jemand einen Schlüssel unter falschem Namen schickt. Bevor Sie einen öffentlichen Schlüssel übernehmen, sollten Sie sich deshalb über seine Herkunft vergewissern:

- Übernehmen Sie niemals unaufgefordert zugeschickte öffentliche Schlüssel.
- Behandeln Sie öffentliche Schlüssel-Server oder Schlüssel-Archive mit großer Vorsicht. Diese Angebote stellen die Schlüssel lediglich zum Abruf bereit. Sie geben aber meist keine Garantien für die Authentizität der Schlüssel.
- Wenn Sie sich einen öffentlichen Schlüssel per E-Mail zuschicken lassen, dann vergewissern Sie sich z. B. durch ein zusätzliches Telefonat von der Echtheit des Schlüssels.

TIPP

Öffentliche Schlüsselserver

Ein beliebter Weg für das Verbreiten von öffentlichen Schlüsseln sind Schlüsselserver (Keyserver). Sie speichern die öffentlichen Schlüssel der Benutzer. Allerdings sollte man auch diesen scheinbar offiziellen Schlüsselquellen nicht bedingungslos vetrauen. Einige Schlüsselserver sind eher einfache Archive, in denen jeder beliebige – also auch gefälschte – Schlüssel veröffentlichen kann. Bevor Sie Schlüssel von einem öffentlichen Server beziehen, sollten Sie sich unbedingt über dessen Authentifizierungsmethoden informieren. Nur bei den wenigsten Schlüsselservern stellen sich die Benutzer in persönlicher oder ähnlich zuverlässiger Form beim Server-Betreiber vor, bevor ihr Schlüssel aufgenommen wird. Es ist allemal sicherer, den öffentlichen Schlüssel vom Besitzer selbst anzufordern. Im nachfolgenden Abschnitt über PGP zeigen wir Ihnen, wie Sie Ihren öffentlichen Schlüssel auf einem Keyserver veröffentlichen können.

RSA – Die Mutter der asymmetrischen Schlüssel

Der meistverbreitete Vertreter asymmetrischer Verschlüsselungsverfahren ist RSA, nach seinen Erfindern Rivest, Shamir und Adleman benannt. RSA benutzt im Vergleich zu DES wesentlich aufwendigere mathematische Methoden zum Verschlüsseln. Dabei macht es sich die Tatsache zu Nutze, dass das Multiplizieren zweier Primzahlen wesentlich einfacher ist als das Zerlegen eines Primzahlprodukts. Diesen Effekt können Sie leicht selbst nachvollziehen. Vergleichen Sie die Zeit die Sie brauchen, um 13 mit 23 zu multiplizieren bzw. die beiden Primzahlen zu ermitteln, die miteinander multipliziert 289 ergeben. Dieses Missverhältnis nutzt RSA aus, indem das Verschlüsseln einer Primzahl-Multiplikation und das Entschlüsseln einer Primzahl-Zerlegung entspricht. Der Rechenaufwand für solche Rechenoperationen geht bei Zahlen mit mehreren hundert Stellen schnell gegen unendlich. Deshalb interpretiert RSA den zu verschlüsselnden Klartext nicht als Bitfolge, sondern als große Zahlen. Auch der Schlüssel ist eine Zahl, wobei auch hier gilt: Je größer, desto sicherer.

Die Schlüssellänge ist bei RSA variabel, sodass der Benutzer den Schlüssel seinem Sicherheitsbedürfnis anpassen kann. Der Nachteil bei RSA ist nämlich der - im Vergleich zu symmetrischen Verfahren - deutlich höhere Rechenaufwand beim Ver- und Entschlüsseln. Hier gilt es, stets einen guten Kompromiss zwischen Sicherheit und Leistungsfähigkeit zu finden.

INFO

Wie sicher ist RSA?

RSA kann mit Einschränkungen als ein sehr sicheres Verfahren gelten. Gerade aufgrund seiner Beliebtheit musste es in der Vergangenheit unzählige Attacken von seriösen und unseriösen Code-Knackern aushalten. Tatsächlich ist es auch gelungen, RSA-Schlüssel zu knacken. Diese hatten allerdings keine sehr große Schlüssellänge. Neuere Schlüssel mit bis zu 2048 Bit sind als sicher zu bezeichnen. Ein Schwachpunkt von RSA liegt in seinen komplexen mathematischen Verfahren und der damit verbundenen schwierigen Implementation. Hier können Programmierer leicht Fehler machen, die Code-Knacker ausnutzen. So wurde z. B. vor einigen Jahren entdeckt, dass die Zeit, die zur Verschlüsselung benötigt wird, Rückschlüsse auf den Schlüssel zulässt. Inzwischen wird diese Gefahr durch künstliche, zufällige Rechenpause beseitigt. Ähnliche Angriffspunkte können aber immer wieder entdeckt werden.

RSA ist neben DES die zweite große Säule des sicheren Datenverkehrs. Viele populäre Techniken und Produkte machen davon Gebrauch, so z. B. PGP, S-HTTP und SSL. Interessanterweise sind die beiden Techniken besonders in Kombination am stärksten. Häufig wird die rechenintensive RSA-Verschlüsselung benutzt, um am Anfang einer Transaktion einen effektiveren symmetrischen Sitzungsschlüssel auszutauschen. Damit umgeht man das Schlüssel-Austausch-Problem des symmetrischen Verfahrens.

So werden Schlüssel geknackt

Die Wissenschaft der Datenverschlüsselung nennt sich *Kryptografie*. Kryptografen verwenden zum Verschlüsseln eines Klartexts in einen Schlüsseltext ein oder mehrere bestimmte Verschlüsselungsverfahren (*Chiffre*). Das Knacken eines Verfahrens nennt man *Kryptoanalyse*, wobei es verschiedene Angriffsmethoden gibt:

- Bei der *Schlüsseltext-Analyse* kennt der Angreifer nur den Schlüsseltext. Er versucht, daraus den Schlüssel und dadurch den Klartext zu ermitteln. Dieses Verfahren ist das schwierigste und funktioniert nur bei sehr einfachen Chiffren.
- Bei der *Klartext-Analyse* kennt der Angreifer sowohl den Klartext als auch den Schlüsseltext und versucht, daraus den Schlüssel zu bestimmen. Da der Angreifer hier die Möglichkeit hat, Verbindungen zwischen Klartext und Schlüsseltext zu ziehen, ist diese Form der Analyse einfacher.
- Noch einfacher geht die *Gewählte-Klartext-Analyse*. Bei dieser Methode kennt der Angreifer nicht nur Schlüssel- und Klartext, sondern kann den Inhalt des Klartexts sogar selbst bestimmen. Das ist z. B. der Fall, wenn es ihm gelingt, heimlich einen eigenen Text mit dem gesuchten Verfahren verschlüsseln zu lassen. Dann kann er den Text gezielt so gestalten, dass er ihm das Knacken des Verfahrens möglichst leicht macht.
- Kommt man mit diesen drei Varianten nicht zum Ziel, dann hilft nur noch *Brute Force* (dt. rohe Gewalt). Bei einer vollständigen Schlüsselsuche probiert man alle möglichen Schlüssel aus, die für das Verfahren in Frage kommen. Damit lassen sich z. B. 64 Bit lange DES-Schlüssel durchaus ermitteln, wenn man auch geballte Rechnerkapazität und viel Zeit benötigt. Um längere Schlüssel so zu knacken, müsste man zunächst einige physikalische Gesetze überwinden. Die heute bekannten Rechner müssten elektrische Impulse schneller als das Licht durch ihre Leiterbahnen bewegen, um innerhalb der Lebenszeit unseres Universums zu einem Ergebnis zu kommen.

Alle dieses Methoden setzen im Übrigen voraus, dass das eigentliche Verschlüsselungsverfahren bekannt ist, und nur der Schlüssel selbst ermittelt werden muss. Wenn man nicht mal weiß, wie das Verfahren funktioniert, dann wird das Knacken noch um einige Dimensionen schwieriger.

INFO

Code-Knacker und Kryptografen

Es ist übrigens durchaus nichts Ehrenrühriges, sich am Knacken eines Schlüssels zu versuchen. Im Gegenteil, wenn es Ihnen tatsächlich gelingt, ist Ihnen die Anerkennung in der Fachwelt sicher und ein gut bezahlter Job in der Softwareindustrie in greifbarer Nähe. Voraussetzung ist natürlich, dass Sie sich mit Ihren Ergebnissen gleich an die Öffentlichkeit wenden und diese nicht heimlich für unlautere Zwecke ausnutzen. Und auch für gescheiterte, dokumentierte Versuche ist die Netzwelt dankbar. Nur durch Knack-Versuche kann man letztendlich Aussagen über die Zuverlässigkeit eines Schlüssels machen. Also, frisch ans Werk!

7.3 Mitleser, nein danke! – E-Mails mit PGP verschlüsseln

Zum Verschlüsseln von E-Mail hat sich im Internet das Programm **P**retty **G**ood **P**rivacy (PGP) als De-facto-Standard durchgesetzt. Der Name bedeutet in Deutsch in etwa „sehr sicherer Privatsphäre" und ist bezeichnend für das Programm. Es wurde ursprünglich von einem privaten Internetbenutzer namens Phil Zimmerman entwickelt und gewann schnell an Beliebtheit und Unterstützung in der Internetgemeinde. Dadurch bedingt ist es für praktisch alle Plattformen und Betriebssysteme verfügbar, was ein unschätzbarer Vorteil ist. Mittlerweile wird PGP von einer großen US-Firma professionell weiterentwickelt und vermarktet. Es gibt aber nach wie vor eine kostenlose Version des Programms, der zwar einige Komfortfunktionen, aber keine sicherheitsrelevanten Aspekte des Vollprogramms fehlen. Sie kann unter http://www.pgpinternational.com heruntergeladen werden.

PGP arbeitet mit den sicheren asymmetrischen Schlüsseln nach dem Verfahren RSA oder Diffie-Hellman/DSS. Während ältere Versionen vor 5.0 nur unter DOS liefen und zusätzliche Windows-Oberflächen benötigten, sind die neueren Windows-Versionen (ab 5.0) endlich zeitgemäß praktisch und komfortabel. Neben einer leicht zu bedienenden Oberfläche verfügen sie außerdem über praktische Plug-Ins, mit denen sich PGP nahtlos in gängige E-Mail-Programme wie etwa Outlook Express einfügt. So wird das Ver- und Entschlüsseln zum Kinderspiel. Auf den folgenden Seiten zeigen wir den Umgang mit PGP zunächst anhand von Outlook Express. Der Einsatz von PGP ist aber nicht nur darauf beschränkt, weshalb wir anschließend auch darauf eingehen, wie Sie PGP mit praktisch jedem beliebigen Kommunikationsprogramm verwenden können.

Die PGP-Werkzeuge

PGP ist eine leistungsfähige und flexible Software, die aus verschiedenen Komponenten besteht, die je nach Aufgabe gestartet und verwendet werden. Damit Sie die nachfolgenden Anleitungen besser nachvollziehen können, geben wir zunächst einen kurzen Überblick über die Bedienung des Programms.

PGPtray – Das PGP-Symbol in der Startleiste

Nach der Installation finden Sie rechts unten in der Startleiste Ihres PCs ein neues Symbol namens *PGPtray* vor. Es zeigt an, dass PGP auf Ihrem Rechner aktiv ist und stellt darüber hinaus die wichtigsten Funktion direkt zur Verfügung, wenn Sie mit der Maus einfach auf das Symbol klicken. Neben der Hilfe und den Optionen können von hier aus die weiteren PGP-Module PGPkeys und

PGPtools gestartet werden. Außerdem enthält das Menü Abkürzungen zu den wichtigsten Funktionen zum Ver- und Entschlüsseln des Inhalts vom aktuellen Fenster bzw. von der Zwischenablage.

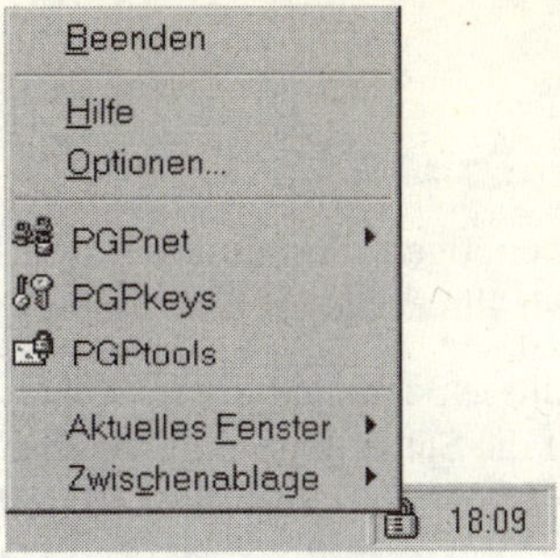

Das PGPtray-Symbol in der Startleiste bietet Zugang zu den wichtigsten Funktionen

PGPkeys – Die Schlüsselverwaltung

Eine weitere wichtige Komponente ist PGPkeys. Dieses Programm ist für die Verwaltung der PGP-Schlüssel zuständig. Von hier aus können Sie eigene Schlüssel erstellen und an andere Benutzer verteilen. Ebenso werden die Schlüssel anderer hier importiert oder Sie können gezielt nach den öffentlichen Schlüsseln anderer Personen suchen.

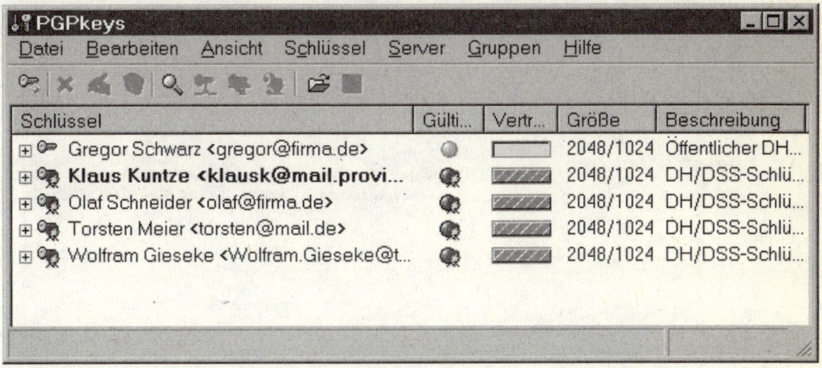

PGPkeys verwaltet die eigenen Schlüssel und die öffentlichen Schlüssel anderer Benutzer

PGPtools – Die Steuerzentrale

PGPtools ist die Steuerzentrale, die insbesondere dann wichtig wird, wenn man kein E-Mail-Programm verwendet, bei dem sich die PGP-Funktionen unmittelbar per Plug-In benutzen lassen. Dann stellt PGPtools als kleines Fenster mit sieben zentralen Schaltflächen alle benötigten PGP-Funktionen per Mausklick zur Verfügung. Auf die verschiedenen Funktionen von PGP gehen wir auf den folgenden Seiten konkret ein.

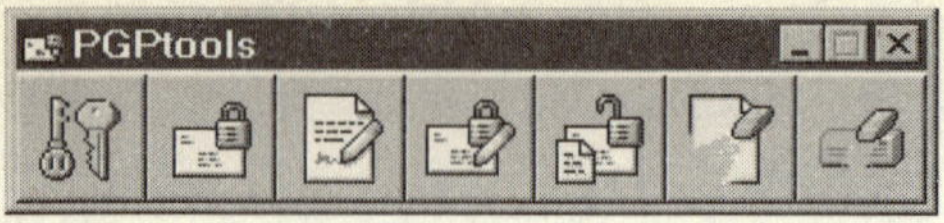

Die Steuerzentrale von PGP: PGPtools

Einen eigenen PGP-Schlüssel erstellen

Um mit PGP sicher zu kommunizieren, benötigen Sie zunächst ein eigenes Schlüsselpaar. In diesem Workshop zeigen wir Ihnen die dazu nötigen Schritte.

PGP stellt Ihnen zum Erzeugen Ihres Schlüsselpaars mit dem *Schlüsselerzeugungsassistent* einen automatischen Helfer an die Seite, der Sie durch alle Schritte führt. Sie finden ihn im *PGPkeys*-Verwaltungsprogramm, das Sie z. B. mit *Start\Programme\PGP\PGPKeys* oder in Outlook Express mit *Extras\PGP\PGPKeys starten* aufrufen.

1. Sie starten den Assistenten mit *Schlüssel/Neuer Schlüssel* im *PGPKeys*-Verwaltungsprogramm.

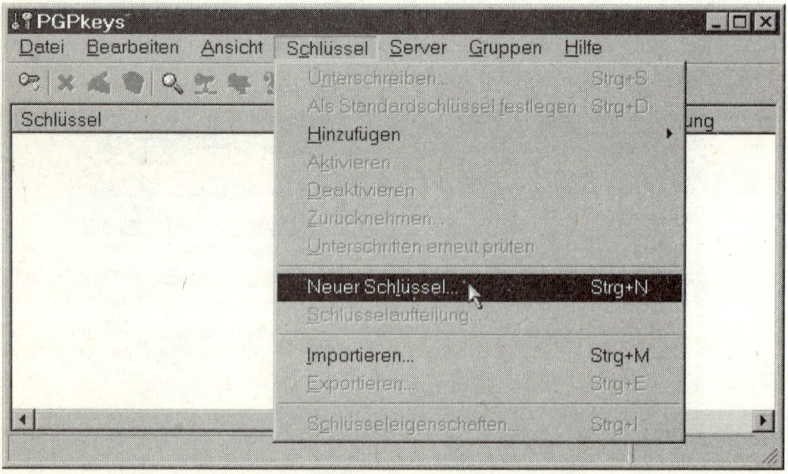

Mit Neuer Schlüssel rufen Sie den Schlüsselerzeugungsassistenten von PGP auf

2. Geben Sie im ersten Schritt zunächst Ihren Namen und Ihre E-Mail-Adresse an. Prinzipiell können Sie hier beliebige Daten eingeben. Da diese Informationen mit dem öffentlichen Schlüssel an Ihre Kommunikationspartner weitergegeben werden, sollten Sie allerdings sinnvolle und unmissverständliche Bezeichnungen wählen.

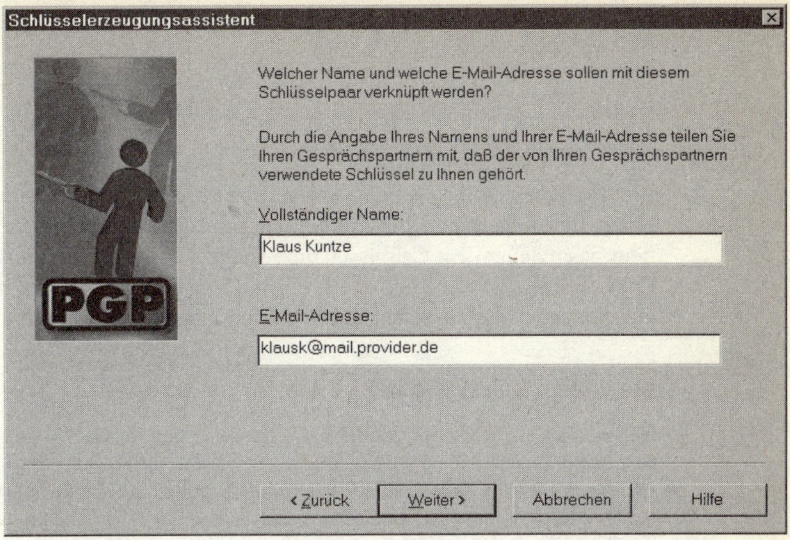

Geben Sie Ihren Namen und Ihre E-Mail-Adresse an

3. Im zweiten Schritt entscheiden Sie sich für einen *Schlüsselpaartyp* von zwei möglichen Alternativen. Zur Verfügung stehen:

- *Diffie-Hellman/DSS* ist das neue Verschlüsselungsverfahren von PGP. Es wird den Benutzern empfohlen und wird auch in weiteren Versionen unterstützt werden. In der Regel sollten Sie sich für diese Technik entscheiden. Sie können mit Benutzern älterer PGP-Versionen dann allerdings teilweise nicht kommunizieren.
- *RSA* ist das alte, klassische Verschlüsselungsverfahren. Es wurde von älteren PGP-Versionen ausschließlich benutzt, soll nach Willen des PGP-Herstellers in Zukunft aber durch Diffie-Hellman/DSS ersetzt werden. Ob dieses Verfahren von zukünftigen PGP-Versionen überhaupt noch unterstützt werden wird, ist ungewiss. Sie sollten sich nur dann für diese Technik entscheiden, wenn Ihre Kommunikationspartner noch mit älteren PGP-Versionen arbeiten und nicht zu einem Upgrade bereit sind.

TIPP

Zwei Schlüssel parallel

Wenn Sie sich nicht für eines der beiden Verfahren entscheiden mögen, dann verwenden Sie einfach beide. Sie können mit PGP prinzipiell beliebig viele Schlüssel mit jeder der beiden Techniken erzeugen. Richten Sie sich also einen Diffie-Hellman/DSS- und einen RSA-Schlüssel ein. Sie müssen dann allerdings den Überblick behalten, wem Sie welchen öffentlichen Schlüssel gegeben haben und an wen Sie mit welchem der beiden privaten Schlüsseln verschlüsseln müssen.

Wählen Sie die Art des Schlüssels aus

4. Als Nächstes legen Sie die *Schlüsselpaargröße* fest. Von diesem Faktor hängt die Sicherheit Ihrer Kommunikation ganz entscheidend ab: Mit jedem zusätzlichen Bit Schlüssellänge steigt der Aufwand zum Knacken des Codes potenziell an. Auch die kleinste Länge (*768 Bits*) bietet aber schon ein gewisses Maß an Sicherheit. Maximal möglich sind bis zu *4096* Bits.

TIPP

Die richtige Schlüssellänge

Übertreiben Sie es mit der Größe des Schlüssels nicht. Mit der Länge eines Schlüssels steigt nämlich auch die Zeit, die zum Ver- und Entschlüsseln nötig ist, potenziell an. Wenn Sie also nicht jedes Mal fünf Minuten tatenlos vorm Rechner sitzen wollen, während der Ihre Nachrichten codiert, sollten Sie einen mittleren Wert wählen. 1024 bis 2048 Bits sind ein guter Kompromiss zwischen Sicherheit und Performance.

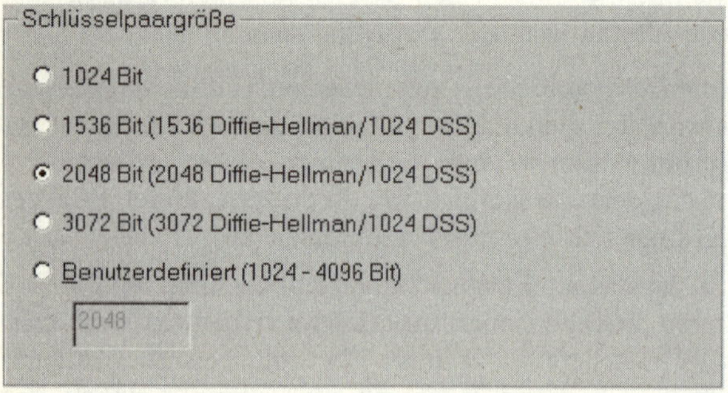

Bestimmen Sie die Größe und damit die Zuverlässigkeit des Schlüssels

5. Wenn Ihr Schlüssel so lange gültig sein soll, bis Sie ihn selbst aus dem Verkehr ziehen, wählen Sie im folgenden Schritt die Option *Gültigkeit des Schlüsselpaars nicht beschränken*. Möchten Sie hingegen ein Datum angeben, an dem der Schlüssel automatisch deaktiviert werden soll, wählen Sie die Option *Schlüsselpaar läuft ab* und geben Sie im Feld dahinter das Verfallsdatum an.

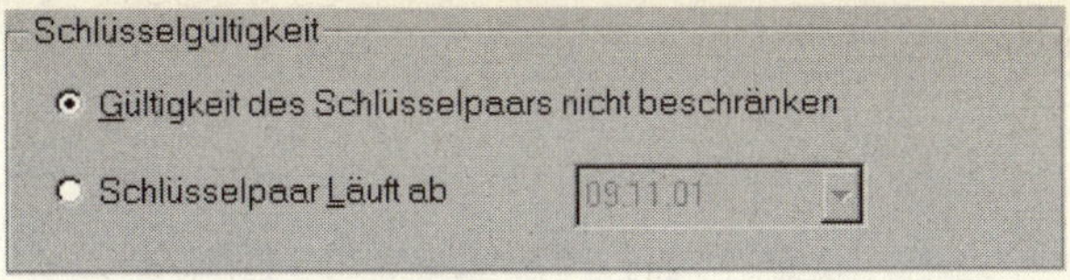

Legen Sie fest, ob der Schlüssel unbegrenzt gültig bleiben soll

INFO

Geltungsdauer von Schlüsseln

Für jeden Schlüssel kann man die *Schlüsselgültigkeit* angeben. Dieses Datum bestimmt, wie lange ein Schlüssel zum Verschlüsseln und Signieren benutzt werden kann. Nach diesem Datum kann man mit dem Schlüssel nur noch entschlüsseln und Signaturen prüfen. Für normale Kommunikation ist es nicht unbedingt notwendig, ein Verfallsdatum festzulegen. Der Einsatz eines neuen Schlüssels ist immer mit einigen Umständen verbunden, bis alle Kommunikationspartner den neuen öffentlichen Schlüssel bekommen haben und benutzen. Diesen Schritt sollten Sie deshalb nur tun, wenn Sie den Verdacht haben, dass Ihr Schlüssel in unbefugte Hände geraten ist. Automatisch verfallende Schlüssel sind besonders für Benutzer mit sehr hohen Sicherheitsansprüchen sinnvoll. Sie sind dadurch automatisch gezwungen, regelmäßig einen neuen Schlüssel zu erzeugen und in Umlauf zu bringen. Sollte doch jemand den alten Schlüssel geknackt haben, dann muss er dies dann von Neuem schaffen.

6. Jeder private Schlüssel ist mit einer *Passphrase* geschützt. Ein privater Schlüssel kann nur nach Eingabe dieser Phrase zum Ver- oder Entschlüsseln verwendet werden. Eine Passphrase ist natürlich nur eine andere Bezeichnung für ein Passwort, die deutlich machen will, dass ein komplexerer Ausdruck (etwa ein ganzer Satz) sicherer als ein einzelnes Wort ist. Geben Sie für Ihren Schlüssel im Feld *Paßphrase* ein sicheres Passwort ein. Unten wiederholen Sie die Eingabe im Feld *Bestätigung*, um Tippfehler auszuschließen. Die Anzeige *Paßphrasenqualität* zwischen den beiden Feldern verrät Ihnen, wie sicher das gewählte Passwort ist. Das hängt von der Länge der Eingabe und den verwendeten Zeichen ab. Sonderzeichen wie z. B. !/?()§&$ machen Ihre Passphrase erheblich sicherer. Wie Sie ein sicheres Passwort wählen, ist in Kapitel 2 ausführlich beschrieben.

TIPP

Passwort anzeigen

Wenn Sie lieber sehen möchten, was Sie eintippen, schalten Sie die Option *Eingabe verbergen* aus. Die eingetippten Zeichen werden dann auf dem Bildschirm dargestellt. Achten Sie in dem Fall aber unbedingt darauf, dass Ihnen bei der Eingabe niemand heimlich über die Schulter schaut.

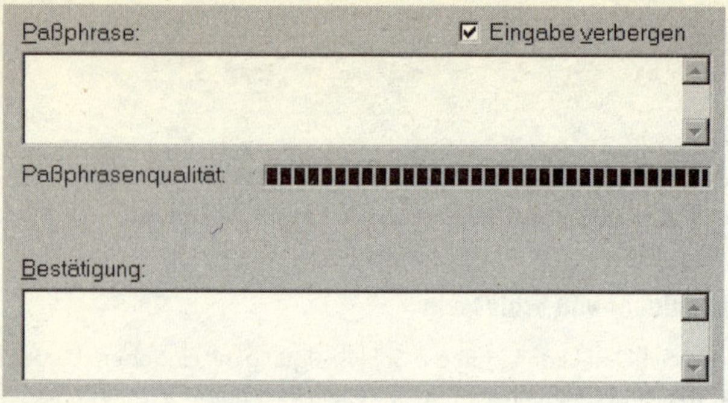

Schützen Sie den Schlüssel mit einer sicheren Passphrase

7. PGP hat nun alle Informationen, die es benötigt. Im nächsten Schritt wird das Schlüsselpaar aufgrund dieser Daten erzeugt. Da es sich hierbei um einen recht komplizierten mathematischen Berechnungsprozess handelt, kann es je nach Geschwindigkeit des Rechners eine Weile dauern.

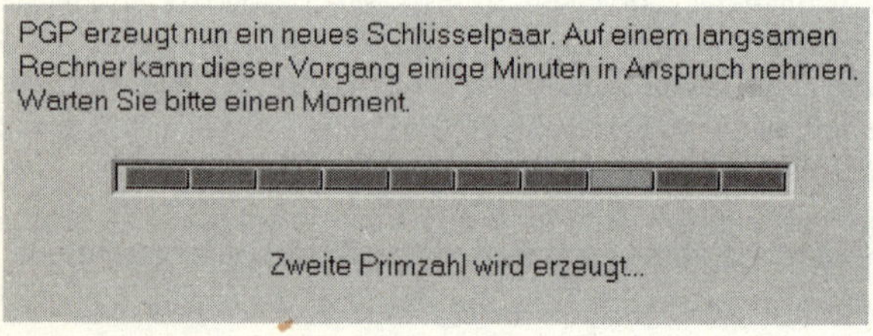

PGP berechnet das neue Schlüsselpaar

8. Damit ist Ihr neues Schlüsselpaar erzeugt. Zum Abschluss haben Sie die Möglichkeit, den neuen öffentlichen Schlüssel auf einem Schlüsselserver zu veröffentlichen. Dieser Server speichert die öffentlichen Schlüssel von vielen PGP-Benutzern. Wenn auch Ihr öffentlicher Schlüssel auf diese Art verteilt werden soll, überträgt PGP ihn jetzt direkt an den Server. Bauen Sie dazu eine Internetverbindung auf und aktivieren Sie die Option *Meinen Schlüssel jetzt an den Root-Server senden*, bevor Sie auf *Weiter* klicken. Bedenken Sie aber, dass Sie dann die Kontrolle darüber verlieren, wer Ihren öffentlichen Schlüssel benutzt. Auch für Ihre Kommunikationspartner ist es zuverlässiger, wenn sie den Schlüssel direkt von Ihnen erhalten. Schließlich könnte jeder einen öffentlichen Schlüssel unter Ihrem Namen auf dem Schlüsselserver platzieren.

Damit ist der Vorgang des Erzeugens eines neuen Schlüsselpaars abgeschlossen. Im Schlüsselmanager von PGP (*PGPkeys*) finden Sie ab sofort einen Eintrag für Ihren Schlüssel.

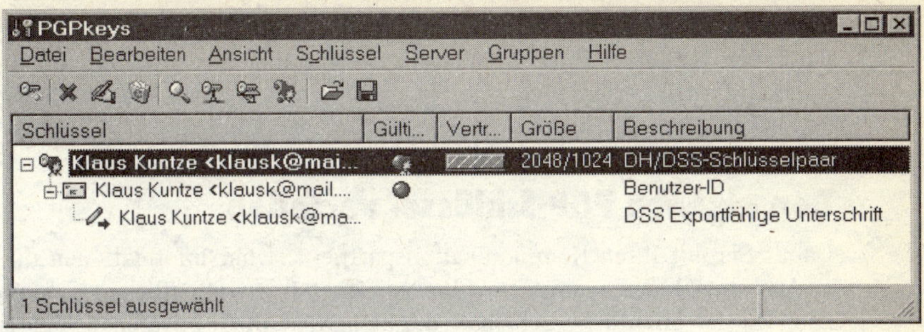

Das neue Schlüsselpaar wird im Schlüsselmanager angezeigt

Zu jedem gespeicherten Schlüssel gibt der Schlüsselverwalter PGPkeys verschiedene Informationen an:

- *Schlüssel* - Die Bezeichnung des Schlüssels, bestehend aus einem Symbol, dem Namen und der E-Mail-Adresse des Inhabers. Die grafischen Symbole haben verschiedene Bedeutungen. So stehen gelbe bzw. goldene Schlüssel für die neueren Diffie-Hellman/DSS-Schlüssel, während die blauen die veralteten RSA-Schlüssel repräsentieren. Eigene Schlüssel erkennen Sie an einem Doppel-Schlüssel-Symbol.
- *Gültigkeit* - Jeder Schlüssel besitzt eine bestimmte Stufe an Vertrauen. Diese hängt davon ab, wie und von wem Sie den Schlüssel erhalten haben. Grüne Kreise und Vierecke bedeuten, dass Sie diesem Schlüssel völlig vertrauen können. Graue Symbole zeigen eingeschränktes Vertrauen an. Bei solchen Schlüsseln ist die Herkunft nicht ganz eindeutig.
- *Vertrauen* - Diese Anzeige gibt an, ob und in welchem Umfang eine Person, von der Sie den öffentlichen Schlüssel besitzen, als Vertrauensperson die Schlüssel von Dritten autorisieren darf. Wenn Sie einen öffentlichen Schlüssel erhalten, der zusätzlich von einer Ihrer Vertrauenspersonen signiert wurde, dann gilt dieser Schlüssel als vertrauenswürdig, was sich in einem grünen Vertrauensindikator äußert.
- *Größe* - In diesem Feld wird die Größe des Schlüssels, also die Anzahl von Bits die beim Verschlüsseln verwendet werden, angegeben. Je größer die Zahl ist, desto sicherer ist der Schlüssel. Bei den neuen Diffie-Hellman/DSS-Schlüsseln finden Sie jeweils eine Angabe für den Diffie-Hellman und den DSS-Teil des Schlüssels.
- *Beschreibung* - Die Kurzbeschreibung erläutert die verschiedenen Einträge, die zu einem Schlüssel gehören. Neben dem eigentlichen Eintrag des Schlüssels können Sie wie im Explorer mit einem Mausklick auf das + weitere Untereinträge öffnen. Sie enthalten z. B. eine oder mehrere User-IDs, die einem Schlüssel zugeordnet sind. Ebenso besitzt jeder Schlüssel einen öffentlichen, exportierbaren Teil (*Exportfähige Unterschrift*), den Sie an andere Benutzer weitergeben können.

Den Schlüsselmanager benutzen Sie, um Ihr eigenes Schlüsselpaar und die öffentlichen Schlüssel Ihrer Kommunikationspartner zu verwalten. Im folgenden Abschnitt wird beschrieben, wie Sie mithilfe des Schlüsselmanagers Ihren eigenen öffentlichen Schlüssel an andere weitergeben können.

Den eigenen PGP-Schlüssel verteilen

Damit Sie mit Ihren Kommunikationspartnern sicher Informationen und Daten austauschen können, müssen diese zunächst Ihren öffentlichen Schlüssel kennen. Da der öffentliche Schlüssel die Sicherheit Ihres privaten Schlüssels nicht gefährdet, können Sie ihn unbedenklich z. B. per E-Mail verteilen:

1. Markieren Sie dazu den Eintrag Ihres Schlüsselpaars im Schlüsselmanager
2. Öffnen Sie mit der rechten Maustaste das kontextabhängige Menü dazu. Hier finden Sie ganz oben den Menüpunkt *Kopieren*, mit dem Sie den öffentlichen Schlüssel in die Zwischenablage übertragen.

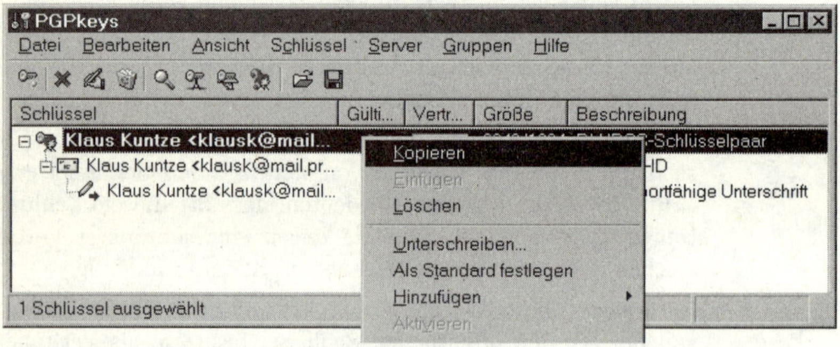

Übertragen Sie den öffentlichen Teil Ihres PGP-Schlüssels in die Zwischenablage

INFO

Kann ich versehentlich meinen privaten Schlüssel veröffentlichen?

Machen Sie sich keine Sorgen über Ihren privaten Schlüssel. PGP lässt es nicht zu, diesen versehentlich weiterzuleiten. Selbst wenn Sie den privaten Schlüssel markieren und auf Kopieren klicken, wird PGP immer nur den öffentlichen Teil Ihres Schlüssels veröffentlichen.

3. Öffnen Sie nun Ihr E-Mail-Programm und schreiben Sie eine Nachricht an den oder die Empfänger Ihres Schlüssels. Erklären Sie kurz, worum es geht. Vielleicht fügen Sie in die Nachricht einen Hinweis ein, der dem Empfänger beweist, dass die E-Mail wirklich von Ihnen stammt.
4. Benutzen Sie dann im Textfenster wiederum die rechte Maustaste. Im kontextabhängigen Menü finden Sie die Funktion *Paste* bzw. *Einfügen*. Alternativ rufen Sie diese Funktion über das *Edit* bzw. *Bearbeiten*-Menü auf. Dieser Befehl fügt den Inhalt der Zwischenablage in die Nachricht ein.

5. Verschicken Sie die Nachricht dann wie gewohnt. Die Empfänger können Ihren öffentlichen Schlüssel daraus extrahieren und in ihren Schlüsselbund einfügen.

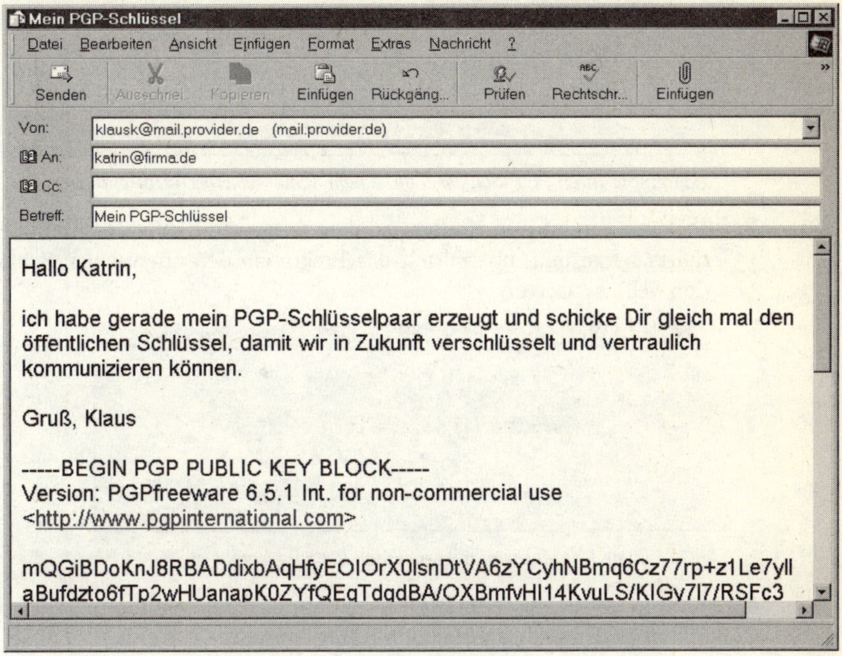

So fügen Sie Ihren öffentlichen Schlüssel in eine E-Mail ein

Schlüssel auf einem Key-Server veröffentlichen

Damit andere Personen, die Ihnen vertraulich schreiben wollen, ohne vorher schon in Kontakt mit Ihnen getreten zu sein, dies tun können, gibt es Schlüsselserver. Die Server stellen große Archive mit öffentlichen Schlüsseln von PGP-Benutzern aus aller Welt bereit. Damit auch Ihr Schlüssel dort veröffentlicht wird, müssen Sie ihn an den Schlüsselserver übertragen. Gehen Sie dazu so vor:

1. Markieren Sie Ihren Schlüssel im *PGPkeys*-Schlüsselmanager.

2. Wählen Sie die Menüfunktion *Server/Senden an*. Wählen Sie im Untermenü einen der angebotenen Server aus. *certserver.pgp.com* ist der offizielle PGP-Schlüsselserver. Daneben gibt es auch andere Server von verschiedenen Anbietern. Sie können Ihren Schlüssel auch auf mehreren Servern veröffentlichen. Dazu müssen Sie diesen Vorgang für jeden Server wiederholen.

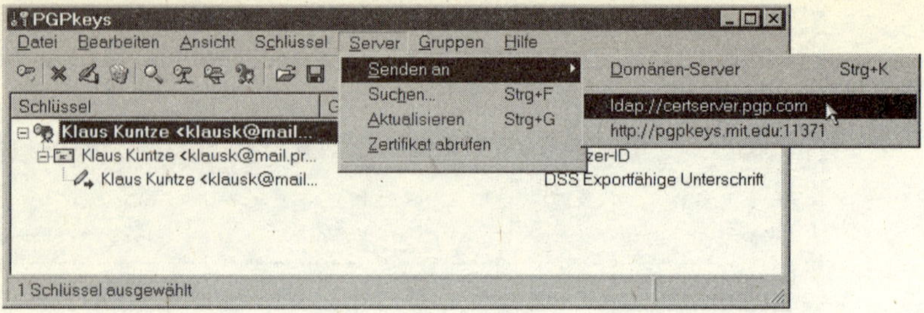

Lassen Sie Ihren PGP-Schlüssel auf einem Schlüsselserver veröffentlichen

3. *PGPkeys* nimmt nun Kontakt zu dem ausgewählten Schlüsselserver auf. Ist dieser hergestellt, übermittelt das Programm den öffentlichen Schlüssel an den Schlüsselserver.

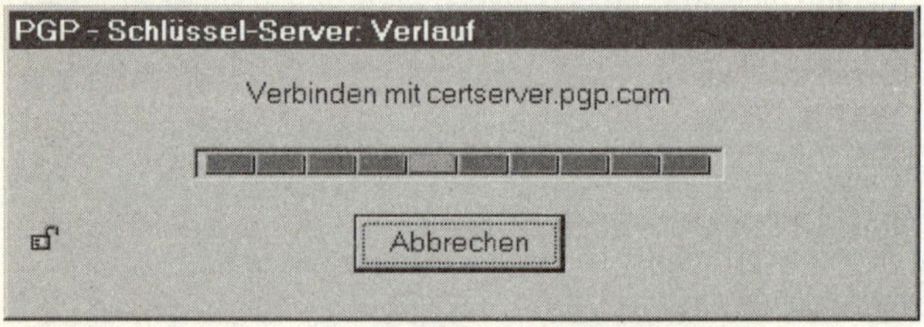

PGP nimmt Kontakt zum ausgewählten Schlüsselserver auf

4. Konnte der Schlüssel erfolgreich auf dem Server veröffentlicht werden, bestätigt *PGPkeys* dies mit einem Erfolgshinweis.

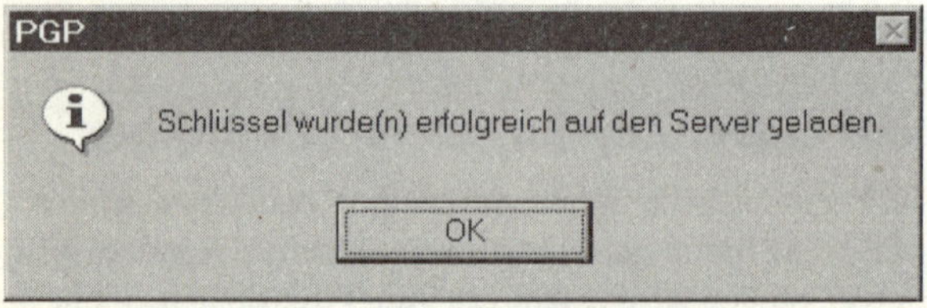

Der Schlüssel wurde erfolgreich veröffentlicht

Ab sofort ist der Schlüssel auf dem Server verfügbar. Wie Sie selbst einen öffentlichen Schlüssel auf einem Schlüsselserver suchen und in Ihren Schlüsselbund aufnehmen, zeigen wir im nächsten Abschnitt.

Öffentliche Schlüssel aufnehmen

Bevor Sie mit jemandem sicher kommunizieren können, benötigen Sie auch dessen öffentlichen Schlüssel. Am besten lassen Sie ihn sich per E-Mail zuzuschicken. Wenn Ihnen ein Kommunikationspartner seinen öffentlichen Schlüssel z. B. per E-Mail zuschickt, nehmen Sie diesen in Ihren Schlüsselbund auf. Sie erkennen enthaltene PGP-Schlüssel an der charakteristischen Anfangszeile

```
-----BEGIN PGP PUBLIC KEY BLOCK-----.
```

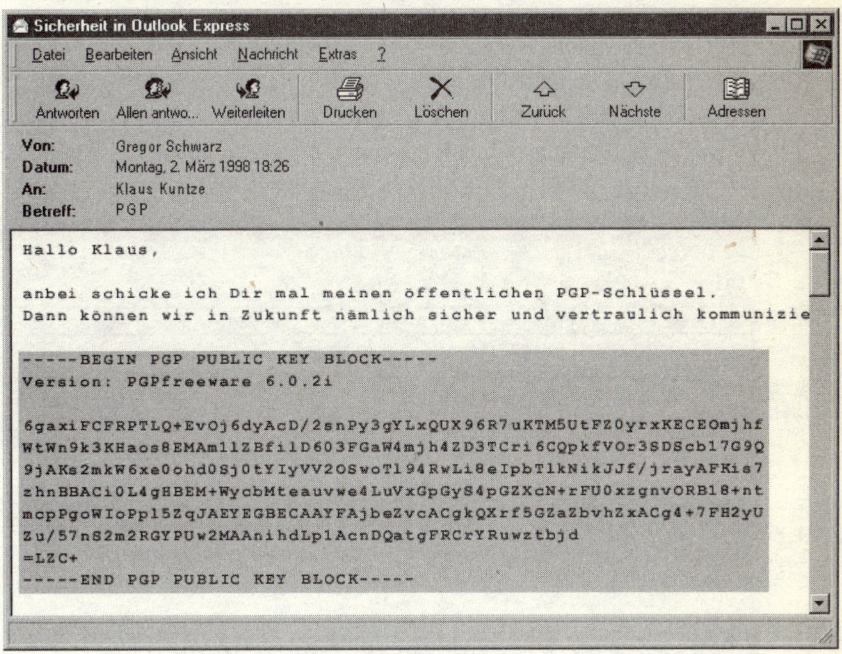

Eine E-Mail mit einem öffentlichen PGP-Schlüssel

1. Öffnen Sie die E-Mail mit einem Doppelklick, sodass die Nachricht in einem eigenen Fenster angezeigt wird (nicht im Vorschaumodus!).

2. Klicken Sie auf das *PGP-Nachrichten entschlüsseln*-Symbol in der Symbolleiste.

3. PGP zeigt Ihnen daraufhin die in der Nachricht enthaltenen öffentlichen Schlüssel an. In der Regel ist das nur einer. Sollten mehrere Schlüssel enthalten sein, können Sie auswählen, welche davon Sie aufnehmen möchten.

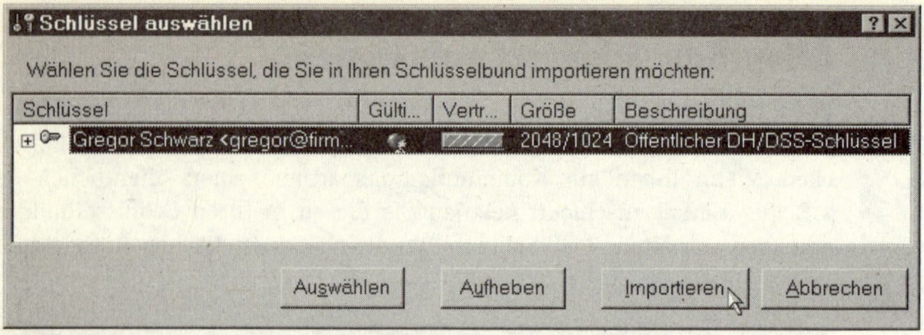

Wählen Sie den oder die zu importierenden öffentlichen Schlüssel aus

PGP importiert dann den Schlüssel und nimmt ihn in den öffentlichen Schlüsselbund auf. Dementsprechend erhalten Sie einen neuen Eintrag im PGPkeys-Verwaltungsprogramm. Ab sofort können Sie Nachrichten von diesem Absender authentifizieren bzw. Nachrichten an ihn verschlüsseln.

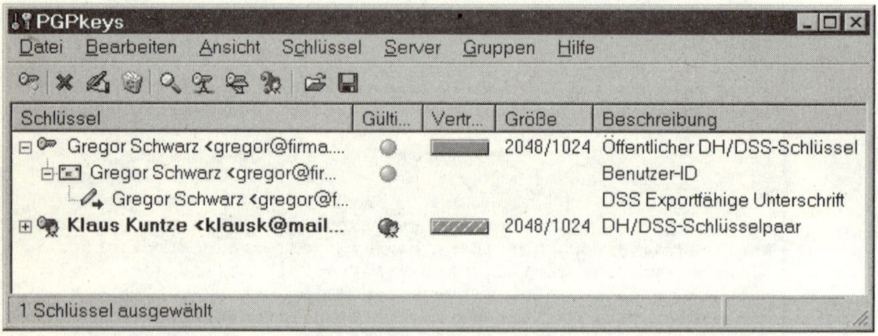

Der importierte öffentliche Schlüssel wird in die Liste der gespeicherten Schlüssel aufgenommen

Schlüssel vom Schlüsselserver importieren

Neben dem Empfangen eines öffentlichen Schlüssels vom Besitzer selbst oder von einer anderen Person Ihres Vertrauens gibt es noch einen weiteren Weg, öffentliche Schlüssel von anderen zu beziehen. Auf großen Schlüsselservern werden Archive mit öffentlichen Schlüsseln von PGP-Benutzern angeboten. PGPkeys ermöglicht Ihnen, diese Archive zu durchsuchen und gefundene Schlüssel zu importieren:

1. Rufen Sie im PGPkeys-Verwaltungsprogramm die Funktion *Server/Suchen* auf.
2. Im *PGPkeys-Suchfenster* formulieren Sie dann eine Suchanfrage. Wählen Sie zunächst den Schlüsselserver aus, auf dem Sie suchen möchten. In der Regel dürfte der offizielle PGP-Schlüsselserver *ldap://certserver.pgp.com* die beste Wahl sein.

3. Um nach dem Namen einer Person zu suchen, wählen Sie im Feld ganz links die Option *User ID* aus.

4. Im Auswahlfeld links daneben stellen Sie *enthält* ein.

5. Ganz rechts geben Sie schließlich den Namen der gesuchten Person ein und starten die Suche mit einem Klick auf die Schaltfläche *Suchen*.

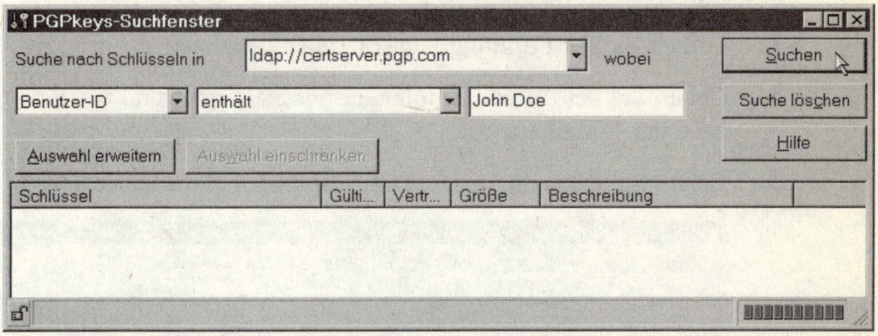

So suchen Sie öffentliche PGP-Schlüssel

6. PGPkeys sucht daraufhin beim Schlüsselserver nach öffentlichen Schlüsseln, deren User-ID den angegebenen Namen enthält, und präsentiert Ihnen nach einiger Zeit die Liste der gefundenen Schlüssel.

7. Um einen der Schlüssel in Ihren Schlüsselbund zu übernehmen, klicken Sie den Eintrag mit der rechten Maustaste an. Im kontextabhängigen Menü finden Sie den Befehl *In lokalen Schlüsselbund importieren*. Mit dieser Funktion importieren Sie den Schlüssel vom Server.

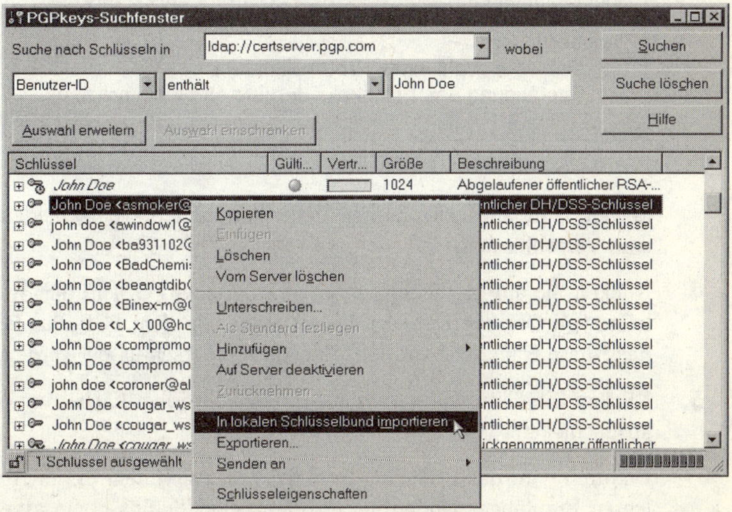

So importieren Sie gefundene Schlüssel vom Schlüsselserver

Nachrichten verschlüsseln

Das Erstellen einer Nachricht unterscheidet sich zunächst nicht von der sonstigen Vorgehensweise. Die Nachricht wird also wie gewohnt erstellt. Sie müssen lediglich zusätzlich angeben, dass diese Botschaft verschlüsselt abgeschickt werden soll. Bevor Sie die Nachricht senden, wird PGP dann automatisch aktiv und übernimmt das Verschlüsseln.

1. Öffnen Sie ein Formular zum Erstellen einer neuen Nachricht.
2. Geben Sie bei *An* den Empfänger der Nachricht und bei *Betreff* die Betreffzeile der E-Mail an.
3. Geben Sie dann im Textfeld den Inhalt der Botschaft ein.

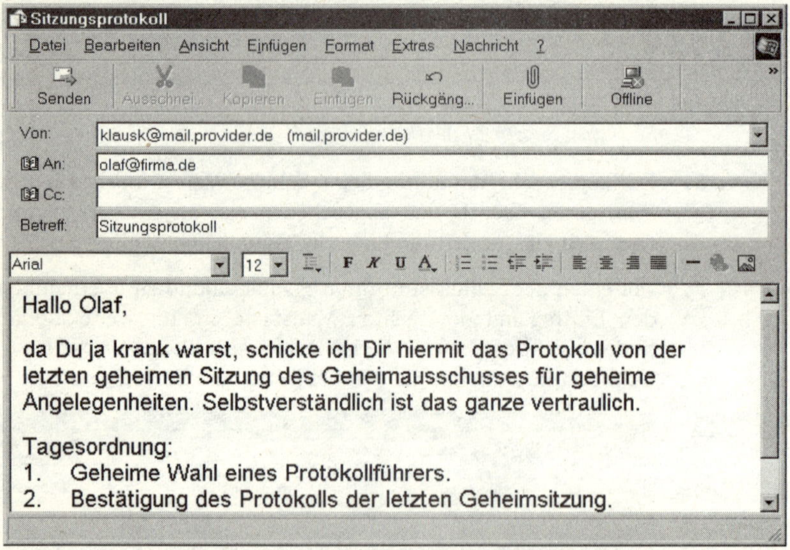

Erstellen Sie die vertrauliche Nachricht zunächst ganz wie gewohnt

Soweit läuft alles wie immer. Jetzt kommen die entscheidenden Schritte zum Verschlüsseln:

4. Klicken Sie auf die Schaltfläche *Verschlüsseln(PGP)* in der Symbolleiste von Outlook Express. Damit teilen Sie dem PGP-Plug-In mit, dass diese Nachricht vor dem Abschicken verschlüsselt werden soll.

5. Klicken Sie dann wie üblich auf die *Senden*-Schaltfläche, um die Nachricht abzuschicken.

Dadurch wird das PGP-Plug-In aktiv. Lässt sich dem in der *An*-Zeile festgelegten Empfänger eindeutig ein öffentlicher Schlüssel zuordnen, verschlüsselt das Programm Ihre Nachricht vollautomatisch für diesen Empfänger. Andernfalls zeigt es Ihnen die Liste der öffentlichen Schlüssel an und fordert Sie auf, den oder die Empfänger auszuwählen, für die diese Nachricht verschlüsselt werden soll.

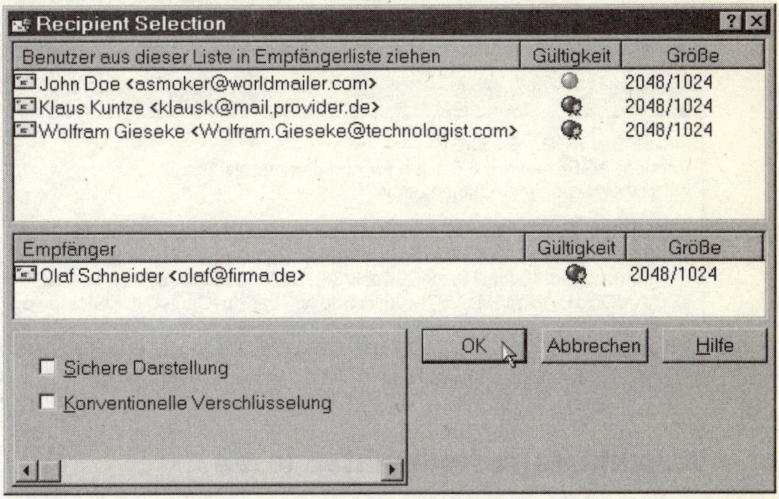

Wählen Sie die Empfänger der vertraulichen Nachricht aus

6. Wählen Sie den oder die Empfänger aus und bestätigen Sie Ihre Auswahl mit *OK*. Das PGP-Plug-In verschlüsselt nun die Nachricht. Anschließend ersetzt es den ursprünglichen Klartext der Nachricht durch sein verschlüsseltes Pendant und platziert die Nachricht im Postausgangsordner. Wenn Sie sich überzeugen möchten, können Sie die Nachricht dort erneut öffnen und betrachten.

TIPP

Nachrichten an sich selbst verschlüsseln

Wenn Sie eine Nachricht mit dem öffentlichen Schlüssel eines Empfängers verschlüsseln, kann sie nur mit dessen privaten Schlüssel wieder lesbar gemacht werden. Das heißt, dass sogar Sie selbst die eigens geschriebene Nachricht nicht mehr einsehen können. Wenn Sie versendete Nachrichten archivieren wollen, um sie später jederzeit nachlesen zu können, ist das sehr unpraktisch. Glücklicherweise kann Ihnen PGP hier helfen: Öffnen Sie die PGP-Einstellungen in Outlook Express mit *Extras/ PGP/Optionen* und wechseln Sie in die Kategorie *General*. Schalten Sie die Option *Immer mit Standardschlüssel verschlüsseln* ein und bestätigen Sie die Einstellung mit OK. Dadurch veranlassen Sie PGP, jede zu verschlüsselnde Nachricht automatisch auch für Ihren privaten Schlüssel zu codieren. So können Sie selbst die E-Mails auch später jederzeit wieder einsehen.

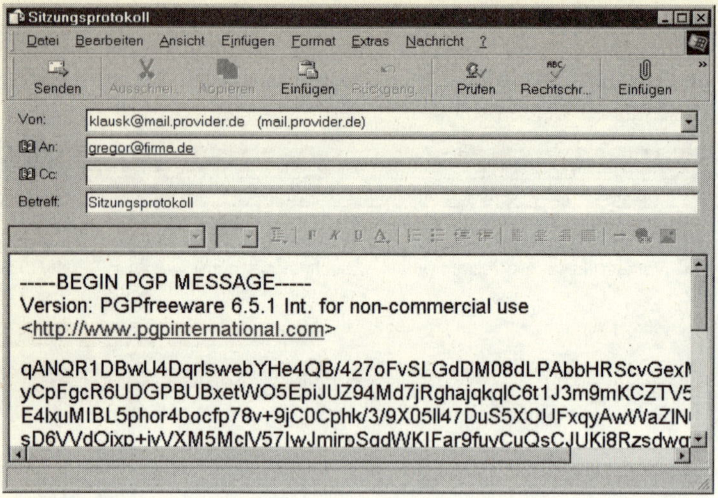

Diese Nachricht ist verschlüsselt und kann sicher abgeschickt werden

Verschlüsselte Nachrichten lesen

Wenn Sie selbst eine an Sie verschlüsselte Nachricht erhalten, erkennen Sie das sofort daran, dass Sie zunächst mal gar nichts erkennen. Einen deutlichen Hinweis gibt allerdings die typische Zeile

```
-----BEGIN PGP MESSAGE-----
```

gefolgt von der Version der verwendeten PGP-Software. Alles, was danach folgt, ist eine PGP-verschlüsselte Nachricht. Sie wird mit der Zeile

```
-----END PGP MESSAGE-----
```

abgeschlossen.

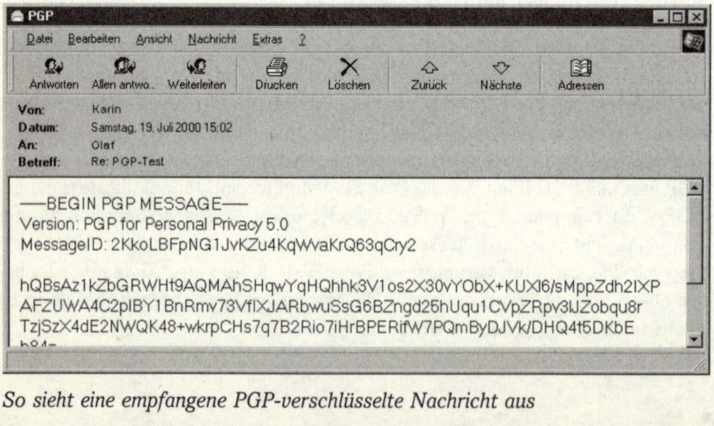

So sieht eine empfangene PGP-verschlüsselte Nachricht aus

1. 

Wenn Sie eine PGP-verschlüsselte Nachricht empfangen, klicken Sie auf die Schaltfläche *PGP-Nachricht entschlüsseln*. Das PGP-Plug-In untersucht daraufhin die verschlüsselte Nachricht und stellt fest, von wem und an wen sie verschlüsselt wurde. Wenn die Nachricht mit Ihrem öffentlichen Schlüssel codiert ist, können Sie diese mit dem privaten Gegenstück lesbar machen.

2. Jedes Mal, wenn Sie Ihren privaten Schlüssel verwenden wollen, müssen Sie zunächst die Passphrase eingeben. So wird sichergestellt, dass niemand unberechtigt Ihren Schlüssel benutzt.

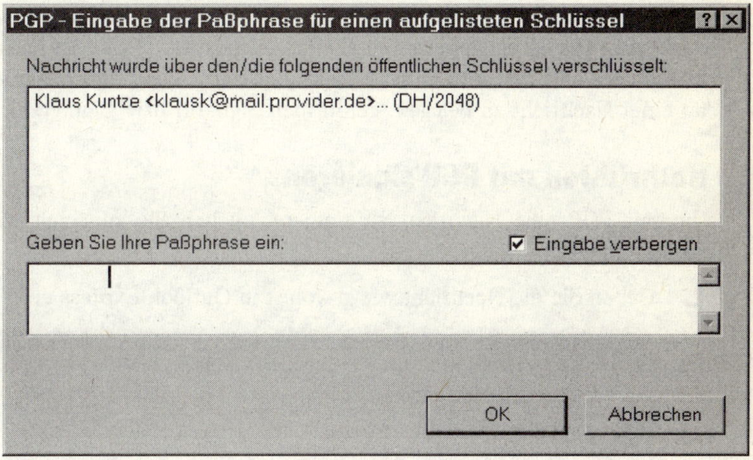

Geben Sie das Passwort zu Ihrem privaten Schlüssel an

3. PGP entschlüsselt dann den Inhalt der Nachricht und fügt ihn an Stelle des codierten Textes in die Nachricht ein. Nun können Sie die Nachricht im Klartext lesen.

Nachrichten signieren

Mit dem Verschlüsseln von Nachrichten, wie es im vorangegangenen Abschnitt vorgestellt wurde, wird die Vertraulichkeit der Kommunikation sichergestellt. Außer dem Absender und dem Empfänger kann niemand die verschlüsselten Nachrichten lesen. Eine Schwachstelle hat diese Methode aber noch immer. Sie kann die Authentizität einer Botschaft nicht sicherstellen. Jeder, der den öffentlichen Schlüssel des Empfängers besitzt, kann eine Nachricht an ihn verschlüsseln. Ob er dabei seinen eigenen Namen benutzt oder sich für einen anderen ausgibt, kann der Empfänger nicht überprüfen.

Aber auch die Authentizität einer Nachricht kann mit PGP durch einen verblüffend einfachen Trick sichergestellt werden. Zum Verschlüsseln einer Nachricht verwendet man stets den öffentlichen Schlüssel des Empfängers. Da dieser nur mit dem privaten Schlüssel decodiert werden kann, ist nur der rechtmäßige Empfänger in der Lage, die Nachricht im Klartext zu lesen. Mit dem Umkehren dieses Prinzips können Sie E-Mails zuverlässig signieren. Nachrichten, die Sie mit Ihrem privaten Schlüssel codieren, können mit dem öffentlichen Schlüssel dekodiert werden. Da u. U. viele Kommunikationspartner diesen öffentlichen Schlüssel besitzen, nutzt das der Geheimhaltung nicht viel. Aber jeder Empfänger, der eine Nachricht von Ihnen mit Ihrem öffentlichen Schlüssel entschlüsselt, weiß, dass diese Botschaft nur mit Ihrem privaten Schlüssel codiert worden sein kann. Da normalerweise nur Sie diesen privaten Schlüssel besitzen können, müssen Sie also der authentische Absender sein. Diese Methode, die Authentizität einer Nachricht zu belegen, nennt man Signatur bzw. Signieren.

Nachrichten mit PGP signieren

Um mit PGP eine Nachricht zu signieren, gehen Sie zunächst wie beim Verschlüsseln vor:

1. Geben Sie die Nachricht wie gewohnt in Outlook Express ein.

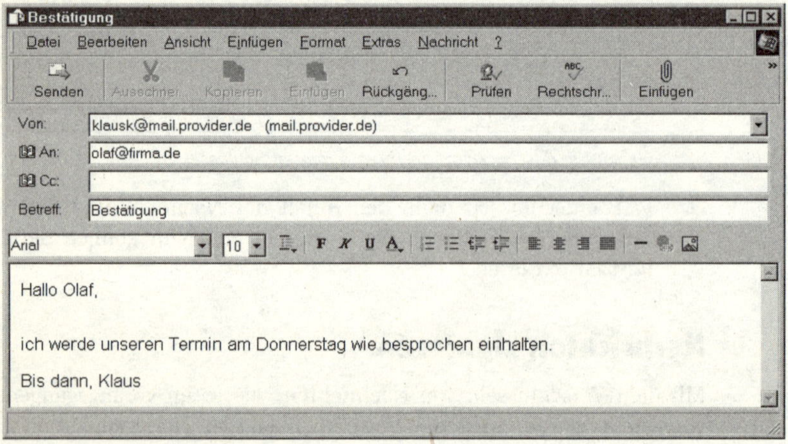

Erstellen Sie die zu signierende Nachricht wiederum ganz wie gewöhnlich

2. Statt wie beim Verschlüsseln die Schaltfläche *Verschlüsseln (PGP)* zu betätigen, klicken Sie diesmal auf *Unterschreiben (PGP)*.

Beim Klicken auf die *Senden*-Schaltfläche versieht PGP nun die Nachricht mit Ihrem privaten Schlüssel. Dazu müssen Sie das Passwort eingeben, mit dem Ihr Schlüssel vor Missbrauch geschützt ist.

Wie Sie sehen, wird die Nachricht dabei nicht verschlüsselt, sondern steht weiterhin im Klartext. Das Signieren dient also ausschließlich der Authentizität und nicht der Vertraulichkeit. Der Empfänger der Nachricht benötigt Ihren öffentlichen Schlüssel, um die an die Nachricht angehängte Signatur überprüfen zu können. Dadurch weiß er, dass die Nachricht wirklich von Ihnen stammt, und die Authentizität der Botschaft ist gewährleistet.

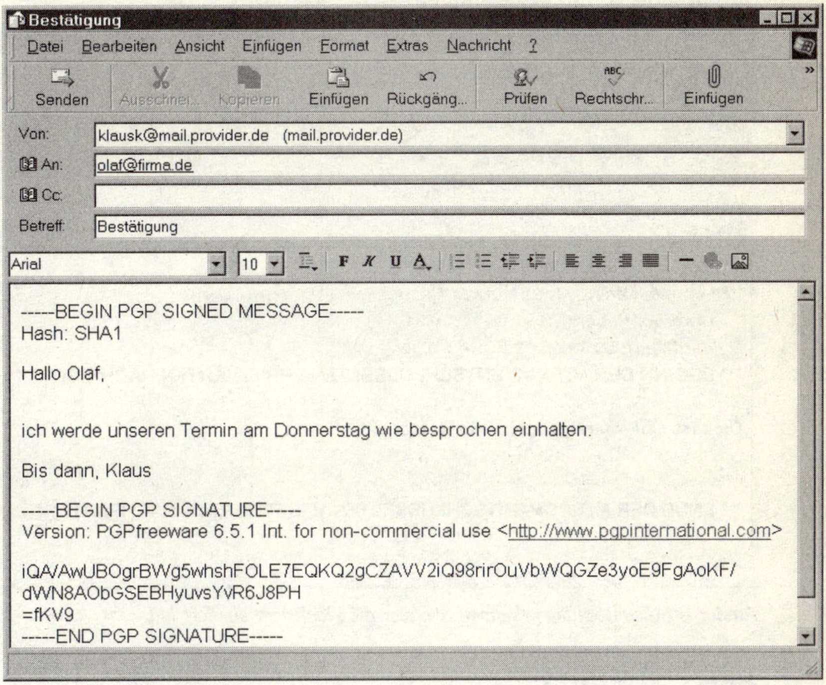

So sieht eine signierte Nachricht aus

TIPP

Verschlüsseln und Signieren

Um ganz auf Nummer Sicher zu gehen, können Sie eine Nachricht sowohl verschlüsseln als auch signieren. Dabei wird die Nachricht zunächst mit dem öffentlichen Schlüssel des Empfängers codiert. Die dabei erzeugte verschlüsselte Nachricht wird anschließend noch einmal mit dem privaten Schlüssel des Absenders signiert. Dadurch sind gleichzeitig sowohl Vertraulichkeit als auch Authentizität einer Nachricht gewährleistet. Um mit PGP eine Nachricht gleichzeitig zu verschlüsseln und zu signieren, geben Sie zunächst wie gewohnt die Nachricht in Outlook Express ein. Klicken Sie dann sowohl auf *Verschlüsseln(PGP)* als auch auf *Unterschreiben (PGP)*. Beim Senden der Nachricht geben Sie das Passwort Ihres eigenen privaten Schlüssels an, damit PGP die Botschaft signieren kann. Durch das Verschlüsseln und Signieren kombinieren Sie die beiden wichtigen Sicherheitsfunktionen von PGP und schließen praktisch alle Risiken aus.

Signaturen überprüfen

Wenn Sie selbst eine signierte Nachricht erhalten, gehen Sie genauso wie beim Decodieren einer verschlüsselten Nachricht vor. PGP merkt automatisch, wenn eine Nachricht signiert ist. Es fügt daraufhin vor die eigentliche Nachricht eine kurze Statusmitteilung ein, die Ihnen verrät, dass die E-Mail eine gültige Signatur hat, und von wem sie stammt.

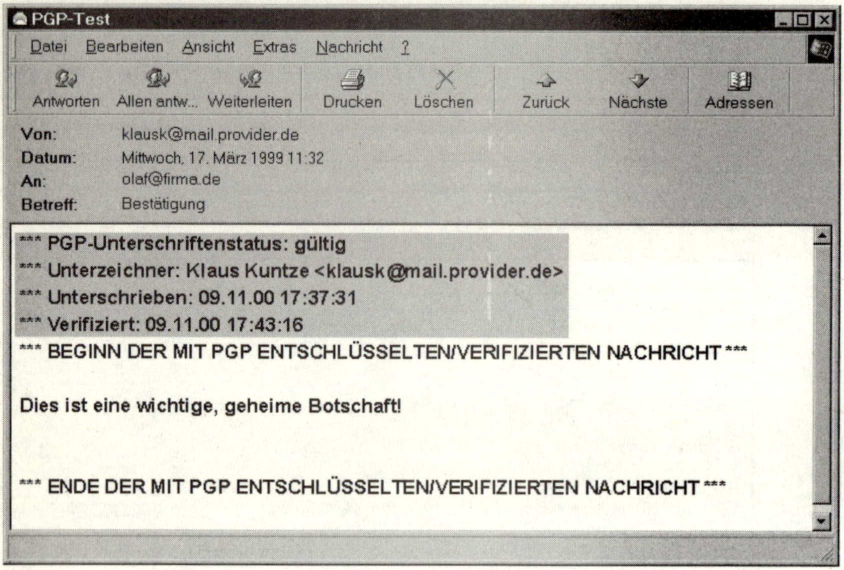

An der Statusmitteilung erkennen Sie, wer die Nachricht signiert hat

PGP mit beliebigen Anwendungen benutzen

Bislang haben wir Ihnen die wichtigsten Funktionen von PGP anhand von Outlook Express vorgestellt. Für Outlook Express und einige andere verbreitete E-Mail-Programme gibt es spezielle PGP-Plug-Ins, mit denen die PGP-Funktionen direkt in die Oberfläche der Programme integriert werden. Leider gilt dies nur für relativ wenige Programme. Wer keines dieser Programme benutzen will oder kann (weil er z. B. Kunde bei einem Onlinedienst ist und bei seinem E-Mail-Programm keine Wahl hat), muss aber nicht auf Vertraulichkeit und Integrität bei seiner E-Mail-Kommunikation verzichten. Unter Windows dient die Zwischenablage dazu, Daten zwischen verschiedenen Anwendungen auszutauschen. Das macht sich auch PGP zu Nutze. Dabei geht man nach folgendem Prinzip vor:

1. Zunächst markiert man den verschlüsselten Chiffre-Text oder den zu verschlüsselnden Klartext und überträgt ihn in die Zwischenablage.
2. Dann weist man PGP an, den in der Zwischenablage enthaltenen Text zu bearbeiten, also - je nachdem - zu ent- bzw. verschlüsseln.
3. PGP analysiert den Text, fragt bei Bedarf das Passwort für den privaten Schlüssel ab und bearbeitet den Text.
4. Dann ersetzt es in der Zwischenablage den Ausgangstext durch die bearbeitete Version. Aus einem Klartext wird also ein verschlüsselter Code bzw. aus einem Chiffre wieder Klartext.
5. Nun können Sie den neuen Text aus der Zwischenablage wieder in das E-Mail-Programm einfügen. Sollte Ihr E-Mail-Programm keine Funktion zum Einfügen von Text in erhaltenen Nachrichten unterstützen, können Sie das Ergebnis auch direkt in der Zwischenablage lesen.

PGPTray nutzen

Beim Benutzen von PGP mittels der Zwischenablage kommt dem *PGPTray*, also dem PGP-Symbol rechts unten in der Startleiste, eine ganz zentrale Bedeutung zu. Da das E-Mail-Programm PGP nicht direkt unterstützt, können Sie die verschiedenen Funktionen wie ent- und verschlüsseln nicht über Schaltflächen oder Menüs im Programm aufrufen. Stattdessen benutzen Sie dazu das kontextabhängige Menü von PGPTray. Das öffnen Sie mit einem Klick der linken oder rechten Maustaste auf das PGPTray-Symbol in der Startleiste. Im Menü finden Sie alle wichtigen PGP-Funktionen versammelt.

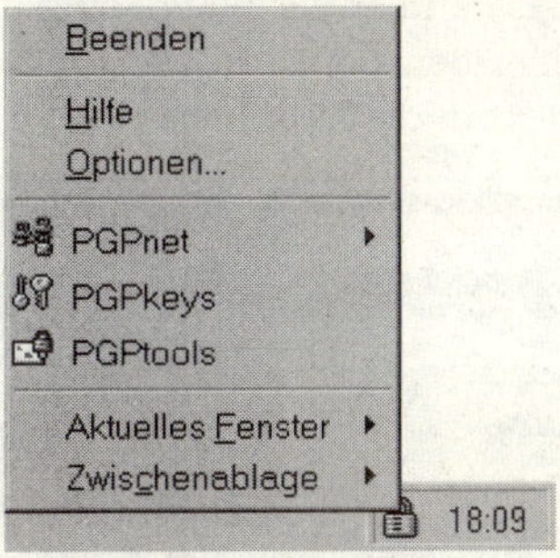

Über das PGPTray-Symbol in der Startleiste sind alle wesentlichen Funktionen schnell zugänglich

Verschlüsseln über die Zwischenablage

Um die Funktionsweise zu verdeutlichen, wollen wir Ihnen an einem konkreten Beispiel zeigen, wie Sie eine Nachricht mit PGP über die Zwischenablage verschlüsseln können.

1. Um eine Nachricht verschlüsselt zu verschicken, erstellen Sie diese zunächst wie gewohnt mit Ihrem E-Mail-Programm. Weder bei der Adressierung noch beim Nachrichtentext müssen Sie irgendwelche Besonderheiten beachten.

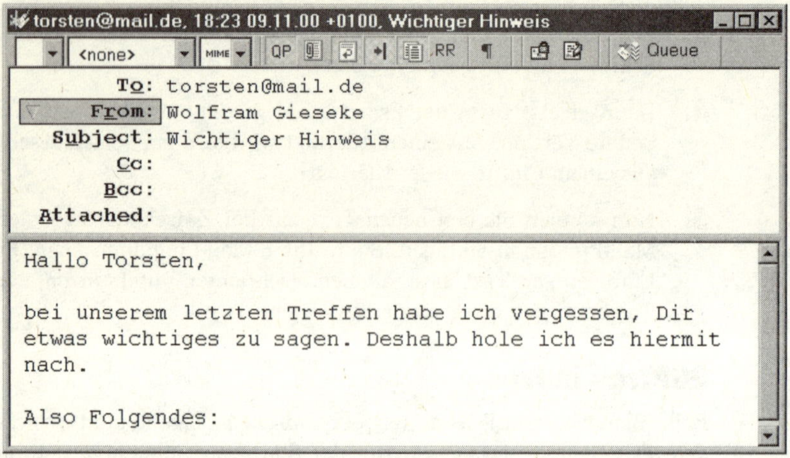

Zunächst wird die Nachricht wie immer erstellt

2. Nachdem Sie die Nachricht fertig erstellt haben und bevor Sie sie abschicken bzw. in die Warteschlange zum Versenden einreihen, folgen die Schritte zum Verschlüsseln: Markieren Sie zunächst mit der Maus den eigentlichen Text der Nachricht.

3. Öffnen Sie dann mit der rechten Maustaste über der Markierung das kontextabhängige Menü und wählen Sie hier den Befehl *Kopieren* bzw. *Copy*. Damit übertragen Sie den Nachrichtentext in die Zwischenablage.

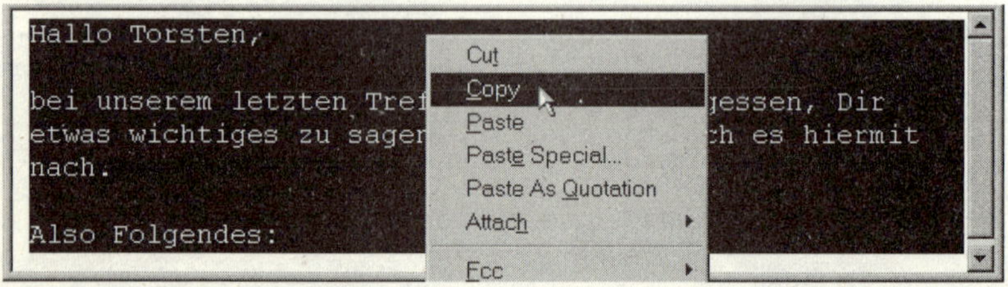

Kopieren Sie den Inhalt der Nachricht in die Zwischenablage

4. Um das Verschlüsseln und Signieren der Nachricht zu starten, wählen Sie die Funktion *Zwischenablage/Verschlüsseln und unterschreiben* im kontextabhängigen Menü des *PGPTray*-Symbols in der Startleiste.

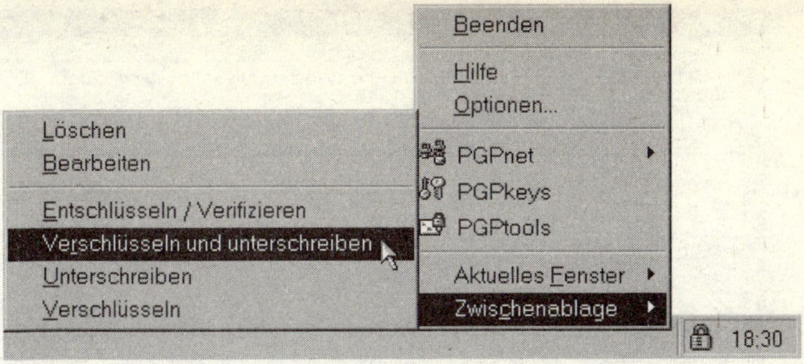

Wählen Sie im PGPTray die Funktion zum Verschlüsseln und Signieren der Zwischenablage

5. Wählen Sie anschließend aus, für welchen öffentlichen Schlüsseln die Nachricht codiert werden soll. Um einen Eintrag aus der Liste der Schlüssel in die untere Liste der Nachrichtenempfänger zu verschieben, ziehen Sie ihn mit der Maustaste von oben nach unten oder doppelklicken auf einen der Einträge. Haben Sie alle gewünschten Empfänger ausgewählt, klicken Sie auf *OK*.

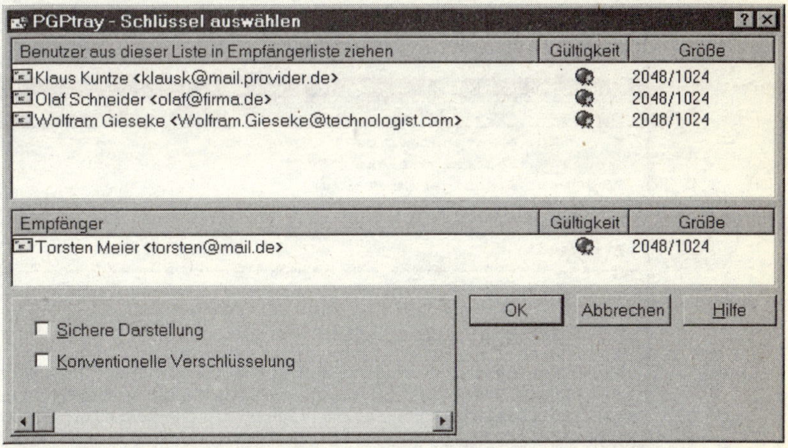

Wählen Sie aus, für wen der Inhalt der Zwischenablage verschlüsselt werden soll

6. Da die Nachricht nicht verschlüsselt, sondern auch mit dem privaten Schlüssel signiert werden soll, müssen Sie anschließend noch Ihre Passphrase eingeben, um die Verwendung des privaten Schlüssels zu genehmigen.

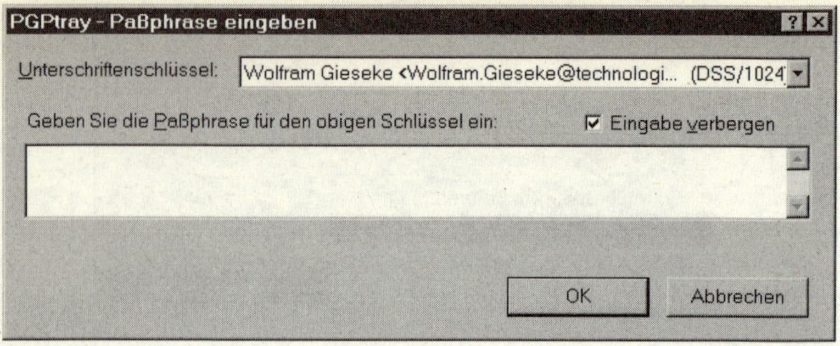

Die Verwendung des privaten Schlüssels zum Signieren muss per Passphrase bestätigt werden

7. PGP beginnt dann mit dem Verschlüsseln. Abhängig von der Länge der einzelnen Schlüssel kann das einen Moment dauern. Anschließend überträgt PGP die verschlüsselte Nachricht in die Zwischenablage.

8. Wechseln Sie nun wieder zu Ihrem E-Mail-Programm. Ersetzen Sie hier den ursprünglichen Klartext der Nachricht durch die verschlüsselte Fassung aus der Zwischenablage. Am besten markieren Sie dazu wiederum den Nachrichtentext und ersetzen ihn mit *Bearbeiten/Einfügen* bzw. *Edit/Paste* durch den Inhalt der Zwischenablage.

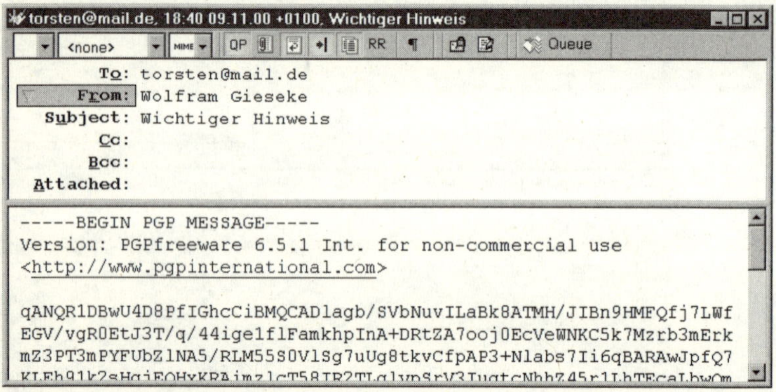

Die ursprüngliche Klartextnachricht ist nun durch die verschlüsselte Fassung ersetzt und kann abgeschickt werden

9. Die so verschlüsselte Botschaft können Sie nun wie gewohnt losschicken oder in eine Warteschlange zum Versenden einordnen.

Über das Kontextmenü des *PGPTray*-Symbols in der Startleiste stehen Ihnen alle PGP-Funktionen zur Verfügung. Wichtig für den Umgang damit ist, dass Sie den zu bearbeitenden Text zuvor in die Zwischenablage kopieren und dass Sie den von PGP ent- oder verschlüsselten Text anschließend aus der Zwischenablage wieder in die Anwendung übernehmen.

Verschlüsseln von Dateianhängen

Es wird immer beliebter, mit E-Mail nicht nur einfache Nachrichten, sondern auch Dateien auszutauschen. Dabei sollte man beachten, dass an eine E-Mail angehängte Dateien nicht automatisch mit verschlüsselt werden. Wenn auch die Dateien vertraulich übertragen werden sollen, müssen sie zusätzlich geschützt werden. Verlassen Sie sich hierbei nicht auf pseudo-sichere Verfahren wie etwas ZIP-Archive mit Kennwortschutz oder etwa passwortgeschützte Office-Dokumente. Solche Methoden bieten keine zuverlässige Verschlüsselung. Wie in Kapitel 2 ausführlicher beschrieben, lassen sich die entsprechenden Passwörter mit der richtigen Software ganz schnell ermitteln. Stattdessen können Sie auch beim Versand von vertraulichen Dateien auf PGP zurückgreifen. Ebenso wie Textbotschaften kann dieses System auch komplette Binärdateien verschlüsseln und somit für Dritte unzugänglich machen.

1. Um eine Datei zu verschlüsseln, öffnen Sie zunächst mit *Start\Programme\PGP\PGPtools* oder über das PGP-Symbol rechts unten in der Startleiste die PGP-Steuerzentrale *PGPtools*.

PGPtools – die „Steuerzentrale" von PGP

2. Klicken Sie hier auf die Schaltfläche *Verschlüsseln*.

3. Im anschließenden Dateiauswahl-Dialog geben Sie die Datei(en) an, die verschlüsselt werden soll(en).

4. Danach wählen Sie wie gewohnt den Schlüssel des Empfängers aus, für den die Datei verschlüsselt werden soll, und lassen die Verschlüsselung durchführen.

5. Anschließend finden Sie im Ausgangsverzeichnis der zu verschlüsselnden Datei eine neue Datei vor. Sie trägt den gleichen Namen wie die Ausgangsdatei, allerdings mit der Erweiterung *.pgp*.

Die so erstellte, verschlüsselte Datei können Sie bedenkenlos per E-Mail versenden. Sie ist genauso geschützt wie eine PGP-verschlüsselte E-Mail selbst. Der Empfänger muss lediglich seinerseits PGP installiert haben. Beim Aufruf der verschlüsselten Datei öffnet sich dann automatisch das Fenster zur Eingabe der PGP-Passphrase. Nach korrekter Eingabe wird die Datei von PGP entschlüsselt und auf dem Rechner des Empfängers wiederhergestellt.

Wie zuverlässig ist PGP?

Zuverlässigkeit bei einem Verschlüsselungssystem ist immer gleichbedeutend mit der Frage, wie leicht der Schlüssel geknackt und der Chiffre-Text von Unbefugten lesbar gemacht werden kann. Bei den von PGP verwendeten Verschlüsselungsalgorithmen hängt die Wahrscheinlichkeit dafür von der Länge des verwendeten Schlüssels ab. Mit jedem weiteren Bit Schlüssellänge steigt der Aufwand zum Knacken potenziell an. Irgendwann wird der Aufwand zum Ausprobieren aller Möglichkeiten so hoch, dass er selbst von einem modernen Superrechner nicht in der angenommenen Lebensspanne unseres Universums berechnet werden kann. So einen Verschlüsselungsalgorithmus kann man dann wohl als sicher bezeichnen. Allerdings kann für die von PGP verwendeten Verschlüsselungsalgorithmen mathematisch nicht bewiesen werden, dass es nicht vielleicht doch eine Hintertür gibt. Es könnte also sein, dass die Codeknacker der amerikanischen NSA schon längst eine Methode gefunden haben, PGP-verschlüsselte Nachrichten ganz einfach zu lesen, wenn das auch nicht sehr wahrscheinlich ist. Es gibt zwar einige bekannte mathematisch beweisbar sichere Algorithmen, aber diese sind zu aufwendig, um in der Praxis eingesetzt werden zu können.

Um diese Jein-Antwort auf die Frage nach der Zuverlässigkeit auf den Punkt zu bringen: Nach dem heutigen Stand der Kenntnis sind PGP-Schlüssel mit einer ausreichenden Länge (z. B. 2048 Bit oder mehr) durchaus zuverlässig. Zumindest dürften - wenn überhaupt - nur große staatliche Organisationen wie die NSA oder in Deutschland der BND die technischen Möglichkeiten zum Knacken haben. Mit denen sollte man sich aber auch mit PGP ohnehin nicht unbedingt anlegen. Der Nachbar, der Chef oder der böswillige Kollege können PGP jedenfalls nicht knacken.

Wichtig ist dabei aber, dass Sie Ihren privaten PGP-Schlüssel wie Ihren Augapfel hüten. Wenn Ihnen jemand beim Eingeben des Passworts über die Schulter schaut und dann noch Zugriff auf Ihren PC hat, um sich Ihre Schlüsseldatei zu kopieren, hat das ganze Verschlüsseln keinen Sinn. Haben Sie den Verdacht, dass eben das passiert ist, erstellen Sie sofort einen neuen Schlüssel und bitten Ihre Kommunikationspartner, den alten ab sofort nicht mehr zu verwenden.

S/MIME – Die kostenpflichtige Alternative

Als Alternative zu PGP gibt es mittlerweile ein kommerzielles Verschlüsselungssystem, das auf S/MIME (**S**ecure **M**ultipurpose **I**nternet **M**ail **E**xtension) beruht und ebenfalls mit asymmetrischen Schlüsseln arbeitet, die hier als Zertifikate bezeichnet werden. Bekannte E-Mail-Programme wie Outlook Express oder der Netscape Messenger unterstützen dieses System von Hause aus ohne die Notwendigkeit eines speziellen Plug-Ins. Prinzipiell sind S/MIME-Zertifikate mit PGP-Schlüsseln durchaus vergleichbar, aber sie haben einige gravierende Nachteile:

- Im Vergleich zu PGP sind die Zertifikate wesentlich unsicherer. Da die Software von Microsoft in den USA entwickelt wird, unterliegt sie den dort gültigen Waffenexport-Beschränkungen (Verschlüsselung fällt in den USA als militärische Technologie unter die Definition von Waffen). Deshalb können mit den internationalen Versionen dieser Software nur Schlüssel bis zu einer Grenze eingesetzt werden, die nicht unbedingt als unüberwindbar gelten kann. Mit PGP können erheblich größere Schlüssel erzeugt werden, die als praktisch unbezwingbar gelten.
- Während sich die Benutzer bei PGP ihre Schlüssel selbst erzeugen, werden Zertifikate von einer zentralen zertifizierenden Stelle erteilt. Dabei hat der Benutzer keine Kontrolle darüber, wer vielleicht eine Kopie von seinem persönlichen Zertifikat erhält.
- Außerdem sind diese zertifizierenden Stellen keine gemeinnützigen Organisationen, sondern profitorientierte Dienstleister, d. h., die Benutzer müssen für die Zertifikate bezahlen. PGP-Schlüssel sind hingegen absolut kostenlos.

Holen Sie sich ein eigenes Zertifikat

Bevor Sie Nachrichten mit S/MIME verschlüsseln oder signieren können, benötigen Sie zunächst ein eigenes Zertifikat. Im Gegensatz zu PGP können Sie dieses aber nicht einfach selbst erzeugen, sondern müssen es bei einer zertifizierenden Stelle beantragen. Das Ganze ist leider auch nicht kostenfrei. Für einen ersten Test können Sie sich aber zumindest ein kostenloses Testzertifikat besorgen. Beim Anbieter VeriSign (http://www.verisign.com) gibt es z. B. kostenlose 60-Tage-Testzertifikate. Der Weg zum eigenen Zertifikat umfasst die folgenden Schritte:

1. Besuchen Sie die Website einer der zertifizierenden Stellen und wählen Sie ein geeignetes Zertifikat aus. Es gibt meist mehrere Angebote, die sich in Preis und Leistungsumfang unterscheiden.

2. Geben Sie persönlichen Daten für das Zertifikat wie Ihren Namen und Ihre E-Mail-Adresse an.

3. Der Zertifikat-Server erzeugt nun Ihr Zertifikat. Aus Sicherheitsgründen wird es aber nicht direkt in Ihren Browser installiert, sondern Sie erhalten zunächst per E-Mail an die zuvor angegebene Adresse einen Code zugeschickt. Dies soll sicherstellen, dass niemand Zertifikate für E-Mail-Adressen erzeugen kann, die ihm gar nicht gehören.

4. Nachdem Sie die E-Mail-Benachrichtigung erhalten haben (das dauert in der Regel nur ein paar Minuten), gehen Sie wieder auf die Website der zertifizierenden Stelle und geben dort den Code ein, mit dem Sie Ihr Zertifikat installieren können.

5. Das Zertifikat wird automatisch im E-Mail-Programm installiert und steht ab sofort zur Verfügung.

Falls sich das auf den ersten Blick etwas zu kompliziert anhört, machen Sie sich keine Sorgen. Die Webseiten der zertifizierenden Stellen enthalten meistens Assistenten, die Sie ganz schnell durch die notwendigen Schritte begleiten.

S/MIME-Zertifikate verteilen

Ähnlich wie bei den öffentlichen Schlüsseln von PGP haben Zertifikate einen öffentlichen Teil. Diesen benötigt der Absender einer verschlüsselten Nachricht, um sie an Sie verschlüsseln zu können. Um Ihr Zertifikat an andere zu verteilen, lassen Sie es von Outlook Express automatisch an alle Nachrichten anhängen, die Ihre digitale Signatur enthalten:

1. Öffnen Sie in Outlook Express mit *Extras/Internetoptionen* die Einstellungen und wechseln Sie dort in die Kategorie *Sicherheit*.
2. Klicken Sie auf die *Weitere Einstellungen*-Schaltfläche, um die *Erweiterten Sicherheitseinstellungen* zu öffnen.
3. Aktivieren Sie im Bereich *Digital signierte Nachrichten* die Option *Eigene digitale ID beim Senden signierter Nachrichten*.
4. Bestätigen Sie die neue Einstellung zweimal mit *OK*.

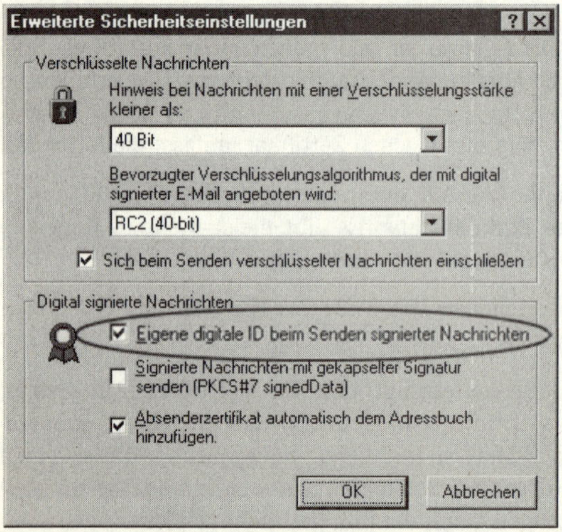

Lassen Sie Ihr Zertifikat automatisch veröffentlichen

Wann immer Sie nun Nachrichten mit einer digitalen Signatur verschicken, enthalten diese auch gleich den öffentlichen Teil Ihres Zertifikats, mit dem der Empfänger die Echtheit der Nachricht überprüfen kann. Will ein Kommunikationspartner den öffentlichen Teil Ihres Zertifikats haben, um Ihnen eine vertrauliche Nachricht zu schicken, brauchen Sie ebenfalls nur eine digital signierte Nachricht an ihn zu schicken. In dieser sind die gewünschten Daten enthalten.

Mit S/MIME-Zertifikaten verschlüsseln und signieren

Das Erstellen von verschlüsselten Nachrichten oder E-Mails mit Zertifikaten läuft ganz ähnlich wie bei PGP ab. Diese Funktionen sind vollständig in das Eingeben der E-Mail in Outlook Express integriert und erfordern nur ein oder zwei zusätzliche Mausklicks.

- Um eine Nachricht für den Empfänger zu verschlüsseln, klicken Sie irgendwann während des Schreibens, spätestens aber unmittelbar vor dem Absenden, auf die Schaltfläche *Verschlüsseln*. Beim Versenden erstellt Outlook Express dann automatisch eine verschlüsselte Nachricht aus dem Ausgangstext. Voraussetzung dafür ist, dass der öffentliche Teil vom Zertifikat des Empfängers in Ihrem Adressbuch gespeichert ist, d. h., dass Sie schon einmal eine Nachricht mit diesem öffentlichen Teil erhalten haben. Andernfalls beschwert sich Outlook Express mit einer Fehlermeldung.

- Um eine Nachricht zu signieren, klicken Sie auf die Schaltfläche *Signieren*. Outlook Express versieht die Nachricht dann vor dem Absenden mit Ihrer digitalen Signatur, an der die Empfänger die Echtheit der E-Mail erkennen können.

Nachrichten mit S/MIME-Zertifikaten entschlüsseln

Ein Entschlüsseln von Nachrichten, die für Sie verschlüsselt oder digital signiert wurden, ist eigentlich gar nicht nötig, weil Outlook Express diese Aufgaben weitestgehend automatisch erledigt. So werden bei digital signierten Nachrichten die Signaturen mit den gespeicherten Zertifikaten verglichen. Wenn Abweichungen festgestellt werden oder Sie das Zertifikat des Absenders nicht besitzen, macht Outlook Express Sie sofort darauf aufmerksam. Auch das Entschlüsseln von Nachrichten wird automatisch durchgeführt, sodass Sie sofort die entschlüsselte Klartextversion einer E-Mail zu sehen bekommen.

7.4 Verstecken statt verschlüsseln – Schutz durch Steganografie

Das Verschlüsseln von Nachrichten mit den Methoden der Kryptografie ist ein effektives Mittel, um sichere Kommunikation zu gewährleisten. Leider sehen viele Regierungen diese Technik als Gefahr an. Schließlich bietet sie nicht nur braven, sicherheitsbewussten Bürgern Schutzmöglichkeiten. Auch Kriminelle oder Terroristen können Verschlüsselungstechniken einsetzen, um sich z. B. unbeobachtet zu Straftaten zu verabreden. Ebenso können illegale Inhalte verschlüsselt transportiert werden. Das sind zumindest die Argumente, mit denen Politiker und Nachrichtendienste eine gesetzlich Regelung (und damit Einschränkung) der Kryptografie fordern. Die USA sind hier wie immer weit voraus. Mit der Entwicklung des Clipper-Chip hat die Regierung in die Kryptografie eine Hintertür für ihre Geheimdienste eingebaut.

INFO

Was ist der Clipper-Chip?

Der Clipper-Chip ist ein neu entwickelter Hardwareverschlüssler. Er verwendet verschiedene sichere Chiffre-Methoden und soll in Zukunft in allen Bereichen von Onlinetransaktionen eingesetzt werden. Entscheidendes Merkmal des Chips ist die eingebaute Hintertür. Zwar bekommen die Benutzer eigene Schlüssel, die mit den üblichen Mitteln auch kaum zu knacken sind. Amerikanische Geheimdienste wie die National Security Agency besitzen aber einen „Generalschlüssel", mit dem jede Clipper-Nachricht dechiffriert werden kann. Die Nachteile dieser Technik liegen auf der Hand: Staatliche Behörden können die Kommunikation ihrer Bürger damit jederzeit überwachen. Selbst wenn es klare gesetzliche Einschränkungen solcher Abhörmaßnahmen gibt, kann kein Bürger kontrollieren, ob diese Normen befolgt werden. Die amerikanischen Geheimdienste sind ja nicht eben für ihre Gesetzestreue bekannt. Eine andere Frage ist, ob der Generalschlüssel nicht unter Umständen in unbefugte Hände gelangen könnte. Ein Unternehmer, der seinen Konkurrenten, die sich mit der Clipper-Verschlüsselung im Sicheren wähnen, abhören kann, hätte unschätzbare Wettbewerbsvorteile. Auch in Deutschland werden die Rufe nach einer solchen Regelung immer lauter. Das Innenministerium ist zwar schon mehrfach mit entsprechenden Gesetzesinitiativen gescheitert, letztlich ist das aber vermutlich nur eine Frage der Zeit.

Die Idee: Vertrauliches in Datenmengen verstecken

Wie kann man in Zukunft die eigene Kommunikation trotz strikter Reglementierungen der Kryptografie weiter individuell schützen? Zunächst bietet sich die Möglichkeit an, die Regelungen zu missachten und weiterhin sichere, unkontrollierte Verschlüsselungsverfahren zu benutzen. Nach der Verabschiedung entsprechender Gesetze dürfte dies aber eine Straftat sein und ist deshalb nicht zu empfehlen. Insbesondere, da verschlüsselte Nachrichten sehr leicht an ihrer scheinbaren Sinnlosigkeit zu erkennen sind.

Eine Lösung des Problems schlägt die Wissenschaft des Versteckens, die Steganografie, vor. Sie beschäftigt sich damit, wichtige Informationen so in anderen Informationen zu verbergen, dass niemand auf die Idee kommen würde, sie dort zu suchen. Wie das funktioniert, mag ein einfaches Beispiel verdeutlichen. Nehmen wir an, Sie bekommen von einem Bekannten eine Postkarte aus dem Urlaub:

```
Viele Gruesse aus New York! Alles ist super!
```

Das liest sich auf den ersten Blick völlig normal. Nehmen wir aber weiter an, Sie haben mit dem Bekannten vor seiner Abreise eine Methode vereinbart, wie er Ihnen geheime Informationen zukommen lassen kann. Diese Methode besteht darin, den Postkartentext so abzufassen, dass jedes zehnte Zeichen (Leerzeichen nicht mitgerechnet) Teil einer geheimen Botschaft ist. Dann müssten Sie den obigen Text so lesen:

```
Viele GrueSse aus New YOrk! Alles iSt super!
```

So gesehen ergibt sich als geheime Botschaft der internationale Notruf *SOS*. Jemand, der die verabredete Methode nicht kennt, würde nur den offensichtlichen Inhalt sehen und nicht auf die Idee kommen, dass sich dahinter eine ganz andere Nachricht versteckt.

INFO

Die Entstehung der Steganografie

Wie auch die Kryptografie ist die Steganografie keine neue Erfindung des Computerzeitalters. Ihre Wurzeln lassen sich mindestens bis ins alte Griechenland zurückverfolgen. Damals verwendete man noch recht drastische Methoden: Der Historiker Herodot erzählt z. B. von einem Fürsten, der seine Sklaven kahl scheren ließ und ihnen geheime Botschaften auf die Kopfhaut tätowierte. Nachdem die Haare nachgewachsen waren, wurden die Sklaven auf den Weg geschickt. Beim Empfänger wurden sie ihre Haarpracht erneut los und die Botschaft wurde sichtbar. Damals hatte man eben noch viel Zeit. Später erfanden besonders die Geheimdienste immer neuen Methoden der Steganografie. Deutsche Agenten verwendeten während des zweiten Weltkriegs Microdots, winzige kreisrunde belichtete Mikrofilme. Sie wurden in normale Briefe als i-Punkte eingeklebt. Diese Mikrofilme konnten einige Schreibmaschinenseiten, aber auch technische Zeichnungen oder Fotos enthalten.

Rechnergestützte Steganografie

Mit der rechnergestützten Steganografie ist ein ganz neuer Bereich dieser Wissenschaft entstanden. Computer bieten mit ihren riesigen Datenmenge viele Verstecke für geheime Informationen an. Zu den Standardübungen gehört es, Textbotschaften in digitalen Bild- oder Klangdateien zu verstecken. Dabei macht man sich die binäre Speicherung zu Nutze und arbeitet mit dem Effekt des Hintergrundrauschens: Um grafische oder akustische Informationen digital zu speichern, werden sie in Bits, also kleinste Informationseinheiten aus 1 und 0, zerlegt. Für einen Bildpunkt oder einen kurzen Bruchteil einer Klangaufnahme wird immer mindestens 1 Byte (bestehend aus 8 Bit) verwendet. Wenn man nun eines dieser acht Bit verändert, verfälscht man auch die darin gespeicherte Information. Wählt man die manipulierten Bits aber sorgfältig aus, ist die Veränderung für menschliche Augen und Ohren nicht wahrnehmbar, weil sie in den Bereich des so genannten Hintergrundrauschens fällt.

Aus der Tatsache, dass man z. B. pro Datenbyte nur ein Informationsbit verstecken kann, ergibt sich, dass die Datenmenge immer erheblich größer sein muss, als die Menge der zu versteckenden Informationen.

Wie sicher ist Steganografie?

Steganografie an sich ist wenig sicher. Wenn jemand das verwendete Verfahren und die Daten mit der versteckten Nachricht kennt, kann er die Informationen problemlos zurückgewinnen. Einen Schlüssel wie die klassische Kryptografie verwenden steganografische Verfahren nicht. Steganografie setzt ganz auf den Versteck-Effekt: Die Tarndaten werden so gewählt, dass niemand auf die Idee kommt, sie könnten geheime Botschaften enthalten. Deshalb versucht auch niemand, die Daten zu entschlüsseln. Um wirklich sicher zu gehen, sollte man deshalb Steganografie und Verschlüsselungsverfahren kombinieren. Vertrauliche Nachrichten werden zunächst kryptografisch verschlüsselt. Der Schlüsseltext wird dann per Steganografie in harmlosen Daten versteckt. Selbst wenn nun jemand die versteckten Informationen entdeckt, muss er immer noch in der Lage sein, sie zu entschlüsseln.

Geheimbotschaften in Bildern verstecken

In diesem Workshop wollen wir Ihnen die Funktionsweise von Steganografie-Software an einem praktischen Beispiel zeigen. Wir benutzen dazu die Software Steganos Security Suite für Windows. Eine kostenlose Testversion dieses Programms können Sie unter http:// www.steganos.com selbst aus dem Internet laden. Es kann beliebige Dateien in Bild-, Klang- oder Textdateien verstecken. Darüber hinaus bietet die Steganos Security Suite eine ganze Reihe von Funktionen rund um Verschlüsselung und Sicherheit. In diesem Workshop wollen wir uns allerdings darauf beschränken, einen kurzen Text in einer Grafikdatei zu verstecken.

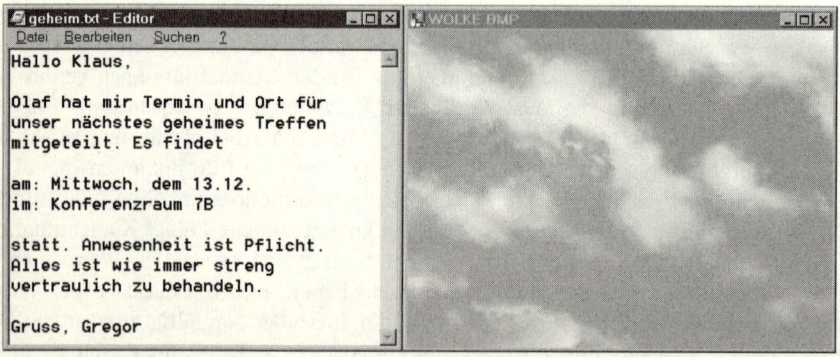

Der linke Text soll unauffällig in dem Bild rechts versteckt werden

Um Text in einer Bilddatei zu verstecken, benötigen Sie immer zwei Dateien: die Datei mit dem eigentlichen Text und die Bilddatei, auch Trägerdatei genannt. Dabei muss die Bilddatei aus den bereits angesprochenen Gründen wesentlich größer als die Textdatei sein. Bei einem Bild mit 8 Bit Farbtiefe muss die Bilddatei mindestens 8 Mal so groß sein, bei einem Bild mit 16 Bit Farbtiefe 16 Mal so groß usw. Steganos kann Ihnen allerdings dabei behilflich sein, eine geeignete Bilddatei auf Ihrer Festplatte zu finden.

1. Legen Sie zunächst die Textdatei mit der zu versteckenden Nachricht an. Dabei kann es sich um eine einfache Textdatei handeln (was etwa für das Verschicken per E-Mail zu empfehlen ist), aber auch ebenso um ein Textverarbeitungsdokument oder eine beliebige andere Datei.
2. Öffnen Sie dann im Windows Explorer den Ordner, in dem diese Datei gespeichert ist, und markieren Sie die Datei dort.
3. Öffnen Sie dann mit einem Klick der rechten Maustaste auf die Datei das kontextabhängige Menü. Hier finden Sie seit der Installation der Steganos 3 Security Suite einen Eintrag *Steganos 3* nebst Untermenü vor, in dem Sie nun die Funktion *Verstecken* wählen.

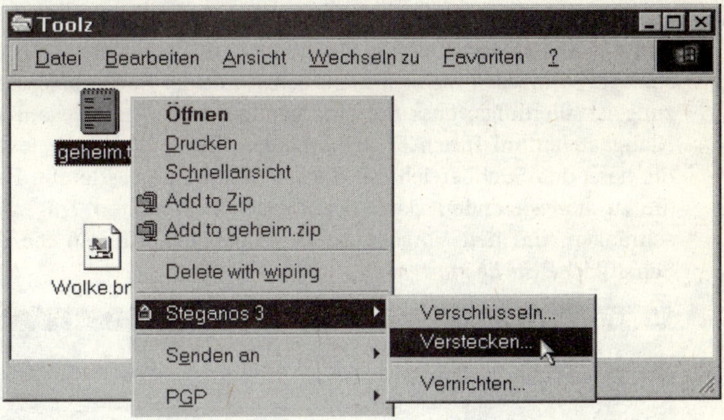

Wählen Sie die Datei mit der geheimen Nachricht zum Verstecken aus

4. Damit starten Sie den Trägerdatei-Assistenten, der Sie bei der Auswahl der Datei, in der die Nachricht versteckt werden soll, unterstützt. Mit ihm können Sie *eine bestehende Trägerdatei auswählen, automatisch nach geeigneten Trägerdateien suchen lassen* oder *jetzt eine neue Trägerdatei (Grafik oder Klang) erstellen*. Wenn Sie nicht schon eine ganz bestimmte Datei als Träger im Auge haben, hilft Ihnen die Option *automatisch nach geeigneter Trägerdatei suchen lassen* am schnellsten weiter.

Legen Sie fest, woher Steganos die benötigte Trägerdatei nehmen soll

5. Damit starten Sie eine Suchfunktion, bei der Steganos die auf Ihrer Festplatte vorhandenen Dateien analysiert und geeignete Trägerdateien vorschlägt. So müssen Sie sich nicht selbst mit der Suche befassen. Voraussetzung ist allerdings, dass Sie eine genügend großen Auswahl an Bild- und Klangdateien auf Ihrem PC beherbergen. Bevor die Suche losgeht, können Sie noch den Suchbereich mit *Suchen in* auf eine bestimmte Festplatte und die zu analysierenden Dateien auf einen bestimmten *Trägerdatei-Typ* einschränken, um den Vorgang zu beschleunigen. Klicken Sie dann auf die Schaltfläche *Suche starten*.

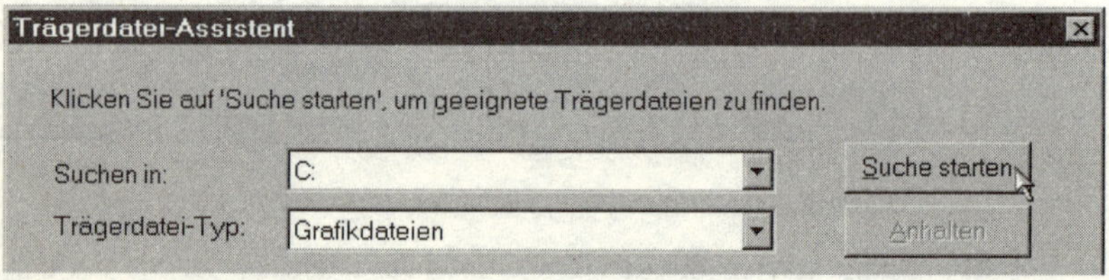

Lassen Sie Ihre Festplatten automatisch nach geeigneten Trägerdateien durchsuchen

6. Der Trägerdatei-Assistent von Steganos durchsucht daraufhin die angegebene Festplatte nach geeigneten Dateien und erstellt eine Liste. Wenn diese schon genügend lang ist, können Sie den Suchvorgang auch jederzeit mit einem Klick auf *Anhalten* abbrechen. Um eine der aufgeführten Dateien als Trägerdatei auszuwählen, markieren Sie den entsprechenden Eintrag, klicken auf *Weiter* und bestätigen die Auswahl anschließend mit *Fertig stellen*.

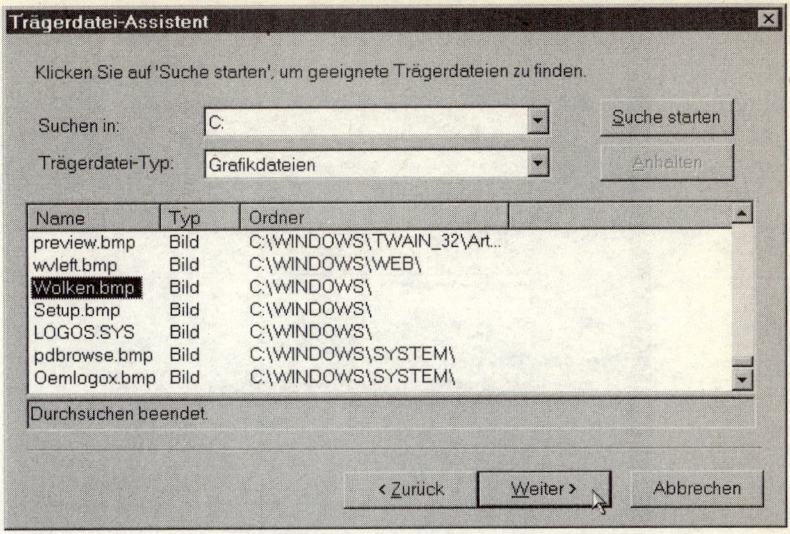

Wählen Sie aus der Liste der in Frage kommenden Dateien eine Trägerdatei aus

7. Auch beim Verstecken in einer Trägerdatei werden die geheimen Informationen aus Sicherheitsgründen zusätzlich verschlüsselt. Sonst könnte ja jeder, der ebenfalls Steganos benutzt, die Nachrichten rekonstruieren. Deshalb geben Sie im nächsten Schritt ein Passwort an, aus dem Steganos einen symmetrischen Schlüssel berechnet. Damit der Empfänger der Datei die versteckte Nachricht rekonstruieren kann, müssen Sie ihm das Passwort auf einem unabhängigen Weg mitteilen. Merken Sie sich dieses Passwort gut. Sollten Sie es vergessen oder verlieren, sind die versteckten Daten verloren. Laut eigener Auskunft besitzt selbst der Hersteller von Steganos keine Hintertür, um in solchen Fällen zu helfen.

TIPP

Übermitteln des Passworts

Da der Inhalt der Botschaft verschlüsselt ist, müssen Sie dem Empfänger der Datei dieses Passwort übermitteln, damit er den Text rekonstruieren kann. Für diese Übermittlung sollten Sie unbedingt einen separaten Übertragungsweg wählen, der mit dem Übermitteln der Datei selbst nichts zu tun hat. Wenn Sie die steganografierte Datei z. B. per E-Mail verschicken, sollten Sie dem Empfänger das Passwort per Telefon mitteilen. Würden Sie es einfach in die E-Mail hineinschreiben, könnte jemand die Nachricht abfangen und hätte dann alle Elemente, mit denen er die geheime Botschaft ermitteln kann.

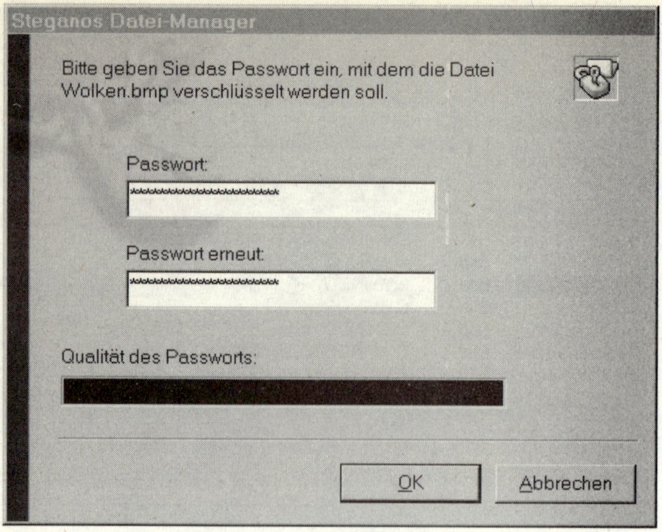

Geben Sie ein Passwort zum Verschlüsseln der geheimen Informationen an

8. Steganos versteckt nun die Daten unauffällig in der ausgewählten Trägerdatei und speichert diese an alter Stelle.

Nach dem Bearbeiten können Sie sich vom Ergebnis überzeugen, indem Sie die Trägerdatei etwa im Windows Explorer betrachten. Ein optischer Vergleich der beiden Bilder bringt für das menschliche Auge keinen Unterschied hervor, wenn die Trägerdatei für die Menge der zu versteckenden Informationen ausreichend groß ist. Auch wenn Sie die detaillierten Eigenschaften der neuen Datei betrachten, werden Sie keinen Unterschied zur Ausgangsdatei feststellen; die Größe ist bis zum letzten Byte unverändert. Lediglich am Datum der Datei kann man erkennen, dass sie vor kurzem geändert wurde.

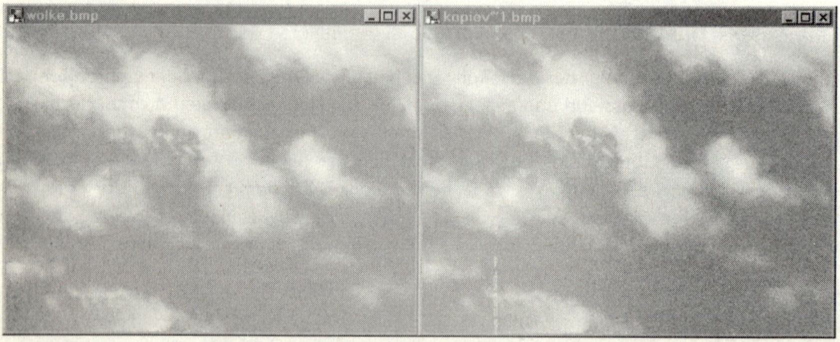

In einem dieser Bilder (links) ist eine geheime Botschaft versteckt. Erkennen Sie einen Unterschied?

Versteckte Daten sichtbar machen

Wenn Sie eine Datei haben, in der mit Steganos geheime Informationen versteckt worden sind, können Sie diese mit dem Programm auch wieder sichtbar machen. Einzige Voraussetzung dafür ist, dass Sie das Passwort kennen, mit dem die Daten verschlüsselt wurden.

1. Öffnen Sie im Windows Explorer den Ordner, in dem die steganografierte Datei abgelegt ist, und wählen Sie diese aus.

2. Klicken Sie dann mit der rechten Maustaste auf die Datei und wählen Sie im kontextabhängigen Menü die Funktion *Steganos 3/Daten wiederherstellen*.

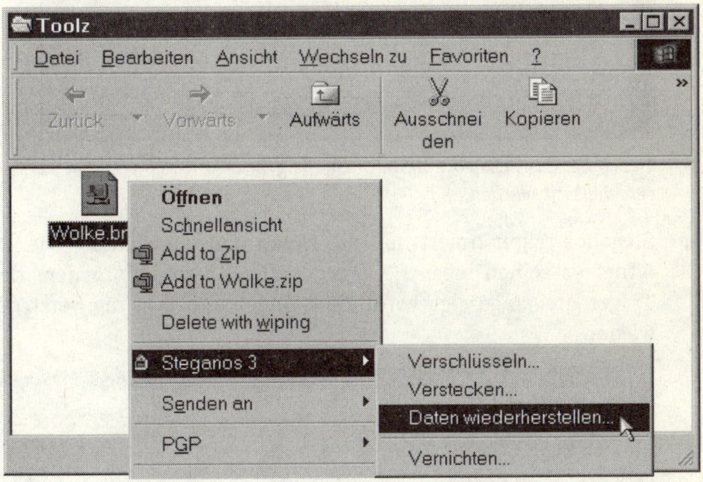

Wählen Sie die Steganos-Funktion zum Wiederherstellen von versteckten Daten

TIPP

Funktion zum Daten wiederherstellen nicht vorhanden?

Wenn die Funktion *Daten wiederherstellen* im kontextabhängigen Menü nicht vorhanden ist, liegt dies daran, dass Steganos in der ausgewählten Datei keine versteckten Daten finden kann. Vielleicht haben Sie versehentlich die falsche Datei markiert oder aber die Datei enthält eben doch keine Datenverstecke. Eventuell kann es auch daran liegen, dass die Datei – etwa bei der Übermittlung über das Internet – beschädigt wurde, sodass Steganos sie nun nicht mehr analysieren kann.

3. Steganos fragt nun das Passwort ab, um die versteckten Daten auch entschlüsseln zu können. Ohne dieses Passwort ist eine Wiederherstellung nicht möglich.

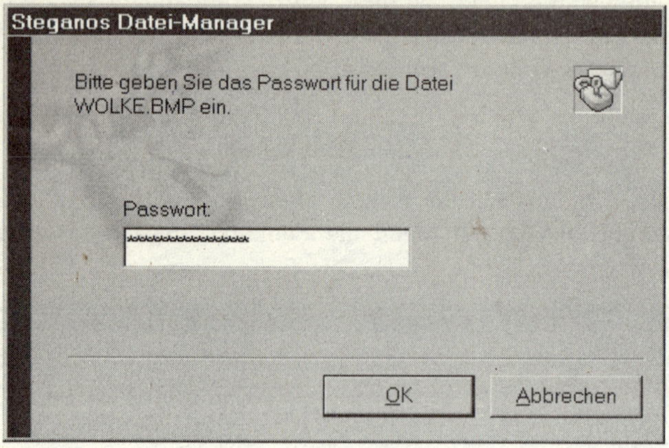

Geben Sie das Passwort an, mit dem die geheimen Daten vor dem Verstecken verschlüsselt wurden

4. Steganos rekonstruiert nun die Daten und entschlüsselt sie. Anschließend öffnet es seinen eigenen *Steganos Datei-Manager*, in dem der Inhalt der Trägerdatei angezeigt wird. Hier finden Sie nun die versteckten Dateien wieder.

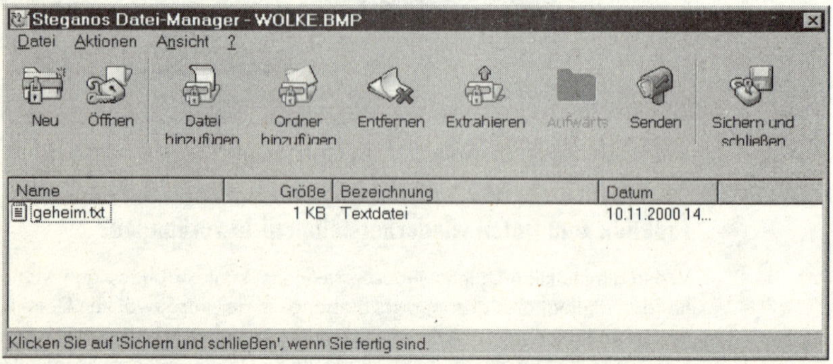

Im Steganos Datei-Manager wird der geheime Inhalt der Trägerdateien angezeigt

5. Mit einem Doppelklick können Sie die angezeigten Dateien öffnen und anzeigen lassen.

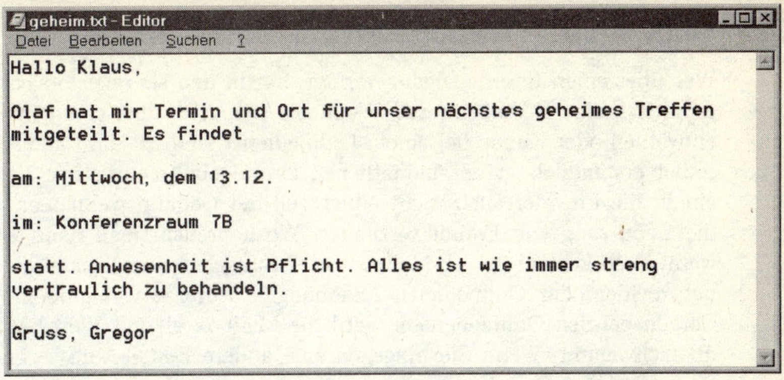
geheim.txt - Editor
Datei Bearbeiten Suchen ?

Hallo Klaus,

Olaf hat mir Termin und Ort für unser nächstes geheimes Treffen mitgeteilt. Es findet

am: Mittwoch, dem 13.12.

im: Konferenzraum 7B

statt. Anwesenheit ist Pflicht. Alles ist wie immer streng vertraulich zu behandeln.

Gruss, Gregor

Die versteckten Daten sind entschlüsselt

6. Um die in einer Trägerdatei versteckten Daten als eigenständige Datei speichern zu können, wählen Sie die Funktion *Aktionen/Extrahieren*. Sie erlaubt es, die Dateien unverschlüsselt in einen beliebigen Ordner zu exportieren.

7.5 Freemailer – kostenlos, aber nicht ungefährlich

Eine neue Dienstleistung, die sich im Internet sehr schnell durchgesetzt hat, sind die so genannten Freemailer, kostenlose E-Mail-Dienstleister. Sie stellen den Internetnutzern kostenlos E-Mail-Adressen und -Postfächer zur Verfügung. So kann man ganz unabhängig von einem Onlinedienst oder einem Internetprovider E-Mail betreiben. Aber wie sieht's mit der Sicherheit bei webbasierten E-Mail-Zugängen aus? Wir verraten Ihnen, worauf Sie achten müssen und wie Sie die Freemailer sicherheitstechnisch zu Ihrem Vorteil nutzen können.

INFO

Hacker treiben bei GMX ihr Unwesen

Im Sommer 2000 wurde der beliebte Freemailer GMX Opfer eines Hacker-Angriffs. Mittels eines Virus, der sich beim Öffnen der Nachricht automatisch aktivierte, gelang es den Übeltätern, das Passwort des GMX-Benutzers zu manipulieren. Laut der offiziellen Version des Unternehmens wurden die Kennwörter von 1625 Benutzern dabei „nur" gelöscht und nicht auch ausgespäht. Dieser Vorfall war nicht der einzige dieser Art. Auch andere Freemailer waren und sind immer mal wieder Opfer von Angriffen und Sicherheitslücken. Freemailer sind für Hacker deshalb so attraktiv, weil sie relativ offene Systeme sind und man jederzeit und ohne weiteres selbst Mitglied werden kann, sodass der anschließende Angriff quasi von innen heraus erfolgen kann. Außerdem verfügen Freemailer in der Regel über große Benutzerzahlen. Ein eingebrachter Virus oder ein installierter Trojaner kann deshalb in kurzer Zeit viele tausend Benutzer betreffen. Selbst wenn ein Angriff schnell bemerkt wird, lohnt sich der Aufwand deshalb meist trotzdem.

Mehr Informationen zum GMX-Hack:

http://www.zdnet.de/news/artikel/2000/07/19011-wc.html

GMX & Co. – Webbasierte E-Mail-Dienste

Wer über einen Internetzugang verfügt, hat in den allermeisten Fällen auch automatisch eine E-Mail-Adresse. Wenn Sie sich z. B. über einen Internetprovider einwählen oder Kunde bei einem Onlinedienst sind, ist die E-Mail-Adresse ganz selbstverständlich in der monatlichen Grundgebühr enthalten. Leider erlassen einem die Provider auch nicht einen Teil der Gebühr, wenn man freiwillig auf die Benutzung von E-Mail verzichtet. Wozu braucht man dann eine andere - wenn auch kostenlose - E-Mail-Adresse? Zunächst einmal kann eine vom Internetprovider oder Onlinedienst unabhängige Adresse von großem Vorteil sein: Gerade bei den Onlinediensten wird die Mailbox oft mit Werbe-Mails geradezu überschwemmt. Wenn Sie hingegen eine andere E-Mail-Adresse benutzen, sind Sie vor solchen Belästigungen weitestgehend geschützt.

Außerdem, wer sagt denn, dass Sie auf ewig bei Ihrem jetzigen Provider Kunde bleiben? Normalerweise würde sich bei jedem Wechsel des Anbieters Ihre E-Mail-Adresse ändern. Dann müssten Sie allen Bekannten und Freunden jedes Mal die neue Adresse mitteilen. Bei geschäftlicher Nutzung der Adresse kommen solche Wechsel ohnehin nicht in Frage. Wenn Sie eine vom Provider oder Onlinedienst unabhängige Adresse haben, können Sie so oft wechseln, wie Sie wollen. Zusätzlich bieten die kostenlosen E-Mail-Adressen häufig spezielle Funktionen rund um E-Mail an, die Sie bei Ihrem Internetprovider oder Onlinedienst nicht erwarten können. So z. B. Autoreply-Funktionen, mit denen Sie die Absender von Nachrichten automatisch vertrösten können, wenn Sie Ihre E-Mail mal längere Zeit nicht lesen können oder wollen. Sehr praktisch ist auch die Möglichkeit, eingegangene Nachrichten auf ein Handy weiterzuleiten. So erfahren Sie sofort, wenn eine wichtige Nachricht eingetroffen ist.

Außerdem ist der Internetzugang heutzutage längst nicht mehr an eine Anmeldung bei einem Onlinedienst oder einem Internetprovider nebst entsprechender Grundgebühr gebunden. Call-by-Call-Zugänge erlauben ganz unkomplizierte und flexible Einwahl. Auch hier braucht man aber eine feste E-Mail-Adresse, wenn man für andere erreichbar sein will.

INFO

Geheimdienste als E-Mail-Anbieter?

Die Frage nach der Finanzierung der kostenlosen E-Mail-Anbieter hat lange Zeit die Gemüter im Internet bewegt. Eine Theorie, die sich bis heute hartnäckig hält, ist die folgende: Heimliche Betreiber der Angebote sind Geheimdienste, die auf diese Weise den E-Mail-Verkehr kontrollieren wollen. Schließlich könnten sie so jede E-Mail überprüfen, die über ihre Server läuft. Ob's stimmt? Die E-Mail-Anbieter bestreiten es natürlich hartnäckig, aber was kann man auch anderes erwarten? Tatsache bleibt, dass Geheimdienste auch genügend andere Möglichkeiten zur Überwachung von E-Mail haben. Außerdem kann man seine E-Mail so oder so durch Verschlüsselung schützen, wenn man unerwünschte Mitleser vermeiden will, wie wir weiter oben schon ausführlicher geschildert haben.

Übersicht: Die wichtigsten Anbieter

Damit Sie nicht lange rumsuchen und ausprobieren müssen, welcher Anbieter nun der beste ist, haben wir die wichtigsten für Sie zusammengestellt. Alle diese Dienstleister stellen E-Mail-Adressen kostenlos zur Verfügung. Die Benutzung erfolgt bei den meisten Anbietern über eine Weboberfläche, für die Sie lediglich einen beliebigen Webbrowser benötigen. Diese Oberflächen sind meist sehr funktionell gehalten und man kommt nach kurzer Einarbeitung damit klar. Einige Dienste bieten außerdem die Möglichkeit, eintreffende Nachrichten automatisch an eine andere E-Mail-Adresse (z. B. bei Ihrem Internetprovider oder Onlinedienst) weiterzuleiten. Umgekehrt dazu funktioniert der POP3-Sammeldienst, bei dem der Server des Anbieters die Nachrichten von anderen POP3-Postfächern automatisch abholen kann, was beim Benutzen mehrerer Adressen sehr praktisch ist.

Anbieter	Adresse	E-Mail-Adressen
Deutsche Post	http://www.epost.de	<Name>@epost.de
GMX	http://www.gmx.de	<Name>@gmx.de <Name>@gmx.at <Name>@gmx.ch
Hotmail	http://www.hotmail.de	<Name>@hotmail.de
Topmail	http://www.topmail.de	<Name>@topmail.de
Redseven	http://www.redseven.de	<Name>@redseven.de
Lycos	http://www.lycos.de	<Name>@lycosmail.com <Name>@iname.com <Name>@cyberdude.com <Name>@cybergal.com <Name>@technologist.com
Yahoo	http://www.yahoo.de	<Name>@yahoo.de

TIPP

Kostenlose E-Mail mit eigenem POP3-Server

Die meisten Anbieter von kostenlosen E-Mail-Adressen arbeiten webbasiert, d. h., die eingehenden Nachrichten können entweder an eine andere E-Mail-Adresse weitergeleitet oder mit einem Webbrowser direkt gelesen werden. Einige Dienste wie etwa *GMX* oder aber *epost.de* bieten aber auch eigene POP3-Server an, über die die Nachrichten mit jedem beliebigen E-Mail-Programm abgerufen werden können. Ebenso steht ein SMTP-Server zum Abschicken von Nachrichten zur Verfügung. In diesem Fall unterscheidet sich die Benutzung nicht von einem Postfach bei einem Onlinedienst oder einem Internetprovider.

Vorsicht ist besser – Die wichtigsten Regeln für Freemail-Dienste

Wie sieht es also mit der Sicherheit bei der Verwendung von Freemail-Diensten aus? Generell muss man leider sagen, dass das E-Mail-Lesen und -Schreiben per webbasierter Oberfläche weniger sicher als die Verwendung eines E-Mail-Programms mit direkter Kommunikation zu Posteingangs- und -ausgangsserver ist. Der Grund hierfür liegt zum größten Teil im Webbrowser, der als Oberfläche für den Briefschreiber dient. Webbrowser verfügen über eine ganze Reihe von Sicherheitslücken und potenziellen Angriffsflächen, wie wir in Kapitel 3 ausführlicher beleuchten. Alle diese potenziellen Gefahren gelten nun plötzlich auch für geschriebene und empfangene E-Mails. Deshalb ist es wichtig, eine Reihe von Sicherheitsregeln zu beachten.

Sichere Verbindungen

Überprüfen Sie stets, ob der Freemail-Anbieter sichere Surfverbindungen anbietet. Sie erkennen dies sehr schnell am Schloss-Symbol in der Statuszeile Ihres Webbrowsers. Bereits die Anmeldung sollte auf einer sicheren Verbindung erfolgen, um Benutzername und Passwort nicht zu gefährden. Anschließend sollte die sichere Verbindung bestehen bleiben, bis Sie sich wieder abmelden. Kontrollieren Sie die Sicherheit der Verbindung nicht nur beim ersten Anmelden, sondern am besten jedes Mal. Bei einem vorübergehenden Ausfall des sicheren Servers werden Sie möglicherweise unbemerkt auf einen Server ohne Sicherungsmaßnahmen umgeleitet.

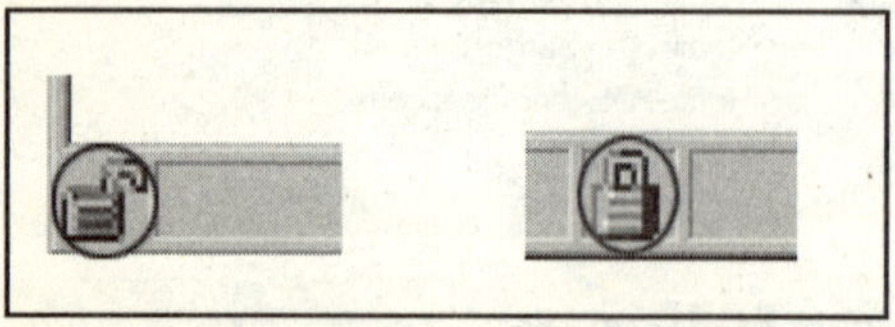

Das Schloss-Symbol für sichere Verbindungen beim Netscape Navigator (links) und beim Internet Explorer (rechts)

Abmelden nicht vergessen

Ganz wichtig: Melden Sie sich jedes Mal ausdrücklich ab, wenn Sie Ihre E-Mail-Geschäfte erledigt haben. Zwar liegt es nahe, im Webbrowser einfach eine neue Adresse von einem anderen Angebot abzurufen, aber das wäre sehr gefährlich. Die meisten webbasierten E-Mail-Dienste arbeiten nämlich mit einem *Sessionkey*, mit dem der Zugriff auf Ihr Postfach beim Anmelden freigeschaltet wird. Dieser Schlüssel bleibt so lange aktiv, bis Sie sich wieder aus dem Postfach abmelden. Wenn Sie sich nicht abmelden, bleibt der Zugang zu Ihrem Postfach offen. Wenn nun jemand Ihren Schlüssel ausgespäht hat oder einfach auf gut Glück errät, kann er auf Ihr Postfach zugreifen und Ihre Nachrichten lesen oder gar neue E-Mails unter Ihrem Namen verfassen. Zwar sorgt in den meisten Fällen ein Sicherheitsmechanismus dafür, dass ein Sessionkey nach einer bestimmten Frist ohne neue Benutzeraktionen automatisch verfällt, aber diese Fristen sind mit teilweise 20 Minuten oder mehr lang genug, um einem Angreifer ausreichend Zeit zu lassen. Ein einfacher Klick auf die *Abmelden*- oder *Logout*-Schaltfläche genügt, um diese Gefahr gründlich auszuräumen.

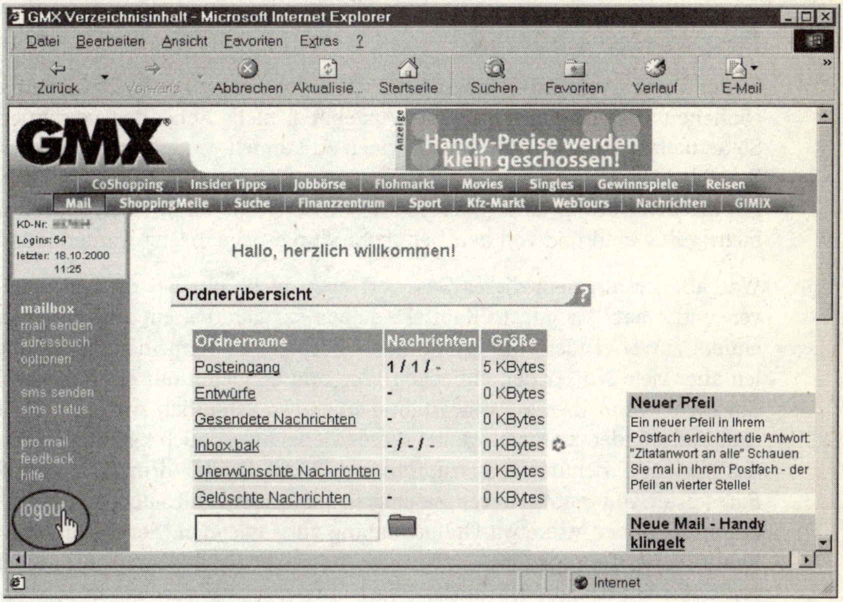

Ganz wichtig: Nach dem E-Mail-Lesen das Abmelden nicht vergessen!

Risikoquelle Verlaufsdaten

Im vorangegangenen Kapitel haben wir uns ausführlicher mit der Gefahr beschäftigt, die durch die Verlaufsdaten entsteht, die Webbrowser im Laufe einer Surfsitzung auf dem lokalen PC speichern. Dies gilt auch für webbasierte E-Mail-Dienste, die Sie mit dem Webbrowser besuchen. Wenn Sie also etwa den PC am Arbeitsplatz zum Abrufen Ihrer privaten E-Mail bei einem webbasierten Anbieter verwenden oder etwa mal eben schnell im Internetcafé nach neuen Nachrichten schauen wollen, hinterlässt dies auf dem benutzten Rechner Spuren, die von anderen, ganz zufällig oder auch gewollt, gefunden werden können. Je nach Funktionsweise der E-Mail-Webangebote können z. B. zuvor abgerufene Nachrichten offline verfügbar sein und einfach über die Verlaufsleiste abgerufen werden. Ebenso können die Zugangsdaten ungeschützt offen liegen. Im schlimmsten Fall erhält ein Unbefugter durch einfaches Klicken auf die *Zurück*-Schaltfläche vollen Zugang zu Ihrem Postfach (allerdings nur bei technisch sehr schlecht umgesetzten Angeboten).

Wenn Sie also Ihre elektronische Post von einem PC aus erledigen, zu dem auch andere Zugriff haben, sollten Sie dafür sorgen, dass nach dem Lesen oder Schreiben von vertraulichen Nachrichten keine Spuren zurückbleiben. Im vorangegangenen Kapitel haben wir die verschiedenen Möglichkeiten dazu ausführlicher vorgestellt.

Passwörter schützen

In der Vergangenheit hat sich immer wieder gezeigt, dass die Sicherheit von persönlichen Daten bei webbasierten Angeboten nicht unbedingt gewährleistet ist. So kam es zum Beispiel schon mehrfach zu Pannen, wodurch die Passwörter von Benutzern webbasierter E-Mail-Dienste öffentlich zugänglich waren. Zwar reagieren die Betreiber meist schnell und deaktivieren die Passwörter, sodass sie nicht mehr gültig sind und von den Benutzern durch neue ersetzt werden müssen.

Was aber, wenn man dieses Passwort eben nicht nur bei diesem einen Dienst verwendet hat? Na gut, in Kapitel 2 haben wir geraten, ein Passwort immer nur einmal zu verwenden, um genau dieses Problem zu vermeiden. Tatsächlich wählen aber viele Nutzer den einfachen Weg und benutzen nur ein Passwort für alle Zugänge. Wenn dieses Passwort nun irgendwo öffentlich wird, könnte ein Hacker auf die Idee kommen, genau dieses Geheimwort auch bei anderen Zugängen des gleichen Benutzers auszuprobieren. Deshalb die dringende Empfehlung, Passwörter von webbasierten Zugängen auf keinen Fall auch bei anderen kritischen Bereichen wie etwa Onlinebanking zu verwenden. Sonst kann ein kleiner Fehler teure Konsequenzen haben. Die Betreiber der Webangebote stellen in ihren Geschäftbedingungen in der Regel übrigens klar, dass sie in solchen Fällen keinesfalls für entstandene Schäden haften.

Eine Adresse für jeden Zweck – Zusätzliche kostenlose E-Mail-Adressen nutzen

Worauf man bei kostenlosen E-Mail-Adressen achten muss, damit sie genauso sicher wie herkömmliche Adressen sind, haben wir im vorangegangenen Abschnitt beschrieben. Jetzt wollen wir Ihnen noch zeigen, wie Sie solche kostenlosen Zusatzadressen nutzen können, um Ihre E-Mail-Kommunikation problemloser und sicherer zu gestalten. Die grundlegende Idee dabei ist, für jeden Anwendungszweck eine eigene E-Mail-Adresse zu verwenden. Dies hat den Vorteil, dass man jederzeit entscheiden kann, welche der Adressen man exponiert und so in Gefahr bringt, für Hacker-Angriffe und E-Mail-Bomben oder einfach nur für lästige Werbe-E-Mails missbraucht zu werden. Im Folgenden wollen wir Ihnen eine Aufteilung von E-Mail-Adressen für die wichtigsten Anwendungsgebiete vorschlagen und zeigen, welche Vorteile dies bringt.

Dauerhafte E-Mail-Adressen für private und geschäftliche Zwecke

Die meisten E-Mail-Benutzer verwenden diese Kommunikationsform (auch) für private Zwecke. Das ist unproblematisch, weil es bei privaten Nachrichten z. B. keine Rolle spielt, wie die Adresse aussieht. Sie kann ruhig etwas über Ihren Wohnort bzw. Ihren Internetprovider verraten (z. B. *hansi@uni-hintertupfingen.de*). Wichtig bei der privaten E-Mail-Adresse ist vor allem, dass sie möglichst lange Bestand hat, damit Bekannte sie auch nach längeren Pausen noch benutzen können, um in Kontakt mit Ihnen zu treten. Dabei sollten Sie beachten, dass Sie diese Adresse wirklich ausschließlich für private Nachrichten verwenden und sie niemals im Web als Kontaktadresse (z. B. bei Gewinnspielen) angegeben wird. So vermeiden Sie, dass diese Adresse in Adresslisten der Onlinewerbung gelangt und schützen sich vor Reklame-Mails.

Bei geschäftlich genutzten E-Mail-Adressen spielt vor allem die äußere Form eine wichtige Rolle. Wenn Sie z. B. als Existenzgründer nach Kapitalgebern für Ihre Geschäftsidee suchen, macht sich die Uni-E-Mail-Adresse vom gerade abgeschlossenen Studium nicht so gut. Am professionellsten wäre natürlich eine eigene Domain mit dem vorgesehenen Firmennamen und der entsprechenden E-Mail-Adresse. Aber auch eine neutrale Adresse von einem kostenlosen E-Mail-Anbieter kann ausreichen. Aus organisatorischen Gründen bietet sich eine Trennung zwischen privaten und geschäftlichen Nachrichten an. So landen die eingehenden E-Mails automatisch in verschiedenen Mailboxen, von denen Sie auch die eine im Büro und die andere von zu Hause abrufen können. Auch die geschäftliche E-Mail-Adresse sollte eben nur Geschäftspartnern bekannt gegeben werden, um E-Mail-Belästigungen oder gar Angriffe auf firmeneigene Internetrechner zu vermeiden.

Im Web veröffentlichte E-Mail-Adressen

Wenn Sie eine E-Mail-Adresse im Web (z. B. auf Ihrer privaten Homepage) veröffentlichen, hat dies einen wesentlichen Nachteil. Im Gegensatz zu einer sorgfältig gehüteten privaten Adresse haben Sie keinerlei Kontrolle darüber, wer die Adresse im Web abruft. Einige Werbeagenturen benutzen z. B. spezielle Suchmaschinen, um Webseiten nach E-Mail-Adresse zu durchsuchen (das charakteristische @-Zeichen macht ihnen die Arbeit sehr leicht). Wenn Sie Werbebotschaften per E-Mail vermeiden wollen, sollten Sie private und geschäftliche E-Mail-Adressen deshalb nicht auf Webseiten veröffentlichen. Verwenden Sie stattdessen zusätzliche Adressen, die Sie bei Bedarf jederzeit wechseln können. Wenn auf diesem Weg ein ernsthafter privater oder geschäftlicher Kontakt zustande kommt, können Sie immer noch die richtige Adresse bekannt geben. Außerdem sollten öffentlich bekannt gegebene Adresse möglicht neutral sein und nicht Näheres über Ihre Person verraten, etwa den Wohnort oder eine Firmenzugehörigkeit.

E-Mail-Adressen im Chat

Die meisten Chats verlangen beim Anmelden das Angeben einer E-Mail-Adresse. Diese Adressen können von den anderen Chattern eingesehen werden, sodass diese Sie auch privat kontaktieren können. Diese Idee ist ganz in Ordnung, aber leider haben Sie keine Kontrolle darüber, wer Sie kontaktiert. Wenn es das nette Mädel (oder auch der nette Junge) ist, mit dem Sie letzte Nacht zwei Stunden lang geflirtet haben, ist das sicherlich toll. Aber es kann genauso gut der ätzende Typ sein, mit dem Sie sich gestern online gestritten haben und der die Auseinandersetzung nun mit anderen Mitteln fortsetzen will. Auch hier ist es deshalb empfehlenswert, eine spezielle Chatadresse zu verwenden, die nichts verrät und die man jederzeit aufgeben und wechseln kann, wenn ein penetranter Spinner nervt. Dem netten Mädel können Sie dann ja die richtige Adresse verraten.

E-Mail-Adressen für Onlineshopping und -gewinnspiele

Wer sich der Werbeindustrie freiwillig ausliefern will, der sollte am besten bei jedem Onlinegewinnspiel mitmachen, das er finden kann. Bei vielen dieser Gewinnspiele geht es nämlich nur um die Adressen der Mitspieler. Sie können für gutes Geld an Agenturen verkauft werden, was die ausgeschriebenen Gewinne und noch einiges mehr finanziert. Für solche Zwecke sollte man deshalb unbedingt eine spezielle Adresse verwenden. Die kann man aufgeben, wenn das Verhältnis zwischen Werbenachrichten und „Leider verloren"-E-Mails nicht mehr erträglich ist. Dann holt man sich einfach eine neue kostenlose Adresse und fängt von vorn an.

TIPP

Mehrere E-Mail-Adressen geschickt verwalten

Die meisten Anbieter kostenloser E-Mail-Adressen stellen einen Weiterleitungsdienst zur Verfügung. Dabei geben Sie eine Adresse an, an die alle eingehenden Nachrichten automatisch und umgehend weitergeleitet werden. Wenn Sie bei jeder zusätzlichen Adresse das gleiche Weiterleitungsziel einstellen, landen alle Nachrichten in einer einzigen Mailbox, die Sie wie gewohnt abrufen können.

Bei einigen der Anbieter für kostenlose E-Mail-Adressen gibt es außerdem einen POP-Sammeldienst. Der kann automatisch die eingegangenen Nachrichten aus verschiedenen Mailboxen einsammeln und in einer einzigen Mailbox bereitstellen. Das funktioniert allerdings nur, wenn die verschiedenen Mailboxen über einen POP3-Server abzufragen sind, also nicht bei den ausschließlich webbasierten E-Mail-Diensten.

Auch beim Onlineshopping muss man häufig eine Adresse angeben. Sie wird für Auftragsbestätigungen, Bestellstatus-Mitteilungen und Ähnliches benötigt. Seriöse Onlineshops sollten dies nicht für Werbe-Mails missbrauchen, aber so seriös sind leider nicht alle. Außerdem gibt es bei Onlineshops einen beliebten Trick:

Im Formular, in dem man die E-Mail-Adresse angeben muss, ist irgendwo noch eine unauffällige Option versteckt. Mit dieser gibt man an, ob man auch „Produktinformationen des Anbieters und seiner Partner" per E-Mail erhalten möchte, auf gut Deutsch: Werbung. Diese Option ist meist so kompliziert formuliert, dass man sie fünfmal lesen muss, bevor man weiß, ob man sie nun ankreuzen soll oder nicht.

8. Safer surfen – Anonym und sicher im Internet

8.1 Das gläserne Opfer – Personenrecherche im Internet 454
Das Standardinstrument: die Suchmaschine 454
E-Mail-Adressen recherchieren 458
Suchen in den Newsarchiven 460
Den Standort per Telefonbuch ermitteln 464

8.2 Bittere Kekse – Sicherheitsrisiko Cookies 466
Funktionen und Gefahren 466
Vorhandene Cookies prüfen und löschen 468
Die Cookie-Funktionen der Browser 470
Komfortabler Schutz mit dem Cookie Pal 475

8.3 Anonym durchs Web – Surfen ohne Spuren 481
Welche Informationen stehen auf dem Spiel? 482
Machen Sie den Test: Das verrät Ihr Browser über Sie! 483
So geht's: Inkognito durchs Web surfen 486
Für ganz sichere: Anonymizer-Software 490

Das Internet funktioniert in beide Richtungen: Nicht nur Sie können Daten abrufen, sondern es können auch andere Informationen über Sie erhalten. Durch die zunehmende Kommerzialisierung des Internets wimmelt es von Marketingstrategen, die jeden Surfer als potenziellen Kunden betrachten. Wie immer wollen die Marketingexperten möglichst viel über ihre Kunden wissen, um sie ganz gezielt mit Werbung und Angeboten eindecken zu können. Deshalb lassen sie keine Gelegenheit aus, um Informationen über Interessen und Gewohnheiten der Surfer in Erfahrung zu bringen. Leider bleibt dabei die Privatsphäre oft auf der Strecke. Auch für Neugierige, die Ihnen nachstellen und mehr über Sie erfahren wollen, ist das Internet eine erste Adresse. Wenn Sie aktiv an Diskussionsgruppen oder ähnlichen Foren teilnehmen oder gar eine eigene Webseite haben, kann man ohne weiteres ein Profil von Ihnen erstellen, das Hacker z. B. als Ausgangspunkt für das Social Hacking verwenden können. In diesem Kapitel zeigen wir Ihnen, an welchen Stellen Detektive und Marketingstrategen ansetzen und wie Sie Ihre persönlichen und vertraulichen Daten schützen können.

8.1 Das gläserne Opfer – Personenrecherche im Internet

Das Internet ist eine riesige Informationsquelle, die auch über einzelne Personen Auskunft geben kann. Je nachdem, wie aktiv ein Benutzer am Internet teilnimmt, hinterlässt er seine Spuren auf Webseiten, in Diskussionsforen oder in Newsgruppen. Einige dieser Quellen haben ein erstaunlich langes Gedächtnis. Webseite sind so lange vorhanden, bis ihr Urheber sie aktualisiert oder löscht. Automatisch erzeugte Seiten wie etwa Diskussionsarchive oder Gästebücher können ohne weiteres über Jahre erhalten bleiben. Die meisten Newsgruppen werden in Archiven gesammelt, die jeden einzelnen Beitrag aufbewahren. Alle diese Informationsquellen können Hackern als Ausgangspunkt für einen persönlichen Angriff dienen. Wenn man erst mal einen Namen, Spitznamen oder eine E-Mail-Adresse des Opfers kennt, kann man damit im Internet auf die Suche gehen, um möglichst viele Informationen zu sammeln. Diese können vielleicht schon für einen Angriff reichen, zumindest aber bilden sie die Basis für weiteres Social Hacking (siehe Kapitel 1). Und nicht nur für Hacker ist das Internet eine nützliche Informationsquelle: Besonders im IT-Bereich sollen sich auch Personalchefs schon mal so über die bisherigen Internetaktivitäten von Stellenbewerbern informieren.

Auf den folgenden Seiten wollen wir Ihnen einige Möglichkeiten vorstellen, im Internet gezielt nach Personen zu recherchieren. Dabei wollen wir dies nicht als Anleitung verstanden wissen, wie man dunkle Geheimnisse über Kollegen, Nachbarn oder den neuen Freund der Tochter ans Tageslicht ziehen kann. Vielmehr geht es uns darum, Ihnen zu zeigen, welche Möglichkeiten zur Informationsbeschaffung bestehen. Dies soll Ihnen dabei helfen, Spuren zu vermeiden, die Sie selbst zum Opfer eines persönlichen Angriffs werden lassen können. Vielleicht probieren Sie die beschriebenen Methoden mal mit Ihrem eigenen Namen aus, um zu sehen, wie viel ein Wissbegieriger über Sie in Erfahrung bringen könnte.

Das Standardinstrument: die Suchmaschine

Eine Suchmaschine ist zunächst das beste Mittel, wenn man einen Namen, einen Spitznamen oder eine E-Mail-Adresse als Ausgangspunkt hat. Mit Suchmaschinen findet man alle Webseiten, auf denen dieser Name bzw. die Adresse auftaucht. Die gefundenen Seiten kann man direkt besuchen, um festzustellen, ob sich Informationen auch wirklich auf die gesuchte Person beziehen. Dabei sollte man sich auf keinen Fall auf eine Suchmaschine beschränken, sondern möglichst viele benutzen. Bevor man die Suchprozedur nacheinander bei mehreren Suchmaschinen durchführt und dann auch noch mit Mehrfachtreffern zu kämpfen hat, sollte man gleich eine Meta-Suchmaschine verwenden. Das ist ein spezieller Suchdienst, der über keine eigene Datenbasis verfügt, sondern nur die Daten anderer Suchmaschinen anzapft. Er leitet die eingegebene Anfrage an eine

Vielzahl von Suchdienst weiter und wartet auf deren Antwort. Dann fasst er die Ergebnisse zusammen und bereitet sie übersichtlich auf.

Mit dem Metasucher MetaGer Personen finden

MetaGer ist ein Metasucher, den die Universität Hannover unter http://meta.rrzn.uni-hannover.de anbietet. Er kann mit rund 20 Suchhilfen in Kontakt treten und Ihre Anfrage an diese weiterleiten. Welche Suchdienste das sind, können Sie der Startseite des Dienstes entnehmen.

1. Um mit MetaGer zu suchen, rufen Sie die Startseite dieses Dienstes unter http://meta.rrzn.uni-hannover.de im Webbrowser auf.
2. Im Feld *Geben Sie einfach ein oder mehrere Suchwörter ein* machen Sie eben das.

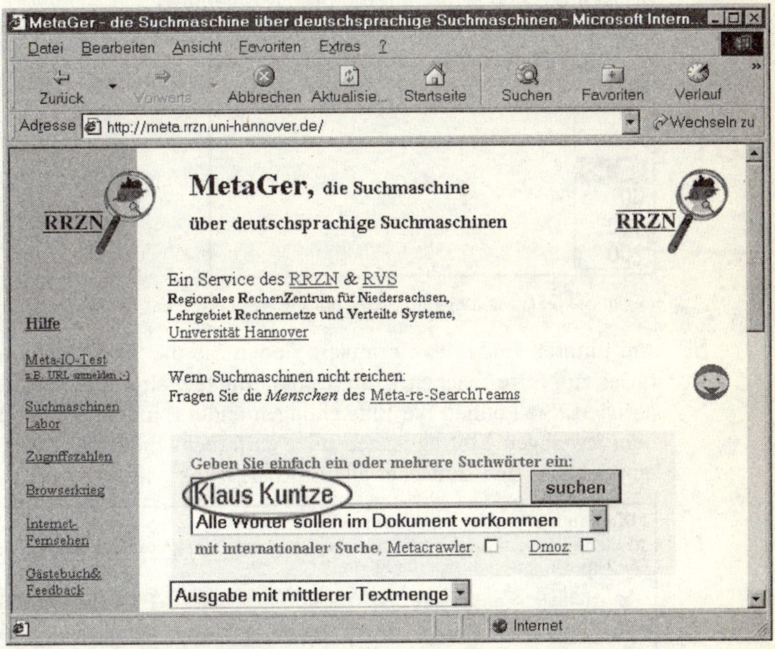

Geben Sie einen Suchbegriff ein, nach dem Sie parallel suchen lassen wollen

3. Wenn Sie nach einem mehrteiligen Namen (also Vor- und Nachname) suchen, sollten Sie einen Suchoperator verwenden, der dafür sorgt, dass nur Webseiten gefunden werden, in denen beide Namen gemeinsam vorkommen. Wählen Sie dazu im Auswahlfeld unterhalb des Suchbegriffs die Option *Alle Wörter sollen im Dokument vorkommen*. Wenn Sie ohnehin nur einen einzelnen Suchbegriff verwenden, müssen Sie sich darüber keine Gedanken machen.

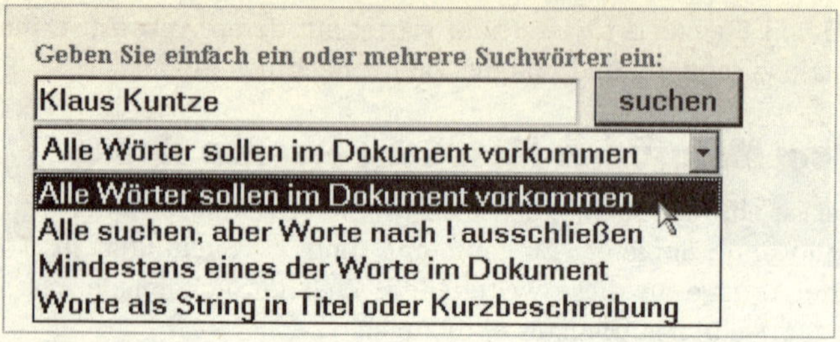

Wählen Sie die Verknüpfungsart bei mehreren Suchbegriffen

4. Wichtig ist die Einstellung *X Sekunden maximale anfängliche Suchzeit*. Sie bestimmt, wie viele Sekunden MetaGer maximal auf die Antworten der anderen Suchdienste wartet. Wenn Sie hier einen zu niedrigen Wert wählen, bringen Sie sich selbst um die besten Ergebnisse.

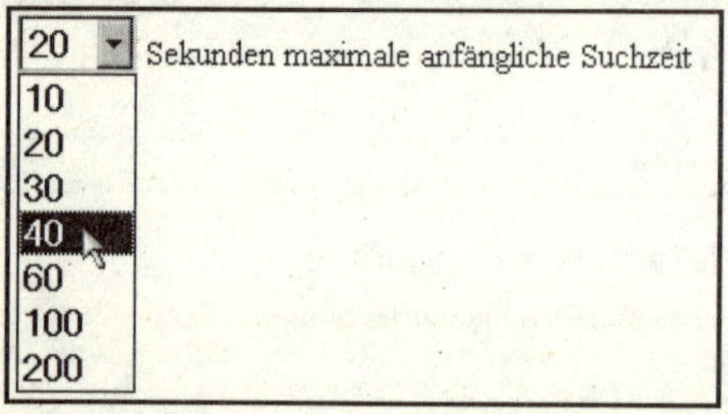

Legen Sie fest, wie lange MetaGer auf die Antworten der Suchmaschinen warten soll

5. Am unteren Ende des Formulars finden Sie die Suchdienste, die sich MetaGer zu Nutze machen kann. Standardmäßig sind nur bestimmte Dienste aktiviert. Sie können die Einstellungen ändern, indem Sie das Häkchen vor dem jeweiligen Eintrag setzen oder entfernen. Für eine umfassende Suche empfiehlt es sich, zunächst alle Einträge zu aktivieren.

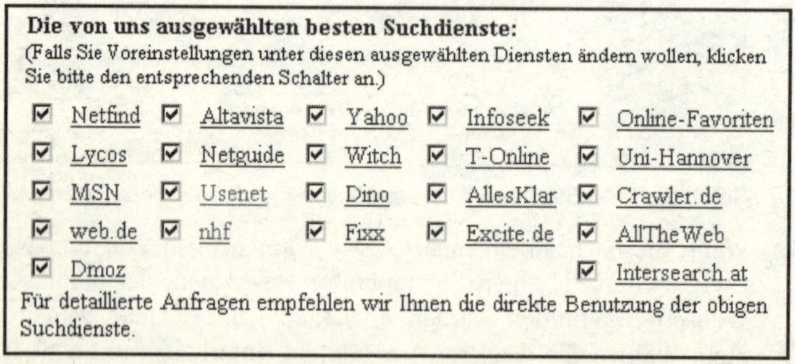

Im Suchdienstverzeichnis können Sie einstellen, welche Suchhilfen befragt werden sollen

6. Ist alles nach Ihren Wünschen angegeben und eingestellt, gehen Sie wieder an den Anfang des Suchformulars und starten die Suche mit einem Klick auf die *suchen*-Schaltfläche.

Die Suchergebnisse von MetaGer auswerten

1. Schon gleich nach dem Start beginnt MetaGer mit dem Aufbau der Antwortseite. Aber Geduld, auch wenn Sie schon etwas im Browser sehen, heißt das nicht, dass die Ergebnisse schon da sind. MetaGer vertreibt Ihnen lediglich die Wartezeit auf die Suchergebnisse mit einigen nützlichen Informationen und Tipps. Wenn die Ergebnisse dann eingetroffen sind, wird die einmal angefangene Seite einfach verlängert.

2. Zunächst präsentiert Ihnen MetaGer eine Statistik der Suche. Dazu gibt es für jeden befragten Suchdienst an, ob und wie viele Treffer er übermittelt hat. Diese Statistik gibt einen Überblick und ist auch ganz interessant. Schließlich bietet sie ganz gute Vergleichsmöglichkeiten der einzelnen Dienste.

Start der parallel-Anfragen an die Suchmaschinen ... und parallele QuickTip-Suche ...
Maximale Suchzeit 40 Sekunden.
kein QuickTip-Ergebnis gefunden
Noch maximal 30 Sekunden. Warten auf Netguide.
Noch maximal 20 Sekunden. Warten auf Netguide.
Wir danken den folgenden Suchdiensten:
Für detaillierte Anfragen empfehlen wir Ihnen die direkte Benutzung dieser Suchdienste.

Yahoo.de:	20 Treffer	(von [illegible] maximal)
witch	0 Treffer	
AltaVista:	10 Treffer	(von [illegible] maximal)
Infoseek.de:	10 Treffer	(von [illegible] maximal)
Lycos:	25 Treffer	
nhf:	9 Treffer	
Netfind:	10 Treffer	(von [illegible] maximal)
Netguide:	10 Treffer	(von [illegible] maximal)
T-Online:	3 Treffer	(von 3 maximal)
Gesamtanzahl:	97 Treffer	

MetaGer gibt zunächst einen statistischen Überblick zu den gefundenen Ergebnissen

3. Während Sie noch die Statistik betrachten, ist MetaGer weiter fleißig. Es vergleicht jetzt die erhaltenen Suchergebnisse der einzelnen Dienste und bemüht sich, die Mehrfachtreffer zu finden, also die Webseiten, die von mehreren Suchdiensten gleichzeitig gefunden wurden. Schließlich soll jede Seite nur einmal angezeigt werden, auch wenn sie von mehreren Suchdiensten gefunden wurde.

4. Wenn MetaGer damit fertig ist, erweitert es die Antwortseite wiederum. Diesmal wird sie um die Titel und Adressen der gefundenen Webseiten ergänzt. Zu jedem Eintrag erhalten Sie die wichtigsten Informationen wie URL, Seitentitel, Kurzusammenfassung, Datum, Größe und den Suchdienst,

der diesen Treffer gemeldet hat. Dass nicht alle Angaben bei allen Einträgen vorhanden sind, liegt daran, dass MetaGer nur die Informationen weitergeben kann, die er selbst von seinen Kollegen erhalten hat.

5. Wurde eine Seite von mehreren Diensten gefunden, bekommen Sie zu dieser Seite auch mehrere Einträge. So können Sie die verschiedenen Suchdienste und ihre Ergebnisse prima vergleichen.

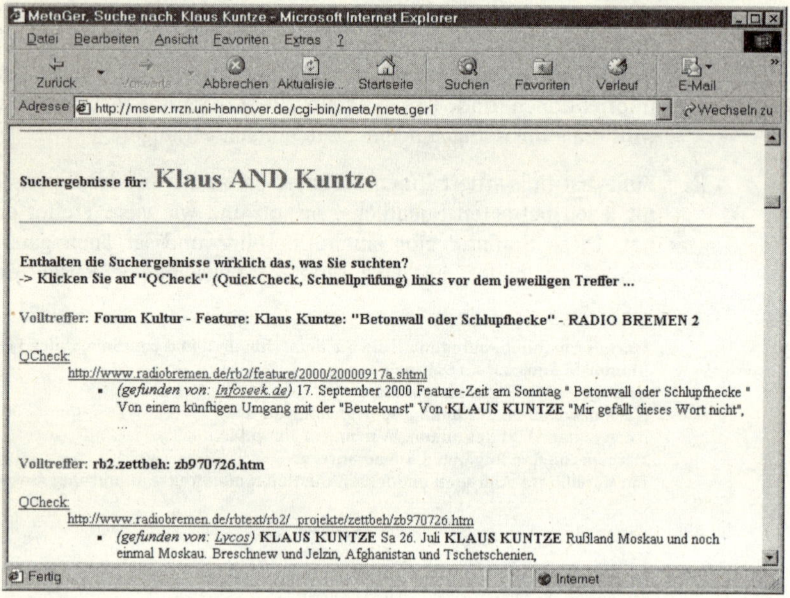

MetaGer präsentiert die gefundenen Webseiten und ergänzt möglichst viele Informationen

Die so gefundenen Webseiten können Sie nun betrachten, indem Sie direkt auf die Ergebnislinks klicken. Die Analyse, welche der Seiten nun tatsächlich mit der gesuchten Person zu tun hat und welche nicht, bleibt allerdings Ihnen selbst überlassen.

E-Mail-Adressen recherchieren

Besonders begehrt sind erfahrungsgemäß E-Mail-Adressen, und zwar nicht nur von Werbestrategen, sondern auch von Hackern. Eine E-Mail-Adresse bietet schließlich einen prima Angriffspunkt. Zum einen hat man die Möglichkeit, dem Opfer eine E-Mail zukommen zu lassen. Diese bietet Möglichkeiten, den Rechner mittels aktiven Inhalten zu sabotieren oder zu infiltrieren, indem man etwa einen Computervirus oder einen Trojaner einschleust. Darüber hinaus kann die E-Mail-Adresse dem Angreifer Aufschluss über das Netzwerk geben, in dem der Angegriffene beheimatet ist. So weiß der Hacker, auf welchen Rechnern er nach Schwachpunkten suchen muss. Schließlich kann man eine E-Mail-Adresse verwenden, um gefälschte Nachrichten im Namen des Opfers in Umlauf zu bringen. So kann man praktisch ohne weiteres die virtuelle Identität eines anderen annehmen.

E-Mail-Adressen mit MESA finden

Auch E-Mail-Adressen kann man über das Internet finden. Ebenso wie es im „richtigen" Leben Telefonbücher gibt, finden sich im Internet E-Mail-Verzeichnisse, in denen man zu einem Namen eine E-Mail-Adresse ermitteln kann. Auch hier bietet es sich wiederum an, statt alle Verzeichnisse einzeln abzuklappern, einen Metasuchdienst zu nehmen. Dafür kommt der kleine Bruder von MetaGer in Frage: MESA, der **M**eta**E**mail**S**earch**A**gent (http://mesa.rrzn.uni-hannover.de), der sich selbst auch als das größte E-Mail-Adressbuch bezeichnet. Mit ihm können Sie gleich eine ganze Reihe von Adressverzeichnissen parallel durchsuchen. Dazu müssen Sie auch wieder einfach nur den Namen der gesuchten Person einmal angeben. MESA leitet diese Anfrage an alle ihm bekannten Adressverzeichnisse im Internet weiter.

1. Rufen Sie in Ihrem Webbrowser die Startseite von MESA unter http://mesa.rrzn.uni-hannover.de auf.
2. Geben Sie in den Feldern *First Name* den Vornamen und *Last Name* den Nachnamen der gesuchten Person ein.
3. Standardmäßig wartet MESA nur 60 Sekunden auf die Antworten der befragten Internetverzeichnisse. Gerade in Zeiten starker Netzauslastung ist dies aber eindeutig zu wenig. Wählen Sie deshalb besser eine höhere *Maximum Search Time*, um die Qualität der Suchergebnisse zu erhöhen.
4. Starten Sie die Suche dann mit einem Klick auf *Search*.

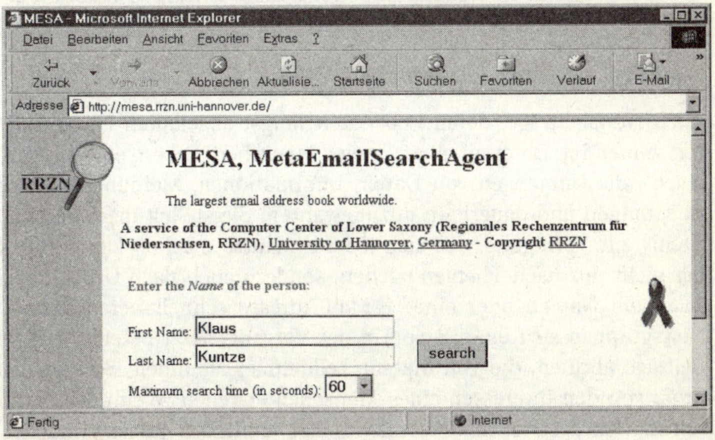

Das Suchformular von MESA, mit dem Sie parallel eine Vielzahl von Adressverzeichnissen durchsuchen

5. MESA übermittelt nun Ihre Anfrage an die ihm bekannten E-Mail-Adressverzeichnisse. Dann wartet er die eingestellte Zeit auf die Ergebnisse, sammelt die Antworten der Verzeichnisse ein und bereitet sie gleich auf. So werden Doppeltreffer bei verschiedenen Verzeichnissen eliminiert. Anschließend werden Ihnen die sauber sortierten Ergebnisse als Webseite im Browser übermittelt.

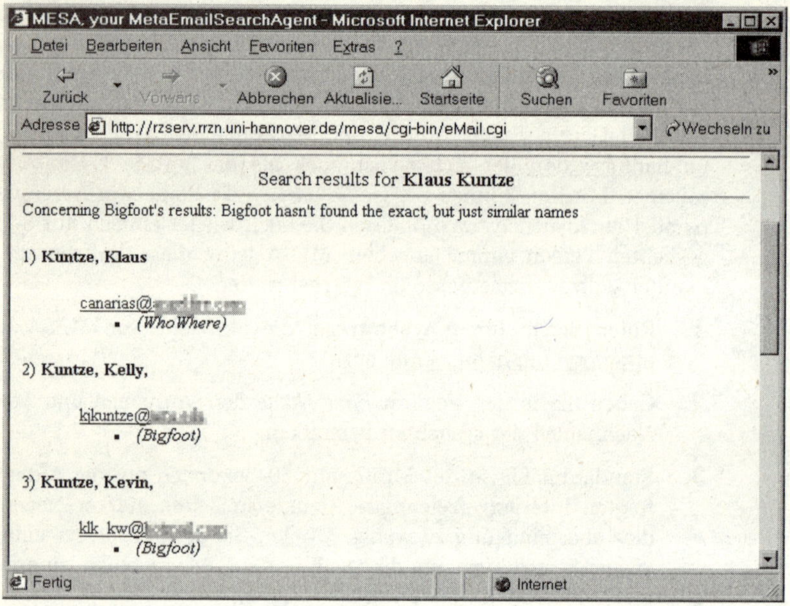

MESA bereitet die Ergebnisse der verschiedenen Adressverzeichnisse auf und stellt sie dar

Suchen in den Newsarchiven

Auch Newsbeiträge, deren Lebenszeit längst abgelaufen ist, verschwinden nicht für immer im Datennirvana. Einige Menschen haben es sich zur Aufgabe gemacht, die Unmengen von Daten, Informationen, Meinungen und Diskussionen zu sammeln und dauerhaft aufzubewahren. Sie stellen diese Sammlung in einem Archiv zur Verfügung, das sich jeder zu Nutze machen kann. Hier kann man aber nicht nur nach Themen suchen, sondern auch nach Urhebern. So kann man zu einem Namen oder einer E-Mail-Adresse schnell herausfinden, an welchen Newsgruppen sich eine Person in der Vergangenheit beteiligt hat, und sogar die Beiträge abrufen, die von diesem Teilnehmer stammen. So kann man ein gutes Profil von den Interessen eines Menschen erstellen. Wenn der darüber hinaus in seinen Beiträgen auch Persönliches hat einfließen lassen, finden sich hier womöglich verräterische Hinweise für das Social Hacking, etwa zum Knacken von Passwörtern.

Im Newsarchiv Deja.com nach Verfassern recherchieren

1. Das wohl umfangreichste Newsarchiv finden Sie mit Ihrem Webbrowser unter http://www.deja.com.

2. Suchen Sie hier nach dem etwas versteckten Link *SEARCH DISCUSSIONS* und klicken Sie ihn an.

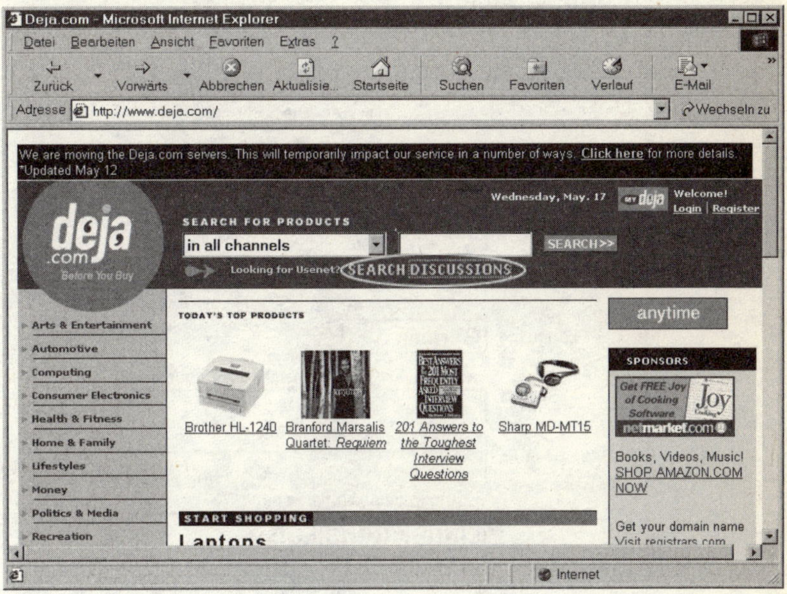

Zunächst müssen Sie auf der Einstiegsseite von http://www.deja.com den richtigen Link finden

3. Damit rufen Sie das Suchformular auf, in das Sie schon gleich einen Suchbegriff eingeben könnten. Für eine gezielte Personenrecherche sind Sie aber mit dem *Power Search*-Link besser bedient.

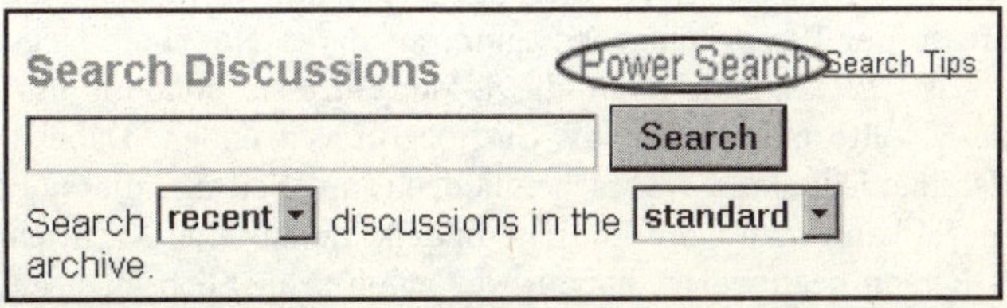

Rufen Sie im Suchformular die Power Search für eine gezielte Suche auf

4. Dadurch öffnen Sie eine neue Seite, in der die Parameter für die Suche wesentlich genauer und flexibler eingestellt werden können.

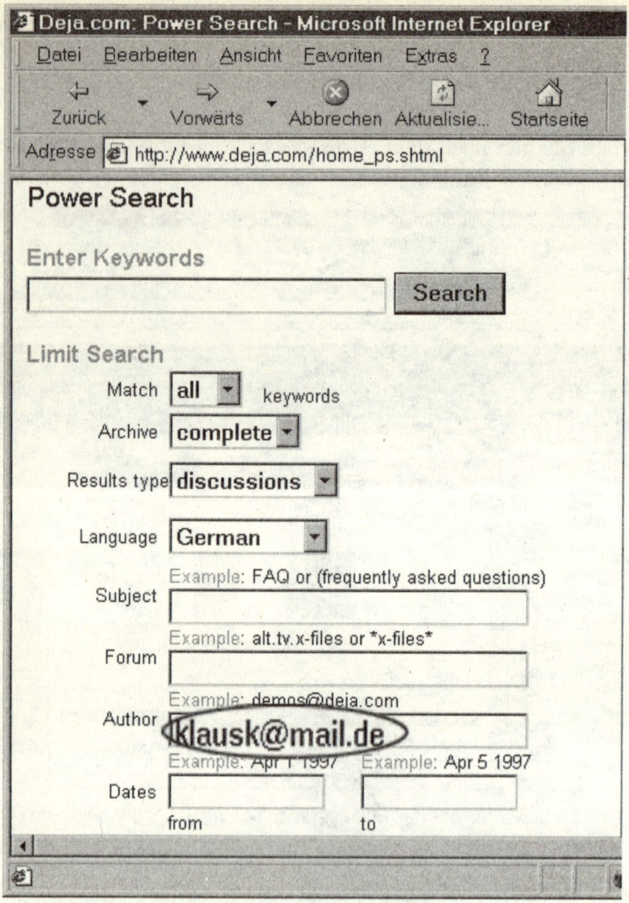

Die Power Search erlaubt eine sehr gezielte Suche

5. Besonders interessant ist hier das Feld *Author*, in das man die E-Mail-Adresse der Person eingeben kann, an deren Newsbeiträgen man interessiert ist. Wenn man nicht die E-Mail-Adresse, sondern nur den Namen kennt, sollte man diesen als Suchbegriff verwenden. Dabei besteht ebenfalls eine sehr hohe Wahrscheinlichkeit, auf Beiträge dieser Person zu stoßen. So kann man auch Beiträge finden, die auf eine Nachricht der gesuchten Person geantwortet haben, was einen schließlich auch auf die richtige Spur führt.

6. Die weiteren Optionen und Suchparameter kann man verwenden, um die Suche weiter einzuschränken. So kann man z. B. vorgeben, in welcher Sprache die gesuchten Beiträge verfasst sein und aus welcher Newsgruppe oder aus welchem Zeitraum sie stammen sollen.

7. Starten Sie die Suche dann mit einem Klick auf *Search*.

8. Bei den Suchergebnissen präsentiert Ihnen deja.com die Treffer üblicherweise in der Reihefolge des Veröffentlichungsdatums, wobei zuerst die neuesten Beiträge aufgeführt werden.

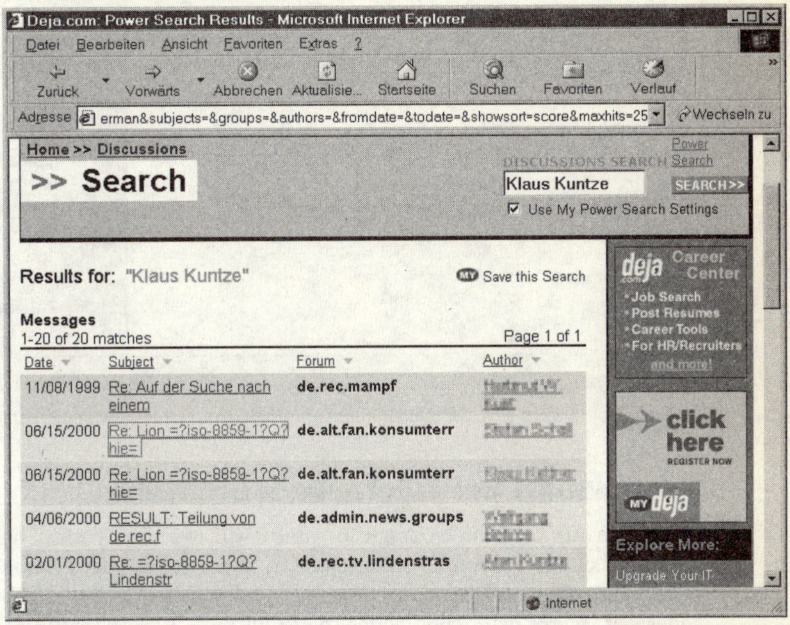

Die Suchergebnisse von http://www.deja.com präsentieren die gefundenen Newsbeiträge übersichtlich

9. Mit den Links der Spaltenüberschriften *Date*, *Subject*, *Forum* und *Author* können Sie aber auch jederzeit nach anderen Kriterien sortieren. Ein Klick auf die Betreffzeile eines Artikels ruft den eigentlichen Artikel aus dem deja.com-Archiv ab.

10. Für die Personenrecherche besonders hilfreich: Wenn Sie auf einen der Autoren klicken, erhalten Sie eine *Posting History*, also eine Übersicht aller Beiträge, die dieser Autor veröffentlicht hat. Sie ist nach Newsgruppen sortiert. Mit einem Klick auf *Get all XXX messages* können Sie alle Nachrichten dieses Autors dann übersichtlich abrufen.

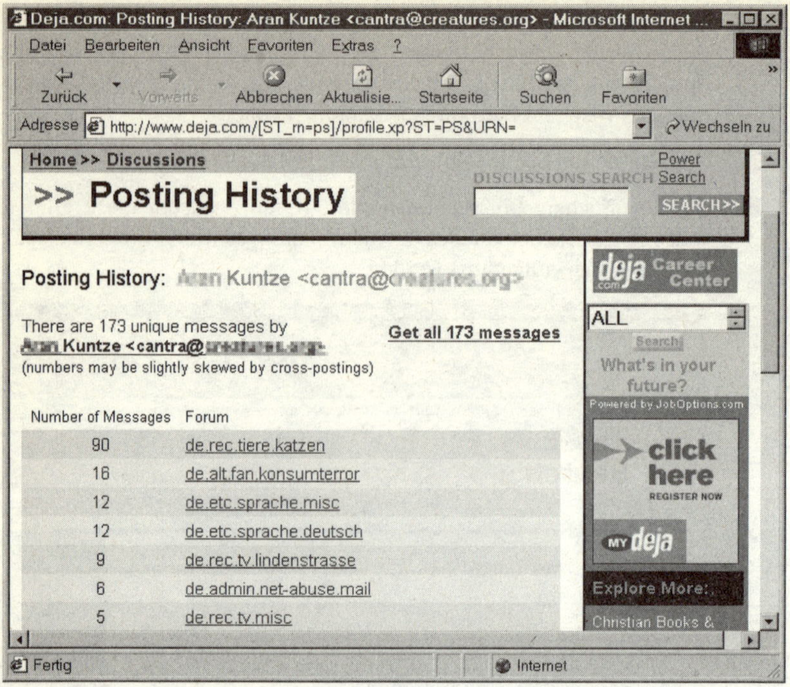

Über deja.com lassen sich alle Nachrichten einsehen, die eine Person veröffentlicht hat

Den Standort per Telefonbuch ermitteln

Wenn man für persönliche Angriffe wissen will, wo eine Person beheimatet ist, hilft ein Blick ins Telefonbuch meist weiter. Zwar gibt es kein Telefonbuch für das ganze Land, aber inzwischen erlauben ja Telefonbuch-CDs die komfortable Suche landesweit. Wenn man einen Namen hat und diese Person im Telefonbuch eingetragen ist, findet man sie auch. Hat man die Telefonnummer, weiß man gleich erheblich mehr, denn nun kann man die Person lokalisieren. Viele lassen bei ihrem Telefonbucheintrag auch ihre Adresse angeben. Da bleibt dann keine Frage mehr offen. Auch ohne das kommt man aber weiter: Die Vorwahl verrät auf alle Fälle den Wohnort bzw. bei größeren Städten auch den Stadtteil. Teilweise erlaubt auch die eigentliche Nummer selbst einen Rückschluss auf das Viertel oder gar die Straße. Dazu benötigt man aber einige Fachkenntnisse. Außerdem kann man heutzutage im volldigitalisierten Netz mit seiner Telefonnummer innerhalb eines Vorwahlbereichs umziehen, sodass dies nicht immer aussagekräftig ist.

Wenn Sie nicht über eine Telefonbuch-CD verfügen, können Sie wiederum das Internet als Informationsquelle nutzen. Es gibt eine ganze Reihe von Onlineauskünften, bei denen man Erkundigungen einziehen kann. So sind z. B. die offiziellen Telefonbücher der Telekom unter http://www.teleauskunft.de verfügbar.

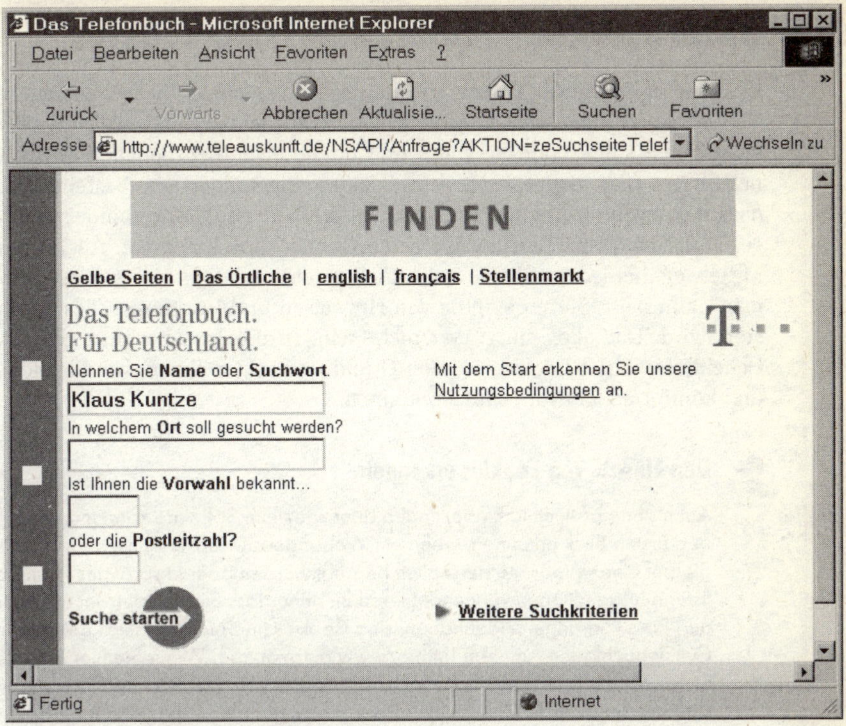

Unter http://www.teleauskunft.de ...

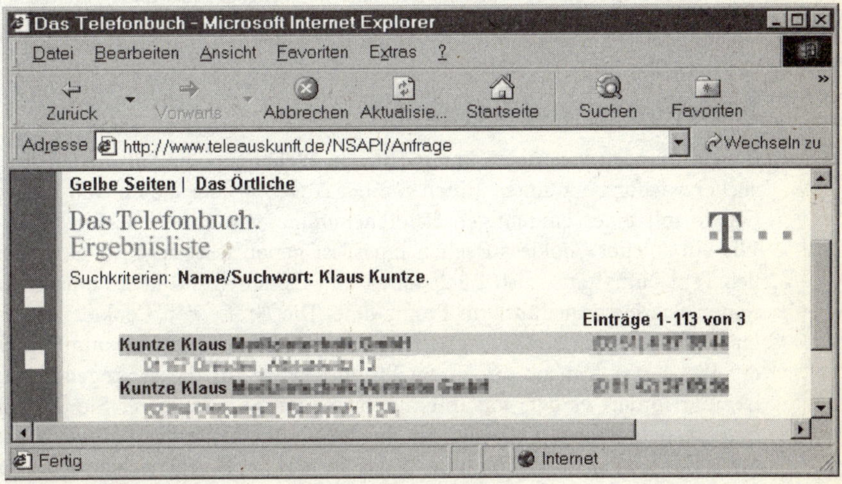

... kann man Telefonnummern erfahren

8.2 Bittere Kekse – Sicherheitsrisiko Cookies

Ein sehr umstrittenes Thema im Internet sind Cookies. Viele Websites benutzen sie und kaum einer weiß so ganz genau, wofür sie gut sind, ob man sie wirklich akzeptieren sollte oder gar muss und ob sie eigentlich Schaden anrichten können. Lässt man den Einsatz von Cookies ungehindert zu, besteht die Gefahr, dass das eigene Verhalten im Netz ausspioniert wird. Unterbindet man sie hingegen, ist man zum Beispiel bei vielen Onlineshops außen vor. Auch der goldene Mittelweg, bei jedem Cookie individuell zu entscheiden, wird schnell nervig, weil man dann beim Surfen ständig von Hinweisen und Rückfragen des Browsers gestört wird. Das alles muss aber nicht sein. In diesem Abschnitt gehen wir den Geheimnissen der Cookies auf den Grund und zeigen Ihnen, wie Sie sich effektiv und komfortabel davor schützen können.

TIPP

Den Einsatz von Cookies erkennen

Auch ohne bestimmte Einstellungen oder spezielle Software kann man meist auf den ersten Blick erkennen, wenn ein Webangebot Cookies einsetzt. Wann immer Sie auf einer Webseite persönlich begrüßt werden oder in sonstiger Form personalisierte Informationen verwendet werden, ohne dass Sie sich per Benutzername und Passwort angemeldet haben, sind Cookies im Spiel. Ein gutes Beispiel ist der Onlinebuchladen Amazon (http://www.amazon.de). Wenn Sie hier schon einmal etwas als Kunde bestellt haben und sich später vom gleichen Rechner aus wieder dort melden, werden Sie gleich persönlich begrüßt und spezielle Angebote werden auf Ihr persönliches Interessengebiet abgestimmt. Gleichzeitig wird das Bestellen schneller und unkomplizierter. Ähnliche Techniken verwenden inzwischen viele Onlineshops zur Kundenbindung.

Funktionen und Gefahren

Cookies werden von vielen kommerziellen Webangeboten verwendet, um die Besucher wiederzuerkennen. Rufen Sie ein Angebot zum ersten Mal auf, wird ein Cookie mit einer eindeutigen Referenznummer auf Ihrem Rechner gespeichert. Wie ein solcher Cookie aussehen muss, ist genau festgelegt: Er darf ausschließlich Text enthalten - also Buchstaben und Zahlen - und keine binären Informationen wie etwa ausführbare Programme. Die Größe von Cookies ist mit maximal 4 KByte ganz genau begrenzt. Kehren Sie später irgendwann zurück, stellt der Webserver fest, ob auf Ihrem PC ein Cookie für dieses Angebot vorhanden ist, und fordert es ggf. von Ihrem Browser an. So erkennt er Sie als Wiederholungsbesucher wieder. Gleichzeitig mit der Referenznummer werden in einer Datenbank spezifische Informationen gespeichert, z. B., für welche Arten von Angeboten oder Informationen Sie sich besonders interessieren. So kann das Webangebot dynamisch auf Ihre Bedürfnisse abgestimmt oder die Werbebanner können entsprechend Ihren Vorlieben eingeblendet werden. Sehr häufig arbeiten auch Onlineshops mit Cookies, um die eindeutige Zuordnung eines eigenen Warenkorbs für jeden Besucher zu gewährleisten.

INFO

Sind Cookies gefährlich?

Eine Gefahr im Sinne von Viren oder Trojanern stellen Cookies für Ihren PC nicht dar. Schließlich enthalten sie keine binären Anweisungen und können so auch nichts kaputt machen. Allerdings können Hacker sie in Kombination mit anderen Techniken zum Ausspionieren Ihres Rechners verwenden, indem ein Spionageprogramm Informationen in einem Cookie ablegt, die dann auf diese Weise an den Webserver des Hackers übermittelt werden. Viel größer allerdings ist die Gefahr für die Privatsphäre. Cookies verraten einem Fachmann nämlich ganz genau, welche Webseiten Sie aufgesucht haben. Dazu muss er nicht einmal Zugriff auf Ihren PC haben, denn die Cookies können von jedem Server abgerufen werden, der die richtige Bezeichnung kennt. So kann ein Onlineshop-Betreiber z. B. feststellen, ob Sie auch bei der Konkurrenz einkaufen und diese Daten eventuell missbrauchen. Vielleicht besuchen Sie auch hin und wieder Webangebote, von denen andere eigentlich nichts wissen sollten. Die gespeicherten Cookies können Sie verraten. Deshalb ist beim Umgang mit diesen Informationskrümeln also schon etwas Vorsicht angebracht.

So werden Cookies programmiert

Cookies sind Bestandteile der Skriptsprache *JavaScript*. Diese stellt Funktionen bereit, um Cookies zu erzeugen und abzurufen. Das entscheidende JavaScript-Objekt dazu heißt *document.cookie*. Die prinzipielle Vorgehensweise ist folgende:

1. Gleich zu Beginn der Startseite fragt man mit *document.cookie* ab, ob auf dem Rechner des Besuchers ein Cookie für diese Startseite vorhanden ist. Ist dies der Fall, erhält das Objekt *document.cookie* den Wert, der in dem Cookie auf dem Rechner des Besuchers gespeichert ist. Andernfalls bleibt es leer.

2. Enthält das Objekt nach der Abfrage einen Wert, kann man diesen mit den üblichen JavaScript-Methoden auswerten und z. B. eine Besuchernummer ermitteln. Diese lässt sich etwa mit einer Datenbank abgleichen, in der umfangreichere Daten zu diesem Besucher gespeichert sind.

3. Enthält das Objekt keinen Wert, ist der Besucher zum ersten Mal auf dieser Seite und es liegen noch keine Daten vor. In dem Fall kann man wiederum das Objekt *document.cookie* verwenden, um ein Cookie anzulegen. Dazu weist man dem Objekt einfach einen entsprechenden Wert zu, etwa so:

```
document.cookie = "Besuchernr=123456; expires= Wed, 11 Mar 2002
18:17:28 GMT;"
```

Die eigentliche Information wird mit Wertname (*Besuchernr*) und Wertinhalt (*123456*) angegeben. Zusätzlich muss mit *expires* das Verfallsdatum des Cookies angegeben werden. Ohne ein solches Verfallsdatum werden Cookies von den Browsern in der Regel nicht akzeptiert. Beim nächsten Besuch kann man das dann vorhandene Cookie auswerten und erkennt den Benutzer so wieder.

Die Cookie-Technik macht allein mit den JavaScript-Funktionen nur wenig Sinn. Um sie professionell einsetzen zu können, muss immer auch eine Datenbankanbindung dahinterstehen, mit der man die aus den Cookies gewonnenen Daten auswerten bzw. weiterverarbeiten kann. Deshalb wird diese Technik in der Regel nur von großen, professionellen Websites eingesetzt. Wenn Sie sich mit JavaScript noch nicht näher auskennen, finden Sie unter http://www.teamone.de/selfhtml/selfhtml.htm eine gute Einführung in HTML und JavaScript. Dort wird auch die Cookie-Programmierung ausführlicher vorgestellt (http://www.teamone.de/selfhtml/tede.htm).

Vorhandene Cookies prüfen und löschen

Cookies sind kleine Informationshappen, die Webserver als Dateien vom Webbrowser auf Ihrem PC speichern lassen. Technisch gesehen übermittelt der Webserver die Cookie-Informationen an den Webbrowser und fordert ihn auf, diese Informationen unter einer bestimmten Bezeichnung zu speichern.

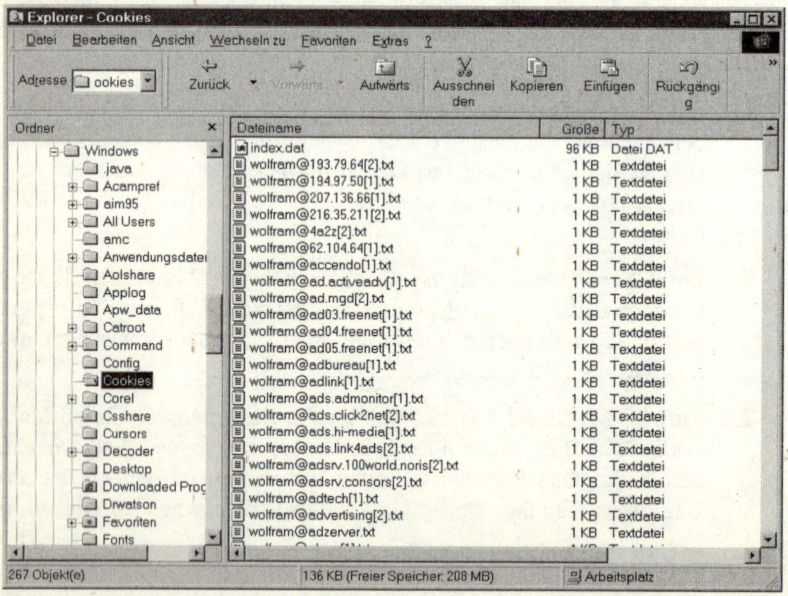

Der Internet Explorer speichert Cookies als kleine Textdateien

Sowohl der Internet Explorer als auch der Netscape Navigator kommen dieser Aufforderung standardmäßig nach. Der Navigator verwendet dazu eine Textdatei namens *Cookies.txt*, die er für jeden Windows-Benutzer separat erstellt. Der Internet Explorer legt Cookies in einem eigenen *Cookies*-Ordner im Windows-Stammverzeichnis ab. Dort sollten Sie mal nachschauen, was sich schon so an Cookies auf Ihrem Rechner angesammelt hat.

1. Starten Sie den Windows Explorer und öffnen Sie den Windows-Ordner (meist *C:\windows*). Hier finden Sie den Ordner *Cookies*, dessen Inhalt Sie anzeigen lassen können.

2. Der Ordner enthält eine Datei namens *index.dat*, die einen Überblick über alle gespeicherten Cookies enthält. Die eigentlichen Cookies und ihre Informationen sind aber in einer Vielzahl von winzigen Dateien in diesem Ordner gespeichert. Die meisten dieser Dateien sind weniger als 1 KByte groß, sodass Sie sich wegen des Speicherplatzes normalerweise keine Sorgen machen müssen.

3. Bei den gespeicherten Cookies handelt es sich um einfache Textdateien, die Sie mit einem beliebigen Texteditor öffnen können. Dabei werden Sie feststellen, dass der Inhalt meist wirklich nur aus scheinbar sinnlosen Zahlen und Buchstaben besteht. Meist ist aber zumindest die Adresse der verantwortlichen Website im Klartext enthalten.

So sieht der Inhalt einer Cookie-Datei aus

Ganz wichtig: Erliegen Sie auf keinen Fall der Versuchung, hier mit der Löschen-Funktion aufräumen zu wollen! Die Inhalte des Ordners und der Datei *index.dat* müssen immer synchron gehalten werden. Wenn Sie Cookie-Dateien einfach löschen, kann der Internet Explorer instabil werden und mit Abstürzen reagieren. Zum Löschen von Cookies gibt es spezielle Software, auf die wir im Folgenden noch eingehen.

Die Cookie-Funktionen der Browser

Dagegen, dass Webangebote Cookies einsetzen, kann man nichts machen. Die Frage ist also, wie Sie auf solche Informationskrümel reagieren. Dabei gibt es grundsätzlich drei Strategien:

- Wenn Sie keine Angst vor Cookies haben, können Sie deren Verwendung generell zustimmen. Dann passiert der entsprechende Datenverkehr im Hintergrund, ohne dass Sie etwas davon bemerken. Dabei verlieren Sie aber auch die Kontrolle, wer welche Informationen speichert bzw. abruft.
- Wenn Sie entschiedener Gegner der elektronischen Kekse sind, können Sie die Verwendung ebenso pauschal ablehnen. Alle Anfragen bezüglich Cookies werden von Ihrem Webbrowser dann ignoriert. Das bedeutet optimalen Schutz vor Missbrauch, aber auch, dass Sie einige Webangebote nicht mehr benutzen können. Meist finden sich aber Alternativen, die ohne Cookies funktionieren.
- Wie so oft ist der Mittelweg am sinnvollsten: Lassen Sie sich von Ihrem Webbrowser darüber informieren, wer welche Cookies schreiben oder lesen will und entscheiden Sie von Fall zu Fall. Das ist mit den gängigen Webbrowsern etwas mühsam, aber es gibt Zusatzsoftware, die Sie dabei unterstützt.

Die gängigen Versionen der Webbrowser Internet Explorer und Netscape Navigator unterstützen alle diese Möglichkeiten. Im Folgenden zeigen wir, wie Sie die Browser so einstellen, dass sie Ihre persönliche Cookie-Politik optimal unterstützen.

Die Cookie-Einstellungen des Internet Explorer anpassen

Beim Internet Explorer sind die Cookie-Einstellungen Teil des Sicherheitskonzepts, d. h., Sie können für jede Sicherheitszone individuelle Cookie-Einstellungen vornehmen. Dabei empfiehlt es sich, Cookies für vertrauenswürdige Sites freizugeben und für die anderen Zonen einzuschränken bzw. zu deaktivieren. Websites, von denen Sie Cookies zulassen wollen (z. B. Onlineshops), sollten Sie dann bei den vertrauenswürdigen Sites einordnen.

1. Um die Cookie-Einstellungen beim Internet Explorer vorzunehmen, öffnen Sie unter *Extras/Internetoptionen* die Kategorie *Sicherheit*.
2. Wählen Sie hier die Sicherheitszone aus, für die Sie die Cookie-Optionen einstellen wollen.
3. Die vordefinierten Sicherheitsstufen unterscheiden sich in Bezug auf Cookies überhaupt nicht. Offenbar nimmt Microsoft diese Gefahr nicht sehr ernst. Deshalb belassen Sie es am besten bei der Standardeinstellung. Klicken Sie dann auf die Schaltfläche *Stufe anpassen*.

4. Suchen Sie in der Liste der Einstellungen den Eintrag Cookies, unter dem Sie zwei Unterkategorien finden. *Cookies annehmen, die gespeichert sind* bezieht sich auf permanente Cookies, die dauerhaft auf Ihrem Rechner verbleiben. Die Einstellungen unter *Cookies pro Sitzung annehmen* gelten hingegen für temporäre Cookies, die beim Beenden des Internet Explorer ohnehin gelöscht werden.

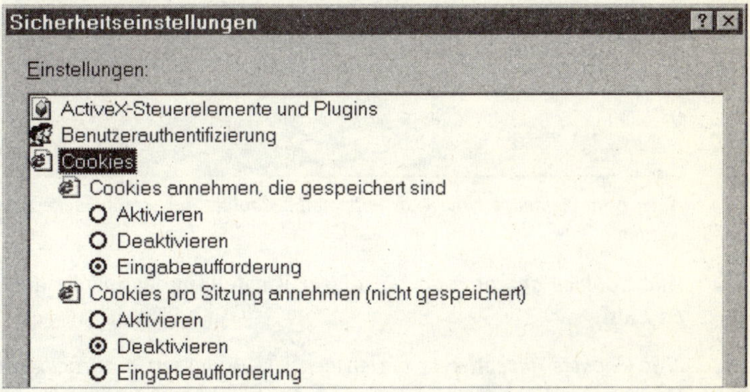

Hier stellen Sie die Cookie-Strategie des Internet Explorer ein

5. Für beide Kategorien können Sie Cookies entweder *Aktivieren*, *Deaktivieren* oder die Genehmigung jeweils von einer *Eingabeaufforderung* abhängig machen.

6. Bestätigen Sie die neuen Einstellungen zweimal mit *OK*.

Wenn Sie sich für die Eingabeaufforderung entscheiden, präsentiert Ihnen der Internet Explorer bei jeder Cookie-Anfrage ein Hinweisfenster. Dann können Sie entscheiden, ob der Cookie zugelassen werden soll oder nicht. Auf Dauer kann das aber ziemlich mühsam sein, da dieser Hinweis wirklich bei jedem Cookie erscheint und das Surfen dadurch nachhaltig behindert. Aber zumindest merkt man auf diese Weise mal, wie viele Cookies es im Web inzwischen schon gibt.

Die Cookie-Optionen des Netscape Navigator einstellen

Beim Netscape Navigator lassen sich die Cookie-Einstellungen in ähnlicher Weise wie beim Internet Explorer vornehmen. Allerdings verfügt dieser Browser nicht über ein solches Konzept mit Sicherheitszonen, sodass sich die Optionen nur pauschal für alle Webadressen einstellen lassen.

1. Um die Cookie-Einstellungen beim Netscape Navigator vorzunehmen, öffnen Sie zunächst dessen Optionen mit *Bearbeiten/Voreinstellungen*.

2. Rufen Sie unter *Erweitert* die Rubrik *Cookies* auf, wo die verschiedenen Einstellungsmöglichkeiten zur Verfügung stehen.

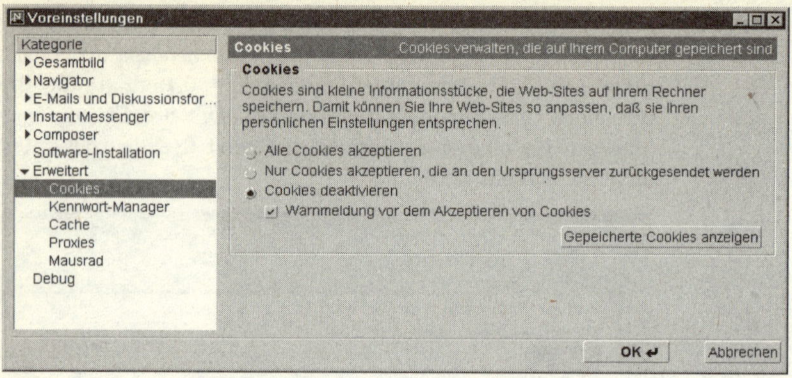

Auch beim Netscape Navigator können die Cookies auf verschiedene Arten behandelt werden

3. *Alle Cookies akzeptieren*: Mit dieser Einstellung lassen Sie den Cookies freien Lauf.

4. *Nur Cookies akzeptieren, die an den Ursprungsserver zurückgesendet werden*: Das ist der Kompromiss, bei dem Cookies erlaubt sind, aber bei Anfragen nur an den Server zurückgeschickt werden, von dem sie ursprünglich stammen. So soll verhindert werden, dass die vorhandenen Cookies von anderen Servern ausgespäht werden.

5. *Cookies deaktivieren*: Wenn Sie der ganzen Cookie-Idee nicht über den Weg trauen, sind Sie mit dieser Option am besten bedient. Sie lässt den Netscape Navigator sämtliche Cookie-Anfragen zurückweisen.

6. *Warnmeldung vor dem Akzeptieren von Cookies*: Diese zusätzliche Option schaltet den interaktiven Cookie-Modus ein, bei dem Sie vor jedem Akzeptieren eines Cookies um Genehmigung gebeten werden.

7. Mit einem Klick auf *Gespeicherte Cookies anzeigen* können Sie nachschauen, wie viele und welche Cookies der Netscape Navigator bislang angelegt hat.

8. Sie erhalten dann in einem zusätzlichen Fenster eine Liste der vorhandenen Cookies angezeigt. Wenn Sie einen der Einträge auswählen, werden im Bereich *Informationen über das ausgewählte Cookie* detaillierte Angaben zu Name, Herkunft, Herausgeber und Lebensdauer gemacht.

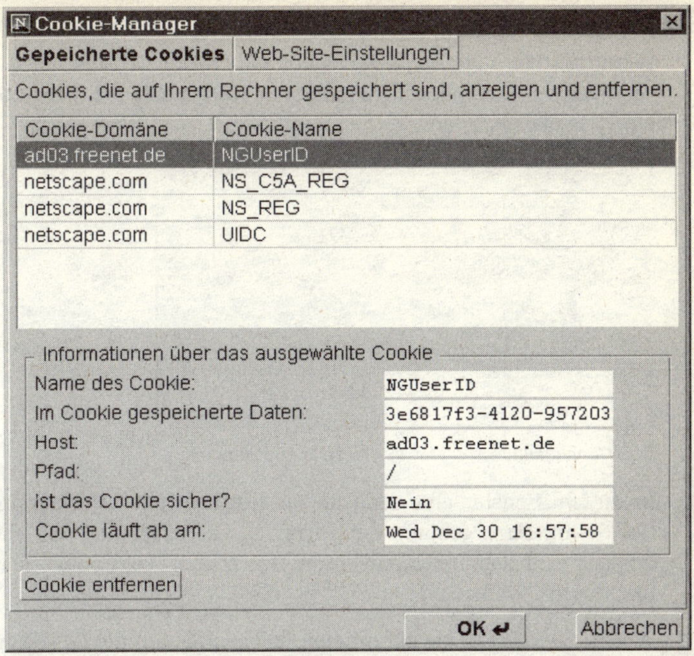

Der Netscape Navigator zeigt die gespeicherten Cookies detailliert an

9. Wollen Sie einen der Datenkekse loswerden, wählen Sie ihn einfach aus und klicken dann auf *Cookie entfernen*. Der Netscape Navigator löscht die entsprechenden Daten dann zuverlässig.

10. Anschließend sollten Sie das Fenster mit *OK* schließen.

Cookies nur nach Rückfrage zulassen

Wenn man Webangebote nicht nur passiv konsumieren, sondern auch interaktiv daran teilnehmen will, kommt man um den Einsatz von Cookies oftmals nicht herum. So sind beispielsweise viele Onlineshops auf Cookies angewiesen, um den Warenkorb der Kunden zu steuern. Ohne Warenkorb aber können Sie bei einem solchen Shop nicht einkaufen. Deshalb empfiehlt sich in solchen Fällen ein Mittelweg: Statt Cookies pauschal zuzulassen oder abzulehnen, können Sie sich jeweils interaktiv entscheiden, ob ein bestimmter Cookie von einem bestimmten Webserver zugelassen werden soll. Wann immer ein Webangebot ein Cookie auf Ihrem PC platzieren will, weist Sie der Webbrowser daraufhin und fragt nach, wie er mit der Anfrage verfahren soll.

Cookie-Warnungen beim Netscape Navigator beantworten

1. Wenn Sie beim Netscape Navigator die Option *Warnmeldung vor dem Akzeptieren von Cookies* aktiviert haben, zeigt dieser bei jeder Cookie-Anfrage ein Hinweisfenster an.

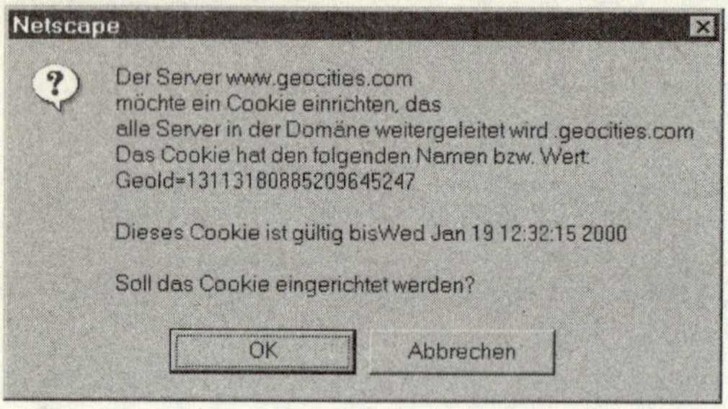

Das Cookie-Hinweisfenster des Netscape Navigator

2. In diesem Fenster gibt der Browser zunächst alle Informationen über das Cookie an. Dazu gehören der Server, der es einrichten will, der Inhalt des Cookies und das Gültigkeitsdatum, nach dem das Cookie automatisch gelöscht wird.

3. Wollen Sie das Cookie akzeptieren, klicken Sie auf die *OK*-Schaltfläche.

4. Um das Cookie abzulehnen und das Speichern einer entsprechenden Datei auf Ihrem PC zu unterbinden, klicken Sie auf *Abbrechen*.

Der Netscape Navigator lehnt dann die Cookie-Anfrage des Server ab. Wie der darauf reagiert, hängt von seiner Programmierung ab. Häufig ist das Benutzen des Webangebots dann nur noch eingeschränkt oder überhaupt nicht mehr möglich.

Auf Cookie-Warnung beim Internet Explorer reagieren

1. Beim Internet Explorer ist das Aktivieren der Option *Eingabeaufforderung* bei den Cookie-Einstellungen erforderlich, damit bei einer Cookie-Anfrage ein Rückfragefenster angezeigt wird.

2. Ist diese Option eingeschaltet und der Internet Explorer erhält von einem Webserver eine entsprechende Anfrage, gibt er einen *Sicherheitshinweis* aus. Dieser ist leider nicht so ausführlich wie beim Netscape Navigator und lässt den Benutzer darüber im Unklaren, von wo das Cookie kommt, was es enthält oder wie lange es gültig ist.

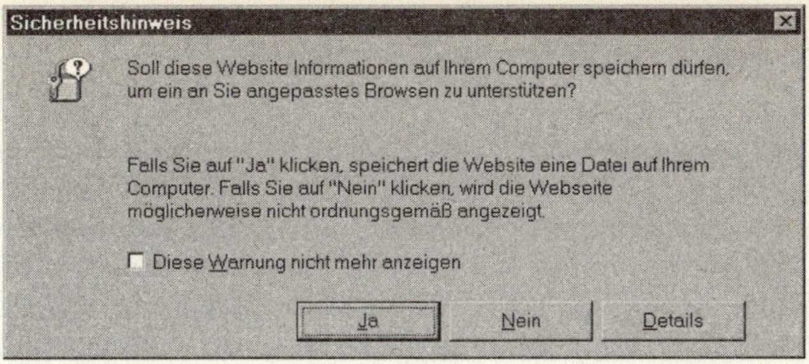

Auch der Internet Explorer kann interaktiv auf Cookie-Anfragen reagieren

3. Um das Speichern des Cookies zuzulassen, klicken Sie einfach auf *Ja*.

4. Wollen Sie das Cookie nicht akzeptieren, sollten Sie sich hingegen für *Nein* entscheiden.

5. Mit *Details* können Sie eine Erläuterung aufrufen, die noch einmal kurz die Bedeutung von Cookies und die zur Auswahl stehenden Optionen erklärt. Sie geht allerdings nicht individuell auf den jeweiligen Cookie ein, sondern bietet nur allgemeine Informationen.

6. Weiterhin steht Ihnen die Option *Diese Warnung nicht mehr anzeigen* zur Auswahl. Sie kann unabhängig von der sonst getroffenen Entscheidung gewählt werden und bewirkt, dass die einmal vorgenommene Reaktion auf die Cookie-Anfrage eines Servers bei allen weiteren Anfragen automatisch wiederholt wird, ohne dass Sie jedes Mal mit einem Sicherheitshinweis belästigt werden. Das ist sehr sinnvoll, weil Cookies häufig nicht einzeln, sondern gleich in Serie auftreten. Statt wiederholt auf *Ja* oder *Nein* zu klicken, muss man nur einmal festlegen, wie mit Cookies von diesem Server verfahren werden soll. Der Internet Explorer erledigt den Rest dann ganz allein.

Komfortabler Schutz mit dem Cookie Pal

Den besten Schutz vor Cookies bietet spezielle Cookie-Software. Sie hält den Rechner sauber und ermöglicht trotzdem das komfortable Benutzen von Cookie-abhängigen Webangeboten. Ein solches Shareware-Produkt ist der *Cookie Pal* von der Firma Kookaburra Software. Unter http://www.kburra.com können Sie eine kostenlose Testversion herunterladen. Es arbeitet mit den Browsern Internet Explorer, Netscape Navigator und Opera in den aktuellen und teilweise auch älteren Versionen zusammen.

Cookie Pal installieren und einrichten

Das Installieren läuft in den für Windows-Programme üblichen Schritten ab. Cookie Pal kommt als selbst installierendes Archiv. Nach dem Hinweis auf die Lizenzvereinbarung wählen Sie das Verzeichnis und den Desktop-Ordner, in denen das Programm eingerichtet werden soll. Während des Installierens ermittelt Cookie Pal, welche Browser auf Ihrem PC eingerichtet sind und bereitet sie für die Zusammenarbeit vor. Sollte während des Installierens von Cookie Pal ein Webbrowser aktiv sein, muss er anschließend zunächst beendet und neu gestartet werden, bevor Cookie Pal richtig funktioniert. Cookie Pal arbeitet mit allen aktuellen und auch älteren Versionen von Internet Explorer und Netscape Navigator reibungslos zusammen. Zusätzlich werden auch der Webbrowser Opera und die bei Onlinediensten wie AOL integrierten Browserversionen unterstützt.

Nach der Installation rufen Sie das Programm im Startmenü unter *Start\Programme\Cookie Pal\Cookie Pal* auf. Danach finden Sie rechts unten in der Startleiste das *Cookie Pal*-Symbol, einen Keks mit Gesicht. Mit einem Klick der rechten Maustaste darauf öffnen Sie das kontextabhängige Menü. Hier finden Sie unter anderem den Menüpunkt *Show*, mit dem Sie das Cookie Pal-Hauptfenster öffnen.

Das Symbol für den Cookie Pal rechts unten in der Taskleiste

Cookie Pal an deutsche Browser anpassen

Da Cookie Pal ein englisches Programm ist, arbeitet es standardmäßig mit den englischen Versionen der Webbrowser zusammen. Wenn Sie die deutschen Versionen benutzen, müssen Sie das Programm deshalb leicht anpassen.

1. Öffnen Sie dazu die Kategorie *Configure* des Hauptfensters von Cookie Pal.

2. Hier tragen Sie im Feld *Netscape* bzw. *Internet Explorer* die jeweils passenden Werte ein.

3. Wenn Sie auf eine der beiden *Defaults*-Schaltflächen klicken, können Sie die Standardwerte für verschiedene Sprachen (unter anderem auch Deutsch = *German*) automatisch eintragen lassen.

Die folgende Tabelle verrät Ihnen die richtigen Einträge für die aktuellen deutschen Versionen der beiden Browser. Achten Sie unbedingt auch auf die Groß/Kleinschreibung.

Browser	Netscape Navigator	Internet Explorer
Cookie window title	*Netscape*	*Sicherheitshinweis*
Expiration date text	*ist gültig bis*	*Gültig bis:*
Cookie text	*Cookie*	*cookie*

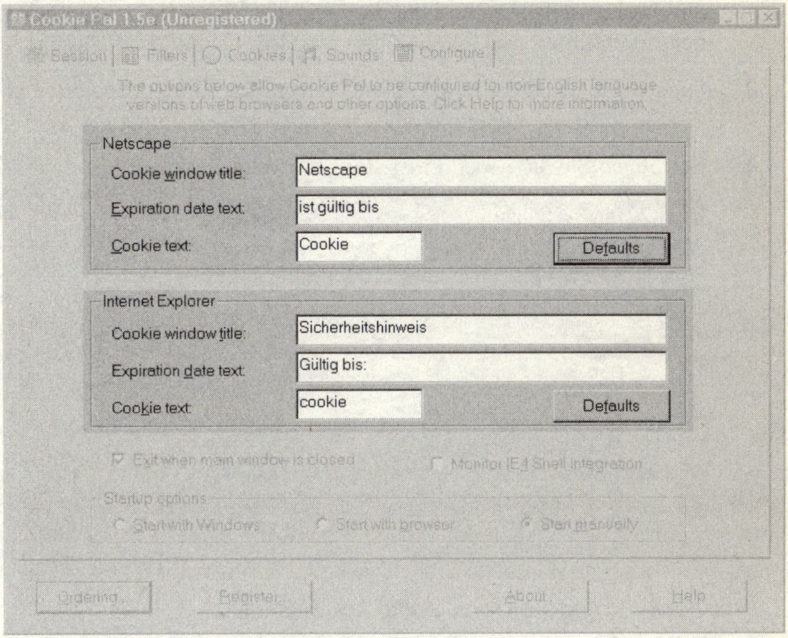

Der Cookie Pal muss an die deutschen Versionen der Webbrowser angepasst werden

Die Browser für Cookie Pal richtig einstellen

Damit Cookie Pal richtig funktionieren kann, ist es unbedingt notwendig, dass die Webbrowser beim Auftreten eines Cookies ein Hinweisfenster öffnen. Da Cookie Pal erst aufgrund eines solchen Fensters aktiv wird, bleibt er sonst wirkungslos. Bei der Installation nimmt Cookie Pal diese Einstellung automatisch vor. Solange Sie nichts daran verändern, wird das Programm prima funktionieren. Andernfalls können Sie die erforderlichen Einstellungen ganz schnell wiederherstellen.

Internet Explorer für Cookie Pal einstellen

1. Öffnen Sie unter *Extras/Internetoptionen* die Kategorie *Sicherheit*.
2. Wählen Sie die Sicherheitszone aus, für die Sie die Cookies-Optionen einstellen wollen. Wenn Sie die Cookie-Bearbeitung komplett dem Cookie Pal überlassen wollen, sollten Sie die folgenden Schritte für alle Sicherheitszonen durchführen und auf die *Stufe anpassen*-Schaltfläche klicken.
3. Suchen Sie in der Liste der Einstellungen den Eintrag *Cookies* und aktivieren Sie für beide Kategorien die Option *Eingabeaufforderung*.
4. Bestätigen Sie die neuen Einstellungen zweimal mit *OK*.

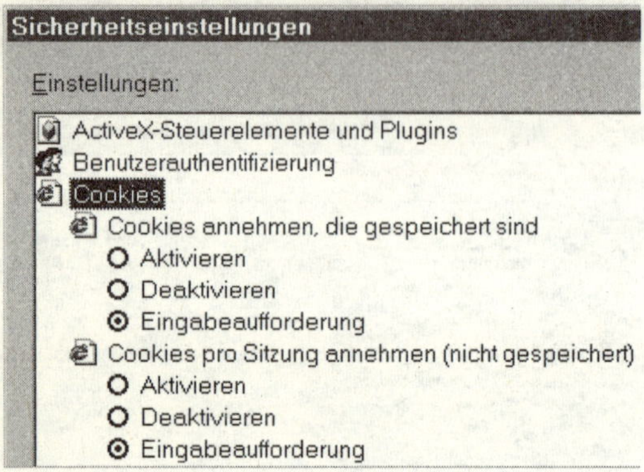

So stellen Sie den Internet Explorer für Cookie Pal ein

Netscape Navigator für Cookie Pal einstellen

1. Wählen Sie *Bearbeiten/Einstellungen.*
2. Wechseln Sie in die Kategorie *Erweitert.*
3. Schalten Sie im Feld *Cookies* die Option *Warnmeldung vor dem Akzeptieren von Cookies* ein.
4. Bestätigen Sie die Einstellung mit *OK.*

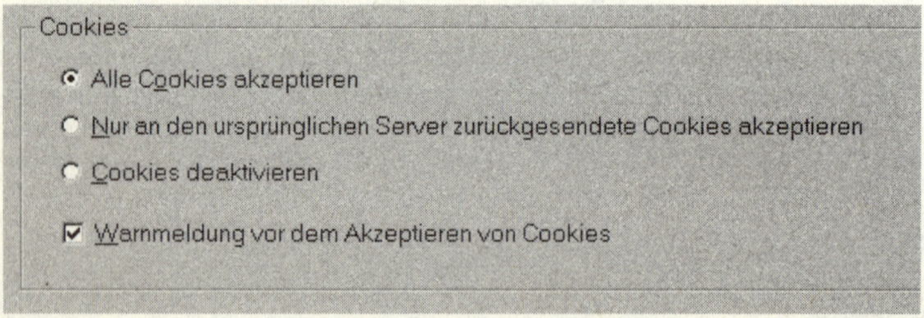

So stellen Sie den Netscape Navigator für Cookie Pal ein

Mit Cookie Pal auf Cookies reagieren

Standardmäßig ist Cookie Pal so eingestellt, dass es beim Auftreten eines Cookies - ähnlich wie die Webbrowser - eine Warnung ausgibt und den Benutzer entscheiden lässt. Allerdings bietet Cookie Pal im Vergleich zu den Browsern weitere wichtige Handlungsmöglichkeiten.

So meldet Cookie Pal ein Cookie

1. Zunächst informiert Cookie Pal ähnlich wie der Netscape Navigator ganz genau über Urheber (*Server*), Inhalt (*Value*) und Gültigkeit (*Expires on*) des fraglichen Cookies.

2. Wenn Sie den Cookie akzeptieren wollen, klicken Sie auf die Schaltfläche *Yes*. Damit lassen Sie die Anfrage genau wie beim Webbrowser zu.

3. Wollen sie den Cookie hingegen ablehnen, wählen Sie *No*. Auch hier gibt es noch keinen prinzipiellen Unterschied zu einem der Webbrowser.

4. Wenn Sie nicht nur diesen Cookie, sondern auch in Zukunft alle weiteren Cookies von diesem Rechner akzeptieren wollen, weil Sie dem Betreiber vertrauen oder es sich etwa um einen Onlineshop handelt, der ohne Cookies einfach nicht funktioniert, klicken Sie auf die Schaltfläche *Always*.

5. Um den Cookie abzulehnen und auch in Zukunft alle Cookies von diesem Rechner zu verweigern, weil Sie für dieses Webangebot keine Notwendigkeit sehen, Daten auf Ihrem Rechner abzulegen, klicken Sie auf *Never*.

6. Die Option oberhalb von *Never* zeigt die Domäne an, aus der der Webserver stammt, der das Cookie platzieren möchte. Schalten Sie die Option ein, bevor Sie *Always* oder *Never* anklicken, damit sich die gefällte Entscheidung nicht nur auf den einen Server, sondern auf alle Server aus dieser Domäne bezieht.

Mit diesen Funktionen müssen Sie nicht jeden Cookie einzeln zulassen oder ablehnen, sondern treffen generelle Entscheidungen für ganze Webangebote. So können Sie bequem nur die Cookies zulassen, die z. B. bei einem Onlineshop unumgänglich sind. Bei anderen Sites, die Cookies nur für Besucherprofile oder Werbung benutzen, lehnt Cookie Pal alle Cookies automatisch für Sie ab.

Cookies bearbeiten

Mit Cookie Pal können Sie nicht nur auf aktuell eintreffende Cookies reagieren, sondern auch die bereits auf Ihrem PC angesammelten Cookie-Dateien analysieren und bearbeiten. So ist es möglich, die vorhandenen Cookie-Bestände zu sichten und ggf. gründlich aufzuräumen. Dieses empfiehlt sich z. B. gleich nach der Installation von Cookie Pal, um nicht nur neue, sondern auch die bereits vorhandenen Informationsbrösel im Griff zu haben.

1. Öffnen Sie dazu die Kategorie *Cookies* im Hauptfenster des Programms. Je nach Anzahl der vorhandenen Cookies kann das Anzeigen dieser Kategorie einige Sekunden dauern.

2. Dann listet Cookie Pal auf, welche Cookies die Browser bislang auf Ihrem PC gespeichert haben.

3. Mit den Optionen *Netscape*, *Internet Explorer* und *Opera* können Sie zwischen den Cookies der verschiedenen Browser hin und her wechseln.

4. Genau wie im Windows Explorer können Sie die einzelnen Einträge mit der Maus markieren. In Kombination mit [Umschalt] und [Strg] lassen sich auch gleich mehrere Einträge auswählen.

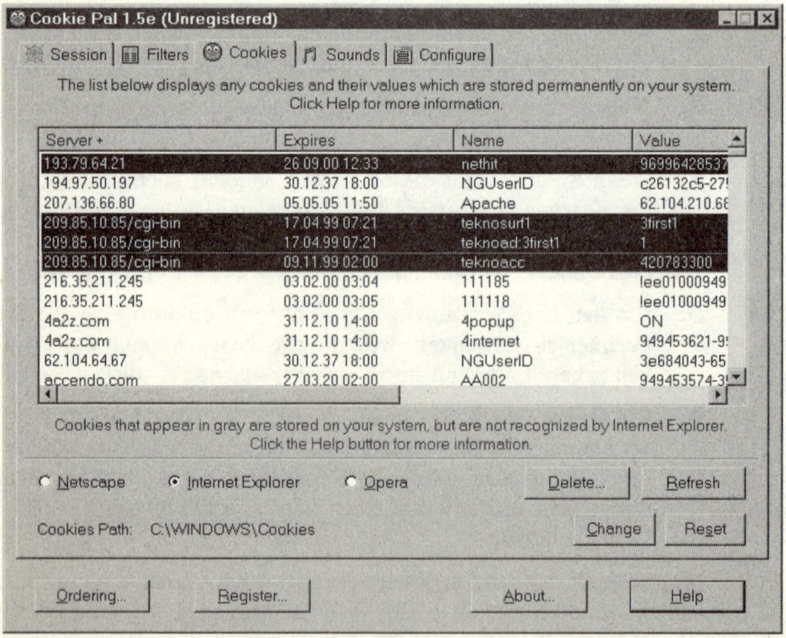

Cookie Pal kann die gespeicherten Cookies verwalten und bearbeiten

5. Mit der Schaltfläche *Delete* löschen Sie ausgewählte Cookies von Ihrem Rechner. Damit keine Cookies versehentlich entfernt werden, ist eine Sicherheitsabfrage vorgeschaltet. Bestätigen Sie diese mit *Ja*, um die markierten Cookies zu entfernen.

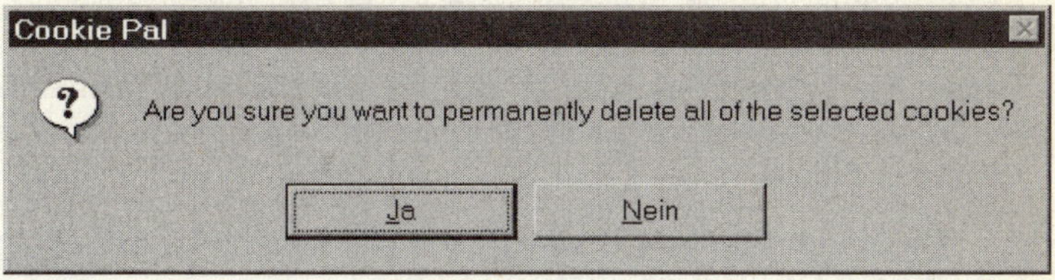

Bestätigen Sie die Sicherheitsabfrage mit Ja

Das Entfernen von Cookies kann je nach Umfang etwas dauern, da Cookie Pal nicht nur einfach die Daten löscht, sondern gleichzeitig auch den Cookie-Index des Browsers aktualisiert, damit dieser jederzeit den aktuellen Stand widerspiegelt. Nur so können Cookies sicher entfernt werden, ohne die Stabilität des Browsers zu gefährden. Vor dem Entfernen von Cookies ist es sinnvoll, den jeweiligen Webbrowser zu schließen. Andernfalls kann es passieren, dass zuvor gelöschte Cookies anschließend doch wieder auftauchen.

8.3 Anonym durchs Web – Surfen ohne Spuren

Der Webbrowser ist leider keine Einbahnstraße, über die nur Informationen aus dem Netz zu Ihnen gelangen und nicht umgekehrt. Vielmehr sind die Browser aufgrund des verwendeten HTTP-Protokolls ziemlich freigebig, was Informationen über sich selbst sowie den eigenen Rechner und dessen Benutzer - also Sie - angeht.

INFO

Herzlich Willkommen, Klaus aus Hamburg!

Sind Sie beim Besuch eines Webangebots auch schon mal so persönlich begrüßt worden? Im ersten Moment haben Sie vielleicht gedacht „Hey, das ist doch mal eine nette Begrüßung!". Aber möglicherweise haben Sie sich dann auch gewundert, woher der Webserver Kenntnis von den persönlichen Daten hatte, die für eine solche spezielle Begrüßung erforderlich sind. Alle diese Daten kann ein Webangebot auf Anfrage vom Browser des Benutzers erfahren. Damit wir uns richtig verstehen: Wir reden hier nicht vom Hacken, sondern von ganz regulären Funktionen, die von modernen Webbrowsern unterstützt werden.

Welche Informationen stehen auf dem Spiel?

Das HTTP-Protokoll sieht Möglichkeiten vor, mit denen Webserver gezielt bestimmte Informationen von einem Webbrowser abfragen können. Sinn der Sache ist, dass der Webserver seine Webseiten exakt auf die Möglichkeiten des jeweiligen Webbrowsers abstimmen kann. Andererseits bietet sie für Neugierige und Hacker einen guten Ansatzpunkt, den Besucher auszuspionieren. Aus den Antworten des Browsers auf die Requests lassen sich nämlich eine Vielzahl von Informationen ableiten:

- Die IP-Adresse Ihres Rechners, von der sich wiederum Informationen über Ihren Internetprovider ableiten lassen.
- Daraus ergeben sich unter Umständen wiederum Herkunftsort und -land.
- Die Art des Computers, mit dem Sie ans Internet angeschlossen sind.
- Das Betriebssystem, mit dem Sie arbeiten, woraus sich wiederum ergibt, welche Sicherheitslücken Ihr Rechner eventuell aufweist.
- Der Browser, den Sie benutzen, wodurch sich wiederum Sicherheitslücken und Ansatzpunkte für weitere Informationen ergeben.
- Ihre E-Mail-Adresse, wenn diese z. B. im Webbrowser gespeichert ist.
- Anwendungen, die auf Ihrem PC installiert sind.
- Die Webseite, die Sie zuletzt besucht haben.
- Die Auflösung Ihres Monitors und die Größe des Browserfensters.
- Ob aktive Inhalte wie Java, JavaScript oder VBScript erlaubt sind.

Aus solchen Fakten können Hacker z. B. geeignete Angriffsmethoden ableiten, um Ihren PC auszuspionieren oder zu sabotieren. Ebenso können Werbestrategen diese Informationen nutzen, um sich ein möglichst genaues Bild von den Besuchern ihrer Webseiten zu machen.

INFO

Wie gelangen die Daten zum Webserver?

Jeder Webbrowser kennt bestimmte Daten über sich selbst und seine Benutzer, die er auf Anfrage Webservern mitteilt. Diese Technik ist in Einzelfällen sinnvoll. So unterscheiden sich die beiden populärsten Webbrowser, der Internet Explorer und der Netscape Navigator, inzwischen in vielen Details der Seitendarstellung. Um Webseiten optimal anzupassen, fragen viele Webanbieter deshalb zunächst ab, mit welchem Browser ihre Besucher arbeiten, und liefern dann eine dafür spezialisierte Version der angeforderten Seite zurück. Auch wenn diese Technik in Teilbereichen ihre Berechtigung hat, so bietet sie doch insgesamt ein unnötig großes Potenzial zum Ausspähen individueller Informationen. Ob man Anbietern solche umfangreichen demoskopischen Daten zur Verfügung stellen will, muss jeder selbst wissen. Aber spätestens wenn es an das Ausspionieren der E-Mail-Adresse geht, sollte ein Schlussstrich gezogen werden. Dann lassen sich die demoskopischen Aussagen nämlich konkreten Personen zuordnen.

Machen Sie den Test: Das verrät Ihr Browser über Sie!

Welche Informationen genau preisgegeben werden, hängt vom Webbrowser und dessen Einstellungen ab. Sie können aber selbst leicht die Probe aufs Exempel machen. Unter http://www.privacy.net/anonymizer finden Sie ein Webangebot, das Ihnen genau zeigt, welche Informationen über Ihren Computer einem Webserver zugänglich sind.

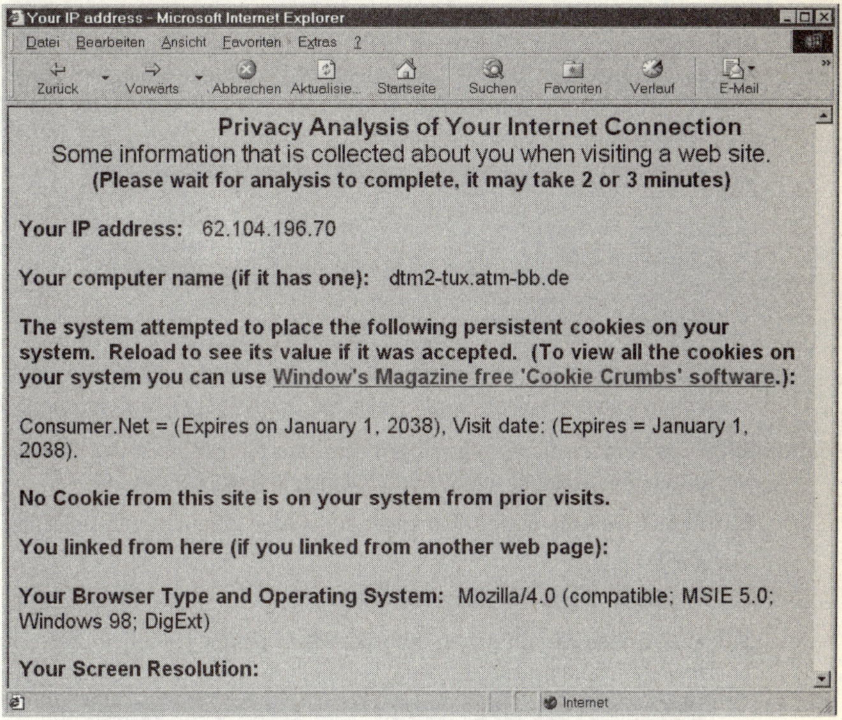

Machen Sie die Probe: Das verrät Ihr Browser „fremden" Webservern

Die eigene E-Mail-Adresse zuverlässig schützen

Ein besonderes Objekt der Begierde sind E-Mail-Adressen von Besuchern. Das liegt daran, dass elektronische Adresslisten inzwischen ebenso gehandelt werden wie die Adressen im richtigen Leben. Wenn Sie sich also wundern, woher Sie ständig E-Mail-Werbung bekommen, obwohl Sie Ihre Adresse nirgends verraten, liegt das Informationsleck vielleicht bei Ihrem Webbrowser. Leider gibt es sowohl beim Internet Explorer als auch beim Netscape Navigator Sicherheitslücken, durch die findige Webprogrammierer die E-Mail-Adressen ihrer Besucher ermitteln können.

Schutz der E-Mail-Adresse beim Internet Explorer

Den Internet Explorer kann man mit einem vergleichsweise einfachen Formulartrick zur Preisgabe der E-Mail-Adresse bewegen. Dazu bastelt man sich eine Webseite mit einem Formular (z. B. eine Umfrage oder ein Preisausschreiben) und lässt sich die Eingabe des Benutzers per E-Mail schicken. Das ist eine ganz reguläre Möglichkeit, die bei HTML-Formularen möglich ist. Nur dummerweise verschickt der Webbrowser dabei eine E-Mail, die als Absender die E-Mail-Adresse seines Benutzers enthält. Und schon kann der Datenschnüffler eine Adresse mehr verkaufen. Wenn Sie beim Aufrufen der Analyseseite ein Hinweisfenster des Internet Explorer wegen dieses Vorgangs erhalten haben, ist der Browser schon sicher genug eingestellt. In diesem Fall können Sie die Preisgabe der Adresse mit *Abbrechen* verhindern.

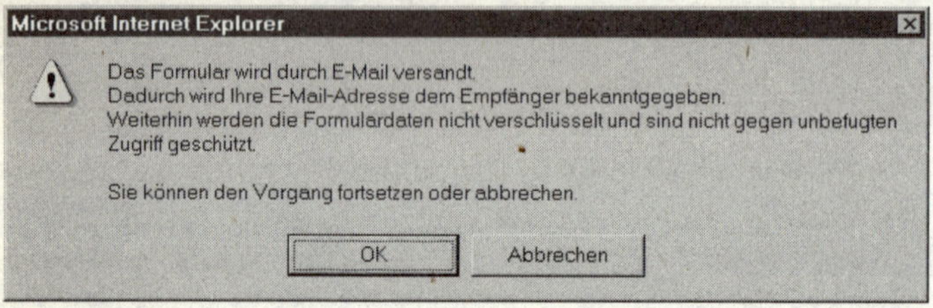

So warnt der Internet Explorer Sie vor Versuchen, heimlich Ihre E-Mail-Adresse zu ermitteln

Sollte das Fenster nicht aufgegangen sein und Sie benutzen den Internet Explorer, sollten Sie dringend die Sicherheitseinstellungen überprüfen.

1. Öffnen sie mit *Extras/Internetoptionen* die Einstellungen des Internet Explorer.
2. Wechseln Sie in die Kategorie *Erweitert*.
3. Hier finden Sie unter der Rubrik *Sicherheit* die Option *Warnen, falls Formulardaten umgelenkt werden*.

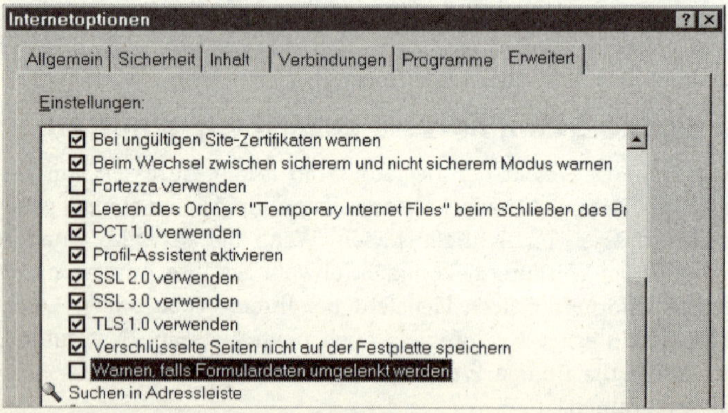

So schließen Sie das E-Mail-Sicherheitsleck beim Internet Explorer

4. Aktivieren Sie diese Option, damit der Browser bei solchen Versuchen Alarm schlägt und Sie den Vorgang unterbinden können. Übernehmen Sie die neuen Einstellungen mit *OK*.

Schutz der E-Mail-Adresse beim Netscape Navigator

Beim Netscape Navigator ist die Formularlücke von Hause aus geschlossen, dafür enthält er eine andere, die findige E-Mail-Adressen-Jäger ausnutzen können. Der Navigator kann sich beim anonymen FTP automatisch mit Ihrer E-Mail-Adresse als Passwort anmelden, wie dies von den meisten anonymen FTP-Servern verlangt wird. Auch diese Funktion lässt sich missbrauchen, indem man dem Browser eine anonyme FTP-Anmeldung vorgaukelt und so die E-Mail-Adresse des Benutzers ergattert. Deshalb sollte diese Option ausgeschaltet sein, wenn Sie nicht regelmäßig anonymes FTP durchführen.

1. Öffnen Sie mit *Bearbeiten/Einstellungen* die Optionen des Netscape Navigator.

2. Wechseln Sie hier in die Kategorie *Erweitert*.

3. Hier finden Sie die Option *E-Mail-Adresse als anonymes FTP-Kennwort senden*, die Sie deaktivieren sollten, um diese Sicherheitslücke des Netscape Navigator zu schließen.

4. Schließen Sie die Einstellungen anschließend mit *OK*.

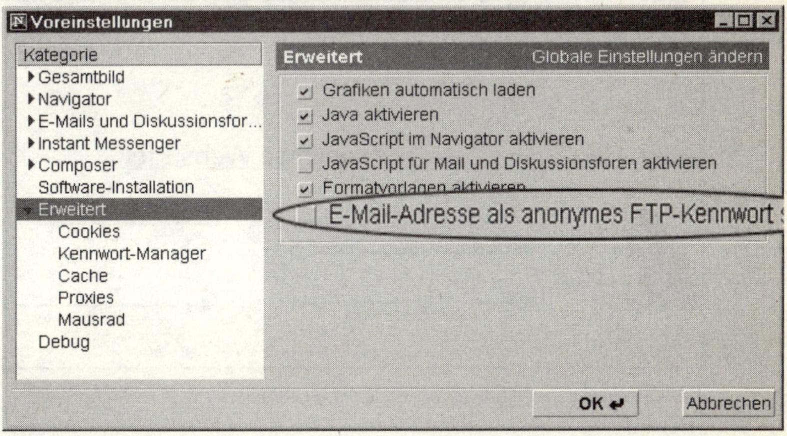

Auch beim Netscape Navigator kann man die E-Mail-Lücke mit der richtigen Option schließen

So geht's: Inkognito durchs Web surfen

Die Neugier von Webservern und die Freizügigkeit Ihres Browsers im Umgang mit Informationen müssen Sie nicht widerstandslos hinnehmen. Zwar kann man den Browser nicht dazu überreden, weniger mitteilsam zu sein, da viele der betroffenen Funktionen nun mal durch das HTTP-Protokoll vorgegeben sind. Aber es gibt Internetdienste, die Ihre Surfsessions wirklich anonym machen. Dabei richten Sie Ihre Anfragen nicht direkt an den Webserver, von dem Sie Informationen haben wollen. Stattdessen bemühen Sie einen *Anonymizer*, einen speziellen Webserver, der Ihre Anfragen entgegennimmt und sie an den eigentlichen Server weiterleitet. Dabei tritt der Anonymizer-Server als Browser auf, d. h., der eigentliche Webserver kann keine Details über Sie, den eigentlichen Besucher, erfahren. Stattdessen wird er mit nichtssagenden Antworten des Anonymizers abgespeist. Dieser nimmt die Antworten, also die Webseiten, entgegen und leitet sie an Sie weiter. Da zu keinem Zeitpunkt ein direkter Kontakt zwischen Ihrem PC und dem Webserver besteht, können auch keine Informationen preisgegeben werden.

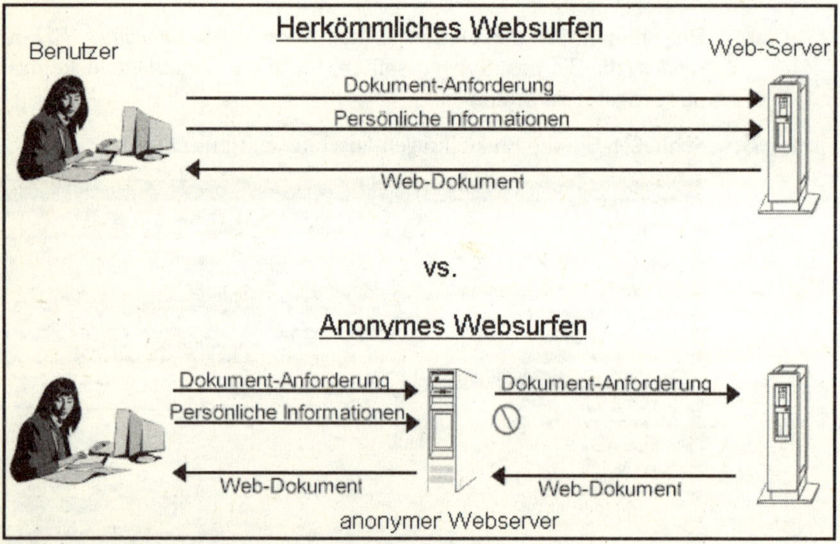

Herkömmliches und anonymes Websurfen im Vergleich

Benutzen Sie einen anonymen Surfdienst

Einen solchen Anonymizer finden Sie unter http://www.anonymizer.com. Die Betreiber haben den Bedarf nach Anonymität erkannt und ein Geschäft daraus gemacht. Für 5 $ pro Monat können Sie den Dienst uneingeschränkt nutzen. Es gibt aber auch eine kostenlose Version, bei der Sie bei jeder Webseite jeweils eine kleine Wartepause und eine Werbeeinblendung in Kauf nehmen müssen. Für einen ersten Test oder gelegentliche anonyme Webausflüge reicht das aber allemal.

1. Um Webseiten anonym anzufordern, geben Sie im Webbrowser einfach http://www.anonymizer.com für die Startseite des Anonymizer-Dienstes ein.
2. Tippen Sie hier die gewünschte Adresse im Formularfeld *Surf Anonymously* ein.

Geben Sie beim Anonymizer die Adresse ein, zu der Sie anonym surfen wollen

3. Klicken Sie dann auf die *Go*-Schaltfläche.
4. Der Anonymizer fordert dann die gewünschte Seite anonym an und leitet sie an Ihren Browser weiter. Der stellt die Seite genauso dar, als ob er sie selbst abgeholt hätte. In der kostenlosen Variante des Dienstes finden Sie lediglich ganz oben das Anonymizer-Banner.

Ganz ohne Risiko: eine anonyme Stippvisite bei der CIA

5. Von da an können Sie problemlos anonym weitersurfen, denn der Anonymizer verändert jeden Link in den übertragenen Webseiten so, dass er automatisch anonym abgerufen wird.

Erst wenn Sie eine neue Adresse direkt eingeben oder einen Ihrer gespeicherten Favoriten abrufen, surfen Sie nicht mehr anonym.

TIPP

URL direkt eingeben

Wenn Sie anonym surfen möchten, müssen Sie gar nicht jedes Mal den Umweg über die Homepage des Anonymizers machen. Durch die richtige Gestaltung der Webadresse können Sie die gewünschten Webseiten auch direkt anfordern: Wenn Sie die Homepage der CIA besuchen wollen, sollten Sie statt http://www.cia.gov direkt http://www.anonymizer.com/http://www.cia.gov angeben, um die Seite anonym aufzusuchen. Hängen Sie also die gewünschte Adresse einfach hinten an die Adresse des Anonymizer-Servers an. Auch dann benutzen Sie den anonymen Surfdienst, ersparen sich aber das explizite Aufrufen der Startseite.

Immer anonym surfen – Den Anonymizer als Proxy einstellen

Vielleicht wollen Sie grundsätzlich anonym durchs Netz surfen? Dann können Sie sich den Umweg über die Startseite bzw. das Angeben der Adresse des Anonymizers ersparen. Dieser Internetdienst funktioniert auch als Proxyserver, der alle Anfragen Ihres Browsers automatisch entgegennehmen und bearbeiten kann. Dazu müssen Sie lediglich in den Konfigurationseinstellungen des Browser die Adresse http://www.anonymizer.com:8080 als Proxyserver eintragen. Beim Internet Explorer funktioniert das folgendermaßen:

1. Öffnen Sie mit *Extras/Internetoptionen* die Einstellungen und wechseln Sie in die Kategorie *Verbindung*.
2. Wählen Sie unter *DFÜ-Einstellungen* die Internetverbindung aus, mit der Sie anonym surfen wollen, und klicken Sie auf *Einstellungen*.
3. Aktivieren Sie im Abschnitt *Proxyserver* das Kontrollkästchen *Proxyserver verwenden*.
4. Klicken Sie auf *Erweitert*, um das Fenster *Proxyeinstellungen* zu öffnen.
5. Dort geben Sie in der Zeile *HTTP* als Adresse des Proxyservers http://www.anonymizer.com und als Anschluss *8080* an.

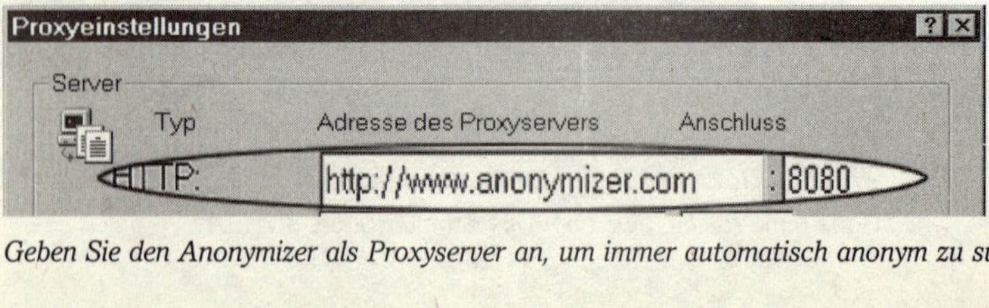

Geben Sie den Anonymizer als Proxyserver an, um immer automatisch anonym zu surfen

6. Bestätigen Sie die Einrichtung des Proxyservers zweimal mit *OK*.

TIPP

Internetverbindung speziell fürs anonyme Surfen

Der Internet Explorer bietet mit seinen flexiblen DFÜ-Einstellungen auch die Möglichkeit, eine Internetverbindung speziell für das anonyme Surfen einzurichten und zu nutzen. Erstellen Sie dazu einfach eine Kopie von einer der bereits angelegten DFÜ-Verbindungen und geben Sie ihr einen anderen Namen. Legen Sie dann für diese neue DFÜ-Verbindung wie oben beschrieben den Anonymizer als Proxyserver fest. Die andere Verbindung lassen Sie einfach unverändert. Nun können Sie schon bei der Einwahl ins Internet durch die Wahl der entsprechenden DFÜ-Verbindung auswählen, ob Sie ganz öffentlich oder lieber anonym surfen wollen.

Auch beim Netscape Navigator kann man einen Anonymizer als Proxy einstellen.

1. Öffnen Sie mit *Bearbeiten/Einstellungen* die Optionen des Netscape Navigator.

2. Wechseln Sie hier in die Kategorie *Erweitert* und dort in die Unterkategorie *Proxies*.

3. Aktivieren Sie hier die Option *Manuelle Proxy-Konfiguration*.

4. Tragen Sie dann im Feld *HTTP-Proxy* die Anonymizer-Adresse http://www.anonymizer.com und dahinter im Feld *Port* die Portnummer *8080* ein.

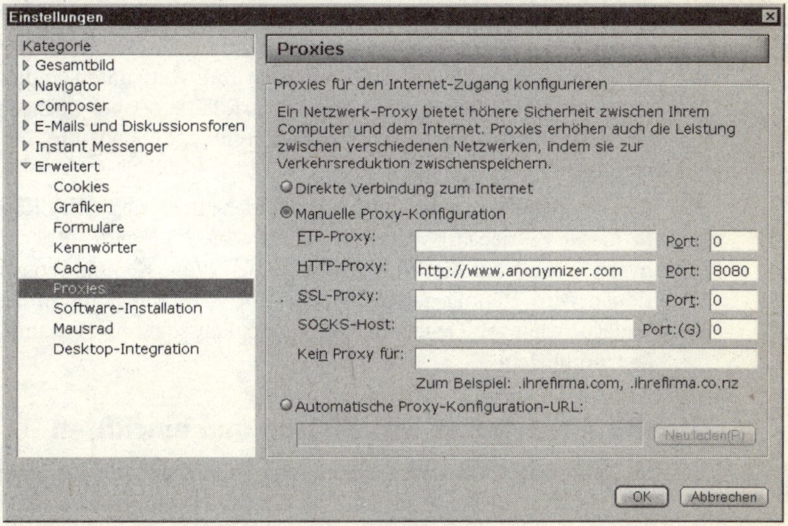

Auch beim Netscape Navigator kann man den Anonymizer als Proxyserver einstellen

5. Übernehmen Sie die neue Proxy-Einstellung mit *OK*.

Eine verbindungsabhängige Proxy-Einstellung ist beim Netscape Navigator leider nicht möglich, sodass Sie die Proxy-Einstellungen immer pauschal vornehmen müssen.

Damit werden künftig alle Webanforderungen automatisch über den Anonymizer-Dienst vermittelt. Wenn Sie mehrere verschiedene Internetverbindungen verwenden, sollten Sie alle auf die hier beschriebene Weise umstellen. Falls Ihr Provider die Angabe eines eigenen Proxyservers erfordert, eignet sich die beschriebene Vorgehensweise für diesen Zugang nicht. In diesem Fall hilft Ihnen aber vielleicht spezielle Anonymizer-Software weiter, wie wir sie im nachfolgenden Abschnitt vorstellen.

Für ganz sichere: Anonymizer-Software

Um Ihnen ebenso zuverlässige wie komfortable Anonymität beim Surfen durchs Internet zu ermöglichen, möchten wir Ihnen zum Abschluss dieses Kapitels noch eine Software vorstellen, die genau dies ermöglicht. *Stealth Anonymizer* wird als lokaler Proxyserver zwischen Ihren PC und das Internet geschaltet. Sie können eine kostenlose Version unter http://www.photono-software.de herunterladen. Stealth Anonymizer beherrscht verschiedene Betriebsarten, zwischen denen Sie jederzeit ganz nach Bedarf umschalten können:

- Im DirectNet-Modus schaltet das Programm alle Verbindungen direkt durch, d. h., es wird keine Anonymisierung vorgenommen. Dafür läuft das Surfen mit gewohnter Geschwindigkeit ab.
- Im Stealth-Modus tarnt das Programm Ihre Aktivitäten, indem es sie über einen von mehreren Anonymizer-Servern leitet. Dabei wechselt es den verwendeten Server bei jeder neuen Verbindung. So sind Ihre Spuren kaum zu verfolgen.
- Für registrierte Kunden gibt es außerdem noch den SUPERStealth-Modus. In dieser Betriebsart wird jede Datenverbindung gleich über mehrere Anonymizer rund um die Welt geleitet. Auch diese Kombination mehrerer Stationen wird ständig gewechselt. So dürfte es selbst für professionelle Datenjäger wie etwa Geheimdienste unmöglich sein, die Herkunft einer Anfrage zu ermitteln.

Stealth Anonymizer installieren und einrichten

Stealth Anonymizer wird von einem Assistenten eingerichtet, wobei keine besonderen Schritte zu beachten ist. Der Assistent erstellt auch einen Eintrag im Autostart-Ordner, sodass das Programm bei jedem Windows-Start automatisch aktiviert wird. Beim ersten Start gleich nach der Installation öffnet sich automatisch ein Einstellungsmenü, in dem Sie zwei wichtige Einstellungen vornehmen müssen.

1. Im oberen Auswahlfeld *Please select your Connection type to the Internet which you have installed in Windows* geben Sie an, wie Ihr PC die Verbindung zum Internet herstellt. Wenn Sie sich jedes Mal manuell einwählen, um eine Onlineverbindung herzustellen, wählen Sie die Option *Modem (Dial-Up Manually)*. Führt Ihr PC die Modem- (oder auch ISDN-) Einwahl bei Bedarf automatisch durch, nehmen Sie die Option *Modem (Dial-Up On Demand)*. Wenn Sie weder Modem noch ISDN-Adapter verwenden und Ihr PC stattdessen über ein Netzwerk mit dem Internet verbunden wird, kommen die beiden *LAN*-Optionen in betracht. Hier muss noch zwischen permanenter Verbindung *(Permanent Online)* und Verbindung bei Bedarf *(Dial-Up On Demand)* unterschieden werden.

2. Im Auswahlfeld *Are you behind a firewall?* müssen Sie außerdem angeben, ob Ihr PC durch eine Firewall vor dem Internet geschützt ist. Damit sind allerdings nicht die in Kapitel 4 vorgestellten Personal Firewalls gemeint, sondern professionelle Lösungen, die ganze Netzwerke abschirmen. Wenn dies z. B. bei einem Firmenrechner der Fall ist, wählen Sie die Option *Yes*. In dem Fall müssen Sie in der Kategorie *Firewall / Proxy* weitere Einstellungen vornehmen. Die dafür benötigten Daten erfragen Sie am besten bei Ihrem Netzwerkadministrator. Wird Ihr PC nicht durch eine Firewall abgeschirmt, wählen Sie die Option *No*. In diesem Fall können Sie Stealth Anonymizer ohne weitere Vorkehrungen nutzen.

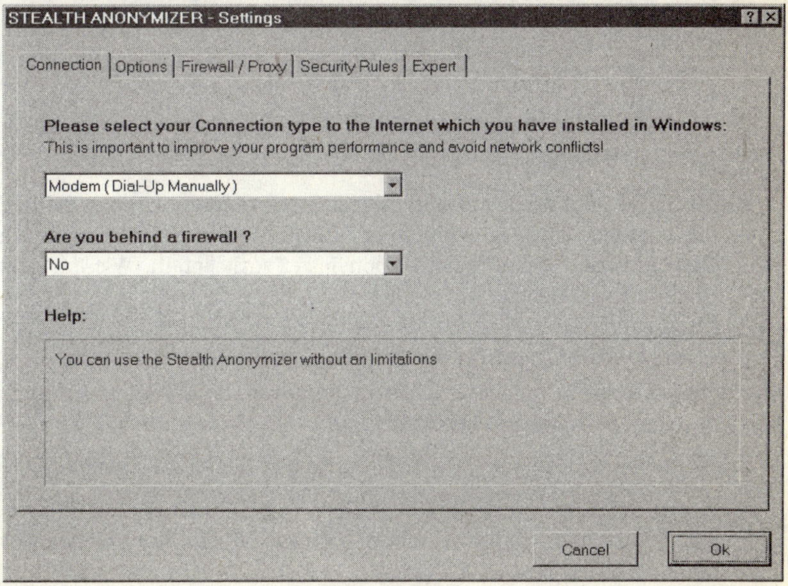

Beim ersten Start von Stealth Anonymizer müssen Sie einige wichtige Einstellungen vornehmen

3. Klicken Sie anschließend auf *OK*, um die Einstellungen zu übernehmen und zu speichern.

4. Anschließend gelangen Sie in das Hauptfenster von Stealth *Anonymizer*. Hier können Sie im zentralen Auswahlfeld die Betriebsart wählen, in der Sie surfen wollen.

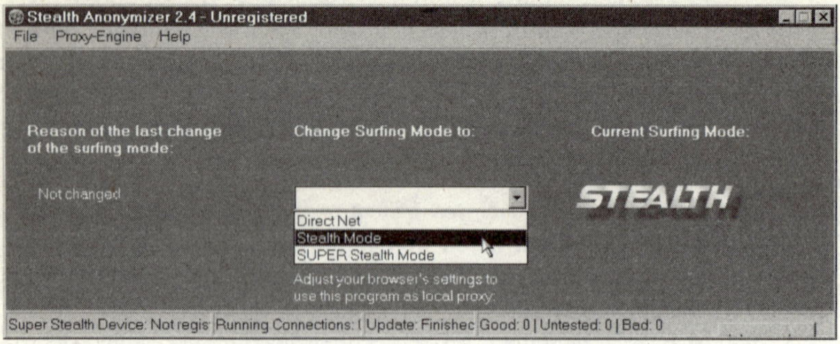

Im Hauptfenster von Stealth Anonymizer können Sie den Surfmodus auswählen

5. Je nach gewählter Betriebsart erhalten Sie anschließend eine Bestätigung für den Wechsel, die Sie mit einem Klick auf *OK* schließen.

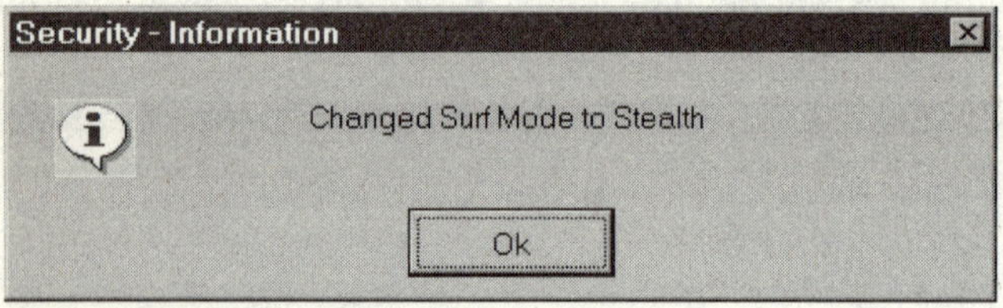

Stealth Anonymizer bestätigt den Wechsel in den Stealth-Modus

Ganz wichtig: Auch mit aktiviertem Stealth-Modus können Sie noch nicht anonym surfen. Zuvor müssen Sie noch Ihren Webbrowser so einstellen, dass er auf den Proxyserver des Stealth Anonymizer zurückgreift. Wie das geht, ist im Folgenden beschrieben.

Den Internet Explorer für Stealth Anonymizer einstellen

1. Öffnen Sie mit *Extras/Internetoptionen* die Einstellungen und wechseln Sie in die Kategorie *Verbindung*.

2. Wählen Sie unter *DFÜ-Einstellungen* die Internetverbindung aus, mit der Sie anonym surfen wollen, und klicken Sie auf *Einstellungen*.

3. Aktivieren Sie im Abschnitt *Proxyserver* das Kontrollkästchen *Proxyserver verwenden*.

4. Geben Sie als *Adresse* des Proxyservers *127.0.0.1* und als *Anschluss* die Zahl *14000* an.

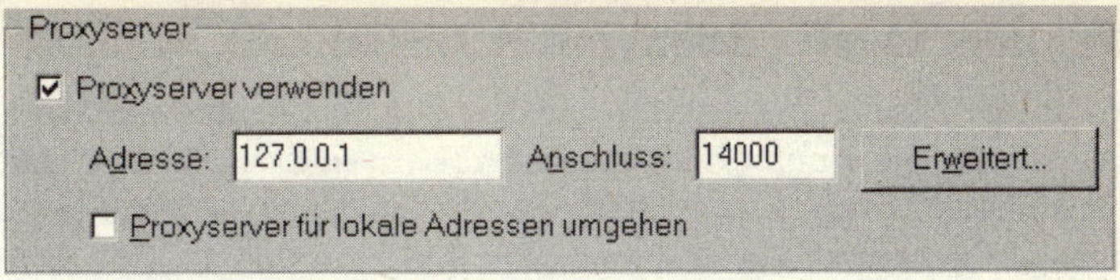

Geben Sie den Anonymizer als Proxyserver an, um immer automatisch anonym zu surfen

5. Schließen Sie nun alle geöffneten Menüfenster mit *OK*.

Den Netscape Navigator für Stealth Anonymizer einstellen

Auch der Netscape Navigator muss für die Zusammenarbeit mit dem Stealth Anonymizer eingestellt werden.

1. Öffnen Sie mit *Bearbeiten/Einstellungen* die Optionen des Netscape Navigator.

2. Wechseln Sie hier in die Kategorie *Erweitert* und dort in die Unterkategorie *Proxies*.

3. Aktivieren Sie hier die Option *Manuelle Proxy-Konfiguration*.

4. Tragen Sie dann im Feld *HTTP-Proxy* die IP-Nummer *127.0.0.1* und dahinter im Feld *Port* die Portnummer *14000* ein.

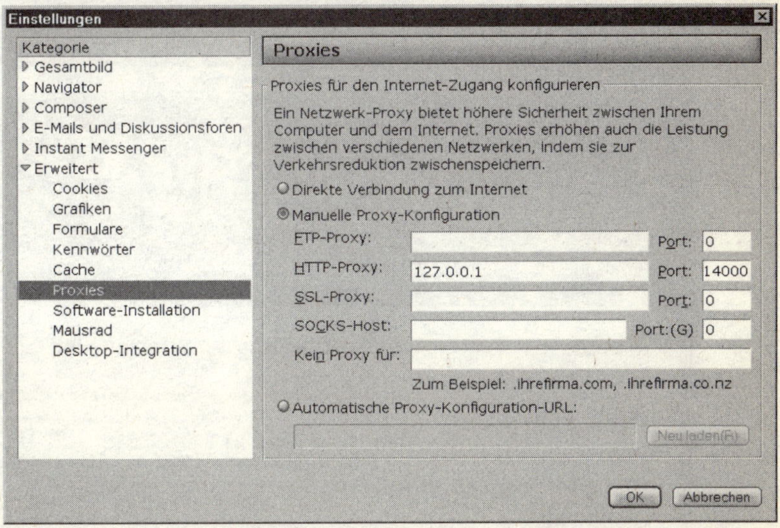

Auch beim Netscape Navigator kann man den Anonymizer als Proxyserver einstellen

5. Übernehmen Sie die neue Proxy-Einstellung mit *OK*.

Mit dem Stealth Anonymizer surfen

Wenn der Stealth Anonymizer aktiviert und Ihr Webbrowser darauf eingestellt ist, können Sie munter drauflos surfen. Dazu müssen Sie Ihre gewohnte Vorgehensweise überhaupt nicht umstellen. Geben Sie einfach die gewünschte Webadresse im Browser ein oder rufen Sie Ihre Favoriten ab. Alle Anfragen werden vom Browser zunächst an den Stealth Anonymizer geschickt. Dieser anonymisiert die Anfragen (wenn der Stealth-Modus eingeschaltet ist!) und leitet sie an den eigentlichen Webserver weiter. Dann wartet er auf die Antwort, nimmt sie entgegen und stellt sie Ihrem Webbrowser zur Verfügung, der sie dann wie gewohnt darstellt.

TIPP

Stealth Anonymizer testen

Um die Funktionstüchtigkeit zu prüfen, können Sie eine Testseite aus dem Webangebot des Herstellers aufrufen. Diese zeigt die IP-Adresse des Rechners an, von dem aus die Seite angefordert wurde. Wenn Sie diese Seite mehrmals aufrufen bzw. aktualisieren, sollte jedes Mal eine andere IP-Nummer angezeigt werden. Ist dies der Fall, arbeitet Stealth Anonymizer ordnungsgemäß. Andernfalls überprüfen Sie, ob der Stealth-Modus auch wirklich aktiviert ist und der Webbrowser korrekt eingestellt wurde.

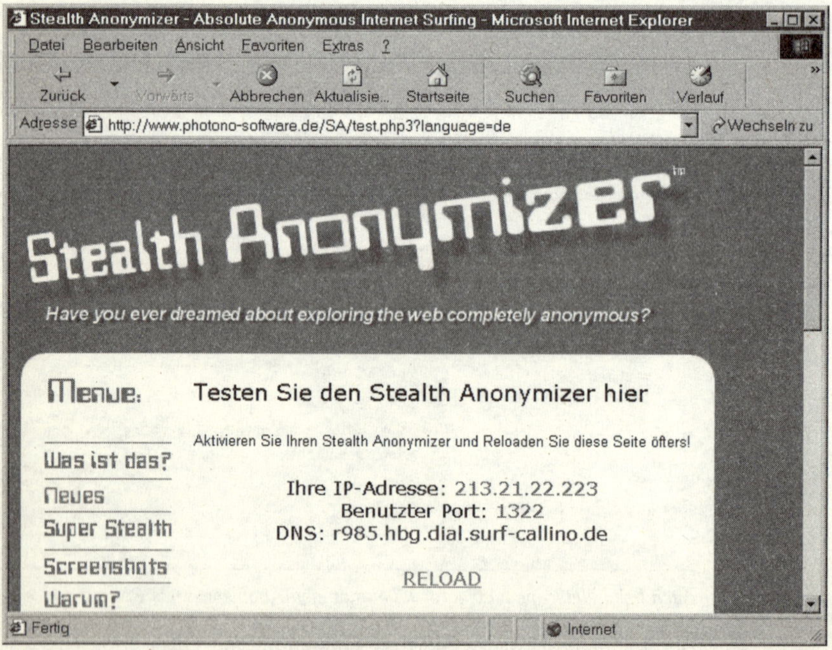

Mit der Testseite können Sie die Funktion des Stealth Anonymizers überprüfen

Um den Betriebsmodus des Programms zu ändern, können Sie jederzeit auf das Stealth Anonymizer-Symbol unten rechts in der Startleiste doppelklicken. Damit öffnen Sie das Hauptfenster mit dem bekannten Auswahlfeld. Noch schneller geht es mit dem kontextabhängigen Menü. Klicken Sie mit der rechten Maustaste einfach auf das Symbol, können Sie dieses Menü öffnen. Unter *Change Mode to* finden Sie ein Untermenü mit den bereits vorgestellten Betriebsarten. Beachten Sie bitte, dass der *Super Stealth*-Modus nur in der registrierten, kostenpflichtigen Version des Programms funktioniert.

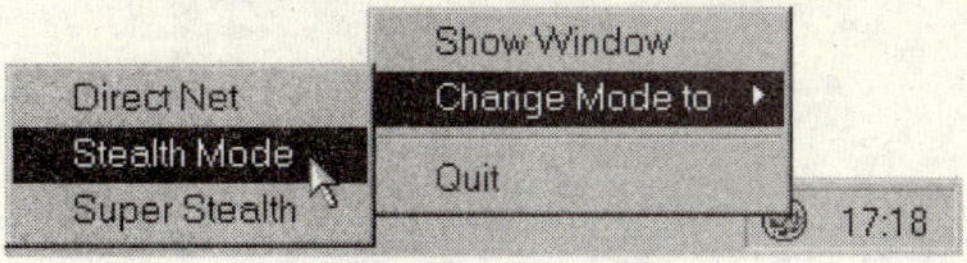

Über das kontextabhängige Menü können Sie den Surfmodus jederzeit schnell ändern

9. Homepages vor Hackern schützen

9.1	**Was verrät Ihre Homepage über Sie?**	499
	Webangebote erfassen und analysieren	499
	Webseiten vor Informationsdieben schützen	506
	Missbrauch von veröffentlichten Bildern verhindern	510
9.2	**Manipulierte Webseiten**	511
	Webseiten vor Angriffen schützen	512
9.3	**Passwörter, Dateien und geschützte Bereiche**	514
9.4	**Angriffsmöglichkeiten auf Webserver**	516

INFO

Der UNICEF-Hack

In den vergangenen Jahren haben Hacker immer wieder durch spektakuläre Redesign-Angriffe Aufmerksamkeit erregt. Diese richten sich gegen große, vielbesuchte Websites, sie gestalten deren Erscheinungsbild so um, dass dort eine Botschaft der Hacker wiedergegeben wird. Einer der bekanntesten dieser Angriffe war die Attacke auf die Website des Kinderhilfswerks der Vereinten Nationen (UNICEF). Die Hacker ermittelten das Passwort, unter dem UNICEF-Mitarbeiter Zugang zum Webserver hatten. Diesen Zugang benutzten Sie selbst, um die Startseite des UNICEF-Angebots neu zu gestalten. Sie platzierten dort ein Manifest, in dem sie die Freilassung des damals inhaftierten Hacker-Kollegen Kevin Mitnick forderten. Es dauerte einige Stunden, bis die UNICEF den Vorfall bemerkte und die alten Webseiten wiederherstellen konnte. Diese Zeit reichte aber, damit der Angriff von vielen Besuchern bemerkt und auch in den Medien ein großes Echo finden konnte. Eine Sammlung erfolgreicher Redesign-Angriffe finden Sie unter http://www.hacked.net.

Wenn Sie nicht nur durch das Web surfen, sondern selbst Informationen, z. B. in Form einer persönlichen Homepage, im WWW bereitstellen, setzen Sie sich zusätzlichen Gefahren aus. Getreu dem Motto „Alles was Sie sagen, kann gegen Sie verwendet werden." können böswillige Saboteure oder Spaßvögel mit einem schrägen Sinn für Humor Ihre Webseiten gegen Sie einsetzen. Dabei gibt es prinzipiell zwei unterschiedliche Gefahrenbereiche:

- Hacker können den Inhalt Ihrer Seiten auswerten, um an Informationen zu gelangen, die sie bei Angriffen gegen Sie verwenden können oder
- Hacker können den Inhalt der Webseiten selbst verändern und Ihnen so Aussagen in den Mund legen, die Sie gar nicht gemacht haben.

In diesem Kapitel beschäftigen wir uns damit, welche Sicherheitsrisiken durch das Anbieten von Informationen im öffentlichen Internet entstehen und wie man diesen begegnen kann.

So sah die Homepage der UNICEF ursprünglich aus

Diese Version hinterließen die Hacker nach ihrem Angriff

9.1 Was verrät Ihre Homepage über Sie?

Webseiten, insbesondere persönliche Homepages, geben meist einiges über den Besitzer preis. Jeder möchte hier ein möglichst umfassendes Bild von sich selbst präsentieren und schreibt alles über sich, seine Hobbys und Interessen und veröffentlicht meist auch das eine oder andere Bild von sich und seinen Lieben. Alle diese Angaben können aber gegen den Urheber verwendet werden, wenn sie z. B. als Informationsquelle von Hackern beim Social Hacking (siehe Kapitel 1) dienen können.

Aber auch andere bedienen sich gern der Daten, die Sie selbst so bereitwillig zur Verfügung stellen. Bei Bewerbungen in der Computerindustrie z. B. ist es inzwischen durchaus üblich, dass Firmen über Bewerber im Internet recherchieren. Das ist an sich auch nicht schlimm, schließlich stehen die Informationen ja der Allgemeinheit zur Verfügung. Wenn die Firma dabei aber auf Angaben stößt, die Ihren Bewerbungsunterlagen widersprechen, haben Sie ganz schlechte Karten. Das kann sehr leicht passieren, schließlich gibt es bestimmte Dinge, wie z. B. politische Ansichten oder persönliche Vorlieben, die man in einer Bewerbung im Allgemeinen nicht erwähnt. Wenn Sie aber auf Ihrer Homepage dafür werben oder Links auf Webangebote in dieser Richtung aufführen, erfährt Ihr beinahe zukünftiger Arbeitgeber trotzdem davon.

Schließlich machen sich professionelle Datensammler persönliche Homepages zu Nutze. Auf fast allen solche Angeboten findet sich z. B. die E-Mail-Adresse des Urhebers. Solche E-Mail-Adressen sind bei Marketingfirmen inzwischen heiß begehrtes Handelsgut. Mithilfe von automatisierten Suchmechanismen, wie sie beispielsweise auch von Suchmaschinen eingesetzt werden, können die auf Homepages veröffentlichten E-Mail-Adressen vollautomatisch und im großen Stil erfasst und ausgewertet werden.

Webangebote erfassen und analysieren

Angesichts der schieren Größe des Internets und der riesigen Anzahl von Webseiten (nach vorsichtigen Schätzungen bewegt sich diese Zahl inzwischen um die Schallgrenze von einer Milliarde) scheint es zunächst schwierig, so persönliche Informationsdetails überhaupt zu finden. Aber wie wir im vorangegangenen Kapitel gezeigt haben, ist es mithilfe von Suchmaschinen gar nicht so schwer, Informationen über Einzelpersonen zu sammeln. Außerdem werden private Homepages in der Regel ja auch nicht gerade versteckt, sondern man weist eher darauf hin, um möglichst viele Besucher anzulocken. Hat man erst mal die Adresse zur Homepage der Zielperson gefunden, ist es ein Leichtes, diese zu analysieren. Mit speziellen Werkzeugen wie etwa Offlinebrowsern kann man den Inhalt einer Website komplett auf den eigenen Rechner kopieren und dort eingehend analysieren. Ein sehr praktisches Tool für solche Zwecke ist z. B. *Teleport Pro*, von dem Sie unter http://www.tenmax.com eine kostenlose Testversion herunterladen können. Teleport Pro kann komplette Websites zur Offlineanalyse herunterladen. Darüber hinaus bietet das Programm spezielle Funktionen, die sich besonders für Recherchezwecke eignen. So kann man z. B. die Seiten eines Angebots gezielt nach bestimmten Schlüsselwörtern durchsuchen. Vielleicht unterziehen Sie Ihre eigene Homepage einmal einer solchen Prüfung mit Teleport Pro, um festzustellen, welche Informationen man dort über Sie in Erfahrung bringen kann. Auf den folgenden Seiten zeigen wir Ihnen, wie es geht.

Websites mit Teleport Pro erfassen und analysieren

Teleport Pro ist ein Offlinebrowser, d. h., er kann gemäß Ihren Vorgaben komplette Webangebote automatisch „ersurfen" und die dabei gesammelten Daten lokal auf Ihrer Festplatte abspeichern. Diese Daten können Sie dann in aller Ruhe offline betrachten, also ohne dass der Gebührenzähler mittickt. Außerdem können Sie die lokal vorhandenen Kopien der Webseiten besser auswerten, als wenn jede Seite immer wieder vom Server angefordert werden müsste. Alles was Sie für die Benutzung von Teleport Pro benötigen, ist die Webadresse, unter der das Angebot beheimatet ist, also genau die Adresse, die Sie auch im Webbrowser eingeben würden.

TIPP

Die richtige Verschachtelungstiefe

Die Verschachtelungstiefe gibt an, wie oft der Offlinebrowser beim Download den in einer Webseite enthaltenen Links folgt und deren Seiten ebenfalls herunterlädt. Bei der Tiefe 1 lädt Teleport Pro das eigentliche Dokument und die Webseiten, auf die in diesem verwiesen wird. Bei der Ebene 2 analysiert es wiederum die zusätzlich geladenen Seiten von Ebene 1 und lädt auch die dort eingebundenen Webseiten. Bei Tiefe 3 geht er nochmals eine Ebene tiefer usw. Mit jeder Ebene nehmen deshalb die zu übertragenden Seiten – je nach Anzahl der enthaltenen Links – teilweise erheblich zu. Wählen Sie deshalb zunächst eine niedrigere Verschachtelungstiefe von 2 oder 3 aus. Erst wenn das nicht ausreicht, um die gewünschten Informationen zu beschaffen, sollten Sie die Tiefe vorsichtig erhöhen.

1. Wenn Sie Teleport Pro erstmals aufrufen, startet automatisch der Projektassistent, mit dem Sie neue Projekte anlegen können. Unter einem Projekt versteht Teleport Pro alle Angaben zu einer zu erfassenden Website sowie später die von dieser Website beschafften Seiten. Sie können den Assistenten auch zu einem späteren Zeitpunkt aufrufen, wenn Sie die Menüfunktion *File/New Project Wizard* bemühen.

2. Im ersten Schritt des Assistenten wählen Sie zunächst die Art des Projekts und bestimmen so, wie und in welchem Umfang Teleport Pro Webseiten anfordert (siehe Tabelle). Um gezielt nach Informationen zu suchen, eignet

sich besonders die letzte Option *Search a website for keywords*. Will man ein Webangebot komplett erfassen, sollten man hingegen die erste Option *Create a browsable copy of a website on my hard drive* wählen.

Projektart	Bedeutung
Create a browsable copy of a website on my hard drive	Teleport Pro erstellt auf Ihrer Festplatte eine Kopie der Website, die Sie so im Browser betrachten können, als ob Sie gerade online wären und die Seiten direkt vom Server anfordern würden.
Duplicate a website, including directory structure	Das Programm erstellt auf Ihrer Festplatte eine exakte Kopie der Dateien, aus denen die Website besteht, wobei auch Verzeichnisstrukturen berücksichtigt werden. Diese Funktion dient eigentlich dem Erstellen von Mirrorsites, also identischen Angeboten auf alternativen Servern. Sie kann aber auch verwendet werden, um den Aufbau einer Website und möglicherweise die bevorzugten Methoden und Techniken von deren Autor genau zu analysieren.
Search a website for files of a certain type	Es werden nur Dateien bestimmten Typs heruntergeladen. Diese Option kann man verwenden, wenn man z. B. nur die Bilder einer Website haben möchte.
Explore every site linked from a central site	Mit dieser Option beschränkt man die Suche nicht nur auf ein Webangebot, sondern berücksichtigt auch alle Sites, auf die im Ausgangsangebot verwiesen wird.
Retrieve one or more files at known addresses	Dies ist eine Art FTP-Modus, mit dem man Dateien herunterladen kann, deren Name und Position man ganz genau kennt.
Search a website for keywords	Diese Methode durchsucht alle Seiten eines Angebots nach vorgegebenen Schlüsselwörtern und erfasst alle Seiten, die diese enthalten. Diese Funktion ist für Recherchezwecke besonders interessant.

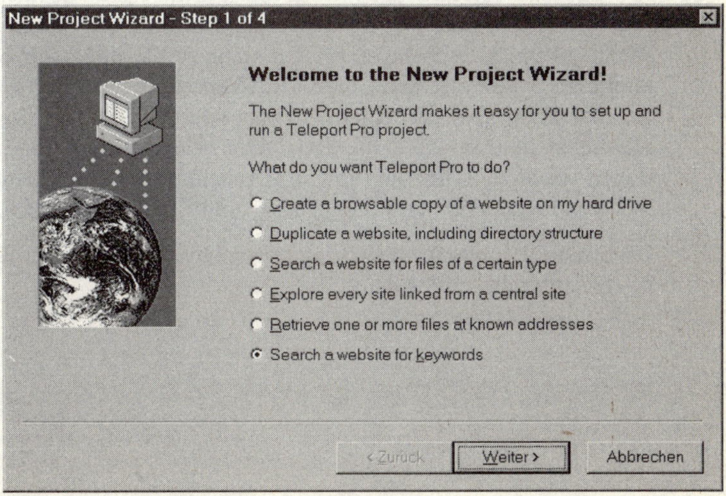

Wählen Sie zunächst die Art des Projekts aus

3. Im zweiten Schritt geben Sie die Adresse an, unter der Teleport Pro ein Webangebot durchsuchen soll. Verwenden Sie dabei den Start-URL, den Sie auch im Webbrowser eingeben würden, um diese Site aufzurufen. Legen Sie außerdem mit *Up to X links from this starting point* fest, welche Verschachtelungstiefe das Programm verwenden soll.

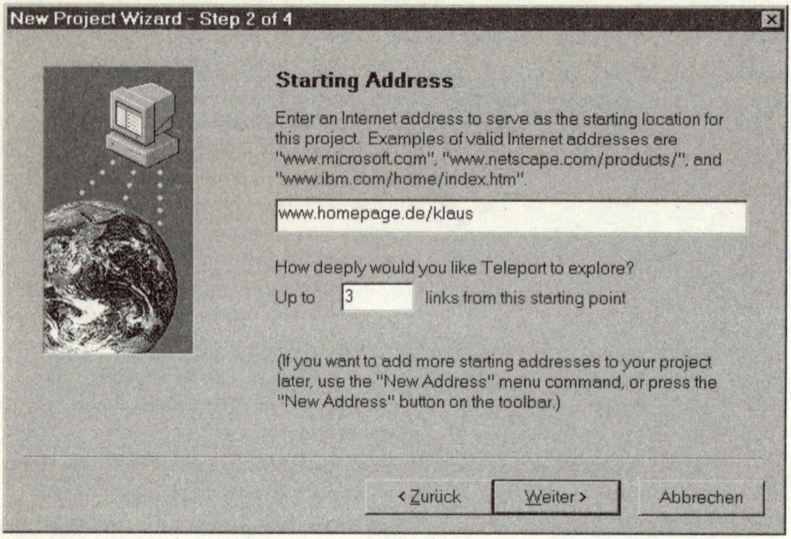

Geben Sie die Startadresse des Webangebots ein, das erfasst werden soll

4. Anschließend formulieren Sie den Suchbegriff bzw. die Schlüsselwörter, nach denen Teleport Pro die Seiten durchsuchen soll. Wenn Sie mehrere Schlüsselbegriffe verwenden wollen, trennen Sie diese mit einem *;*. Das Programm verwendet dann die ODER-Verknüpfung, d. h., es werden alle Seiten erfasst, in denen einer oder mehrere der Suchbegriffe vorkommen. Außerdem können Sie * als Platzhalter verwenden. In unserem Beispiel wollen wir E-Mail-Adressen finden. Deshalb verwenden wir die Schlüsselwörter *@*.de* und *@*.com*, um alle DE- und COM-Adressen zu finden.

5. Damit ist die Projektkonfiguration abgeschlossen. Mit einem Klick auf *Fertig stellen!* schließen Sie den Assistenten.

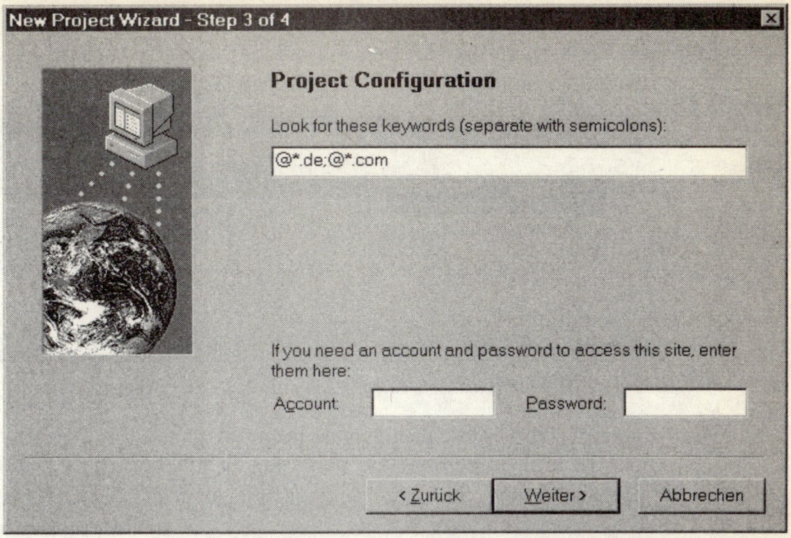

Geben Sie die Schlüsselwörter an, nach denen Teleport Pro in den Webseiten suchen soll

6. Anschließend muss das gerade neu erstellte Projekt gespeichert werden. Dazu öffnet Teleport Pro automatisch einen *Speichern unter*-Dialog, über die Sie den Ordner auswählen und einen Dateinamen angeben. Das Programm schlägt automatisch einen Namen basierend auf der Adresse der Website vor. Diesen Vorschlag können Sie dann nach Belieben übernehmen oder verändern.

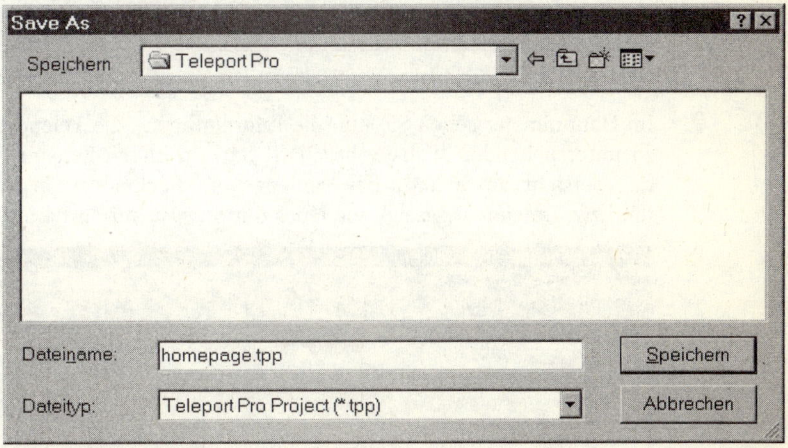

Speichern Sie das neue Projekt in einer Datei

7. Nun können Sie das Projekt durchführen lassen. Markieren Sie es dazu in der Projektliste und klicken Sie auf das *Start*-Symbol in der Symbolleiste oder rufen Sie die Menüfunktion *Project/Start* auf.

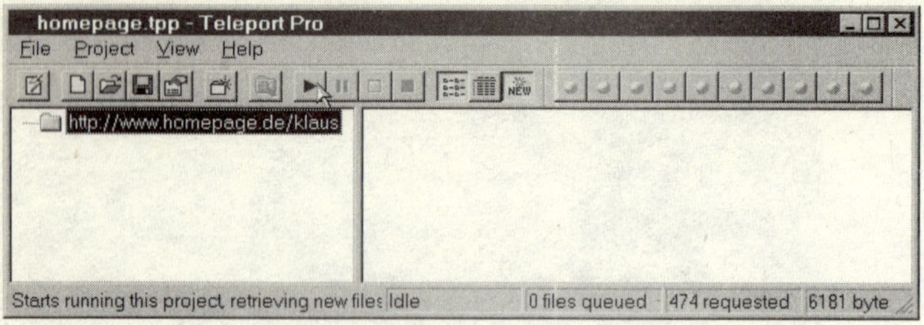

Führen Sie das Projekt mit einem Klick auf das Start-Symbol aus

8. Teleport Pro fordert nun gemäß Ihren Vorgaben die Webseiten des Angebots an und durchsucht sie nach den Schlüsselwörtern. Wird es in einer Webseite fündig, speichert es diese und setzt die Suche so lange fort, bis alle Seiten (abhängig von der Verschachtelungstiefe) durchsucht wurden. Anschließend zeigt es eine kurze Zusammenfassung des Projekts an. Dieser können Sie entnehmen, wie viele Seiten untersucht und wie viele davon lokal gespeichert wurden. Schließen Sie das Statusfenster mit einem Klick auf *OK*, um zum Hauptfenster von Teleport Pro zurückzukehren.

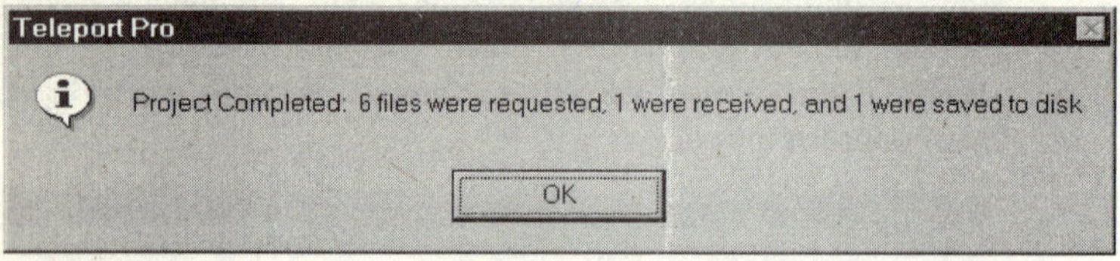

Nach Beendigung der Analyse zeigt Teleport Pro eine kurze Zusammenfassung

9. Im Hauptfenster sehen Sie nun die Informationen, die Teleport Pro von der zu untersuchenden Website beschafft hat. Im linken Fenster finden Sie eine Übersicht zur Struktur des Webangebots. Rechts werden jeweils die Seiten bzw. Dateien angezeigt, die eines der Suchwörter enthalten.

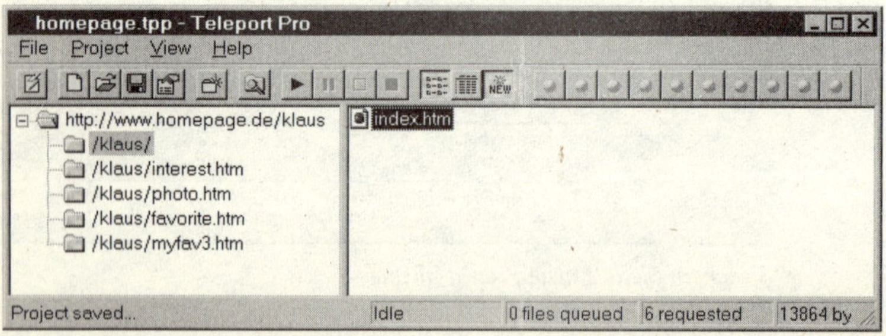

Teleport Pro zeigt die Ergebnisse der Analyse im Hauptfenster an

10. Um die Webseite zu betrachten, führen Sie einfach einen Doppelklick auf diesen Eintrag aus. Teleport Pro startet dann den Webbrowser und zeigt die Datei darin an.

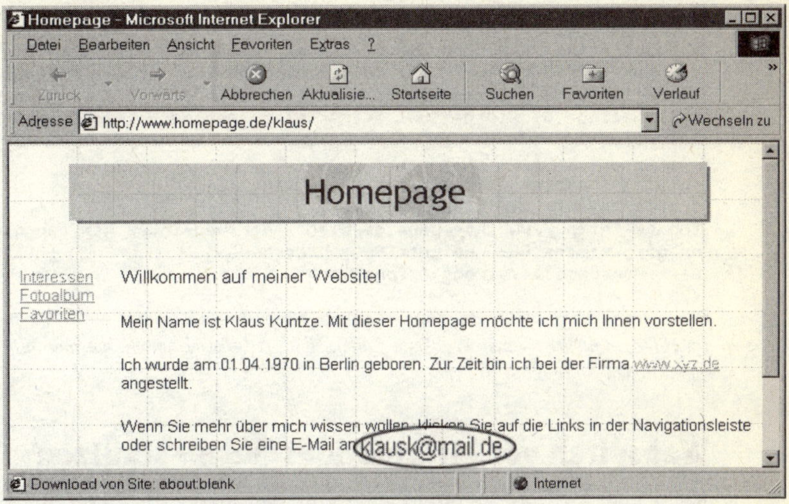

Mit einem Doppelklick können Sie die lokal gespeicherten Webseiten abrufen und betrachten

TIPP

Schlüsselwörter im Quelltext

Wenn Sie mit Teleport Pro arbeiten, wird es Ihnen öfter passieren, dass Sie in einer lokal gespeicherten Webseite gar nicht die Schlüsselwörter finden, die Sie eigentlich gesucht haben. Das liegt daran, dass das Programm nicht einfach nur den Inhalt der Webseiten, sondern auch den gesamten Quelltext durchsucht. Dieser kann viele Informationen enthalten, die in der eigentlichen Seite gar nicht zu sehen sind. Dies gilt insbesondere für Adressen, aber auch für Texte, die z. B. als Kommentar in den Quelltext eingefügt sind. In solchen Fällen sollten Sie nicht nur die Seite selbst, sondern eben auch den Quelltext betrachten. Dazu benutzen Sie die entsprechende Funktion Ihres Webbrowsers oder rufen die Seite im Teleport Pro-Hauptfenster gleich im Quelltext auf, indem Sie mit der rechten Maustaste auf den Eintrag klicken und im kontextabhängigen Menü die Funktion *Edit* wählen. Dann wird der Quelltext der Seite in einem Texteditor angezeigt.

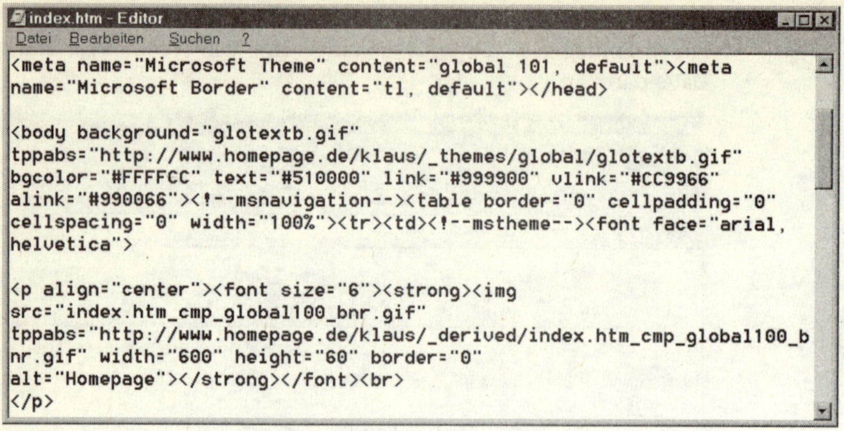

```
index.htm - Editor
Datei  Bearbeiten  Suchen  ?
<meta name="Microsoft Theme" content="global 101, default"><meta
name="Microsoft Border" content="tl, default"></head>

<body background="glotextb.gif"
tppabs="http://www.homepage.de/klaus/_themes/global/glotextb.gif"
bgcolor="#FFFFCC" text="#510000" link="#999900" vlink="#CC9966"
alink="#990066"><!--msnavigation--><table border="0" cellpadding="0"
cellspacing="0" width="100%"><tr><td><!--mstheme--><font face="arial,
helvetica">

<p align="center"><font size="6"><strong><img
src="index.htm_cmp_global100_bnr.gif"
tppabs="http://www.homepage.de/klaus/_derived/index.htm_cmp_global100_b
nr.gif" width="600" height="60" border="0"
alt="Homepage"></strong></font><br>
</p>
```

Im HTML-Quelltext einer Webseite finden sich oft Informationen, die man auf der eigentlichen Seite nicht findet

Webseiten vor Informationsdieben schützen

Kann man sich als Veröffentlicher von Webseiten vor dieser Art von Spionage schützen? Technische Schutzmaßnahmen, etwa eine Verschlüsselung der Webseiten, scheitern am Grundprinzip des World Wide Web, das ja davon lebt, dass die veröffentlichten Daten allgemein und frei zugänglich sind. Trotzdem gibt es Strategien, mit denen man kontrollieren kann, welche persönlichen Informationen Webseiten verraten.

Welche Informationen geben Sie preis?

Zunächst einmal sollten Sie sich darüber klar werden, welche Informationen Sie anderen über sich preisgeben wollen. Analysieren Sie dazu Ihre Homepage und achten Sie darauf, welche Aufschlüsse zu Ihrer Person die darin enthaltenen Informationen explizit oder implizit zulassen. Überlegen Sie für jeden Aspekt, ob dieser gegen Sie verwendet werden könnte. Je nachdem, wie paranoid Sie veranlagt sind, wird die Liste unterschiedlich lang werden. Wohnort und Adresse findet man auf relativ wenigen Homepages. Dass diese Informationen vor Schnüfflern und Belästigern geschützt werden sollten, ist wohl den meisten klar. Aber eine Angabe von Geburtstag und -ort kann einen Spion mit den richtigen Mitteln ebenso auf die heiße Fährte bringen, denn in den meisten Fällen lässt sich die Spur eines Menschen von seinem Geburtsort bis zum aktuellen Wohnort verfolgen. Staatliche Ermittlungsbehörden oder Geheimdienste benötigen dazu nur eine kurze Datenbankanfrage. Private Schnüffler brauchen etwas mehr Geduld und vielleicht etwas Schmiergeld.

Auch über die virtuelle Anschrift sollte man sich etwas Gedanken machen. Prinzipiell spricht ja nichts dagegen, dass eine E-Mail-Adresse genau wie eine Telefonnummer öffentlich bekannt ist. Wenn Sie hingegen schlechte Erfahrungen gemacht haben oder befürchten, sollten Sie eben darauf verzichten, Ihre E-Mail-Adresse zum Allgemeingut zu machen. Eine Lösung dafür ist ganz einfach: Machen Sie sich eines der zahlreichen Angebote für kostenlose E-Mail-Postfächer zu Nutze und beschaffen Sie sich so eine Adresse speziell für die Veröffentlichung auf Webseiten. Die dafür eingehenden Nachrichten können Sie beispielsweise automatisch an Ihr reguläres Postfach weiterleiten lassen, ohne dass die Absender dies mitbekommen. Eine solche Adresse hat den Vorteil, dass sie sich nicht ohne weiteres auf Ihre Person zurückführen lässt. Außerdem können Sie die Adresse notfalls jederzeit aufgeben und durch eine andere ersetzen, wenn Sie etwa per E-Mail belästigt oder ständig mit elektronischer Werbung zugemüllt werden. (Weitere Tipps dazu finden Sie in Kapitel 7.)

Dieses Prinzip lässt sich beliebig erweitern: Angenommen, Sie verfolgen ein privates Hobby oder eine religiöse oder politische Anschauung, von der Ihr Chef oder neugierige Kollegen eigentlich nichts wissen sollen. Deshalb müssen Sie noch lange nicht darauf verzichten, eine Homepage zu diesem Thema einzurichten. Versuchen Sie doch einfach, dieses Anlegen von Ihrer Person zu trennen, indem Sie dafür eine virtuelle Identität annehmen, die sich nicht auf Ihre reale Person zurückführen lässt. Kostenlose E-Mail-Adressen und freie Webspace-Angebote lassen sich für solche Zwecke prima nutzen. So können Sie Ihre privaten Leidenschaften unter einem Pseudonym oder Spitznamen ausleben, ohne befürchten zu müssen, dass neugierige Schnüffler Ihnen auf die Schliche kommen.

Unnötige Informationslöcher stopfen

Informationen, die man absichtlich preisgibt, kann man durch sorgfältige Prüfung erkennen und eliminieren. Anders sieht es mit Informationen aus, die ganz unabsichtlich in den Webseiten enthalten sind, die man selbst erstellt hat. Das können ganz verschiedene Arten von Angaben sein:

- Meta-Tags vom HTML-Editor können Aufschluss darüber geben, mit welchem Webeditor das Angebot erstellt wurde. Daraus wiederum kann man unter Umständen Rückschlüsse auf bestimmte Sicherheitslücken ziehen, die sich aus der Kombination mit diesem Produkt ergeben.
- Manche Webeditoren fügen in jede erstellte Webseite automatisch Angaben zum Autor ein.
- Kommentare, die in der eigentlichen Webseite nicht auftauchen, sind trotzdem im Quelltext enthalten und abrufbar.
- Inhalte und Funktionalitäten aus früheren Fassungen, die nicht gelöscht, sondern nur auskommentiert wurden, sind im Quelltext noch immer enthalten und geben vielleicht Informationen preis, die eigentlich nicht mehr öffentlich zugänglich sein sollten.

Alle diese Informationen haben eines gemeinsam: Sie haben mit dem eigentlichen Inhalt der Webseite nichts zu tun, sind also verzichtbar. Deshalb kann man sich so genannte HTML-Kompressoren zu Nutze machen, die HTML-Dateien optimieren. Dies tun sie, indem sie alle Bestandteile, die für den Inhalt der Webseite ohne Bedeutung sind, entfernen und die Datei so stark wie möglich komprimieren. Dabei bleibt der eigentliche Inhalt nach wie vor erhalten und die Seiten können trotzdem von jedem Webbrowser optimal dargestellt werden. Ein solcher HTML-Kompressor ist der *Absolute HTML Compressor*, den Sie unter http://www.serpik.com/ kostenlos als Freeware herunterladen können.

1. Um mit dem HTML Compressor Ihre Webseiten zu bereinigen, starten Sie das Programm und überprüfen zunächst, ob die Voreinstellungen korrekt sind. Öffnen Sie dazu mit einem Klick auf *Options* in der Symbolleiste die Einstellungen.

2. Aktivieren Sie hier am besten alle Optionen im Bereich *Compressor*, um eine maximale Kompression zu erzielen. Mit der Option *Create backups* ganz unten bestimmen Sie, ob vor dem Verändern der HTML-Dateien Sicherungskopien erstellt werden sollen. Wenn Sie direkt mit den Original-HTML-Dateien arbeiten, empfiehlt es sich, diese Option zu aktivieren. Übernehmen Sie die Einstellungen mit einem Klick auf *OK*.

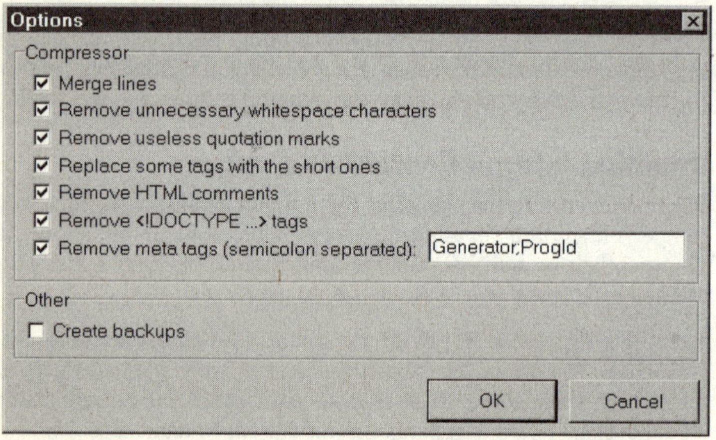

Stellen Sie die Optionen des HTML-Kompressors auf maximale Kompression

3. Aktivieren Sie dann die Option *Compress File* und klicken Sie auf *Browse*, um die zu komprimierende HTML-Datei in einem Dateiauswahldialog festzulegen.

Geben Sie an, welche Datei komprimiert werden soll

TIPP

Mehrere Dateien komprimieren

Absolute HTML Compressor bietet auch die Möglichkeit, gleich mehrere Dateien auf einmal zu komprimieren. Wählen Sie dazu die Option *Compress Files in a Folder* und wählen Sie mit *Browse* das Verzeichnis aus. Wenn Sie zusätzlich die Option *Include subfolders* aktvieren, werden auch Unterverzeichnisse berücksichtigt. So können Sie alle Dateien eines Webangebots auf einmal komprimieren.

4. Klicken Sie dann auf das Symbol *Compress* ganz oben links in der Symbolleiste, um den Komprimiervorgang zu starten. Bestätigen Sie die Sicherheitsabfrage zuvor mit *Ja*. Achten Sie hier darauf, ob die Backup-Funktion aktiviert ist oder nicht. Die Veränderungen an der HTML-Datei sind unwiderruflich.

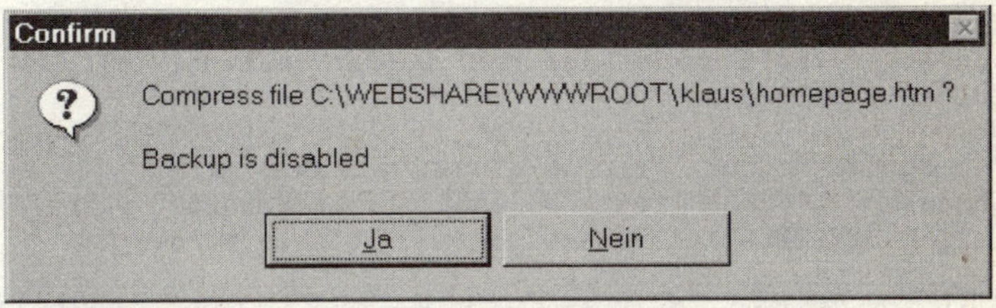

Bestätigen Sie die Sicherheitsabfrage vor der Kompression

5. Nach Abschluss der Kompression sehen Sie unten im Hauptfenster eine Übersicht des Ergebnisses. Besonders interessant sind hier die hinteren Spalten *Old size* (alte Größe), *Packed size* (neue Größe) und das Reduktionsverhältnis (*Ratio*). Einsparungen um die 75 % sind durchaus üblich, in speziellen Fällen können es auch 50 % und mehr sein.

Die HTML-Datei wurde auf 74% der Originalgröße komprimiert

6. Anschließend können Sie sich im Webbrowser davon überzeugen, dass die Webseite immer noch genauso dargestellt wird wie zuvor.

Die Komprimierungen im Quelltext

Wenn Sie anschließend den Quelltext der neuen Datei mit dem des Originals vergleichen, werden Sie enorme Unterschieden feststellen. Zum einen fehlen jetzt alle Bestandteile, die eben nicht für die korrekte Darstellung des Inhalts im Webbrowser notwendig sind. Zum andern ist die gesamte Datei viel kompakter geworden, weil der Kompressor einfach alle Elemente direkt aneinander gereiht hat. Von einem Zeilenlayout oder ähnlichen Elementen, mit denen menschliche oder maschinelle Editoren sonst arbeiten, ist jetzt nichts mehr zu sehen. Dadurch wird der Quelltext extrem schlecht lesbar. Den Webbrowser stört das nicht, wohl aber neugierige Schnüffler, die aus dem Quelltext Informationen gewinnen wollen. Denen wird das Leben so gehörig schwer gemacht.

index.htm - Editor

Datei Bearbeiten Suchen ?

```
<head>
<meta name="GENERATOR" content="Microsoft FrontPage 3.0">
<title>Homepage</title>


<meta name="Microsoft Theme" content="global 101,
default"><meta name="Microsoft Border" content="tl,
default"></head>

<body background="_themes/global/glotextb.gif"
bgcolor="#FFFFCC" text="#510000" link="#999900" vlink="#CC9966"
alink="#990066"><!--msnavigation--><table border="0"
```

homepage.htm - Editor

Datei Bearbeiten Suchen ?

```
<html><head><title>Homepage</title></head><body
background=_themes/global/glotextb.gif bgcolor=#FFFFCC
text=#510000 link=#999900 vlink=#CC9966 alink=#990066><table
border=0 cellpadding=0 cellspacing=0 width=100%><tr><td><font
face="arial, helvetica"><p align=center><font size=6><B><img
src=_derived/index.htm_cmp_global100_bnr.gif width=600
height=60 border=0 alt=Homepage></B></font><br></p><p
align=center> </p></font></td></tr></table><table border=0
cellpadding=0 cellspacing=0 width=100%><tr><td valign=top
width=1%><font face="arial, helvetica"><nobr><a
href=interest.htm>Interessen</a></nobr><br><nobr><a
href=photo.htm>Fotoalbum</a></nobr><br><nobr><a
```

Original und (komprimierte) Kopie: Der Quelltext ein und derselben Webseite

Missbrauch von veröffentlichten Bildern verhindern

Eine andere Gefahr beim Veröffentlichen von Webseiten ist die, dass die Informationen, die Sie auf Ihren Webseiten veröffentlichen, von anderen benutzt werden, um Sie in Misskredit zu bringen oder lächerlich zu machen. Sehr krasse Dinge können z. B. mit Bildern auf solchen Seiten geschehen. Jeder, der Ihre Webseite betrachtet, kann darin enthaltene Grafiken auf seinem eigenen Rechner speichern und bearbeiten. Mit den modernen Grafikprogrammen muss man kein Profi sein, um mit etwas Tüftelei die abenteuerlichsten Foto-Montagen hinzubekommen. Wenn man Ihnen dabei nur Nase oder Ohren lang zieht, können Sie schön zufrieden sein. Aber auch in Pornobilder einmontierte Gesichter sind keine Seltenheit. Wenn so ein Bild dann per E-Mail die Runde durch die Firma macht, haben alle anderen mehr zu lachen als Sie!

Um sich vor dem Missbrauch der eigenen Bilder auf Webseiten zu schützen, kann man eigentlich nur ganz darauf verzichten. Da das aber schade wäre, versuchen Sie, Bilder zu veröffentlichen, die möglichst wenig Möglichkeiten zur Manipulation bieten:

- Bilder mit niedriger Auflösung sind zwar oft nicht sehr ansehnlich; da Bildmanipulateure das aber genauso empfinden, lassen sie meist die Finger davon.
- Graustufen-Bilder können kaum nachträglich eingefärbt werden. Werden sie in Fotomontagen verwendet, muss das Ergebnis wiederum ein Graustufen-Bild sein. Auch das schreckt viele Bilderstürmer ab.
- Stark komprimierte Bilder (z. B. JPGs mit hohen Kompressionsraten) lassen sich schlecht weiterverarbeiten. Jede Vergrößerung, Verkleinerung oder sonstige Veränderung vermindert die Bildqualität, sodass sie meist nicht zu gebrauchen sind.

9.2 Manipulierte Webseiten

Neben der Gefahr, Inhalte aus Webseiten zu missbrauchen, besteht das mindestens ebenso große Risiko, dass Webseiten an sich manipuliert werden. Dabei beschaffen sich Hacker Zugang zum Webserver und ersetzen die Webdokumente durch Seiten mit eigenem Inhalt. Dieses Webredesign hat sich in den letzten Jahren zu einer neuen Standarddisziplin für Hacker entwickelt. Oft machen sie es nur aus Spaß, um zu zeigen, dass sie dazu in der Lage sind. Für die Opfer ist das allerdings kein Trost. Zunehmend treten aber auch Fälle auf, in denen Redesign vorgenommen wird, um dem Inhaber ganz gezielt zu schaden. So kann man z. B. ein Konkurrenz-Unternehmen leicht in Misskredit bringen, wenn man einen Hacker beauftragt, pornografische Bilder auf dessen Webseiten zu platzieren.

Oft greifen Hacker auch die Webseiten von bekannten Institutionen an, um eine große Zahl von Besuchern und die Medien auf bestimmte Dinge aufmerksam zu machen. Auch renommierte Organisationen wie FBI, CIA oder große Internetanbieter wie Yahoo sind schon Opfer solcher Angriffe geworden. Der am Anfang dieses Kapitels vorgestellte UNICEF-Hack ist eines der bekanntesten Beispiele für erfolgreiche Redesign-Angriffe auf öffentliche Institutionen.

Webseiten vor Angriffen schützen

Ein Angriff auf Webseiten kann grundsätzlich auf zwei verschiedene Arten erfolgen. Zum einen können Hacker den Webserver selbst angreifen. Wie das möglich ist, darauf gehen wir am Ende dieses Kapitels ein. Hat ein Hacker Zugang zum Webserver, kann er die darauf liegenden Daten - und somit auch Ihre Webseiten - beliebig verändern. Oftmals ist der Aufwand eines Einbruchs in den Webserver aber auch gar nicht notwendig, denn teilweise sind die Webseiten selbst durch Konfigurationsfehler völlig ungeschützt, sodass sie ohne großen Aufwand verändert und gespeichert werden können. Deshalb ist es wichtig, beim Einrichten von Dateien auf dem Webserver auf die Vergabe der richtigen Zugriffsrechte zu achten. Wenn Sie Ihre Dateien per FTP auf den Webserver bringen, sollten Sie sie gleich mit den entsprechenden Beschränkungen abspeichern. Leider bieten nur wenige FTP-Programme entsprechende Funktionen an. Ein positives Beispiel ist *WS_FTP Pro*, von dem Sie unter http://www.ipswitch.com eine kostenlose Testversion finden. Für alle, die regelmäßig Dateien per FTP beziehen und insbesondere übertragen wollen, ist WS_FTP ein hervorragendes Werkzeug. Die meisten Funktionen sind mit denen anderer FTP-Programme vergleichbar und überdies in der umfangreichen Hilfedatei gut erklärt. Wir wollen Ihnen hier nur zeigen, was Sie beachten müssen, um Ihre Dateien mit den richtigen Zugriffsrechten zu versehen:

INFO

Dateirechte unter UNIX

Bei UNIX-Servern (und das sind die weitaus meisten Webserver) gibt es drei Benutzerklassen: *Owner* - das sind Sie als Besitzer einer Datei -, *Group* - das ist eine Gruppe von gleichgestellten Benutzern, z. B. alle Inhaber einer Homepage auf dem Webserver - sowie *Other* - das sind alle anderen Benutzer des Serverrechners, die nicht in eine der ersten beiden Klassen fallen. Dazu gehören bei einem Webserver u. a. auch die Besucher, die Ihre Webseiten abrufen. Für jede Klasse von Benutzern können Sie die Zugriffsrechte individuell vergeben. Räumen Sie allen Benutzerklassen Leserechte ein (*Read*), sonst kann niemand Ihre Seiten lesen. Schreibrechte (*Write*) sollten hingegen nur Sie selbst als Besitzer der Dateien (*Owner*) haben. Rechte zur Ausführung von Programmen (*Execute*) sind i. d. R. überhaupt nicht erforderlich, wenn Sie nicht irgendwelche Skripte in Ihre Homepage integriert haben.

1. Übertragen Sie die Dateien wie gewohnt auf den Webserver.
2. Markieren Sie alle Dateien auf dem entfernten Server mit der Maus und öffnen Sie mit der rechten Maustaste darüber das kontextabhängige Menü. Es stellt Ihnen einige Funktionen zur Verfügung, die Sie über die WS_FTP-Oberfläche sonst nicht erreichen können. Hier finden Sie u. a. den Befehl *chmod (UNIX)*.

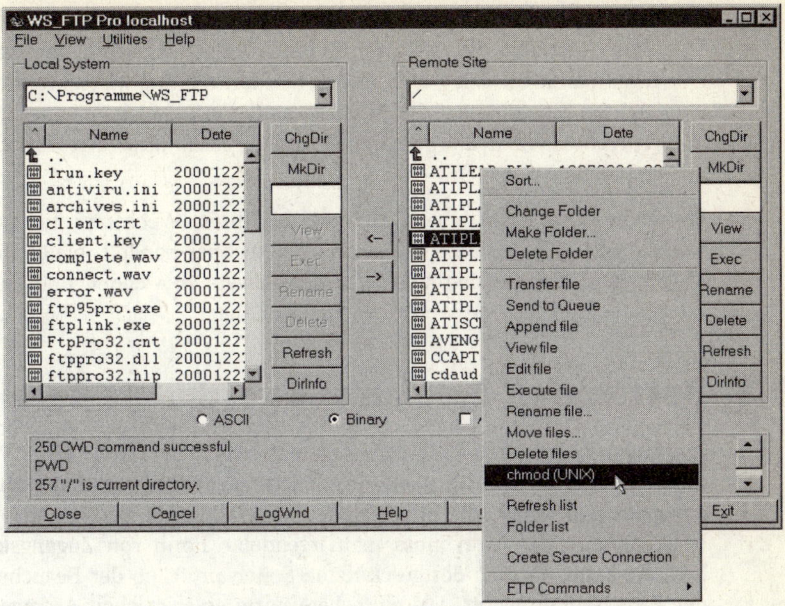

Öffnen Sie das kontextabhängige Menü mit dem Befehl chmod

3. Wählen Sie diesen Befehl aus. Sie öffnen damit das *Remote file permissions*-Menü, in dem Sie die Zugriffsrechte für die Dateien auf dem Server einstellen.

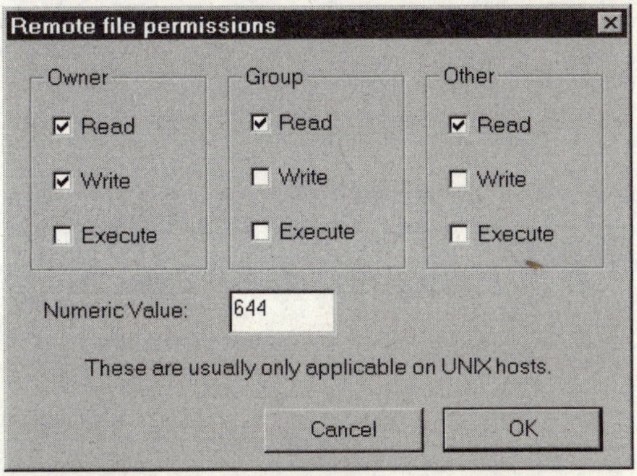

Hier stellen Sie die Zugriffsrechte für die Webdateien ein

4. Stellen Sie die Rechte für die Dateien entsprechend ein und bestätigen Sie Ihre Auswahl mit *OK*. WS_FTP überträgt daraufhin das entsprechende Kommando an den Server und der ändert die Zugriffsrechte wie angegeben. Achten Sie dabei auf die Bestätigung der erfolgreichen Änderungen der Dateirechte. Nicht alle Webserver unterstützen diese Art von Dateizugriffsrechten.

Wenn die oben beschriebene Methode bei Ihrem Webserver nicht funktioniert, weil es sich z. B. um einen Windows NT-Rechner handelt, bleibt Ihnen nur die Möglichkeit, sich an den Verwalter des Servers zu wenden und sich nach den Zugriffsrechten für Ihre Webseiten zu erkundigen.

9.3 Passwörter, Dateien und geschützte Bereiche

Vor einem besonderen Problem steht man, wenn man Teile eines Webangebots nicht der breiten Öffentlichkeit zugänglich machen will, sondern den Zugriff auf einen kleinen Kreis von Interessierten oder vielleicht auch zahlenden Kunden beschränken will. Dann muss man irgendeine Form von Zugangskontrolle haben, die beim Abrufen der geschützten Seiten prüft, ob der Besucher zum Kreis der Berechtigten gehört. Die einfachste Form einer solchen Abfrage ist mit vergleichsweise einfachen Mitteln möglich. Webeditoren bieten dazu einfache Funktionen, die dafür sorgen, dass beim Aufrufen einer geschützten Seite ein Netzwerkkennwort-Fenster angezeigt wird, in dem der Besucher Benutzername und Kennwort eingeben muss.

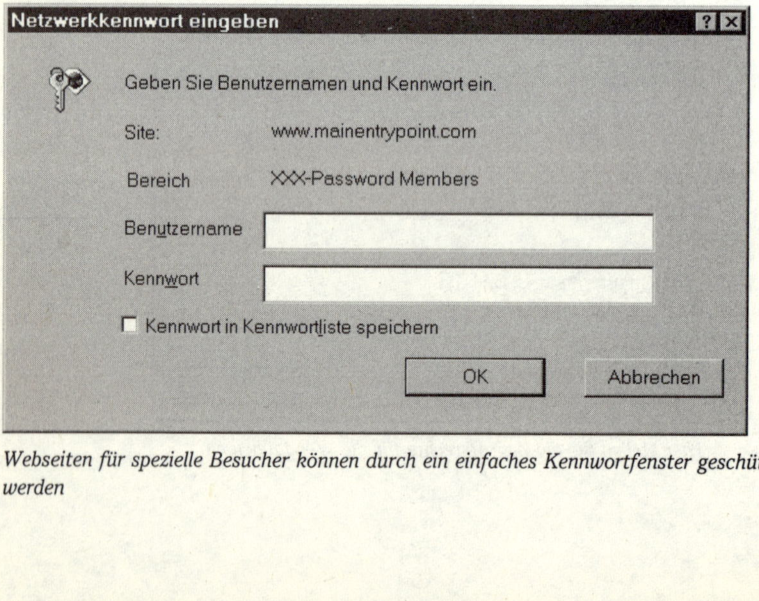

Webseiten für spezielle Besucher können durch ein einfaches Kennwortfenster geschützt werden

Leider kann man sich auf solche Funktionen nicht wirklich verlassen. Hacker haben Programme entwickelt, die speziell solche Zugangsbeschränkungen angreifen. Da die Seiten über das Internet abrufbar sind, kann der Angriff von überall her ohne große Probleme erfolgen. In der Regel ist außerdem die Anzahl der Versuche unbegrenzt, sodass ein Hacker in aller Ruhe eine Brute Force-Attacke ausführen kann. Wenn einer der Benutzer dann noch ein unsicheres Kennwort gewählt hat, ist Ihr geschützter Bereich schon bald nicht mehr geschützt.

Wir können im Rahmen dieses Buchs keine Methode vorstellen, mit der sich Webseiten wirklich wasserdicht schützen lassen, da dies ein Thema für sich ist und den Rahmen einfach sprengen würde. Wir möchten Ihnen an dieser Stelle einfach nur klarmachen, dass einfache Lösungen meist auch einfach auszuhebeln sind. Wenn Sie den Zugang zu Ihrem Webangebot oder zu Teilen davon schützen wollen und es sich dabei um vertrauliche bzw. geschäftskritische Daten handelt, sollten Sie sich unbedingt um eine professionelle Lösung bemühen, auch wenn diese sicherlich nicht ganz billig wird. Wenn die Daten aber wirklich so wichtig und vertraulich sind, sollten sie Ihnen das Geld wert sein.

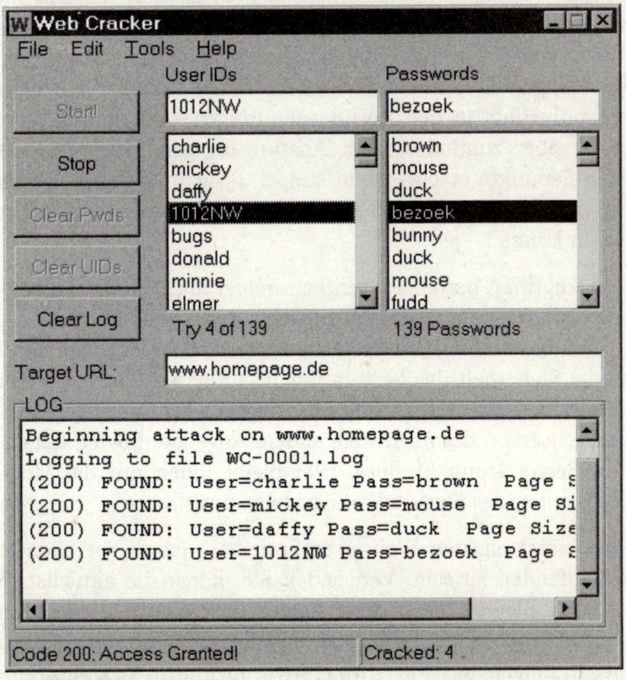

Mit Spezialprogrammen wie dem Web Cracker lassen sich geschützte Webseiten per Brute Force hacken

9.4 Angriffsmöglichkeiten auf Webserver

Abgesehen von Angriffen auf unzureichend geschützte Webseiten bleibt Hackern immer noch ein Angriff auf den Webserver selbst. Auch hier unterscheidet man zwei Arten von möglichen Angriffen, mit denen sich Webangebote sabotieren lassen:

- Ein klassischer Einbruchangriff verschafft dem Hacker Zugang zum Server mit dem Ziel, die Administratorrechte für diesen Rechner zu erlangen. Ist das geschafft, kann der Einbrecher alle auf dem Server gespeicherten Daten beliebig manipulieren. Da die Webseiten letztlich nichts anderes als Dateien sind, können sie verändert oder gelöscht und durch andere Seiten ersetzt werden. Ein solcher Angriff unterscheidet sich prinzipiell nicht von einem Einbruchsangriff mit anderen Absichten. Es stehen dem Hacker alle Möglichkeiten zur Verfügung. Die meisten Redesign-Angriffe basieren letztlich auf einem Einbruch in den Serverrechner.
- Will man ein Webangebot nicht manipulieren, sondern einfach nur lahm legen, bieten Webserver besondere Möglichkeiten. Wie alle komplexen Softwareprodukte sind Webserverprogramme nicht fehlerfrei. Es werden immer wieder Unzulänglichkeiten und Sicherheitslücken bekannt, mit denen man zwar nicht unbedingt in den Rechner eindringen kann, durch die man einen Rechner aber zumindest zum Absturz bringen kann. Teilweise sind solche Angriffspunkte erschreckend simpel. So gab es beispielsweise Webserver, die man einfach durch die Eingabe eines überlangen URL zum Absturz bringen konnte.

Beide Arten von Angriffen beruhen eigentlich immer auf dem Ausnutzen von Sicherheitslücken (mit Ausnahme der Möglichkeit des Social Hacking beim Einbruchsangriff). Das besondere Problem für Betreiber von Webangeboten besteht darin, dass sie die Sicherheit des Servers nur beeinflussen können, wenn sie einen eigenen Webserver betreiben. Sind sie hingegen wie in vielen Fällen nur Gast auf einem Webserver, der noch viele andere Angebote hostet, haben sie auf den Betrieb des Server kaum Einfluss. Hier bleibt ihnen nur die Möglichkeit, sich auf die Fähigkeiten des Serveradministrators zu verlassen.

Wenn Sie selbst einen eigenen Webserver betreiben, ist es vor allem wichtig, stets auf dem Laufenden zu sein. Verwenden Sie immer die aktuellste Version Ihrer Serversoftware. Bleiben Sie darüber hinaus stets über neu entdeckte Probleme und Sicherheitslücken im Bilde und installieren Sie daraus resultierende Patches möglichst umgehend. Mit http://www.upenn.edu/computing/security-privacy gibt es eine hervorragende Adresse, wo Sie im Internet ständig aktuelle Informationen zu diesem Thema abrufen können. Besonders interessant sind bei diesem Angebot die Unterverzeichnisse */standards* für Sicherheitsstandards für Betriebssysteme, /standards/wwwsec.html mit dem besonderen Schwerpunkt auf Webservern sowie /SecurityPatches.html mit einer Übersicht über sicherheitsrelevante Patches namhafter Produktanbieter. Interessant ist in diesem Zusammenhang außerdem die *WWW Security FAQ* unter www.w3.org/Security/Faq/www-security-faq.html. Um über bekannt gewordene Softwarefehler und Sicherheitslücken immer gleich Bescheid zu wissen, bieten sich Mailinglisten an. Einige speziell zu diesem Thema, wie etwa *Bugtraq*-Liste, können Sie unter http://geek-girl.com/bugtraq/ abonnieren.

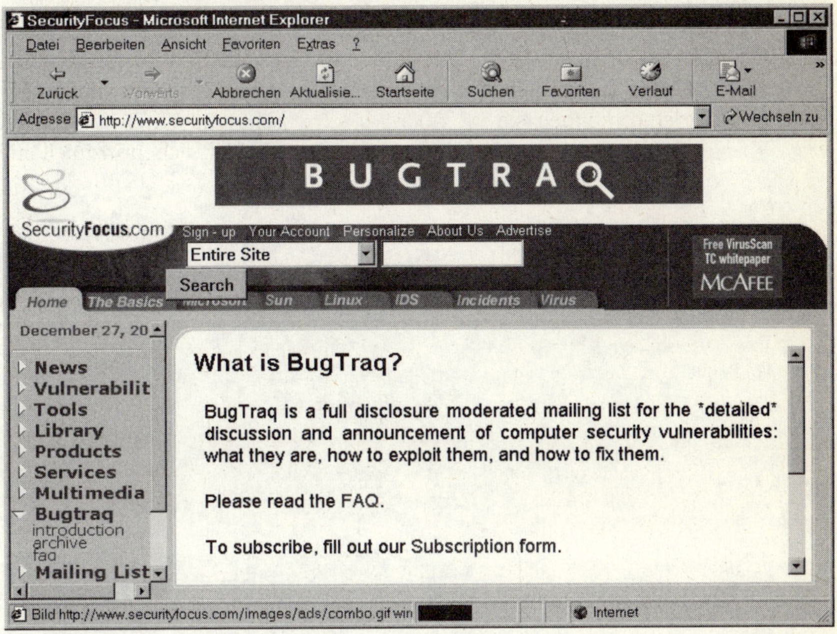

Unter www.securityfocus.com können Sie verschiedene Mailinglisten zu sicherheitsrelevanten Themen abonnieren

10. Sichere Alternativen? – Linux, Windows NT/2000 und Co.

10.1 Der große Bruder: Windows NT/2000 519
Windows NT/2000 vs. Windows 9x/ME 520
Die Benutzerverwaltung bei Windows NT/2000 522
10.2 Preiswert, aber auch sicher? – Linux als Alternative 523
Linux: Preiswertes UNIX für PCs 524
Gefährlicher Ballast: Linux-Installationen sicher machen 528

Die vorangegangenen Kapitel haben gezeigt, dass insbesondere Windows-Betriebssysteme der Versionen 90x/ME einige Schwächen haben, die sich aus dem Grundprinzip des Systems selbst ergeben. Sie können teilweise nur mit erheblichem Aufwand durch Zusatzprogramme, teilweise gar nicht, behoben werden. Da stellt sich die Frage, ob es nicht Alternativen zu diesen Systemen gibt, die genauso praktisch und trotzdem sicherer sind. In diesem Kapitel wollen wir dieser Frage auf den Grund gehen und dabei insbesondere Windows NT/2000 und Linux in Betracht ziehen.

10.1 Der große Bruder: Windows NT/2000

Windows 9x/ME ist vom Hersteller Microsoft als Betriebssystem für den so genannten SoHo-Bereich vorgesehen. Das bedeutet **S**mall-**O**ffice/**H**ome-**O**ffice, also für kleinere Firmen bzw. für den Privatbereich. Microsoft bietet aber auch ein Produkt für den professionellen Einsatz an. Bis vor kurzem hieß dieses Windows NT und dieses System ist auch immer noch weit verbreitet. Die neueste Version firmiert aber unter dem Namen Windows 2000. Im Folgenden werden wir beide Begriffe bedeutungsgleich verwenden, denn für unsere Betrachtungen sind die Unterschiede zwischen Windows NT und dem neueren Windows 2000 zu vernachlässigen. Letzteres ist eben einfach eine Weiterentwicklung des Vorgängers, auch wenn Microsoft es gern als völlig neues Produkt verkauft.

Windows NT und die Sicherheit

Die erste Überlegung ist bestimmt, ob Windows NT überhaupt sicherer als der kleinere Bruder ist. Dazu lässt sich sagen, das Windows NT von Microsoft als professionelles Betriebssystem konzipiert ist, dass auch in geschäftskritischen Bereichen eingesetzt werden kann. Als solches verfügt es tatsächlich über ein wesentlich ausgeklügelteres Sicherheitskonzept. So gibt es bei Windows NT eine Benutzerverwaltung, die diesen Namen auch wirklich verdient. Für jeden Benutzer können Richtlinien erstellt werden, die genau regeln, was er darf und was nicht. Diese Richtlinien werden vom System überwacht, wobei Windows NT im Gegensatz zu Windows 9x/ME so konzipiert ist, dass es die Einhaltung der Regeln tatsächlich streng kontrolliert und keine Verstöße zulässt. Auf kritische Einstellungen und Funktionen dürfen nur Benutzer zugreifen, die zuvor ausdrücklich als Verwalter festgelegt wurden und über entsprechende Rechte verfügen. Somit ist das Windows NT-System viel effektiver vor Manipulationen geschützt.

Da Windows NT außerdem von vornherein auf den Einsatz in vernetzten Umgebungen ausgerichtet ist, stellt es wesentlich umfangreichere Netzwerkfunktionen bereit und sieht auch hier bessere Schutzmaßnahmen vor. Allerdings machen diese umfangreichen Funktionen das Konfigurieren eines Windows NT-Rechners auch erheblich komplizierter, wodurch die Gefahr von fehlerhaften Konfigurationen steigt, aus denen sich wiederum Sicherheitslücken ergeben können.

Windows NT/2000 vs. Windows 9x/ME

Dann stellt sich natürlich die Frage, wo die Unterschiede zwischen den beiden Windows-Familien liegen und ob man tatsächlich einfach so von Windows 9x/ME auf Windows NT/2000 wechseln kann.

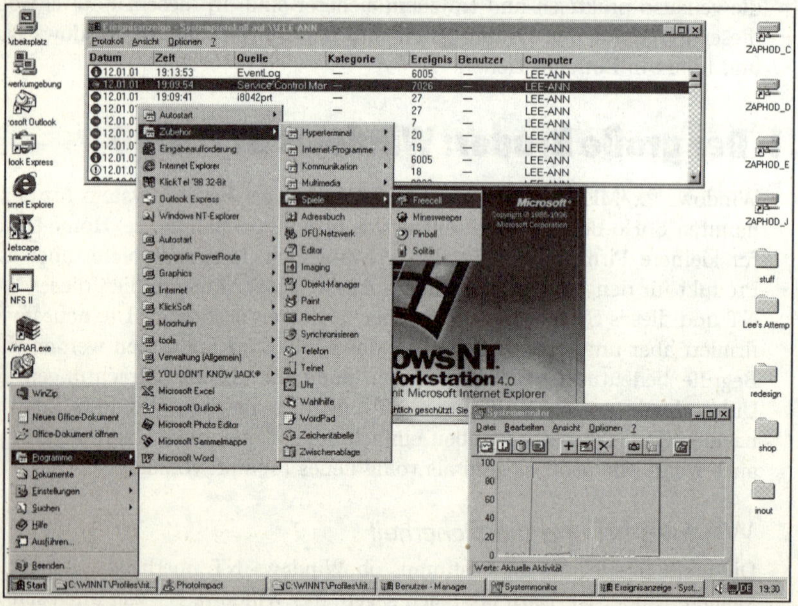

Die Oberfläche von Windows NT ist der von Windows 9x/ME zum Verwechseln ähnlich

Grundsätzlich gibt es auf der Oberfläche große Ähnlichkeiten zwischen beiden Betriebssystemfamilien. Nicht umsonst stammen beide aus dem gleichen Hause Microsoft. Die Oberfläche und ihre grundsätzliche Bedienung ist sehr ähnlich. Lediglich im Bereich der Konfiguration und der Verwaltungstools gibt es Unterschiede, was ja aber auch kaum zu vermeiden ist, wenn das eine System besser als das andere sein soll.

Software für Windows NT

Um die Versorgung mit Anwendungen muss man sich als Windows-Benutzer so oder so keine Sorgen machen. Die beiden Systeme sind binär so weit kompatibel, dass Windows-Programme sowohl unter Windows NT als auch Windows 9x/ME laufen, ohne dass dafür unterschiedliche Versionen erforderlich wären. Bei einem Umstieg kann man also in der Regel alle vorhandenen Programme weiter verwenden. Es kann allerdings Probleme in einigen Bereichen geben, die z. B. besondere Multimediafähigkeiten erfordern. Hier ist Windows NT nicht so weit entwickelt wie Windows 9x/ME, da es ja eher für professionelle Anwendungen als für Spielereien und Unterhaltung vorgesehen ist. Besonders der Bereich Spiele ist ein eher dunkles Kapitel.

Spielen, nein danke!

Computerspiele und Windows NT sind ein heikles Thema. Viele anspruchsvollere Spiele z. B. mit 3-D-Elementen laufen unter Windows NT nicht. Wer gern und viel spielt, sollte dafür also Windows 9x/ME in der Hinterhand behalten. Spiele werden nun mal für Betriebssysteme entwickelt, die im Privatbereich dominieren, also Windows 9x/ME. Abhilfe könnte die Multimediaschnittstelle DirectX schaffen, die Microsoft für beide Systeme anbietet. Spiele, die auf DirectX basieren, sollten also auch auf Windows NT-Rechnern laufen. In der Praxis klappt das aber noch längst nicht immer. Das neue Windows 2000 ist zwar schon auf einem guten Weg, aber auch hier gibt es immer wieder Probleme. Insbesondere performancehungrige 3-D-Spiele werden unter Windows 9x/ME aber wohl auch in Zukunft schneller und besser laufen.

Hardware für Windows NT

Hardware kann unter Windows NT zum Problem werden. Windows NT verwendet ein anderes Treibermodell als Windows 9x/ME, bei Windows 2000 ist das Treibermodell wiederum ein anderes. Das führt dazu, dass Hardwaretreiber für Windows 9x/ME in den seltensten Fällen auch unter Windows NT oder Windows 2000 verwendet werden können. Stattdessen benötigt man spezielle Treiber, die von vielen Hardwareherstellern aber nicht angeboten werden. Bei Standardkomponenten wie ISDN-Adaptern oder Soundkarten hat man oft Glück und erhält Treiber. Teilweise stellt Microsoft auch generische Treiber zur Verfügung, die bei vielen Komponenten funktionieren. Exotischere Hardware aber kann zu einem echten Problem werden. Hier sollte man sich unbedingt beim Hersteller erkundigen, ob der Einsatz unter Windows NT unterstützt wird.

Die Benutzerverwaltung bei Windows NT/2000

Einer der wesentlichen Unterschiede zwischen Windows NT/2000 und Windows 9x/ME ist die Benutzerverwaltung. Wie wir in Kapitel 2 gezeigt haben, verfügt auch das „kleine" Windows über eine Benutzerverwaltung. Dort haben wir aber auch beschrieben, dass diese Benutzerverwaltung kritische und vertrauliche Daten und Funktionen nicht wirklich schützt, sondern nur versteckt. Mit wenigen Kenntnissen kann man trotzdem alle Dateien einsehen und alle Funktionen nutzen. Nur mit zusätzlichen Programmen wie *eSafe* lässt sich ein Schutz installieren, der wirklich effektiv ist und den Namen Benutzerverwaltung verdient.

Windows NT ist hier anders, denn es bringt schon von Hause aus eine effektive Benutzerverwaltung mit. Sie funktioniert im Prinzip ähnlich, d. h., jeder Benutzer des Rechners erhält einen Benutzernamen und ein Passwort. Mit diesen meldet er sich beim System an. Das Betriebssystem weiß dann, welche Rechte diesem Benutzer zustehen und auf welche Ressourcen er zugreifen darf.

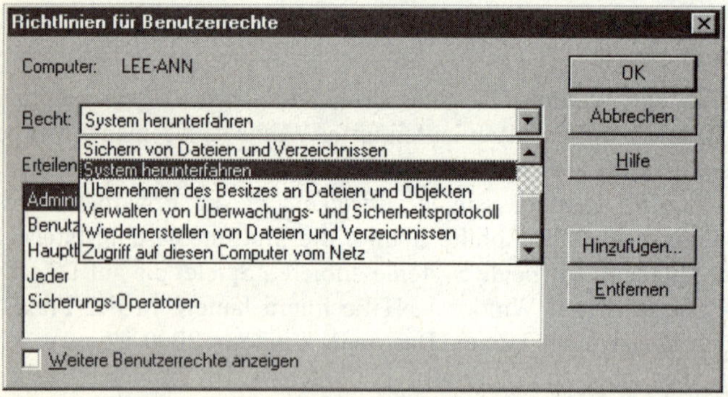

Für jeden Benutzer können genaue Richtlinien festgelegt werden, welche Funktionen er ausführen darf

Um die Verwaltung vieler Benutzer auf einem System zu erleichtern, kennt Windows NT zusätzlich Benutzergruppen. Eine Gruppe ist sozusagen ein virtueller Benutzer, für den bestimmte Zugriffsrechte festgelegt sind. Die Gruppe *Administratoren* etwa hat sämtliche Zugriffsrechte und darf die komplette Konfiguration des Systems verändern. *Gäste* hingegen sind nur temporäre Benutzer und haben fast gar keine Zugriffsrechte. Richtet man einen neuen Benutzer ein, kann man ihn in eine oder mehrere dieser Gruppen einordnen. Dadurch erhält dieser Benutzer automatisch alle Zugriffsrechte der Gruppe, zu der er gehört. Ordnet man einen neuen Benutzer also etwa der Administratoren-Gruppe zu, erhält er automatisch alle Zugriffsrechte, ohne dass man alle Rechte einzeln freischalten könnte. Dieses Gruppenkonzept erleichtert die Verwaltung der Benutzer enorm.

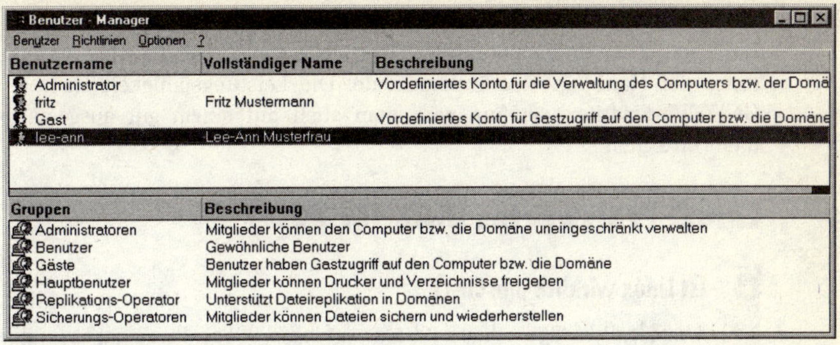

Bei Windows NT können die Benutzer in Gruppen eingeteilt und so leichter verwaltet werden

10.2 Preiswert, aber auch sicher? – Linux als Alternative

Wer das Windows-Lager von Microsoft endgültig verlassen will, der findet im UNIX-Bereich eine attraktive Alternative. UNIX ist ein Betriebssystem, das von vornherein für den Betrieb in Netzwerkumgebungen vorgesehen war. Dementsprechend verfügt es über ein differenziertes Sicherheitskonzept. Es basiert darauf, dass alle Daten und Ressourcen einem Benutzer gehören. Nur dieser Benutzer hat uneingeschränkten Zugang. Will ein anderer Benutzer ebenfalls darauf zugreifen, müssen ihm die notwendigen Rechte ausdrücklich zugewiesen werden. Das System selbst wacht darüber, dass die Zugriffsrechte auch eingehalten werden. So wird ein versehentlicher oder absichtlicher Missbrauch unmöglich gemacht. Das soll aber nicht heißen, dass UNIX-Systeme automatisch wasserdicht seien. Gerade durch ihre vielfältigen Netzwerkfunktionen bergen sie auch Risiken. Zum einen werden immer wieder Sicherheitslücken bekannt, zum anderen ist die Konfiguration eines UNIX-Systems durchaus anspruchsvoll, sodass gerade unerfahrene Benutzer gern mal kleine Fehler machen, die hinterher eine große und schädliche Wirkung entfalten können. Trotzdem ist ein gut konfigurierter UNIX-Rechner eine echte Alternative zu einem Windows-PC.

Wie also kommt UNIX auf den heimischen PC? Die „echten" UNIX-Systeme wie AIX oder Solaris lassen sich auf einem normalen PC nicht installieren. Sie arbeiten auf speziellen Hardwarearchitekturen und sind in der Regel auch vor allem beim Speicher wesentlich großzügiger als ein handelsüblicher PC ausgestattet. Dafür entfalten sie auch ein entsprechend größeres Leistungspotenzial. Es gibt allerdings einige spezielle UNIX-Derivate (Abarten), die insbesondere für den PC entwickelt wurden. Dabei handelt es sich um Versionen, die die prinzipielle Funktionsweise von UNIX für die x86-Prozessoren umsetzen, die man in normalen PCs findet. Die so entstandenen Systeme sind vollständige „kleine" UNIX-

Versionen, die mit den großen Brüdern und Schwestern in der prinzipiellen Funktionsweise und auch auf der Oberfläche absolut vergleichbar sind. Lediglich unter der Haube gibt es Unterschiede. Die Leistungsfähigkeit einer modernen UNIX-Workstation von Sun wird man auch mit einem gut ausgestatteten PC nicht erreichen.

Linux: Preiswertes UNIX für PCs

INFO

Ist Linux wirklich umsonst?

Als besondere Eigenschaft bei Linux wird immer wieder hervorgehoben, dass es kostenlos sei. Tatsächlich ist es kein kommerzielles Produkt, d. h., keiner der an der Entwicklung beteiligten Personen verdient daran. Man kann sich die notwendigen Daten für eine Linux-Installation z. B. komplett aus dem Internet herunterladen. Eine solche Installation ist dann aber sehr aufwendig und mühsam und gerade ein Einsteiger wird sie kaum bewältigen. Deshalb gibt es die so genannten Linux-Distributionen. Das sind Sammlungen aller notwendigen Dateien, die z. B. auf CD-ROM erhältlich sind. Die Firmen, die solche Distributionen anbieten, stellen diese Dateien zusammen und versehen sie mit einer mehr oder weniger komfortablen Installationsroutine, damit selbst absolute Neueinsteiger ihr neues Linux-System ohne Probleme installieren und konfigurieren können. Solche Distributionen sind allerdings nicht umsonst, denn die Firmen wollen für den Aufwand, den sie treiben, natürlich bezahlt werden. Die Preise solcher Linux-Distributionen sind mit denen einer neuen Windows-Version aber bei weitem nicht zu vergleichen. Teilweise kann man Linux-Distributionen schon für wenige Mark z. B. als Beigabe einer Computerzeitschrift bekommen. Die Auswahl unter den Distributionen ist groß. Weltweit am meisten verbreitet ist die *Red Hat*-Distribution. Im deutschsprachigen Bereich hat *SuSE* die Nase vorn, weil diese Firma eine sehr umfangreiche und vor allem größtenteils eingedeutschte Linux-Fassung anbietet. Hat man Linux erst mal per Distribution installiert, ist es übrigens wirklich kostenlos. Alle weiteren Ergänzungen und Aktualisierungen kann man sich dann aus dem Internet herunterladen. Lediglich bei größeren Neuerungen lohnt sich ein Neukauf, um Downloadzeit und -kosten zu sparen.

Es gibt eine Reihe von UNIX-Derivaten, die für den PC tauglich sind. Die Nase eindeutig vorn hat allerdings das Linux-System, denn es ist weltweit mit Abstand am meisten verbreitet. Das Bemerkenswerte an Linux ist die Tatsache, dass es sich dabei nicht um ein kommerzielles Produkt handelt (vor einigen Jahren hätte keine Softwarefirma ernsthaft geglaubt, dass man mit einem UNIX für PCs Geld verdienen kann). Es geht auf die Idee seines „Erfinders“ Linus Thorwald zurück, der eines Tages die Nase vom DOS-Betriebssystem voll hatte und auf seinem PC genau wie an einem UNIX-Rechner arbeiten wollte. Also fing er an, sein eigenes Betriebssystem zu entwickeln, das genau wie UNIX funktionieren sollte. Nach einiger Zeit fanden sich immer mehr, die von der Idee begeistert waren und die ihren Teil zu der Software beitrugen. So entstand ein Betriebssystem, dass sich im Laufe der Jahre immer weiter entwickelte und reifer wurde. Konnten es anfangs nur echte Experten und „Freaks" zum Laufen bekommen, so gibt es inzwischen komfortable Distributionen, die sich hinter einer Windows-Installation auch nicht verstecken müssen.

Linux vs. Windows

Wie aber ist Linux nun mit Windows vergleichbar? Manche Vorurteile behaupten, dass Linux erheblich komplizierter zu bedienen sei. Andere wiederum verweisen auf fehlende Software und Probleme mit dem Einsatz von zusätzlicher Hardware. Wir wollen versuchen, die entscheidenden Punkte objektiv zu behandeln.

Bedienungskomfort

Bedienung ist immer eine Frage des Geschmacks. Als eingefleischter Windows-Benutzer wird man völlig eingewöhnt sein und andere Konzepte erst mal pauschal schlechter finden. Aber fragen Sie mal einen langjährigen Macintosh-Benutzer, was der von der Windows-Oberfläche hält! Entscheidend ist aber, dass Linux sich gar nicht so sehr von Windows unterscheiden muss. Windows hat eine feste Oberfläche, die höchstens durch Desktopmotive umtapeziert werden kann. An der grundsätzlichen Funktionalität ändert sich aber nichts. Für Linux hingegen gibt es verschiedene Oberflächen, die darüber hinaus extrem flexibel sind. Manche Distributionen bringen extra Oberflächen im Windows-Stil mit, um Windows-Benutzern den Übergang zu erleichtern. Damit sieht Linux auf der Oberfläche genau wie Windows aus und lässt sich auch fast genauso bedienen.

Die Oberfläche von Linux ist sehr flexibel und kann der von Windows auf Wunsch sehr ähnlich sein

Verfügbare Software

Man kann unter Linux nicht einfach die Anwendungen weiterbenutzen, die man unter Windows gewohnt war. Die wenigsten Programme gibt es in Versionen für Windows und Linux. Insbesondere viele der Standardanwendungen etwa aus dem Hause Microsoft (Word, Excel, Access usw.) sind für Linux nicht verfügbar. Allerdings gibt es in allen Fällen brauchbare Alternativen. So ist etwa StarOffice auch in einer Linux-Version erhältlich. Das KOffice-Paket wurde speziell für Linux entwickelt und braucht seinen Funktionsumfang inzwischen auch nicht mehr zu verstecken. Privatanwender können also sicher sein, auch unter Linux geeignete Programme zu finden, wenn auch manchmal etwas andere. Dafür ist Software für das kostenlose Betriebssystem Linux in fast allen Fällen ebenfalls kostenlos - wenn das kein Argument ist! Als professioneller PC-Nutzer sollte man sich vor einem Umstieg allerdings ausführlich informieren, welche Programme für die eigene Tätigkeit in Frage kommen und ob diese wirklich tauglich sind.

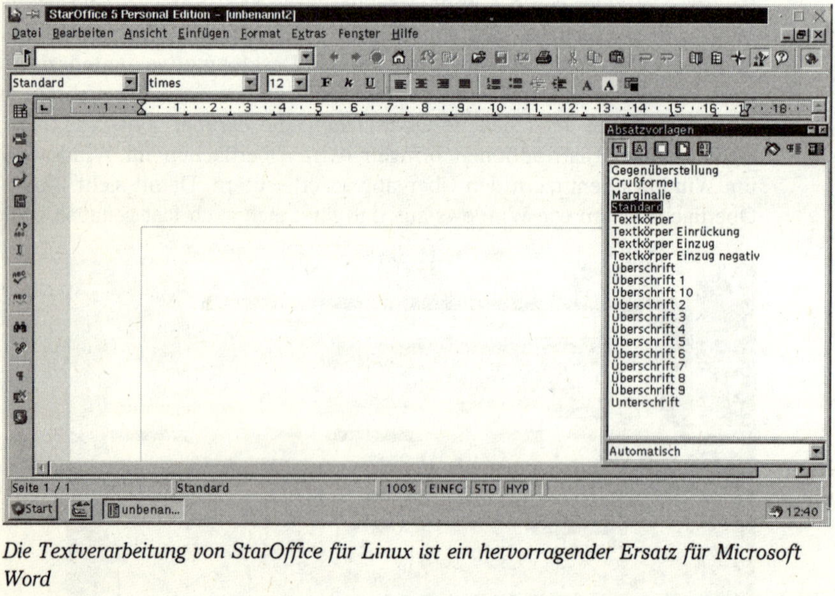

Die Textverarbeitung von StarOffice für Linux ist ein hervorragender Ersatz für Microsoft Word

Verfügbare Hardware

Die Verfügbarkeit von Hardware ist sicherlich noch immer eine der Achillesfersen von Linux. Prinzipiell kann man in einen Linux-PC natürlich jede Hardware einbauen wie in einen Windows-PC, denn der PC ist ja derselbe. Das Problem sind die Treiber, die für den Betrieb der Hardware erforderlich sind und die praktisch den Kontakt zwischen Hardware und Betriebssystem vermitteln. Einen Windows-Treiber findet man heute bei jeder Grafikkarte, jedem Scanner und jedem ISDN-Adapter. Linux-Treiber hingegen sind noch immer die absolute Ausnahme. Das heißt nicht, dass man mit Linux deswegen nichts anfangen könnte. Grafikkarten z. B. sind in der Regel kein Problem. Ebenso können externe Modems für die Interneteinwahl aufgrund ihrer Funktionsweise ohne Probleme eingesetzt werden. Bei ISDN-Karten wird es schon schwieriger. Für weit verbreitete Standardmodelle findet man meistens eine Lösung, aber Exoten bekommt man mitunter nicht ans Laufen. Das Problem ist, dass viele Hardwarehersteller ihre Kundschaft ausschließlich in der Windows-Gemeinde sehen und deshalb ihre Energie und Mittel in die Entwicklung von Windows-Treibern stecken. Da sich Linux unter der Haube aber völlig von Windows unterscheidet, kann man mit diesen Treibern nichts anfangen. Die Linux-Gemeinde muss also für jede neue Hardware selbst Treiber entwickeln. Da dies freiwillig und in Freizeit erfolgt, dauert es erfahrungsgemäß einige Zeit. Bei sehr exotischen Geräten wird man vielleicht nie einen Treiber bekommen.

Wer sich an Standardhardware hält, wird auch mit Linux nur selten Probleme haben. Wenn Sie allerdings seltene Hardwarekomponenten wie z. B. Videoschnittkarten oder spezielle Netzwerkadapter einsetzen, sollten Sie sich vorher erkundigen, ob diese unter Linux lauffähig sind. Informationen dazu finden Sie im Netz, etwa unter http://cdb.suse.de, wo Sie eine Datenbank zur Hardwareunterstützung befragen können, wenn Sie Hersteller und Modell des fraglichen Produkts kennen.

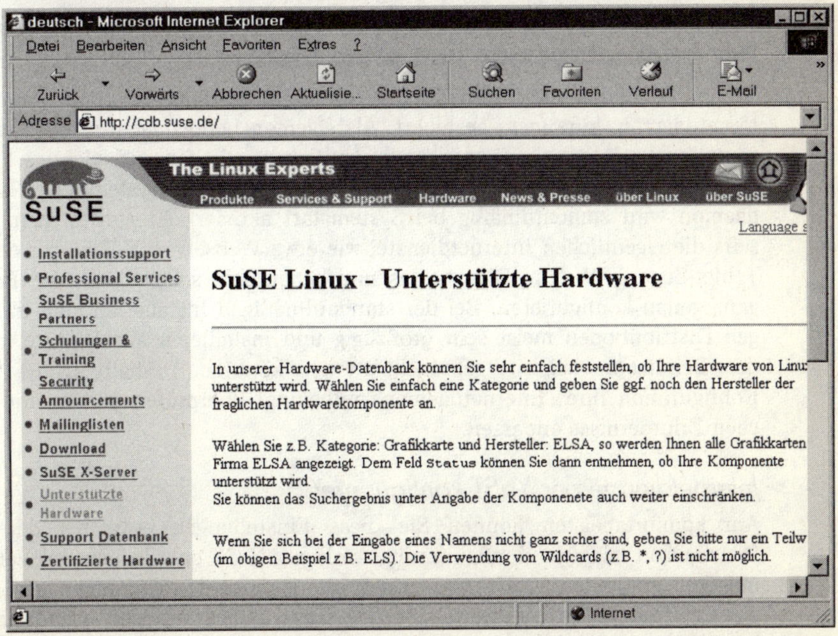

Unter http://cdb.suse.de finden Sie die Hardwaredatenbank der SuSE-Linux-Distribution

Gefährlicher Ballast: Linux-Installationen sicher machen

Eines kann man über Linux allerdings auch nicht sagen: dass es grundsätzlich sicherer als Windows wäre. Linux verwendet das gleiche Sicherheitskonzept, d. h., auch hier hat jede Datei und jeder Prozess einen Benutzer und der Zugriff ist nur mit entsprechender Berechtigung möglich. In dieser Hinsicht ist Linux den Windows-Systemen eindeutig überlegen. Allerdings teilt es mit UNIX auch die zahlreichen Netzwerkfunktionen. Diese können sich als eine echte Schwäche erweisen, denn die meisten Linux-Distributionen installieren und aktivieren standardmäßig eine Vielzahl von Netzwerkdiensten, auch wenn der Anwender diese gar nicht benötigt. Durch diese eigentlich überflüssigen Netzwerkdienste entstehen aber unter Umständen gefährliche Sicherheitslücken, wenn der Benutzer sich mit seinem Linux-PC ins Internet einwählt. Dann sind diese Dienste mit allen Lücken und Fehlkonfigurationen für Angreifer aus dem gesamten Internet zugänglich. Deshalb wollen wir Ihnen zum Abschluss dieses Kapitels zeigen, wie Sie Ihren Linux-PC sicher machen können. Wir orientieren uns dabei an der im deutschsprachigen Raum weit verbreiteten SuSE-Distribution. Andere Distributionen verwenden teilweise andere Konfigurationsoberflächen, sodass sich die Vorgehensweise im Detail, nicht aber im Prinzip unterscheiden kann. Deshalb zeigen als Ergänzungen auch eine generelle Methode, die grundsätzlich bei allen Linux-Installationen anwendbar ist.

Der Internetdaemon und seine Dienste

Bei Linux werden alle Internetdienste von einer zentralen Komponente, dem Internetdaemon, kurz *inetd* gesteuert. Als Daemon bezeichnet man bei Linux die zentralen Prozesse, die permanent im Hintergrund laufen und wichtige Funktionen bereitstellen, sozusagen die dienstbaren Geister des Systems. Der Internetdaemon wird standardmäßig bei Systemstart aktiviert. Er startet dann seinerseits die eigentlichen Internetdienste, wie etwa Webserver, FTP-Server oder den Telnet-Zugang. Welche Dienste das nun genau sein sollen, kann der Benutzer ganz genau konfigurieren. Bei der standardmäßigen Installation sind die gängigen Distributionen meist sehr großzügig und installieren alle Dienste, die von den Benutzern vielleicht gebraucht werden könnten. Deshalb sollten Sie die Konfiguration Ihres Internetdaemons unbedingt überprüfen und an die wirklichen Erfordernisse anpassen.

Internetdienste per YaST konfigurieren

Am komfortabelsten können Sie diese Einstellungen etwa bei der SuSE-Distribution mit dem Konfigurierungswerkzeug *YaST* oder in neueren Versionen mit dem grafischen *YaST2* vornehmen. Bei anderen Distributionen wird häufig das Programm *linuxconf* verwendet, das etwas anders aussieht, grundsätzlich aber die gleiche Funktionalität bietet.

1. Um die Netzwerkdienste Ihres Linux-PCs einzustellen, starten Sie YaST oder YaST2. Dies geht über das Startmenü des Desktops oder durch Eingabe des entsprechenden Kommandos in einem Terminal-Bildschirm. Bitte beachten Sie, dass Sie dazu als Root-Benutzer angemeldet sein müssen. YaST läuft in jeder Umgebung, während Sie für die grafische Oberfläche von YaST2 einen laufenden X-Server benötigen.

2. Im Startmenü von YaST2 können Sie verschiedene Module auswählen. Markieren Sie hier den Eintrag *Netzwerk/Dienste* und klicken Sie anschließend auf die Schaltfläche *Modul starten* am unteren Fensterrand.

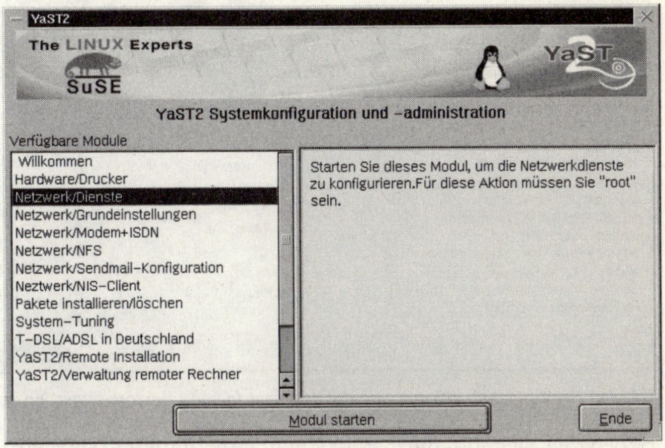

Wählen Sie im Hauptmenü von YaST das Modul Netzwerk/Dienste

3. Damit starten Sie das Netzwerkdienste-Modul. Hier können Sie zunächst das grundsätzliche Verhalten des Inet-Daemon festlegen.

4. Wenn Sie auf Internetdienste völlig verzichten wollen, können Sie den Internetdaemon ganz deaktivieren. Wählen Sie hierzu die Option *Aus, inetd nicht starten*. Dann wird der inetd-Daemon beim Systemstart gar nicht erst aktiviert und kann demzufolge auch keine Internetdienste starten. Diese Option ist am sichersten, wenn Sie mit dem Internet gar nichts zu tun haben wollen. Andererseits können davon auch interne Dienste betroffen sein, die ohne inet-Daemon unter Umständen nicht funktionieren. So kann es etwa Probleme beim Drucken geben. Außerdem funktioniert das interne Hilfesystem vielleicht nicht mehr optimal, weil es auf den Webserver angewiesen ist, den der inetd-Daemon startet.

5. Mit *Ein mit der Standardkonfiguration* aktivieren Sie den inetd-Daemon mit der Konfiguration, die bei der Linux-Installation eingerichtet wurde, also mit den Vorgaben des Distributors. Diese Einstellung kann deshalb sinnvoll sein, weil so alle erforderlichen Dienste wie etwa das Hilfesystem garantiert laufen. Allerdings öffnen Sie so auch alle Sicherheitslücken wieder.

6. Am besten legen Sie mit der Option *Ein mit benutzerdefinierter Konfiguration* eine eigene Konfiguration für den Internetdaemon fest. Hier können Sie in einem weiteren Schritt genau festlegen, welche Internetdienste laufen sollen und welche nicht.

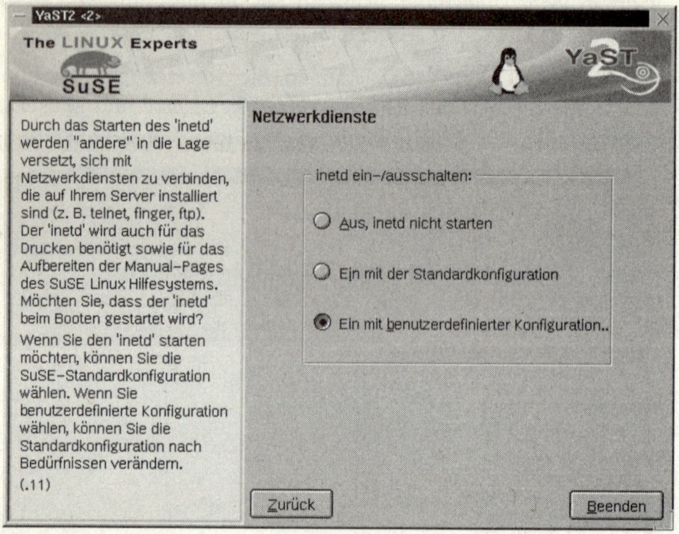

Wählen Sie zunächst, ob und wie der Internetdaemon gestartet werden soll

7. Haben Sie sich für die benutzerdefinierte Variante entschieden, erhalten Sie im nächsten Schritt eine Übersicht der aktuellen Konfiguration des Internetdaemons. Hier sind alle Dienste aufgeführt, die der inetd-Daemon prinzipiell starten kann. An der *Status*-Eintragung erkennen Sie, welche Dienste mit der aktuellen Konfiguration laufen. Sie sind am Status *Active!* gut erkennbar. Dienste, die als Status # haben, werden hingegen nicht aktiviert.

8. Um den Status eines Dienstes zu verändern, wählen Sie den fraglichen Eintrag in der Liste aus und klicken dann auf die Schaltfläche *Aktivieren/Nicht aktivieren*. Daraufhin sollte sich der Statuseintrag sofort ändern. Der Dienst wird allerdings erst wirklich deaktiviert, wenn Sie das Konfigurationsprogramm beenden.

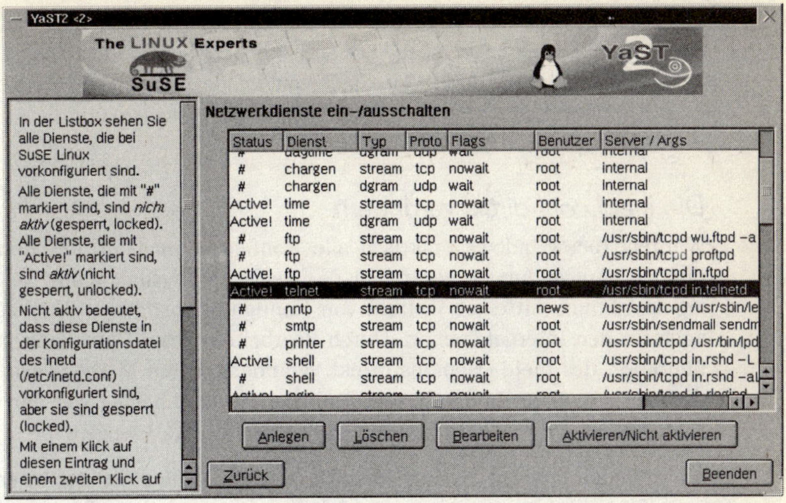

In der benutzerdefinierten Konfiguration können Sie die einzelnen Dienste einzeln deaktivieren

9. Gehen Sie am besten die gesamte Liste durch und kontrollieren Sie bei jedem aktiven Dienst, ob Sie ihn wirklich benötigen. Mit *Bearbeiten* können Sie jeweils ein Menü abrufen, in dem sich in der Kategorie *Kommentar* eine kurze Beschreibung des Dienstes befindet.

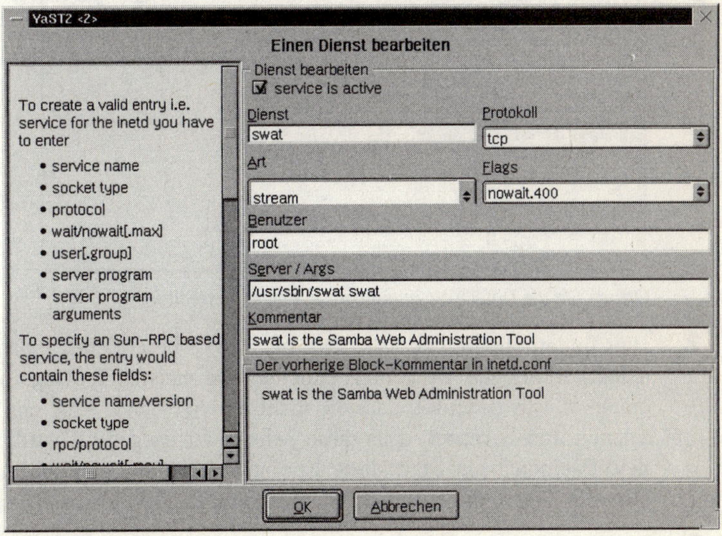

Im Bearbeitungsmenü finden Sie meist Hinweise auf die Funktion eines Dienstes

10. Deaktivieren Sie lieber erst einmal zu viel als zu wenig. Sollten sich dadurch Probleme ergeben, können Sie den betroffenen Dienst auf die beschriebene Art und Weise jederzeit wieder aktivieren. Schließen Sie das Konfigurationsprogramm anschließend mit *Beenden*, um die Änderungen zu übernehmen.

Die inetd.conf direkt verändern

Während bei Windows praktisch alle Konfigurationsdaten des Betriebssystems und der Anwendungen zentral in der Registrierungsdatenbank zu finden sind, arbeitet Linux mit einer Vielzahl von Konfigurationsdateien. Eine solche gibt es auch für den Internetdaemon. Durch Bearbeiten dieser Datei kann man die Konfiguration des inetd-Daemons direkt verändern. Diese Methode hat den Vorteil, dass sie auf jedem Linux-System funktioniert, unabhängig von der verwendeten Distribution und den vorhandenen Konfigurationswerkzeugen.

1. Melden Sie sich als Root-Benutzer an und öffnen Sie mit einem beliebigen Texteditor die Datei */etc/inetd.conf*. Die einfachste Lösung dafür ist der textbasierte Editor *vi*, der in jedem Terminalfenster funktioniert. Sie können aber auch einen komfortableren Editor unter der grafischen Oberfläche wählen.

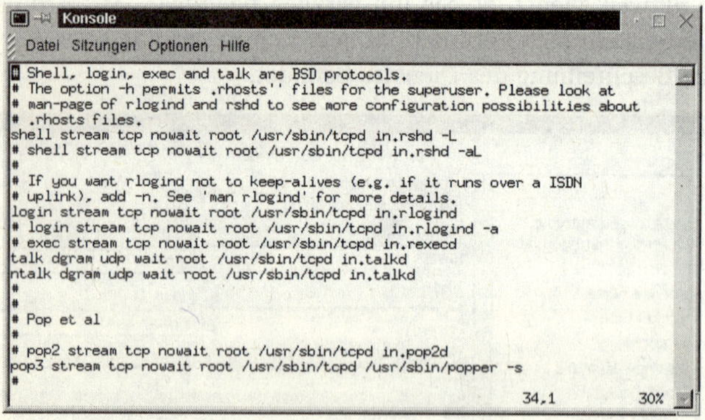

Öffnen Sie die Datei /etc/inetd.conf in einem Texteditor

2. Hier finden Sie ähnlich wie zuvor bei YaST2 beschrieben einen Eintrag für jeden vorkonfigurierten Internetdienst. Die meisten Einträge beginnen mit einem #, was bedeutet, dass sie nicht aktiviert sind. # ist ein Kommentarzeichen und bedeutet, dass diese Zeile nicht ausgeführt wird. Wenn der inetd-Daemon beim Start diese Konfigurationsdatei abarbeitet, ignoriert er also alle Zeilen, die mit einem # beginnen.

3. Daraus folgt, dass man einen aktiven Dienst ganz einfach deaktivieren kann, indem man an den Anfang der entsprechenden Zeilen das Kommentarzeichen # einfügt.

4. Wenn Sie die inetd.conf-Datei entsprechend angepasst haben, speichern Sie sie und schließen den Editor. Beim vi geht das beispielsweise mit Esc, : und w (*w* für *write*, also dtsch. Schreiben) und Esc, : und q (*q* für *quit*, dtsch. Beenden).

5. Wechseln Sie anschließend in eine Eingabekonsole (falls Sie nicht ohnehin schon eine für den vi benutzen). Beachten Sie, dass Sie auch für den folgenden Schritt unbedingt als Root-Benutzer angemeldet sein müssen!

6. Die Konfigurationsdatei wird nur beim Start des Internetdaemons abgearbeitet, also nur beim Systemstart. Damit die Änderungen aktiv werden, müssen Sie allerdings nicht gleich das ganze Linux-System herunterfahren und neu starten. Es reicht, dem laufenden inetd-Daemon ein Signal zu geben, sich selbst neu zu starten. Dabei wird die Konfigurationsdatei neu verarbeitet und die Änderungen wirken sich aus. Geben Sie dazu das Kommando */sbin/init.d/inetd reload* ein.

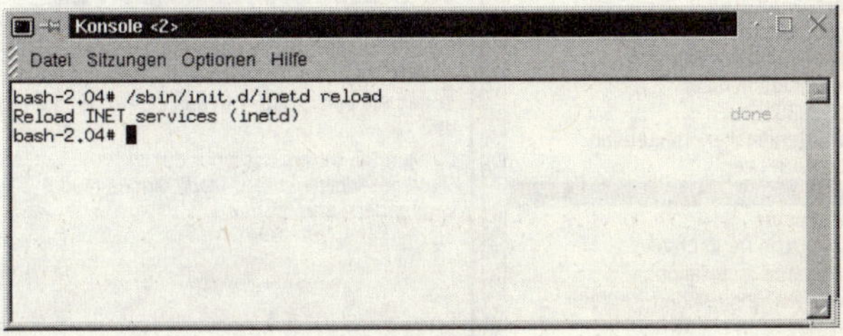

Starten Sie den inetd-Daemon neu, damit die veränderte Konfiguration aktiviert wird

Damit haben Sie den Internetdaemon mit der neuen Konfiguration neu gestartet und das Ganze hat nur ein oder zwei Sekunden gedauert. Unter Windows wäre an dieser Stelle ein kompletter Neustart notwendig gewesen - aber das nur nebenbei als Nachtrag zum Vergleich zwischen Windows und Linux.

Unnötige Softwarepakete installieren

Wenn Sie bestimmte Dienste schon deaktivieren, sollten Sie auch die entsprechenden Softwarepakete deinstallieren. So gehen Sie sicher, dass diese Dienste auch in Zukunft keine Gefahr mehr darstellen und sparen außerdem wertvollen Speicherplatz. Die Softwareinstallation bei Linux-Systemen besteht komplett aus modularen Paketen. Es reicht also, das nicht mehr benötigte Paket zu identifizieren und zu deinstallieren. Dabei werden alle Abhängigkeiten, also etwa Eintragungen in Konfigurationsdateien, automatisch ebenfalls eliminiert. Die Verwaltung der Softwarepakete unter Linux ist ein durchaus umfangreiches Thema. Wir können an dieser Stelle nur einen kurzen Einblick geben, der sich auf die Deinstallation von Paketen mit Internetdiensten konzentriert.

1. Die Paketinstallation gehört zu den Verwaltungsfunktionen, die Sie über Konfigurationswerkzeuge wie YaST2 abrufen können. Eine manuelle Deinstallation von Paketen ist nur zu empfehlen, wenn Sie sich mit dem entsprechenden Paket richtig gut auskennen und manuell alle Verknüpfungen dieses Pakets mit anderen Komponenten entfernen können. Bei YaST2 finden Sie die Paketverwaltung z. B. unter dem Punkt *Pakete installieren/ löschen* im Hauptmenü. Rufen Sie sie mit der Schaltfläche *Modul starten* auf. Beachten Sie, dass Sie für die Verwaltung der Softwarepakete die Distributions-CD-ROM(s) benötigen.

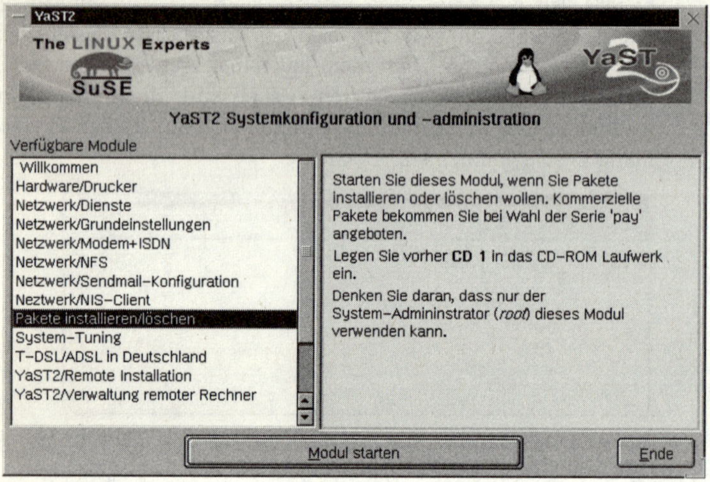

Bei SuSE-Systemen finden Sie die Softwarepaketverwaltung als Menüpunkt im YaST2-Hauptmenü

2. Im Paket-Modul finden Sie zunächst einen Überblick über alle Softwarepakete, die zum Umfang der Distribution gehören. Das Menü führt also sowohl Pakete auf, die derzeit installiert sind, als auch solche, die Sie noch installieren können. Wie man beide unterscheidet, zeigen wir gleich noch.

3. Im Bereich *Serienauswahl* links oben können Sie zunächst die Paketserie auswählen. Um die Verwaltung zu erleichtern, sind die zahlreichen Pakete in Serien zusammengefasst, die normalerweise Softwarepakete aus dem gleichen Funktionsbereich umfassen. Die Serie *kde* enthält z. B. alle Pakete, die zum KDE-Desktop gehören. Wenn Sie eine Serie auswählen, wird im Bereich rechts daneben die Liste der Softwarepakete aus dieser Serie angezeigt.

4. Für die Internetdienste ist insbesondere die Serie *n Netzwerk* von Interesse. Sie enthält die meisten Internetserver und -dienste. Wählen Sie diese Serie aus, um die entsprechenden Softwarepakete anzeigen zu lassen.

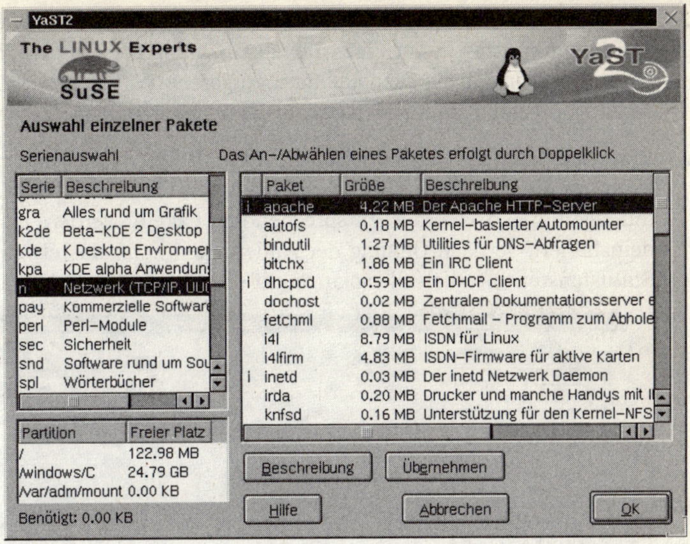

Wählen Sie die Serie n Netzwerk aus, um die Liste der Internet-Softwarepakete anzeigen zu lassen

5. In der Paketliste können Sie an dem umgekehrten Ausrufezeichen, das einzelnen Einträgen vorangestellt ist, erkennen, dass diese Pakete derzeit installiert sind. Einträge ohne ein solches Zeichen gehören zur Distribution, sind aber nicht installiert. Dass ein Softwarepaket installiert ist, muss übrigens nicht heißen, dass es auch aktiviert ist. Es bedeutet lediglich, dass die Software auf dem Rechner vorhanden ist und die entsprechende Funktionalität jederzeit aktiviert werden kann.

6. Wenn Sie sich über die Bedeutung eines Softwarepakets im Unklaren sind, können Sie mit einem Klick auf die Schaltfläche *Beschreibung* zusätzliche Informationen zu dem jeweiligen Paket abrufen. Dies kann bei der Entscheidung, ob ein bestimmtes Paket noch benötigt wird, hilfreich sein. Auch hier gilt aber wieder: Selbst wenn Sie ein Paket deinstallieren, das Sie später doch wieder benötigen, ist es ebenso schnell wieder installiert.

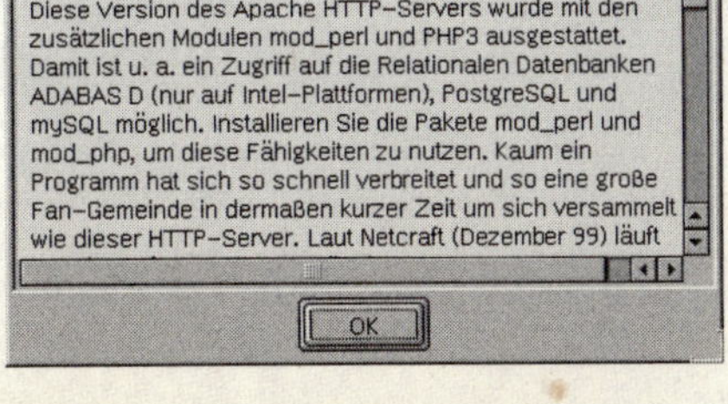

Die kurze Beschreibung der Softwarepakete kann bei Unklarheiten hilfreich sein

7. Um eines der Softwarepakete zu deinstallieren, doppelklicken Sie einfach auf dessen Eintrag in der Liste. Genauso können auch andere Pakete installieren oder ein für die Deinstallation vorgesehenes Paket doch beibehalten. Jeder Doppelklick ändert den Status des Softwarepakets wieder um.

8. Erst wenn Sie auf die Schaltfläche *OK* klicken, passiert wirklich etwas. Dann werden nämlich die Änderungen, die Sie zuvor festgelegt haben, durchgeführt, d. h., die entsprechenden Pakete werden installiert oder deinstalliert. Je nach Umfang der Änderungen kann das etwas dauern. Ein Statusfenster unterhält Sie solange mit einem Fortschrittsbalken.

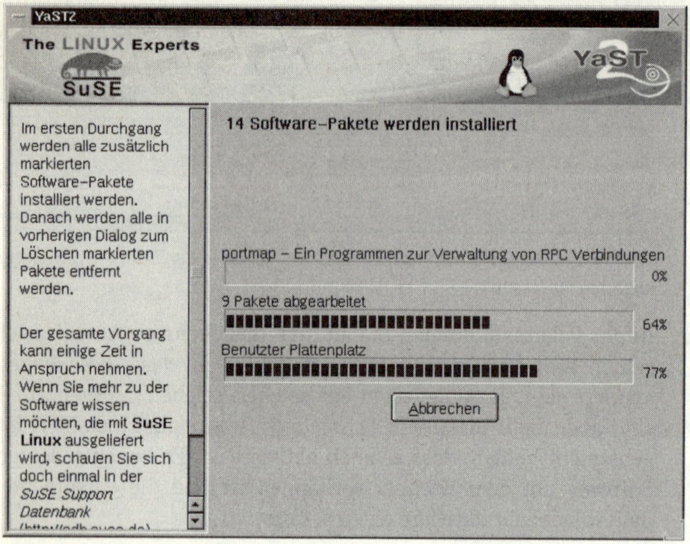

Die Installation bzw. Deinstallation der Softwarepakete kann je nach Umfang etwas dauern

Bei der Durchführung der Änderungen werden automatisch alle notwendigen Änderungen am System vorgenommen. Bei Linux kann dies während der Laufzeit geschehen; dass ein kompletter Neustart wie bei Windows ist nicht notwendig. Anschließend können Sie mit dem geänderten System sofort weiterarbeiten.

Schluss mit dem Kauderwelsch – Das Hacker-Glossar

Rund um das Thema Hacker schwirren eine Unmenge von Fachbegriffen, Abkürzungen und merkwürdigen Wortgebilden. Bestimmt haben wir in diesem Buch einige davon benutzt, wobei wir uns aber immer bemüht haben, sie gleich an Ort und Stelle verständlich zu erklären. Für alle Fälle haben wir am Ende dieses Buchs noch einmal die wichtigsten Begriffe rund um das Thema zusammengefasst und uns bemüht, sie kurz, aber treffend zu beschreiben.

ActiveX

ActiveX ist eine Technik, die von Microsoft als Konkurrenz zu -> Java entwickelt wurde. Sie ermöglicht es, Anwendungen in Webseiten zu integrieren. ActiveX-Programme können z. B. mit VisualBasic erstellt werden. Im Gegensatz zu Java ist ActiveX nicht plattformunabhängig und hat kein überzeugendes Sicherheitskonzept. Deshalb wird im Allgemeinen empfohlen, das Ausführen von ActiveX-Elementen durch die Sicherheitseinstellungen des Internet Explorer zu untersagen. Andere Browser führen ActiveX-Komponenten ohnehin nicht aus.

Administrator

Der Administrator ist der Verwalter eines Systems, wobei mit System sowohl ein einzelner Rechner als auch ein ganzes Netzwerk gemeint sein kann. Der Administrator ist für den reibungslosen und sicheren Betrieb zuständig. Er richtet Benutzer ein, vergibt Zugriffsrechte, kümmert sich um die Installation von Software und wartet das gesamte System.

Alias

Ein Alias ist ein leicht zu merkender Name oder ein Begriff, den man stellvertretend für einen anderen, längeren oder weniger gut zu merkenden Namen oder Begriff verwendet. Aliasse sind z. B. IRC-Namen, aber auch E-Mail-Adressen können Aliasse sein.

Anonyme E-Mail

Durch das Verschleiern der Absenderadresse können → E-Mail-Nachrichten anonym verschickt werden. Dabei werden die Nachrichten über einen Anonymisierer geleitet, der die ursprüngliche Absenderadresse entfernt und durch eine nichtssagende Angabe ersetzt. So kann man beispielsweise an Diskussionsgruppen teilnehmen, ohne sich selbst als Betroffener outen zu müssen. Leider wird dieser Dienst auch immer wieder für unlautere Zwecke missbraucht.

ANSI

Das **A**merican **N**ational **S**tandards **I**nstitute ist ein Standardisierungsgremium in den USA, das mit dem DIN-Institut in Deutschland vergleichbar ist. Am bekanntesten ist der gleichnamige ANSI-Zeichencode, der zu allen Standardzeichen festgelegte Zahlencodes definiert, die auf allen Computersystemen gültig sind. So werden Textnachrichten zwischen verschiedenen Betriebssystemen und Hardwareplattformen austauschbar, was eine Grundvoraussetzung für das Funktionieren des Internets ist.

AOL

America **O**n**l**ine ist der größte Onlinedienst. Ursprünglich aus den USA kommend operiert AOL seit einiger Zeit auch international (z. B. in Deutschland). Weltweit hat der Dienst über 10 Millionen Teilnehmer, in Deutschland sind es derzeit über 2 Millionen.

Applet

Ein Applet ist ein kleines, spezielles Programm, das einen sehr bestimmten Zweck erfüllt. Es wird in der Regel als Komponente einer Webseite eingesetzt, z. B. als Navigationshelfer. Ein umfangreicheres und vielseitigeres Programm wird in der Regel als Anwendung bezeichnet und läuft separat außerhalb des → Browsers. Teilweise sind die Grenzen zwischen Applet und Anwendung allerdings schwimmend. Der Begriff Applet wird insbesondere im Zusammenhang mit Java-Applets verwendet.

ASCII

Der **A**merican **S**tandard **C**ode for **I**nformation **I**nterchange ist eine Zeichentabelle, die allen wichtigen Zeichen einen Zahlencode zuordnet. Gemäß diesem Code entspricht auf allen Rechnern dieser Welt dem großen *A* die ASCII-Zahl 65, für ein kleines *a* wird die 97 verwendet. Im Gegensatz zu ANSI kennt ASCII nicht nur die in den USA verwendeten Zeichen, sondern auch zahlreiche internationale Sonderzeichen, so z. B. auch die deutschen Umlaute.

Asymmetrische Verschlüsselung

Davon spricht man bei einem Verschlüsselungssystem, bei dem Sender und Empfänger verschiedene (asymmetrische) Schlüssel verwenden. Es gibt jeweils einen privaten und einen öffentlichen Schlüssel, wobei der öffentliche unbedenklich veröffentlicht bzw. an andere Personen weitergegeben werden kann. Dadurch entfällt das Problem der Übertragung des gemeinsamen Schlüssels. Die bekannteste Anwendung ist → **P**retty **G**ood **P**rivacy (PGP).

Audit

Eine Prüfung der Sicherheit eines Systems bzw. der Funktionstüchtigkeit von Sicherheitsmaßnahmen. Sie kann durch eine unabhängige Instanz oder durch den zuständigen → Administrator selbst durchgeführt werden. Sie hilft dabei, den Sicherheitszustand eines Systems zu analysieren und Schwachpunkte aufzudecken. Audits sollten bei kritischen Systemen unabhängig von sonstigen Sicherheitsmaßnahmen in regelmäßigen Abständen durchgeführt werden.

Authentifizierung

Zu Beginn jeder Art von vertraulicher Kommunikation müssen die Teilnehmer feststellen, mit wem sie es zu tun haben und ob es sich auch tatsächlich um die vorgegebene Person handelt. Dazu findet eine Authentifizierung statt, bei der sich die Partner vorstellen und ihr Identität nachweisen. Will sich ein menschlicher Benutzer bei einem Dienst anmelden, geschieht die Authentifizierung meist durch einen Benutzernamen und ein Passwort. Kommunizieren Maschinen untereinander, werden häufig Signaturen ausgetauscht und geprüft.

Backup

Von wichtigen Daten bzw. Dateien sollte man in regelmäßigen Abständen Sicherheitskopien anfertigen. Wenn es anschließend aufgrund eines Angriffs oder auch einer anderen Störung zu Datenverlusten kommt, kann man diese als Backup bezeichnete Kopie wieder einspielen und damit zumindest auf den Stand zum Zeitpunkt der Erstellung dieser Kopie zurückkehren. Ohne Backup können Daten vollständig verloren gehen und müssten komplett neu erstellt werden.

Biometrische Zugangskontrolle

Die Zugangskontrolle für menschliche Benutzer wird heute in der Regel noch mit Benutzerkennung und Passwort durchgeführt. Diese Methoden haben ihre bekannten Schwächen. In Zukunft werden verstärkt biometrische Kontrollen verwendet werden. Dabei misst man eindeutige biologische Eigenschaften eines Menschen, wie z. B. Fingerabdrücke, Stimm- oder Netzhautmuster oder auch die DNA. Schon heute gibt es Fingerabdruck-Scanner, mit denen man den Zugang zu einem PC kontrollieren kann.

Browser

Ein Browser ist ein Betrachterprogramm für bestimmte Inhalte. Meist sind damit Webbrowser gemeint, mit denen man Webseiten betrachten kann. Bekannte Beispiele für Webbrowser sind Internet Explorer, → Netscape Navigator und seit neustem Opera.

Bug

Bug wird allgemein als Bezeichnung für Programmfehler verwendet. Als die ersten Rechner in den 40er Jahren nur aus elektronischen Relais bestanden, waren Wanzen (engl. Bugs), die sich in die Relais verirrten und diese blockierten, die häufigste Fehlerquelle. Seitdem wurde der Namen allgemein für Fehler in Programmen beibehalten.

Cache

Cache ist eine allgemeine Bezeichnung für einen Zwischenspeicher, in dem kürzlich verwendete Daten aufgehoben werden, um sie bei Bedarf schnell wieder abrufen zu können. Caches werden an verschiedenen Stellen eingesetzt, so z. B. im Prozessor selbst oder bei der Auslagerungsdatei des Betriebssystems. Bei Webbrowsern spart ein Internetcache unnötige Übertragungswiederholungen und beschleunigt den erneuten Zugriff auf kürzlich besuchte Seiten.

CGI

Das **C**ommon **G**ateway **I**nterface ermöglicht es, die von Benutzern in Webformularen eingegebenen Daten mit fast beliebigen Programmen weiterzuverarbeiten. Dazu definiert es eine Schnittstelle, über die Eingabedaten an CGI-Programme und -skripte übergeben und die Antworten an den Benutzer zurückgeschickt werden können.

Client

Client ist die Bezeichnung für einen Rechner oder ein Programm, das Daten über ein Netzwerk (z. B. das Internet) von einem Server anfordert und überträgt. Ein Webbrowser ist ein Webclient, der Dokumente und Daten vom Webserver anfordert, in Empfang nimmt und anschließend auf dem Bildschirm darstellt.

Compiler

Ein Compiler ist ein Programm, das aus dem Sourcecode einer Programmiersprache (z. B. einem C-Listing) ein ausführbares Programm in Maschinensprache macht. Beim Kompilieren wird das Programm komplett vor dem Ablaufen übersetzt. Die entstehende Binärdatei kann nur auf kompatiblen Rechnern ausgeführt werden. Im Gegensatz dazu übersetzen → Interpreter die Programmbefehle erst zur Laufzeit. Sie sind langsamer, können dafür aber meist auf verschiedenen Plattformen laufen.

CompuServe

CompuServe ist einer der dienstältesten Onlinedienste. Er gehört inzwischen zu → AOL, wird aber als eigenständiger Dienst weitergeführt. Er richtet sich mit seinen Angeboten insbesondere an Geschäftsleute und Wissenschaftler, hat aber auch für den normalen Surfer einiges zu bieten. Außerdem stellt er seinen Kunden einen vollwertigen Internetzugang zur Verfügung.

Cookies

Cookies sind kleine Datenpakete, die Webserver auf den Rechnern ihrer Besucher hinterlassen können. Sie dienen dazu, die Benutzer bei einem erneuten Besuch wiederzuerkennen. Außerdem werden sie von Onlineshops zum Verwalten der Warenkörbe genutzt. Unerfreulicher Nebeneffekt dieser Technik ist, dass man Benutzeraktionen anhand der vorhandenen Cookies leicht verfolgen und ausspionieren kann. Bei den meisten Webbrowsern kann man das Akzeptieren von Cookies deshalb einschränken oder ganz unterbinden.

Crack

Ein Programm oder eine Technik, mit der man Sicherheitsvorkehrungen aushebeln kann, z. B. Passwortabfragen umgehen, Passwörter auslesen oder Verschlüsselungen aufheben.

Daemon

Daemon ist ein ursprünglich aus dem UNIX-Bereich stammender Name für Server(-prozesse). Er wird inzwischen allgemein als Bezeichnung für Server aller Art (z. B. Webserver) verwendet.

DFÜ

Als **D**aten**f**ern**ü**bertragung bezeichnet man den Austausch von Daten zwischen zwei Rechnern, die über eine Datenleitung (z. B. Telefonleitung und → Modem) miteinander verbunden sind. Eine solche DFÜ-Verbindung ist z. B. bei der Einwahl bei einem Internetprovider notwendig.

DNS-Spoofing

Eine Hacker-Technik, bei der ein System mit gefälschten → DNS-Daten angegriffen wird. Die Daten können durch einen Angriff auf den DNS selbst oder durch eine Manipulation der Datenverbindung gefälscht werden. Der angegriffene Rechner wird dadurch auf einen Server gelockt, den er für den echten hält, der in Wirklichkeit aber vom Hacker kontrolliert wird. Eine verwandte Technik ist das → IP-Spoofing.

Domain Name Service (DNS)

Der **D**omain **N**ame **S**ervice macht aus IP-Namen (z. B. *www.server.de*) IP-Nummern (z. B. *123.145.167.189*), die den eigentlichen numerischen IP-Adressen von Internetrechnern entsprechen. DNS wird oft auch als Abkürzung für Domain Name Server verwendet, den Rechner, der diese Zuordnung vornimmt. Bei einigen Providern muss man den Domain Name Server manuell in den → TCP/IP-Einstellungen eintragen. Meist wird er aber bei der Einwahl automatisch übermittelt.

Denial of Service (DoS)

Angriffstechnik, bei der das angegriffene System durch eine Vielzahl von Anfragen überlastet wird, bis es schließlich den Dienst völlig verweigert. So können Webserver, aber auch ganze Teilnetze, effektiv außer Gefecht gesetzt werden. Besonders effektiv sind verteilte DoS-Angriffe, bei denen die Anfragen von einer Vielzahl von Rechner kommen, die von den Hackern zuvor unter ihre Kontrolle gebracht worden sind.

Einmalpasswort

Ein für eine sichere Übertragung von Daten zwischen zwei Systemen dynamisch generiertes Passwort. Es wird bei der Authentifizierung vereinbart und gilt nur für die Dauer des Datenaustauschs. Anschließend verfällt es automatisch. Einmalpasswörter sind sehr sicher, können aber nur bei der Kommunikation zwischen Maschinen eingesetzt werden.

Electronic Mail (E-Mail)

E-Mail ist die elektronische Post, die über das Internet bzw. über Onlinedienste abgewickelt wird. Für E-Mail benötigt man ein E-Mail-Programm und ein E-Mail-Postfach nebst Adresse.

Extranet

Durch das Verbinden mehrerer → Intranets über Internetverbindungen entsteht ein Extranet. Für Benutzer spielt es dabei keine Rolle, ob die benötigten Daten aus dem eigenen oder einem anderen Intranet kommen. Standardanwendungen sind weltweit operierende Firmen, die verschiedene regionale Netzwerke zu einem weltweiten virtuellen Netzwerk verbinden.

Frequently Asked Questions (FAQ)

Frequently **A**sked **Q**uestions heißt auf Deutsch etwa „regelmäßig gestellte Fragen“. FAQs sind Listen von Fragen, die zu einem bestimmten Thema regelmäßig gestellt werden. Üblicherweise werden sie in einer FAQ auch gleich beantwortet. Ursprünglich stammen FAQs aus den Newsgruppen. Inzwischen wurde die Idee auch von anderen Bereichen adaptiert. Inzwischen gibt es auch FAQs, die mit Computern gar nichts mehr zu tun haben.

Firewall

Eine Firewall ist eine elektronische Sicherheitsbarriere, die z. B. ein Firmen-Intranet vor Spionage und Sabotage schützen soll. Der Name leitet sich von Brandschutzwänden ab, die zwischen Häusern errichtet werden und im Brandfall ein Übergreifen der Flammen verhindern sollen. Dementsprechend filtern Firewalls Datenpakete aus dem Datenverkehr heraus, die potenziell Schaden anrichten könnten. Dadurch sind bestimmte Angebote und Dienste des Internets in einem Intranet möglicherweise nicht nutzbar. Firewalls können soft- oder hardwarebasiert sein.

Formulare

Formulare sind interaktive Elemente von Webseiten, in denen Benutzer Daten eingeben bzw. eine Auswahl treffen können. Sie können für die verschiedensten Zwecke eingesetzt werden (z. B. Anmeldungen, Umfragen, Onlineshops, Adressangaben etc.). Formulareingaben werden in der Regel durch CGI-Programme bearbeitet.

File Transfer Protocol (FTP)

Das **F**ile **T**ransfer **P**rotocol ist eines der ältesten Internetprotokolle überhaupt. Es ermöglicht das Übertragen von Dateien über das Internet. FTP-Server stellen Softwarearchive zur Verfügung, aus denen Benutzer Dateien herunterladen können. Zum Zugriff benötigt man ursprünglich einen speziellen FTP-Client. Die meisten modernen Webbrowser stellen diese Funktion inzwischen aber zur Verfügung.

Gateway

Als Gateway bezeichnet man einen Übergang zwischen verschiedenen Protokollen. So existieren z. B. Gateways zwischen dem Internet und Onlinediensten wie → AOL, damit die AOL-Mitglieder auch Internetdienste nutzen können und per E-Mail erreichbar sind. Andererseits ist z. B. → CGI ein Gateway, das eine Schnittstelle zwischen einem → Webserver und beliebigen anderen Programmen schafft.

Hintertür

Ein versteckter Zugang zu einem System, das den Zugriff unter Umgehung sonstiger Sicherheitsmaßnahmen ermöglicht. Häufig hinterlassen Programmierer aus Bequemlichkeit Hintertüren in ihren Produkten, die dann später von Hackern entdeckt und ausgenutzt werden. Man kann Hintertüren auch aktiv herbeiführen, indem man etwa → Trojaner einsetzt.

Host

Host, auf Deutsch in etwa „Wirt" oder „Gastgeber", ist ein anderes Wort für → Server.

HTML

Die **H**ypertext **M**arkup **L**anguage ist eine Seitenbeschreibungssprache, mit der Webseiten gestaltet werden. Sie umfasst als Tags bezeichnete Befehle, mit denen sich das Layout des Dokuments oder bestimmter Teile davon beeinflussen lässt.

HTTP

Das **H**yper**t**ext **T**ransfer **P**rotocol ist das Übertragungsprotokoll für Webseiten. Es definiert, wie Webbrowser Dokumente anfordern können und wie → Webserver diese Anforderungen beantworten.

Hypertext

Als Hypertext-Dokumente bezeichnet man elektronische Texte, die - ebenfalls elektronische - Verweise auf andere Dokumente oder Dokumentteile beinhalten. Das bekannteste Beispiel für Hypertext sind Webseiten, die Links auf andere Adressen beinhalten. Ein anderes bekanntes Beispiel sind die Windows-Hilfedateien.

Interface

Interface bedeutet auf Deutsch „Schnittstelle". Schnittstellen sind in ihrer Funktion in etwa vergleichbar mit → Gateways, meist wird dieser Begriff aber in einem technischeren Sinn (z. B. in Bezug auf Hardware) benutzt. Eine Interface ist z. B. die parallele Schnittstelle, an die beim PC der Drucker angeschlossen wird.

Internetwurm

Eine spezielle Form von Computervirus, die sich selbstständig - also ohne dass Benutzer bewusst Dateien austauschen - in einem Netzwerk verbreitet. Sie benutzt in der Regel Sicherheitslücken in weit verbreiteter Software, um von Rechner zu Rechner zu gehen. Bekanntestes Beispiel war der Morris-Wurm, der sich im November 1988 innerhalb von 24 Stunden im ganzen Internet ausbreitete.

Interpreter

Ein Interpreter ist ein Programm, das den Sourcecode oder Bytecode einer Programmiersprache zur Laufzeit übersetzt. Interpreter-Programme sind meist langsamer. Dafür ist der Sourcecode bzw. Bytecode oft plattformunabhängig, d. h., er kann auf verschiedenen Rechnern (PC, Mac, UNIX etc.) ausgeführt werden. Nur der Interpreter selbst muss hardwarespezifisch sein. Im Gegensatz dazu erzeugen

→ Compiler meist hardwarespezifische Programme. Java-Applets werden z. B. häufig durch Interpreter ausgeführt. Ein anderes Beispiel ist JavaScript oder Perl.

Intranet

Ein Intranet ist ein kleines, in sich geschlossenes Netzwerk (z. B. einer Firma) in dem die gleichen Techniken, Protokolle und Programme wie im großen Internet eingesetzt werden. Intranets haben gegenüber klassischen Firmennetzwerken den Vorteil, dass sie eine sehr weit verbreitete Technologie verwenden, die entsprechend gut bekannt und vielseitig ist. Außerdem lassen sich sehr leicht Schnittstellen zum Internet schaffen. Über das Internet lassen sich mehrere Intranets zu einem → Extranet zusammenschließen.

IP

Das **I**nternet **P**rotocol ist dafür zuständig, dass Datenpakete beim vorgesehenen Ziel ankommen. Zusammen mit → TCP ist es für das Zerlegen, Übertragen und Wiederzusammensetzen von Daten verantwortlich. Dazu benutzt es → IP-Namen bzw. IP-Nummern, die Absender und Empfänger eindeutig identifizieren.

IP-Adresse

Die IP-Adresse ist die eindeutige Bezeichnung eines Internetrechners. Sie ist gleichbedeutend mit der IP-Nummer und besteht aus vier Zahlen, z.B. *123.145.167.189*. IP-Adressen werden in der Regel nur von Computern bzw. Programmen verwendet. Menschen benutzen die leichter zu merkenden → IP-Namen, die per → DNS jederzeit in IP-Nummern umgesetzt werden können.

IP-Namen

IP-Namen sind die textuelle Bezeichnung für Internetadressen (z. B. *www.server.de*). Sie können durch den → DNS auf eindeutige → IP-Adressen bzw. IP-Nummern abgebildet werden.

IP-Spoofing

Angriffsmethode, bei der ein Angreifer ähnlich wie beim → DNS-Spoofing die IP-Adresse eines anderen Rechners vortäuscht. So kann er Zugang zu Systemen erlangen, bei denen die → Authentifizierung auf der IP-Adresse basiert.

IRC

Der **I**nternet **R**elay **C**hat ist ein Netzwerk von Servern, über das Chatter aus der ganzen Welt miteinander kommunizieren können. Man benötigt dazu einen IRC-Client. Die Kommunikation verläuft in Kanälen, in denen sich jeweils Chatter mit einem bestimmten Interesse treffen. Darüber hinaus stellt IRC auch Funktionen für die private Kommunikation und den Austausch von Dateien zur Verfügung.

ISDN

Das **I**ntegrated **S**ervices **D**igital **N**etwork ist der Standard für digitales Telefonieren. Für Telefonierer hält es digitale Sprachqualität und viele Komfortmerkmale bereit. Internetnutzern ermöglicht es problemlose Internetzugänge mit bis zu 64 KBit/s und mehr.

Internet Service Provider (ISP)

Der **I**nternet **S**ervice **P**rovider, oft auch Internetprovider oder kurz Provider genannt, ermöglicht den Zugang zum Internet. Für Privatnutzer stellen sie Einwahlknoten für → Modem oder → ISDN bereit. Reine Provider unterscheiden sich von Onlinediensten, die neben dem Internetzugang zahlreiche andere Dienstleistungen anbieten.

Java

Java ist die Programmiersprache des Internets. Sie ist - ähnlich wie das Netz selbst - plattformunabhängig, sodass ein einmal geschriebenes Programm auf fast allen Rechnerplattformen läuft. Um ein Java-Programm auszuführen, benötigt man eine virtuelle Java-Maschine, die z. B. zur Vollausstattung des Internet Explorer gehört.

JavaScript

Diese Skriptsprache für Webseiten ist nur dem Namen nach mit → Java verwandt. Tatsächlich wurde sie von der Firma Netscape entwickelt, um Webseiten dynamischer und interaktiver zu gestalten. Alle aktuellen Webbrowser unterstützen JavaScript-Komponenten. Allerdings birgt JavaScript als aktiver Inhalt einige Risiken.

Kryptografie

Kryptografie ist die Wissenschaft, die sich mit dem Verschlüsseln von Daten mittels mathematischer Verfahren beschäftigt.

LAN

Das **L**ocal **A**rea **N**etwork ist ein lokales Netzwerk von Computern. Häufigste Anwendung sind Firmennetzwerke, in denen alle Rechner einer Firma vernetzt sind, um Ressourcen zu teilen bzw. Informationen firmenweit bereitzustellen. LANs, in denen die Rechner mit → TCP/IP kommunizieren, werden auch als → Intranets bezeichnet. Ab einer gewissen Entfernung zwischen den Rechnern wird aus dem LAN ein **W**ide **A**rea **N**etwork (WAN). Die Grenze ist allerdings nicht ganz genau definiert.

Lesezugriff

Das Recht eine Benutzers, ein Verzeichnis oder eine Datei einzusehen. Bei einem Verzeichnis kann man sich mit diesem Recht die enthaltenen Dateien anzeigen lassen. Bei einer Datei erlaubt das Leserecht das Öffnen und Betrachten des Inhalts. Um den Inhalt auch verändern zu dürfen, benötigt man zusätzlich auch das → Schreibrecht.

Log-Dateien

Als Log-Dateien bezeichnet man Protokolldateien, die Aktivitäten, Zugriffe, Anmeldungen etc. auf einem Rechner aufzeichnen. Sie werden von den verschiedensten Programmen aus verschiedensten Gründen angelegt. Internetrechner legen Log-Dateien oft aus Sicherheitsgründen an. So kann man später nachvollziehen, wer zu einem bestimmten Zeitpunkt angemeldet war und was er gemacht hat.

Mailserver

Mailserver sind für das Verteilen der elektronischen Post (→ E-Mail) im Internet zuständig. Man unterscheidet Posteingangsserver und Postausgangsserver. Posteingangsserver (auch POP- oder IMAP-Server genannt) speichern eingegangene Nachrichten, bis der Empfänger sie mit einem E-Mail-Programm abholt. Postausgangsserver nehmen Nachrichten entgegen und leiten sie an den Empfänger weiter.

Mailinglisten

Mailinglisten sind Verteiler, über die sich eine → E-Mail-Nachricht an viele Empfänger weiterleiten lässt. Sie werden auf Listservern verwaltet und haben in der Regel ein bestimmtes Thema. Man unterscheidet Nachrichtenlisten, die nur zum Benachrichtigen der Teilnehmer eingesetzt werden, und Diskussionslisten, in denen die Teilnehmer miteinander kommunizieren können.

MIME

Die **M**ultipurpose **I**nternet **M**ail **E**xtensions erweitern den → E-Mail-Standard SMTP und beseitigen einige seiner Schwächen und Unzulänglichkeiten. So kann man mit MIME z. B. beliebige Umlaute in E-Mails verwenden.

Modem

Modem ist die Abkürzung für **Mo**dulator-**Dem**odulator - ein Gerät das digitale Informationen in analoge Signale umwandelt, die über eine analoge Telefonleitung verschickt werden können. Am anderen Ende muss wiederum ein Modem die analogen Signale in digitale Informationen zurückwandeln. Aktuelle Modems arbeiten heute mit einer Kapazität von 56 KBit/s und mehr.

NCSA

Das **N**ational **C**enter for **S**upercomputing **A**pplications hat sich bei der Entwicklung von Internetsoftware besonders hervorgetan. So entstand dort der erste populäre Webbrowser Mosaic, aus dem später der Netscape Navigator entstand. Noch immer sehr weit verbreitet ist der NCSA-Webserver.

Netikette

Dieses Kunstwort aus Net (deutsch „Netz") und Etikette beschreibt allgemein Spielregeln für den Umgang mit anderen Internetnutzern und mit Internetressourcen. Sie beruht im Allgemeinen auf dem Common Sense und einigen ungeschriebenen Regeln. Für bestimmte Dienste, Gruppen und Foren gibt es schriftliche Vereinbarungen in Form von → FAQs.

Netscape Navigator

Der Netscape Navigator ist neben dem Internet Explorer der zweite große Webbrowser. Nachdem der Navigator in letzter Zeit erheblich Marktanteile verloren hat, veröffentlichte die Firma Netscape den Sourcecode und ging strategische Allianzen mit den Firmen Sun und AOL ein. Erstes Ergebnis ist der Ende 2000 erschienene Netscape 6. In Funktionsumfang und -qualität unterscheiden sich Netscape Navigator und Internet Explorer letztlich nur gering. Allerdings hat Microsoft bei Strategie und Marketing bislang die Nase vorn.

Newsgruppe

Eine Newsgruppe ist eine Art digitales schwarzes Brett im Internet, das einem bestimmten Thema gewidmet ist. Jeder kann die Nachrichten lesen und eigene Mitteilungen verfassen. Es gibt weltweit einige zehntausend Newsgruppen, sodass man zu fast jedem Thema Informationen finden und Fragen stellen kann. Zum Lesen von Newsgruppen benötigt man einen Newsreader. Diese Funktionalität wird zum Teil aber auch von den Paketen der aktuellen Webbrowser zur Verfügung gestellt.

NSA

Die **N**ational **S**ecurity **A**gency ist einer der wichtigsten Geheimdienste der USA, der für den Schutz aller Sicherheitssysteme von nationaler Bedeutung zuständig ist. Demzufolge beschäftigt sich die NSA intensiv mit → Kryptografie, Abhörangriffen und allen Formen von technischer Spionage. Mehr Informationen gibt es unter http://www.nsa.org.

Online

Solange ein Rechner eine aktive Verbindung zu einem anderen PC oder zu einem Netzwerk hat (also Daten hin und her fließen) ist er online (deutsch „auf der Leitung"). Beim Trennen der Verbindung geht er von der Leitung und ist offline.

Patch

Software ist eigentlich nie fehlerfrei. Oft handelt es sich nur um kleine Unzulänglichkeiten, die kaum jemanden stören bzw. die nur in ganz bestimmten seltenen Situationen auftreten. Manchmal gibt es in komplexen Anwendungen aber auch schwerwiegende Fehler, die wichtige Funktionen beeinträchtigen oder Sicherheitsrisiken darstellen. In einem solchen Fall reagiert der Hersteller (hoffentlich) mit einem Reparaturprogramm, das den Fehler behebt. Diese Nachbesserung einer oder mehrerer bestimmter Funktionen nennt man einen Patch.

Perl

Die **P**ractical **E**xtraction and **R**eporting **L**anguage ist eine Skriptsprache, die häufig in Netzwerkumgebungen eingesetzt wird. Ihre besondere Stärke liegt darin, große Datenmengen überschaubar zu machen. Sie wird vor allem im → UNIX-Bereich sowohl von → Administratoren als auch Hackern gern eingesetzt, um z. B. → Log-Dateien und Verzeichnislisten auszuwerten.

PGP

Pretty **G**ood **P**rivacy ist ein Programm zum Verschlüsseln von E-Mails und anderen Daten. Es ist kostenlose Freeware und im Internet sehr beliebt und weit verbreitet. Es gibt eine spezielle Windows-Version, die unter http://www.pgpi.com heruntergeladen werden kann. Sie umfasst ein spezielles Plug-In für Outlook Express und einige andere E-Mail-Programme, das die PGP-Funktionen in die Programmoberfläche integriert.

Plug-In

Ein Plug-In ist allgemein ein Erweiterungsmodul für eine Anwendung. Es stellt der Anwendung zusätzliche Funktionen zur Verfügung. Für Webbrowser existieren eine ganze Reihe von Plug-Ins, die das Darstellen und Bearbeiten von multimedialen Datenformaten ermöglichen, mit denen der Browser von Hause aus nicht umgehen kann.

PPP

Das **P**oint-to-**P**oint-**P**rotocol ist ein Verfahren zum Übertragen von Daten über analoge Telefonleitungen. Es wird verwendet, wenn sich Benutzer per Modem beim Internetprovider einwählen. PPP hat seinen Vorgänger → SLIP inzwischen fast überall abgelöst.

Proxyserver

Ein Proxyserver wird zum Einsparen von Übertragungskapazitäten eingesetzt. Er nimmt Anfragen von Clients entgegen und leitet sie an den eigentlichen Server weiter. Die Antworten des Servers gehen wiederum an den Proxyserver, der sie dem Client zustellt. Gleichzeitig speichert er eine Kopie der Daten in seinem Internetcache. Fordern im Folgenden weitere Clients die gleichen Daten an, werden die Anfragen direkt vom Proxyserver beantwortet, was schneller geht und Übertragungskapazitäten spart. Proxyserver werden von vielen Onlinediensten und Internetprovidern eingesetzt, um den Zugriff für ihre Kunden zu beschleunigen, aber auch um selbst Geld zu sparen.

Prüfsumme

Eine Prüfsumme (auch als Checksumme bezeichnet) ist eine relativ kleine Zahl, die nach einem bestimmten mathematischen Verfahren aus einer großen Datenmenge abgeleitet wird. Virenscanner erstellen z. B. Prüfsummen von Dateien. Diese werden in regelmäßigen Abständen überprüft, d. h., es wird erneut eine Prüfsumme der Datei gebildet und mit der alten verglichen. Unterscheiden sich die beiden Summen, hat sich die Datei verändert und enthält nun möglicherweise einen Virus. Ist die Summe gleich geblieben, hat sich die Datei auch nicht geändert.

Public Key

Public Key ist die Bezeichnung für den öffentlichen Schlüssel in einem →asymmetrischen Verschlüsselungssystem wie z. B. →PGP. Der öffentliche Schlüssel kann bedenkenlos über das Internet an andere verteilt werden, da man von ihm keine Rückschlüsse auf den privaten Schlüssel (→Secret Key) ziehen kann.

Requests for Comments (RFCs)

Request **f**or **C**omment**s** sind Dokumente, die Technologien und Protokolle für das Internet definieren. Sie gelten allgemein als Internetstandards. Wer sich für Techniken und Hintergründe interessiert, kann diese Texte auf vielen FTP-Servern herunterladen.

Routing/Router

Als Routing bezeichnet man die Kunst des Weiterleitens von Daten im Internet. In einem so komplexen Netzwerk ist es nämlich gar nicht so leicht, jeweils den günstigsten Weg zu finden. Dieser hängt schließlich nicht nur von der geografisch kürzesten Verbindung, sondern auch von den Übertragungskapazitäten der einzelnen Teilstücke und der momentanen Auslastung ab. Router sind die Verkehrsleitstellen des Internets, die genau diese Aufgabe verrichten.

RSA

RSA ist ein nach seinen Erfindern **R**ivest, **S**hamir und **A**dleman benannter → asymmetrischer Verschlüsselungsalgorithmus. Er gehört zu den meistgenutzten Verschlüsselungsverfahren und wird in zahlreichen Produkten eingesetzt. Seine Zuverlässigkeit hängt von der Schlüsselstärke ab. Schlüssel bis zu 40 Bit wurden bereits erfolgreich angegriffen. Heute übliche Schlüssellängen bis 128 Bit könnten aber nur mit einem enormen Rechenaufwand geknackt werden, es sei denn, jemand hat heimlich ein Verfahren gefunden, mit dem RSA ausgetrickst werden kann.

SATAN

Das **S**ecurity **A**dministrators **T**ool für **A**nalyzing **N**etworks ist ein berühmt-berüchtigtes Werkzeug. Es kann über ein Netzwerk Rechner analysieren und deckt schonungslos Konfigurationsfehler und Sicherheitslücken auf. Eigentlich ist es ja für Systemadministratoren gedacht, um die eigenen Systeme auf Herz und Nieren zu prüfen. Es wird aber genauso oft und gern von Hacker eingesetzt, um Angriffspunkte bei ihren Opfern zu ermitteln.

Schreibrecht

Dieses Recht erlaubt es seinem Besitzer Dateien zu verändern und die Änderungen dauerhaft zu speichern. Bei einigen Betriebssystemen bedeutet dies auch das Recht, neue Dateien anzulegen, bei anderen gibt es eigens dafür ein spezielles Recht. Das Schreibrecht wird in der Regel gemeinsam mit dem → Leserecht vergeben.

Secret Key

Secret Key ist die Bezeichnung für den privaten Schlüssel in einem → asymmetrischen Verschlüsselungssystem wie z. B. → PGP. Der private Schlüssel ist in der Regel durch ein Passwort geschützt, sodass ihn nur der rechtmäßige Schlüsselbesitzer verwenden kann. Trotzdem sollte man auf den Secret Key immer gut Acht geben.

Server

Allgemein ist ein Server ein Rechner, der in einem Netzwerk Informationen bereitstellt. Clients können sich beim Server anmelden und diese Informationen abrufen. Im Internet gibt es eine ganze Reihe von Servern, z. B. → Webserver, → FTP-Server, → Mailserver, → IRC-Server oder Verzeichnisdienstserver.

Service-Pack

Ein Service-Pack ist eine Aktualisierungsdatei für ein Programm, die Fehler behebt oder neue Funktionen bereitstellt bzw. das Programm an neue Technologien anpasst. Im Gegensatz zu einem Patch, der sich immer einem ganz bestimmten Problem widmet, enthält ein Service-Pack immer gleich eine ganze Reihe von Aktualisierungen. Service-Packs gibt es z. B. auch für Webbrowser wie den Internet Explorer. Besonders wichtig sind Service-Packs bei Betriebssystemen wie z. B. Windows NT.

SET

Mit **S**ecure **E**lectronic **T**ransactions können Sie verschlüsselt und sicher mit Ihrer Kreditkarte zahlen. Dabei tritt ein Prozessor in Aktion, der zwischen Käufer und Verkäufer vermittelt. So erfährt der Verkäufer nur die notwendigsten Daten und Missbrauchsmöglichkeiten sind weitestgehend ausgeschlossen. Bislang wird SET allerdings noch von relativ wenig Banken, Kreditkartenorganisationen und Onlineshops unterstützt.

Shell

Der englische Fachbegriff für eine Eingabekonsole, auf der man Befehle direkt mit der Tastatur eingeben kann. Die Shell von Windows ist die MS-DOS-Eingabeaufforderung. UNIX-Systeme wie Linux haben ebenfalls Shells, die vom Prinzip her genauso funktionieren. UNIX-Shells sind aber in der Regel leistungsfähiger und flexibler. Viele Hacker bevorzugen Shells, weil man damit - die genaue Kenntnis der benötigten Kommandos vorausgesetzt - schneller und flexibler arbeiten kann. Ein Zugang zu einem angegriffenen System über ein Netzwerk besteht außerdem in den meisten Fällen ohnehin nur aus einer Shell, sodass sie sich damit gut auskennen müssen.

Shell-Skript

Ein Shell-Skript ist eine Textdatei, die eine Reihe von Shellbefehlen enthält. Führt man die Datei aus, werden diese Befehle ausgeführt, indem sie nacheinander an die Shell übergeben werden. So kann man etwa regelmäßige Abläufe automatisieren. Shell-Skripte sind mit dem Batch-Dateien vergleichbar, die mancher Windows-Anwender vielleicht noch aus früheren Tagen kennt.

S-HTTP

Das **S**ecure-**H**yper**t**ext **T**ransfer **P**rotocol ist eine Weiterentwicklung des → **H**yper**t**ext **T**ransfer **P**rotocol (HTTP). Es enthält vor allem Sicherheitsfunktionen zum Verschlüsseln und für das vertrauliche Kommunizieren mit Zertifikaten.

SLIP

Das **S**erial **L**ine **I**nternet **P**rotocol ist der Vorgänger des inzwischen fast überall eingesetzten → PPP. Im Vergleich zu PPP ist es weniger leistungsfähig und besitzt keine Funktionen zur automatischen Fehlerkorrektur. Wenn Ihr Provider noch SLIP benutzt, sollten Sie ihn in den Hintern treten oder sich einen anderen Anbieter suchen.

Sicherheitslücke

Damit bezeichnet man unabhängig von Software oder Hardware eine Schwachstelle in einem System, die Funktionen zulässt, die eigentlich nicht erlaubt sein sollten, bzw. die Unbefugten den Zugang zu Daten oder Funktionen ermöglicht. Sicherheitslücken können auf Programm- bzw. Konstruktionsfehlern oder auch auf fehlerhaften Konfigurationen beruhen.

SMTP

Das **S**imple **M**ail **T**ransfer **P**rotocol wird zum Übertragen von → E-Mail über → TCP/IP-Verbindungen eingesetzt. Dieses Protokoll verwendet Postausgangsserver, um Nachrichten zuzustellen.

Sniffer

Ein Überwachungsprogramm, das in einem Netzwerk die versendeten Daten erfasst und protokolliert. Es kann z. B. zur Diagnose von Netzwerkproblemen oder zur Überwachung des Datenverkehrs eingesetzt werden. Hacker benutzen Sniffer, um die über das Netzwerk übermittelten Benutzerkennungen und Passwörter zu ermitteln. Alle Daten, die unverschlüsselt über eine Netzverbindung gesendet werden, können von einem Sniffer abgehört werden.

Social Engineering

Social Engineering, auch als Social Hacking bezeichnet, beschreibt Hacker-Methoden, die jenseits der Technik operieren. Beim passiven Engineering versucht man, möglichst viele Informationen über das Opfer zu sammeln. So kann man z. B. Hinweise auf Passwörter finden oder das Verhalten einer Person analysieren. Beim aktiven Engineering tritt man direkt mit dem Opfer in Kontakt und versucht, es zum Preisgeben vertraulicher Informationen zu bewegen. Bekanntestes Beispiel ist ein Telefonanruf von einem vermeintlichen Techniker, der das Passwort wissen will, um etwas überprüfen zu können.

SSL

Die **S**ecure **S**ocket **L**ayer bilden ein Sicherheitsprotokoll zum Verschlüsseln von Webübertragungen. Mit SSL lassen sich sichere Verbindungen durchführen, bei denen alle Übertragungen verschlüsselt sind. Sie werden z. B. beim Bezahlen in Onlineshops eingesetzt.

Symmetrisches Verschlüsselungssystem

Bei einem Symmetrischen Verschlüsselungssystem verwenden Sender und Empfänger einer verschlüsselten Nachricht den gleichen Schlüssel zum Ver- bzw. Entschlüsseln. Das große Problem dieses Verfahrens ist, vor der eigentlichen

Kommunikation den Schlüssel auf einem sicheren Weg zwischen den Kommunikationspartnern auszutauschen. Dabei sollte aus Sicherheitsgründen möglichst nicht der Weg benutzt werden, auf dem später auch die Nachrichten selbst ausgetauscht werden.

TCP

Das **T**ransmission **C**ontrol **P**rotocol sorgt gemeinsam mit → IP für den reibungslosen Datentransport im Internet. Es ist für das Zerlegen der zu verschickenden Daten in Pakete zuständig. Beim Empfänger setzt es die Pakete wieder richtig zusammen.

TCP/IP

Das Internetübertragungsprotokoll → TCP/IP besteht aus zwei Komponenten. → TCP zerlegt die zu übertragenden Daten in Pakete, die → IP verschickt. TCP empfängt sie und bastelt sie wieder richtig zusammen.

TEMPEST

Die **T**ransient **E**lectromagnetic **P**ulse **E**manation **S**tandard beschäftigt sich mit dem Abfangen der elektromagnetischen Abstrahlung technischer Geräte zu Spionagezwecken. So kann z. B. das Bild eines Computermonitors mit entsprechender Ausrüstung noch in bis zu hundert Metern Entfernung sichtbar gemacht werden. TEMPEST ist sowohl eine Bezeichnung für das Phänomen der Abstrahlung als auch ein Standard für Geräte, die gegen solche Abstrahlung speziell geschützt sind.

T-Online

T-Online ist der größte deutsche Onlinedienst, der aus dem Bildschirmtext BTX der Deutsche Telekom hervorgegangen ist. Seit der Privatisierung der Telekom ist T-Online nominell zwar ein eigenständiges Unternehmen, man arbeitet aber noch immer eng zusammen. T-Online verwendet für den Internetzugang noch immer ein proprietäres Winsocket und ist für Internetbenutzer deshalb nur bedingt zu empfehlen. Man kann aber auch eine direkte Verbindung über das Windows-DFÜ-Netzwerk herstellen, die voll kompatibel ist.

Traceroute

Ein Programm aus dem TCP/IP-Umfeld, das den Weg der Datenpakete vom eigenen Rechner bis zum Zielrechner verfolgt und protokolliert. Es gehört zum Lieferumfang der meisten Betriebssysteme. Die Windows-Variante heißt tracert.

Trojaner

Ein Trojaner oder auch ein Trojanisches Pferd ist eine Software, die vorgeblich bestimmte Funktionen ausführt, in Wirklichkeit (oder zusätzlich dazu) aber ganz andere, in der Regel schädliche Dinge tut. Der Name leitet sich aus der griechischen Sagenwelt ab, in der die Stadt Troja mithilfe eines hohlen Holzpferds erobert wurde.

UDP

UDP heißt **U**ser **D**atagram **P**rotocol und arbeitet im Gegensatz zu → TCP/IP verbindungslos, d.h., es besteht keine feste Verbindung zwischen zwei Rechnern, sondern der eine schickt die Informationen los und geht einfach davon aus, dass sie beim anderen auch ankommen. Es wird bei Datenübertragungen wie etwa Audio- oder Videokonferenzen eingesetzt, bei denen ein Teilverlust von Daten keine wesentliche Bedeutung hat. Das UDP-Protokoll enthält keine Funktionen, um die Korrektheit und Vollständigkeit der übertragenen Daten zu gewährleisten. Will man dies sicherstellen, muss die Anwendung selbst dafür sorgen.

UNIX

UNIX ist ein Multiuser- und Multitasking-Betriebssystem. Es wurde schon Anfang der 70er Jahre von AT&T entwickelt. Heute gilt die Bezeichnung für eine ganze Reihe von UNIX-kompatiblen Systemen und UNIX-ähnlichen Derivaten. In diesen illustren Kreis gehört auch das zur Zeit sehr beliebte PC-Betriebssystem Linux. UNIX-Software lässt sich von einem UNIX-System meist recht schnell für ein anderes System oder Derivat portieren. Viele Internetserver laufen unter UNIX, weil dieses System als sehr stabil und sicher gilt

Usenet

Die Bezeichnung Usenet wird meist als Synonym für die Gesamtheit der weltweiten → Newsgruppen verwendet. Streng genommen bezeichnet es aber die Netzwerke, die Informationen über das **U**NIX-to-**U**NIX-**C**opy-**P**rotokoll (UUCP) austauschen. Das sind Subnetze, die über → Gateways mit dem Internet verbunden sind und keine Echtzeitkommunikation, sondern nur zeitversetzte Dienste wie News und → E-Mail bieten.

Virtuelles Privates Netzwerk (VPN)

Eine Technik, bei der einzelne Rechner oder Netzwerke über das Internet zu einem gemeinsamen Netzwerk verbunden werden. Die Datenübertragungen über das Internet erfolgen dabei transparent (also für den Benutzer unmerkbar) und werden verschlüsselt, sodass die Vertraulichkeit und Integrität der Daten innerhalb des virtuellen Netzwerks gewährleistet ist.

Virus

Computerviren sind kleine, meist bösartige Programme, die sich selbst vermehren und auf befallenen PCs Schaden anrichten können. Gerade das Internet dient als Verbreitungsweg für diese Schädlinge. Bevor Sie Dateien aus dem Internet herunterladen, sollten Sie unbedingt eine aktuelle Antiviren-Software auf Ihrem PC installieren.

WWW

WWW, **W**orld **W**ide **W**eb, W3 oder einfach Web sind Bezeichnungen für die Gesamtheit aller Webserver bzw. der von Ihnen angebotenen Informationen. Nach aktuellen Schätzungen gibt es derzeit einige hundert Millionen Webseiten und die Schallgrenze von einer Milliarde wird wohl bald erreicht werden.

Webserver

Ein Webserver ist ein spezieller Server, der Webseiten zur Verfügung stellt. Webbrowser können eine Verbindung zum Webserver herstellen und Webseiten, Bilder und andere Komponenten anfordern. Der Server antwortet mit den gewünschten Daten.

Zertifikat

Eine elektronische Bescheinigung, mit der ein Benutzer oder ein Rechner anderen gegenüber seine Identität nachweisen kann.

Zertifizierungsstelle

Eine Organisation oder Firma, die → Zertifikate erteilt. Sie definiert in der Regel auch Anforderungen an die Inhaber der Zertifikate und wacht darüber, dass diese eingehalten werden. Wenn man ein Zertifikat zur Prüfung bekommt, sollte man stets auch die Zertifizierungsstelle prüfen, die dieses Zertifikat erteilt hat. Jedes Zertifikat ist nur so vertrauenswürdig wie die Organisation, die es erteilt hat.

Stichwortverzeichnis

!BIOS ... 74
007 Password Recovery ... 107

A

Absolute HTML Compressor ... 508
Active Setup ... 149
ActiveX ... 125, 153, 537
  Authenticode ... 153
  deaktivieren ... 154
Administrator ... 537
ADSL ... 301
Aktive Inhalte ... 125, 152
Alias ... 537
Alternative Betriebssysteme ... 519
Amateur-Hacker ... 61
America Online ... 538
Angreifer bekämpfen ... 284
Angreifer identifizieren ... 268
Angriffe ... 19
  auf Homepages ... 497
  auf Webserver ... 516
  Brute Force-Angriffe ... 47
  Computerviren ... 41
  Denial of Service ... 52
  Fernzugriffe ... 48
  im Internet ... 52
  IP-Manipulationen ... 54
  Methodenwahl ... 40
  Sicherheitslücken ... 45
  Sniffing ... 51
  Social Hacking ... 56
  Systemfehler ... 45
  Trojaner ... 42
  Verbindungen entführen ... 55
  Zielanalyse ... 24
Angriffe protokollieren ... 249
Angriffserkennung ... 310
  BlackICE ... 310
Anmeldedialoge
  Passwörter speichern ... 106
Anonym surfen ... 481
Anonyme E-Mail ... 366, 537
Anonymität ... 481
  Cookies ... 466
  Personenrecherche ... 454
  Private Idaho ... 366
  Stealth Anonymizer ... 490
Anonymizer ... 486
Anonymizer-Proxy ... 488
Anonymizer-Software ... 490
Anonymous ... 90
ANSI ... 538
AntiOnline ... 284
Anti-Trojan ... 185
AntiVir ... 173
Antivirensoftware ... 173
Anwendungen überwachen ... 249
AOL ... 538
Applet ... 538
Arbeitsplatzüberwachung ... 321
ASCII ... 538
Asymmetrische Verschlüsselung ... 399, 538
Audit ... 539
Auskundschaften ... 19
Authenticode ... 153
Authentifizierung ... 539
Autovervollständigen ... 109
Award-BIOS ... 70

B

BackOrifice ... 43
Backup ... 539
Basic Input Output Systems ... Siehe BIOS
Benutzerprofile ... 75
Benutzerverwaltung ... 75
  aktivieren ... 76
  austricksen ... 84
  Neue Benutzerprofile ... 79
  Sicherheit ... 82
Betriebssystem
  Alternativen ... 519
  ermitteln ... 34
  Sicherheitslücken ... 45
  Systemfehler ... 45
Bildermissbrauch ... 510
Bildschirmschoner ... 94
  beliebige Programme als ... 100
  Kennwort ermitteln ... 100

knacken ... 97
manuell aktivieren ... 97
Passwortschutz ... 94
schützen ... 98
sichere ... 99
Sicherheit ... 97
Bindungen der Netzwerkprotokolle ... 355
Biometrik ... 539
BIOS ... 69
!BIOS ... 74
Award ... 70
Passwortschutz umgehen ... 73
Reset ... 73
Tastaturbelegung ... 70
Zugang knacken ... 74
BIOS-Passwort ... 70
BlackICE ... 310
advICE ... 312
Reaktionen auf Alarme ... 312
Sicherheitsstufen ... 310
testen ... 314
Bookmarks ... 329
Boot-Viren ... 171
Browser ... 539
Browsercheck ... 146
Brute Force ... 47, 403
Bug ... 540
Bugfixes ... 46
Bytecode ... 156

C

Cache ... 540
CaptureNet ... 316
Daten auswerten ... 318
CD-ROMs ... 67
automatische Benachrichtigung beim Wechsel ... 99
CGI ... 540
Checksumme ... 75
Chiffre ... 403
chronicle ... 35, 37
Client ... 540
Compiler ... 540
Complete Cleanup ... 337
CompuServe ... 540
Computersabotage ... 296
Computerviren ... 41, 124, 169, 556
Hintergrundscanner ... 173
in Netzwerken ... 172
Infektionen verhindern ... 170
Manuelle Scans ... 176
Schutzprogramme ... 173
Zeitgesteuerte Scans ... 181
Computervirus, Testvirus ... 173
Cookie Pal ... 475
Cookies bearbeiten ... 480
Webbrowser ... 476
Cookies ... 466, 541
bearbeiten ... 480
Bestand prüfen ... 468
Cookie Pal ... 475
Gefahren ... 467
nach Rückfrage ... 473
Programmierung ... 467
Crack ... 541

D

Daemon ... 541
Data Encryption Standard ... 398
Datei- und Druckerfreigabe ... 345
Dateifreigabe
deaktivieren ... 347
sicher machen ... 348
Status prüfen ... 346
Datenträger ... 68
Vorsichtsmaßnahmen ... 170
Deja.com ... 21, 460
DejaNews ... 58
Denial of Service ... 52, 542
DENIC ... 272
DES ... 398
DFÜ ... 541
DFÜ-Server ... 359
Diffie-Hellman/DSS ... 407
Disketten ... 67
Diskettenlaufwerke schützen ... 172
Diskettenschlösser ... 68, 172
DNS ... 29, 269, 541
DNS-Spoofing ... 541
Domain Name Service ... Siehe DNS
Drucker ... 67

E

Echelon ... 364
EICAR ... 173
Eingeschränkte Sites ... 128
Einmalpasswort ... 542
Elektromagnetische Abstrahlung ... 116
E-Mail ... 364, 542
Adresse schützen ... 144, 484
Adressen recherchieren ... 458

als Waffe ... 365
anonym ... 366, 537
Bomben ... 375
Briefkopf ... 373
Echelon ... 364
Email Remover ... 377
Fälschungen ... 370
Freemailer ... 444
Header ... 373
Header-Einträge ... 373
Hoax ... 389
List-Linking ... 376
mehrere Adressen nutzen ... 448
Nachrichten entschlüsseln ... 420
Nachrichten signieren ... 421
Nachrichten verschlüsseln ... 418
Postfach säubern ... 377
Private Idaho ... 366
Received-Einträge ... 392
Received-Header ... 374
Regeln für Freemailer ... 446
Remailer ... 366
Signaturen prüfen ... 424
Spionage ... 394
Transport ... 390
Überwachung ... 324
verschlüsseln ... 396
Vertraulichkeit ... 390
Viren ... 381
Weg verfolgen ... 392
X-Header ... 374
Email Remover ... 377
E-Mail-Adressen ... 458
auf Homepages ... 499
eSafe ... 85, 221
Anonymer Benutzer ... 90
Benutzer einrichten ... 89
Benutzer zuordnen ... 89
Benutzerregelsätze ... 86
Benutzerverwaltung ... 85
Datenpakete filtern ... 237
eigene Regelsätze ... 232
Fertige Regelsätze ... 230
Firewall ... 221, 228
Inhaltsfilter ... 237
installieren ... 222
interaktiver Modus ... 198
Konfigurationsassistent ... 229
Kurzreport ... 92
Lernmodus ... 197
Manuelle Systemanalyse ... 225
Portfilter definieren ... 233
Programme testen ... 193
Protokoll ... 92
Regelsätze für Benutzer ... 244
Regelverletzungen ... 200
Regelverstöße ... 243
Sandbox ... 86, 194
Sandkasten ... 193
Schlüsselwortfilter ... 239
sensible Bereiche ... 240
Sicherheitsfunktionen ... 248
Sicherheitsmonitor ... 227
Statussymbol ... 227
Überblick ... 248
verbotene Wörter ... 237
Vertrauliches schützen ... 240
Warnmodus ... 88, 244
zeitabhängige Regelsätze ... 242
Excel, Passwort ... 111
Extranet ... 542

F

Fälschungen, E-Mail ... 370
FAQ ... 542
Faradayscher Käfig ... 118
Favoriten ... 329
Fernzugriffe ... 48
File Transfer Protocol ... Siehe FTP
Finanzielle Risiken ... 126
Firewall ... 38, 543
Funktionsweise ... 205
Personal Firewall ... 207
Professionelle Lösungen ... 206
ZoneAlarm ... 207
Flatrate ... 301
Formulardaten umlenken ... 139
Formulare ... 543
Fortezza ... 138
Freemailer ... 444
Abmelden ... 446
Anbieterübersicht ... 445
Passwörter ... 448
sichere Verbindungen ... 446
Sicherheitsregeln ... 446
Verlaufsdaten ... 447
FTP ... 32, 543

G

Gateway ... 25, 543
Gegenmaßnahmen ... 283
Gelegenheitshacker ... 60

Georgi Guninski ... 148
Gewählte-Klartextanalyse ... 403
Grinder ... 33, 37
Groß-/Kleinschreibung ... 105

H

Hacker ... 16
- Amateure ... 61
- Angriffe ... 19
- Auskundschaften ... 19
- Brute Force-Angriffe ... 47
- Charakterisierung ... 58
- Fernzugriffe ... 48
- Gelegenheitshacker ... 60
- im Informationskrieg ... 65
- im Internet ... 52
- Informationsbeschaffung ... 23
- Netzwerkanalyse ... 27
- Profis ... 64
- Rechtsmittel gegen ... 295
- Saboteure ... 64
- Schadensersatz ... 296
- Schwachstellen ... 17
- Skript-Kids ... 59
- Social Hacking ... 56
- Spione ... 64
- Straftaten ... 295
- Trojaner ... 42
- Wahl der Angriffsmethode ... 40
- Zielanalyse ... 24

Hacker bekämpfen ... 284
Hacker-Angriffe ... 19
Hacker-Ideologen ... 61
HackerWatch ... 284
- Angriffe melden ... 292
- HackTracer ... 292
- Teilnehmerregistrierung ... 288

HackTracer ... 286
- Angreifer aufspüren ... 290
- Ereignisprotokoll ... 293
- falsche Alarme ... 294
- HackerWatch ... 292
- Sicherheitsstufen ... 287

Hardwareangriffe ... 114
Header-Informationen ... 373
Hintergrundscanner ... 173
History ... 328
Hoax ... 389
Homepages
- als Informationsquelle ... 499
- geschützte Bereiche ... 514
- schützen ... 497, 507

Host ... 544
HTML ... 544
HTTP ... 204, 482, 544
https ... 135
Hypertext ... 544

I

I love you-Virus ... 381
ICMP ... 53
ICQ ... 234
IDEA ... 399
IDS ... 38, 310
- BlackICE ... 310

inetd ... 528
- inetd.conf ... 532

Information Warfare ... 65
Informationskriegsführung ... 65
Interface ... 544
International Data Encryption Algorithm ... 399
Internet ... 128
- Gefahren ... 123
- IP-Manipulationen ... 54

Internet Control Message Protocol ... 53
Internet Explorer
- Active Setup ... 149
- ActiveX deaktivieren ... 154
- Cookie Pal ... 478
- Cookies ... 470
- Cookie-Warnung ... 474
- E-Mail-Adresse schützen ... 484
- Erweiterte Sicherheitsoptionen ... 135
- Formulardaten umlenken ... 139
- Internetcache ... 137, 329
- Java deaktivieren ... 157
- JavaScript deaktivieren ... 162
- Plug-Ins deaktivieren ... 167
- Profilassistent ... 138
- Sichere Verbindungen ... 137
- Sicherheitskonzept ... 127
- Sicherheitsprotokolle ... 138
- Sicherheitsstufen ... 129
- Sicherheitsstufen einstellen ... 132
- Sicherheitszone erkennen ... 129
- Sicherheitszonen ... 128
- Stealth Anonymizer ... 492
- Verlaufsfunktion ... 334
- VisualBasicScript deaktivieren ... 165
- Websites in Sicherheitszonen ... 133
- Zertifikate ... 136

Internet Protocol ... 545

Internet Relay Chat 545
Internetcache 137, 327
Internetwurm 544
Interpreter 544
Intranet 545
Intrusion Detection System .... Siehe IDS
IP 545
IP-Adresse 545
IP-Manipulationen 54
IP-Namen 545
IP-Nummer 269
IP-Spoofing 54, 545
IRC 545
ISDN 546
ISP 546

J

Java 156, 546
  deaktivieren 157
  Sicherheitskonzept 157
JavaScript 160, 546
  deaktivieren 162
  testen 161

K

Kennwort .... *Siehe* Passwort
Kevin Mitnick 17
Keyserver 401
Klartextanalyse 403
Kryptoanalyse 403
Kryptografie 403, 546

L

LAN 546
Lesezeichen 329
Linux 523
  absichern 528
  Bedienung 525
  Hardware 526
  Hardwaredatenbank 527
  inetd 528
  inetd.conf 532
  Internetdaemon .... *Siehe* inetd
  Kosten 524
  Netzwerkdienste 528
  Software 526
  Softwarepaket deinstallieren 533
Linux YaST 528
List-Linking 376
Log-Dateien 547
Lokales Intranet 128

M

Mailbomben 375
Mailinglisten 547
  List-Linking 376
Mailserver 547
Manuelle Virenscans 176
MESA 459
MetaEmailSearchAgent 459
MetaGer 455
Meta-Tags 507
Microsoft
  Active Setup 149
  Authenticode 153
  VisualBasicScript 165
MIME 547
Modem 547
Monitor, Abstrahlung 117
Monitore abhören 115

N

NeoTrace 26, 276, 286
  Standortdaten 277
  Verbindungen verfolgen 279
  Whois 282
Netikette 548
Netscape Navigator 548
  Cookie Pal 478
  Cookies 471
  Cookie-Warnung 474
  E-Mail-Adresse schützen 144, 485
  gespeicherte Kennwörter 145
  History 336
  Internetcache 333
  Java deaktivieren 159
  JavaScript deaktivieren 162
  sichere Verbindungen 140
  Sicherheitskonzept 139
  SmartUpdate 150
  Stealth Anonymizer 493
  Verbindungsstatus 143
  Verschlüsselung aktivieren 139
Network File System 49
Netwzerkkarten 315
Netzwerkanalyse 27
Netzwerkdienste 528
Netzwerke 299
  auskundschaften 27

Datenverkehr angreifen ... 315
Netzwerkkarten ... 315
Protokollbindungen ... 355
Protokolle ... 354
Sniffing ... 315
Virenschutz ... 172
Netzwerkmonitor ... 352
Netzwerkprotokolle ... 354
Newsarchive ... 460
Newsbeiträge ... 460
Newsgruppe ... 548
NFS ... 49
NNTP ... 235
NSA ... 548
Nutzungsrichtlinien ... 326
Öffentlicher Schlüssel ... 400

O

Office, Passwort ... 111
OfficePassword ... 111
Onlineinformationen ... 23
Outlook Express ... 82
Briefkopf anzeigen ... 392
Header-Informationen anzeigen ... 392
Nachrichten entschlüsseln ... 420
Nachrichten signieren ... 421
Nachrichten verschlüsseln ... 418
PGP-Plug-In ... 404
S/MIME ... 432
Signaturen prüfen ... 424
virensicher machen ... 383

P

Packet Internet Groper ... Siehe Ping
Paket-Sniffing ... 51, 315
SpyNet ... 316
PassKeeper ... 339
Passphrase ... 409
Passwort ... 101
am Arbeitsplatz ... 338
Anwendungen ... 111
ausspähen ... 256
bei Freemailern ... 448
Bildschirmschoner ... 94
Brute Force-Angriffe ... 47
Dokumente ... 111
Einmalpasswort ... 542
Groß-/Kleinschreibung ... 105
in Anmeldedialogen ... 106
Länge ... 104
Office-Anwendungen ... 111
PassKeeper ... 339
Persönlicher Satz ... 103
schützen ... 105
sicher speichern ... 339
sicher wählen ... 103
Sofortmaßnahmen ... 110
speichern ... 106
Symptome für geknacktes ... 109
vergessen ... 107
Vorsichtsmaßnahmen ... 105
ZIP-Archive ... 112
Passwort-Sniffing ... 51
Patch ... 549
Patches ... 46, 147
PC Spy ... 259
aktivieren ... 263
Aufzeichnungen auswerten ... 263
Bildoptionen ... 261
PCs im Netzwerk angreifen ... 300
PCT 1.0 ... 138
Personal Firewall ... 207, 268
ZoneAlarm ... 207
Personal Firewalls ... 38, 159
Personal Web Server ... 357
Personenrecherche ... 21, 454
Deja.com ... 460
E-Mail-Adressen ... 458
Metasuche ... 455
Newsarchive ... 460
Suchmaschinen ... 454
Telefonbuch ... 464
PGP ... 402, 404, 549
mit beliebigen Anwendungen ... 424
Nachrichten entschlüsseln ... 420
Nachrichten signieren ... 421
Nachrichten verschlüsseln ... 418
Passphrase ... 409
per Zwischenablage ... 424
per Zwischenablage verschlüsseln ... 425
PGPkeys ... 410
PGPTray ... 425
Plug-In für Outlook Express ... 404
Schlüssel aufnehmen ... 415
Schlüssel erzeugen ... 406
Schlüssel importieren ... 415f
Schlüssel veröffentlichen ... 413
Schlüssel verteilen ... 412
Schlüsselerzeugungsassistent ... 406
Schlüsselgültigkeit ... 409
Schlüssellänge ... 408
Schlüsselserver ... 410, 413

Sicherheit ... 430
Signaturen prüfen ... 424
Zuverlässigkeit ... 430
Ping ... 27, 268
Pinger ... 28, 37
Plug-In ... 166, 549
deaktivieren ... 167
deinstallieren ... 168
Vorsichtsmaßnahmen ... 167
Port ... 30, 187, 233, 301
Portfilter ... 233
Portscans ... 30, 219, 301
Legalität ... 295
Trojaner aufspüren ... 187
YAPS ... 302
Postausgangsserver ... 547
Posteingangsserver ... 547
PPP ... 549
Pretty Good Privacy ... Siehe PGP
Private Communications Technology ... 138
Private Idaho ... 366
Privater Schlüssel ... 399
Privatsphäre ... 126
Profi-Hacker ... 64
Profilassistent ... 138
Protokolldateien ... 547
Protokolle ... 249
Proxyserver ... 550
Prüfsumme ... 550
Public Key ... 550

R

Received-Einträge ... 392
Received-Header ... 374
Rechtliche Mittel ... 295
Rechtsmittel
Strafrecht ... 295
Zivilrecht ... 296
Registrierungsdatenbank ... 83
Remailer ... 366
RFCs ... 550
Rhino9 ... 37
Routing ... 550
RSA ... 402, 407, 551

S

S/MIME ... 430
entschlüsseln ... 433
verschlüsseln und signieren ... 433
Zertifikat erzeugen ... 431
Zertifikat verteilen ... 432
Sabotage ... 64
Denial of Service ... 52
Salus ... 249
aktivieren ... 251
deaktivieren ... 258
Passwort ... 252
Passwörter ausspähen ... 256
Protokoll auswerten ... 252
Tastatureingaben ... 255
Unsichtbar-Modus ... 253
Sandbox ... 194
Sandkasten ... 193
SATAN ... 551
Schadensersatz ... 296
Schlüssel
auf Schlüsselserver veröffentlichen ... 413
importieren ... 415
knacken ... 403
öffentlicher ... 400
parallel benutzen ... 407
privater ... 399
verteilen ... 401, 413
Schlüsselserver ... 401
Schlüsseltextanalyse ... 403
Schwachstellen ... 17
Screen Saver Destroyer 2000 ... 97
Secret Key ... 551
Secure Multipurpose Internet Mail Extension 430
Secure Socket Layers ... 138f
Server ... 25, 551
Service-Pack ... 147, 551
SET ... 552
Shell ... 552
Shell-Skript ... 552
S-HTTP ... 399, 402, 552
Sichere Verbindungen ... 140, 446
Sicherheitslücken ... 45, 146
Sicherheitsprotokolle ... 138
Sicherheitsstufe ... 129, 385
individuell einstellen ... 132
Sicherheitszone, Websites zuordnen ... 133
Sicherheitszonen ... 128, 213, 383
Simple Mail Transfer Protocol ... Siehe SMTP
Skripte ... 160
Skript-Kids ... 59
SLIP ... 552
SmartUpdate ... 150
SMTP ... 204, 390, 553
Sniffer ... 553
Sniffing ... 51, 315
Social Engineering ... 56, 553

Social Hacking ... 56, 553
Software
  erkennen ... 33
  testen ... 191
  unbekannte ... 191
Source Route Option ... 55
SpyNet ... 316
  CaptureNet ... 316
  PeepNet ... 319
SSL ... 138f, 399, 402, 553
Stand-Alone-PC ... 67
Standard-Disclaimer ... 325
Stealth Anonymizer ... 490
Steganografie ... 434
  Steganos ... 436
  Trägerdatei ... 437
Steganos ... 436
  Daten sichtbar machen ... 441
  Daten verstecken ... 437
Störsender ... 119
Strafrechtliche Konsequenzen ... 295
Subnetze ... 29
Suche nach Personen ... 21
Suchmaschinen ... 19, 454
  Metasuche ... 455
Surfen, anonym ... 481
Surfspuren ... 326
  Complete Cleanup ... 337
Symmetrische Verschlüsselung ... 397, 553
Systemfehler ... 45
Systemrichtlinien ... 75

T

Tastatur ... 67
Tastaturbelegung ... 70
TCP ... 554
TCP/IP ... 26, 204, 233, 301
  IP-Manipulationen ... 54
  Verbindungen entführen ... 55
T-DSL ... 301
Teleport Pro ... 499
Telnet ... 36, 48
TEMPEST ... 116, 554
  Schutzsoftware ... 119
Testvirus ... 173
TLS ... 138, 140
T-Online ... 301, 554
Traceroute ... 25, 271, 554
  NeoTrace ... 276
tracert ... 26, 271
Trägerdatei ... 437
Transport Layer Security ... 138
Triple-DES ... 399
Trojaner ... 32, 42, 125, 185, 555
  aufspüren ... 185
  BackOrifice ... 43
  entfernen ... 191
  in Dateien finden ... 189
  Registry prüfen ... 188

U

Überkopplung ... 120
Überwachung ... 248
  am Arbeitsplatz ... 321
  Anwendungen ... 249
  Elektromagnetische Abstrahlung ... 116
  in der Firma ... 322
  Legalität ... 323
  optisch ... 259
  optisch und akustisch ... 115
  PC Spy ... 259
  Protokolle ... 249
  Salus ... 249
  Technische Möglichkeiten ... 322
  Überkopplung ... 120
  Unbeaufsichtigte PCs ... 259
UDP ... 555
UNIX ... 35, 82, 555 *Siehe* Linux
  Dateirechte ... 512
Usenet ... 555
UUCP ... 555

V

VBScript ... Siehe VisualBasicScript
Verbindungen, sichere und unsichere 137, 140
VeriSign ... 431
Verlaufsdaten bei Freemailern ... 447
Verlaufsfunktion ... 328
Verschachtelungstiefe ... 500
Verschlüsselung ... 396
  asymmetrisch ... 399, 538
  knacken ... 403
  Kryptoanalyse ... 403
  PGP ... 404
  S/MIME ... 432
  symmetrisch ... 397, 553
Vertrauenswürdige Sites ... 128, 134
Viren ... 556
  Hoax ... 389
  per E-Mail ... 381
Virenscanner ... 173

Virenscanner testen 173
Virenscans, zeitgesteuert 181
Virenschutz 169
VisualBasicScript 165
deaktivieren 165
vmyths.com 389
VPN 555

W

Webangebote analysieren 499
Webbrowser 127
Aktive Inhalte 152
Anonymität testen 483
Autovervollständigen 109
Bookmarks 329
Complete Cleanup 337
Cookies 470
Cookies nach Rückfrage 473
Favoriten 329
für Cookie Pal anpassen 477
History 328
Internetcache 327
Lesezeichen 329
Plug-Ins 166
Sicherheitslücken 146
Surfspuren 326
testen 146
Verlaufsfunktion 328
Webseiten
geschützte Bereiche 514
manipulieren 511
schützen 507
Webserver 556
Webserver-Angriffe 516
Websites, in Sicherheitszonen 133
Websurfen, anonym 481
Wechselspeichermedien 67
Werbung 126
Whois 272, 282
Windows
Active Setup 149
Alternativen 519
Anmeldung 78
Anmeldung umgehen 84
Benutzerverwaltung 75
Bildschirmschoner 94
Datei- und Druckerfreigabe 49, 345
Dateifreigabe prüfen 346
DFÜ-Server 359
Freigabe deaktivieren 347
Netzwerkmonitor 352
Netzwerkprotokolle 354
Netzwerkumgebung 346
NT/2000 82
Protokollbindungen 355
Registry 188
sichere Dateifreigabe 348
Windows NT/2000 519
Benutzerverwaltung 522
Hardware 521
Software 521
WinSafe 99
Wirtschaftsspionage 296
Word, Passwort 111
WS_FTP Pro 512

X

X-Header 374

Y

YAPS 30, 302
Ergebnisse auswerten 306
konfigurieren 303
Portscan durchführen 305
YaST 528

Z

Zero Emission Pad 119
Zertifikat 136, 430, 556
entschlüsseln 433
erzeugen 431
verschlüsseln und signieren 433
verteilen 432
Zertifizierungsstelle 556
ZIP-Archiv, Passwort 112
ZoneAlarm 207, 286
Alarme 217
Alarme steuern 218
AlertAnalyzer 218
Anwendungen kontrollieren 210
Installation 207
Internet Lock 215
Internet Lock umgehen 215
MailSafe 215
Protokolldatei 220
Quarantäne-Funktion 215
Regeln erstellen 211
Sicherheitszonen 213
Steuermodul 209

Wenn Sie an dieser Seite angelangt sind ...

Ihre Ideen
nd gefragt!

leicht möchten Sie ar selbst als Autor bei *DATA BECKER* mitarbeiten?

Wir suchen Buch- Softwareautoren. Wenn Sie über pezial-Kenntnisse erfügen, dann fordern Sie doch ein- h unsere Infos für Autoren an.

Bitte einschicken an:

DATA BECKER
Gmbh & Co. KG
Postfach 10 20 44
40011 Düsseldorf

Sie können uns auch faxen:

(0211) 3 19 04 98

ATA BECKER
://www.databecker.de

dann haben Sie sicher schon auf den vorangegangenen Seiten gestöbert oder sogar das ganze Buch gelesen. Und Sie können nun sagen, wie Ihnen dieses Buch gefallen hat. Ihre Meinung interessiert uns!

Wir sind neugierig, ob Sie jede Menge "Aha-Erlebnisse" hatten, ob es vielleicht etwas gab, bei dem das Buch Ihnen nicht weiterhelfen konnte, oder ob Sie einfach rundherum zufrieden waren (was wir natürlich hoffen). Wie auch immer - schreiben Sie uns! Wir freuen uns über Ihre Post, über Ihr Lob genauso wie über Ihre Kritik! Ihre Anregungen helfen uns, die nächsten Titel noch praxisnäher zu gestalten.

Was mir an diesem Buch gefällt: ____________________

Das sollten Sie unbedingt ändern: ____________________

Kommentar zu diesem Buch: ____________________

❑ Ja, ich möchte DATA BECKER Autor werden. Bitte schicken Sie mir Ihre Infos für Autoren.

❑ Ja, bitte schicken Sie mir Informationen zu Ihren Neuerscheinungen.

Name, Vorname ____________________

Straße ____________________

PLZ, Ort ____________________

Artikel-Nr.: